21 世纪法学系列教材　　北京理工大学十二五法学系列教材

环境法教程

Environmental Law

第二版

主　编｜罗　丽

副主编｜胡　静　邓海峰

撰稿人｜罗　丽　邓海峰　张　晏
以撰写章节先后为序｜胡　静　胡帮达　裴敬伟
｜吴凯杰　刘飞琴　龚向前

法律出版社

——北　京——

始创于 1954 年

好书,同好老师和好学生分享

图书在版编目（CIP）数据

环境法教程 / 罗丽主编. -- 2 版. -- 北京：法律出版社, 2024. -- ISBN 978-7-5197-9263-3

Ⅰ. D922.68

中国国家版本馆 CIP 数据核字第 20249HW492 号

环境法教程(第二版)
HUANJINGFA JIAOCHENG(DI-ER BAN)

罗 丽 主编

责任编辑 刘 琳
装帧设计 凌点工作室

出版发行 法律出版社
编辑统筹 法律教育出版分社
责任校对 王 丰 郭艳萍
责任印制 刘晓伟
经　　销 新华书店

开本 787 毫米×1092 毫米 1/16
印张 24.5 **字数** 580 千
版本 2024 年 10 月第 2 版
印次 2024 年 10 月第 1 次印刷
印刷 三河市兴达印务有限公司

地址：北京市丰台区莲花池西里 7 号(100073)
网址：www.lawpress.com.cn
投稿邮箱：info@lawpress.com.cn
举报盗版邮箱：jbwq@lawpress.com.cn

销售电话：010-83938349
客服电话：010-83938350
咨询电话：010-63939796

书号：ISBN 978-7-5197-9263-3　**定价**：62.00 元

凡购买本社图书，如有印装错误，我社负责退换。电话：010-83938349

出版说明

法律出版社作为中国历史悠久、品牌积淀深厚的法律专业出版社，素来重视法学教育图书之出版。

原“21 世纪法学规划教材”系列作为本社法学教育出版的重心，延续至今已有十余年。该系列一直以打造新世纪新经典教材为己任，遍揽名家新秀，因其卓越品质而颇受瞩目并广受肯定。当前，根据法学教育发展变化的客观需要，本社将原有教材系列调整重组，形成新编“21世纪法学系列教材”，以便更好地为法学师生服务。

中国的法学教育正面临深刻变革，未来的法学教育势必以培养高素质法律人才为目标，以知识教育与应用教育相结合、职业教育与素质教育相结合、精英教育与大众教育相结合为导向，法学教育图书的编写与出版也将由此进入变革与创新的时代。

为顺应未来法学教育的改革方向和发展趋势，本社将应时而动，为不同学科、不同层次、不同阶段、不同需求的法学师生量身打造法学教材及教学辅助用书。在教材方面，将推出课堂教学系列、实训课程系列、通识课程系列、简明本系列、双语教学系列等；在教学辅助用书方面，将推出案例教程系列、法规教程系列、练习与测验系列、法学讲座系列、专业培训系列等。或革新，或全新，以厚基础、宽口径、多元化、开放性为基调，力求从品种、内容和形式上呈现崭新风采，为法学师生提供更好教本与读本，同享教材规划之盛。

“好书，同好老师和好学生分享。”本社在法学教育图书出版上必将继往开来，以精益求精的专业态度，打造全新“21 世纪法学系列教材”，传播法学知识，传承法学理念，辅拂法律教育事业，积累法律教育财富，服务万千法学师生和明日法治英才。

法律出版社

2015 年 1 月

作者简介

罗　丽　北京理工大学法学院教授，法学博士，博士生导师。兼任中国法学会环境资源法学研究会常务理事，中国环境科学学会环境法学分会副主任委员，北京市生态法治研究会副会长。代表性著作有《中日环境侵权民事责任比较研究》（吉林大学出版社2004年版，获北京市第九届哲学社会科学优秀成果二等奖）、《民法学》（副主编，清华大学出版社2007年版）、《新订物权法 我妻荣民法讲义Ⅱ》（译著，中国法制出版社2008年版）、《共同侵权行为法论》（译著，商务印书馆2020年版）；代表性论文有《我国环境公益诉讼制度的建构问题与解决对策》（载《中国法学》2017年第3期）、《论我国环境法法典化中的若干问题》（载《清华法学》2023年第4期）、《生态环境损害赔偿诉讼与环境民事公益诉讼关系实证研究》（载《法律适用》2020年第4期）等。

胡　静　中国政法大学民商经济法学院教授，法学博士，博士生导师。兼任中国法学会环境资源法学研究会理事，中国环境科学学会环境法学分会副主任委员，北京市法学会环境资源法学研究会副会长。代表性著作有《环境法的正当性与制度选择》（知识产权出版社2009年版）、《流域跨界污染纠纷调处机制研究》（中国法制出版社2017年版）；代表性论文有《环境民事公益诉讼中停止侵害责任适用研究》（载《中国法学》2024年第1期）、《比较法视野下生态环境损害救济的行政主导实质及其启示》（载《比较法研究》2023年第3期）、《环境权的规范效力：可诉性和具体化》（载《中国法学》2017年第5期）等。

邓海峰　清华大学法学院长聘副教授，清华大学法学院党委书记、环境资源与能源法研究中心主任，法学博士，管理科学与工程博士后，博士生导师。兼任北京市法学会副会长，中国法学会环境资源法学研究会常务理事，中国环境科学学会环境法学分会副主任委员，北京法律谈判研究会副会长，国际法协会（ILA）绿色投资与可持续贸易委员会委员，北京市人民政府立法工作法律专家委员会委员，成都市人大常委会立法咨询专家，首都法律专家库入选专家。研究方向：环境法、自然资源法、能源法。

龚向前　北京理工大学法学院教授、国际法研究所所长，博士生导师。承担国家社科基金和省部级重大、重点课题多项；在《中国法学》《法学家》及SSCI检索的国际期刊发表论文50余篇；获北京市人民政府、教育部和工业信息化部等颁发的多项奖励。

张　晏　北京理工大学法学院副教授，法学博士，硕士生导师。兼任中国法学会环境资源法学研究会理事，北京市生态法治研究会理事。代表性著作有《风险规制中的环境标准制定》（法律出版社 2021 年版）；代表性论文有《“公众”的界定、识别和选择——以美国环境影响评价中公众参与的经验与问题为镜鉴》（载《华中科技大学学报（社会科学版）》2020 年第 5 期，中国人民大学书报资料中心复印报刊资料《经济法学、劳动法学》2021 年第 2 期全文转载）、《国外生态补偿机制设计中的关键要素及启示》（载《中国人口·资源与环境》2016 年第 10 期）、《我国环境标准制度存在的问题及对策》（载《中国环境科学》2012 年第 1 期，第一作者）等。

裴敬伟　华中农业大学文法学院副教授，华中农业大学文法学院法学系副主任，法学博士，硕士生导师。兼任中国法学会环境资源法学研究会理事，中国农业农村法治研究会理事，湖北省法学会农业农村法治研究会副秘书长、常务理事。2023 年获评湖北省青年法学法律人才。代表性著作有《化学物质环境风险法律规制研究》（法律出版社 2016 年版）、《清国留学生法政速成科纪事》（译著，广西师范大学出版社 2015 年版）；代表性论文有《略论景观纠纷的私法解决及其路径选择》（载《法学评论》2014 年第 1 期）、《试论环境风险的自主规制——以实现风险最小化为目标》（载《中国地质大学学报（社会科学版）》2015 年第 3 期）等。

胡帮达　华中科技大学法学院副教授，法学博士。兼任中国法学会环境资源法学研究会理事，中国核学会核法律分会理事。代表性著作有《核法中的安全原则研究》（法律出版社 2019 年版）、《放射性废物管理立法比较研究》（法律出版社 2022 年版）；代表性论文有《民法典核损害责任规范的适用及疏漏弥补》（载《法商研究》2023 年第 2 期）、《生态保护和公共卫生安全二元目标下野生动物立法的逻辑》（载《华中科技大学学报（社会科学版）》2022 年第 4 期）、《〈长江保护法〉中禁渔制度的立法逻辑及其支撑体系》（载《长江流域资源与环境》2021 年第 12 期）、《安全和发展之间：核能法律规制的美国经验及其启示》（载《中外法学》2018 年第 1 期）等。

吴凯杰　北京大学法学院助理教授、研究员，北京大学资源、能源与环境法中心研究员，硕士生导师，中国人民大学法学博士，美国密西根大学法律科学博士（S. J. D.）。代表性著作有《中国环境法典编纂要论》（副主编，法律出版社 2023 年版）；代表性论文有《法典化背景下环境法基本制度的法理反思与体系建构》（载《法学研究》2024 年第 2 期）、《环境法体系中的自然保护地立法》（载《法学研究》2020 年第 3 期）、“Public Participation in China’s Environmental Lawmaking: In Pursuit of a Rational Path”（*Journal of Environmental Law*, No. 3, 2017）等。

刘飞琴　北京化工大学副教授，法学博士。兼任北京市法学会环境资源法学研究会理事。代表性论文有《环境行政罚款和刑事罚金关系处理的模式探析——兼论环境法律责任的承担方式》（载《华中科技大学学报（社会科学版）》2021 年第 4 期）、《我国环境没收违法所得制度之重构》（载《中国地质大学学报（社会科学版）》2021 年第 6 期）、《我国气候变化诉讼的制度归属和发展路径》（载《环境保护》2023 年第 6 期）、《省级政府年度环境报告制度实施现状与完善路径》（载《环境保护》2023 年第 11－12 期）等。

第二版说明

《环境法教程》一书于2014年出版至今，已达十年。由于该书较为系统地阐述了我国环境法的基本概念、渊源、特征、体系、基本原则、基本制度、行政管理和行政执法、污染防治法、自然保护法、物质循环管理法、环境责任和国际环境法等内容，同时在体例和表述上注重及时性、实用性和启发性，自出版以来深受广大读者喜爱，很多高校将此书作为环境法学课程的指定教材或者参考书。正因如此，本书在2019年被评为“北京高等学校优质本科教材课件”，令全体编写者深表欣慰，并借此机会向各位读者深表谢意。

近年来，国家有关部门制定了多部有关生态环境保护的法律法规，并有不少的司法解释和指导性案例出台，学者们也出版了多部展示最新理论发展的相关教材。与此相比，十年前出版的第一版教材显然已经落后。为此，经过和相关出版机构商量，本书全体作者一致同意，对本书进行修订。我们在本教材的修订过程中，主要考虑以下几点：

一是思政性。本书第二版以贯彻党的二十大报告为指引，力求准确地体现和阐述党的二十大报告中有关生态环境保护政策的相关论述。党的二十大报告在全面总结党的十八大以来我国生态文明建设取得的重大成就的同时，为新时代新征程推动绿色发展，促进人与自然和谐共生，建设美丽中国提供了方向。因此，在此次修订中，本书在各章章首增加了“思政与知识要点”，并在各章相关部分增加了与环境相关的党的理论创新成果。

二是及时性。继2014年修订《环境保护法》以来，经过多年发展，我国生态环境保护领域已形成了由1部基础性、综合性的《环境保护法》，若干部涉及大气、水、土壤等专门法律，《长江保护法》《黄河保护法》《黑土地保护法》以及《青藏高原生态保护法》等4部特殊区域法律组成的“1+N+4”生态环境保护法律制度体系。本书第二版以此为基础，力求做到及时、精准地更新最新的立法规定，并将最新的研究成果补充进来。

三是实用性。本书第二版继续注重法条的阐释与司法实践案例的介绍，以新出台或者新修订的法条为基础补充内容，更新、增加了较新的典型案例及其评析，将理论研究与实际应用相结合，并在目录中专设了案例目录部分等，便于读者学习、理解法条的内容及其适用，满足多样化人才培养类型的需求。

四是启发性。本书第二版各章改由思政与知识要点、制度梳理穿插典型案例、典型案例评析、思考问题等内容构成，在内容阐述上，注重以案例的方式，对各种理论背后的区别进行阐释，以期调动学生的创新性、主动性，激发学生兴趣和创新能力。

与本书的第一版相比，第二版主要在以下方面进行了修订：(1)第一章(绪论)进行了整体重写，删除了环境法的渊源，结合现行立法重新阐述了我国环境法的体系，提纲挈领式地概括了典型国家环境法体系，增加了推动环境法发展的重要会议介绍，并对完善我国环境法体系，编纂我国环境法典的趋势进行了阐述。(2)第二章(环境法的基本原则)更新了内容和参考文献，删除了重复内容。(3)第三章(环境法的基本制度)进行了较大篇幅的重新阐述。将“三同时”制度并入与其密切相关的环境影响评价制度，删除了限期治理制度；增加生态保护红线制度作为基本制度之一，具体介绍了制度的概念、制度的意义、制度的建立和发展、制度的主要内容等；增加生态环境修复制度作为基本制度之一，同样阐释了制度的概念、制度的建立和发展、制度的主要内容、责令修复生态环境和代履行等；将环境监测与现场检查制度改为生态环境监测制度；在生态环境标准制度中增加了生态环境风险管控标准的介绍；在环境影响评价制度中则修订了环境影响评价机构相关部分；在许可证制度中丰富了排污许可管理制度的内容；在生态环境保护税费制度中删去了排污收费制度部分的专门介绍；等等。(4)第四章(环境管理和环境行政执法)在环境管理一节对环境管理体制的特点和内容进行了扩充，并纳入了 2018 年国务院机构改革方案的相关内容等。此外，该章从整体上对文字内容进行了调整、精简。(5)第五章(污染防治法)进行了整体重写。首先，在污染防治法概述一节，将我国污染防治法的主要制度部分改为我国污染防治法的主要制度特色，既避免主要制度的简单罗列以及与后文内容的重复，也以特征概括的方式类型化诸多制度，阐释了各个制度之间的内在联系。其次，增加了土壤污染防治法一节，内容包括土壤污染防治法概述、我国土壤污染防治法的主要规定等。最后，各节的介绍延续了原有的以单个环境要素的主要立法为线索来展开介绍的方式。主要以最新的《大气污染防治法》《水污染防治法》《土壤污染防治法》《噪声污染防治法》《海洋环境保护法》《放射性污染防治法》《核安全法》《固体废物污染环境防治法》为线索，展开介绍并补充了大气污染防治法、水污染防治法、土壤污染防治法、噪声污染防治法、海洋污染防治法、有毒有害物质污染防治法、固体废物污染环境防治法各节内容。(6)第六章(自然保护法)也进行了整体性重新阐述。首先，在内容阐述方面，与第五章的阐述方式保持一致。其次，在生态保护法与自然保护法两节中，根据我国现行《野生动物保护法》《渔业法》《野生植物保护条例》《森林法》《草原法》《水法》等规定，展开有关野生动物保护法律的主要规定、渔业资源与保护、野生植物保护、森林资源保护、草原资源保护、水资源保护等内容介绍。最后，该章新增了自然保护法概述一节；在生态保护法一节增加了自然保护地、湿地保护、流域保护、青藏高原生态保护等内容；在自然资源保护法一节增加了《黑土地保护法》关于黑土地保护的特别规范的内容等。(7)第七章(物质循环管理法)以现行《循环经济促进法》《清洁生产促进法》《节约能源法》《可再生能源法》等法律规定为线索进行了修订完善，补充了各节的内容。(8)第八章(环境责任)为适应立法发展，增加了大篇幅内容，进行了整体性重写。首先，在环境行政责任一节，对环境行政责任的概念与特征、环境行政处罚的概念和界定、应受环境行政处罚的行为的构成要件、环境行政处罚的对象、环境行政处罚的实施原则、环境行政处罚的种类、环境行政命令等内容进行了重新阐述。其次，在环境刑事责任一节，结合 2023 年《最高人民法院、最高人民检察院关于办理环境污染刑事案件适用法律若干问题的解释》、现行《刑法》等规定，对本节进行了重新阐述，增加了走私废物罪，破坏自然保护地罪，非法引进、释放、丢弃外来入侵物种罪等内容。最后，在生态环境侵权责任一节，结合《民法典》《关于生态环境侵权案件适用禁止令保全措施的若干规定》《关于审理生态环境侵权纠纷案件适用惩罚性赔偿的解释》《关于生态环境侵权民事诉讼证据的若干规定》《关于审理生态环境侵权责任纠纷案件适用法律若干问题的解释》等规定,进行了重新阐述。具体而言,包括生态环境侵权责任的概念、环境污染和生态破坏侵权行为的类型、生态环境侵权责任的特点、生态环境侵权责任的归责原则、生态环境侵权责任的构成要件、生态环境侵权民事诉讼证据规则、生态环境侵权的免责事由、数人侵权责任的分配、生态环境侵权责任的承担方式、生态环境惩罚性赔偿等均有新的制度发展和理论探讨。环境公益诉讼和生态环境损害赔偿制度部分则增加了我国生态环境损害赔偿制度的介绍,具体包括生态环境损害赔偿制度概述、生态环境损害赔偿制度的主要内容、生态环境损害赔偿制度的基本特征、生态环境损害赔偿制度在《民法典》中的意义、生态环境损害赔偿诉讼与环境民事公益诉讼的对比与衔接等。(9)第九章(国际环境法)在有关国际环境法的主要领域的应对气候变化部分增加了《巴黎协定》的介绍;在国际环境法的主要领域的生态系统和生物多样性保护部分,不再以多部国际条约为线索展开介绍,而分为关于保护濒危动植物的国际条约、湿地与水资源的保护、森林资源的保护、土壤资源的保护、生物多样性保护来介绍等。

本书第二版由九位作者共同撰写,具体写作分工如下:罗丽撰写第一章、第八章第二节、第三节;邓海峰撰写第二章;张晏撰写第三章;胡静撰写第四章、第八章第一节、第七章;胡帮达撰写第五章第一节、第三节、第五节、第七节;裴敬伟撰写第五章第二节、第四节、第六节、第八节;吴凯杰撰写第六章;刘飞琴撰写第八章第四节;龚向前撰写第九章。本书的最后统稿工作由罗丽、胡静、邓海峰共同承担。

本书出版获得北京理工大学和北京理工大学法学院的经费资助,在北京理工大学相关部处以及法学院领导的大力支持下,本书被列为北京理工大学“十四五”规划教材,为其顺利出版奠定了良好的基础。在本书的出版过程中,法律出版社教育分社吴昉分社长、刘琳编辑给予了充分的支持;在本书的校对过程中,北京理工大学法学院博士后研究人员韩梅博士以及环境法专业博士研究生赵新同学提供了十足的帮助。在此一并致以衷心的谢忱!

最后,需要说明的是,本书是集体创作的成果,虽经修订,但仍有许多不尽如人意之处,在此恳请广大读者不吝批评指正。

罗　丽

2024 年 7 月 28 日于北京理工大学

目录

案例目录

第一章 绪论

思政与知识要点

党的二十大报告,全面系统总结了党的十八大以来我国生态文明建设取得的举世瞩目重大成就、重大变革,深刻阐述了人与自然和谐共生是中国式现代化的特色之一,对推动绿色发展,促进人与自然和谐共生作出了重大战略部署。党的二十大明确指出,大自然是人类赖以生存发展的基本条件。尊重自然、顺应自然、保护自然,是全面建设社会主义现代化国家的内在要求。必须牢固树立和践行绿水青山就是金山银山的理念,站在人与自然和谐共生的高度谋划发展。我们要推进美丽中国建设,坚持山水林田湖草沙一体化保护和系统治理,统筹产业结构调整、污染治理、生态保护、应对气候变化,协同推进降碳、减污、扩绿、增长,推进生态优先、节约集约、绿色低碳发展。

环境法是指调整因保护和改善生活环境与生态环境,合理开发、利用、保护和改善自然资源,防治环境污染和其他公害而产生的社会关系的法律规范的总称。与其他部门法相比,环境法具有法领域的综合性、环境管理手段的计划性、法律规范构成的技术性和保护利益的公益性等特点。自20世纪60年代开始,为应对日趋频繁的环境问题,大多数先进的工业化国家纷纷加强环境立法,并在环境保护领域为促进环境与资源的可持续利用构建了符合本国特色的环境法体系。

第一节 环境与环境问题

一、环境的含义

一般认为,环境是指环绕着某一中心事物的外部空间、条件和状况的总和。一般意义上的环境是一个相对的、可变的概念,中心事物不同,环境的范围、含义等也随之相异。因此,日常生活中使用的"环境"概念与环境科学中的"环境"概念以及法律上的"环境"概念等均具有显著不同。从环境科学研究视角出发,环境被称为人群周围的境况及其中可以直接、间接影响人类生存和发展的各种自然因素和社会因素的总体,包括自然因素的各种物质、现象和过程及在人类历史中的社会、经济成分。[1] 由于环境科学对环境和环境问题的研究是以人类为中心事物的,因而环境科学研究视角的环境又被称为人类环境。1972 年6 月5 日至16 日在斯德哥尔

〔1〕 参见《中国大百科全书·环境科学》,中国大百科全书出版社2002 年版,第134 页。

摩举行的联合国人类环境会议在其通过的《人类环境宣言》中首次提出了人类环境(human environment)这一概念,并按照环境要素的形成,将人类环境又进一步划分为自然环境和人工环境(the natural and the man-made environment)两大类。自然环境是指对人类生存和发展产生直接或间接影响的各种天然形成的物质和能量的总体,如各种自然物质(大气、水、土壤、矿藏、臭氧层、野生动植物等)、能量(阳光、风、电磁力、潮汐等)以及自然现象(气象、气候、地壳稳定性及其他自然力作用等);人工环境是指在自然环境的基础上经过人类劳动改造或加工而创造出来的环境,如城市、乡村、人文遗迹、自然保护区、风景名胜区等。〔2〕

从环境法学研究的视角出发,明确环境的定义较为困难。由于环境的定义直接影响着环境法的立法目的、适用范围和效力,因此,各国环境立法通常将环境的范围限定在以人类为中心的环境利用行为范围之内。世界各国环境立法明确定义环境的模式,主要有如下三种:第一种模式是概括式。采用这种模式的环境立法并不具体指明环境的具体范围,而是概括性地给环境下一个抽象的定义。如2002年公布施行的《俄罗斯联邦环境保护法》第1条明确规定:"环境是自然环境要素、自然客体和自然人文客体以及人文客体的总和。"第二种模式是列举式。采用这种模式的环境立法并不抽象地给环境下一个定义,而是具体地列举出环境要素。如1990年《英国环境保护法》第1条规定:"环境由下列媒体或其中之一所组成,即空气、水和土地;空气包括室内空气、地上或地下的自然或人工建筑内的空气。"1969年《美国国家环境政策法》第4341条规定总统应每年度向国会提交环境质量报告,并说明"国家各种主要的自然、人为或改造过的环境状况与情况,包括但不限于空气和水(包括海域、港湾、河口和淡水)以及陆地环境(包括但不限于森林、干地、湿地、山脉、城市、郊区及农村环境)"。可见,《美国国家环境政策法》是将环境分为自然环境和人为或改造过的环境两大类,并具体列举为包括但不限于空气和水(包括海域、港湾、河口和淡水)以及陆地环境(包括但不限于森林、干地、湿地、山脉、城市、郊区及农村环境)。1993年《日本环境基本法》第14条规定:"本章所规定的有关环境保全政策的制定与实施,应以基本理念为基础,以确保下列事项为宗旨,在谋求各政策相互有机地衔接的同时,也要综合而有计划地进行:(1)为保护人的健康、保全生活环境,并且妥善地保全自然环境,必须使大气、水、土壤及其他环境的自然构成要素保持在良好的状态上。(2)在谋求确保生态系统的多样性,保存野生生物物种,以及其他生物的多样性的同时,要按照地区的自然社会条件,系统地保全森林、农田、水边地等多样的自然环境。(3)保持人与自然的密切接触。"可见,该条直接列举自然环境包括大气、水、土壤、森林、农田、水边地、野生生物物种、生态系统的多样性等。第三种模式是混合式。采用这种模式的环境立法通常不仅对环境进行抽象性概括,而且还要对具体环境要素进行详细列举。〔3〕 如2014年修订的《中华人民共和国环境保护法》[以下简称《环境保护法(2014修订)》]第2条明确规定:"本法所称环境,是指影响人类生存和发展的各种天然的和经过人工改造的自然因素的总体,包括大气、水、海洋、土地、矿藏、森林、草原、湿地、野生生物、自然遗迹、人文遗迹、自然保护区、风景名胜区、

---

〔2〕 参见金瑞林主编:《环境法学》(第4版),北京大学出版社2016年版,第3页;周珂等主编:《环境法》(第6版),中国人民大学出版社2021年版,第4页。

〔3〕 参见汪劲:《环境法学》(第4版),北京大学出版社2018年版,第2页;周珂等主编:《环境法》(第6版),中国人民大学出版社2021年版,第8页。

城市和乡村等。”

从上述各国环境立法有关环境定义的具体内容来看,采用概括式模式给环境下定义,虽然有利于从整体上把握环境的内涵,但由于立法上并未明确具体的环境要素,因此,在需要明确某些场合下的“个别物质”或“要素”是否属于法律上的“环境”时,仍需立法机关根据概括性立法规定对具体“个别物质”或“要素”作进一步解释。采用列举式模式给环境下定义,虽然有利于对具体环境要素进行把握,但由于列举式定义环境的方法并没有从总体上对环境作定性解释,因此,在实践中,对于立法中未被列举为环境要素的“物质”或“要素”是否能够被纳入环境要素的范围,仍需要等待立法进一步明确。采用混合式模式给环境下定义,不仅对环境进行抽象性概括,而且还具体列举了环境要素,这样同时克服了概括式模式与列举式模式的弊端,发挥着其既有利于保护当前环境,又有利于将未来出现的新环境问题涵盖在内的作用。[4] 鉴于此,我国 1989 年《环境保护法》和《环境保护法(2014 修订)》第 2 条皆采取了混合式模式。

二、环境问题的产生与发展历程

(一)环境问题的含义及分类

环境问题,是指由于自然原因或者人类活动,使环境条件发生不利于人类的变化,以致影响人类生存和发展,给人类带来灾害的现象。根据环境问题产生原因的不同,环境问题通常被划分为第一环境问题和第二环境问题。第一环境问题是指由自然原因引起的环境问题,如地震、火山爆发、海啸、泥石流、洪水泛滥、干旱、沙尘暴、雷电等自然灾害,又称原生环境问题。第二环境问题是指由人类活动引起的环境问题,如大气污染、水污染、土壤污染、水土流失、土地沙漠化、地面沉降等环境污染和生态破坏现象,又称次生环境问题。根据造成的危害后果不同,又可将第二环境问题进一步划分为环境污染和环境破坏。环境污染是指人类在工业生产、生活活动等过程中,向自然环境排放了超过环境自身承载能力与净化能力的物质,致使环境质量发生明显不利变化的现象。如因工业生产排放废气、汽车运行排放尾气等造成的大气污染,因向江河、湖泊及海洋等水体排放工业废水、废渣或其他有害物质造成水污染,因工业生产、建筑施工、交通运输或其他社会生活产生的干扰周围生活环境的噪声污染等。环境破坏,又称生态破坏,是指由于人类活动造成原有生态系统及生态平衡的破坏。如过度砍伐森林、过量放牧、破坏性采掘、过度捕杀野生动物等造成的水土流失、土地沙漠化、水源枯竭、地面沉降、矿藏资源破坏等。

(二)环境问题发展历程

环境问题是伴随人类改造自然能力的提高而不断加剧的。以人类活动对环境影响的范围及强度为标准,可将环境问题的产生与发展历程划分为环境问题萌芽时期、环境问题爆发时期、环境问题国际化时期和环境问题全球化时期。

---

[4] 参见王灿发、常纪文主编:《环境法案例教程》,清华大学出版社、北京交通大学出版社 2008 年版,第 5 页;孙佑海主编:《环境司法理论与实务研究》,人民法院出版社 2014 年版,第 13 页;徐祥民:《习近平整体环境观指导下的环境法学和环境法建设》,载《浙江工商大学学报》2021 年第 6 期。

1. 环境问题萌芽时期(18 世纪 60 年代之前)

该时期的主要问题是自然资源的掠夺破坏和某些局部生活环境问题。如美索不达米亚、希腊、小亚细亚的居民毁林造地而导致相应地域荒漠化。

2. 环境问题爆发时期(18 世纪 60 年代至 20 世纪 60 年代)

18 世纪 60 年代至 20 世纪 60 年代是环境问题的蓄积爆发时期。这一时期,人类科学技术得到了迅猛发展,西方工业革命开创了制造大机器的时代,引起了手工工场工业向工厂工业的转变,极大地提高了生产力,人类认识与开发自然环境的能力也达到了前所未有的程度。工业革命兴起后,人类进入广泛应用蒸汽机、发电机的大工业生产时代,工业生产排放的废气、废水、固体废物以及大量难以降解于环境的化学合成品等,成为污染环境的罪魁祸首。特别是第二次世界大战后,人类进入科技时代,城市化、工业化加剧,经济发展驶入"快车道"。人类开发与利用环境资源的能力、规模与程度也空前增强,人类对资源的耗费和废弃物的排放急剧增长,长期蓄积待发的环境污染问题终于呈井喷之势爆发。如 20 世纪 30 年代至 60 年代爆发的比利时马斯河谷烟雾事件、美国洛杉矶光化学烟雾事件、美国多诺拉烟雾事件、英国伦敦烟雾事件等环境公害事件便是这一时期最具代表性的因工业活动引起的环境污染问题。

3. 环境问题国际化时期(20 世纪 60 年代至 80 年代)

第二次世界大战后,随着世界和平局面的发展扩大和世界经济的飞速发展,环境污染和环境破坏问题愈演愈烈。在这种背景下,特别是自 20 世纪 60 年代前后出现了"八大公害"[5]之后,以保护环境为宗旨的世界性民间环境保护组织如雨后春笋般纷纷成立,各国人民反对环境污染和生态破坏的呼声也越来越高。联合国于 1972 年 6 月 5 日至 16 日在瑞典首都斯德哥尔摩召开了第一次以环境问题国际化为议题的人类环境会议。这次会议广泛研讨和总结了有关保护人类环境的理论、历史和现实问题,并制定了相关对策和措施。该会议对各国加强环境保护和开展国际环境合作产生了重大影响。与此同时,该会议也促进了各国国内和国际环境法的迅速发展。

在周恩来总理的推动下,中国派代表团参加了第一次人类环境会议。在会议期间,通过对西方国家和我国环境问题实际情况的比较,中国代表团认识到当时我国环境问题的严重性。中国代表团回国后反馈了会议内容,至此环境问题方才得到重视。[6] 此次会议成为中国环境保护事业的转折点,对中国环境保护事业具有启蒙和发端意义。我国于 1973 年 8 月在北京召开的全国环境保护会议比较充分地明确了我国在环境污染和生态破坏方面的严重问题,在提高认识的基础上,不仅制定了著名的以"全面规划,合理布局,综合利用,化害为利,依靠群众,大家动手,保护环境,造福人民"为内容的"三十二字"环境保护工作方针,还制定了《关于保护和改善环境的若干规定(试行草案)》。"三十二字"环境保护工作方针,奠定了我国环境保护政策的理论基础和思想基础,成为我国环境保护事业前进的指南。[7]

---

〔5〕 参见汪劲:《环境法学》(第 4 版),北京大学出版社 2018 年版,第 5－9 页。

〔6〕 参见金瑞林、汪劲:《20 世纪环境法学研究评述》,北京大学出版社 2003 年版,第 2 页。

〔7〕 参见任俊宏:《周恩来推动中国参加第一次人类环境会议述论》,载《历史教学问题》2013 年第 6 期。

4. 环境问题全球化时期(20 世纪 80 年代至今)

以原子能、电子计算机、空间技术和生物工程的发明和应用为主要标志的第三次科技革命在 20 世纪 50 年代中期至 70 年代初期达到高潮,20 世纪 70 年代以后进入一个新阶段。主要资本主义国家利用第三次科技革命的新成果,加强国家对经济的宏观管理,利用不合理的国际经济旧秩序,获取了廉价的能源、原材料和海外市场;利用西欧各国经济联合对经济发展的促进作用,使资本主义国家进入持续高速发展的“黄金时代”。虽然科技革命的发展扩大了人类改造自然的活动领域,提高了人类同自然作斗争的能力,但工业化进程的提高、城市化进程的加快更加推动了人类活动对自然环境的冲击,环境自身承载能力与净化能力已不堪重负,环境问题呈现出全球化趋势。这一时期的环境问题已不再是仅仅局限于某一区域、某一国家的局部环境问题,而是突破了区域和国家的疆界演变成为酸雨、臭氧层耗竭、全球气候变化、核泄漏事故、生物多样性锐减、海洋环境和生态破坏、全球荒漠化、全球水危机等全球性的环境问题。[8]

三、应对环境问题的对策

由于第一环境问题是自然原因引起的,因此,如何预测、预防以及减少这类环境问题给人类生存和发展所带来的灾害,主要取决于人类科学技术进步的水平。如为预防与减少火山、海啸、地震等给人类带来的灾害,各国科学家长期以来致力于相关研究,并初步成功地对这些灾害进行了预测、监测、预报。如 2022 年 4 月,托尔斯滕·霍夫曼(Thorsten Hoffmann)教授和德国美因茨大学团队,利用小型的消费级无人机在意大利成功进行试飞,并成功采集了一座火山的相关数据,它准确地报告了该火山近期喷发的可能性。[9] 2022 年 12 月,日本科学家使用 3000 多个计算机生成的海啸事件来训练机器学习系统,然后用 480 种模拟海啸情景和 3 种实际海啸情况进行测试,由此能在不到 1 秒内详细预测海啸可能产生的影响,为人们采取适当行动赢得宝贵时间。[10]

与第一环境问题相对,针对人类活动特别是工业活动所引起的环境污染问题自 20 世纪 50 年代频繁发生并愈演愈烈的态势,世界各国科学家们着手运用生物学、地学、化学、物理学、医学等学科的理论和方法共同研究环境问题,从自然资源保护、维护生态平衡以及协调人类活动同整个生命维持系统的关系等方面综合研究人类与环境的相关关系,便成为综合性的新兴边缘科学——环境科学及其分支学科如环境地学、环境生物学、环境化学、环境物理学、环境工程学、环境经济学、环境管理学等学科的研究任务。具体而言,环境科学运用多学科理论、技术和方法论来系统研究环境问题,即探究全球范围内环境演化的规律,揭示人类活动同自然生态

[8] 参见韩德培主编:《环境保护法教程》(第 8 版),法律出版社 2018 年版,第 7 - 8 页;王灿发、常纪文主编:《环境法案例教程》,清华大学出版社、北京交通大学出版社 2008 年版,第 7 页;汪劲:《环境法学》(第 4 版),北京大学出版社 2018 年版,第 5 - 9 页;曹明德主编:《环境与资源保护法》(第 4 版),中国人民大学出版社 2020 年版,第 6 页;吕忠梅主编:《环境法导论》(第 3 版),北京大学出版社 2015 年版,第 9 - 11 页。

[9] 参见赵汗青:《消费级无人机也成神器!预测火山爆发,科学家不再玩命》,载环球网 2022 年 12 月 21 日,https://m.huanqiu.com/article/4AxjMRpBrRH。

[10] 参见刘霞:《机器学习一秒内预测海啸影响》,载《科技日报》2022 年 12 月 29 日,第 4 版。

之间的关系,探索环境变化对人类生存的影响,并重点研究环境污染机理、区域环境污染综合防治的技术措施和管理措施。其中,在环境科学基础上又形成了相互交叉的多种分支学科。如环境工程学侧重于运用工程技术的原理和方法,探讨防治环境污染,合理利用自然资源,保护和改善环境质量的措施。其主要研究大气污染防治工程、水污染防治工程、固体废物的处理和利用、噪声控制等,还研究环境污染综合防治,并运用系统分析和系统工程的方法,从整体的区域环境上寻求解决环境问题的最佳方案。环境化学侧重于鉴定和测量化学污染物在环境中的含量,研究它们的存在形态和迁移、转化规律,探讨污染物的回收、利用和分解成为无害的简单化合物的机理。环境物理学侧重研究物理环境和人类之间的相互作用,主要研究声、光、热、电磁场和射线对人类的影响,以及消除其不良影响的技术途径和措施。环境经济学注重研究经济发展和环境保护之间的相互关系,探索合理调节人类经济活动和环境之间的物质交换的基本规律,其目的是使经济活动取得最佳的经济效益和环境效益。环境管理学侧重于采用行政的、法律的、经济的、教育的和科学技术的各种手段调整社会经济发展同环境保护之间的关系,处理国民经济各部门、各社会集团和个人有关环境问题的相互关系,通过全面规划和合理利用自然资源,达到保护环境和促进经济发展的目的。

除此之外,自20世纪60年代前后开始,为应对日趋频繁的环境问题,大多数先进的工业化国家纷纷加强环境立法,以规制人类在合理开发利用自然资源、防治环境污染和其他公害中所产生的社会关系,以实现保护环境与资源之目的。时至今日,世界大多数国家均已构建了较为完备的环境法立法体系。

第二节 环境法的概念与特征

一、环境法的概念

在20世纪80年代以前,由于世界各国对环境问题认识的程度和对环境法规定内容的理解等不同,有关环境法的称谓也不一致。如美国在20世纪初制定了大量与环境问题有关的行政法规,并称之为环境法(Environmental Law)。日本在20世纪60年代至70年代因备受大气污染、水质污浊、噪声、振动、地面下沉、恶臭以及土壤污染等公害问题困扰,于1967年通过并实施了《日本公害对策基本法》,并将控制公害的相关法律规范统称为公害法(Law of Public Nuisance);20世纪90年代,随着环境立法理念由“产业优先”向“可持续发展”的转变,日本于1993年颁布了《日本环境基本法》,并在概念上也从使用“公害法”转向使用“环境法”。俄罗斯和东欧国家遵循生态法思想,强调保护环境和合理利用资源不受经济活动和其他活动的有害化学、物理和生物影响,并注重保护自然人和法人的生态权利和合法利益,因此,环境法被称为“生态法”。[11] 欧洲注重对污染的控制,因此,环境法被称为“污染控制法”。[12]

进入20世纪80年代以后,随着人们对环境问题认识的不断深入,以及世界各国间环境保

---

〔11〕 参见刘洪岩:《俄罗斯生态立法的价值选择及制度重构》,载《俄罗斯中亚东欧研究》2009年第6期。

〔12〕 参见金瑞林主编:《环境法学》(第4版),北京大学出版社2016年版,第30页。

护交流与合作的加强，环境法逐渐被作为国际法和各国国内法中环境保护领域的部门法律的统一称谓。[13] 为适应法学学科发展的需要，国务院学位委员会和原国家教育委员会于 1997 年将“环境与资源保护法学”作为一门新兴的交叉性法学学科确立为法学十大二级学科之一。因此，我国法学界在关于环境法的称谓上，也就出现了“环境保护法”[14]、“环境资源法”[15]、“环境法”[16]、“环境与资源保护法”[17]等不一致的现象。但是，综观这些概念的具体内容，并无本质区别，与当代环境法的发展趋势保持一致，均体现了环境法的本质内涵。

本书认为，环境法是指调整因保护和改善生活环境与生态环境，合理开发、利用、保护和改善自然资源，防治环境污染和其他公害而产生的社会关系的法律规范的总称。

二、环境法的特征

尽管环境法是在传统法律部门的基础上发展起来的，并具有与其他部门法相同的法的本质特征，但是，与这些部门法相比，环境法还具有其固有的显著特征。[18]

（一）法领域的综合性

环境法以法学和环境科学为基础，是邻近诸部门法和有关自然科学相互交叉与渗透的产物。一方面，作为独立的法律部门，环境法是以人类在保护和改善生活环境与生态环境，合理开发利用自然资源以及防治环境污染和其他公害过程中所产生的社会关系作为其调整对象，这种调整对象的广泛性决定了环境法领域的多样性。环境法不仅包括环境污染防治法、自然资源保护法等大量专门性环境法律规范，而且还包括民法、刑法、行政法等多种法律部门中有关人类合理利用环境的法律规范。另一方面，环境法的核心内容也与社会科学领域中的环境经济学、环境社会学、环境政治学，以及自然科学领域的环境工学、环境科学等密切相关。[19]

（二）环境管理手段的计划性

国家或者一定地区的环境状况和经济社会发展通常存在一定差异，因此，国家有必要对一定时期和一定范围内的环境保护与改善活动进行总体性部署和安排。这样，制定与实施以确定环境目标为主要内容的环境计划，便成为世界各国环境立法中环境保护的重要法律制度之

---

〔13〕 参见汪劲：《环境法学》（第 4 版），北京大学出版社 2018 年版，第 41 页。

〔14〕 环境保护法，是指调整因保护和改善生活环境与生态环境，合理开发利用自然资源，防治环境污染和其他公害而产生的社会关系的法律规范的总称。参见韩德培主编：《环境保护法教程》（第 8 版），法律出版社 2018 年版，第 27 页。

〔15〕 参见蔡守秋主编：《环境资源法教程》（第 3 版），高等教育出版社 2017 年版，第 22 页。

〔16〕 环境法，是由国家制定或认可，并由国家强制保证执行的关于保护和改善环境合理开发利用与保护自然资源、防治污染和其他公害的法律规范的总称。参见金瑞林主编：《环境法学》（第 4 版），北京大学出版社 2016 年版，第 31 页。

〔17〕 参见金瑞林主编：《环境与资源保护法学》（第 3 版），高等教育出版社 2013 年版，第 18 页；周珂等主编：《环境与资源保护法》（第 4 版），中国人民大学出版社 2019 年版，第 20 页；曹明德主编：《环境与资源保护法》（第 4 版），中国人民大学出版社 2020 年版，第 24 页。

〔18〕 参见秦天宝：《比较视野下的环境法》，载《郑州大学学报（哲学社会科学版）》2016 年第 4 期。

〔19〕 参见［日］大塚直：《环境法》，有斐阁 2010 年版，第 33 – 35 页；汪劲：《环境法学》（第 4 版），北京大学出版社 2018 年版，第 43 页。

一。如《美国国家环境政策法》第 101 条(b)规定:联邦政府有责任采取一切切实可行并与国家政策的其他基本考虑相一致的措施,改进并协调联邦的计划、职能、方案和资源。1993 年《日本环境基本法》第 15 条规定,为了谋求综合而有计划地推进有关环境保护的政策,政府应当制订有关环境保护的基本规划。第 17 条规定,“内阁总理大臣可以就符合下列任何一项的地区,向有关都、道、府、县知事指明在其地区应当实施的有关公害防治政策的基本方针,指示制定与其政策有关的计划”。概括而言,日本的环境计划包括环境基本计划、公害防止计划、与水质总量规制相关的总量削减计划、自然环境保全中的原生自然环境保全计划、与国立公园相关的公园计划、地方公共团体的环境管理计划等。我国 1989 年《环境保护法》和《环境保护法(2014 修订)》均规定了环境保护规划制度。如《环境保护法(2014 修订)》第 13 条明确规定,县级以上人民政府应当将环境保护工作纳入国民经济和社会发展规划。国务院环境保护主管部门会同有关部门,根据国民经济和社会发展规划编制国家环境保护规划,报国务院批准并公布实施。县级以上地方人民政府环境保护主管部门会同有关部门,根据国家环境保护规划的要求,编制本行政区域的环境保护规划,报同级人民政府批准并公布实施。环境保护规划的内容应当包括生态保护和污染防治的目标、任务、保障措施等,并与主体功能区规划、土地利用总体规划和城乡规划等相衔接。在我国,环境计划包括国家国民经济和社会发展计划中的环境保护篇章、国家国民经济和社会发展计划中的生态建设和环境保护重点专项规划、国家环境主管部门发布的环境保护计划以及国务院各主管部门发布的土地利用规划、城市规划、资源利用与开发建设规划等。

(三)法律规范构成的技术性

环境法既调整人类在合理利用和保护环境过程中所产生的人与人之间的关系,又调整人类在合理利用和保护环境过程中产生的与生态系统之间受自然规律约束的特殊关系。环境法的这种特殊调整对象决定了环境法必须体现自然规律特别是生态学规律的要求。因此,与其他法律部门相比,环境法律规范具有较强的科学技术性;既反映社会经济规律,又反映自然生态规律、社会发展规律。具体而言,环境法的科学技术性体现在如下两个方面:第一,环境法根据自然科学规律(生态规律)来确立协调人与自然关系的法律准则。例如,保护优先原则、预防原则、公众参与原则、损害者担责原则和协同合作原则等环境法的基本原则,以及环境影响评价制度、“三同时”制度、环境标准制度等制度,均体现了这些客观规律。第二,环境法根据科学技术以及科学推理的结论来确立人与人之间的行为模式和法律后果。例如,水土保持、土壤修复、防沙治沙、物种保护、植树种草、污染物总量控制、污染物监测等环境法中有关保护自然资源和防治环境污染的措施,就是科学技术在环境法中的体现。[20]

(四)保护利益的公益性

由于全球气候变暖、臭氧层被耗损与破坏、生物多样性减少、酸雨蔓延、森林锐减、土地荒漠化、大气污染、水污染、海洋污染和危险性废物越境转移等环境问题已经威胁到人类社会的生存和发展,因此,保护环境和合理利用环境资源已经成为人类社会的共同要求。从这一要求

---

〔20〕 参见韩德培主编:《环境保护法教程》(第 8 版),法律出版社 2018 年版,第 30 页;汪劲:《环境法学》(第 4 版),北京大学出版社 2018 年版,第 25 页;吕忠梅:《环境法新视野》(第 3 版),中国政法大学出版社 2019 年版,第 46 页。

出发,环境立法的目的是保护生态系统平衡与稳定,公平地满足人类今世后代在发展和环境方面的需要,最终实现社会经济的可持续发展,因此,环境保护的利益与全社会人类的共同利益是一致的,具有公益性。如谨慎原则(precautionary principle)的确立就是为了保护公共利益。谨慎原则不仅要求人类运用已有的知识和经验,对开发和利用环境行为可能带来的环境危害,事前采取措施以避免危害的产生;而且还要求人类在科学不确定的情况下,基于现实的科学知识去评价环境风险,即对开发和利用环境行为可能带来的尚未明确或无法具体确定的环境危害进行事前预测、分析和评价,避免环境危害及相关风险的出现。如《联合国气候变化框架公约》就风险预防原则作出如下规定:"各缔约方应当采取预防措施,预测、防止或尽量减少引起气候变化的原因并缓解其不利影响。当存在造成严重或不可逆转的损害的威胁时,不应当以科学上没有完全的确定性为理由推迟采取这类措施,同时考虑到应付气候变化的政策和措施应当讲求成本效益,确保以尽可能最低的费用获得全球效益。"[21]

第三节 环境法的体系

一、概念

法律体系通常是指由一国现行的全部法律规范按照不同的法律部门分类组合而形成一个呈体系化的有机联系的统一整体。[22] 在这个国家法律体系之中,各法律部门又形成第二层次的部门法体系。鉴于此,环境法的体系,是指由调整因保护和改善生活环境与生态环境,合理开发利用自然资源,防治环境污染和其他公害而产生的社会关系的法律规范所形成的有机统一体。[23] 较之于民法、刑法等部门法,现代环境法是从20世纪60年代起随着环境问题的不断加剧而迅速崛起的,经过50多年的发展,许多国家的环境法已成为一个独立的法律部门,并且,各国在环境保护领域为促进环境与资源的可持续利用已形成一个复杂的环境法体系。一个国家环境法体系的完善与否,不仅是反映该国环境法学发展的重要因素,而且还是衡量该国环境法治建设和环境管理水平的重要标准。因此,对环境法的体系进行深入研究,在理论和实践上均具有重要价值。一方面,从理论价值而言,环境法学研究与环境法律规范密不可分,只有将一国环境法律、法规以及其他规范性文件系统联系起来,进行系统分析研究,才能将该国的环境法学基础理论研究建立在该国的环境立法实践基础上,为该国环境法学发展确立科学定位和发展前景;另一方面,从实践价值而言,一国环境法体系的完善与否,直接关系该国环境法治建设和环境管理水平的高低,因此,对一国环境法体系进行系统研究,不仅能够为该国确立科学的环境立法规划提供理论支撑,而且还能为该国逐渐完善环境法体系指明方向。[24]

---

〔21〕 汪劲:《环境法学》(第4版),北京大学出版社2018年版,第26页;李艳芳:《论生态文明建设与环境法的独立部门法地位》,载《清华法学》2018年第5期。

〔22〕 参见张文显主编:《法理学》(第5版),高等教育出版社2018年版,第126页。

〔23〕 参见韩德培主编:《环境保护法教程》(第8版),法律出版社2018年版,第61页。

〔24〕 参见汪劲:《环境法学》(第4版),北京大学出版社2018年版,第114页。

二、典型国家环境法体系

(一)美国

虽然美国是一个以普通法为主要法律形式的国家,其所有重要法律部门均是在长期沿革的普通法传统上发展起来的,环境法也不例外,但是随着现代环境问题的不断增多,普通法的作用越来越有限。于是,为应对工业生产对环境的污染和破坏问题,自20世纪40年代起,美国国会和政府部门通过立法,对污染防治、资源保护和管理、土地利用与开发等活动作出特殊限制规定和要求,并通过颁发许可证、采取强制措施和对违法行为予以惩罚等手段达到了环境保护的效果。因此,时至今日,美国已构建了以成文法和不成文法为法律存在形式的环境法律体系。具体而言:一方面,由于美国继承了英国法律的普通法传统,[25]普通法是其法律渊源之一,因此,其不成文法中有关环境保护的普通法和司法判例也是美国环境法律体系的必要组成部分;另一方面,在成文法方面,美国形成了以《美国国家环境政策法》为中心,以有关保护空气、土壤、水等的污染控制法和以保护自然资源为目的的资源保护法为内容的环境法体系。

(二)日本

随着1993年《日本环境基本法》的制定与施行,日本已经构建了以《日本环境基本法》为中心,以各种单行法规范相关领域为主要内容的完整环境法体系。这种完善的环境法体系的形成,是自明治时期以来日本历史发展的结果。具体而言,日本环境法体系呈现由《日本公害对策基本法》与《日本自然环境保全法》两法并列之下的公害对策基本法体系向《日本环境基本法》之下的环境基本法新体系的转变历程。在1993年《日本环境基本法》制定之前,随着公害环境问题的不断加剧,日本公害法从"二战"之前没有公害环境法律规范存在,逐步发展为以1970年"公害国会"召开为开端,通过制定或修正一系列公害环境法律规范而逐渐形成公害对策基本法体系。在1993年《日本环境基本法》制定之前,《日本公害对策基本法》与《日本自然环境保全法》的理念和基本方针构成了日本的环境法体系。具体而言,在《日本公害对策基本法》与《日本自然环境保全法》的统率之下,公害规制法、环境保全法、环境整备法、费用负担支助法、被害救济纠纷处理法等共同构成了日本环境法的体系。相较于1993年《日本环境基本法》制定与施行后所形成的环境基本法体系即新环境法体系而言,此前的日本环境法体系被称为公害对策基本法体系。[26] 1993年开始施行的《日本环境基本法》,部分吸收了《日本自然环境保全法》的政策与原则,实现了环境污染防治法与自然环境保全政策在同一部法律中的融合,改变了过去环境污染防治法与自然环境保全法分别由不同法律予以规定的二分局面,扩大了日本国家环境政策的覆盖范围,形成了环境基本法体系。在如何进一步明确日本环境法的新体系内容的问题上,日本学者之间尚存在些微不一致的地方。以1993年《日本环境基本法》规定为基础,浅野直人教授较早地对日本环境法体系进行系统研究。他认为,日本旧环境法体系中公害规制法、环境保全法、环境整备法、费用负担支助法、被害救济纠纷处理法等

---

〔25〕 参见高利红:《环境整体主义下的综合污染控制:英国的探索及对我国的启示》,载《国外社会科学》2022年第3期。

〔26〕 参见[日]阿部泰隆、淡路刚久:《环境法》,有斐阁1995年版,第26页。

内容,欠缺对自然环境、生态系统、物种保全等方面的综合考虑,因此,在导入了新的环境政策理念、指导方针的《日本环境基本法》施行之后,应该重新调整环境法的体系。浅野直人教授以《日本环境基本法》第15条"为推进有关环境保全政策的综合性且计划性,政府必须确定环境基本计划"的规定为基础,提出了日本环境法体系应该具体包括环境基本法、环境政策法、环境行政组织法、环境保全规制法、环境保全促进法与支援法、纠纷处理法与被害救济法、地球环境保全法与地域环境保全法等内容。[27] 1994年12月,日本环境基本计划正式得到内阁决议的确定。受浅野直人教授学说的影响,日本学者关于新的环境法体系的研究日趋完善。阿部泰隆、淡路刚久教授编著的《环境法》,按照环境基本法、地球环境保全法与条约、环境污染规制与环境保全法、自然保护法、环境保全的费用负担、公害环境纠纷处理法、环境行政组织等内容理解日本环境法的新体系。[28] 此后,大塚直教授于2002年出版的《环境法》,将环境法体系归纳为环境基本法、环境影响评价法、有害物质管理法、防止与削减污染物质排出法、物质循环管理法、自然与文化环境保全法、地球环境保全法、环境保护费用负担法、公害环境事件司法与行政解决法和环境行政组织法等。具体而言,日本在1993年《日本环境基本法》后已构建了以《日本环境基本法》为中心,以有害物质管理法、防止与削减污染物质排出法、物质循环管理法、自然与文化环境保全法、地球环境保全法、环境保护费用负担法、公害环境事件司法与行政解决法和环境行政组织法为主要内容的环境法新体系。[29]

(三)法国

法国较为注重防治污染和保护自然资源。自20世纪50年代至今,法国已制定了一系列相关环境法律规范。如《法国自然保护区法》(1957年)、有关建立国家自然公园的法律(1961年)、《法国大气与气味污染法》(1961年)、《法国狩猎法》(1964年制定,2000年、2003年修正)、有关水的分配管理和预防水污染的法律(1964年)、有关建立水文地理盆地的法律(1964年)、有关建立地区自然公园的法律(1967年)、有关设立自然保护和环境保护部的法律(1971年)、有关建立海岸保护区的法律(1975年)、《法国废弃物及资源回收法》(1975年)、有关自然保护的7月10日法律(1976年)、有关分级设施法(1976年)、POLMAR计划的建立的法律(1978年)、ZNIEFF的建立的法律(1982年)、关于公众调查民主化的法律(1983年)、《法国渔业法》(1984年)、《法国山地法》(1985年)、《法国海岸法》(1986年)、DIREN的设立的法律(1991年)、《法国反噪声法》(1992年)、关于废物的法律(1992年)、《法国水法》(1992年、2004年、2006年)、《法国风景名胜区法》(1993年)、关于加强环境保护的法律(1995年)、关于合理使用能源的法律(1996年)、领土整治和可持续发展导向性法律(1999年)、环境法典立法部分实行(2000年)、《法国城市更新与连带责任法》(2000年)、关于森林的导向性法律(2001年)、反温室气体与预防与气候变暖的有关的风险的法律(2001年)、关于相邻的民主化法(2002年)、关于预防技术风险和自然风险以及损害赔偿法(2003年)、环境法典法规部分实行(2003年)、《法国公共健康政策法》(2004年)、《法国农村领土法》(2005年)、自然公园与海洋

---

〔27〕 参见[日]浅野直人:《日本环境法的新体系》,载森岛昭夫:《不法行为法的现代课题与展开》,日本评论社1995年版,第241-245页。

〔28〕 参见[日]阿部泰隆、淡路刚久:《环境法》,有斐阁1995年版,第11-17页。

〔29〕 参见[日]大塚直:《环境法》,有斐阁2010年版,第42-43页。

自然公园法（2006年）、《法国核安全和透明度法》（2006年）、有关放射性废弃物可持续管理的计划性法（2006年）、环境领域关于欧盟法中和环境责任以及其他条款适用的2008年8月1日2008－757号法律（2008年）等。法国自1971年设立环境部至1989年的近20年，由于有关环境保护的法律、法规越来越多地出现难以理解、分散、混乱的问题，众多有关环境保护的法律、法规既不能体现法国环境法的实际情况，也不能与国家总体政策相一致。受法国现行法律体系的法典化传统影响，环境法法典化被提上议事日程。法国于1989年开始进行环境法法典编纂工作，并于1999年年底完成。2000年《法国环境法典》法律部分以法令形式获得通过并正式生效；法规部分则于2003年获得通过，2009年整理版本为最新版本。《法国环境法典》分为法律和法规两大部分。其中，法律部分共包括7卷，法规部分仅对法律部分的第一卷、第三卷、第四卷和第七卷进行了补充。具体而言，法律部分包括总则和分则。第一卷为总则，包括基本原则篇、信息和市民参与篇、机构篇、环境保护协会篇和资金机制篇5个方面；第二卷至第七卷为分则部分，即第二卷环境要素卷（水和空气），第三卷自然空间卷（清理和自然遗产的开发，海岸，公园和保护区，风光，风景，进入自然界），第四卷动植物卷（动植物保护，狩猎，捕捞），第五卷污染、风险和妨害的预防卷（分类设施，化学物质，转基因组织，废物，自然危害，声学和视觉学公害，海报和广告），第六卷新喀里多尼亚、法属波利尼西亚、瓦利斯群岛和富图纳群岛、北极及法属南极、科罗利岛的适用条款卷，第七卷南极环境保护卷。自《法国环境法典》出台后，根据法典编纂方法，法国相关法典编纂部门定期将此后颁布的有关环境保护的法律、规章、政令中的法律条文取出、移转并复制到环境法典中。通过这种方式，法国形成了独特的环境法法典体系。[30]

三、我国环境法体系

1979年第五届全国人民代表大会常务委员会第十一次会议原则通过并颁布实施《环境保护法（试行）》（已失效），标志着我国环境法制建设进入了一个全面开展的新阶段，大大加快了我国环境立法的步伐。[31] 在总结经验和吸取教训的基础上，我国在1989年12月通过了《环境保护法》，标志着我国环境保护事业逐渐步入法制化的轨道。此后，一系列与之相配套的环境法律规范相继面世，极大地促进了我国环境法的发展。《环境保护法（2014修订）》进一步完善了我国环境法体系。[32] 经过40多年的努力，目前，我国已基本形成了一个以宪法为指导的“1＋N＋4”的生态环境保护法律体系。[33] 也就是说，通过不懈努力，我国生态环境保护领域形成了由1部基础性、综合性的《环境保护法》，若干部涉及大气、水、固体废物、土壤、噪声、海洋、湿地、草原、森林、沙漠等专门法律，《长江保护法》、《黄河保护法》、《黑土地保护法》和

---

〔30〕 参见彭峰：《法典化的迷思——法国环境法之考察》，上海社会科学院出版社2010年版，第98－132页；王树义、周迪：《论法国环境立法模式的新发展——以法国〈综合环境政策与协商法〉的制定为例》，载《法制与社会发展》2015年第2期。

〔31〕 参见罗典荣：《10年来我国环境立法的发展——纪念〈环境保护法（试行）〉颁布实施10周年》，载《环境保护》1989年第8期。

〔32〕 参见王明远：《环境法治踏上新征途》，载《人民论坛》2016年第34期。

〔33〕 参见栗战书：《在黄河保护法立法座谈会上的讲话》，载中国人大网2022年9月19日，http://www.npc.gov.cn/npc/c30834/202209/9ff95c8facc343c1824607e10eed4895.shtml。

《青藏高原生态保护法》4 部特殊区域法律组成的“1 + N + 4”法律制度体系，有力推动了人与自然和谐共生的美丽中国建设。[34] 目前，我国现行有效的生态环境保护类法律有 30 余部、行政法规 100 余件、地方性法规 1000 余件。我国已初步构建起以环境保护法为统领，涵盖水、气、声、渣等各类污染要素和山水林田湖草沙等各类自然生态系统，务实管用、严格严密的生态环境保护法律体系。

（一）宪法中的环境法规范

宪法中的环境法规范在环境法体系中的地位可以从形式和内容两方面得到诠释：从形式上而言，宪法中的环境法规范在环境法领域内具有最高的法律效力；从内容上来看，宪法中的环境法规范是国家实施环境管理的依据。2018 年 3 月由全国人民代表大会审议通过的《宪法修正案》在序言中明确规定，推动物质文明、政治文明、精神文明、社会文明、生态文明协调发展，把我国建设成为富强民主文明和谐美丽的社会主义现代化强国，实现中华民族伟大复兴。也就是说，2018 年通过的《宪法修正案》首次将“生态文明”“和谐美丽的社会主义现代化强国”写入宪法序言，并在第 89 条第 6 项中明确规定由国务院领导和管理生态文明建设，形成了宪法生态文明条款。“生态文明入宪”是对宪法所确立的国家环境保护义务的进一步拓展与深化，既是对我国生态法治发展实践经验的规范化表达，也是对我国生态法治发展理论成果的高度凝练，为形成具有中国特色的生态法治理论体系、制度体系和话语体系奠定了基础，为环境法治的未来发展与变革提供了动力，也指明了方向。[35] 此外，《宪法》第 9 条第 1 款规定：矿藏、水流、森林、山岭、草原、荒地、滩涂等自然资源，都属于国家所有，即全民所有；由法律规定属于集体所有的森林和山岭、草原、荒地、滩涂除外。《宪法》第 10 条第 5 款对合理利用土地进行了规定；第 22 条第 2 款对国家保护名胜古迹、珍贵文物和其他重要历史文化遗产进行了规定；第 26 条对国家保护和改善生活环境和生态环境，防治污染和其他公害，以及国家组织和鼓励植树造林，保护林木等义务进行了规定，为我国环境活动和环境立法提供了指导原则和立法依据。

（二）综合性环境基本法

综合性环境基本法是指处于国家基本法地位的、由国家最高立法机关制定的包含环境保护政策、目标规定的整体性和综合性法律。我国现行具有综合性环境基本法性质的法律是 1989 年通过、2014 年修订的《环境保护法》。综合性环境保护法的效力仅次于《宪法》，对其他环境保护单行法起统领和普遍指导的作用。

《环境保护法》确立了我国环境保护的基本原则、基本制度及环境监督管理体制，并对政府、环境保护行政管理部门、企业和公民保护环境和防治公害的权利义务等作出了明确规定，实现了权责匹配，有利于从根本上提高环境法的有效性和权威性。《环境保护法》明确规定了“按日计罚”“限制生产、停产整治”“停业关闭”“行政拘留”等法律责任，由此被称为“史上最

---

〔34〕 参见栗战书：《全国人民代表大会常务委员会工作报告》，载中国政府网 2023 年 3 月 16 日，https://www.gov.cn/xinwen/2023-03/16/content_5747071.htm。

〔35〕 参见刘洪岩：《生态文明与中国法治革新》，载《城市与环境研究》2021 年第 4 期。

严”环境法。[36] 与1989年《环境保护法》相比,《环境保护法(2014修订)》具有诸多亮点。一是,首次在法律中宣示保护环境是国家的基本国策;二是,首次提出把“保护优先”作为环境保护法的一项基本原则;三是,首次将政策环境影响评价纳入环境保护法中;四是,首次赋予环境目标责任制以强制效力;五是,首次在环境保护法明确了环境民事公益诉讼;六是,首次在法律上规定生态红线制度;七是,首次在法律上提出区域联合防治协调机制;八是,首次在法律上明确区域限批制度;九是,首次以专章的形式规定环境信息公开和公众参与;十是,首次给予环境执法机关以“警察权力”。[37]

(三)环境保护单行法律

我国环境保护单行法律包括环境污染防治法、自然生态保护法、物质循环管理法等方面。

1. 环境污染防治法

环境污染防治法,又称环境污染控制法,是指国家为达到对产生或可能产生环境污染和其他公害的原因活动实施控制,保护生活环境,进而保护人体健康和财产安全的目的而制定的同类法律的总称。具体包括环境要素保护法、环境妨害规制法和有害物质管理法。目前,我国已制定了《海洋环境保护法》(1982年通过,1999年修订、2013年修正、2016年修正、2017年修正、2023年修订)、《水污染防治法》(1984年通过,1996年修正、2008年修订、2017年修正)、《大气污染防治法》(1987年通过,1995年修正、2000年修订、2015年修订、2018年修正)、《固体废物污染环境防治法》(1995年通过,2004年修订、2013年修正、2015年修正、2016年修正、2020年修订)、《环境影响评价法》(2002年通过,2016年修正、2018年修正)、《放射性污染防治法》(2003年通过)、《环境保护税法》(2016年通过,2018年修正)、《核安全法》(2017年通过)、《土壤污染防治法》(2018年通过)、《噪声污染防治法》[38](2021年通过)等。

此外,在环境污染防治方面,我国还制定了对海洋环境、地下水、化学品安全、农药使用、电磁辐射、民用核安全设备、碳排放权交易等进行控制和管理的行政法规和部门规章以及相关环境标准。如《海洋倾废管理条例》(1985年公布,2011年修订、2017年修订)、《防止拆船污染环境管理条例》(1988年公布,2016年修订、2017年修订)、《防治海岸工程建设项目污染损害海洋环境管理条例》(1990年公布,2007年修订、2017年修订、2018年修订)、《监控化学品管理条例》(1995年公布,2011年修订)、《工作场所安全使用化学品规定》(1996年制定)、《危险化学品安全管理条例》(2002年公布,2011年修订、2013年修订)、《易制毒化学品管理条例》(2005年公布,2014年修订、2016年修改、2018年修订)、《移动通信基站电磁辐射环境监测方法》(2018年公布)、《5G移动通信基站电磁辐射环境监测方法(试行)》(2020年公布)、《中波广播发射台电磁辐射环境监测方法》(2020年公布)、《短波广播发射台电磁辐射环境监测方法》(2021年发布)、《移动通信终端电磁辐射暴露限值》(2022年发布)等。

2. 自然生态保护法

自然生态保护法的目的在于合理开发、利用自然资源,维护人类对自然资源的可持续利

---

〔36〕 参见孙佑海:《我国70年环境立法:回顾、反思与展望》,载《中国环境管理》2019年第6期;王灿发主编:《〈环境保护法〉实施评估报告(2016)》,中国政法大学出版社2019年版,第14页。

〔37〕 参见曹明德:《新〈环境保护法〉的十大亮点》,载《绿叶》2014年第7期。

〔38〕 《噪声污染防治法》自2022年6月5日起施行,《环境噪声污染防治法》同时废止。

用,建立对生态环境的系统性、整体性保护制度,促进生态环境可持续发展,由此保存生态系统的完整性以最大限度地保护自然界可供人类利用和非人类利用的各种价值。根据具体立法目标以及适用对象范围的不同,自然生态保护法可进一步划分为自然资源立法,生态及生物多样性保护立法和特殊地理、特定区域或流域的生态环境保护立法。其中,自然资源立法如《森林法》(1984 年通过,1998 年修正、2009 年修正、2019 年修订)、《草原法》(1985 年通过,2002 年修订、2009 年修正、2013 年修正、2021 年修正)、《土地管理法》(1986 年通过,1988 年修正、1998 年修订、2004 年修正、2019 年修正)、《渔业法》(1986 年通过,2000 年修正、2004 年修正、2009 年修正、2013 年修正)、《矿产资源法》(1986 年通过,1996 年修正、2009 年修正)、《水法》(1988 年通过,2002 年修订、2009 年修正、2016 年修正)、《野生动物保护法》(1988 年通过,2004 年修正、2009 年修正、2016 年修订、2018 年修正、2022 年修订)、《气象法》(1999 年通过,2009 年修正、2014 年修正、2016 年修正)、《海域使用管理法》(2001 年通过)、《深海海底区域资源勘探开发法》(2016 年通过)等。生态及生物多样性保护立法如《文物保护法》(1982 年通过,1991 年修正、2002 年修订、2007 年修正、2013 年修正、2015 年修正、2017 年修正)、《水土保持法》(1991 年通过,2009 年修正、2010 年修订)、《自然保护区条例》(1994 年通过,2011 年修订、2017 年修订)、《野生植物保护条例》(1996 年通过,2017 年修订)、《煤炭法》(1996 年通过,2009 年修正、2011 年修正、2013 年修正、2016 年修正)、《动物防疫法》(1997 年通过,2007 年修订、2013 年修正、2015 年修正、2021 年修订)、《种子法》(2000 年通过,2004 年修正、2013 年修正、2015 年修订、2021 年修正)、《防沙治沙法》(2001 年通过、2018 年修正)、《防洪法》(1997 年通过,2009 年修正、2015 年修正、2016 年修正)、《风景名胜区条例》(2006 年通过,2016 年修订)、《海岛保护法》(2009 年通过)、《消耗臭氧层物质管理条例》(2010 年通过,2018 年修订、2023 年修订)、《生物安全法》(2020 年通过,2024 年修正)、《湿地保护法》(2021 年通过)等。特殊地理、特定区域或流域的生态环境保护立法如《长江保护法》(2020 年通过)、《黄河保护法》(2022 年通过)、《黑土地保护法》(2022 年通过)、《青藏高原生态保护法》(2023 年通过)等。

3. 物质循环管理法

物质循环管理法是指国家为减轻人类活动产生的废弃物等对环境的影响,对生产和流通过程以及消费后产生的废弃物予以收集、处理、再生和再资源化,为节约能源而制定的同类法律的总称。如《电力法》(1995 年通过,2009 年修正、2015 年修正、2018 年修正)、《节约能源法》(1997 年通过,2007 年修订、2016 年修正、2018 年修正)、《清洁生产促进法》(2002 年通过,2012 年修正)、《可再生能源法》(2005 年通过,2009 年修正)、《循环经济促进法》(2008 年通过,2018 年修正)、《废弃电器电子产品回收处理管理条例》(2008 年通过,2019 年修订)及《固体废物污染环境防治法》(1995 年通过,2004 年修订、2013 年修正、2015 年修正、2016 年修正、2020 年修订)中的部分内容等。

(四)生态环境法律责任

生态环境法律责任是指环境法律关系主体违反环境法律规范承担的负面的法律后果。生态环境法律责任包括环境行政责任、环境刑事责任以及环境民事责任。

1. 环境行政责任

环境行政责任是指环境法律关系主体违反环境行政法律规范或者不履行环境行政法律义务而依法所应当承担的否定性的行政法律后果。环境行政责任属于行政责任,因此,《行政处罚法》(1996 年通过,2009 年修正、2017 年修正、2021 年修订)也适用于环境行政处罚。针对具体违法行为的环境行政责任的规定分散在《环境保护法》和各环境单行立法的"法律责任"部分,以规范生态环境行政处罚的实施,监督和保障生态环境主管部门依法实施行政处罚,维护公共利益和社会秩序,保护公民、法人或者其他组织的合法权益。

中华人民共和国生态环境部于 2023 年 5 月公布了《生态环境行政处罚办法》,对生态环境行政处罚遵循的基本原则、生态环境行政处罚的种类、实施生态环境行政处罚的主体与管辖、普通程序、简易程序、执行、结案和归档、监督等内容进行了明确规定;原环境保护部发布的《环境行政处罚办法》(中华人民共和国环境保护部令第 8 号)同时废止。

2. 环境刑事责任

环境刑事责任是指行为人违反环境法或刑法的规定,实施了严重污染或破坏环境的行为,造成环境被严重污染或者破坏,导致公私财产重大损失或者人身伤亡严重后果,或者情节严重,依法构成犯罪所应承担的刑事方面的法律后果。我国已通过刑事立法构建了较为完善的保护环境资源的刑事责任法律制度。为实现惩治破坏环境资源犯罪行为的目的,1997 年《刑法》在第三章"破坏社会主义市场经济秩序罪"中规定了"走私固体废物罪",在第六章"妨害社会管理秩序罪"中专设一节规定了"破坏环境资源保护罪",在第九章"渎职罪"中规定了"违法发放林木采伐许可证罪""环境监管失职罪"等。此后,为降低我国破坏环境资源保护的犯罪入罪门槛,增强可操作性,2011 年 2 月通过的《刑法修正案(八)》对刑法第 338 条、第 343 条等条款进行了修正。2020 年 12 月通过的《刑法修正案(十一)》对刑法第 338 条、第 341 条、第 342 条、第 344 条等进行了修正。该修正案一方面将环境影响评价、环境监测机构"弄虚作假"首次纳入刑法定罪量刑,另一方面对刑法原有的"污染环境罪"提高了处罚档次,同时补充了在自然保护区非法建设、非法引入外来物种两类新的犯罪。[39] 与此同时,为正确适用刑法的相关规定,最高人民法院就审理破坏野生动物资源刑事案件、审理环境污染刑事案件等作出了司法解释。例如,2023 年 8 月公布的最高人民法院、最高人民检察院《关于办理环境污染刑事案件适用法律若干问题的解释》(法释〔2023〕7 号),在深入贯彻《刑法修正案(十一)》立法精神的前提下,调整了污染环境罪的定罪量刑标准;明确了对环境数据造假行为的处理规则,即对承担环境影响评价、环境监测、温室气体排放检验检测、排放报告编制或者核查等职责的中介组织的人员,实施的提供虚假证明文件犯罪的定罪量刑标准作出明确规定;明确了办理环境污染刑事案件实施宽严相济的规则,即衔接有关环境保护法律法规,将实行排污许可重点管理的单位未取得排污许可非法排污的行为,明确为从重处罚情形,做到当严则严,又明确可以根据认罪认罚、修复生态环境、有效合规整改等因素,在必要时作从宽处理,体现恢复性司法理

〔39〕 参见别涛:《惩治环境犯罪的新利器——刑法修正案(十一)关于环境犯罪的规定分析》,载《中国环境报》2021 年 1 月 1 日,第 8 版。

念，做到当宽则宽，确保案件处理取得良好效果。[40]

3. 环境民事责任

环境民事责任，又称环境污染和生态破坏责任，是指因产业活动或其他人为的活动致使环境污染、生态环境破坏等侵权行为发生，造成或可能造成他人生命、身体健康、财产乃至生态环境等损害的行为人，依法应承担的民事责任。[41] 在我国立法上，有关环境民事责任的规定，主要散见于《民法典》《民事诉讼法》《行政诉讼法》以及各单项环境污染防治法律、生态环境保护法律之中，特别是2020年5月颁布的《民法典》在第9条对新增的绿色原则进行了概括性规定，并在第七编第七章以"环境污染和生态破坏责任"为章名，明确规定了生态环境侵权责任、生态环境损害赔偿责任等环境民事责任；[42] 既对保护"绿水青山"的时代号召作出了响亮回应，又对保护环境污染和生态破坏受害人的合法权益，明确环境污染者和生态破坏者的侵权责任，预防并制裁环境污染侵权行为和生态破坏侵权行为，保护生态环境，促进社会和谐稳定具有积极意义。[43]

此外，由于相关法律中有关环境污染和生态破坏责任的法律规定较为概括，通常不具有可操作性，以至于造成追究加害人责任困难，从而导致无法救济受害人的局面。为正确审理生态环境损害赔偿案件，严格保护生态环境，依法追究损害生态环境责任者的赔偿责任，最高人民法院于2019年6月公布《关于审理生态环境损害赔偿案件的若干规定（试行）》（法释〔2019〕8号，2020修正）；为正确适用《民事诉讼法》《行政诉讼法》关于人民检察院提起公益诉讼制度的规定，最高人民法院、最高人民检察院于2018年3月公布《关于检察公益诉讼案件适用法律若干问题的解释》（法释〔2018〕6号，2020年修正）；为正确审理环境民事公益诉讼案件，最高人民法院于2015年1月公布《关于审理环境民事公益诉讼案件适用法律若干问题的解释》（法释〔2015〕1号，2020年修正）；为依法办理海洋自然资源与生态环境公益诉讼案件，最高人民法院、最高人民检察院于2022年5月发布《关于办理海洋自然资源与生态环境公益诉讼案件若干问题的规定》（法释〔2022〕15号）等。这些法律解释对于生态环境损害赔偿案件、环境民事公益诉讼案件、检察公益诉讼案件等适用法律问题，进行了详细规定。此外，为妥善审理生态环境侵权案件，及时有效保护生态环境，维护民事主体合法权益，落实保护优先、预防为主原则，最高人民法院于2021年11月通过了《关于生态环境侵权案件适用禁止令保全措施的若干规定》（法释〔2021〕22号）；为妥善审理生态环境侵权纠纷案件，全面加强生态环境保护，正确适用惩罚性赔偿，最高人民法院于2021年12月通过了《关于审理生态环境侵权纠纷案件适用惩罚性赔偿的解释》（法释〔2022〕1号）；为正确审理生态环境侵权责任纠纷案件，依法保护当事人合法权益，最高人民法院于2023年6月通过了《关于审理生态环境侵权责任纠纷案件适用法律若干问题的解释》（法释〔2023〕5号），最高人民法院《关于审理环境侵权责任纠纷案

---

〔40〕 参见周加海、喻海松、李振华：《〈关于办理环境污染刑事案件适用法律若干问题的解释〉的理解与适用》，载《环境经济》2023年第15期。

〔41〕 参见罗丽：《中日环境侵权民事责任比较研究》，吉林大学出版社2004年版，第85页。

〔42〕 参见曹明德：《〈民法典〉生态环境损害赔偿条款法理辨析》，载《法律科学（西北政法大学学报）》2022年第1期；吕忠梅、窦海阳：《生态恢复论：环境侵权新法理》，法律出版社2022年版，第47页。

〔43〕 参见吕忠梅：《环境法典视角下的生态环境法律责任》，载《环球法律评论》2022年第6期。

件适用法律若干问题的解释》(法释〔2015〕12 号)同时废止,最高人民法院于 2023 年 8 月通过了《关于生态环境侵权民事诉讼证据的若干规定》(法释〔2023〕6 号),等。

(五)国际环境法

国际环境法是指世界上各个国家及国际组织等在利用、保护和改善自然资源与环境的国际交往与合作中产生的,调整彼此之间权利与义务关系的各种原则、规则与制度的总称。为应对工业化进程加快所导致的日益严峻的环境问题,国际环境法已成为环境法和国际法共同的分支学科。本着对国际环境与资源保护事业积极负责的态度,我国目前已参加或者缔结的与环境保护有关的国际公约和条约有《防治北冰洋中部公海不管制渔业活动协定》《巴黎协定》《2007 年内罗毕国际船舶残骸清除公约》《〈生物多样性公约〉关于获取遗传资源和公正公平分享其利用所产生惠益的名古屋议定书》《关于汞的水俣公约》《控制船舶有害防污底系统国际公约》《2001 年国际燃油污染损害民事责任公约》《乏燃料管理安全和放射性废物管理安全联合公约》《制止核恐怖主义行为国际公约》《国际植物保护公约》《生物多样性公约卡塔赫纳生物安全议定书》《关于持久性有机污染物的斯德哥尔摩公约》《关于在国际贸易中对某些危险化学品和农药采用事先知情同意程序的鹿特丹公约》《联合国气候变化框架公约》《1990 年国际油污防备、反应和合作公约》《〈1969 年国际油污损害民事责任公约〉1992 年议定书》《执行 1982 年 12 月 10 日〈联合国海洋法公约〉有关养护和管理跨界鱼类种群和高度洄游鱼类种群的规定的协定》《核安全公约》《联合国防治荒漠化公约》《生物多样性公约》《关于特别是作为水禽栖息地的国际重要湿地公约》《关于消耗臭氧层物质的蒙特利尔议定书》《关于环境保护的南极条约议定书》《控制危险废物越境转移及其处置的巴塞尔公约》《1969 年国际干预公海油污事故公约》《1973 年干预公海非油类物质污染议定书》《保护臭氧层维也纳公约》《核材料实物保护公约》《核事故或辐射紧急援助公约》《及早通报核事故公约》《防止倾倒废物及其他物质污染海洋的公约》《保护世界文化和自然遗产公约》《禁止细菌(生物)及毒素武器的发展、生产及储存以及销毁这类武器的公约》《南极条约》《经 1978 年议定书修订的〈1973 年国际防止船舶造成污染公约〉》《联合国海洋法公约》《濒危野生动植物种国际贸易公约》《1969 年国际油污损害民事责任公约》《国际捕鲸管制公约》《南极海洋生物资源养护公约》《捕鱼与养护公海生物资源公约》《世界气象组织公约》《斯匹次卑尔根群岛条约》〔44〕等。

四、完善我国环境法体系,编纂我国环境法典的趋势

随着生态文明建设的持续推进,为完善以习近平生态文明思想与习近平法治思想作为根本遵循的生态环保法律体系,加快环境法典编纂的研究步伐已然成为我国生态环境保护法治实践的迫切需求。继全国人大常委会 2021 年度立法工作计划明确指出"研究启动环境法典、教育法典、行政基本法典等条件成熟的行政立法领域的法典编纂工作"之后,全国人大常委会 2022 年度立法工作计划与 2023 年度立法工作计划均明确"研究启动条件成熟的相关领域法

---

〔44〕 相关国际公约和条约名称参见各官方网站,如国际法委员会网,https://legal.un.org/ilc/;生态环境部网,https://www.mee.gov.cn/;国家核安全局网,http://nnsa.mee.gov.cn/;自然资源部网,https://www.mnr.gov.cn/;农业农村部网,http://www.moa.gov.cn/。

典编纂工作”。[45] 环境法典肩负着固定生态文明建设实践成果、逐步实现“美丽中国”目标,深化可持续发展逻辑意义脉络、维护生态环境法治基本价值观,消弭环境规范重叠与分散弊端,完善生态环境保护领域法律体系化,彰显生态环境治理大国责任,推动全球治理变革与人类命运共同体建构的时代使命。[46] 因此,编纂中国特色社会主义环境法典成为完善我国环境法体系的必经之路。但也要注意到,“编纂生态环境法典是一项艰巨的立法任务和系统工程,不是简单的法律汇编,也不是制定全新的法律,而是以法典化的方式对现行生态环境法律制度规范进行系统整合、编订纂修、集成升华,增强生态环境法律制度的系统性、整体性、协同性、时效性”[47]。故而,中国环境法典化的实现路径,应该绕不过环境法典编纂的立法路径确定、编纂模式选择、体系结构安排以及立法技术定位等关键议题。在立法路径确定方面,明确先编纂总则编再编纂各分则编的“两步走”立法步骤,是中国环境法典编纂工作开展的关键第一步。在法典化模式选择方面,采取“适度法典化”式的实质性法典编纂模式,是兼顾我国现有“1+N+4”生态环保领域立法体系特点的特色创举,即在“总则+分则”环境法典框架体系下,采取环境法典与环境单行法“适度”并行的框架模式,并正确处理好二者之间的衔接关系。在体系结构安排方面,应构建兼具体系性与逻辑性的中国特色体系,实现环境法典体系的科学化,既要满足“体例科学、结构严谨”理论要求,又应符合中国特色社会主义法治体系的实践需要。[48]

具体而言,总则编应凝练核心范畴,建立现代环境治理体系与基本制度,实现环境权“入典”。污染控制编应保障公众健康,依“污染控制”的理念确定调整范围、展开制度逻辑,解决新污染物控制问题。自然生态保护编应以“自然生态”为基石概念,确立生态价值优先和统筹治理理念,构建契合生态整体保护的制度体系。绿色低碳发展编应明确“绿色低碳发展”的规范含义,实现相关规范的系统安排,统筹国内与国际、减缓与适应两大关系。生态环境责任编应以理论创新奠定制度基础,构建“二阶型”法律责任体系,衔接《民法典》相关条款,建立专门纠纷解决机制。[49] 在立法技术定位方面,选择性地科学运用“提取公因式”方法,从现有环境保护法律体系中归纳总结出一些共同性规则作为环境法典的总则编;各分则编则需根据实际情况,对于条件成熟部分采取实质性立法方法,以此明确规定相关分则编的特殊性内容。如此,具有中国特色的环境法典化的实现方能变得可能。[50]

综上,我国生态环境法典编纂作为贯彻习近平生态文明思想与习近平法治思想、落实党的

---

〔45〕 参见《全国人大常委会2021年度立法工作计划》,载中国人大网2021年4月21日,http://www.npc.gov.cn/npc/c2/c30834/202104/t20210421_311111.html;《全国人大常委会2022年度立法工作计划》,载中国人大网2022年5月6日,http://www.npc.gov.cn/npc/c2/c30834/202205/t20220506_317718.html。《全国人大常委会2023年度立法工作计划》,载中国人大网2023年5月29日,http://www.npc.gov.cn/npc/c2/c30834/202305/t20230529_429763.html。

〔46〕 参见杜辉:《生态环境法典中公私融合秩序的表达》,载《法学评论》2022年第6期;刘长兴:《体系化构建:中国环境立法年度观察报告(2022)》,载《南京工业大学学报(社会科学版)》2023年第2期;吕忠梅、田时雨、王玲玲:《〈环境保护法〉实施现状及其法典化“升级”》,载《中国人口·资源与环境》2023年第1期。

〔47〕 徐航等:《稳步有序推进生态环境法典编纂工作》,微信公众号“全国人大”2023年12月23日,https://mp.weixin.qq.com/s/lo7mgruQuvPBCeFhxoATNQ。

〔48〕 参见罗丽:《论我国环境法法典化中的若干问题》,载《清华法学》2023年第4期。

〔49〕 参见吕忠梅:《环境法典编纂论纲》,载《中国法学》2023年第2期。

〔50〕 参见罗丽:《论我国环境法法典化中的若干问题》,载《清华法学》2023年第4期。

二十大报告提出的“统筹立改废释纂”新要求的明确举措进入立法程序,在我国立法史、环境法治史乃至世界环境法治史上都具有里程碑意义。未来,环境法典编纂应立足于“以高水平保护促进高质量发展”的绿色目标构建制度体系,准确把握“人与自然和谐共生的现代化”内涵创新法学理论,充分回应“人与自然生命共同体”的需求设计制度,为全面推进美丽中国建设、实现环境治理体系和治理能力现代化提供法治轨道,更为世界环境法典编纂和全球环境治理体系贡献中国智慧。[51]

思考问题

1. 试述环境法的概念与渊源。
2. 试述我国环境法的体系。
3. 试述环境法的特征。
4. 阐述编纂我国环境法典亟待解决的主要问题。

---

〔51〕 参见吕忠梅:《编纂一部“绿色”的环境法典》,载《中国社会科学报》2023年10月13日,第4版。

第二章 环境法的基本原则

思政与知识要点

党的二十大明确提出，中国式现代化是人与自然和谐共生的现代化，同时强调要坚持可持续发展，坚持节约优先、保护优先、自然恢复为主的方针，专门部署积极稳妥推进“生产发展、生活富裕、生态良好”的文明发展道路，明确“人与自然是生命共同体”理念，以便实现中华民族永续发展。基于此，环境法基本原则的确立应当深入贯彻落实党的二十大报告关于“人与自然和谐共生的现代化”精神，牢固树立和践行“绿水青山就是金山银山”理念，坚持“山水林田湖草沙一体化保护”思想，并且统筹好国内与涉外环境法治建设需求，由此彰显经济社会高质量发展的鲜明底色。

环境法的基本原则是环境法在创制和施行中所共同确立的，贯穿于整个环境法律体系之中，具有普遍性、强制性和相对稳定性的准则。它既是环境立法的依据，也是环境执法、司法活动的基本准绳。因此，它是学习环境法应当掌握的基础性内容。本章从环境法基本原则的概念、特征入手，详细介绍了保护优先原则、预防原则、公众参与原则、损害者担责原则和协同合作原则。[1] 通过学习，应当掌握上述基本原则的含义、生成过程与适用规则等核心内容。

第一节 环境法基本原则概述

一、环境法基本原则的概念

通常“原则”一词的含义较为丰富，它会在保持质的规定性的基础上，随着适用情境和语境的不同而体现出其量的差异性。例如，法国的法学用语辞典就以列举的方式将“原则”的含义划分为七类。举其要者，大体包括：其一，指非法律的一般规范，从这种一般规范可以导出法律规范；其二，作为法律规定的法规范的一般条款，如各国宪法序言中的“一般性原则”；其三，在法律文本中没有写明的具有法律拘束力的法的一般原则，[2] 也可以被称为未有法律条文的法律原则。[3] 当“原则”这一语词与法学方法论相结合时，就产生了作为其下位概念的“法律原则”。

---

〔1〕 在上述基本原则中，保护优先原则、预防原则、公众参与原则、损害者担责原则是修订的《环境保护法》根据我国环境保护与社会发展的实际需要总结凝练的法定原则，而协同合作原则则是学者根据环境保护的国际与国内实践的需要归纳总结的理论成果。

〔2〕 参见梁慧星：《民法总论》（第6版），法律出版社2021年版，第46页。

〔3〕 参见［日］星野英一：《未有条文的民法“原则”》，载《法学教室》1993年第5期。

法律原则在大陆法系通常被认为是“以社会通念、公序良俗、信义诚实之原则等言词表现的,最终存在于社会生活的根本理念中以为补充法欠缺的工具”[4]。在英美法系国家,“原则表达了详细的法律规则和具体的法律制度的基本目的,因为人们把原则看作使这些基本目的始终如一、紧密一致、深入人心,从而使其完全理性化的东西。因此,法律原则正是规则与价值的交汇点”[5]。我国法理学界认为法律原则是法律规范的基础或在法律中较为稳定的原理和准则。[6] 作为法的要素之一,法律原则体现了法律与社会的价值观念之间的密切联系,发挥着法律规则无法替代的作用,诸如为法律规则和概念提供基础或出发点,对法律的制定和法律规则的理解具有指导意义;它们也可以作为疑难案件的断案依据。当某一案件的特殊事实导致适用原有规则不公正时,法律原则可作为断案依据;此外,许多法律原则还可以直接作为审判的依据,此时这些原则的作用与规则无异。[7]

按照所属层次的位阶顺序可以将法律原则划分为宪法原则和部门法原则,按照调整范围的广狭程度可以将其划分为基本原则和具体原则。前者是法律在调整各种社会关系时所体现的最基本的精神价值,反映了它所涵盖的各部门法或子部门的共同要求。后者则是基本原则的具体化,构成了基本法律原则所调整的法律领域所包括的次级层次法律领域的指导思想和直接出发点,反映了该次级层次的特殊性。[8] 本章所讨论的环境法基本原则在层次上属于部门法原则,是调整环境法律部门的原则性规范;在调整范围上属于基本原则,体现着环境法的本质和根本价值,是环境法律关系的指导思想和出发点,是环境法律体系中的灵魂,决定着该法律部门的统一性和稳定性。[9]

关于环境法基本原则的概念,目前学界尚存在争议。[10] 我们认为,作为一个部门法的基本原则,环境法的基本原则是指环境法在创制和施行中所确立的,贯穿于整个环境法律体系之中,具有普遍性、强制性和相对稳定性的准则。它是以我国社会主义宪法原则为指导确立起来

---

〔4〕 [日]《全订法学词典》,东京日本评论社 1971 年版,第 529 页。

〔5〕 [美]迈克尔·D. 贝勒斯:《法律的原则——一个规范的分析》,张文显等译,中国大百科全书出版社 1996 年版,第 315 页。

〔6〕 参见张文显:《二十世纪西方法哲学思潮研究》,法律出版社 2006 年版,第 391 页。

〔7〕 参见张文显主编:《法理学》(第 5 版),高等教育出版社 2018 年版,第 74 页。

〔8〕 参见公丕祥主编:《法理学》,复旦大学出版社 2003 年版,第 339 页。

〔9〕 参见[美]迈克尔·D. 贝勒斯:《法律的原则——一个规范的分析》,张文显等译,中国大百科全书出版社 1996 年版,第 469 页。

〔10〕 有学者曾以各表述所体现的功能定位为标准,将学界已有的环境法基本原则的概念划分为三类。其一为环境管理准则说。该说认为环境法的基本原则是调整因开发、利用、保护、改善环境而产生的社会关系的根本的或主要的准则,它是整个环境管理活动的指导思想和出发点,构成环境法的灵魂,决定着环境法整体的统一和协调。其二为环境法律规定或体现说。该说主张环境法的基本原则是在环境保护法中规定或体现的,对环境保护实行法律调整的基本指导方针。其三为环境法指导准则说。该说提出环境法的基本原则是指贯穿于整个环境法之中,所有环境法律规范都必须遵循和贯彻的,调整并决定一切环境法律关系主体所有行为的指导思想和基本准则,是环境法性质的集中体现。应当承认,尽管上述三种学说对环境法基本原则的表述不尽相同,但它们从不同的角度均反映了作为环境法基本原则的法律规范所应具有的质的规定性。当然也有学者认为在构建环境法基本原则时应该对环境管理原则与环境法原则加以必要的区分,以体现两者不同的价值目标。参见蔡守秋主编:《环境资源法学》,人民法院出版社 2003 年版,第 113 - 120 页;王灿发:《环境法学教程》,中国政法大学出版社 1997 年版,第 72 页;韩德培主编:《环境保护法教程》(第 8 版),法律出版社 2018 年版,第 63 页;吕忠梅:《环境法学》,法律出版社 2008 年版,第 58 页;曹炜:《环境法典基本原则条款构建研究》,载《中国法学》2022 年第 6 期。

的,以实现环境法的目的和完成环境立法任务为目标的法律准则。[11] 它既是环境法基本理念于法律制度层面上的具体体现,又是环境法的本质、技术原理与国家环境政策于法律规范层面上的集中反映。[12]

二、环境法基本原则的特点

由前述环境法基本原则的概念,我们可以探知环境法的基本原则具有如下特点。

第一,地位上的基本性。环境法的基本原则是宪法原则在环境法律部门适用时的具体化,是对一般环境法律规范中所蕴含的质的规定性的抽象化,因此,它们代表着环境法的根本价值,体现着环境法律适用的基本原理。它的内容需要在各项环境立法中得以体现,并贯穿于整个环境法律体系;它的效力需要在各项环境法律规范中得以彰显,并作用于各类环境法律关系。所以,无论是对环境立法而言还是对环境法律的适用而言,环境法的基本原则均居于基础性地位,发挥普遍指导作用。

第二,范围上的特殊性。作为一类以部门法为基础形成的法律制度体系的基本原则,环境法基本原则的内涵来源于对宪法原则的继受和对环境法领域内共同规律的认识和抽象,因此它有着明确的调整范围。从理念上而言,它更多地体现着环境法的价值追求和人文关怀;从内容上而言,它更多地体现着环境法的特殊属性和差异化需求。因此,环境法的基本原则不是对我国法制建设中共同原则、通用原则抑或其他法律原则的简单重复,而是将环境法区分于其他法律部门的重要尺度。

第三,时效上的相对性。法律不是建筑在法学精神王国中的空中楼阁,而是根植于朴素物质世界中的行为准则。因此,作为对社会客观存在的一种理性反映,法律的基本原则必然也会随着社会物质条件和主流价值观念的变化而变化。事实上,虽然环境法的基本原则是由国家的环境立法所确立的,但是各国在一定时期或者某一国家在不同时期的环境问题重点不同,很自然地就使各国的环境立法对其所包含的基本原则的概括和解释发生同向的位移。上述现象说明,尽管作为法律原则的一种,环境法的基本原则相对于具体法律规范具有较强的稳定性,但这种稳定性是相对的,它会受到法律原则在适用上是否具有时效性的影响。

第四,内容上的抽象性。环境法的基本原则不是对环境法律规范的简单整合或排列组合,而是对环境法根本价值和基本原理的概括和总结,是对环境法律关系本质需求的提炼和升华,因此它们具有高度抽象化的特点。也正是由于它们具备上述特点,才使环境法基本原则的确立具有了突出的理论意义与实践意义。

三、确立环境法基本原则的意义

法理学研究成果表明,法律的基本原则在促进法律的创制和改善法律的适用等方面具有重要的作用。我们认为,确立环境法基本原则的意义也突出地体现在上述两个方面。就法律的创制层面而言,环境法基本原则的明确直接决定了该部门法内部相关制度的性质、内容和基

---

〔11〕 参见窦玉珍、马燕主编:《环境法学》,中国政法大学出版社 2005 年版,第 64 页。

〔12〕 参见汪劲:《环境法学》(第 4 版),北京大学出版社 2018 年版,第 151 页。

本价值取向。它使整个环境法律体系的理论基础得以明晰化。在法律创制的过程中,基本原则为立法者和适法者提供了一种建基于法律逻辑关系和法律位阶关系的工具,运用这一工具,环境立法者和适法者可以防止和消弭各种不同环境立法内部的矛盾,增强环境法制的协调与统一。

就法律的适用层面而言,确立环境法基本原则的意义则更为明显。首先,它们为环境法律的解释和推理提供了基本的指南。基本原则具有立法上的预见性、位阶上的权威性、内容上的科学性及适用上的包容性,它们能够为环境法律的解释和推理提供权威的基准。其次,具有科学上的不确定性是环境法律区别于其他法律部门的一个重要特征。环境法基本原则的抽象性,使其具有了适用范围广,能够克服成文法严格规则主义缺陷的优势。这样就使这些基本原则可以适时发挥补充法律漏洞,强化法律调控能力的功能。最后,由于涉及环境资源的违法行为的种类和严重程度存在较大差异,各类环境侵权行为的样态也日渐多样化,这就使环境立法在保留部分羁束处断标准的同时,还要创设相应幅度的自由裁量处断标准。这就难免导致司法和执法环节的武断或不当。环境法的基本原则在司法环节就可以发挥作为裁判依据的评价功能,有效限定自由裁量权的范围。[13]

第二节 保护优先原则

一、保护优先原则的含义

所谓保护优先原则,是指在国家的行政管理过程中,应当把环境保护作为行政决策的优先事项,当生态利益与包括经济利益在内的其他利益发生冲突时,应当优先保障社会的生态利益和国家的生态安全。保护优先原则是我国《环境保护法》在既有的协调发展原则的基础上,通过对其内涵加以改造而确立的一项新原则。[14] 作为其制度前身,协调发展原则在一些教科书中,也被表述为"环境保护与经济建设、社会发展相协调原则""可持续发展原则""环境利益衡平原则"等。由于协调发展原则阐述的是环境与经济和社会发展之间的相互关系,因此它在我国环境法的基本原则中居于核心地位。其实质是要求在经济和社会发展的过程中,必须保护环境和自然资源,保障国家的生态安全,不能以牺牲环境质量和自然资源禀赋为代价谋求片面的经济发展,也不能因为环境保护和自然资源保育的需要而否定人类提升物质文化生活水平的合理需求。但是,随着我国环境污染与资源退化形势的日益严峻,该原则将不同利益等量齐观、平衡对待的调整尺度已经无法满足生态文明社会建设对环境保护制度的迫切期待。保护优先原则在继承了协调发展原则注重利益衡量与利益平衡这一特征的基础上,进一步明确了生态利益相对于其他利益的优势地位,从而为全面提升环境保护工作的力度与价值位阶奠定了法律基础。

---

〔13〕 参见竺效:《论中国环境法基本原则的立法发展与再发展》,载《华东政法大学学报》2014 年第 3 期。

〔14〕 2014 年 4 月 24 日第十二届全国人民代表大会常务委员会第八次会议修订通过的《环境保护法》第 5 条规定"环境保护坚持保护优先、预防为主、综合治理、公众参与、损害担责的原则"。这是我国环境法首次将"保护优先"确立为基本原则。

二、保护优先原则的提出及其内容

事实上,保护优先原则之所以能够被提出并最终被确认为环境法的基本原则,是环境资源的自然属性与法制社会对人类行为的调整方式发生互动性实践的结果。从客观方面而言,人们之所以强调要重视环境保护,完全取决于环境资源是人类生存和发展的物质基础这一基本事实。环境资源是人类赖以生存和繁衍的基础条件,是人类取得各种自然资源的物质源泉,是人类生产、生活的场所和空间。人类为了更好地生存和发展,必须占有环境、利用环境,并保证这种占有和利用关系具有可持续性。也就是说,环境资源之于人类的可资利用的价值要求人类必须重视这种自然赋存的保有和养护。从主观方面而言,人们之所以强调生态利益要优先于其他利益,是因为随着环境问题的日益严峻,人们认识到基于对环境资源的占有和利用而产生的矛盾已经上升到必须由法律加以规范且必须取得优势地位的境地。

当我们以环境保护的观点来审视西方发达国家的工业化进程时,不难发现,虽然工业化促进了经济和社会的发展,满足并提高了人们对物质和精神生活的需求,但是发达国家走过的是一条以牺牲环境、盲目发展为特征的"先污染后治理"之路,其结果导致了人与环境关系的日趋恶化,人们因对环境资源的占有和利用而矛盾频发。面对日益严峻的环境危机,人们开始反思人类的"进化之路",并在此基础上先后提出了"零增长理论""无关论""经济发展优先论"等内涵迥异的学说,以期为人类过去或今后的发展提供伦理与法律支撑。然而,上述学说均因为其自身所具有的片面性而无法得到全人类的普遍认同。开启可持续发展法制化曙光的是1972年在瑞典首都斯德哥尔摩召开的联合国人类环境会议。大会通过的《人类环境宣言》提出"我们只有一个地球"的口号,号召人类采取大规模的行动保护环境,使地球不仅成为当代人生活的场所,也需适应未来子孙后代的生存和发展。1983年,联合国第三十八届大会在其通过的38/161号决议中决定创设世界环境与发展委员会以研究和协调人类面临的环境问题。该委员会于1987年向联合国提交了一份题为《我们共同的未来》的研究报告,其中提出了"可持续发展"的重要思想,指出人类发展应当坚持"既满足当代人的需要,又不对后代人满足其需要的能力构成危害"。从此,可持续发展观逐渐成为被国际社会所普遍认可的发展观。1992年6月在巴西里约热内卢召开的联合国环境与发展会议通过的《联合国里约环境与发展宣言》(以下简称《里约宣言》)再次重申了可持续发展思想,并提出了实现可持续发展的二十七项原则。会议还将通过的《二十一世纪议程》作为在全球范围内实现可持续发展的行动纲领。《里约宣言》的酝酿过程为各国将保护优先原则纳入环境立法奠定了坚实的理论基础。在这前后,韩国、日本及俄罗斯等国相继在其国内的环境立法中将协调发展原则提升到了保护优先的层次。[15]

作为《里约宣言》的签字国,我国从可持续发展思想确立之初就将其明确为国内环境法制的基本目标和价值追求,并力求在制度设计层面全面且完整地体现这一思想内涵。作为保护优先原则前身的协调发展原则的确立就是上述努力的重要成果。回溯我国的环境法制进程,

〔15〕 参见1990年《韩国环境政策基本法》第2条,1993年《日本环境政策基本法》第4条,2002年《俄罗斯联邦环境保护法》第3条。

协调发展原则作为我国环境保护的指导思想始于20世纪70年代初期。1973年8月,我国召开了第一次全国环境保护会议,在同年11月国务院批转的根据会议精神起草的《关于全国环境保护会议情况的报告》中明确提出了“经济发展和环境保护,同时并进,协调发展”的方针。1979年我国颁布了《环境保护法(试行)》(已失效)。该法第5条规定:“国务院和所属各部门、地方各级人民政府必须切实做好环境保护工作;在制定发展国民经济计划的时候,必须对环境的保护和改善统筹安排,并认真组织实施;对已经造成的环境污染和其他公害,必须作出规划,有计划有步骤地加以解决。”该试行法的上述规定首次以基本法的形式对协调发展原则在我国环境保护法制中的地位予以明确。1989年通过的《环境保护法》再次重申了这一原则。随着我国环境保护形势的发展,继续采用环境保护与经济和社会发展相协调的制度尺度已经无法应对各类严峻的环境问题。鉴于此,我国在2006年3月14日颁布的《国民经济和社会发展第十一个五年规划纲要》中首次提出对国土空间主体功能区划的限制开发区域实行“保护优先、适度开发、点状发展”的总体要求。[16] 此后,保护优先原则又先后被《环境保护法(2014修订)》、2016年修订通过的《风景名胜区条例》、2017年修订通过的《自然保护区条例》、2018年公布的《土壤污染防治法》、2019年修订通过的《森林法》、2022年施行的《湿地保护法》、2022年修订通过的《野生动物保护法》等重要的法律法规所确认。[17] 结合对可持续发展战略的理解,我们认为保护优先原则应包含以下内容。

1. 正确处理好经济建设、社会建设和环境建设之间的关系,以实现经济、社会和环境的可持续发展和良性互动。它要求经济建设、社会建设必须充分考虑环境的承载力和自然资源的赋存水平,在实现量的扩张的同时,注重质的平衡与提高。当三者发生矛盾时,经济建设与社会发展要服从于生态利益的保护。

2. 将环境资源保护规划纳入国民经济和社会发展规划,并按照规划的要求充分保障其中有关环境资源保护的内容优先实施,使环境保护与自然资源的开发利用免受经济建设和社会发展的不利影响。

3. 以实现可持续发展为目标,实现人与人之间、人与自然之间的和谐共处。实现协调与可持续的发展要求满足全体人民的基本需要和给全体人民机会以满足他们要求较好生活的愿望,要求促进和鼓励在生态可能范围内的消费标准和合理的所有人均可向往的标准,要求应当从提高生产潜力和确保人人都有平等的机会两方面满足人民的需要;要求应当尽可能地降低非再生资源的耗竭速率以减少对将来选择的妨害;要求保护动植物物种;要求将对大气质量、水和其他自然因素的不良影响降到最低,以保持生态系统的完整性。[18]

4. 在尊重发展权的基础上,保障国家的生态安全。保障国家生态安全是保护优先原则的题中应有之义,具体包括生物系统的稳定与健康,自然资源供给充足,人口和食物系统安全以及外交和国际贸易领域的生态环境安全等。生态安全是决定一个国家是否具有独立发展能力

---

〔16〕 参见《国民经济和社会发展第十一个五年规划纲要》第二十章第三节。

〔17〕 参见《环境保护法(2014修订)》第5条,《风景名胜区条例(2016修订)》第13条,《自然保护区条例(2017修订)》第18条,《土壤污染防治法》第3条,《森林法(2019修订)》第3条,《湿地保护法》第3条,《野生动物保护法(2022修订)》第4条。

〔18〕 参见世界环境与发展委员会:《我们共同的未来》,王之佳等译,吉林人民出版社1997年版,第53-56页。

与潜力的重要物质基础，是决定国家竞争力的重要因素。因此，不同的法律主体在开展对自然环境有直接或间接影响的活动时，必须经过科学论证，按照相关法律法规的要求，采取适当的生态救济机制或威胁防范措施，保障国家的生态利益和国民的生态福祉。〔19〕

三、保护优先原则的贯彻

按照法理学对法律基本原则的分类，环境法上的保护优先原则属于政策性原则；这一属性决定了其属于不具有法律拘束力的法律规范，它的适用更多地体现在单项环境资源保护法律制度的确定和对编制有关发展政策、计划的指导方面。〔20〕 具体包括：

1. 将环境保护纳入国民经济和社会发展规划与决策之中。在我国，国民经济和社会发展规划是政府进行宏观调控和社会管理的重要依据和手段，规划一经制定，便具有行政法上的普遍约束力。因此，要实现环境保护优先于经济建设和社会建设，就必须将环境资源保护规划纳入国民经济和社会发展的规划之中。事实上，自1979年《环境保护法（试行）》（已失效）为将环境保护纳入国民经济和社会发展规划创设法律依据以来，上述要求已经逐渐在我国国民经济和社会发展规划的编制过程中得到体现。为突出这项要求，《环境保护法（2014修订）》、2018年修正的《环境影响评价法》和2019年修正的《行政许可法》再次确认了环境资源保护规划被列入国民经济和社会发展规划中的依据、环境保护篇章在各级政府编制的发展规划中的效力以及行政许可的设定同生态环境协调发展的关系等问题。

2. 建设以资源节约和环境友好为特征的循环经济型社会。所谓循环经济型社会是指在经济、社会发展过程中，对环境和资源的保护从开发到生产、流通、消费、废弃再到回收实行全过程的监督管理，通过再生、循环利用使经济和社会的发展顺应生态规律基本要求的发展模式。我国目前的环境污染和资源破坏，主要来自经济生产活动，尤其是工业生产活动。把环境保护纳入有关部门的经济管理与企业管理中，是从微观上控制环境污染，使环境保护规划得到具体落实的重要举措。循环经济就是这种资源节约型、环境友好型生产与管理制度的典型模式。我国在日本、德国实践的基础上于21世纪初提出构建循环经济社会的发展理念，并相继公布了《清洁生产促进法》《循环经济促进法》等法律规范。与之相似，1995年公布的《固体废物污染环境防治法》以及1997年公布的《节约能源法》等法律规范也从21世纪初开始进行修订与修正。〔21〕 可见，在当今社会建立以资源节约和环境友好为特征的循环经济发展模式是保护优先原则得以实现的理想制度选择。

3. 制定环境保护规划、明确政府的环保责任。为了确保政府在环境决策和治理中能够优先保护环境公共利益，保护优先原则应当具体化为对政府环境决策和治理的限制性规范要求。〔22〕 结合我国的现实国情，并参照国外的相关经验，我们认为完善这种规范性要求的首要任务就是明确政府的环保责任，主要表现在：制定符合环保要求的产业政策，合理调整产业结

---

〔19〕 参见窦玉珍、马燕主编：《环境法学》，中国政法大学出版社2005年版，第68页。

〔20〕 参见汪劲：《环境法学》（第4版），北京大学出版社2018年版，第165页。

〔21〕 其中，《固体废物污染环境防治法》历经2004年修订、2013年修正、2015年修正、2016年修正以及2020年修订，《节约能源法》历经2007年修订、2016年修正以及2018年修正。

〔22〕 参见曹炜：《环境法典基本原则条款构建研究》，载《中国法学》2022年第6期。

构,搞好区域环境规划,加强环境监督管理,协调环境保护工作,协助企业控制污染,落实城市环保设施建设,组织城市环境综合治理等。[23]

案例2-2-01 保护优先原则

某市是一座历史文化名城,拥有许多著名的高校和风景旅游景点。近年来,为缓解道路交通的压力,市政府决定以某全国著名高校校园的东西两侧为基点,投资兴建一条一级干道,将原来被该校校园截断的两条主干道连通。设计人员在勘察时注意到,拟议的路线恰好位于校园的中心地带,按照由西至东的走向,会将学校的教学区和办公区一分为二。设计人员认为道路通行后所产生的振动、噪声和汽车尾气可能对教学区的精密仪器和老校区的保护建筑产生不利影响。此外,线路施工还需拆除部分重点保护建筑。为此,他们提出了两套设计方案:其一,采用高架跨线桥设计,使道路于空中直接穿越校园。该方案的优点是减小了道路振动和噪声对精密仪器和教学科研活动的影响,保护建筑只需部分拆除;但其缺点是投资将有较大增加,无法根治振动和噪声,对减少尾气的影响作用不明显。其二,采用修建隧道的方式使道路由地下穿越校园。该方案的优点是能够满足精密仪器和教学活动对周边环境质量的要求,且尾气控制措施效果较好,保护建筑无需拆除;缺点是施工难度增加,投资成倍增长,工期大幅延长。某市应如何选取最终的施工方案?

评析:本案的核心是城市发展过程中能否以保护优先原则作为利益衡量的基础,将环境保护置于优先于经济和社会发展的地位。实际上,完善高校周边的交通设施与高校的发展并不矛盾。但需要思考的是当城市的发展与环境保护的目标发生冲突时,应如何在确保环境保护目标得以优先实现的前提下,促进城市的交通建设。本案中,方案一虽作出了努力,但仍然无法完全排除对高校的影响。为维护该著名高校的教学科研秩序,保护建筑文化遗存,遵循保护优先的原则,该市应以方案二作为首选。

第三节 预 防 原 则

一、预防原则的含义

环境法上的预防原则是指为避免或消除环境损害,应当事前对开发和利用环境资源的行为可能造成的环境质量下降、功能减损或资源破坏采取必要的防范措施。在我国,环境政策和法律一般将其表述为“预防为主、防治结合的原则”或“预防为主、防治结合、综合整治的原则”[24],其基本含义是:在环境保护工作中要把事前防止环境污染和生态破坏等环境问题放在

[23] 参见钱水苗、叶勇飞、范莉编著:《环境资源法》,高等教育出版社2005年版,第84页;王伟:《保护优先原则:一个亟待厘清的概念》,载《法学杂志》2015年第12期;唐绍均、蒋云飞:《论“保护优先”原则的法律确立与环境影响评价制度的变革》,载《大连理工大学学报(社会科学版)》2020年第1期。

[24] 徐祥民主编:《环境法学》,北京大学出版社2005年版,第124页。

首位,做到防患于未然;同时对于不可避免的或者已经产生的环境污染和生态破坏,则要采取措施积极治理,以保护人类赖以生存的生态系统和人类自身的健康与安全。预防原则是基于环境问题的高危性和迫切性被提出并得以确立的,它是对国内外环境保护事业经验教训的科学总结。对于像我国这样生态环境系统较为脆弱的发展中国家而言,将预防原则确立为环境法的基本原则具有重要的意义。

首先,有利于提高投资效益,构建节约型社会。当今世界的多数西方发达国家在实现工业化的过程中都经历了"先污染、后治理"的过程。它们的发展是以牺牲环境质量和国民身体素质为代价的。我国目前正处于产业升级的重要机遇期,如果我们继续走西方国家"先污染、后治理"的老路,那么我们将会因为丧失了对"后发优势"的把握而付出比他们更多、更为昂贵的代价。事实证明,只有树立预防为主、防治结合的环境治理思想,才能够将有限的社会财富投入到效益最大、效果最好的建设领域。这正是构建节约型社会的题中应有之义。

其次,有利于转变社会行为模式,提高社会文明程度。"先污染、后治理"发展模式的一大弊害就是扭曲公众对环境的重视程度,人为降低公众的环境价值理性。因此,将预防为主、防治结合的思想确立为环境法的基本原则有利于纠正公众对环境资源价值属性的不当认知,促进企业等生产主体对环境成本投入的重视,从而扭转环境无价、资源低价的错误认知,提升全社会的文明程度。

最后,有利于实现经济效益、社会效益和环境效益的统一。从我国环境污染的成因来看,众多的环境问题主要还是因对环境和自然资源开发、利用的无序和不合理造成的。因此,确立预防原则,有助于使经济发展的速度、社会发展的力度和环境承载的强度有机地结合在一起,从而实现经济效益、社会效益和环境效益的协调统一。[25]

二、预防原则的提出及其内容

预防原则被世界各国所普遍接受并确立为环境法的基本原则不是偶然的,它是各国在总结以往发展经验和教训的基础上,对环境问题成因进行理性反思的重要成果。

1. 环境问题的成因复杂,并具有滞后性和隐蔽性。某种环境问题产生之初,人类很难在较短时间内对其产生全面而准确的认识并作出合理而有效的处断。因此,当人类注意到自身在认识事务上具有局限性而作为认识对象的环境问题又具有滞后性和隐蔽性的特点时,采取事先的预防或补救措施就成为人类必须采取的选择。

2. "先污染、后治理"的传统发展模式具有明显的经济不合理性。在环境污染或生态破坏形成后,再进行治理,从经济上来说具有明显的不合理性。不仅投资甚巨,而且效果不彰。例如,英国伦敦为治理泰晤士河污染先后花费了100多年的时间,耗费了巨额资金。许多经济学家据此推断,预防污染的费用与事后治理的费用的比为1∶20。[26]

3. 因环境污染和生态破坏导致的环境问题往往具有不可逆转的特点,一旦发生就很难彻底清除或恢复原状。加之科学技术本身具有不确定性危险,许多目前看似合理的治理方式可

〔25〕 参见刘明全:《中国环境法预防原则的实质阐释》,载《清华法学》2022年第5期。
〔26〕 参见曹明德、黄锡生主编:《环境资源法》,中信出版社2004年版,第39页。

能会潜藏着技术上的风险。因此,与其因治理污染而承担未来诸多的不确定风险,不如更为理性地采取事前防范的措施将风险化解到最低的程度。

基于对环境问题上述特点的理性认识,1980 年联合国环境规划署等机构发布了《世界自然资源保护大纲》,首次提出“预防的环境政策”。该大纲认为,“试图预测重要的经济、社会及生态事件,比试图只对这些事件作出反应的政策,越来越重要。”据此,1985 年通过的《保护臭氧层维也纳公约》最早以国际多边公约的形式确认了预防原则。与此同时,该原则又被 1982 年发布的《内罗毕宣言》和 1992 年发布的《里约宣言》等国际多边法律文件所重申。

在我国,“预防为主、防治结合”原为针对传染病和职业病防治提出的指导性原则。直到 20 世纪 70 年代以后,随着环境保护概念的提出和环境法作为一个法律部门诞生,“预防为主、防治结合”的表述开始进入到相关的法律文件中。1978 年,我国还将体现预防原则意涵的“防治污染和其他公害”写进了《宪法》。1979 年制定的《环境保护法(试行)》(已失效)在宪法条文的指导下,将“防治污染和其他公害”明确为立法的重要指导思想,并以此为据规定了诸如“三同时”等体现上述指导思想的制度性规范。《环境保护法(2014 修订)》延续了将“预防为主、防治结合”作为立法指导思想的法制传统,并在制度层面对其作出了进一步的完善。考察我国现行的环境立法可知,预防原则的内容主要包括以下几点。

1. 预防原则的核心要旨在于“防患于未然”,因此它要求将环境资源保护工作纳入国民经济和社会发展的全局中考虑,并从宏观决策的高度予以把握。《环境保护法(2014 修订)》第 13 条“县级以上人民政府应当将环境保护工作纳入国民经济和社会发展规划”,以及第 14 条“国务院有关部门和省、自治区、直辖市人民政府组织制定经济、技术政策,应当充分考虑对环境的影响,听取有关方面和专家的意见”的规定即是对该原则内涵的反映。

2. 实行城市环境综合整治并在新农村建设过程中强化环境保护的优先地位。各级人民政府在财政预算的编制中,应优先支持农村饮用水水源地保护、生活污水和其他废弃物处理、畜禽养殖和屠宰污染防治、土壤污染防治和农村工矿污染治理等环境保护工作。[27]

3. 在治理既存污染源的同时,严格防止产生新的环境污染和造成新的生态破坏。加强对规划、建设项目等可能影响环境的活动的管理和监督,严格执行体现“预防为主、防治结合”思想的“排污许可”“三同时”“环境影响评价”“环境监察”“环境监测”等法律制度。

4. 在进行决策或实施可能影响环境的行为时,秉持科学态度,尊重自然规律。在理解预防原则时,应注意从两个方面把握其实践性。一是运用已有的知识和经验,对开发和利用环境资源的行为可能带来的环境危害应于事前采取措施以避免危害的发生;二是在科学不确定的条件下,应基于现实的科学知识去评价环境风险,即对开发和利用环境资源的行为可能带来的尚未明确或者无法具体确定的环境危害进行事前的预测、分析和评价,促使开发决策避免可能造成的环境危害及其风险的出现。[28]

三、预防原则的贯彻

从效力上而言,由于预防原则需要经由具体的环境政策和法律制度的协助方能适用于司

---

〔27〕 参见《环境保护法(2014 修订)》第 50 条。

〔28〕 参见汪劲:《环境法学》(第 4 版),北京大学出版社 2018 年版,第 154 页。

法实践,因此该原则没有直接的法律拘束力,属于政策性法律原则。在实践中,贯彻预防原则应从以下三方面入手:

1. 全面规划、合理布局,有计划、分步骤地进行环境资源的开发与利用。预防原则要求对环境资源的开发利用要尊重生态整体性,要有全局观念,合理有序。据此,我国的法律与环境政策中专门确立了"全面规划与合理布局"的环境保护措施。这里的"全面规划"就是对环境资源开发保护在空间和时间上作出的安排,是对工业、农业与第三产业,城市与乡村,生产与生活,经济发展与环境资源保护等各方面关系的统筹考虑和平衡,是对国土利用规划,区域规划,城市规划,流域规划,环境资源保护方案和污染、破坏治理方案的科学制定,是进行环境资源保护活动以平衡各方面利益的基本依据。"合理布局"则主要是指在工业及其发展过程中,要对工业布局的合理性作出专门论证,并且对老工业不合理的布局予以改变,使工业布局不会对周围环境和人民生活环境造成污染和破坏等不良影响。基于对预防原则内涵的理解,我们认为此项要求在我国农村城镇化的过程中也具有重要的适用价值。

2. 严格执行体现"预防为主、防治结合"思想的法律制度,在积极治理已有污染的同时,防范新的污染和生态破坏产生。因此,贯彻预防原则的根本性保障是严格落实如"环境保护规划""环境标准""环境影响评价""三同时"等体现该原则内涵的制度措施。

3. 增强风险防范意识,审慎地对待具有科学不确定性的开发利用活动。由于科学具有不确定性,因此以准确把握科学规律为判断前提的环境决策行为就不可避免地会受到人为判断失误或风险预见错误的影响。这就要求决策者必须秉持科学的态度和严谨求实的作风,以最佳可得技术原则和成本收益分析为基础,对无法作出风险判断的行为采取审慎的决策态度。应探索建立重大事项决策失误的责任追究制度,以确保环境决策的科学化、民主化和法制化。[29]

案例 2-3-01 预防原则

和平村地处边远干旱地区,且人多地少,除村子周边长满耐旱的沙棘植物之外,粮食单产很低,村民始终无法解决温饱问题。2016 年,祖籍在该村的我国香港特别行政区商人王先生省亲,看到家乡的贫困面貌,决定给该村捐赠 50 万元人民币,用于发展该村的经济,以改善村民的生活。对于如何使用王先生的捐款,村委会成员形成了两种不同的意见。第一种意见认为,3 年前邻村盖起了砖窑厂,通过土法烧砖赚了一些钱。该村可以用这些钱盖一处砖厂,直接挖土烧砖卖钱,解决村民的温饱问题。第二种意见认为,应当发挥该村盛产沙棘的有利条件,兴建一家沙棘果加工厂,这样既可以变废为宝,又可以吸收剩余的劳动力,会很快致富。

评析:结合本节对预防原则的介绍,预防原则的核心要旨在于"防患于未然",在城市和农村的发展规划中强调环境保护先行。本着这一要旨,应将对环境没有损害且与当地资源优势结合紧密的第二种意见作为投资首选。

---

〔29〕 参见于文轩、宋丽容:《论环境司法中预防原则的实现路径》,载《武汉大学学报(哲学社会科学版)》2022 年第 1 期。

第四节　公众参与原则

一、公众参与原则的含义

公众参与原则是指公众有权通过法定的程序或途径参与一切与公众环境权益相关的环境开发、利用与保护等活动,并有权获得相应的法律保障,以确保环境决策的科学、公正与民主。该原则充分体现了我国当代法制传统中的“从群众中来,到群众中去”的立法工作路线,因而在我国的环境法制中其又有“依靠群众保护环境的原则”[30]、“合作原则”[31]、“环境民主原则”[32]等不同的称谓。

由于公众参与原则中所使用的“公众”一词并非严格的法律术语,因此在理解和适用公众参与原则时需要注意对“公众”这一概念及其范围的把握。通常各国在界定参与环境开发与决策的公众范围时会以“受到决策或开发行为直接影响”或“与决策或开发行为存在利害关系”作为判断公众是否具有参与资格的标准。一般而言,一项环境开发决策的公众参与范围大体上可以包括如下四类公众:(1)受到开发活动影响或与开发活动及其后果存在利害关系的居民;(2)具备辨识相关开发活动是否合理的专业知识的专业人士;(3)以环境保护为主要目的的社会团体以及其他与开发活动及其后果存在利害关系的社会团体;(4)除作出相关环境决策的环境保护机关以外的其他与拟议事项有关的行政机关。[33] 当然,在具体的环境决策中,公众的范围会根据拟议事项的特点而有所不同,但公众范围的确定始终要以确保拟议的环境决策充分反映民意为第一考量。

二、公众参与原则的提出及其内容

公众参与原则的法理基础来源于公民环境权理论的提出,因此公众参与原则的提出可以追溯到20世纪60年代对于公民环境权理论所展开的大讨论。1960年,德国的一位医生针对有人向北海倾倒放射性废物的行为向“欧洲人权委员会”提出控告,认为上述行为侵犯了基本人权,要求该委员会发布命令予以取缔。但是,《欧洲人权条约》中没有关于环境权利的相关规定,故该医生的告诉因缺少法律依据而没有得到支持。虽然医生的诉讼未能如愿,但是上述讼争却引发了关于是否应当确立公民环境权的论争。[34] 上述论争使1966年召开的联合国大会首次讨论人类的环境问题,并间接促成了1970年《东京宣言》和1972年《联合国人类环境宣言》的通过。由于《联合国人类环境宣言》中包含“人类有权在一种能够过着尊严和福利的生活环境中,享有自由、平衡和充足的生活条件的基本权利,并且负有保护和改善这一代和将

---

〔30〕 韩德培主编:《环境保护法教程》(第8版),法律出版社2018年版,第75－76页;周珂等主编:《环境与资源保护法》(第4版),中国人民大学出版社2019年版,第48页。

〔31〕 陈慈阳:《环境法总论》(2003年修订版),中国政法大学出版社2003年版,第189页。

〔32〕 吕忠梅:《环境法学》(第2版),法律出版社2008年版,第98页。

〔33〕 参见汪劲:《环境法学》(第4版),北京大学出版社2018年版,第175－178页。

〔34〕 参见丁兴锋:《环境权入宪的冷思考》,载《理论界》2012年第7期。

来的世世代代的环境的庄严责任”的明确宣示,该宣言的通过即标志着公民环境权得到了国际社会的认可。作为上述理论突破的具体成果,公众参与原则于1969年被《美国国家环境政策法》率先确认,[35]并相继得到了《内罗毕宣言》《世界自然资源保护大纲》《里约宣言》等国际文件的认可。[36] 1998年在丹麦的奥胡斯,欧盟各国的环境部长一致通过了《在环境问题上获得信息、公众参与决策和诉诸法律的公约》(以下简称《奥胡斯公约》)。该公约集中体现了近年来国际社会在环境管理方面倡导环境民主、促进公众参与决策、重视发挥民间社团在决策中的作用等一系列新思想和新机制,成为各国确立公众参与原则的重要参考。

公众参与原则在我国法律体系中的出现源于2002年公布的《环境影响评价法》中有关公众参与的条款。2003年公布的《行政许可法》中专门就涉及公众重大影响的行政许可规定了听证制度,其中环保问题是该制度适用最广泛的领域之一。2006年,原国家环境保护总局[37]按照《环境影响评价法》的授权,专门印发公布了《环境影响评价公众参与暂行办法》[38](已失效)。2018年,生态环境部公布《环境影响评价公众参与办法》,在程序上为公众参与我国的环境决策提供了制度保障。目前,公众参与原则在我国环境法上的直接根据是《环境保护法(2014修订)》总则第5条和第五章“信息公开和公众参与”的相关规定。《环境保护法(2014修订)》第5条明确将公众参与确定为我国环境保护的基本原则。第五章则通过新增的6个条文在具体制度层面确保了该项原则的落实。[39]

参照《奥胡斯公约》和《环境保护法(2014修订)》第53条对公众参与原则的规定,一般认为公众在参与环境决策的过程中享有三方面的权利,即获取环境信息的权利、参与环境决策的权利和监督环境保护法律法规实施的权利。[40] 在实践中,公众参与原则的内容则主要体现在以下三方面。

1. 环境资源立法环节应引入公众参与。公众参与原则要求在各类环境资源立法的过程中,除立法机关的组成人员和立法机关的专业技术人员以外,应允许公众参与法律的制定环节,使其有机会了解法律制定的背景和立法机关拟定条文的出发点,并保障公众有针对相关立法发表意见的机会和途径。现代社会的立法面对的是利益日益多元化的公众阶层和组成日益复杂化的社会结构,因此强化立法环节的公众参与是化解社会利益冲突,提高法律适用性的有效途径。

2. 环境资源管理和监督环节应引入公众参与。环境资源行政中立的最好方法就是允许不

---

〔35〕 1969年《美国国家环境政策法》第102条规定:“美国联邦政府所有机构的立法建议和其他重大联邦行动建议在决策之前……需要向公众公开,征求公众的意见。”

〔36〕 参见1982年《内罗毕宣言》第9条,1992年《里约宣言》第10条。

〔37〕 原国家环境保护总局在2008年3月第十一届全国人民代表大会第一次会议通过《国务院机构改革方案》后改组为环境保护部,国家环境保护总局不再保留。原环境保护部在2018年3月第十三届全国人民代表大会第一次会议通过《国务院机构改革方案》后改组为生态环境部,环境保护部不再保留。

〔38〕 参见国家环境保护总局关于印发《环境影响评价公众参与暂行办法》的通知(环发〔2006〕28号)。

〔39〕 《环境保护法(2014修订)》第53条规定了公众参与的权源基础,明确了公民、法人和其他组织依法享有获取环境信息、参与和监督环境保护的权利。第54条至第57条明确了政府部门、企事业单位贯彻该项原则的法定义务与相应权利。第58条则为环境公益诉讼提供了法律根据。

〔40〕 Luca Del Furia & Jane Wallace Jones, *The Effectiveness of Provisions and Quality of Practices Concerning Public Participation in EIA in Italy*, Environmental Impact Assessment Review, Vol. 20:4, p. 464(2000).

同利益主体参与重大行政决策的过程并监督行政决策的实施。作为涉及社会公众利益并带有明显公益性的环境决策行为,应当努力寻求在私人利益与社会公益之间构建决策的平衡点,以尊重私人利益的正当性并维护社会秩序的稳定。使公众参与环境管理,便是实现上述平衡的有益途径。

3. 环境资源司法救济环节应引入公众参与。环境资源的公共物品属性导致其遭受损害时,不易找到直接的权利主体或易于发生权利群体集体性懈怠的情况。上述情况的存在,严重威胁公众的环境权益和整个社会的生态利益。为此,国外往往通过扩大解释的方式赋予与环境资源侵害事件非具有法律上直接利害关系的主体以声请司法救济的权利来实现环境资源司法环节的公众参与,以维护社会公益和环境资源的可持续发展。在这方面,我国的民事、行政程序法和环境实体法也都作出了努力。

三、公众参与原则的贯彻

公众参与原则与损害者担责原则一样在各国的环境法制中设有具体的制度与其意涵相对应,因此该原则属于具有法律拘束力的原则。实践中,对该原则的贯彻主要体现在以下几方面:

1. 在环境立法过程中,应纳入与公众参与原则意涵相当的权利和制度规范。前文已言公民环境权的确立是公众参与原则的法理基础和法制前提。因此,除作为环境基本法的《环境保护法》应对公民享有的环境权利及其内容作出规定之外,就法律制度的体系化而言,《环境影响评价法》《行政许可法》等已经包含有公众参与条款的法律法规及尚未明确公众参与原则或相关条款的环境保护法律法规也应尽快完善与公众环境权益程序保障及法律救济相关的规定。

2. 按照公众参与原则的内在要求不断完善各级环境行政机关的行政行为。《环境保护法(2014 修订)》第 53 条第 2 款要求“各级人民政府环境保护主管部门和其他负有环境保护监督管理职责的部门,应当依法公开环境信息、完善公众参与程序,为公民、法人和其他组织参与和监督环境保护提供便利”。国务院于 2019 年 4 月 3 日修订的《政府信息公开条例》第 19 条也明确要求“对涉及公众利益调整、需要公众广泛知晓或者需要公众参与决策的政府信息,行政机关应当主动公开”。因此,我国各级环境行政主管机关及与环境行政相关的各类辅助机关应当按照该条例要求,建立和完善环境信息公开制度。

3. 完善公众参与的司法保障制度。公众参与制度的推行不仅需要明确实体权利的法权基础,还需要明确程序权利的保障。目前,除《环境保护法(2014 修订)》第 58 条和《民事诉讼法(2023 修正)》第 58 条涉及环境民事公益诉讼的法理依据之外,[41]最高人民法院还于 2015 年和 2017 年先后颁布了《关于审理环境民事公益诉讼案件适用法律若干问题的解释》和《关于审理环境公益诉讼案件的工作规范(试行)》两部规范性文件,并于 2020 年对《关于审理环境

---

〔41〕 我国《民事诉讼法(2023 修正)》第 58 条第 1 款规定“对污染环境、侵害众多消费者合法权益等损害社会公共利益的行为,法律规定的机关和有关组织可以向人民法院提起诉讼”。上述规定在一定程度上为确立我国的环境民事公益诉讼制度奠定了基础。但学者们认为该规定仍存在原告主体范围规定较窄的缺陷,主要表现为目前的规定直接否认了自然人作为民事环境公益诉讼的原告主体资格。对于何为“有关组织”的解释也明显出现限缩的倾向。这种限制在《环境保护法(2014 修订)》第 58 条有关“社会组织”的限制条件上也同样存在。

民事公益诉讼案件适用法律若干问题的解释》予以修正,由此为环境公益诉讼制度提供了更为清晰的程序性依据。

4. 积极引导和规范民间环保团体的发展,使其承担起广泛参与环境决策的重任。从法社会学的角度而言,我国公众普遍具有"息讼"和"搭便车"的社会心理。因此,各级民政部门和环保部门应积极培育、引导和规范作为公众利益代表的民间环保组织的行为,使其有序参与环境保护的决策。《环境保护法(2014 修订)》第 9 条第 1 款规定,"各级人民政府应当加强环境保护宣传和普及工作,鼓励基层群众性自治组织、社会组织、环境保护志愿者开展环境保护法律法规和环境保护知识的宣传,营造保护环境的良好风气",我们希望这一规定能够切实落实,以促进我国环保民间组织的健康发展。

第五节 损害者担责原则

一、损害者担责原则的含义

损害者担责原则是指环境资源的开发、利用者有义务在开发、利用的过程中保护环境与自然资源并承担相关的费用;对因开发、利用行为造成的环境损害、生态破坏或他人权益的减损承担相应的法律责任;环境资源的管理者应恪尽职守,对其管辖领域内的环境质量和资源的数量与质量负责并承担相应的法律责任。该原则是环境法中的固有原则之一,其确立的目的在于落实各类环境损害和生态破坏的责任主体,使危害环境者承担相应的责任并建立起有效的环境资源保护工作责任制。因此,该原则在我国环境法中也曾被直观地称为"谁污染谁治理原则"〔42〕、"损害环境付费原则"〔43〕、"污染者付费、利用者补偿原则"〔44〕、"受益者负担原则"〔45〕、"公平承担环境责任原则"〔46〕。在我国环境压力日益突出、人与自然和谐共生的复杂性不断深化的背景下,将损害者担责原则确立为环境法的基本原则显然具有重要的现实意义。〔47〕

首先,该原则的确立有利于维护生态与自然资源的质量,维护广大公众的生态权益。多年来,我国危害环境、破坏自然资源的恶性事件屡禁不止的一个重要原因就在于环境责任主体不明晰与环境责任承担制度存在缺陷。损害者担责原则的确立,将从法制层面明确各类环境资源致损事件的责任主体,以保障各类环境资源致损事件的责任能够得以追究,受损公众的权益能够得到救济。

其次,有利于督促各类潜在的责任主体增强环保意识,自觉履行生态环境保护的义务。环境作为一种典型的公共物品具有非排他性和非竞争性的经济属性,因此在传统的观念中对环

〔42〕 韩德培主编:《环境保护法教程》(第 8 版),法律出版社 2018 年版,第 61 – 64 页。

〔43〕 王灿发:《环境法学教程》,中国政法大学出版社 1997 年版,第 82 – 85 页。

〔44〕 金瑞林主编:《环境与资源保护法学》(第 2 版),高等教育出版社 2006 年版,第 120 – 124 页。

〔45〕 汪劲:《环境法学》(第 4 版),北京大学出版社 2018 年版,第 170 页。

〔46〕 钱水苗、叶勇飞、范莉编著:《环境资源法》,高等教育出版社 2005 年版,第 96 页。

〔47〕 参见王江:《环境法"损害担责原则"的解读与反思——以法律原则的结构性功能为主线》,载《法学评论》2018 年第 3 期;刘志坚:《环境法损害担责原则法理基础的经济与社会论证》,载《法学评论》2022 年第 2 期。

境的利用是没有成本的。在损害者担责原则及其制度体系确立后,对环境资源的开发利用及其后果将直接与特定的行为人相连接,从制度上促使各类潜在的环境责任主体重视对环境资源的保育和养护,也有利于督促生态环境和自然资源监督管理的部门审慎勤勉履职。

最后,有利于为环境资源的保育和养护筹集必要的资金和社会资源。损害者担责原则及其制度体系使对环境资源的开发利用行为与特定的费用支付体系相连接,这有助于明确环境资源的开发利用成本,拓宽环境资源保育与养护费用的渠道,并引导社会资源合理配置,从而促进环境友好型社会的建立。

二、损害者担责原则的提出及其内容

作为损害者担责原则前身的"污染者负担原则"之所以被提出源自人们对环境责任承担主体正当性的认识。在早期的西方社会,由于将环境视为公共产品,各种环境污染和资源破坏的治理成本往往采用政府承担、全民付账的模式。这事实上造成了"治理环境的政府出资,污染环境的企业挣钱"的不公平现象。为此,经济学家借助公共物品的"外部性"理论,提出应当将治理环境污染的支出纳入企业成本,由污染者直接承担治理责任的想法。这就是早期污染者负担原则的思想渊源。以此为据,1972 年,经济合作与发展组织(Organization for Economic Co-operation and Development,OECD)环境委员会首次提出了"污染者负担原则",提出各成员国应要求本国污染企业承担由各自政府部门决定的减少污染措施的费用,禁止各国政府向污染企业提供资金上的补助,以保证环境质量始终处于可以被接受的状态。由于该原则体现了社会公平的意涵,回应了公众对企业和政府的期待,并有利于环境污染的治理,因此很快得到了包括 OECD 成员国在内的许多国家的支持。1992 年,在联合国环境与发展会议通过的《里约宣言》原则十六中明确规定"考虑到污染者原则上应承担污染费用的观点,国家当局应该努力促使内部负担环境费用"。至此,该原则作为环境法基本原则的地位得到了国际社会的普遍认可。

1979 年《环境保护法(试行)》(已失效)第 6 条第 2 款规定的"谁污染谁治理"是损害者担责原则在我国环境立法中的最初法律表述。其后公布施行的 1989 年《环境保护法》虽然删除了"谁污染谁治理"的表述,但其通过具体的制度设计,体现了该部立法对这一原则的尊重。1996 年公布的国务院《关于环境保护若干问题的决定》则在此基础上进一步使用"污染者付费、利用者补偿、开发者保护、破坏者恢复"的表述明确了损害者担责原则的内涵和法律地位。[48]《环境保护法(2014 修订)》第 6 条明确规定了一切单位和个人都有保护环境的义务,并进一步明确企业事业单位和其他生产经营者应当防止、减少环境污染和生态破坏,对所造成的损害依法承担责任。这从实定法的角度,确立了损害担责原则的基本原则地位和制度保障路径。

在实践中,我们认为损害者担责原则的内容可以浓缩为以下三点,即"开发者养护""污染者治理""主管者负责"。这里的开发者养护是指对环境和自然资源进行开发利用的组织或个人,有责任对其进行恢复、整治和养护。确立这层内涵的目的在于确保自然资源的开发对环境

〔48〕 参见国务院《关于环境保护若干问题的决定》(国发〔1996〕31 号)。

和生态系统的影响被减小到最低程度,维护自然资源的合理开发、永续利用。该项内容在我国《环境保护法(2014 修订)》第 6 条、第 30 条,《草原法(2021 修正)》第 33 条、第 51 条、第 52 条中有进一步的落实和细化。污染者治理是指对环境造成污染的组织或个人,有责任对其污染的环境进行治理。确立这层内涵的目的在于进一步明确和细分污染者的责任,促使企业治理污染和保护环境。[49] 该项内容在《环境保护法(2014 修订)》第 42 条、第 43 条、第 64 条被落实和细化。主管者负责则是指各级人民政府的行政首长在其任期内要对本辖区的环境质量和资源的数量与质量负责,企业事业单位的负责人对本单位的环境保护负责。[50]《环境保护法(2014 修订)》第 6 条、第 10 条、第 28 条、第 42 条则是对该项内容的细化。

三、损害者担责原则的贯彻

目前环境责任的承担方式包括民事责任、行政责任和刑事责任,但主要责任形态还是前两者,因此保障该原则适用的制度形态也主要体现在为前两者的落实创设制度载体。由于确立损害者担责原则的初衷在于将生态环境污染和资源破坏的后果与责任人相连接,因此该原则具有法律拘束力,相关的保障制度主要包括:

1. 环境使用税费制度和自然资源开发利用税费制度。向环境要素的利用者征收税费是各国保护环境并将使用行为同环境质量减损相连接的主要制度措施。通常该制度表现为国家按照行为人排放污染物的种类、数量或者浓度向排放污染物的单位或个人征收一定的费用,用以治理或恢复排污行为导致的环境质量减损。在环境保护税制度实施后,我国主要以收取环境保护税的形式实现上述制度调控目标。上述措施在自然资源开发利用场合即转化成为资源使用税费的征收,其目的则在于衡平各类资源的开发、利用与恢复、保育关系,实现可持续发展。

2. 废弃物品再生利用和强制回收制度。环境责任不仅要体现在污染的末端治理阶段,还应当随着循环经济理念的引入延伸至开发利用环境资源行为的全过程。为此,目前世界各国纷纷尝试建立一种以损害者担责原则为法理基础的延伸生产者责任制度。其基本思路是将处于生产末端的各类产品及其废弃物与生产该产品或物质的生产者、使用该产品的消费者相连接,由涉及该生产与消费链条的各个不同主体共同承担因该产品的生产及其流通给环境带来的负面影响。我国《清洁生产促进法》于 2012 年的修正公布和《固体废物污染环境防治法》于 2020 年的修订公布均体现了上述立法思想。

3. 环境保护目标责任制。相关部门应定期开展中央生态环境保护督察,并强化对各类负责人环保政绩或业绩考核。实行环保责任制既是《环境保护法》的要求,又是损害者担责原则的题中应有之意。在此方面,《环境保护法(2014 修订)》第 26 条已经作出了有益的探索。该条规定:"国家实行环境保护目标责任制和考核评价制度。县级以上人民政府应当将环境保护目标完成情况纳入对本级人民政府负有环境保护监督管理职责的部门及其负责人和下级人民政府及其负责人的考核内容,作为对其考核评价的重要依据。考核结果应当向社会公开。"

---

〔49〕 参见金瑞林主编:《环境与资源保护法学》(第 2 版),高等教育出版社 2006 年版,第 90 页。
〔50〕 参见常纪文、陈明剑:《环境法总论》,中国时代经济出版社 2003 年版,第 128 页;蔡守秋主编:《环境资源法教程》(第 3 版),高等教育出版社 2017 年版,第 123 页。

在我国,通过逐级签订环保责任书,确定环境保护目标及其检查、考核和奖惩办法的方法是加强各级行政机关和行政首长环保意识和危机意识的有效方法。2015 年 7 月,中央全面深化改革领导小组第十四次会议审议通过了《环境保护督察方案(试行)》,明确建立环保督察机制。2019 年 6 月中共中央办公厅、国务院办公厅又印发《中央生态环境保护督察工作规定》,进一步完善了该项制度的实施机制。

案例 2-5-01 损害者担责原则

红叶河是一条全长约 50 公里的内陆河,A 村位于红叶河的下游,该村于 20 世纪 70 年代初对旱田进行了改造,发展水产养殖业。C 选煤厂和 D 印染厂位于红叶河的上游,都是在 20 世纪 90 年代初发展乡镇企业时兴建起来的村办企业,隶属于与 A 村相邻的 B 村。C 选煤厂、D 印染厂均常年向红叶河排放污水,致使 A 村水产养殖场的鱼苗时常因水体污染而大量死亡。请结合损害者担责原则的内容,说明治理红叶河水体污染的费用应由哪些主体承担?水产养殖场可否请求 C 选煤厂、D 印染厂两企业赔偿其因污染导致的鱼苗损失费用?

评析:按照损害者担责原则,治理红叶河水体污染的费用应由长期向该河中排污的 C 选煤厂和 D 印染厂承担。《民法典》第 1229 条规定,"因污染环境、破坏生态造成他人损害的,侵权人应当承担侵权责任"。据此,水产养殖场可以请求 C 选煤厂、D 印染厂赔偿其因污染导致的鱼苗损失费用。

第六节 协同合作原则

一、协同合作原则的含义及其法律依据

协同合作原则是指为实现人类社会的可持续发展,世界各国(地区)之间以及单一国家内部的各地区、各部门之间应重新审视和努力协调环境利益与其他利益之间的冲突,采用包括经济、技术、财政、情报和文化等各方面的措施促进交流与合作,共同面对和处理环境问题。协同合作原则从所涉及的合作层次上而言,具有两层含义:第一层,它要求国际社会的各成员在面对环境问题时采取合作和负责任的态度,共同应对环境危机的挑战,努力寻求实现可持续发展这一共同目标的方式和方法;第二层,它要求各单一国家内部的不同地区与不同部门之间,加强应对环境问题的协调与合作,实现本国环境与经济社会的可持续发展,从而为世界性环境问题的解决贡献力量。

目前,国际社会所关注的环境问题主要是指跨越国界的和全球性的涉生态环境类危机性问题。对于这类问题,目前世界上还没有哪个国家能够不受影响,做到独善其身。就自然科学层面而言,由于地球本身就是组织严密的生态系统,其内部的各子系统之间存在相互影响、相互制约的关系,因此无论作为地球家庭成员的各民族或国家存在着何种制度层面或意识形态方面的差异,其所实行的环境政策和国民的环境开发利用行为都会直接或间接地影响作为地球生态系统组成部分的其他国家或地区。所以,唯有各国协同合作,共同努力,才能有效应对

日益严重的环境危机,不断改善地球的生态环境。

作为一项发端于国际法层面的基本原则,协同合作原则的法源依据可以追溯到1945年《联合国宪章》的第74条。自1972年斯德哥尔摩人类环境会议召开至今,该原则为一系列有关环境资源保护的公约、条约、宣言、决议所确认或重申。如1972年《斯德哥尔摩宣言》明确"有关保护和改善环境的国际问题应当由所在的国家,不论大小,在平等的基础上本着合作的精神加以处理"。1992年《生物多样性公约》在第5条中专门规定:"每一缔约国应尽可能并酌情直接与其他缔约国或酌情通过有关国际组织为保护和持久使用生物多样性在国家管辖范围以外地区并就共同关心的其他事项进行合作。"1982年《联合国海洋法公约》第十二部分也通过专章的形式规定了全球性和区域性问题的国际合作问题。1992年《里约宣言》还提出"建立一种新的、公平的全球伙伴关系的目标"。[51] 2015年"联合国可持续发展峰会"通过的《变革我们的世界:2030年可持续发展议程》中也进一步强调,全球可持续发展问题的解决有赖于"把各国政府、民间社会、私营部门、联合国系统和其他参与者召集在一起,调动现有的一切资源,协助执行各项目标和具体目标"。

我国的环境行政管理与环境司法实践活动也高度重视协同合作问题。《环境保护法(2014修订)》第20条规定:"国家建立跨行政区域的重点区域、流域环境污染和生态破坏联合防治协调机制,实行统一规划、统一标准、统一监测、统一的防治措施。前款规定以外的跨行政区域的环境污染和生态破坏的防治,由上级人民政府协调解决,或者由有关地方人民政府协商解决。"我们认为这一规定既是对不同地区、不同部门行政机关解决环境问题的工作机制的规定,也是协同合作原则在我国环保实践中被国内法化的具体体现。

二、协同合作原则的贯彻

协同合作原则因其产生于国际法领域,且其实施涉及不同种类、不同法律地位的主体,因此其在适用过程中需要被转化为制度层面的具体措施。学界通常认为,它与协调发展原则相同,属于政策宣示类的基本原则,不具有直接的法律拘束力。实践中,该原则的贯彻主要体现在以下三个方面。

1. 环境管理者之间以及环境管理者与其他社会事务管理者之间的协同合作。这种协同从主体的角度可以被划分为两个层次。一是环保部门与其他涉及环境资源开发与利用的管理部门之间的协同合作。在我国,资源、能源管理部门,宏观经济等行政管理部门,以及公共事业管理部门的职能均或多或少涉及环境保护与可持续发展。因此,需要建立不同部门之间的合作关系。二是以行政区划为基础的各级人民政府之间的协同合作。在保障机制层面,针对前一种协同,世界各国普遍采用在政府中建立较高级别的涉环境资源管理部门的方式进行统一协调,而后一种协同的协调机制则因为各国政权组织形式的不同而有所不同。单一制国家通常采取平级政府协商,上级政府裁决的模式解决;联邦制国家则以协调联邦与各联邦主体权力分配的宪法性文件的规定为基础,处理不同联邦主体之间及其与联邦之间的协同合作问题。

2. 政府与公众之间的协同合作。"徒法不足以自行",任何有益于环境资源保护的政策、

---

〔51〕 参见马骧聪主编:《国际环境法导论》,社会科学文献出版社1994年版,第40-42页。

法律和措施,都必须在全体国民的配合和遵循之下才能够被转化为现实的积极力量。因此,作为环境资源管理者的行政机关应高度重视与各种环境利用行为的被管理者及普通公众之间的沟通和协调;在提高全社会环境保护意识的基础上,形成全民参与环保的良好局面。

3. 国际社会之间的协同合作。目前,全球环境保护合作的参与主体主要是国家(地区)、政府间国际组织及部分国际性的非政府环保组织。在该层面,各主体合作的主要方式包括信息、技术、情报的交流与合作,经济、技术合作与援助,采取多边的共同行动。近年来,各国通过相互之间的协同合作,在抑制诸如臭氧层消耗、全球气候变暖、生物多样性丧失、森林湿地退化、海洋资源破坏等领域的全球性环境问题上取得了明显的成就。事实上,协同合作的过程也是各国相互增进了解、凝聚共识的过程。因而,实践协同合作原则本身也就成为促进国际环境法和国际环境保护公约不断走向成熟与进步的重要步骤。

思考问题

1. 保护优先原则要求我们在环境保护实践中采取哪些行动?
2. 预防原则的核心要旨是什么?
3. 实践中应当怎样贯彻损害者担责原则?
4. 环境法中为什么要坚持公众参与原则?

第三章 环境法的基本制度

思政与知识要点

党的十八大以来,我国把制度建设作为推进生态文明建设的重中之重。习近平总书记在2018年全国生态环境保护大会上指出,用最严格制度最严密法治保护生态环境,加快制度创新,强化制度执行,让制度成为刚性的约束和不可触碰的高压线。[1] 只有实行最严格的制度、最严密的法治,才能为生态文明建设提供可靠保障。

环境法的基本制度,是指为实现环境法的目的和任务,贯彻和落实环境法的基本原则,调整特定生态环境保护社会关系,具有重大意义和起主要作用的法律规范的总称。环境法的基本制度按其性质,可以分为三类:事前预防类基本制度,是预防原则在环境立法中的具体体现和适用,主要包括生态环境规划制度、生态保护红线制度、生态环境标准制度、环境影响评价制度和“三同时”制度等;行为管制类基本制度,主要目的在于为环境监管提供可操作的执法手段和依据,主要包括许可证制度、生态环境监测制度、生态环境保护税费制度等;事后救济类的基本制度,主要是指对污染环境和破坏生态的行为及其后果进行处理处置的制度,主要包括生态环境修复制度、突发环境事件应急制度等。

现行环境法是建立在国家管理模式基础之上的管制法,环境法的基本制度主要是环境监督管理法律制度。政府享有环境监管权力的同时也承担着相应的环境监管职责。政府环境责任制度作为政府履行环境职责的保障,构成环境法基本制度的重要内容。完善政府环境责任制度也是解决我国环境法有效性不足的根本途径。

第一节 生态环境规划制度

一、生态环境规划制度的概念

生态环境规划,是指根据国家或者一定地区生态环境状况和经济社会发展的需要,对一定时期和一定范围内生态环境的保护和改善活动所做的总体部署和安排。生态环境规划的目的是在经济社会发展的同时保护好环境,促进经济社会与环境全面、协调、可持续发展。[2]

关于生态环境规划的拟订,《环境保护法(2014 修订)》第 13 条第 1 ~ 3 款规定,县级以上人民政府应当将环境保护工作纳入国民经济和社会发展规划。国务院环境保护主管部门会同

---

〔1〕 习近平:《坚决打好污染防治攻坚战 推动生态文明建设迈上新台阶》,载《人民日报》2018 年 5 月 20 日,第 1 版。
〔2〕 参见韩德培主编:《环境保护法教程》(第 8 版),法律出版社 2018 年版,第 69 页。

有关部门,根据国民经济和社会发展规划编制国家环境保护规划,报国务院批准并公布实施。县级以上地方人民政府环境保护主管部门会同有关部门,根据国家环境保护规划的要求,编制本行政区域的环境保护规划,报同级人民政府批准并公布实施。

生态环境规划制度,是指有关生态环境保护规划目标、任务、指标体系、编制原则和程序以及规划实施的保障措施等规定的总称。生态环境规划的内容应当包括生态保护和污染防治的目标、任务、保障措施等,并与国土空间规划相衔接。除此之外,生态环境规划也可以根据需要,纳入对环境形势的分析、指导思想、基本原则等内容。[3]

二、生态环境规划制度的建立和发展

我国生态环境规划编制实施工作伴随着国家生态环境保护事业起步而开展,规划实现了由重点到全面、由区域到全国、由要素到领域、由领域到系统、由环境污染治理到生态文明和美丽中国建设的发展轨迹,被归纳为"起步探索—全面推进—加速发展—转型跨越—开创新篇"五个阶段。[4]

1973 年 8 月,国务院第一次全国环境保护会议审议通过《关于保护和改善环境的若干规定(试行草案)》,确定了我国关于环境保护的"全面规划、合理布局、综合利用、化害为利、依靠群众、大家动手、保护环境、造福人民"的"32 字方针"。"全面规划"作为 32 字方针之首,在各项环境管理制度中居于统领地位。

国务院环境保护领导小组于 1975 年 5 月编制了第一个环境保护 10 年规划,并提出"5 年内控制、10 年内基本解决环境污染问题"的总体目标。同期,"五五"(1976 ~ 1980 年)计划提出,大中型工矿企业和污染危害严重的企业,要搞好"三废"(废水、废气、废渣)治理,按照国家规定的标准排放。[5] "六五"(1981 ~ 1985 年)期间,环境保护作为独立篇章(第三十五章)被纳入"五年计划",该计划提出要实施"三同时"制度并提高"三废"治理能力。水、气、渣成为最早受关注的环境要素,污染防治成为最早受到关注的领域。"七五"(1986 ~ 1990 年)期间,环境保护计划首次独立印发,环境容量约束和总量控制成为该计划主要强调的领域,环境保护的任务也从"六五"期间的分区域防控进一步发展为不同地区和行业要有针对性地提出环保目标。《国家环境保护"八五"计划》进一步强化了《国家环境保护"七五"计划》对总量的控制要求,提出污染防治逐步"从浓度控制转变为总量控制,从末端治理到全过程防治,注重环境保护与经济和社会协调发展",强化科技进步在环境管理中发挥的作用。《国家环境保护"九五"计划》明确提出"力争使环境污染和生态破坏加剧的趋势得到基本控制,部分城市和地区的环境质量有所改善""创造条件实施污染物排放总量控制"的目标,并要求重点抓好重点区域的污染防治工作,在全国范围内实行污染防治与生态保护并重方针。《国家环境保护"十五"计划》则要求继续重点抓好"九五"期间确定的环境保护重点区域的污染防治工作,提出坚持环境保护基本国策和可持续发展战略,以改善环境质量为目标,保障国家环境安全,保护人民身

〔3〕 参见信春鹰主编:《中华人民共和国环境保护法释义》,法律出版社 2014 年版,第 45 页。
〔4〕 参见王金南等:《国家生态环境保护规范发展历程及展望》,载《中国环境管理》2021 年第 5 期。
〔5〕 参见王金南等:《改革开放 40 年与中国生态环境规划发展》,载《中国环境管理》2018 年第 6 期。

体健康，以流域、区域环境区划为基础，突出分类指导。从《国家环境保护“十一五”规划》开始，我国国家环境规划开始逐步形成“要素—领域—任务”的立体体系，至“十二五”规划提出，该体系逐渐趋于完善，并在《“十三五”生态环境保护规划》中进一步充实提高。〔6〕

三、生态环境规划的意义

1. 生态环境规划可有效协调环境保护与经济社会发展之间的关系。生态环境规划通过建立综合决策机制，引导、约束、协调人们的社会经济活动，是管理者对一定时期内生态环境保护目标和措施作出具体决策的主要依据，是指令性的生态环境保护提升方案，其目的是在发展经济的同时保护生态环境，使经济与社会协调发展。〔7〕

2. 生态环境规划为将生态环境保护纳入国民经济和社会发展规划提供保障。生态环境规划是落实国家发展规划的战略部署，是细化国土空间规划中生态环境管控要求的重要手段。〔8〕 生态环境规划不是不要发展的规划，更不是不让发展的规划，是实现高质量发展的应有之义、重要指标和创新动力。〔9〕

3. 生态环境规划是开展生态环境保护工作的重要政策依据。生态环境规划体现了国家生态环境保护政策、方针、宏观战略任务、具体措施等，是各级政府及其生态环境主管部门开展生态环境保护工作的重要依据。生态环境规划往往规定了量化的约束性指标，是政府必须履行的职责，是考核政府绩效的参照。《国民经济和社会发展第十一个五年规划纲要》明确规定约束性指标具有法律效力，要将其纳入各地区、各部门经济社会发展综合评价和绩效考核。如果不执行，就要承担相应的法律责任。《“十三五”生态环境保护规划》的保障措施是将规划重点任务根据有关职责进行分工、将约束性指标分解并明确部门责任，定期对规划实施情况进行监测评估和考核，并将考核结果向国务院报告、向社会公布，纳入领导干部综合考核评价体系。

四、生态环境规划的类型

2018 年 11 月，中共中央、国务院《关于统一规划体系更好发挥国家发展规划战略导向作用的意见》明确了以国家发展规划为统领，以空间规划为基础，以专项规划、区域规划为支撑，由国家、省、市、县各级规划共同组成定位准确、边界清晰、功能互补、统一衔接的国家规划体系。生态环境规划是国家规划体系中的专项规划之一。依据不同的划分标准，生态环境规划可被分为不同类型。

1. 依照规划时间，可分为长期生态环境规划（一般为 10 年以上）、中期生态环境规划（一般为 5 ~ 10 年）、短期生态环境规划（一般为 5 年以下）。如《全国地下水污染防治规划（2011—2020 年）》属于长期生态环境规划。《“十三五”生态环境保护规划》属于中期生态环境规划，针对本年度的规划为短期生态环境规划。

---

〔6〕 参见王金南等：《国家生态环境保护规范发展历程及展望》，载《中国环境管理》2021 年第 5 期。
〔7〕 参见刘贵利、郭健、江河：《国土空间规划体系中的生态环境保护规划研究》，载《环境保护》2019 年第 10 期。
〔8〕 参见吴健、王菲菲、胡蕾：《空间治理：生态环境规划如何有序衔接国土空间规划》，载《环境保护》2021 年第 9 期。
〔9〕 参见王伟、芮元鹏、江河：《国家治理体系现代化中生态环境保护规划的使命与定位》，载《环境保护》2019 年第 13 期。

2. 依照规划区域范围,可分为国家生态环境规划、区域生态环境规划(含流域、县域生态环境规划等)和部门生态环境规划。国家生态环境规划,如《"十二五"全国环境保护法规和环境经济政策建设规划》《"十三五"全国城镇生活垃圾无害化处理设施建设规划》等;区域生态环境规划,如《国家重点生态功能保护区规划纲要》《青海省"十四五"生态环境保护规划》《重点流域水污染防治规划(2016—2020年)》等。

3. 依照规划的性质,可分为污染综合防治规划、生态建设与生态保护规划、环境科技发展规划等。污染综合防治规划,如《长江中下游流域水污染防治规划(2011—2015年)》《重点区域大气污染防治"十二五"规划》《化学品环境风险防控"十二五"规划》等;生态建设与生态保护规划,如《青藏高原区域生态建设与环境保护规划(2011—2030年)》等;环境科技发展规划,如《国家环境保护"十二五"科技发展规划》等。

4. 依照规划的主题,可分为综合性规划、以生态环境保护为唯一主题的规划。如《国民经济和社会发展第十四个五年规划纲要》为综合性规划,《"十三五"生态环境保护规划》是以生态环境保护为唯一主题的规划。

五、生态环境规划与其他规划的衔接

《环境保护法(2014修订)》第13条第4款规定,环境保护规划的内容应当包括生态保护和污染防治的目标、任务、保障措施等,并与主体功能区规划、土地利用总体规划和城乡规划等相衔接。

2006年3月发布的《国民经济和社会发展第十一个五年规划纲要》授权国务院编制全国主体功能区规划。2010年12月,国务院正式发布《全国主体功能区规划》,该规划为我国第一部国土空间开发规划。《全国主体功能区规划》将我国国土空间分为以下主体功能区:按开发方式,分为优化开发区域、重点开发区域、限制开发区域和禁止开发区域;按开发内容,分为城市化地区、农产品主产区和重点生态功能区;按层级,分为国家和省级两个层面。主体功能区规划是国土空间开发的战略性、基础性和约束性规划。其中,战略性,是指该规划从关系全局和长远发展的高度,对未来国土空间开发作出的总体部署;基础性,是指该规划是在对国土空间各基本要素综合评价基础上编制的,是编制其他各类空间规划的基本依据,是制定区域政策的基本平台;约束性,是指该规划明确的主体功能区范围、定位、开发原则等,对各类开发活动具有约束力。因此,相关部门应当将主体功能区规划作为生态环境规划的制定依据之一。

根据《全国土地利用总体规划纲要(2006—2020年)》,土地利用总体规划的主要功能是阐明规划期内国家土地利用战略,明确政府土地利用管理的主要目标、任务和政策,引导全社会保护和合理利用土地资源,是实行最严格土地管理制度的纲领性文件,是落实土地宏观调控和土地用途管制、规划城乡建设和各项建设的重要依据。

根据2019年修正的《城乡规划法》的相关规定,城乡规划的主要功能是协调城乡空间布局,改善人居环境,促进城乡经济社会全面协调可持续发展,具体包括城镇体系规划、城市规划、镇规划、乡规划和村庄规划等。因为生态环境规划中的一些目标、任务,尤其是一些重大环境工程建设项目、环境服务体系、生态保护措施,与土地利用、城乡建设关系密切,应当相互衔

接、协调处理。[10]

2019年5月,中共中央、国务院发布《关于建立国土空间规划体系并监督实施的若干意见》,对一定区域国土空间开发保护在空间和时间上作出安排,将主体功能区规划、土地利用规划、城乡规划等空间规划融合为统一的国土空间规划,实现"多规合一",明确提出"强化国土空间规划对各专项规划的指导约束作用"。建立国土空间规划体系是加快生态文明体制改革、建设美丽中国的关键举措。[11]

案例3-1-01 《"十三五"生态环境保护规划》

2016年11月,国务院印发《"十三五"生态环境保护规划》,明确了"十三五"生态环境保护的主要目标:到2020年,生态环境质量总体改善。生产和生活方式绿色、低碳水平上升,主要污染物排放总量大幅减少,环境风险得到有效控制,生物多样性丧失势头得到基本控制,生态系统稳定性明显增强,生态安全屏障基本形成,生态环境领域国家治理体系和治理能力现代化取得重大进展,生态文明建设水平与全面建成小康社会目标相适应。

该规划要求,强化源头防控,夯实绿色发展基础;深化质量管理,大力实施三大行动计划;实施专项治理,全面推进达标排放与污染减排;实行全程管控,有效防范和降低环境风险;加大保护力度,强化生态修复;加快制度创新,积极推进治理体系和治理能力现代化;实施一批国家生态环境保护重大工程;健全规划实施保障措施。

评析:根据生态环境规划的分类,该规划属于国家专项生态环境规划和中期生态环境规划。和《国家环境保护"十二五"规划》相比,该规划标题由"环境保护"发展为"生态环境保护",工作目标发生纲领性的变化,并且在横向上提出空间管控的概念,纵向上提出绿色科技和制度两大创新,深度上与国家重大发展规划相结合。[12]

第二节 生态保护红线制度

一、生态保护红线制度的概念

生态保护红线制度,是指有关生态保护红线的指导思想、划定原则、划定方法、配套措施、强化组织保障和监督等一系列法律规定的总称。

根据2017年2月中共中央办公厅、国务院办公厅印发的《关于划定并严守生态保护红线的若干意见》,生态空间是指具有自然属性、以提供生态服务或生态产品为主体功能的国土空间,包括森林、草原、湿地、河流、湖泊、滩涂、岸线、海洋、荒地、荒漠、戈壁、冰川、高山冻原、无居

[10] 参见袁杰主编:《中华人民共和国环境保护法解读》,中国法制出版社2014年版,第48页。

[11] 参见吴健、王菲菲、胡蕾:《空间治理:生态环境规划如何有序衔接国土空间规划》,载《环境保护》2021年第9期。

[12] 参见纪涛、邱倩、江河:《〈"十三五"生态环境保护规划〉的特点分析——基于与〈国家环境保护"十二五"规划〉的对比》,载《环境保护》2017年第22期。

民海岛等。生态保护红线是指在生态空间范围内具有特殊重要生态功能、必须强制性严格保护的区域,是保障和维护国家生态安全的底线和生命线,通常包括具有重要水源涵养、生物多样性维护、水土保持、防风固沙、海岸生态稳定等功能的生态功能重要区域,以及水土流失、土地沙化、石漠化、盐渍化等生态环境敏感脆弱区域。

生态保护红线具有以下特征:(1)系统性。生态保护红线的划定与严守是一项综合性很强的系统工程,涉及生态保护、环境管理、资源开发利用等多个领域,需要在国家层面考虑,有序实施。(2)协调性。生态保护红线的划定与严守应立足于我国生态环境保护现状,与国家和区域重大区划和规划相协调,与经济、社会发展需求和当前环境管理制度与能力相适应,与人口环境资源相均衡,与经济社会生态效益相统一。(3)差异性。基于我国生态环境与经济社会发展水平的区域差异性,生态保护红线划定与严守应因地制宜切合实际,应当制定和执行与区域特点相适应的政策制度,提出分类、分区与分级管理要求。(4)强制性。生态保护红线一旦划定,必须严格管理;应牢固树立生态保护红线观念,制定和执行严格的环境准入制度与管理措施,做到不越雷池一步,否则就应受到惩罚。(5)动态性。生态保护红线划定后并非一成不变,为不断优化和完善国土生态安全格局,生态保护红线可适当进行调整,确保空间面积不减少,保护性质不改变,生态功能不退化。(6)操作性。生态保护红线划定后应遵循自然规律和经济社会发展规律,确保红线本身科学合理,配套的管理制度和政策应具可操作性,规定的红线目标要充分考虑各有关因素,具备可实现性。[13]

二、生态保护红线制度的意义

我国生态环境总体仍比较脆弱,生态安全形势十分严峻。划定并严守生态保护红线,将生态空间范围内具有特殊重要生态功能的区域加以强制性严格保护,对维护国家生态安全、推动绿色发展具有十分重要的意义。[14]《关于划定并严守生态保护红线的若干意见》提出,划定并严守生态保护红线,是贯彻落实主体功能区制度、实施生态空间用途管制的重要举措,是提高生态产品供给能力和生态系统服务功能、构建国家生态安全格局的有效手段,是健全生态文明制度体系、推动绿色发展的有力保障。

三、生态保护红线制度的建立和发展

2000 年 11 月,国务院印发的《全国生态环境保护纲要》提出规划重要生态功能区、重点资源开发区、生态良好地区并坚守生态保护底线的要求;2008 年 7 月,原环境保护部、中国科学院联合发布的《全国生态功能区划》(后于 2015 年修编)将前述规划进一步细化并落实为国土空间上的三级生态功能区;2010 年 12 月,国务院印发的《全国主体功能区规划》,将其纳入我国中长期国土空间开发格局。从此,生态保护红线的理念逐渐形成。

国务院 2011 年 10 月发布的《关于加强环境保护重点工作的意见》明确要求在重要生态工

---

〔13〕 参见韩德培主编:《环境保护法教程》(第 8 版),法律出版社 2018 年版,第 84 页。

〔14〕 参见陈吉宁:《划定并严守生态保护红线 为子孙后代留下天蓝地绿水清的家园》,载《人民日报》2017 年 2 月 8 日,第 14 版。

农功能区、陆地和海洋生态环境敏感区、脆弱区等区域划定"生态红线"，首次提出"生态保护红线"的概念。2011 年 12 月，《国家环境保护"十二五"规划》提出，在重点生态功能区、陆地和海洋生态环境敏感区、脆弱区等区域划定生态红线。2013 年 5 月，习近平总书记在中共中央政治局第六次集体学习时强调："……划定并严守生态红线，构建科学合理的城镇化推进格局、农业发展格局、生态安全格局，保障国家和区域生态安全，提高生态服务功能。要牢固树立生态红线的观念。在生态环境保护问题上，就是要不能越雷池一步，否则就应该受到惩罚。"〔15〕这些主要文件和论述将生态保护红线的概念和内涵从优化国土空间开发格局扩展到加强生态环境保护、建设生态文明全局，强调通过划定生态保护红线建立强有力的生态环境保护制度，尤其是责任追究机制。

党的十八届中央委员会第三次全体会议通过的中共中央《关于全面深化改革若干重大问题的决定》用专章规定了"划定生态保护红线"，为生态保护红线的划定奠定了基础。2014 年 1 月，原环境保护部印发《国家生态保护红线——生态功能基线划定技术指南（试行）》，宣布在全国范围内全面开展生态保护红线划定工作。《环境保护法（2014 修订）》第 29 条建立了生态保护红线制度，规定国家在重点生态功能区、生态环境敏感区和脆弱区等区域划定生态保护红线，实行严格保护，这是我国生态环境保护领域的重大战略决策与制度创新，将生态保护红线从原先的政策范畴提升至法律范畴，体现了国家强化生态保护、保障生态安全的坚定决心。〔16〕 2015 年颁布的《国家安全法》第 30 条也提出了"划定生态保护红线"的要求。2016 年 5 月，由国家发改委、财政部、国土资源部、原环境保护部等九部委联合发布的《关于加强资源环境生态红线管控的指导意见》（发改环资〔2016〕1162 号）对生态、环境、资源三大领域红线的划定与实施提出了具体的要求。2016 年修正的《海洋环境保护法》第 3 条针对重点海洋生态功能区、生态环境敏感区和脆弱区等海域提出了"划定生态保护红线，实行严格保护"的要求。

2017 年 2 月，中共中央办公厅、国务院办公厅印发《关于划定并严守生态保护红线的若干意见》，提出划定并严守生态保护红线要按照山水林田湖系统保护的思路，实现一条红线管控重要生态空间，形成生态保护红线全国"一张图"。根据该意见的安排部署，2017 年 5 月，原环境保护部、国家发改委共同组织编制了《生态保护红线划定指南》。2019 年 8 月，生态环境部、自然资源部制定了《生态保护红线勘界定标技术规程》。2022 年 8 月，自然资源部、生态环境部、国家林业和草原局联合发布《关于加强生态保护红线管理的通知》，规定加强人为活动管控，规范占用生态保护红线用地用海用岛审批，严格生态保护红线监管。为加强生态保护红线生态环境监督，严守生态保护红线，保障国家生态安全，2022 年 12 月，生态环境部出台《生态保护红线生态环境监督办法（试行）》，规定由生态环境部负责组织开展全国生态保护红线生态环境监督工作，省级生态环境主管部门负责组织开展本行政区生态保护红线生态环境监督工作。

---

〔15〕《中共中央政治局就推进生态文明建设进行集体学习》，载中国政府网，https://www.gov/cn/ldhd/2013-05/24/content_2410799.htm。

〔16〕参见陈海嵩：《"生态保护红线"的法定解释及其法律实现》，载《哈尔滨工业大学学报（社会科学版）》2017 年第 4 期。

目前,2020年颁布的《长江保护法》、2021年颁布的《湿地保护法》、2022年颁布的《黄河保护法》、2023年颁布的《青藏高原生态保护法》、2023年修订的《海洋环境保护法》等涉及特定区域、流域的生态环境保护法律均对生态保护红线的划定及生态保护红线内人类活动的管理作出了规定。

四、生态保护红线制度的主要内容

(一)划定并严守生态保护红线的指导思想

全面贯彻党的十八大和十八届三中、四中、五中、六中全会精神,深入贯彻习近平总书记系列重要讲话精神和治国理政新理念新思想新战略,紧紧围绕统筹推进"五位一体"总体布局和协调推进"四个全面"战略布局,牢固树立新发展理念,认真落实党中央、国务院决策部署,以改善生态环境质量为核心,以保障和维护生态功能为主线,按照山水林田湖系统保护的要求,划定并严守生态保护红线,实现一条红线管控重要生态空间,确保生态功能不降低、面积不减少、性质不改变,维护国家生态安全,促进经济社会可持续发展。

(二)划定并严守生态保护红线的基本原则

1. 科学划定,切实落地。落实环境保护法等相关法律法规,统筹考虑自然生态整体性和系统性,开展科学评估,按生态功能重要性、生态环境敏感性与脆弱性划定生态保护红线,并落实到国土空间,系统构建国家生态安全格局。

2. 坚守底线,严格保护。牢固树立底线意识,将生态保护红线作为编制空间规划的基础。强化用途管制,严禁任意改变用途,杜绝不合理开发建设活动对生态保护红线的破坏。

3. 部门协调,上下联动。加强部门间沟通协调,国家层面做好顶层设计,出台技术规范和政策措施,地方党委和政府落实划定并严守生态保护红线的主体责任,上下联动、形成合力,确保划得实、守得住。

(三)生态保护红线的划定

依托以"两屏三带"为主体的陆地生态安全格局和"一带一链多点"的海洋生态安全格局,采取国家指导、地方组织,自上而下和自下而上相结合,科学划定生态保护红线。

1. 明确划定范围。制定并发布生态保护红线划定技术规范,明确生态功能重要区域和生态环境敏感脆弱区域的评价方法,识别生态功能重要区域和生态环境敏感脆弱区域的空间分布。将上述两类区域进行空间叠加,划入生态保护红线区域,涵盖所有国家级、省级禁止开发区域,以及有必要严格保护的其他各类保护地等。

2. 落实生态保护红线边界。按照保护需要和开发利用现状,主要结合自然边界,自然保护区、风景名胜区等各类保护地边界,江河、湖库以及海岸等向陆域(或向海)延伸一定距离的边界,全国土地调查、地理国情普查等明确的地块边界将生态保护红线边界落地。将生态保护红线落实到地块,明确生态系统类型、主要生态功能,通过自然资源统一确权登记明确用地性质与土地权属,形成生态保护红线全国"一张图"。在勘界基础上设立统一规范的标识标牌,确保生态保护红线落地准确、边界清晰。

3. 有序推进划定工作。生态环境部、国家发改委会同有关部门提出各省(自治区、直辖市)生态保护红线空间格局和分布意见,做好跨省域的衔接与协调,指导各地划定生态保护红线；明确生态保护红线可保护的湿地、草原、森林等生态系统数量，并与生态安全预警监测体系做好衔接。各省（自治区、直辖市）按照相关要求，建立划定生态保护红线责任制和协调机制，明确责任部门，组织专门力量，制订工作方案，全面论证、广泛征求意见，有序推进划定工作，形成生态保护红线。生态环境部、国家发改委会同有关部门对各省（自治区、直辖市）生态保护红线进行技术审核并提出意见，报国务院批准后由各省（自治区、直辖市）政府发布实施。在各省（自治区、直辖市）生态保护红线基础上衔接、汇总，形成全国生态保护红线，并向社会发布；将海洋国土空间的生态保护红线，纳入全国生态保护红线。

（四）严守生态保护红线的措施

1. 明确属地管理责任。地方各级党委和政府是严守生态保护红线的责任主体，要将生态保护红线作为作出相关综合决策的重要依据和前提条件，履行好保护责任。各有关部门要按照职责分工，加强监督管理，做好指导协调、日常巡护和执法监督，共守生态保护红线。建立目标责任制，把保护目标、任务和要求层层分解，落到实处。创新激励约束机制，对生态保护红线保护成效突出的单位和个人予以奖励；对造成破坏的，依法依规予以严肃处理。根据需要设置生态保护红线管护岗位，提高居民参与生态保护积极性。

2. 确立生态保护红线优先地位。生态保护红线划定后，相关规划要符合生态保护红线空间管控要求，不符合的要及时进行调整。在编制空间规划时要将生态保护红线作为重要基础，发挥生态保护红线对于国土空间开发的底线作用。

3. 实行严格管控。生态保护红线原则上按禁止开发区域的要求进行管理。严禁不符合主体功能定位的各类开发活动开展，严禁任意改变用途。生态保护红线划定后，只能增加、不能减少，因国家重大基础设施、重大民生保障项目建设等需要调整的，由省级政府组织论证，提出调整方案，由生态环境部、国家发展改革委会同有关部门提出审核意见后，报国务院批准。因国家重大战略资源勘查需要，在不影响主体功能定位的前提下，经依法批准后方可安排勘查项目。

4. 加大生态保护补偿力度。财政部会同有关部门加大对生态保护红线的支持力度，加快健全生态保护补偿制度，完善国家重点生态功能区转移支付政策。推动生态保护红线所在地区和受益地区探索建立横向生态保护补偿机制，共同分担生态保护任务。

5. 加强生态保护与修复。实施生态保护红线保护与修复，将其作为山水林田湖生态保护和修复工程的重要内容。以县级行政区为基本单元建立生态保护红线台账系统，制定实施生态系统保护与修复方案。优先保护良好生态系统和重要物种栖息地，建立和完善生态廊道，提高生态系统完整性和连通性。分区分类开展受损生态系统修复，采取以封禁为主的自然恢复措施，辅以人工修复，改善和提升生态功能。选择以水源涵养和生物多样性维护为主导生态功能的生态保护红线，开展保护与修复示范。按照陆海统筹、综合治理的原则，开展海洋国土空间生态保护红线的生态整治修复，切实强化生态保护红线及周边区域污染联防联治，重点加强生态保护红线内入海河流综合整治。

6. 建立监测网络和监管平台。建设和完善生态保护红线综合监测网络体系，布设相对固定的生态保护红线监控点位，及时获取生态保护红线监测数据。建立国家生态保护红线监管平台，全面掌握生态系统构成、分布与动态变化，及时评估和预警生态风险，提高生态保护红线管理决策科学化水平。实时监控人类干扰活动,及时发现破坏生态保护红线的行为并予以处理。各省(自治区、直辖市)应依托国家生态保护红线监管平台,加强能力建设,建立本行政区监管体系,实施分层级监管,及时接收和反馈信息,核查和处理违法行为。

7. 开展定期评价。建立生态保护红线评价机制,从生态系统格局、质量和功能等方面,建立生态保护红线生态功能评价指标体系和方法。定期组织开展评价,及时掌握全国、重点区域、县域生态保护红线生态功能状况及动态变化,将评价结果作为优化生态保护红线布局、安排县域生态保护补偿资金和实行领导干部生态环境损害责任追究的依据,并向社会公布。

8. 强化执法监督。各级生态环境主管部门和有关部门要按照职责分工加强生态保护红线执法监督;建立生态保护红线常态化执法机制,定期开展执法督查,不断提高执法规范化水平;及时发现和依法处罚破坏生态保护红线的违法行为,有案必查、违法必究。有关部门要加强与司法机关的沟通协调,健全行政执法与刑事司法联动机制。

9. 建立考核机制。根据评价结果和目标任务完成情况,对各省(自治区、直辖市)党委和政府开展生态保护红线保护成效考核,并将考核结果纳入生态文明建设目标评价考核体系,作为党政领导班子和领导干部综合评价及责任追究、离任审计的重要参考。

10. 严格责任追究。对违反生态保护红线管控要求、造成生态破坏的部门、地方、单位和有关责任人员,按照有关法律法规和《党政领导干部生态环境损害责任追究办法(试行)》等规定实行责任追究。对推动生态保护红线工作不力的,区分情节轻重,予以诫勉、责令公开道歉、组织处理或党纪政纪处分,对构成犯罪的依法追究刑事责任。对造成生态环境和资源严重破坏的,实行终身追责。

(五)强化组织保障

1. 加强组织协调。建立由生态环境部、国家发展改革委牵头的生态保护红线管理协调机制,明确地方和部门责任。各地要加强组织协调,强化监督执行,形成加快划定并严守生态保护红线的工作格局。

2. 完善政策机制。加快制定有利于提升和保障生态功能的土地、产业、投资等配套政策。推动生态保护红线有关立法,各地要因地制宜,出台相应的生态保护红线管理地方性法规。研究市场化、社会化投融资机制,多渠道筹集保护资金,发挥资金合力。

3. 促进共同保护。生态环境部、国家发展改革委会同有关部门定期发布生态保护红线监控、评价、处罚和考核信息,各地及时准确发布生态保护红线分布、调整、保护状况等信息,保障公众知情权、参与权和监督权。加大政策宣传力度,发挥媒体、公益组织和志愿者作用,畅通监督举报渠道。

(六)生态保护红线生态环境监督

根据《生态保护红线生态环境监督办法(试行)》的规定,生态环境主管部门生态保护红线生态环境监督工作包括:生态保护红线生态环境相关制度制定与落实情况,生态保护红线调整对生态环境的影响,生态保护红线内人为活动对生态环境的影响,生态保护红线生态功能状况及其变化,生态保护红线内生态破坏问题及其处理整改情况,生态保护红线内生态保护修复工程实施生态环境成效,法律法规规定应由生态环境主管部门实施监督的其他事项。

案例3-2-01　某环保建材有限公司侵占生态红线区域案[17]

2021年1月，镇江丹阳某环保建材有限公司租赁孙某位于丹阳市丹北镇高桥跃进装卸经营部的闲置场地，主要从事建筑材料、水泥制品、有色金属销售，水泥制品生产，工业固体废物（炉渣、钢渣、除尘灰、废沙污泥）回收、处理和综合利用。2021年10月、12月，该公司先后收来生产所需的主要生产原料铸造砂、钢渣和陶瓷砂，直接露天堆放，未进行有效覆盖。2022年1月，执法人员现场检查时发现场地内共贮存约30吨铸造砂、30吨钢渣、40吨陶瓷砂。经对照《江苏省生态空间管控区域规划》及九曲河洪水调蓄区生态保护红线地图，该公司租赁的场地距离九曲河约40米，位于生态空间管控区域内（属于需要特殊保护的区域）。镇江市丹阳生态环境局立案查处，对该企业处以罚款，并将相关责任人员移送公安机关。

评析：该公司的行为违反了2020年修订的《固体废物污染环境防治法》第21条关于在生态保护红线区域内禁止建设工业固体废物集中贮存场所的规定，应当依据该法第102条第1款第2项、第4项的规定予以处罚。生态保护红线是保障和维护国家生态安全的底线和生命线，一旦划定，必须严格管理，一旦违反法律的相关规定，应当依法追究法律责任。

第三节　生态环境标准制度

一、生态环境标准与生态环境基准的概念

生态环境标准是指为了保护人群健康、保护社会财富和维护生态平衡，由法律授权政府及其主管部门、社会团体和企业按照法定程序和方法就环保工作中需要统一的技术要求制定的规范性技术文件。[18]

生态环境基准是一种综合性基准，它是由与人体健康有关的卫生基准、与各种动植物保护有关的生物基准以及与保护各种物质财富有关的物理基准综合而成。[19] 2017年4月发布的《国家环境基准管理办法（试行）》第2条规定，环境基准是环境因子（污染物质或有害要素）对人体健康与生态系统不产生有害效应的剂量或水平。环境因子包括化学（污染物、营养物等）、物理（噪声、振动、辐射等）和生物（微生物、病原体等）因子等。可见，生态环境基准表明某一污染物的剂量和它所引起的客观效应之间的关系，即在一定条件和时间内污染物的含量达到一定数值时，受污染的对象所引起的客观反映。一种污染物在一个环境要素（或介质）中的基准是一系列的浓度（或强度）值，只要不超出这些浓度值（阈值）即有可能使人们对环境的某种要求得到满足，生物就能保持某种程度的存活率、不致病率或正常生长繁衍。[20]

---

〔17〕 参见《以案说法　镇江丹阳尹氏环保建材有限公司侵占生态红线区域案》，载江苏省生态环境厅网，http://sthjt.jiangsu.gov.cn/art/2022/6/14/art_84025_10488355.html。

〔18〕 参见汪劲：《环境法学》（第4版），北京大学出版社2018年版，第115页。

〔19〕 参见信春鹰主编：《〈中华人民共和国环境保护法〉学习读本》，中国民主法制出版社2014年版，第99页。

〔20〕 参见信春鹰主编：《〈中华人民共和国环境保护法〉学习读本》，中国民主法制出版社2014年版，第100页。

生态环境基准按照环境介质的不同,可分为水环境基准、土壤环境基准和空气环境基准等,《国家环境基准管理办法(试行)》第7条也是基于环境介质作出的分类;按照保护对象的不同,可分为健康基准(对人体健康的影响)、生态基准(对生物及使用功能)、物理基准(对能见度、气候等的影响)和感官基准(防止不愉快的异味)等;根据基准制定的方法学原理的不同,可分为毒理学基准(包括健康基准和生态基准)和生态学基准(包括营养物基准)。[21]

生态环境基准和生态环境标准是两个不同性质的概念。生态环境基准是由污染物同特定对象之间的剂量反应关系确定的,不考虑社会、经济、技术等人为因素,不具有法律效力;生态环境标准则以生态环境基准为依据,并考虑社会、经济、技术等因素,经过综合分析制定的,由国家管理机关颁布,一般具有法律强制性。生态环境基准是国家进行环境质量评价、制定环境质量标准的科学依据,生态环境标准规定的污染物容许剂量或浓度原则上应小于或等于相应的生态环境基准值。开展环境基准研究对于提高环境保护工作的科学性,更好地保护我国生态系统和人民群众身体健康具有重要的意义。[22]

《环境保护法(2014修订)》第15条第3款规定,国家鼓励开展环境基准研究。目前,我国已逐步形成适合我国国情的水环境基准研究方法体系;土壤环境基准研究起步较晚,但也积累了不少经验,原国家环境保护总局于1999年1月公布了《工业企业土壤环境质量风险评价基准》,制定了土壤基准(直接接触和迁移至地下水);空气环境基准研究较为欠缺,制定环境空气质量标准主要参考国际上的环境空气质量基准研究成果,如世界卫生组织发布的空气质量准则及美国环境空气质量污染物基准的研究成果。[23] 在充分吸收国内外最新研究成果的基础上,结合我国区域特征和生态环境管理需要,生态环境部从制定水质生态环境基准入手进行探索和实践,于《国家环境基准管理办法(试行)》施行后开始陆续发布国家生态环境基准制定技术指南,规范我国生态环境基准制定程序、技术和方法。《淡水水生生物水质基准—镉》(2020年版)是我国首个生态环境基准。之后,生态环境部发布了《淡水水生生物水质基准—氨氮》(2020年版)、《淡水水生生物水质基准—苯酚》(2020年版)和《湖泊营养物基准—中东部湖区(总磷、总氮、叶绿素a)》(2020年版)。2023年2月,生态环境部发布《环境基准工作方案(2023—2025年)》,为有序推进国家环境基准工作提供指引。

二、生态环境标准制度的建立和发展

从1973年第一项国家环境保护标准《工业"三废"排放试行标准》(GBJ4-73)发布至今,生态环境标准历经五个发展阶段,初步形成了较为完善的生态环境标准体系,全面覆盖水、大气、土壤、固废、噪声和辐射污染控制等领域。

第一阶段(1973~1978年)为起步阶段。主要体现为《工业"三废"排放试行标准》(GBJ4-73)的制定和实施。第二阶段(1979~1987年)为初步形成阶段。1979年9月颁布《环境保护法(试行)》对环境标准作出了规定。1985年设立国家环境保护局并下设规划标准处,开始对

〔21〕 参见冯承莲等:《中国环境基准理论与方法学研究进展及主要科学问题》,载《生态毒理学报》2015年第1期。
〔22〕 参见袁杰主编:《中华人民共和国环境保护法解读》,中国法制出版社2014年版,第55-56页。
〔23〕 参见《环境基准研究亟待加强》,载《中国环境报》2014年5月8日,第8版。

环境标准进行有组织的、系统的研究和制定。在此期间制定发布了41项行业型国家污染物排放(控制)标准,初步建立了以环境质量标准和污染物排放标准为主体,环境监测方法标准、环境标准样品标准、环境基础标准相配套的国家环境标准体系。第三阶段(1988~1999年)为污染物排放标准体系调整和环境质量标准修订阶段。在此期间发布了64项国家污染物排放(控制)标准,包括《污水综合排放标准》(GB 8978-1996)和火电、钢铁、纺织染整、水泥等行业污染物排放标准。环境空气、土壤、海水、渔业水质、农田灌溉水质、电磁辐射等环境质量标准颁布,环境质量标准体系基本完善。第四阶段(2000~2010年)为环境标准快速发展阶段。以2000年修订的《大气污染防治法》、2008年修订的《水污染防治法》等明确"超标违法"为标志,环境标准类型和数量大幅增加,发布了造纸、制药、合成氨、电镀、锅炉、轻型汽车等118项污染物排放(控制)标准。标准体系调整为以行业型排放标准为主、综合型排放标准为辅。第五阶段(2011年至今)为环境标准体系优化阶段。以《火电厂大气污染物排放标准》(GB 13223-2011)和《环境空气质量标准》(GB 3095-2012)为标志,环境标准逐步与国际接轨,更加强调以人为本,以环境质量改善为目标导向,污染物限值更加严格、要求更加刚性,同时优化体系并加强标准的实施监督。[24]

为加强生态环境标准管理工作,2020年12月,生态环境部审议通过《生态环境标准管理办法》,对生态环境标准的制定、实施、备案和评估作出明确规定。截至2023年11月30日,现行有效的生态环境标准总数已达2357项,经过备案的现行有效的地方标准已达249项。[25]

三、生态环境标准的体系与内容

(一)生态环境标准的体系

生态环境标准体系是指根据生态环境标准的性质、内容和功能,以及它们之间的内在联系,将其进行分级、分类,构成一个有机联系的统一整体。[26] 根据制定、发布机关和适用范围的不同,目前我国生态环境标准体系由"二级六类"构成。"二级"即国家生态环境标准和地方生态环境标准,"六类"指生态环境质量标准、生态环境风险管控标准、污染物排放标准、生态环境监测标准、生态环境基础标准和生态环境管理技术规范。

在生态环境标准体系中,生态环境部标准是一类较为特殊的标准,特指需要在全国生态环境保护工作范围内统一的技术要求而又没有国家生态环境标准时由生态环境部制定的标准。生态环境部标准属于环境保护行业标准,不属于国家标准。由于实践中不存在独立的生态环境保护行业,因此将此类标准命名为生态环境部标准。目前,生态环境部标准主要局限于生态环境基础标准和环境影响评价技术规范,属于推荐性标准。例如,在环境影响评价工作中适用的《建设项目环境影响评价技术导则总纲》(HJ 2.1-2016)就属于生态环境部标准。生态环境部标准由生态环境部负责制定,向国家市场监督管理总局备案。

国家生态环境标准和生态环境部标准,均由生态环境部组织制定,在全国范围内执行;地

---

〔24〕 参见裴晓菲:《我国环境标准体系的现状、问题与对策》,载《环境保护》2016年第14期。

〔25〕 参见《生态环境部召开11月例行新闻发布会》,载生态环境部网2023年12月1日,https://www.mee.gov.cn/ywdt/xwfb/202312/t20231201_1057778.shtml。

〔26〕 参见韩德培主编:《环境保护法教程》(第8版),法律出版社2018年版,第115页。

方生态环境标准是对国家环境标准的补充和完善,由省、自治区、直辖市人民政府制定并在所辖地区实施,包括生态环境质量标准、生态环境风险管控标准和污染物排放标准三类。

此外,由于我国生态环境保护实行统一管理与部门分工负责管理的体制,国务院有关环境与资源保护的主管部门可以在本部门范围内制定统一适用的行业标准。企业也可以自行制定比国家或地方更为严格的污染物排放标准。

根据 2017 年修订的《标准化法》的相关规定,我国的国家标准有强制性标准和推荐性标准之分。其中,对保障人身健康和生命财产安全、国家安全、生态环境安全以及满足经济社会管理基本需要的技术要求,应当制定强制性国家标准。在生态环境标准中,生态环境质量标准、生态环境风险管控标准、污染物排放标准和法律法规规定强制执行的其他生态环境标准属于强制性生态环境标准,必须执行,其他生态环境标准属于推荐性生态环境标准。国家鼓励采用推荐性生态环境标准,推荐性生态环境标准被强制性生态环境标准或者规章、行政规范性文件引用并被赋予强制执行效力的,被引用的内容必须执行,推荐性生态环境标准本身的法律效力不变。强制性标准代号用“GB”表示,强制性标准以外的标准属于推荐性标准,其代号用“GB/T”表示。

(二)生态环境标准的分类

1. 生态环境质量标准

生态环境质量标准,是为保护生态环境,保障公众健康,增进民生福祉,促进经济社会可持续发展,限制环境中有害物质和因素所作的控制规定。生态环境质量标准满足了环境达到规定使用功能和生态环境质量的基本要求。

生态环境质量标准分为国家和地方两级。《环境保护法(2014 修订)》第 15 条规定:国务院环境保护主管部门制定国家环境质量标准。省级人民政府对国家环境质量标准中未作规定的项目,可以制定地方生态环境质量标准;对国家环境质量标准中已作规定的项目,可以制定严于国家环境质量标准的地方生态环境质量标准。地方环境质量标准应当报国务院生态环境保护主管部门备案。

生态环境质量标准按环境要素划分,可以被分为大气环境质量标准、水环境质量标准、海洋环境质量标准、声环境质量标准、核与辐射安全基本标准等类别。其中,大气环境质量标准是对大气中污染物或者其他有害物质的最大容许浓度的规定。1982 年 4 月,我国首次发布国家环境空气质量标准,后经 1996 年、2000 年、2012 年三次修订。2012 年 2 月公布的《环境空气质量标准》(GB 3095 - 2012)调整了环境空气功能区分类,将三类区并入二类区,同时增设了颗粒物(粒径小于等于 2.5μm)浓度限值和臭氧 8 小时平均浓度限值,调整了颗粒物(粒径小于等于 10μm)、二氧化碳、铅和苯并芘等的浓度限值,并对数据统计的有效性规定作出修订。该标准于 2016 年 1 月 1 日实施。2018 年,生态环境部发布《〈环境空气质量标准〉(GB 3095 - 2012)修改单》,修改了标准中关于监测状态的规定,并修改完善了相应的配套监测方法标准。

水环境质量标准是对水中污染物或其他有害物质的最大容许浓度的规定。水质量标准按水体类型可被分为地面水质量标准、地下水质量标准等,按水资源的用途可被分为生活饮用水水质标准、渔业用水水质标准、农业用水水质标准、娱乐用水水质标准和各种工业用水水质标准等。我国已颁布的水质标准包括《地表水环境质量标准》(GB 3838 - 2002)、《地下水质量标准》(GB/T 14848－2017)、《农田灌溉水质标准》(GB 5084－2021)等。

2. 生态环境风险管控标准

生态环境风险管控标准,是为保护生态环境,保障公众健康,推进生态环境风险筛查与分类管理,维护生态环境安全,控制生态环境中的有害物质和因素所制定的控制规定。生态环境风险管控标准包括土壤污染风险管控标准以及法律法规规定的其他环境风险管控标准,例如,《土壤环境质量　农用地土壤污染风险管控标准(试行)》(GB 15618－2018)、《土壤环境质量　建设用地土壤污染风险管控标准(试行)》(GB 36600－2018)等。

《生态环境标准管理办法》增加了生态环境风险管控标准这一类别。和生态环境质量标准不同,生态环境风险管控标准主要用于风险筛查和分类,而非质量达标评价。生态环境风险管控标准是开展生态环境风险管理的技术依据。实施生态环境风险管控标准,例如土壤污染风险管控标准,应当按照土地用途分类管理,管控风险,实现土地安全利用。制定生态环境风险管控标准,应当根据环境污染状况、公众健康风险、生态环境风险、环境背景值和生态环境基准研究成果等因素,区分不同保护对象和用途功能,科学合理确定风险管控要求。

生态环境风险管控标准也分为国家标准和地方标准。2018 年《土壤污染防治法》第 12 条第 1 款和第 2 款规定:国务院生态环境主管部门根据土壤污染状况、公众健康风险、生态风险和科学技术水平,并按照土地用途,制定国家土壤污染风险管控标准,加强土壤污染防治标准体系建设。省级人民政府对国家土壤污染风险管控标准中未作规定的项目,可以制定地方土壤污染风险管控标准;对国家土壤污染风险管控标准中已作规定的项目,可以制定严于国家土壤污染风险管控标准的地方土壤污染风险管控标准。地方土壤污染风险管控标准应当报国务院生态环境主管部门备案。

3. 污染物排放标准

污染物排放标准是为改善生态环境质量,控制排入环境中的污染物或者其他有害因素,根据生态环境质量标准和经济、技术条件所制定的标准。《环境保护法(2014 修订)》第 16 条规定,国务院环境保护主管部门根据国家环境质量标准和国家经济、技术条件,制定国家污染物排放标准。省级人民政府对国家污染物排放标准中未作规定的项目,可以制定地方污染物排放标准;对国家污染物排放标准中已作规定的项目,可以制定严于国家污染物排放标准的地方污染物排放标准。地方污染物排放标准应当报国务院环境保护主管部门备案。

污染物排放标准包括大气污染物排放标准、水污染物排放标准、固体废物污染控制标准、环境噪声排放标准、放射性污染防治标准等。按照污染物形态,污染物排放标准可以被分为气态污染物排放标准、液态污染物排放标准和固态污染物排放标准。其中,气态污染物排放标准,主要是规定二氧化硫、氮氧化物、一氧化碳、硫化氢、氯、氟以及颗粒物等的容许排放量;液态污染物排放标准,主要是规定废水(废液)中所含的油类、需氧有机物、有毒金属化合物、放射性物质和病原体等的容许排放量;固态污染物排放标准,主要是规定填埋、堆存和进入农田等处的固体废物中的有害物质的容许含量。此外,还有物理性污染物排放标准,如噪声标准等。

《生态环境标准管理办法》第 21 条第 2 款和第 3 款规定:水和大气污染物排放标准,根据适用对象分为行业型、综合型、通用型、流域(海域)或者区域型污染物排放标准。行业型污染物排放标准适用于特定行业或者产品污染源的排放控制;综合型污染物排放标准适用于行业型污染物排放标准适用范围以外的其他行业污染源的排放控制;通用型污染物排放标准适用于跨行业通用生产工艺、设备、操作过程或者特定污染物、特定排放方式的排放控制;流域(海域)或者区域型污染物排放标准适用于特定流域(海域)或者区域范围内的污染源排放控制。

在执行污染物排放标准时,根据《生态环境标准管理办法》第 24 条的规定:地方污染物排放标准优先于国家污染物排放标准适用;地方污染物排放标准未规定的项目,应当执行国家污染物排放标准的相关规定。同属国家污染物排放标准的,行业型污染物排放标准优先于综合型和通用型污染物排放标准适用;行业型或者综合型污染物排放标准未规定的项目,应当执行通用型污染物排放标准的相关规定。同属地方污染物排放标准的,流域(海域)或者区域型污染物排放标准优先于行业型污染物排放标准适用,行业型污染物排放标准优先于综合型和通用型污染物排放标准适用。流域(海域)或者区域型污染物排放标准未规定的项目,应当执行行业型、综合型污染物排放标准的相关规定;流域(海域)或者区域型、行业型、综合型污染物排放标准均未规定的项目,应当执行通用型污染物排放标准的相关规定。

4. 生态环境监测标准、生态环境基础标准、生态环境管理技术规范

生态环境监测标准、生态环境基础标准、生态环境管理技术规范一般属于推荐性环境标准。其中,生态环境监测标准是为监测生态环境质量和污染物排放情况,开展达标评定和风险筛查与管控,规范布点采样、分析测试、监测仪器、卫星遥感影像质量、量值传递、质量控制、数据处理等监测技术要求而制定的技术规范,如《危险废物鉴别标准通则》(GB 5085.7 – 2019);生态环境基础标准是为统一规范生态环境标准的制订技术工作和生态环境管理工作中具有通用指导意义的技术要求制定的技术规范,包括生态环境标准制订技术导则,生态环境通用术语、图形符号、编码和代号(代码)及其相应的编制规则等,如《环境污染类别代码》(GB/T 16705 – 1996);生态环境管理技术规范是为规范各类生态环境保护管理工作的技术要求制定的技术规范,包括大气、水、海洋、土壤、固体废物、化学品、核与辐射安全、声与振动、自然生态、应对气候变化等领域的管理技术指南、导则、规程、规范等,如《自然保护区类型与级别划分原则》(GB/T 14529 – 1993)。

鉴于有关环境监测方法、技术规范和相关数据需要在全国范围内统一,因此上述三类生态环境标准只有国家标准没有地方标准。这类生态环境标准的制定权限来源于《标准化法》的授权,由国务院生态环境主管部门和其他主管部门制定,属于指导生态环境监测和实施环境监督的技术规范,不具有法的拘束力。当对认定污染物排放是否超标问题发生分歧时,可以在诉讼中用上述三类生态环境标准所规定的技术规范判断监测方法以及测定技术等操作程序和内容是否符合国家生态环境标准的规定。此外,《生态环境标准管理办法》第 31 条规定,对地方生态环境质量标准、地方生态环境风险管控标准或者地方污染物排放标准中规定的控制项目,国务院生态环境主管部门尚未制定适用的国家生态环境监测分析方法标准的,可以在地方生态环境质量标准、地方生态环境风险管控标准或者地方污染物排放标准中规定相应的监测分析方法,或者采用地方生态环境监测分析方法标准。适用于该控制项目监测的国家生态环境监测分析方法标准实施后,地方生态环境监测分析方法不再执行。

四、生态环境标准的性质与效力

明确生态环境标准的性质和效力，是确保生态环境标准制度顺利实施的前提。技术标准是将生产过程、产品或环境质量合理定型的规范系统，是量化指标最集中、与法律互动最频繁的标准之一。技术标准并非公法规范，无论对于公法还是私法，技术标准的功能都是提供合理定型的一种参照规定。强制性标准的法律效力来源于公法规定而非标准本身，该强制性是公法执行上的强制性而非私法适用上的强制性。[27] 作为技术标准的一种，生态环境标准是由相关领域专家在科学认知基础上制定出的由一系列符号、代码、编号和其他技术规定组成的技术性规范，本身并不属于法的规范，具体适用需要依附法定环境行政决定即公法上的判断。生态环境标准是环境行政的手段或工具，必须经过环境立法的确认并由生态环境主管部门决定适用后才具有相应的法律效力，是判断行为人是否承担环境行政责任的依据。

（一）生态环境质量标准体现的是环境行政努力的目标值

生态环境质量标准是为将环境污染控制在一定程度下，明确设定能体现环境状况的具体数值，以此作为环境行政展开、评估行政效果的依据。目前的生态环境质量标准更类似于行政机关努力的目标，尚不能直接规定具体权利义务。但当生态环境质量标准与具体环境行政政策相结合时，就会对行政相对人的权利产生影响。例如，如果将《环境空气质量标准》（GB 3095－2012）中有关“环境空气功能区分类和质量要求”的规定和当地城市功能区划分的行政决定结合起来，就会对不同功能区的居民产生不同的影响。

（二）污染物排放标准对排放污染物的行为没有直接约束力

污染物排放标准是针对污染物排放所作出的限制，其本身并不能对污染物的排放行为产生直接的约束力，而需要相关法律法规的指引。例如，根据2023年修订的《海洋环境保护法》第93条的规定：对超过标准、总量控制指标排放污染物的行为，由依照该法规定行使海洋环境监督管理权的部门或者机构责令改正或者责令采取限制生产、停产整治等措施，并处以罚款；情节严重的，报经有批准权的人民政府批准，责令停业、关闭。

（三）生态环境标准并非判断是否承担民事责任的决定性依据

原国家环境保护局《关于确定环境污染损害赔偿责任问题的复函》（〔91〕环法函字第104号）中曾明确提出，“承担污染赔偿责任的法定条件，就是排污单位造成环境污染危害，并使其他单位或个人遭受损失……国家或者地方规定的污染物排放标准，只是环保部门决定排污单位是否需要缴纳超标排污费和进行环境管理的依据，而不是确定排污单位是否承担赔偿责任的界限”。公法上的“标准”仅是私法上法官判断的“一个线索”，而不是判断是否承担民事责任的必要条件。[28] 对此，有学者认为，环境质量标准具有在侵权法上界定是否存在污染的效力。[29]

---

〔27〕 参见陈伟：《作为规范的技术标准及其与法律的关系》，载《法学研究》2022年第5期。

〔28〕 参见张晏、汪劲：《我国环境标准制度存在的问题及对策》，载《中国环境科学》2012年第1期。

〔29〕 参见陈伟：《环境质量标准的侵权法适用研究》，载《中国法学》2017年第1期；周骁然：《环境标准在环境污染责任中的效力重塑——基于环境物理学定律的类型化分析》，载《中国地质大学学报（社会科学版）》2017年第1期。

五、生态环境标准的制定与实施

(一)生态环境标准的制定

1. 生态环境标准制定的主体

《生态环境标准管理办法》第 6 条规定,国务院生态环境主管部门依法制定并组织实施国家生态环境标准,评估国家生态环境标准实施情况,开展地方生态环境标准备案,指导地方生态环境标准管理工作。省级人民政府依法制定地方生态环境质量标准、地方生态环境风险管控标准和地方污染物排放标准,并报国务院生态环境主管部门备案。机动车等移动源大气污染物排放标准由国务院生态环境主管部门统一制定。地方各级生态环境主管部门在各自职责范围内组织实施生态环境标准。

2. 生态环境标准制定的依据

《生态环境标准管理办法》第 12 条规定,制定生态环境质量标准,应当反映生态环境质量特征,以生态环境基准研究成果为依据,与经济社会发展和公众生态环境质量需求相适应,科学合理确定生态环境保护目标。因此,国家制定生态环境质量标准必须以科学实验和调查取得的科学数据即生态环境基准作为确定环境质量标准的客观依据,并且考察其在经济和技术上的可能性,即在经济上合理、技术上可行,在一定时期内可以实现。也就是说,它是一个既遵循自然规律,又遵循社会经济规律的切实可行的生态环境质量标准。[30]

《生态环境标准管理办法》第 17 条规定,制定生态环境风险管控标准,应当根据环境污染状况、公众健康风险、生态环境风险、环境背景值和生态环境基准研究成果等因素,区分不同保护对象和用途功能,科学合理确定风险管控要求。

制定污染物排放标准,主要以实现生态环境质量标准为目标,从而保护人群健康和生态良性循环;同时,也要根据我国的工艺设备和技术水平,在经济上合理的情况下,达到技术上的先进性。[31] 制定污染物排放标准的主要方法,一是按照污染物扩散规律来制定,应用污染物稀释和扩散模式来推算污染源排放口的容许排放量;二是按照最佳可行技术来制定,即按照本国的生产水平和技术、经济上可能达到的污染物控制能力来制定;三是按总量控制来制定,即按照环境质量标准的要求计算区域范围内污染物容许排放总量,确定各个污染源分摊率,从而确定它们的容许排放量。[32] 《生态环境标准管理办法》第 21 条对污染物排放标准进行分类。该办法第 22 条规定:制定行业型或者综合型污染物排放标准,应当反映所管控行业的污染物排放特征,以行业污染防治可行技术和可接受生态环境风险为主要依据,科学合理确定污染物排放控制要求。制定通用型污染物排放标准,应当针对所管控的通用生产工艺、设备、操作过程的污染物排放特征,或者特定污染物、特定排放方式的排放特征,以污染防治可行技术、可接受生态环境风险、感官阈值等为主要依据,科学合理确定污染物排放控制要求。制定流域(海域)或者区域型污染物排放标准,应当围绕改善生态环境质量、防范生态环境风险、促进转型

---

〔30〕 参见金瑞林主编:《环境法学》(第 4 版),北京大学出版社 2016 年版,第 79 页。
〔31〕 参见金瑞林主编:《环境法学》(第 4 版),北京大学出版社 2016 年版,第 79 页。
〔32〕 参见袁杰主编:《中华人民共和国环境保护法解读》,中国法制出版社 2014 年版,第 58 页。

发展,在国家污染物排放标准基础上作出补充规定或者更加严格的规定。

值得注意的是,生态环境标准是维护生态环境质量、保障公众健康的科学标尺,生态环境法律规范的功能发挥依赖于生态环境标准的切实执行与实施。应当通过环境健康风险的样态解析全面检视现行生态环境标准制度的不足,以环境法治的"健康风险导向"指引生态环境标准的制度设计及其完善。[33] 因此,应当根据《环境保护法(2014 修订)》第 39 条的规定,建立健全环境与健康监测、调查和风险评估制度,获取丰富的基础数据和成果,系统掌握我国主要环境污染物水平和人群健康影响状况与发展变化趋势,为生态环境标准的制定提供技术支持。

3. 生态环境标准制定的基本原则

《生态环境标准管理办法》第 7 条第 1 款规定,制定生态环境标准应遵循合法合规、体系协调、科学可行、程序规范等原则。2020 年 12 月发布的《国家生态环境标准制修订工作规则》第 5 条规定,标准制修订工作以合法合规、体系协调、质量优先、分工协作为基本原则。

4. 生态环境标准制定的程序

《生态环境标准管理办法》第 7 条第 2 款规定,制定国家生态环境标准,应当根据生态环境保护需求编制标准项目计划,组织相关事业单位、行业协会、科研机构或者高等院校等开展标准起草工作,广泛征求国家有关部门、地方政府及相关部门、行业协会、企业事业单位和公众等方面的意见,并组织专家进行审查和论证。具体工作程序与要求由国务院生态环境主管部门另行制定。对此,2020 年《国家生态环境标准制修订工作规则》第 6 条作出进一步规定,明确制定生态环境标准应当遵循下列程序:(1)编制项目计划的初步方案。(2)确定项目承担单位和项目经费,形成项目计划。(3)下达项目计划任务。(4)项目承担单位成立编制组,编制开题论证报告。(5)项目开题论证,确定技术路线和工作方案。(6)编制标准征求意见稿及编制说明。(7)对标准征求意见稿及编制说明进行技术审查。(8)公布标准公开征求意见稿,向有关单位及社会公众征求意见。(9)汇总处理意见,编制标准送审稿及编制说明。(10)对标准送审稿及编制说明进行技术审查。(11)编制标准报批稿及编制说明。(12)对标准进行行政审查;质量标准、风险管控标准和排放标准的行政审查包括司务会、部长专题会和部常务会审议;其他标准行政审查主要为司务会审议,必要时应经部长专题会、部常务会审议。(13)标准批准(编号)、发布。(14)标准正式文本出版。(15)项目文件材料归档。(16)国家生态环境标准制修订工作证书发放。(17)标准宣传、培训。

地方生态环境标准制修订工作可参照上述国家生态环境标准制修订工作的基本原则、程序、内容、时限和其他要求。关于地方环境标准的备案,《生态环境标准管理办法》第 43 ~ 46 条规定:地方生态环境质量标准、地方生态环境风险管控标准和地方污染物排放标准发布后,省级人民政府或者其委托的省级生态环境主管部门应当依法报国务院生态环境主管部门备案。地方生态环境质量标准、地方生态环境风险管控标准和地方污染物排放标准报国务院生态环境主管部门备案时,应当提交标准文本、编制说明、发布文件等材料。标准编制说明应当设立专章,说明与该标准适用范围相同或者交叉的国家生态环境标准中控制要求的对比分析

---

[33] 参见董正爱、袁明:《环境健康风险视域下环境标准的理性反思与规范》,载《北京理工大学学报(社会科学版)》2021 年第 1 期。

情况。国务院生态环境主管部门收到地方生态环境标准备案材料后,予以备案,并公开相关备案信息;发现问题的,可以告知相关省级生态环境主管部门,建议按照法定程序修改。依法提前实施国家机动车大气污染物排放标准中相应阶段排放限值的,应当报国务院生态环境主管部门备案。此外,地方标准的备案还应当符合2017年修订的《标准化法》第13条、第34条,2020年发布的《地方标准管理办法》第22条、第26条等的规定。

(二)生态环境标准的实施和评估

《生态环境标准管理办法》第6条第1款和第3款规定:国务院生态环境主管部门依法制定并组织实施国家生态环境标准,评估国家生态环境标准实施情况,开展地方生态环境标准备案,指导地方生态环境标准管理工作。地方各级生态环境主管部门在各自职责范围内组织实施生态环境标准。

该办法第九章对标准实施评估作出了具体规定。第48条和第49条规定:为掌握生态环境标准实际执行情况及存在的问题,提升生态环境标准科学性、系统性、适用性,标准制定机关应当根据生态环境和经济社会发展形势,结合相关科学技术进展和实际工作需要,组织评估生态环境标准实施情况,并根据评估结果对标准适时进行修订。强制性生态环境标准应当定期开展实施情况评估,与其配套的推荐性生态环境标准实施情况可以同步开展评估。

不同类型标准的实施评估依据和内容不同。第50条规定:生态环境质量标准实施评估,应当依据生态环境基准研究进展,针对生态环境质量特征的演变,评估标准技术内容的科学合理性。生态环境风险管控标准实施评估,应当依据环境背景值、生态环境基准和环境风险评估研究进展,针对环境风险特征的演变,评估标准风险管控要求的科学合理性。污染物排放标准实施评估,应当关注标准实施中普遍反映的问题,重点评估标准规定内容的执行情况,论证污染控制项目、排放限值等设置的合理性,分析标准实施的生态环境效益、经济成本、达标技术和达标率,开展影响标准实施的制约因素分析并提出解决建议。生态环境监测标准和生态环境管理技术规范的实施评估,应当结合标准使用过程中反馈的问题、建议和相关技术手段的发展,重点评估标准规定内容的适用性和科学性,以及与生态环境质量标准、生态环境风险管控标准和污染物排放标准的协调性。

案例3-3-01 吕某奎等79人诉某船舶重工有限责任公司海上污染损害责任纠纷案[34]

吕某奎等79人是长期在秦皇岛市山海关老龙头海域进行扇贝养殖的养殖户。某船舶重工有限责任公司(以下简称某公司)系该海域附近唯一从事船舶修造业务的大型企业。2010年8月2日上午,秦皇岛市山海关老龙头东海域海水出现异常。秦皇岛市环境保护局接到举报,安排环境监察、监测人员等对海岸情况进行巡查。根据现场巡查情况,海水呈红褐色、混浊。秦皇岛市环境保护局的工作人员同时对海水进行取样监测,并于8月3日作出监测报告。经大连海事大学海事司法鉴定中心鉴定,认定:根据某公司系山海关老龙头附近临海唯一大型企业,修造船舶会产生大量污水,船坞刨锈污水中铁含量很高,一旦泄漏将严重污染附近海域,

〔34〕 参见(2014)津高民四终字第22号,最高人民法院指导案例127号(2019年)。

推测出污染海水源地系某公司以及王某荣等21人的全部养殖区遭受污染损害的结论。涉案海域中悬浮物、铁及石油类含量较高,已远远超过《渔业水质标准》和《海水水质标准》。污染最严重的因子为铁,对渔业和养殖水域危害程度较大。但是,铁物质未被纳入评价海水水质的环境标准。秦皇岛市环境保护局出具的复核意见记载,涉案海水中红褐色物质为铁物质,国家对海水中铁物质含量没有规定明确的污染物排放标准,是否影响海水养殖需相关部门专家进一步论证。

吕某奎等79人向天津海事法院提起诉讼,请求判令某公司赔偿其养殖损失。天津海事法院一审判决驳回原告的诉讼请求。天津市高级人民法院二审认为,出具鉴定意见的司法鉴定中心具有相应的鉴定资质,选用的卫星遥感监测技术具有科学性。鉴定意见和分析报告可以证实秦皇岛市海域当时发生污染。鉴定意见作出污染系某公司泄漏含铁量较高污水导致的结论,可以作为认定污染行为的依据。某公司排放的铁物质虽未被纳入标准,但因其污染行为造成了环境损害且不能证明存在法律规定的免责情形以及行为与损害之间不存在因果关系,故某公司须承担赔偿责任。

评析:无论国家或地方标准中是否规定了某类物质的排放控制要求,或排污是否符合国家或地方规定的标准,只要能够确定污染行为造成环境损害,行为人就须承担赔偿责任。在现行标准不能涵盖可能造成污染的全部物质时,具备相应专业知识的鉴定人意见可以作为认定存在污染的依据。

第四节 环境影响评价制度

一、环境影响评价制度的概念

环境影响评价的概念,于1964年在加拿大召开的国际环境质量评价会议上被首次提出。[35] 广义的环境影响评价,是指对拟议的人为活动(包括建设项目、资源开发、区域开发、政策制定、立法等)可能造成的环境影响(包括环境污染和生态破坏等不利影响,也包括对环境的有利影响)或环境后果进行分析、论证的全过程,并在此基础上提出可采取的防治措施和对策。[36] 狭义的环境影响评价,是指在拟议的建设项目兴建前即可行性研究阶段,对选址、设计、施工等过程,特别是运营和生产阶段可能带来的环境影响进行预测和分析,提出相应的防治措施,为项目选址、设计及建成投产后的环境管理提供科学依据。[37]

《环境影响评价法》第2条规定,环境影响评价,是指对规划和建设项目实施后可能造成的环境影响进行分析、预测和评估,提出预防或者减轻不良环境影响的对策和措施,进行跟踪监测的方法与制度。

---

〔35〕 参见韩德培主编:《环境保护法教程》(第8版),法律出版社2018年版,第72页。

〔36〕 参见汪劲:《中外环境影响评价制度比较研究——环境与开发决策的正当法律程序》,北京大学出版社2006年版,第32页。

〔37〕 参见《中国大百科全书·环境科学》编委会:《中国大百科全书·环境科学》,中国大百科全书出版社2002年版,第216页,“环境影响评价”条目。

环境影响评价制度,是指有关环境影响评价的适用范围、评价内容、审批程序、法律后果等一系列规定的总称。美国是世界上最先确立该项制度的国家。美国 1969 年《国家环境政策法》将环境影响评价作为联邦政府在环境管理中必须遵循的一项制度。由于该制度的实施对防止环境污染和生态破坏具有科学的预见性,很快为各国环境立法所借鉴。[38]

二、环境影响评价制度的类型

按照不同的立法模式,环境影响评价制度的类型可以分为独立程序型和前置程序型两类。独立程序型是将环境影响评价程序立法化、独立化,通过制定环境影响评价法律或者规定将其作为审批拟议项目的独立环节,以加拿大、日本、西班牙、葡萄牙为代表;前置程序型主要是将环境影响评价程序纳入现有其他法定许可程序之中,将其作为拟议许可的前置程序,以德国、法国、荷兰为代表。[39] 在我国,香港特别行政区为前置程序型,除此之外,包括台湾地区,为独立程序型。

三、我国环境影响评价制度的建立和发展

我国于 20 世纪 70 年代末开始建立环境影响评价制度,是最早实施建设项目环境影响评价制度的发展中国家之一。1978 年 12 月,中共中央在批转国务院关于《环境保护工作汇报要点》的报告中首次提出进行环境影响评价工作的意向。1979 年 9 月颁布的《环境保护法(试行)》(已失效)首次将建设项目环境影响评价作为法律制度确立下来。之后制定的各项环境保护法律、法规和规章,均含有建设项目环境影响评价的原则规定。1998 年 11 月,国务院发布《建设项目环境保护管理条例》,对针对建设项目的环境影响评价制度作出专章规定。

20 世纪 80 到 90 年代,世界上许多国家在总结环境保护经验、教训的基础上,逐步认识到单纯对建设项目进行环境影响评价已经适应不了全面保护环境和可持续地利用自然资源的需要。为此,一些国家积极开展了以政策(policy)、规划(plan)、计划(program)为评价对象的“战略环境评价”(SEA)的研究和推广工作,进一步促进了环境污染的预防,成为全球环境影响评价制度的发展趋势。[40] 我国一些地区对区域发展的规划等也逐步开展了环境影响评价,对战略环境影响评价制度的建立进行了有益的探索,积累了一定的经验。2002 年发布的《环境影响评价法》对环境影响的评价范围、原则、内容和程序以及法律责任作出了全面规定,并对规划的环境影响评价进行了专章规定。2009 年 8 月,国务院颁布《规划环境影响评价条例》,标志着我国环境保护参与综合决策进入了新的阶段。

环境影响评价制度被确立后发挥了重要的作用。由于当时某些地方政府过于重视 GDP 的增长,实践中出现了大量“未批先建”“边批边建”等现象,《环境保护法(2014 修订)》对 2002 年发布的《环境影响评价法》中“限期补办环评”的规定作出调整,明确规定编制有关开

---

〔38〕 参见韩德培主编:《环境保护法教程》(第 8 版),法律出版社 2018 年版,第 73 页。

〔39〕 参见汪劲:《中外环境影响评价制度比较研究——环境与开发决策的正当法律程序》,北京大学出版社 2006 年版,第 32 页。

〔40〕 参见汪劲:《中外环境影响评价制度比较研究——环境与开发决策的正当法律程序》,北京大学出版社 2006 年版,第 121 页。

发利用规划,建设对环境有影响的项目,应当依法进行环境影响评价。未依法进行环境影响评价的开发利用规划,不得组织实施;未依法进行环境影响评价的建设项目,不得开工建设。与之相应,《环境保护法(2014 修订)》第 61 条规定,建设单位未依法提交建设项目环境影响评价文件或者环境影响评价文件未经批准,擅自开工建设的,由负有环境保护监督管理职责的部门责令停止建设,处以罚款,并可以责令恢复原状。至此,未批先建的项目不能再通过补办手续"先上车后买票"。此外,考虑到罚款数额相对于违法获得的利益相差甚远,难以形成有效威慑,建设单位往往对责令停止建设的处罚决定置之不理,继续开工建设。针对这种主观恶意的情形,必须规定更严厉的处理措施,建设单位拒不改正,继续开工建设的,依据该法第 63 条的规定,县级以上人民政府环境保护主管部门或者其他有关部门应当将案件移送公安机关,对其直接负责的主管人员和其他直接责任人员处以拘留。《环境影响评价法》在 2016 年修正时在第 25 条中也作出了相应修改,规定建设项目的环境影响评价文件未依法经审批部门审查或者审查后未予批准的,建设单位不得开工建设,并在第 31 条大幅度提高了惩罚的限额,并规定可以责令恢复原状,大大提高了"未批先建"的违法成本。

2017 年 7 月,根据上位法的修改和"放改服"改革要求,《建设项目环境保护管理条例》进行了修订。2018 年 12 月,《环境影响评价法》再次修正,取消了建设项目环境影响评价资质行政许可事项,并对监督管能力和责任追究作出了更加严格的规定,环境影响评价制度得到进一步完善。

四、环境影响评价的原则

根据《环境影响评价法》第 4 条的规定,环境影响评价必须客观、公开、公正,综合考虑规划或者建设项目实施后对各种环境因素及其所构成的生态系统可能造成的影响,为决策提供科学依据。《规划环境影响评价条例》第 3 条也规定,对规划进行环境影响评价,应当遵循客观、公开、公正的原则。

所谓"客观",是指进行环境影响评价时,有关单位和个人应从客观事实出发,坚持实事求是的原则,不应带有主观偏见,不应掺杂部门利益、地方利益或者其他可能影响评价质量的因素,严格遵循科学规律,运用科学的方法对客观的各种环境因素进行评价;所谓"公开",是指除了国家规定需要保密的以外,环境影响评价活动的有关情况应当依法向社会公开,征求有关单位、专家和公众的意见,吸收公众参与;所谓"公正",是指有关单位和人员应当独立地、不偏不倚地进行环境影响评价活动,严格按照法律、法规和规章规定的程序和方法进行环境影响评价文件的编写、审批工作,不得厚此薄彼,而应一视同仁。同时,该评价是一个综合性评价,应当综合考虑规划和建设项目对各种环境因素及其所构成的生态系统的正面和负面影响,科学衡量利弊得失,为有关部门的决策提供科学依据。[41]

五、环境影响评价的范围

位于决策链条源头的政策相比规划和项目更能起到统领全局的作用,并且会对生态环境

---

〔41〕 参见韩德培主编:《环境保护法教程》(第 8 版),法律出版社 2018 年版,第 74 页。

造成重大的影响。《环境保护法(2014 修订)》第 14 条规定,国务院有关部门和省、自治区、直辖市人民政府组织制定经济、技术政策,应当充分考虑对环境的影响,听取有关方面和专家的意见。该规定虽然没有使用政策环境影响评价的概念,但是对于经济、技术政策的制定应考虑对环境的影响提出了法定要求。我国《环境影响评价法》规定,环境影响评价的范围包括应当进行环境影响评价的规划和建设项目两大类。

1. 规划环境影响评价

我国《环境影响评价法》只规定对综合性规划和专项规划实行环境影响评价。《规划环境影响评价条例》第 2 条第 1 款规定:国务院有关部门、设区的市级以上地方人民政府及其有关部门,对其组织编制的土地利用的有关规划和区域、流域、海域的建设、开发利用规划,以及工业、农业、畜牧业、林业、能源、水利、交通、城市建设、旅游、自然资源开发的有关专项规划,应当进行环境影响评价。土地利用的有关规划和区域、流域、海域的建设、开发利用规划是综合性规划,工业、农业、畜牧业、林业、能源、水利、交通、城市建设、旅游、自然资源开发的有关专项规划是专项规划。

2. 建设项目环境影响评价

建设项目的概念伴随我国经济发展和环境管理范围的调整一直在发生改变,一般指由建设项目环境保护分类管理名录规定的对环境可能产生影响的新建、改建、扩建工程项目和其他开发活动。对环境可能造成影响的饮食娱乐服务性行业,也属建设项目环境保护管理的范围。[42]

六、环境影响评价的分类管理

1. 规划环境影响评价

《规划环境影响评价条例》第 10 条对综合性规划和专项规划的环境影响评价分别作出了规定。(1)环境影响篇章或说明。编制综合性规划,应当根据规划实施后可能对环境造成的影响,编写环境影响篇章或者说明。编制专项规划中的指导性规划,应编写环境影响篇章或者说明。(2)环境影响报告书。编制专项规划,应当在规划草案报送审批前编制环境影响报告书。

2. 建设项目环境影响评价

根据 2017 年修订的《建设项目环境保护管理条例》第 7 条的规定,国家根据建设项目对环境的影响程度,对建设项目的环境保护实行分类管理:(1)建设项目对环境可能造成重大影响的,应当编制环境影响报告书,对建设项目产生的污染和对环境的影响进行全面、详细的评价。(2)建设项目对环境可能造成轻度影响的,应当编制环境影响报告表,对建设项目产生的污染和对环境的影响进行分析或者专项评价。(3)建设项目对环境影响很小,不需要进行环境影响评价的,应当填报环境影响登记表。

建设项目环境保护分类管理名录,由国务院环境保护行政主管部门制订并公布。2020 年 11 月,生态环境部发布的《建设项目环境影响评价分类管理名录》第 2 条规定,根据建设项目

---

〔42〕 参见汪劲:《环境法学》(第 4 版),北京大学出版社 2018 年版,第 129 页。

特征和所在区域的环境敏感程度,综合考虑建设项目可能对环境产生的影响,对建设项目的环境影响评价实行分类管理。建设单位应当按照本名录的规定,分别组织编制建设项目环境影响报告书、环境影响报告表或者填报环境影响登记表。

七、环境影响评价文件的内容

1. 规划环境影响评价

一是环境影响篇章或说明的内容。综合性规划环境影响评价篇章或说明的内容包括:(1)规划实施对环境可能造成影响的分析、预测和评估,主要包括资源环境承载能力分析、不良环境影响的分析和预测以及与相关规划的环境协调性分析;(2)预防或者减轻不良环境影响的对策和措施,主要包括预防或者减轻不良环境影响的政策、管理或者技术等措施。

二是专项规划环境影响报告书的内容。专项规划环境影响报告书的内容,除包括上述内容外,还应当包括环境影响评价结论,主要包括规划草案的环境合理性和可行性,预防或者减轻不良环境影响的对策和措施的合理性和有效性,以及规划草案的调整建议。

2. 建设项目环境影响评价

建设项目环境影响报告书的内容包括:(1)建设项目概况;(2)建设项目周围环境现状;(3)建设项目对环境可能造成影响的分析、预测和评估;(4)建设项目环境保护措施及其技术、经济论证;(5)建设项目对环境影响的经济损益分析;(6)对建设项目实施环境监测的建议;(7)环境影响评价的结论。环境影响报告表和环境影响登记表的内容和格式,由国务院生态环境主管部门制定。

八、规划环境影响评价的审查

《规划环境影响评价条例》第15~17条规定:规划编制机关在报送审批综合性规划草案和专项规划中的指导性规划草案时,应当将环境影响篇章或者说明作为规划草案的组成部分一并报送规划审批机关。未编写环境影响篇章或者说明的,规划审批机关应当要求其补充;未补充的,规划审批机关不予审批。规划编制机关在报送审批专项规划草案时,应当将环境影响报告书一并附送规划审批机关审查;未附送环境影响报告书的,规划审批机关应当要求其补充;未补充的,规划审批机关不予审批。设区的市级以上人民政府审批的专项规划,在审批前由其环境保护主管部门召集有关部门代表和专家组成审查小组,对环境影响报告书进行审查。审查小组应当提交书面审查意见。省级以上人民政府有关部门审批的专项规划,其环境影响报告书的审查办法,由国务院环境保护主管部门会同国务院有关部门制定。

关于审查小组中专家成员的产生方式与比例,《规划环境影响评价条例》第18条规定,审查小组的专家应当从依法设立的专家库内相关专业的专家名单中随机抽取。但是,参与环境影响报告书编制的专家,不得作为该环境影响报告书审查小组的成员。审查小组中专家人数不得少于审查小组总人数的1/2;少于1/2的,审查小组的审查意见无效。

关于审查原则,《规划环境影响评价条例》第19条第1款规定,审查小组的成员应当客观、公正、独立地对环境影响报告书提出书面审查意见,规划审批机关、规划编制机关、审查小组的召集部门不得干预。关于审查意见的内容,第19条第2款规定,审查小组的审查意见应当包括下列内容:基础资料、数据的真实性,评价方法的适当性,环境影响分析、预测和评估的可靠性,预防或者减轻不良环境影响的对策和措施的合理性和有效性,公众意见采纳与不采纳情况及其理由的说明的合理性,环境影响评价结论的科学性。关于审查意见形成规则,第19条第3款规定,审查意见应当经审查小组3/4以上成员签字同意。审查小组成员有不同意见的,应当如实记录和反映。第20条和第21条还分别规定了审查小组作出修改并重新审查以及不予通过环境影响报告书的意见的条件和情形。

为了使规划环境影响评价能够在规划审批中起到应有的作用,《规划环境影响评价条例》第22条规定,规划审批机关在审批专项规划草案时,应当将环境影响报告书结论以及审查意见作为决策的重要依据。规划审批机关对环境影响报告书结论以及审查意见不予采纳的,应当逐项就不予采纳的理由作出书面说明,并存档备查。有关单位、专家和公众可以申请查阅;但是,依法需要保密的除外。

九、建设项目环境影响评价的审批

建设项目的环境影响报告书、报告表,由建设单位按照国务院的规定报有审批权的生态环境主管部门审批。2016年修正的《环境影响评价法》对环境影响评价审批进行了简化,根据第17条和第22条,环境影响评价审批不再是核准的前提条件,环境影响登记表由审核改为备案管理,不再将水土保持方案的审批作为环境影响评价的前置条件。

根据原环境保护部2008年12月修订的《建设项目环境影响评价文件分级审批规定》的相关规定,建设对环境有影响的项目,不论投资主体、资金来源、项目性质和投资规模,其环境影响评价文件均应按照相关规定确定分级审批权限。有关海洋工程和军事设施建设项目的环境影响评价文件的分级审批,依据有关法律和行政法规执行。《环境影响评价法》第23条对审批权限作出了原则性规定,国务院生态环境主管部门负责审批下列建设项目的环境影响评价文件:核设施、绝密工程等特殊性质的建设项目;跨省、自治区、直辖市行政区域的建设项目;由国务院审批的或者由国务院授权有关部门审批的建设项目。上述列举建设项目以外的建设项目的环境影响评价文件的审批权限,由省、自治区、直辖市人民政府规定。建设项目可能造成跨行政区域的不良环境影响,有关生态环境主管部门对该项目的环境影响评价结论有争议的,其环境影响评价文件由共同的上一级生态环境主管部门审批。

此外,《环境影响评价法》第24条针对建设项目环境影响评价文件批准后,建设项目发生重大变动的情形,规定建设单位应当重新报批。建设项目环境影响评价文件批准之日起超过5年方决定项目开工建设的,其环境影响评价文件应当报原审批部门重新审核。

十、环境影响评价机构

2002年《环境影响评价法》第19条第1款规定,接受委托为建设项目环境影响评价提供技术服务的机构,应当经国务院环境保护行政主管部门考核审查合格后,颁发资质证书,按照资质证书规定的等级和评价范围,从事环境影响评价服务,并对评价结论负责。2018年修正的《环境影响评价法》取消了环境影响评价机构的资质审批监管,第19条规定:建设单位可以委托技术单位对其建设项目开展环境影响评价,编制建设项目环境影响报告书、环境影响报告表;建设单位具备环境影响评价技术能力的,可以自行对其建设项目开展环境影响评价,编制建设项目环境影响报告书、环境影响报告表。编制建设项目环境影响报告书、环境影响报告表应当遵守国家有关环境影响评价标准、技术规范等规定。国务院生态环境主管部门应当制定建设项目环境影响报告书、环境影响报告表编制的能力建设指南和监管办法。接受委托为建设单位编制建设项目环境影响报告书、环境影响报告表的技术单位,不得与负责审批建设项目环境影响报告书、环境影响报告表的生态环境主管部门或者其他有关审批部门存在任何利益关系。

该法第32条也随之进行了修改,对建设单位及其法定代表人、主要负责人、直接负责的主管人员和其他直接责任人员,接受委托编制建设项目环境影响报告书、环境影响报告表的技术单位,编制主持人和主要编制人员设置了相应罚则,大幅强化法律责任。《环境保护法(2014修订)》第65条还对环境影响评价机构与环境污染和生态破坏者承担连带责任作出了规定。2023年8月发布的最高人民法院《关于审理生态环境侵权责任纠纷案件适用法律若干问题的解释》第21条进一步明确了根据《环境保护法(2014修订)》第65条的规定环境影响评价机构承担连带责任的四种情形。此外,根据2020年12月发布的《刑法修正案(十一)》,环境影响评价造假依照《刑法》第229条可能构成提供虚假证明文件罪和出具证明文件重大失实罪。2023年8月发布的最高人民法院、最高人民检察院《关于办理环境污染刑事案件适用法律若干问题的解释》对《刑法》第229条的适用予以了细化。

十一、环境影响评价中的公众参与

"无公众参与便无环境影响评价",环境影响评价中的公众参与是补强环境决策正当性的必要建制,是保障和实现公民基本权利的核心路径,是实现行政效能和效率原则的基础制度。[43] 2002年《环境影响评价法》明确规定,国家鼓励有关单位、专家和公众以适当方式参与环境影响评价。对于规划环境影响评价,除国家规定需要保密的情形外,专项规划的编制机关对可能造成不良环境影响并直接涉及公众环境权益的规划,应当在该规划草案报送审批前,举行论证会、听证会,或者采取其他形式,征求有关单位、专家和公众对环境影响报告书草案的意见。编制机关应当认真考虑有关单位、专家和公众对环境影响报告书草案的意见,并应当在报送审查的环境影响报告书中附具对意见采纳或者不采纳的说明。对于建设项目环境影响评价,除国家规定需要保密的情形外,对环境可能造成重大影响、应当编制环境影响报告书的建设项目,建设单位应当在报批建设项目环境影响报告书前,举行论证会、听证会,或者采取其他形式,征求有关单位、专家和公众的意见。建设单位报批的环境影响报告书应当附具对有关单位、专家和公众的意见采纳或者不采纳的说明。

为规范环境影响评价中的公众参与程序,原国家环境保护总局于2006年2月发布《环境影响评价公众参与暂行办法》(已失效)。建设项目,特别是可能造成重大环境影响的建设项目,直接关系到周围公众的环境权益,而2002年颁布的《环境影响评价法》实施后,公众参与

[43] 参见唐明良:《环评行政程序的法理与技术——风险社会中决策理性的形成过程》,社会科学文献出版社2012年版,第139-140页。

有了长足进步,但也存在公众参与走过场、不透明、被操纵等情况。对此,《环境保护法(2014修订)》为落实公众参与机制,增强制度可执行性,规定公民、法人和其他组织依法享有获取环境信息、参与和监督环境保护的权利,为公众参与奠定了法理基础,同时明确事前、事中、事后参与机制,并且对公众参与建设项目环境影响评价作出了进一步规定。该法第56条规定:对依法应当编制环境影响报告书的建设项目,建设单位应当在编制时向可能受影响的公众说明情况,充分征求意见。负责审批建设项目环境影响评价文件的部门在收到建设项目环境影响报告书后,除涉及国家秘密和商业秘密的事项外,应当全文公开;发现建设项目未充分征求公众意见的,应当责成建设单位征求公众意见。

这一规定将公众参与的时间提前,避免建设单位在起草完环境影响报告书后再征求公众意见,以充分发挥公众参与的实效;明确了参与公众的范围,即只要可能受到建设项目影响的公众,都要征求其意见;强调充分征求公众意见,提高公众参与的程度;增加了公众参与的保障机制。具体表现为:一是环境影响评价报告书除涉及国家秘密和商业秘密的事项外,应当全文公开,而不是只公开报告书的提纲或者简略本,方便受建设项目影响的公众知晓建设项目的存在和基本情况,如果建设项目的环境影响评价报告书编制未征求公众意见或者征求意见不充分,公众可以向审批机关反映情况,提出要求参与的诉求。二是审批机关发现建设项目未充分征求公众意见的,应当责成建设单位征求公众意见。也就是说,审批机关应当将送审的建设项目环境影响评价书退回建设单位,要求重新编制,并开展公众参与相关工作,向可能受影响的公众说明情况,充分征求意见。[44]

2018年4月,生态环境部审议通过《环境影响评价公众参与办法》,将《环境影响评价公众参与暂行办法》这一规范性文件上升为部门规章。该办法对公众参与责任主体以及信息公开的内容、时限、载体等予以优化设计,明确环境影响评价公众参与应当遵循依法、有序、公开、便利的原则,修订内容主要包括要求建设单位对公众参与组织实施的真实性和结果负责,将听取意见的公众范围明确为环境影响评价范围内公民、法人和其他组织,并鼓励建设单位听取范围外公众的意见,进一步细化信息公开的方式并优化公众意见调查方式和参与程序细节等。

十二、环境影响评价跟踪评价、后评价与跟踪检查

(一)规划环境影响评价的跟踪评价

根据《规划环境影响评价条例》第四章的规定,对环境有重大影响的规划实施后,规划编制机关应当及时组织规划环境影响的跟踪评价,将评价结果报告规划审批机关,并通报环境保护等有关部门。

规划环境影响的跟踪评价应当包括下列内容:规划实施后实际产生的环境影响与环境影响评价文件预测可能产生的环境影响之间的比较分析和评估;规划实施中所采取的预防或者减轻不良环境影响的对策和措施有效性的分析和评估;公众对规划实施所产生的环境影响的意见;跟踪评价的结论。

规划编制机关对规划环境影响进行跟踪评价,应当采取调查问卷、现场走访、座谈会等形

[44] 参见袁杰主编:《中华人民共和国环境保护法解读》,中国法制出版社2014年版,第196–197页。

式征求有关单位、专家和公众的意见。规划实施过程中产生重大不良环境影响的，规划编制机关应当及时提出改进措施，向规划审批机关报告，并通报环境保护等有关部门。环境保护主管部门发现规划实施过程中产生重大不良环境影响的，应当及时进行核查。经核查属实的，向规划审批机关提出采取改进措施或者修订规划的建议。规划审批机关在接到规划编制机关的报告或者环境保护主管部门的建议后，应当及时组织论证，并根据论证结果采取改进措施或者对规划进行修订。规划实施区域的重点污染物排放总量超过国家或者地方规定的总量控制指标的，应当暂停审批该规划实施区域内新增该重点污染物排放总量的建设项目的环境影响评价文件。

（二）建设项目环境影响评价的后评价与跟踪检查

根据2015年4月原环境保护部审议通过的《建设项目环境影响后评价管理办法（试行）》，环境影响后评价是指编制环境影响报告书的建设项目在通过环境保护设施竣工验收且稳定运行一定时期后，对其实际产生的环境影响以及污染防治、生态保护和风险防范措施的有效性进行跟踪监测和验证评价，并提出补救方案或者改进措施，提高环境影响评价有效性的方法与制度。

在项目建设、运行过程中产生不符合经审批的环境影响评价文件的情形的，建设单位应当组织环境影响的后评价，采取改进措施，并报原环境影响评价文件审批部门和建设项目审批部门备案；原环境影响评价文件审批部门也可以责成建设单位进行环境影响的后评价，采取改进措施。

2018年修正的《环境影响评价法》第28条对建设项目环境影响的跟踪检查作出了规定，要求生态环境主管部门应当对建设项目投入生产或者使用后所产生的环境影响进行跟踪检查，对造成严重环境污染或者生态破坏的，应当查清原因、查明责任。

案例3-4-01　夏某官等4人诉东台市环境保护局环评行政许可案[45]

夏某官等4人系江苏省东台市东台镇景范新村19号楼住户，其住宅与四季辉煌沐浴广场上下相邻。2013年4月，东台市环保局作出《关于对东台市东台镇四季辉煌沐浴广场洗浴服务项目环境影响报告表的审批意见》（以下简称《审批意见》），同意该沐浴广场于景范新村17幢与19幢间新建洗浴服务项目。夏某官等人认为环保局在未召开论证会、座谈会以及征询公众意见的情况下直接作出《审批意见》，侵犯了其合法权益，故向东台市人民法院提起行政诉讼，请求法院撤销《审批意见》。东台市环保局辩称，本案洗浴服务项目为应编制环境影响报告表的建设项目，不属于应当开展公众参与和举行听证的建设项目，故其作出《审批意见》合法。

东台市法院认为，夏某官等人的住宅和四季辉煌沐浴广场相邻，而新建洗浴项目投入运营后所产生的潮湿及热、噪声污染等，不能排除对原告生活造成重大影响的可能，根据2003年

〔45〕　参见《夏某官等4人诉东台市环境保护局环评行政许可案》，载中国法院网2014年12月19日，https://www.chinacourt.org/article/detail/2014/12/id/1519866.shtml。

《行政许可法》第47条规定,《审批意见》在作出前被告应告知原告享有听证的权利,其没有告知即作出《审批意见》的行为违反了法定程序,遂判决撤销该《审批意见》。在二审程序中,盐城市中级人民法院判决驳回上诉,维持原判。

评析:法院以环保部门所审批的洗浴项目与相邻群众存在重大利益关系,未告知陈述、申辩和听证的权利违反法定程序为由,撤销环保机关作出的审批意见,既有力地维护了相邻群众的合法权益,又强化了司法对行政权力的监督,对引导和规范环保机关的同类审批行为,促进公众参与环境行政许可的决策与监督,提高行政审批的程序意识,具有重要意义。

十三、与环境影响评价相关的"三同时"制度

(一)"三同时"制度的概念

"三同时"制度,是我国环境管理工作的一项创举,是环境保护法规定的一项基本法律制度。"三同时"制度是指,对环境有影响的一切建设项目、技术改造项目和区域开发项目,其环境保护设施必须与主体工程同时设计、同时施工、同时投产使用。[46]

"三同时"制度与环境影响评价制度紧密相关,与环境影响评价制度相辅相成,互相包含。其目的是根据预防原则,落实建设活动对环境产生影响的防治措施,防止新污染源或者破坏源的产生;根据"以新带老"的原则,促进老污染源或者破坏源的治理,保证建设项目建成后,所排放的污染物符合规定的排放标准,或者不对周围环境造成新的污染和破坏。[47]

(二)"三同时"制度的建立和发展

1972年6月,国务院批转的原国家计委、原国家建委《关于官厅水库污染情况和解决意见的报告》首次提出"工厂建设和三废利用工程要同时设计、同时施工、同时投产"的要求。1979年9月颁布的《环境保护法(试行)》(已失效)确认了该项制度。1984年5月,国务院发布的《关于环境保护工作的决定》把"三同时"制度的适用范围扩大到可能对环境造成污染和破坏的一切工程建设项目和自然开发项目。1986年3月发布的《建设项目环境保护管理办法》(已失效)扩大了"三同时"制度的适用范围,明确了有关部门和建设单位的职责及管理程序和审查、审批的时限要求,确立了"以新带老"的原则和"建设项目环境保护设施竣工验收报告"制度等。1987年3月,原国家计委和国务院环保委员会联合发布的《建设项目环境保护设计规定》,对建设项目各设计阶段的污染和环境管理作了具体规定。1989年《环境保护法》第26条规定:建设项目中防治污染的设施,必须与主体工程同时设计、同时施工、同时投产使用。防治污染的设施必须经原审批环境影响报告书的环境保护行政主管部门验收合格后,该建设项目方可投入生产或者使用。防治污染的设施不得擅自拆除或者闲置,确有必要拆除或者闲置的,必须征得所在地的环境保护行政主管部门同意。该法第36条对违反"三同时"制度的法律责任作出了规定。1998年11月发布的《建设项目环境保护管理条例》对"三同时"制度作出了明

---

〔46〕 参见汪劲:《中外环境影响评价制度比较研究——环境与开发决策的正当法律程序》,北京大学出版社2006年版,第257页。

〔47〕 参见韩德培主编:《环境保护法教程》(第8版),法律出版社2018年版,第77页。

确规定,将“三同时”制度的适用对象从“防治污染的设施”扩大为“环境保护设施”。[48]

由于生态环境保护领域审批环节多、耗时长,而且单行法对“三同时”制度验收已作出明确规定,《环境保护法(2014修订)》提出,防治污染的设施应当符合经批准的环境影响评价文件的要求,不得擅自拆除或者闲置。这为今后整合环境保护审批环节、简化审批程序留下余地。对于已实行排污许可管理的,可以将“三同时”制度验收纳入排污许可管理。2017年修订后的《建设项目环境保护管理条例》,对“三同时”制度的具体要求进行了细化,并且增加了生态环境主管部门对“三同时”制度以及有关环境影响评价文件确定的其他环境保护措施的落实情况进行监督检查以及对违法者进行信用管理的规定。

(三)“三同时”制度的内容

1.同时设计。在有关建设项目的主体工程设计时,设计单位必须按照环境保护设计规范的要求,编制环境保护篇章、环境影响评价报告书(表),环境保护设施必须与主体设施同时设计。与环境影响评价制度相比,“三同时”制度中的同时设计程序与环境影响评价程序基本重叠。2017年修订的《建设项目环境保护管理条例》第22条第1款规定:建设单位编制建设项目初步设计未落实防治环境污染和生态破坏的措施以及环境保护设施投资概算,未将环境保护设施建设纳入施工合同,或者未依法开展环境影响后评价的,由建设项目所在地县级以上环境保护行政主管部门责令限期改正,处5万元以上20万元以下的罚款;逾期不改正的,处20万元以上100万元以下的罚款。

2.同时施工。当建设项目设计阶段完成后,建设项目进入施工阶段,环境保护设施必须与主体工程同时施工。2017年修订的《建设项目环境保护管理条例》第22条第2款规定:建设单位在项目建设过程中未同时组织实施环境影响报告书、环境影响报告表及其审批部门审批决定中提出的环境保护对策措施的,由建设项目所在地县级以上环境保护行政主管部门责令限期改正,处20万元以上100万元以下的罚款;逾期不改正的,责令停止建设。

3.同时投产使用。建设项目在正式投产或使用前,建设单位必须向负责审批的环保部门提交环境保护设施竣工验收报告。除按照国家规定需要保密的情形外,建设单位应当依法向社会公开验收报告。经验收合格并发给相应的合格证后,该环境保护设施方可正式投产使用;未经验收或验收不合格的,不得投入生产或者使用。前述建设项目投入生产或者使用后,应当按照国务院环境保护行政主管部门的规定开展环境影响后评价。并且,非经审批部门的许可,该环境保护设施不得停止运营。对于违反建设项目环境保护设施验收规定的法律责任,2017年修订的《建设项目环境保护管理条例》第23条的规定:需要配套建设的环境保护设施未建成、未经验收或者验收不合格,建设项目即投入生产或者使用,或者在环境保护设施验收中弄虚作假的,由县级以上环境保护行政主管部门责令限期改正,处20万元以上100万元以下的罚款;逾期不改正的,处100万元以上200万元以下的罚款;对直接负责的主管人员和其他责任人员,处5万元以上20万元以下的罚款;造成重大环境污染或者生态破坏的,责令停止生产或者使用,或者报经有批准权的人民政府批准,责令关闭。建设单位未依法向社会公开环境保护设施验收报告的,由县级以上环境保护行政主管部门责令公开,处5万元以上20万元以下

〔48〕参见韩德培主编:《环境保护法教程》(第8版),法律出版社2018年版,第77页。

的罚款,并予以公告。

此外,根据生态环境部2021年8月发布的《关于进一步完善建设项目环境保护"三同时"及竣工环境保护自主验收监管工作机制的意见》,地方各级生态环境部门在检查中发现"三同时"制度不落实或落实不到位、未经验收擅自投产、自主验收过程中弄虚作假、未按要求向社会公开验收报告等行为,除依照《建设项目环境保护管理条例》等法律法规进行处理处罚外,还应将建设项目有关环境违法信息及时记入环保信用信息平台,并及时向社会公开。

案例3-4-02 某公司环境保护设施未经验收即投入生产违反"三同时"制度案[49]

2023年6月,福州市长乐生态环境局执法人员对福州市长乐区某再生资源有限公司开展检查。现场发现该公司于2022年9月擅自建设一条机制砂生产线,配套建设的环境保护设施未经验收即投入生产。该公司需要配套建设的环境保护设施未经验收,建设项目即投入生产的行为涉嫌违反2017年修订的《建设项目环境保护管理条例》第19条第1款"编制环境影响报告书、环境影响报告表的建设项目,其配套建设的环境保护设施经验收合格,方可投入生产或者使用;未经验收或者验收不合格的,不得投入生产或者使用"的规定。根据该条例第23条第1款的规定,福州市长乐生态环境局对该公司的环境违法行为予以处罚。

评析:"三同时"制度是加强建设项目环境管理的重要手段,建设项目在配套环境保护设施未经验收合格即投入生产,无法保证建设项目建成后不会对周围环境造成新的污染和破坏,因此,应当对违反建设项目竣工环境保护验收的行为作出处罚。

第五节 许可证制度

一、许可证制度的概念

许可证制度是指有关环境、资源主管部门依照环境法及相关法律的规定,对提出申请的单位和个人颁发许可证、资格证书或者执照等文件,允许其从事某项对生态环境有不良影响活动的法律制度。许可证制度是国家为加强环境保护与管理而采取的一种行政审批和监督管理制度,把可能影响环境的各种规划、开发、建设、排污活动等都纳入国家统一管理的轨道,并严格限制在国家规定的范围内,便于对持证者实行有效的行政监督和管理。[50]

环境管理中使用的许可证大致可以被分为三类:第一类是防止环境污染许可证,如排污许可证,海洋倾废许可证,危险废物收集、贮存、处置许可证,放射性同位素与射线装置的生产、使用、销售许可证,化学危险物品生产、经营许可证,废物进口许可证等。第二类是防止环境破坏许可证,如林木采伐许可证、采矿许可证、渔业捕捞许可证、取水许可证、野生动物特许猎捕证、

〔49〕 参见《大练兵典型案例 违反"三同时"制度案件》,载福州市人民政府门户网站2023年6月12日,http://www.fuzhou.gov.cn/zgfzzt/shbj/xxgk/ztzl/zfdlb/202307/t20230725_4643116.htm。

〔50〕 参见曹明德主编:《环境与资源保护法》(第4版),中国人民大学出版社2020年版,第73页。

狩猎证、驯养繁殖许可证等。第三类是整体环境保护许可证,如建设规划许可证等。[51] 这里主要介绍排污许可管理制度。

二、排污许可管理制度

(一)排污许可管理制度的概念和意义

党的二十大报告提出全面实行排污许可制。排污许可管理,是指凡需要向环境排放特定污染物的单位和个人,必须事先向生态环境主管部门申请办理排污许可证手续,经批准获得排污许可证后方能向环境排放污染物。排污许可管理制度,是指有关许可证的申请、发放、许可证内容、排污量核定、发证后实施和监管等规定的总称[52],作为固定污染源环境管理的核心制度,衔接环境影响评价、总量控制、排污收费、环境统计、排污权交易等制度。[53]

排污许可管理制度的意义在于:第一,有助于实施污染物总量控制。我国排污许可证制度设立的初衷是为了分解总量控制计划下的排污指标[54],是落实企业事业单位等排污单位总量控制要求的重要手段;应从污染物总量控制出发,注重整个区域环境质量的改善,针对不同地区不同的环境质量要求,确定不同污染源削减不同污染物的排放量,将污染治理与环境质量目标的实现紧密结合起来。第二,有助于综合性环境管理。排污许可证既为排污者载明环保义务,提供守法指南,也为环保部门提供执法依据和标准。[55] 排污许可制度的实行有助于整合零散的环境治理责任,推动政府和企业统筹承担对环境整体的治理责任。[56] 第三,有助于实现区域污染治理总费用最小。在总量控制基础上的排污许可管理制度,与环境质量目标和污染物排放总量相联系,能集中财力、物力、技术和管理力量,抓住重点,首先治理主要污染大户或者比较容易治理的污染源,用较少的代价去最大限度地削减污染物。[57]

(二)排污许可管理制度的建立与发展

我国最早于1987年开始在水污染防治领域进行许可证制度的试点工作。1988年3月,原国家环境保护局发布《水污染物排放许可证管理暂行办法》(已失效),决定在上海市、北京市等18个市(县)开展"水污染物排放许可证"试点工作。1989年7月公布的《水污染防治法实施细则》(已失效)将向陆地水体排放污染物的许可证分为排污许可证和临时排污许可证两种。根据1990年12月公布的国务院《关于进一步加强环境保护工作的决定》中关于"逐步推行污染物排放总量控制和排污许可证制度"的要求,原国家环境保护局于1991年4月决定在上海市、天津市等16个城市进行排放大气污染许可证制度的试点工作。到1994年,发放排放大气污染许可证的试点城市共有16个;同年年底,试行水污染物排放许可证制度的城市达到240个;到1996年,全国地级以上城市普遍实行了水污染物排放许可证制度。[58] 1999年修订

---

〔51〕 参见曹明德主编:《环境与资源保护法》(第3版),中国人民大学出版社2016年版,第76页。

〔52〕 参见韩德培主编:《环境保护法教程》(第8版),法律出版社2018年版,第96页。

〔53〕 参见刘静:《环境质量改善目标下的规制工具整合研究》,载《法学评论》2023年第3期。

〔54〕 参见孙佑海:《如何完善落实排污许可制度》,载《环境保护》2014年第14期。

〔55〕 参见谢伟:《论我国排污许可证的执行》,载《法学论坛》2018年第6期。

〔56〕 参见李挚萍、陈曦珩:《论现代环境治理体系中的排污许可制度》,载《环境保护》2022年第13期。

〔57〕 参见韩德培主编:《环境保护法教程》(第8版),法律出版社2018年版,第96-97页。

〔58〕 参见彭峰:《环境法律制度比较研究》,法律出版社2013年版,第91页。

的《海洋环境保护法》和2000年修订的《大气污染防治法》均规定了排污许可证制度。2005年发布的国务院《关于落实科学发展观加强环境保护的决定》提出"推行排污许可证制度,禁止无证或超总量排污"。2012年7月通过的《危险化学品环境管理登记办法(试行)》(已失效)规定,对违法情节严重的危险化学品生产使用、进出口企业,环境保护主管部门可以不予核发排污许可证。2013年1月,原环境保护部与原中国保监会联合印发《关于开展环境污染强制责任保险试点工作的指导意见》,指导各地在涉重金属企业和石油化工等高环境风险行业推进环境污染强制责任保险试点。对应当投保而未及时投保的企业,环境保护部门将采取相关约束措施,将企业是否投保与排污许可证核发等制度的执行紧密结合。

《环境保护法(2014修订)》原则性地规定了排污许可管理制度,指出实行排污许可管理的企业事业单位和其他生产经营者应当按照排污许可证的要求排放污染物,未取得排污许可证的,不得排放污染物。2016年11月,国务院办公厅印发《控制污染物排放许可制实施方案》,标志着我国排污许可制改革进入实施阶段。2016年12月,原环境保护部印发《排污许可证管理暂行规定》(已失效)。从此,排污许可管理制度成为我国一项重要的环境管理法律制度。2017年7月,原环境保护部发布《固定污染源排污许可分类管理名录》(已失效)。2018年1月,原环境保护部颁布《排污许可管理办法(试行)》,推动了排污许可制度改革和排污许可证的核发。2019年8月,《排污许可管理办法(试行)》进行了修正。2019年12月,生态环境部发布《固定污染源排污许可分类管理名录》。2021年1月,国务院公布《排污许可管理条例》,排污许可管理制度得到进一步完善。

目前,排污许可管理制度主要体现在大气、水、固体废物、噪声污染防治领域。2018年修正的《大气污染防治法》第19条、2017年修正的《水污染防治法》第21条、2020年修订的《固体废物污染环境防治法》第39条以及2021年颁布的《噪声污染防治法》第36条均对相关单位提出应当取得排污许可证的要求。

(三)排污许可管理制度的内容

《排污许可管理条例》详细规定了排污许可证的申请材料、申请方式和申请条件,并对颁发排污许可证的范围、条件、内容、有效期限、实施步骤、管理要求等作出明确规定。

1. 排污许可管理的适用对象

排污许可管理适用于被纳入固定污染源排污许可分类管理名录的企业事业单位和其他生产经营者。根据《排污许可管理条例》第2条第3款的规定:实行排污许可管理的排污单位范围、实施步骤和管理类别名录,由国务院生态环境主管部门拟订并报国务院批准后公布实施。制定实行排污许可管理的排污单位范围、实施步骤和管理类别名录,应当征求有关部门、行业协会、企业事业单位和社会公众等方面的意见。《固定污染源排污许可分类管理名录》(2019年版)共包含108个行业类别(涉及国民经济行业分类中49个大类、212个中类、706个小类)和4个通用工序。此外,2019年修正的《排污许可管理办法(试行)》第5条第3款规定,设区的市级以上地方环境保护主管部门,应当将实行排污许可重点管理的排污单位确定为重点排污单位。

2. 排污许可分类管理

根据污染物产生量、排放量以及对环境的影响程度等因素可将其分为重点管理、简化管理和登记管理三类。根据《排污许可管理条例》第 2 条第 2 款的规定：污染物产生量、排放量或者对环境的影响程度较大的排污单位，实行排污许可重点管理；污染物产生量、排放量和对环境的影响程度都较小的排污单位，实行排污许可简化管理。

3. 排污许可证的申请

根据《排污许可管理条例》第 6 条的规定：排污单位应当向其生产经营场所所在地设区的市级以上地方人民政府生态环境主管部门即审批部门申请取得排污许可证。排污单位有两个以上生产经营场所排放污染物的，应当按照生产经营场所分别申请取得排污许可证。

关于排污许可申请，根据《排污许可管理条例》第 7 条和第 8 条的规定，申请取得排污许可证，可以通过全国排污许可证管理信息平台提交排污许可证申请表，也可以通过信函等方式提交。排污许可证申请表应当包括下列事项：排污单位名称、住所、法定代表人或者主要负责人、生产经营场所所在地、统一社会信用代码等信息；建设项目环境影响报告书（表）批准文件或者环境影响登记表备案材料；按照污染物排放口、主要生产设施或者车间、厂界申请的污染物排放种类、排放浓度和排放量，执行的污染物排放标准和重点污染物排放总量控制指标；污染防治设施、污染物排放口位置和数量，污染物排放方式、排放去向、自行监测方案等信息；主要生产设施、主要产品及产能、主要原辅材料、产生和排放污染物环节等信息，及其是否涉及商业秘密等不宜公开情形的情况说明。有下列情形之一的，申请取得排污许可证还应当提交相应材料：（1）属于实行排污许可重点管理的，排污单位在提出申请前已通过全国排污许可证管理信息平台公开单位基本信息、拟申请许可事项的说明材料；（2）属于城镇和工业污水集中处理设施的，排污单位的纳污范围、管网布置、最终排放去向等说明材料；（3）属于排放重点污染物的新建、改建、扩建项目以及实施技术改造项目的，排污单位通过污染物排放量削减替代获得重点污染物排放总量控制指标的说明材料。

审批部门对收到的排污许可证申请，应当依照《排污许可管理条例》第 9 条的规定：根据不同情况分别作出处理：依法不需要申请取得排污许可证的，应当即时告知不需要申请取得排污许可证；不属于本审批部门职权范围的，应当即时作出不予受理的决定，并告知排污单位向有审批权的生态环境主管部门申请；申请材料存在可以当场更正的错误的，应当允许排污单位当场更正；申请材料不齐全或者不符合法定形式的，应当当场或者在 3 日内出具告知单，一次性告知排污单位需要补正的全部材料；逾期不告知的，自收到申请材料之日起即视为受理；属于本审批部门职权范围，申请材料齐全、符合法定形式，或者排污单位按照要求补正全部申请材料的，应当受理。审批部门应当在全国排污许可证管理信息平台上公开受理或者不予受理排污许可证申请的决定，同时向排污单位出具加盖本审批部门专用印章和注明日期的书面凭证。

此外，在排污许可证有效期内，新建、改建、扩建排放污染物的项目，排污单位生产经营场所、污染物排放口位置或者污染物排放方式、排放去向发生变化，污染物排放口数量或者污染物排放种类、排放量、排放浓度增加的，应当重新申请取得排污许可证。

4. 排污许可证的核发

根据《排污许可管理条例》第 11 条的规定，排污单位需具备下列条件方可取得排污许可证：依法取得建设项目环境影响报告书（表）批准文件，或者已经办理环境影响登记表备案手续；污染物排放符合污染物排放标准要求，重点污染物排放符合排污许可证申请与核发技术规范、环境影响报告书(表)批准文件、重点污染物排放总量控制要求;其中,排污单位生产经营场所位于未达到国家环境质量标准的重点区域、流域的,还应当符合有关地方人民政府关于改善生态环境质量的特别要求;采用污染防治设施可以达到许可排放浓度要求或者符合污染防治可行技术;自行监测方案的监测点位、指标、频次等符合国家自行监测规范。

排污许可证有效期为5年。排污许可证有效期届满,排污单位需要继续排放污染物的,应当于排污许可证有效期届满60日前向审批部门提出申请。审批部门应当自受理申请之日起20日内完成审查;对符合条件的予以延续,对不符合条件的不予延续并书面说明理由。排污单位变更名称、住所、法定代表人或者主要负责人的,应当自变更之日起30日内,向审批部门申请办理排污许可证变更手续。

5. 排污单位的义务和法律责任

《排污许可管理条例》第17～24条详细规定了排污单位的义务。主要包括:排污单位应当依法开展自行监测,保存原始监测记录,保存期限不得少于5年;排污单位应当建立环境管理台账记录制度,如实记录主要生产设施、污染防治设施运行情况以及污染物排放浓度、排放量,保存期限不得少于5年;排污单位应当按照排污许可证规定的内容、频次和时间要求,向审批部门提交排污许可证执行报告,包括年度执行报告、季度执行报告和月执行报告;排污单位应当按照排污许可证规定,如实在全国排污许可证管理信息平台上公开污染物排放信息;排污单位对提交的台账记录、监测数据和执行报告的真实性、完整性负责。

《排污许可管理条例》第33～45条对无证排污、不按许可证排污、排放方式或者排放去向不符合排污许可证规定、排放口位置和数量不符合排污许可证规定、不按照排污许可证规定制定自行监测方案并开展自行监测、不按照排污许可证规定保存自行监测记录、不按照排污许可证规定公开或者不如实公开污染物排放信息等违法行为规定了法律责任。

案例3-5-01 广西壮族自治区南宁市某陶瓷有限公司超许可排放浓度排放大气污染物案[59]

2021年3月4日,广西壮族自治区南宁市生态环境执法人员在对广西南宁某陶瓷有限公司进行排污许可证执行情况现场检查时发现,该公司涉嫌存在超许可排放浓度排放大气污染物的情况。该公司取得的排污许可证中大气污染物排放执行《陶瓷工业污染物排放标准》(GB 25464－2010),脱硫塔排放口颗粒物许可排放浓度限值为30mg/m^3。经广西壮族自治区南宁市生态环境监测中心对该公司的脱硫塔出口进行采样监测,监测结果显示该公司颗粒物数值为202mg/m^3,超过规定排放限值的5.7倍。

该公司的行为违反了《排污许可管理条例》第17条第2款关于排污单位应当遵守排污许可证规定的要求,南宁市生态环境局依据《排污许可管理条例》第34条第1项和《广西壮族自治区环境行政处罚自由裁量规则》(桂环规范〔2020〕17号)的有关规定,责令该公司立即改正

〔59〕 参见《以案说法——广西南宁某陶瓷有限公司超过许可排放浓度排放大气污染物案》,载广西壮族自治区南宁市生态环境局网2021年10月26日,http://sthjj.nanning.gov.cn/zwdt/gzdt/t4957203.html。

违法行为，严禁超过许可排放浓度排放大气污染物，并对该公司超过许可排放浓度排放大气污染物的环境违法行为处罚款278839元。

评析：针对申领排污许可证后不达标排放等情形，应当根据《排污许可管理条例》的相关规定，加强颁发排污许可证之后的监管，严格落实排污许可管理制度的要求，强化固定污染源的监督管理。

三、总量控制制度

总量控制制度，是指通过向一定地区和排污单位分配特定污染物排放量指标，将一定地区和排污单位产生的特定污染物数量控制在规定限度内的污染控制方式及其管理规范的总称。[60] 总量控制制度是与污染物排放浓度控制相对应的一项环境管理制度。其中，总量是指在一定区域环境内，可满足环境容量需要的污染物质以及有毒有害物质的全部数量。总量控制，就是在对环境可以容纳污染物质以及有毒有害物质的全部数量予以定量化的基础上，对排污者的污染物排放进行定量控制的方法。总量控制的原则是各单元污染物排放量的总和应当小于经生态环境主管部门核定的环境可以容纳污染物的最大量。[61] 总量控制是将某一控制区域作为一个完整的系统，采取措施将排入这一区域的污染物总量控制在一定数量之内，以满足该区域的环境质量要求。[62]

我国总量控制的探索开始于20世纪70年代。在1989年第三次全国环境保护会议上，原国家环境保护局提出同时实行浓度控制和总量控制的污染控制对策，确定了由浓度控制向总量控制的方向。1996年9月，国务院批准了《"九五"期间全国主要污染物排放总量控制计划》，修改后的《大气污染防治法》《水污染防治法》等法律也增加了这方面内容。目前，我国污染物总量控制主要适用于特定的环境要素（如大气、水）和特定的区域。

《环境保护法（2014修订）》将总量控制制度确立为环境保护的一项基本法律制度。根据该法第44条第1款的规定：国家实行重点污染物排放总量控制制度。重点污染物排放总量控制指标由国务院下达，省、自治区、直辖市人民政府分解落实。企业事业单位在执行国家和地方污染物排放标准的同时，应当遵守分解落实到本单位的重点污染物排放总量控制指标。实践中，一般采取生态环境部受国务院委托与各省、自治区、直辖市人民政府签订目标责任书的形式。例如，2011年12月，受国务院委托，原环境保护部部长周生贤与31个省、自治区、直辖市人民政府和新疆生产建设兵团，以及华能、大唐、华电、国电、中电投、国家电网、中石油、中石化（集团）公司主要负责人正式签署《"十二五"主要污染物总量减排目标责任书》。目标责任书主要内容包括各省、自治区、直辖市以及8大中央企业集团"十二五"主要污染物总量控制目标、主要减排任务和措施等。各省、自治区、直辖市人民政府接到国务院下达的总量控制指标后，要逐级分解落实到各排污单位。[63] 2014年12月，原环境保护部制定《建设项目主要污染物排放总量指标审核及管理暂行办法》，规范建设项目主要污染物排放总量指标审核及管

---

〔60〕 参见信春鹰主编：《〈中华人民共和国环境保护法〉学习读本》，中国民主法制出版社2014年版，第192页。

〔61〕 参见汪劲：《环境法学》（第4版），北京大学出版社2018年版，第156页。

〔62〕 参见信春鹰主编：《中华人民共和国环境保护法释义》，法律出版社2014年版，第153页。

〔63〕 参见袁杰主编：《中华人民共和国环境保护法解读》，中国法制出版社2014年版，第156页。

理工作,严格控制新增污染物排放量。

此外,为保障重点污染物排放总量控制制度的实施,《环境保护法(2014 修订)》第 44 条第 2 款将“区域限批”作为环境保护部门的一项重要监管措施,规定对超过国家重点污染物排放总量控制指标或者未完成国家确定的环境质量目标的地区,省级以上人民政府环境保护主管部门应当暂停审批其新增重点污染物排放总量的建设项目环境影响评价文件,明确了“区域限批”的适用对象、实施主体和具体内容。

四、排污权交易制度

(一)排污权交易的概念

排污权交易制度是基于市场机制,以企业为主体,通过建立政府与企业之间的联系,充分激发各方参与治理的积极性的污染治理模式。[64] 其中,排污权特指排污单位以从环境主管部门申请的排污许可证记载事项为限向大气和水体排放重点污染物和其他依法受控制的污染物的权利,这里的排污权属于环境主管部门依法解除一般法律禁止行为所予赋权的结果,而非实质意义上的宪法权利。[65]

(二)排污权交易的原理

排污权交易的原理起源于科斯定理。我国的排污权交易制度整体上服务于总量控制制度,在确定总量控制指标之后,有关部门对排污单位的排污权进行核定,排污权通过缴纳使用费或交易获得(排污权有偿使用)且有使用期限,并以排污许可证形式予以确认。核定排污权后即可通过定额出让、公开拍卖等方式进行排污权交易。排污权交易包括初始分配有偿获得到取得出让收入全过程。[66] 例如,每个区域每个时期都会制定与实际情况相对应的大气污染物排放总量控制目标,而生态环境主管部门作为政府职能部门,需要在目标的基础上,为排放大气污染物的企业分配相匹配的许可额度,使污染物排放总量能够在大气污染物排放总量控制目标范围内。[67]

可见,排污权交易制度中既包含市场调节因素,又有行政管制因素介入,是一种政府间接管制下的不完全的市场行为,是在生态环境保护领域出现的以市场方法修正法律直接管制方法的制度。如果排污单位通过技术改造等手段减少了污染物的排放,便可以将节余的排放量予以存放以便在日后扩大生产规模时使用,也可以通关过排污交易市场出让给其他污染物排放量较大的企业或者拟在总量控制区域内新设立的排污单位。这样,不仅企业可以自主地根据市场决定生产规模和污染物排放量,而且生态环境主管部门只需对污染物的排放总量实行控制就可以达到环境管理的目的。[68]

(三)我国排污权交易的实践

我国从 20 世纪 80 年代引入排污权交易理论。自 1988 年 3 月《水污染物排放许可证管理

---

〔64〕 参见张进财、曾子芙:《论我国排污权交易制度的不足与完善》,载《环境保护》2020 年第 7 期。
〔65〕 参见汪劲:《环境法学》(第 4 版),北京大学出版社 2018 年版,第 159 页。
〔66〕 参见田欣等:《我国排污权交易制度运行进展、挑战与对策研究》,载《中国环境管理》2023 年第 2 期。
〔67〕 参见张进财、曾子芙:《论我国排污权交易制度的不足与完善》,载《环境保护》2020 年第 7 期。
〔68〕 参见汪劲:《环境法学》(第 4 版),北京大学出版社 2018 年版,第 159 页。

暂行办法》(已失效)颁布开始,排污权交易制度已历经30多年的尝试与变革,为污染排放总量控制目标和减排目标的实现作出了积极贡献。1988年3月,原国家环境保护局颁布实施《水污染物排放许可证管理暂行办法》(已失效),规定水污染总量控制指标可在排污单位间调剂。1993年,原国家环保局以太原市、包头市等多个城市作为试点开始探索大气排污权交易政策的实施。1996年9月、2000年4月我国先后通过《"九五"期间全国主要污染物排放总量控制计划》和《大气污染防治法》,污染治理政策由浓度管理转变为总量管理,为实施排污交易提供了法律政策支持。

21世纪初,我国开展排污权交易试点工作。2001年9月,中国首例排污权交易在江苏省南通市顺利完成。2003年,江苏太仓港环保发电有限公司与南京下关发电厂达成二氧化硫排污权异地交易,开创了中国跨区域交易的先例。2007年11月,国内第一个排污权交易中心在浙江省嘉兴市挂牌成立,标志着我国排污权交易逐步走向制度化、规范化和国际化。这一阶段的排污权交易以政府部门"拉郎配"方式运作为主,排污权交易在推进污染物减排方面的潜力逐步显现。2009年《国务院政府工作报告》提出积极开展排污权交易试点的要求,财政部与原环境保护部联合在全国范围内开展排污权交易试点工作。〔69〕

2011年10月,国务院《关于加强环境保护重点工作的意见》鼓励在地方开展排污权交易试点。2012年8月,国务院发布《节能减排"十二五"规划》,提出鼓励设计排污权交易系统和建立排污权交易市场。2014年8月,国务院办公厅发布《关于进一步推进排污权有偿使用和交易试点工作的指导意见》,明确指出将加大排污权交易力度,推进排污权试点地区相关工作。这是指导我国排污权交易工作开展的纲领性文件。在此基础上,试点地区的排污权交易政策框架逐渐清晰,并建立了基本的交易制度体系。〔70〕 2015年4月,国务院发布《水污染防治行动计划》强调要进一步探索地方排污权和潜在金融工具,推动排污权交易。2015年9月公布的《生态文明体制改革总体方案》将排污权交易政策作为一项重要工具予以正式确立。2015年修订的《大气污染防治法》第21条规定,国家实施大气污染物的总量控制原则,推动重点大气污染物的排污权交易。2016年3月,我国"十三五"规划明确提出建立排污许可证有偿使用和全国排污交易机制。开展排污权试点10余年来,我国排污权有偿使用和交易制度日渐成熟,排污权交易量稳步增长。然而,我国尚未明确在全国范围内全面推行排污权交易制度,仍需继续探索和完善。〔71〕

"十四五"时期,我国生态文明建设进入了以降碳为重点战略方向、推动减污降碳协同增效、促进经济社会发展全面绿色转型、实现生态环境质量改善由量变到质变的关键时期。为落实党中央、国务院关于建设全国碳排放权交易市场的决策部署,在应对气候变化和促进绿色低碳发展中充分发挥市场机制作用,推动温室气体减排,规范全国碳排放权交易及相关活动,根据国家有关温室气体排放控制的要求,2020年12月,生态环境部制定《碳排放权交易管理办法(试行)》。2021年5月,生态环境部发布《碳排放权登记管理规则(试行)》。2024年1月,

〔69〕 参见余阿梅、张宁:《中国排污权交易制度的发展历程及展望》,载《绿色科技》2016年第14期。

〔70〕 参见田欣等:《我国排污权交易制度运行进展、挑战与对策研究》,载《中国环境管理》2023年第2期。

〔71〕 参见王振兴、周建国:《排污权交易试点的推进机制与政策特征——基于省级政策文本的分析》,载《湖北社会科学》2021年第9期。

国务院公布《碳排放权交易管理暂行条例》,首次以行政法规的形式明确了碳排放权市场交易制度。排污权和碳排放权的交易制度在一定程度上具有管控范围交叉性、减排协同性及管理相似性的特点,目前正在探索建立二者的协同机制,以更好地提高环境管理效能、降低实施成本、减少污染物排放。[72]

案例 3-5-02 山西省排污权交易中心与某某公司合同纠纷[73]

2015年5月15日,山西省排污权交易中心与某某公司签订《排污权购置费分期支付合同》,就某某公司2×350低热煤电项目分期缴纳购买政府储备排污权交易资金达成协议,标的物为二氧化硫1462吨、氮氧化物1462吨、烟尘排污权280吨,成交额达54920590元。在合同履行过程,某某公司缴付了首期款项后,未按约定支付剩余款项,山西省排污权交易中心向法院起诉要求某某公司支付剩余购置费及相应滞纳金。

太原市中级人民法院审理认为,原、被告双方当事人签订的合同意思表示真实,内容不违反法律法规强制性规定,合法有效,理应成为双方行使权利、履行义务的依据。法院判决被告某某公司支付原告山西省排污权交易中心排污权购置费元及相应滞纳金。某某公司上诉后,山西省高级人民法院二审维持原判。

评析:法院依据双方合同约定价款判决某公司支付排污权购置费,是合同当事人应依合同履行义务原则的体现。本案排污权的交易量达数千吨,某某公司虽经合法程序购买了生产所需的排污权,但也因向外排放二氧化硫、氮氧化物等污染物承担了巨额排污权购置费用,反映出企业的生产模式已和当前“双碳”目标的要求不相适应,需加快减排降碳转型。

第六节 生态环境监测制度

一、生态环境监测制度的概念

生态环境监测,是对生态环境状况进行监视和测定行为的统称,是指依法接受委托的政府监测机构或社会检测机构及其工作人员,按照环境标准和技术规范的要求,运用物理、化学、生物或遥感等技术手段对影响生态环境质量因素的代表值进行测定,并评价生态环境质量状况、分析生态环境影响趋势的活动。[74]

生态环境监测是制定环境决策、确定环境容量、核查排污总量、执行环境标准、加强执法管理、评价环境成本、跟踪并预警突发污染事故的重要依据和技术手段,它为制定环境保护路线、方针和政策提供了依据,并有助于广大公众环境知情权的实现,是实施环境监督、开展环境管理的重要组成依据,在保护环境中发挥了重要作用。生态环境监测制度是对生态环境监测的

---

〔72〕 参见蒋春来、黄津颖、王晓婷:《协同推进排污权交易与碳排放权交易思路研究》,载《环境保护》2022年第13期。

〔73〕 参见太原市万柏林区人民法院民事判决书,(2020)晋0109民初1773号。

〔74〕 参见汪劲:《环境法学》(第4版),北京大学出版社2018年版,第94页。

机构、对象、范围、内容、程序和监测数据效力等作出的一系列法律规定的总称。

二、生态环境监测制度的建立和发展

1973 年 8 月，第一次全国环境保护会议审议通过的《关于保护和改善环境的若干规定（试行草案）》初步明确了环境监测部门的定位、职能和任务。1979 年年底，原国家计划委员会批复成立了中国环境监测总站，标志着中国环境监测事业正式起步。1980 ~ 1984 年，国家先后召开了三次全国环境监测会议，主要是探索环境监测事业发展的方向、任务和目标。这几次全国环境监测会议起草并讨论修改的《环境监测条例（试行）》《环境监测条例（试行）实施细则》《关于建立"环境质量报告书"制度的意见》这三个奠基性文件，为加强环境管理打下了基础。由此，我国环境监测走向了制度化、规范化道路。1990 年 4 月，第四次全国环境监测会议在上海召开。会议上提出了"环境监测必须为环境管理服务，环境管理要依靠环境监测"的工作方针，"掌握环境质量与污染物排放动态，为环境管理提供高效服务"的基本任务，并把实现污染源监测作为迈上新台阶的重要标志。2006 年 4 月，第六次全国环境保护大会召开，会议指出要建立先进的环境监测预警体系，全面反映环境质量状况和趋势，准确预警各类环境突发事件。我国环境监测事业的重心转向以环境质量监测为主，由此环境监测开始进入快速发展的跃升期。2009 年 12 月，原环境保护部制定并发布了《先进的环境监测预警体系建设纲要（2010 - 2020 年）》，强调着力推进新形势下环境监测工作的历史性转型，加快先进的环境监测预警体系建立。2012 年 2 月，《环境空气质量标准》（GB 3095 - 2012）的发布标志着我国进入了环境治理改革期，特别是党的十八大的召开，将生态文明建设摆在更加重要的战略位置，并作出一系列重大决策部署。随后，我国出台《生态文明体制改革总体方案》等，逐步实施大气、水、土壤污染防治行动计划。这一时期，环境监测对生态文明建设与生态环境保护的基础性支撑作用进一步凸显，成为政府环境治理体系和治理能力的重要组成部分。[75]

尽管法律法规明确了生态环境主管部门的统一监督管理职责及各部门相关监测工作的职责和分工，但是由于部门职责职权交叉及生态环境监测事业发展缓慢等诸多原因，统一的生态环境监测管理体制尚未形成，对于监测工作也一直缺乏统筹规划。对此，《环境保护法（2014修订）》规定了生态环境监测统一监督管理和生态环境监测活动的范畴、职能和法律责任等内容，为解决生态环境监测实践中存在的突出问题指明了方向。该法第 17 条规定，国务院环境保护主管部门制定监测规范，会同有关部门组织监测网络，统一规划国家环境质量监测站（点）的设置，建立监测数据共享机制，加强对环境监测的管理。根据该规定，应当由国务院环境保护主管部门建立健全统一的环境监测规范、网络和站（点），组织实施跨行政区域的统一监测，并依法监督法律执行和统一监管成效。[76] 该条规定旨在解决当前存在的生态环境监测网络缺乏统一规划、合理布局，生态环境主管部门与其他有关部门设置的监测点位（断面）重复设置、建设，资源浪费等问题，明确统一规划设置国家环境质量监测站点，建立监测数据共享机制。该条第 2 款规定，有关行业、专业等各类环境质量监测站（点）的设置应当符合法律法

〔75〕 参见陈善荣：《我国生态环境监测的 40 年发展回顾与展望》，载《环境保护》2018 年第 20 期。
〔76〕 参见李国刚、康晓风、王光：《"新环保法"对环境监测职责定位的研究思考》，载《中国环境监测》2014 年第 3 期。

规规定和监测规范的要求。监测技术规范、评价方法不统一导致部门间的监测数据不可比较,不利于政府和管理部门决策,甚至易造成不良社会影响,因此有关行业、专业等各类环境质量监测站点的设置应当符合《海洋环境保护法》《水法》等法律法规的规定和监测规范的要求。

2015 年 7 月,国务院印发《生态环境监测网络建设方案》,提出明确生态环境监测事权。根据该方案,各级生态环境主管部门主要承担生态环境质量监测、重点污染源监督性监测、生态环境执法监测、生态环境应急监测与预报预警等职能。生态环境部适度上收生态环境质量监测事权,重点污染源监督性监测和监管重心下移,加强对地方重点污染源监督性监测的管理。地方各级生态环境主管部门相应上收生态环境质量监测事权,逐级承担重点污染源监督性监测及生态环境应急监测等职能。为加快解决以块为主的地方环保管理体制存在的突出问题,2016 年 9 月,中共中央办公厅、国务院办公厅公布《关于省以下环保机构监测监察执法垂直管理制度改革试点工作的指导意见》。省以下环保机构监测监察执法垂直管理主要指省级生态环境主管部门直接管理市(地)县的监测监察机构,承担其人员和工作经费,市(地)级生态环境局实行以省级生态环境厅(局)为主的双重管理体制,县级生态环境局不再单设而是作为市(地)级环保局的派出机构。[77] 垂管改革将生态环境质量监测、评价和考核职能上收,由省级生态环境主管部门统一负责,实行省级考核、省级监测。2017 年 9 月,中共中央办公厅、国务院办公厅印发《关于深化环境监测改革提高环境监测数据质量的意见》。这三份改革文件,深入推进国家生态环境质量监测事权上收,推动生态环境监测从体制机制、网络建设到业务技术、装备能力等发生深刻变革和跃升,陆海统筹、天地一体、上下协同、信息共享的生态环境监测网络初步建成,生态环境监测的独立性、权威性和有效性得到提升。[78]

2019 年 10 月,《生态环境监测条例(草案征求意见稿)》公开征求意见,该草案征求意见稿进一步明确生态环境监测的法律地位和作用以及生态环境监测机构的权利和义务,强化生态环境监测机构的法律责任。2020 年 1 月,全国首部生态环境监测地方性法规《江苏省生态环境监测条例》出台。该条例共分 6 章 47 条,包括总则、规划与建设、监测活动、监督管理、法律责任、附则等,重点建立了生态环境监测质量管理、监测机构监督管理、点位管理、污染源监测、监测信息公开与共享等制度。

三、生态环境监测的分类

生态环境监测按照环境要素划分,可以被分为水环境、海洋环境、大气环境、土壤环境、噪声环境、固体废物污染环境、生态环境以及辐射环境监测等类别;按照监测方式划分,可以被分为定点监测、流动监测、连续性监测、间断性监测、自动监测、手动监测等;按照监测区域划分,可以被分为厂区监测和区域监测;按照监测目的划分,可以被分为监视性监测、特定目的监测、研究型监测等。

按照监测对象划分,生态环境监测可以被分为生态环境质量监测、污染源监测、应急监测。其中,生态环境质量监测,是指为掌握和评价生态环境质量状况及其变化趋势所进行的监测活

---

〔77〕 参见竺效主编:《环境法入门笔记》,法律出版社 2017 年版,第 196 页。

〔78〕 参见陈善荣:《我国生态环境监测的 40 年发展回顾与展望》,载《环境保护》2018 年第 20 期。

动。污染源监测，是指对向环境排放污染物或者对环境产生不良影响的场所、设施、装置以及其他污染发生源所进行的监测活动，包括工业污染源监测、农业污染源监测、生活污染源监测、移动污染源监测和集中式污染治理设施监测等。应急监测，是指在发生环境污染和生态破坏等突发事件时，为给应急环境管理提供依据，降低突发事件对环境造成或者可能造成的危害，减少损失所进行的监测活动。自"十二五"规划以来，我国正在实现从传统环境监测向生态环境监测的发展，监测范围从传统的环境质量监测、污染源监测、应急监测，向生态状况监测、温室气体排放监测等领域不断扩展。[79] 生态环境部于 2021 年 12 月发布的《"十四五"生态环境监测规划》特别提出支撑低碳发展，加快开展碳监测评估。

此外，《环境保护法(2014 修订)》还特别提出了建立环境资源承载能力监测预警机制。其中，环境资源承载能力是指某区域一定时期内，在确保资源合理开发利用和生态环境良性循环的条件下，环境及资源能够承载的人口数量级响应的经济社会活动总量的能力和容量。环境资源承载力是一个动态变化过程，受到人口规模、开发程度、城镇化规模、产业发展、基础设施建设、空间布局、气候和自然条件等多重因素的影响。建立监测预警机制有利于实时掌握当前环境资源承受能力，制定符合当前环境资源形势的决策部署和相关政策，找准承载力的制约因素和薄弱环节进行补充强化，避免过度开发，突破资源环境承载力的底线，一旦自然环境失去自我恢复的能力，将产生不可逆的后果。[80] 为推动我国环境管理模式由浓度控制、总量控制向风险管理转型，《环境保护法(2014 修订)》第 39 条规定建立、健全环境与健康监测制度，为环境与健康管理制度的构建奠定了基础。[81] 该条规定：国家建立、健全环境与健康监测、调查和风险评估制度；鼓励和组织开展环境质量对公众健康影响的研究，采取措施预防和控制与环境污染有关的疾病。

四、生态环境监测机构

《环境保护法(2014 修订)》第 18 条规定，省级以上人民政府应当组织有关部门或者委托专业机构，对环境状况进行调查、评价，建立环境资源承载能力监测预警机制。其中，实施环境监测的主体可以是生态环境主管部门和有关部门包括其附属机构、技术支持单位，也可以是接受委托，提供环境服务的专业机构。第 42 条第 3 款规定，重点排污单位应当按照国家有关规定和监测规范安装使用监测设备，保证监测设备正常运行，保存原始监测记录。这是对该条规定的排放污染物的企业事业单位和其他生产经营者污染防治责任的具体落实，重点排污单位可依托自有监测设备及人员开展自行监测，也可委托其他检测机构进行监测。

此外，《环境保护法(2014 修订)》第 17 条第 3 款还规定：监测机构应当使用符合国家标准的监测设备，遵守监测规范。监测机构及其负责人对监测数据的真实性和准确性负责。第 65 条规定，监测机构以及从事环境监测设备和防治污染设施维护、运营的机构，在有关环境服务活动中弄虚作假，对造成的环境污染和生态破坏负有责任的，除依照有关法律法规规定予以处

---

〔79〕 参见周骁然：《论环境法典生态环境监测制度的构建理路》，载《荆楚法学》2022 年第1 期。

〔80〕 参见信春鹰主编：《中华人民共和国环境保护法释义》，法律出版社 2014 年版，第 64 – 65 页。

〔81〕 参见汪劲：《环境法学》（第 4 版），北京大学出版社 2018 年版，第 94 页。

罚外,还应当与造成环境污染和生态破坏的其他责任者承担连带责任。

五、生态环境监测网

生态环境监测网,是指经科学布局形成的环境质量监测点位(断面)及其数据收集、分析评价系统。根据《环境保护法(2014 修订)》第 17 条第 1 款和第 2 款的规定,国务院环境保护主管部门会同有关部门组织监测网络,统一规划国家环境质量监测站(点)的设置,有关行业、专业等各类环境质量监测站(点)的设置应当符合法律法规规定和监测规范的要求。

《生态环境监测网络建设方案》提出,全面设点,完善生态环境监测网络。第一,建立统一的环境质量监测网络。环境保护部会同有关部门统一规划、整合优化环境质量监测点位,建设涵盖大气、水、土壤、噪声、辐射等要素,布局合理、功能完善的全国环境质量监测网络,按照统一的标准规范开展监测和评价,客观、准确反映环境质量状况。第二,健全重点污染源监测制度。各级环境保护部门确定的重点排污单位必须落实污染物排放自行监测及信息公开的法定责任,严格执行排放标准和相关法律法规的监测要求。国家重点监控排污单位要建设稳定运行的污染物排放在线监测系统。各级环境保护部门要依法开展监督性监测,组织开展面源、移动源等监测与统计工作。第三,加强生态监测系统建设。建立天地一体化的生态遥感监测系统,研制、发射系列化的大气环境监测卫星和环境卫星后续星并组网运行;加强无人机遥感监测和地面生态监测,实现对重要生态功能区、自然保护区等大范围、全天候监测。

此外,我国已初步建成覆盖典型生态系统的生态地面定位观测网,在全国开展国家重点生态功能区县域监测,初步形成具有国际影响力的全国生物多样性观测网络,以全国重点生态功能保护区、生物多样性保护优先区域和国家级自然保护区等区域为重点,建立了 749 个监测样区,设置了 11887 个(条)样点(线),覆盖森林、草地、荒漠、湿地、农田和城市等代表性生态系统,布设了 400 个覆盖 7 个省份的水生生物监测点位,以水生生物、鸟类、哺乳动物、两栖动物和蝴蝶为代表,开展了生物多样性、生物残留、生物生长观察等多项观测。[82]

近年来,生态环境部相继印发《生态环境监测规划纲要(2020 - 2035 年)》《关于推进生态环境监测体系与监测能力现代化的若干意见(征求意见稿)》《"十四五"生态环境监测规划》《生态环境卫星中长期发展规划(2021 - 2035 年)》等文件,初步构建了天地一体化的生态环境监测网络。2023 年 9 月,生态环境部联合中国科学院印发《全国生态质量监督监测工作方案(2023 - 2025 年)》。根据该方案,生态环境部将会同省级生态环境主管部门,联合中国科学院共同组建全国生态质量监测网络。

六、生态环境监测信息的发布

《环境保护法(2014 修订)》第 54 条第 1 款、第 2 款规定:国务院环境保护主管部门统一发布国家环境质量、重点污染源监测信息及其他重大环境信息。省级以上人民政府环境保护主管部门定期发布环境状况公报。县级以上人民政府环境保护主管部门和其他负有环境保护监督管理职责的部门,应当依法公开环境质量、环境监测、突发环境事件以及环境行政许可、行政

---

〔82〕 参见吴季友等:《我国生态环境监测网络建设成效与展望》,载《中国环境监测》2021 年第 2 期。

处罚、排污费的征收和使用情况等信息。因此,为避免环境信息因涉及多部门而"打架"从而影响政府公信力,环境信息公开虽然涉及县级以上地方人民政府负有环境保护监督管理职责的部门,如水利、农业、林业、公安、交通、国土等,但是国家环境质量、重点污染源监测信息等重大环境信息由国务院环境保护主管部门和省级以上人民政府环境保护主管部门统一发布。

《生态环境监测网络建设方案》提出,建立生态环境监测数据集成共享机制。各级环境保护部门以及国土资源、住房城乡建设、交通运输、水利、农业、卫生、林业、气象、海洋等部门和单位获取的环境质量、污染源、生态状况监测数据要实现有效集成、互联共享。国家和地方建立重点污染源监测数据共享与发布机制,重点排污单位要按照环境保护部门要求将自行监测结果及时上传。该方案提出构建生态环境监测大数据平台。加快生态环境监测信息传输网络与大数据平台建设,加强生态环境监测数据资源开发与应用,开展大数据关联分析,为生态环境保护决策、管理和执法提供数据支持。该方案提出统一发布生态环境监测信息。依法建立统一的生态环境监测信息发布机制,规范发布内容、流程、权限、渠道等,及时准确发布全国环境质量、重点污染源及生态状况监测信息,提高政府环境信息发布的权威性和公信力,保障公众知情权。

七、生态环境监测数据的效力

对于自动监测数据在行政执法中的效力,按照2005年9月发布的《污染源自动监控管理办法》第4条的规定,自动监控系统经环境保护部门检查合格并正常运行的,其数据作为环境保护部门进行排污申报核定、排污许可证发放、总量控制、环境统计、排污费征收和现场环境执法等环境监督管理的依据,并按照有关规定向社会公开。

对于监测数据的民事证据效力,按照2023年8月发布的最高人民法院《关于生态环境侵权民事诉讼证据的若干规定》第25条的规定,负有环境资源保护监督管理职责的部门及其所属或者委托的监测机构在行政执法过程中收集的监测数据、形成的事件调查报告、检验检测报告、评估报告等材料,以及公安机关单独或者会同负有环境资源保护监督管理职责的部门提取样品进行检测获取的数据,经当事人质证,可以作为认定案件事实的依据。

对于监测数据的刑事证据效力,按照2023年8月发布的最高人民法院、最高人民检察院《关于办理环境污染刑事案件适用法律若干问题的解释》第14条的规定,环境保护主管部门及其所属监测机构在行政执法过程中收集的监测数据,在刑事诉讼中可以作为证据使用。公安机关单独或者会同环境保护主管部门,提取污染物样品进行检测获取的数据,在刑事诉讼中可以作为证据使用。

案例3-6-01 全国首例环境质量监测数据造假犯罪[83]

西安市长安区、阎良区环境空气自动监测站系原环境保护部确定的国控空气监测站点,通过环境空气质量自动监测系统采集、处理监测数据,并将数据每小时一次传输发送至中国环境

[83] 参见(2016)陕01刑初233号,最高人民法院指导案例104号(2018年)。

监测总站:一方面通过网站实时向社会公布,另一方面用于编制全国环境空气质量状况月报、季报和年报。

2016 年 2 ~ 3 月,为了降低监测数据,时任原环境保护局长安分局环境监测站站长的被告人李某、时任副站长的被告人张某勃多次进入长安子站内,利用棉纱堵塞采样器的方法,干扰环境空气质量自动监测系统的数据采集。李某还指使两名临时聘用人员被告人张某 1、张某 2 对子站监测系统进行干扰。同期,时任原环境保护局阎良分局环境监测站站长的被告人张某 3 采用上述方法对阎良子站的监测数据进行干扰,造成自动监测数据多次出现异常。时任原环境保护局长安分局局长的被告人何某民、原环境保护局阎良分局局长的被告人唐某兴,为影响系统自动监测结果,在明知正常途径无法迅速降低监测数据的情况下,分别指使、授意被告人李某、张某 3 实施上述行为。

西安市中级人民法院认为,被告人李某、张某 3、张某勃、张某 1、张某 2 多次干扰国控监测子站空气采样,被告人何某民、唐某兴指使、授意他人干扰采样,使计算机信息系统不能客观反映真实空气质量状况,造成监测数据严重失真,七人行为均构成破坏计算机信息系统罪。

评析:对于本案中违反国家规定,干扰环境质量监测系统采样或者强令、指使、授意他人实施上述行为,致使监测数据因系统不能正常运行而严重失真的情形,根据 2023 年最高人民法院、最高人民检察院《关于办理环境污染刑事案件适用法律若干问题的解释》第 11 条的规定,应当依照《刑法》第 286 条的规定,以破坏计算机信息系统罪定罪处罚。

第七节 生态环境保护税费制度

一、生态环境保护税费制度的概念

生态环境保护税费是指为了防治环境污染和生态破坏,筹集环境资源保护资金,根据有关法律、法规的规定,按照"污染者付费"原则,向从事对环境产生或者可能产生不良影响活动者征收的税费的统称。其中,环境税也称生态税,是一个广义的概念,它是以环境保护为目的对开发利用资源行为征收的税费的统称。1979 年 9 月颁布的《环境保护法(试行)》(已失效)规定了排污收费制度并实施了 30 多年,对防治环境污染发挥了重要作用,然而与税收制度相比存在执法刚性不足,地方政府和部门干预等问题。《环境保护法(2014 修订)》第 43 条第 2 款规定,依照法律规定征收环境保护税的,不再征收排污费。2016 年 12 月,全国人大常委会通过《环境保护税法》,2017 年 12 月,国务院公布《环境保护税法实施条例》,2018 年 10 月,《环境保护税法》进行了修正。生态环境保护税费制度全面取代并废除了排污收费制度。[84] 除环境保护税外,我国还对部分自然资源实行资源税制度。2019 年 8 月,全国人民代表大会常务委员会通过《资源税法》。

环境费是对所有环境收费的统称,指国家或者其他公法人团体以治理污染和改善环境为

---

〔84〕 参见汪劲:《环境法学》(第 4 版),北京大学出版社 2018 年版,第 134 页。

目的,依法向环境利用行为人收取的与其行为相对等的金钱。除曾施行的排污费制度外,按照"开发者养护"原则,我国还实行自然保护费制度。该制度是指开发利用自然资源或自然环境者,应当依照自然资源或生态保护法律法规的规定,按其对自然资源与环境要素的利用程度向法律授权的行政主管部门缴纳一定费用。自然保护费、生态保护补偿费是环境费在自然资源和自然保护立法上的另一种表现形式。[85]

生态环境保护税费制度是有关该项税费征收的目的、对象、范围、依据、标准以及管理和使用等一系列法律规定的总称。这里主要介绍环境保护税制度和生态补偿制度。

二、生态环境保护税费制度的理论基础

生态环境保护税费制度的经济学基础,是经济学上的外部性理论。外部性理论发展经历了马歇尔的"外部经济"、庇古的"庇古税"和科斯的"科斯定理"三个阶段。外部性可以分为外部经济(或称正外部经济效应、正外部性)和外部不经济(或称负外部经济效应、负外部性)。外部经济就是一些人的生产或消费使另一些人受损而又无法向后者收费的现象;外部不经济就是一些人的生产或消费使另一些人受损而前者无法补偿后者的现象。[86]

环境保护税旨在将生产经营活动中污染环境的负外部性内化到纳税人的生产经营成本中,有助于改善环境质量、促进节能减排。开征环境保护税可以影响纳税人排污的行为选择,激励其引入环境有益技术,进而协调环境利益与经济利益。我国生态补偿制度的初始阶段以生态环境价值的负外部性治理为主要目标,生态环境价值的正外部性内部化要求居于附属地位。随着我国生态补偿法制建设的不断完善,作为以保护和增加自然资本为目标的生态补偿进入了新的发展历程,生态补偿被界定为使生态保护效益外部性内部化的公共制度安排,[87]特别针对产生正外部性的"使用者的功能性修复"进行生态效益或生态利益的补偿。[88]

三、环境保护税制度

(一)环境保护税制度的概念

广义的环境保护税是指为实现特定的环境保护目标、筹集环境保护资金而征收的具有调节与环境污染、资源利用行为相关的各个税种及相关税收特别措施的总称。狭义的环境保护税,是对在中国境内直接向环境排放应税污染物的开发利用行为人,就其相应污染物征收的一种税。我国环境税收体系中最主要的税种是环境保护税与资源税,资源税旨在促进资源合理开发与提升资源利用效率,未对污染排放直接课税。因此,这里的环境保护税是指狭义的环境保护税。与国家其他税收不同,环境保护税作为专门的绿色税种,开征不是为了增加财政收

[85] 参见汪劲:《环境法学》(第4版),北京大学出版社2018年版,第135页。

[86] 参见沈满红、何灵巧:《外部性的分类及外部性理论的演化》,载《浙江大学学报(人文社会科学版)》2002年第1期。

[87] 参见李国平、刘生胜:《中国生态补偿40年:政策演进与理论逻辑》,载《西安交通大学学报(社会科学版)》2018年第6期。

[88] 参见李永宁:《论生态补偿的法学涵义及其法律制度完善——以经济学的分析为视角》,载《法律科学(西北政法大学学报)》2011年第2期。

入,而是为了让企业既算经济账又算环境账,使高污染、高排放企业加速绿色转型,让清洁生产的企业获得发展先机。[89] 根据《环境保护税法》第1条的规定,环境保护税的目的是保护和改善环境,减少污染物排放,推进生态文明建设。

环境保护税收制度,是通过采取税收政策来节约社会资源,保护生态环境的一系列规定的总称。

(二)环境保护税的征收原则

1. 税收法定原则。税收法定原则与现代国家相伴而生,是民主法治理念在税收领域的体现,也因此成为税法上的"帝王原则"。该原则的核心在于控制和规范征税权,保护纳税人权利,要求纳税人、征税对象、计税依据、税收优惠等税收基本要素应当由法律规定;要求税法的规定必须尽量明确,避免出现漏洞和歧义;征税机关必须严格依据法律规定的实体内容和程序要求征收税款。[90] 环境保护税作为一种税收,其征收必须符合法定原则的要求。《环境保护税法》是我国"落实税收法定原则"后制定的第一部税收法律。[91]

2. 税收效率原则。税收效率原则是指国家征税必须有利于资源的有效配置和经济的有效运行,必须有利于提高税务行政效率。征收环境保护税应当尽可能避免增加企业不必要的开支。同时,环境保护税的制度设计应当尽可能简洁,从而提升纳税义务人的税收遵从度,降低税收遵从成本和税收征管成本。[92]

3. 税收公平原则。衡量税收是否公平主要依据利益原则和支付能力原则。税收公平原则是从税负分配的角度强调环境保护税纳税人承担的经济上的不利益应在不同纳税人之间公平分配。[93]

4. 环境保护税收国际协调原则。我国环境保护税既要考虑国内环境保护、资源节约和生态平衡的资金需要,又要考虑与西方发达国家和其他发展中国家规定的环境税负担水平相适应,避免因各国征税范围不同而产生重复征税,避免其他国家转嫁污染,促使本国产品达到低污染、无污染的要求,以应对当前国际贸易体系中的绿色壁垒问题。[94]

(三)环境保护税的纳税义务人和征税对象

1. 纳税义务人

根据《环境保护税法》第2条的规定,在中华人民共和国领域和中华人民共和国管辖的其他海域,直接向环境排放应税污染物的企业事业单位和其他生产经营者为环境保护税的纳税人,应当依照本法规定缴纳环境保护税。该规定排除两种情况:第一,不直接向环境排放应税污染物的不缴纳环境保护税;第二,居民个人不属于纳税人。

不属于直接向环境排放污染物,不缴纳相应污染物的环境保护税的情形,根据《环境保护税法》第4条的规定,主要包括:第一,企业事业单位和其他生产经营者向依法设立的污水集中

[89] 参见汪劲:《环境法学》(第4版),北京大学出版社2018年版,第135页。
[90] 参见刘剑文:《落实税收法定原则的现实路径》,载《政法论坛》2015年第3期。
[91] 参见张守文:《我国环境税立法的"三维"审视》,载《当代法学》2017年第3期。
[92] 参见胡苑、杨岳涛:《我国开征碳税的正当性、必要性及制度选择》,载《税务研究》2023年第1期。
[93] 参见彭程:《论环境保护税法中规制诱导规范的优化》,载《税务与经济》2020年第6期。
[94] 参见韩德培主编:《环境保护法教程》(第8版),法律出版社2018年版,第94页。

处理、生活垃圾集中处理场所排放应税污染物的;第二,企业事业单位和其他生产经营者在符合国家和地方环境保护标准的设施、场所贮存或者处置固体废物的。

此外,《环境保护税法》第 5 条还规定:依法设立的城乡污水集中处理、生活垃圾集中处理场所超过国家和地方规定的排放标准向环境排放应税污染物的,应当缴纳环境保护税。企业事业单位和其他生产经营者贮存或者处置固体废物不符合国家和地方环境保护标准的,应当缴纳环境保护税。

值得注意的是,直接向环境排放应税污染物的企业事业单位和其他生产经营者,除依照《环境保护税法》的规定缴纳环境保护税外,应当对所造成的损害依法承担责任。

2. 征税对象

环境保护税的征税对象是指纳税义务指向的对象或者标的。根据《环境保护税法》第 3 条的规定,应税污染物,是指《环境保护税法》所附《环境保护税税目税额表》《应税污染物和当量值表》规定的大气污染物、水污染物、固体废物和噪声。

根据《环境保护税税目税额表》的规定,固体废物包括煤矸石、尾矿、危险废物和冶炼渣、粉煤灰、炉渣、其他固体废物。根据《环境保护税法实施条例》第 2 条的规定,《环境保护税税目税额表》所称其他固体废物的具体范围,依照《环境保护税法》第 6 条第 2 款规定的程序确定,即由省、自治区、直辖市人民政府统筹考虑本地区环境承载能力、污染物排放现状和经济社会生态发展目标要求,在《环境保护税税目税额表》规定的税额幅度内提出,报同级人民代表大会常务委员会决定,并报全国人民代表大会常务委员会和国务院备案。

现行的环境保护税包含大气污染物、水污染物、固体废物和噪声 4 类,这 4 类税目远不能涵盖现实中的环境污染源。另外,作为控制污染产生与排放的重要工具,现行税收制度无法规制严重威胁生态环境的碳排放,暴露出环境税收体系课税对象覆盖片面的问题。党的二十大报告要求"完善支持绿色发展的财税、金融、投资、价格政策和标准体系,发展绿色低碳产业",《2030 年前碳达峰行动方案》提出"建立健全有利于绿色低碳发展的税收政策体系……发挥税收对市场主体绿色低碳发展的促进作用",这为我国引入碳税制度提供了一定政策指引。[95]

(四)环境保护税的计税依据和应纳税额

1. 计税依据

《环境保护税法》第 7 条规定,应税污染物的计税依据,按照下列方法确定:(1)应税大气污染物按照污染物排放量折合的污染当量数确定;(2)应税水污染物按照污染物排放量折合的污染当量数确定;(3)应税固体废物按照固体废物的排放量确定;(4)应税噪声按照超过国家规定标准的分贝数确定。

在具体适用上,《环境保护税法》第 8 ~ 10 条规定:

第一,应税大气污染物、水污染物的污染当量数,以该污染物的排放量除以该污染物的污染当量值计算。每种应税大气污染物、水污染物的具体污染当量值,依照《环境保护税法》所附《应税污染物和当量值表》执行。

---

〔95〕 参见叶金育、蒙思颖:《"双碳"视阈下碳税并入环境保护税的制度证成与立法安排——以〈环境保护税法〉修改为依归》,载《南京工业大学学报(社会科学版)》2023 年第 2 期。

第二，每一排放口或者没有排放口的应税大气污染物，按照污染当量数从大到小排序，对前三项污染物征收环境保护税。每一排放口的应税水污染物，按照《环境保护税法》所附《应税污染物和当量值表》，区分第一类水污染物和其他类水污染物，按照污染当量数从大到小排序，对第一类水污染物按照前五项征收环境保护税，对其他类水污染物按照前三项征收环境保护税。省、自治区、直辖市人民政府根据本地区污染物减排的特殊需要，可以增加同一排放口征收环境保护税的应税污染物项目数，报同级人民代表大会常务委员会决定，并报全国人民代表大会常务委员会和国务院备案。

第三，应税大气污染物、水污染物、固体废物的排放量和噪声的分贝数，按照下列方法和顺序计算：(1)纳税人安装使用符合国家规定和监测规范的污染物自动监测设备的，按照污染物自动监测数据计算；(2)纳税人未安装使用污染物自动监测设备的，按照监测机构出具的符合国家有关规定和监测规范的监测数据计算；(3)因排放污染物种类多等原因不具备监测条件的，按照国务院生态环境主管部门规定的排污系数、物料衡算方法计算；(4)不能按照《环境保护税法》第10条第1项至第3项规定的方法计算的，按照省、自治区、直辖市人民政府生态环境主管部门规定的抽样测算的方法核定计算。

2. 应纳税额

对于环境保护税应纳税额的计算方法，《环境保护税法》第11条规定：(1)应税大气污染物的应纳税额为污染当量数乘以具体适用税额；(2)应税水污染物的应纳税额为污染当量数乘以具体适用税额；(3)应税固体废物的应纳税额为固体废物排放量乘以具体适用税额；(4)应税噪声的应纳税额为超过国家规定标准的分贝数对应的具体适用税额。

对于暂予免征环境保护税的情形，《环境保护税法》第12条规定：(1)农业生产（不包括规模化养殖）排放应税污染物的；(2)机动车、铁路机车、非道路移动机械、船舶和航空器等流动污染源排放应税污染物的；(3)依法设立的城乡污水集中处理、生活垃圾集中处理场所排放相应应税污染物，不超过国家和地方规定的排放标准的；(4)纳税人综合利用的固体废物，符合国家和地方环境保护标准的；(5)国务院批准免税的其他情形。上述第5项免税规定，由国务院报全国人民代表大会常务委员会备案。

此外，根据《环境保护税法》第13条的规定：纳税人排放应税大气污染物或者水污染物的浓度值低于国家和地方规定的污染物排放标准30%的，减按75%征收环境保护税。纳税人排放应税大气污染物或者水污染物的浓度值低于国家和地方规定的污染物排放标准50%的，减按50%征收环境保护税。

（五）环境保护税的征收管理

1. 征收工作机制

根据《环境保护税法》第14条和第15条的规定：环境保护税由税务机关依照《税收征收管理法》和《环境保护税法》的有关规定征收管理。生态环境主管部门依照该法和有关环境保护法律法规的规定负责对污染物的监测管理。县级以上地方人民政府应当建立税务机关、生态环境主管部门和其他相关单位分工协作工作机制，加强环境保护税征收管理，保障税款及时足额入库。

生态环境主管部门和税务机关应当建立涉税信息共享平台和工作配合机制。生态环境主管部门应当将排污单位的排污许可、污染物排放数据、环境违法和受行政处罚情况等环境保护相关信息,定期交送税务机关。税务机关应当将纳税人的纳税申报、税款入库、减免税额、欠缴税款以及风险疑点等环境保护税涉税信息,定期交送生态环境主管部门。

2. 税收申报

关于申报,《环境保护税法》第16～19条规定,纳税义务发生时间为纳税人排放应税污染物的当日。纳税人应当向应税污染物排放地的税务机关申报缴纳环境保护税。

环境保护税按月计算,按季申报缴纳。不能按固定期限计算缴纳的,可以按次申报缴纳。纳税人申报缴纳时,应当向税务机关报送所排放应税污染物的种类、数量,大气污染物、水污染物的浓度值,以及税务机关根据实际需要要求纳税人报送的其他纳税资料。

纳税人按季申报缴纳的,应当自季度终了之日起15日内,向税务机关办理纳税申报并缴纳税款。纳税人按次申报缴纳的,应当自纳税义务发生之日起15日内,向税务机关办理纳税申报并缴纳税款。纳税人应当依法如实办理纳税申报,对申报的真实性和完整性承担责任。

关于比对与复核,《环境保护税法》第20条规定:税务机关应当将纳税人的纳税申报数据资料与生态环境主管部门交送的相关数据资料进行比对。税务机关发现纳税人的纳税申报数据资料异常或者纳税人未按照规定期限办理纳税申报的,可以提请生态环境主管部门进行复核,生态环境主管部门应当自收到税务机关的数据资料之日起15日内向税务机关出具复核意见。税务机关应当按照生态环境主管部门复核的数据资料调整纳税人的应纳税额。

3. 收入归属

根据国务院《关于环境保护税收入归属问题的通知》(国发〔2017〕56号),环境保护税全部作为地方收入。在环境保护税的使用上,按照全国人大常委会1994年制定,并于2014年、2018年修正的《预算法》的规定,将环境保护税收入与其他税收收入一并纳入一般公共预算管理,统筹安排使用。[96]

案例3-7-01　江西省赣州市环境保护税行政公益诉讼案[97]

2020年6月,赣州市人民检察院(以下简称赣州市院)在与住建、生态环境部门工作沟通时发现,在环境保护税这一新税种上可能存在漏征现象,遂于7月决定立案调查。赣州市院从市税务局调取了2018年以来环境保护税的征收情况及明细表,从市住建部门调取了市本级监管工程项目表,从市生态环境主管部门调取了企业减排措施情况材料,经对以上材料进行比对,发现赣州市税务局监管的25个房产开发建设工程项目未依法缴纳环境保护税。通过实地了解,以上25个项目均存在施工扬尘的问题,而建筑扬尘为应税大气污染物,建筑施工企业应按照一般性粉尘税目实行核定计算办法申报缴纳环境保护税。

2020年8月7日,赣州市院主动到市税务局,围绕环境保护税的立法意义、全市环境保护

〔96〕 参见汪劲:《环境法学》(第4版),北京大学出版社2018年版,第139页。

〔97〕 参见《最高检发布国有财产保护、国有土地使用权出让领域行政公益诉讼典型案例　督促收回国有财产和国有土地出让金410亿余元》,载最高人民检察院网2020年12月17日,https://www.spp.gov.cn/spp/xwfbh/wsfbt/202012/t20201217_489171.shtml#1。

税征收情况、外地经验做法等进行充分交流互动,并达成共识。8 月 20 日,赣州市院向市税务局公开宣告送达检察建议,建议追缴涉案建设工程项目的环境保护税,并进行全面排查,对未按照规定办理纳税申报的行为进行处罚;加强与生态环境、住建等相关部门在征收管理方面的协作配合,强化数据共享,推动建立分工协作机制。市税务局收到检察建议书后高度重视,组织开展了专项清查、补报,对案涉的25 个工程项目共征收环境保护税35.35 万元、滞纳金2.86 万元。

评析:环境保护税是发挥税收杠杆调节作用,正向激励企业节能减排,促进绿色生产、加快高质量发展的有效手段。本案中,检察机关针对建设工程项目环境保护税漏征漏缴问题,积极履行公益诉讼检察职能,推动税务部门加强环境保护税核定征收与管理,对未足额缴纳环境保护税的建设工程项目依法进行追缴。

四、生态补偿制度

(一)生态补偿制度的概念

生态补偿是指在综合考虑生态保护成本、发展机会成本和生态服务价值的基础上,采用行政、市场等方式,由生态保护受益者或者生态损害的加害者向生态保护者或因生态损害而受损者支付金钱、物质或者提供其他非物质利益等,弥补其成本支出以及相关损失的行为。[98] 生态补偿以开发者保护、受益者补偿、损害者修复为原则,促进环境资源和生态效益在相关区域主体之间共享和分配。

生态补偿制度是指有关生态补偿的范围、主体、类型、标准、方式以及专项资金的设立和使用等规定的总称。

(二)生态补偿制度的建立和发展

我国于20 世纪50 年代开始进行生态补偿制度的实践。1953 年建立了林业基金制度。1981 年3 月,中共中央、国务院《关于保护森林发展林业若干问题的决定》规定国家建立林业基金制度。1993 年2 月,国务院《关于进一步加强造林绿化工作的通知》(现已失效)提出“要改革造林绿化资金投入机制,逐步实行征收生态效益补偿费制度”。1998 年11 月,国务院发布的《全国生态环境建设规划》规定:“加强已建立的林业基金、牧区育草基金的使用管理,切实用于水土保持、植树种草等生态环境建设,积极开辟新的投资渠道。按照‘谁受益、谁补偿,谁破坏、谁恢复’的原则,建立生态效益补偿制度。”2005 年12 月,国务院发布的《关于落实科学发展观加强环境保护的决定》提出:“要完善生态补偿政策,尽快建立生态补偿机制。中央和地方财政转移支付应考虑生态补偿因素,国家和地方可分别开展生态补偿试点。”2007 年8 月,原国家环境保护总局发布了《关于开展生态补偿试点工作的指导意见》。2010 年,国家发改委和相关部门研究起草《关于建立健全生态补偿机制的若干意见》,初步形成了生态补偿制度大体制度框架。例如,森林生态效益补偿基金制度、草原生态补偿制度、重点生态功能区转移支付制度、矿产资源税制度和资源补偿费制度等相关制度。

近年来,尤其党的十八大报告将生态文明建设独立成篇,提出建立资源有偿使用制度和生

---

〔98〕 参见汪劲:《论生态补偿的概念——以〈生态补偿条例〉草案的立法解释为背景》,载《中国地质大学学报(社会科学版)》2014 年第1 期。

态补偿制度后，生态（保护）补偿的字眼开始频繁出现在我国法律法规政策和政府工作报告当中。例如，2013 年 11 月通过的中共中央《关于全面深化改革若干重大问题的决定》明确提出"坚持谁受益、谁补偿原则，完善对重点生态功能区的生态补偿机制，推动地区间建立横向生态补偿制度"。《环境保护法（2014 修订）》第 31 条进一步明确了生态保护补偿制度，并且将生态保护补偿区分为国家对生态保护地区的财政转移支付以及受益地区和生态保护地区人民政府通过协商或者按照市场规则进行生态保护补偿。2016 年 4 月，国务院办公厅印发《关于健全生态保护补偿机制的意见》（国办发〔2016〕31 号），明确了健全生态保护补偿的指导思想、基本原则和总体目标，搭建了我国生态保护补偿制度的框架体系。

目前，我国相关政策文件既包括针对重点流域、领域、区域生态补偿的工作部署，例如《关于加快建立流域上下游横向生态保护补偿机制的指导意见》（财建〔2016〕928 号）、《支持引导黄河全流域建立横向生态补偿机制试点实施方案》（财资环〔2020〕20 号），也包括对市场化、多元化生态补偿的推进计划，例如《建立市场化、多元化生态保护补偿机制行动计划》（发改西部〔2018〕1960 号），还包括生态综合补偿试点的工作安排，例如《生态综合补偿试点方案》，以及对生态保护补偿的激励政策和相关制度支持，例如《中央财政促进长江经济带生态保护修复奖励政策实施方案》（财建〔2018〕6 号），中共中央办公厅、国务院办公厅《关于统筹推进自然资源资产产权制度改革的指导意见》。

2020 年 11 月，《生态保护补偿条例（公开征求意见稿）》发布，首次明确规定了生态保护补偿的概念。以《生态保护补偿条例》公开征求意见为标志，生态补偿制度的建立健全取得重大突破。我国生态补偿制度框架已经基本建立，对于生态补偿制度的构建开始向纵深方向发展。2022 年 10 月，党的二十大报告进一步提出，建立生态产品价值实现机制，完善生态保护补偿制度。2024 年 2 月 23 日，《生态保护补偿条例》正式通过，自 2024 年 6 月 1 日起施行。

（三）生态补偿的范围

我国生态补偿实践的领域相当广泛。我国已经在森林（1999 年之后）、湿地（2000 年之后）、自然保护区（2005 年之后）、矿产资源开发（2006 年之后）、流域（2007 年之后）、海洋（2009 年之后）、草原（2010 年之后）、重点生态功能区（2011 年之后）等领域开展生态补偿实践。[99] 目前，我国的生态补偿主要包括森林生态补偿、草原生态补偿、湿地生态补偿、流域生态补偿、荒漠生态补偿、内陆和近海重要水域休禁渔补偿、耕地生态补偿、重点生态功能区补偿和自然保护地补偿等。

（四）生态补偿的主体

生态补偿的主体包括补偿者和受偿者。补偿者是指谁提供补偿，主要包括：第一，获得生态利益者；第二，生态环境破坏者。受偿者是指谁获得补偿，主要包括：第一，项目地区政府和人民，如因实施天然林保护工程和退耕还林而造成的财政减收和粮食损失由国家财政转移支付补偿；第二，生态建设和保护者，如流域的上游地区；第三，破坏生态环境行为的受害者，如矿产资源开发时的矿区居民。[100]

---

〔99〕 参见王社坤：《〈生态补偿条例〉立法构想》，载《环境保护》2014 年第 13 期。

〔100〕 参见黄润源：《生态补偿法律制度研究》，华东政法大学 2009 年博士学位论文，第 60－70 页。

自2005年生态补偿制度在全国推行以来,一直贯彻“政府主导,各方参与”的原则,充分发挥政府开展生态补偿、落实生态保护责任的主导作用。在这一原则的指导下,我国现行生态补偿模式以政府财政转移支付为主,通过整体性资金转移流动来实现区域间生态保护利益的平衡。[101] 在当前政府主导的生态补偿实践中,无论是纵向还是横向转移支付,补偿资金的支付者和接受者都是不同层级、不同区域的政府。因此,政府被视为生态补偿法律关系中的特殊主体,即既是补偿主体、受偿主体,又是监督主体。[102]

(五)生态补偿的类型

第一,增益性补偿和抑损性补偿。根据法律关系主体的不同,可以将生态补偿分为增益性和抑损性补偿。增益性补偿,是将生态补偿的适用范围和对象限定为对产生生态增益的生态保护行为主体的补偿。抑损性补偿则是指造成生态损害的主体所作出的补偿。[103]

第二,纵向生态补偿和横向生态补偿。根据补偿主体和受偿主体之间的行政隶属关系,可以将生态补偿分为横向和纵向生态补偿。《环境保护法(2014修订)》第31条第2款和第3款分别规定了中央向地方财政转移支付的纵向补偿机制和受益地区、生态保护地区之间通过协商或者按照市场规则进行生态保护补偿的横向补偿机制。

第三,基础性补偿和激励性补偿。生态保护补偿转移支付资金由财政根据财力情况,每年确定分配总额,分为基础性补偿和激励性补偿两部分。基础性补偿部分是根据基本财力保障需求辅以调整系数按不同类别计算确定,以增强基本公共服务保障能力为目标的补偿;激励性补偿部分是根据基础性补偿和相关生态指标考核情况计算确定的补偿。

第四,自行补偿和委托补偿。生态补偿既可以由经济区的破坏者直接到生态区进行修复补偿,也可以委托专门机构或生态区进行修复补偿,并由前者承担全部费用。

第五,等量补偿和加倍补偿。为了从总体上保持生态平衡,区分不同的情况,可实行等量补偿或加倍补偿。等量补偿就是破坏量和补偿量相等,加倍补偿就是补偿量大于破坏量。

(六)生态补偿的标准

生态补偿标准是补偿主体承担支付义务的依据,补偿主体根据标准支付对价。应当通过政策、协议形式明确补偿标准。目前,我国生态补偿尚缺乏科学的补偿标准。有学者总结目前确定生态补偿标准的方法主要有三大类:一是成本评估法,包括机会成本法和保护成本法;二是受益评估法,包括生态系统服务价值法和市场价值法;三是支付能力评估法,包括条件估值法和支付能力法。其中,机会成本法的使用较为多见,但这种方法却因存在信息不对称和异质性问题导致估算不准确。生态系统服务价值法估算过程相对复杂,但往往大于服务地区的生产价值而不可行。条件估值法基于个人陈述偏好而经常与现实存在偏差。[104]

(七)生态补偿的方式

生态补偿的方式主要包括:第一,资金补偿。如补偿金、补贴、贴息、减免税收、财政转移支

---

[101] 参见杜群、车东晟:《新时代生态补偿权利的生成及其实现——以环境资源开发利用限制为分析进路》,载《法制与社会发展》2019年第2期。

[102] 参见才惠莲:《论生态补偿法律关系的特点》,载《中国地质大学学报(社会科学版)》2013年第3期。

[103] 参见李永宁:《论生态补偿的法学涵义及其法律制度完善——以经济学的分析为视角》,载《法律科学(西北政法大学学报)》2011年第2期。

[104] 参见魏巍贤、王月红:《京津冀大气污染治理生态补偿标准研究》,载《财经研究》2019年第4期。

付等。第二,实物补偿。如粮食补助、种苗补助、生产生活资料补助等。第三,政策补偿。如中央政府对地方政府的补偿,上级政府对下级政府的补偿等。第四,智力补偿。如提供无偿技术咨询、指导和转让,培养受偿地区(群体)的技术和管理能力等。

案例 3-7-02　流域横向生态补偿的"新安江模式"[105]

2010 年 10 月,全国政协在实地调研基础上,形成了千岛湖水资源保护情况的专题调研报告;2011 年 2 月,习近平总书记、李克强总理先后在该调研报告上作出重要批示。此后,全国政协专门就千岛湖水资源保护问题组织国家发改委、财政部等八部委及浙江省、安徽省两省主要领导召开对口协商会议。多轮协商后,财政部、原环境保护部印发《新安江流域水环境补偿试点实施方案》。2013 年,国家发改委印发《千岛湖及新安江上游流域水资源与生态环境保护综合规划》,在第六章专章对新安江流域生态补偿机制构建作出具体要求。自 2012 年起,浙江省、安徽省两省在中央的协调下,先后就新安江流域横向生态补偿事宜签订三轮生态补偿协议,成功展开三轮试点工作。2023 年 6 月,浙江省、安徽省两省签署《共同建设新安江—千岛湖生态保护补偿样板区协议》,开启第四轮试点。

为使上游水质达到约定补偿标准,黄山市实施多项措施对新安江流域工业、农业、养殖业以及居民生活排污进行综合治理。在直接投入生态补偿资金对污染行业进行整治的同时,浙江省、安徽省两省还积极探索生态产品价值实现路径,加大力度投资开发生态旅游业、发展绿色产业,尝试建立生态补偿与产业结构优化协同发展的长效化机制。为优化新安江流域生态补偿制度体系,黄山市先后出台配套政策文件 80 余个。

评析:新安江流域横向生态补偿是地方生态环境治理在中央高位推动下,层层发力、成功落地,打破行政壁垒,最终实现两省共护一江水的典型实践。习近平总书记曾强调"要推广新安江水环境补偿试点经验"[106]。2021 年《关于深化生态保护补偿制度改革的意见》要求"巩固跨省流域横向生态保护补偿机制试点成果,总结推广成熟经验"。新安江生态保护补偿机制迄今已在全国 18 个省份、13 个流域复制推广,成为我国生态文明制度的重大创新。

第八节　生态环境修复制度

一、生态环境修复制度的概念

生态环境损害,是指污染环境、破坏生态造成的大气、地表水、地下水、土壤、森林等环境要素和植物、动物、微生物等生物要素的不利改变,以及上述要素构成的生态系统功能退化。[107]生态环境修复,是指针对被损害的生态环境采取措施恢复其原本或者被期待的状态。首先,出

[105] 参见王兰梅、张晏:《流域横向生态补偿的"新安江模式":经验、问题与优化》,载《环境保护》2022 年第 8 期。

[106] 习近平:《推动形成优势互补高质量发展的区域经济布局》,载《求是》2019 年第 24 期。

[107] 参见中共中央办公厅、国务院办公厅 2017 年 12 月印发的《生态环境损害赔偿制度改革方案》。

现生态环境损害而需要进行修复时,要确定修复的目标状态。修复的目标状态应当是生态环境的原本状态,但考虑到自然系统的动态演化特征,何为原本状态本身未必容易确定,而且是否值得作为修复的目标也存在疑问,因此被期待状态即经一定程序判定的生态环境状态可能更适合作为修复目标,并具体化为“修复程度”。其次,对于修复内容要根据修复目标进行更具体的界定,就环境污染清理、生态系统恢复的方式、内容、指标乃至技术方案进行明确。污染清理通常以污染物含量水平为关键指标,相对容易把握;而生态系统恢复则需考虑物种、空间要求以及最终的生态持续和更新能力等,是一个更加复杂的问题。[108]

对此,《生态环境损害鉴定评估技术指南　总纲和关键环节　第1部分:总纲》(GB/T 39791.1-2020)区分了环境修复与生态环境恢复的概念。环境修复,是指污染清除完成后,为进一步降低环境中的污染物浓度,采用工程和管理手段将环境污染导致的人体健康或生态风险降至可接受风险水平的过程。生态环境恢复,则是指采取必要、合理的措施将受损生态环境及其服务功能恢复至基线并补偿期间损害的过程,包括环境修复和生态服务功能的恢复。按照恢复目标和阶段的不同,可将生态环境恢复分为基本恢复、补偿性恢复和补充性恢复。[109]

生态环境修复制度是对生态环境修复目标、修复原则、修复规划、修复方案、修复措施、修复效果评估等所作的一系列法律规定的总称。

二、生态环境修复制度的建立和发展

我国在1986年颁布的《土地管理法》、1988年发布的《土地复垦规定》(现已失效)中确立了土地复垦制度,在1991年颁布的《水土保持法》中规定了预防水土流失的生态修复,其他为应对不同环境要素所作的生态修复规定散见于相关单行法中,生态环境修复制度初步萌芽。浙江省、沈阳市、黑龙江省等地的地方生态修复立法也开始出现。在实践中,我国自20世纪90年代末开始,就在国家层面与地方层面开展一系列的环境修复工作,例如国家“三河、三湖”重点水污染治理工程、“国家863计划——太湖水污染控制与水体修复技术及工程示范”、“国家973项目——东北老工业基地环境污染形成机理与生态修复项目”、广东省珠江整治项目、湖南省湘江整治项目等,取得了良好社会效果。[110]

2009年颁布的《海岛保护法》对海岛的保护和生态修复作出了规定。2010年修订的《水土保持法》针对水土保持对加大生态修复力度、采取自然修复措施作出了进一步规定。《环境保护法(2014修订)》第32条规定,国家加强对大气、水、土壤等的保护,建立和完善相应的调查、监测、评估和修复制度。2017年修正的《水污染防治法》第29条第2款对江河、湖泊、湿地保护与修复,人工湿地、水源涵养林、沿河沿湖植被缓冲带和隔离带等生态环境治理与保护工程作出了规定。2018年颁布的《土壤污染防治法》第四章专章规定了风险管控和修复,对土壤污染状况调查和土壤污染风险评估、风险管控、修复、风险管控效果评估、修复效果评估、后期管理等活动作出了具体规定。2019年修订的《森林法》也针对森林资源和森林生态保护修复

---

[108] 参见刘长兴:《生态环境修复责任的体系化构造》,载《中国法学》2022年第6期。

[109] 参见《生态环境损害鉴定评估技术指南　总纲和关键环节　第1部分:总纲》(GB/T 39791.1-2020)3.8-3.12。

[110] 参见魏旭:《生态修复制度基本范畴初探》,载《甘肃政法学院学报》2016年第1期。

措施和监督检查等内容作出了规定。

党的二十大报告提出，以国家重点生态功能区、生态保护红线、自然保护地等为重点，加快实施重要生态系统保护和修复重大工程。近年来，随着区域、流域保护立法实践的展开，2020年颁布的《长江保护法》、2021年颁布的《湿地保护法》、2022年颁布的《黑土地保护法》、2022年颁布的《黄河保护法》、2023年颁布的《青藏高原生态保护法》均将生态环境修复作为一项重要的内容，对生态环境修复制度的内容进行了较为全面和细致的规定。

三、生态环境修复制度的主要内容

（一）生态环境修复的目标和原则

生态环境修复应当实行山水林田湖草沙冰一体化保护修复，坚持自然恢复为主、自然恢复与人工修复相结合的系统治理原则，应当依照法律法规和相关标准的要求，加强生态环境修复工作，提高生态系统质量。该项要求在《长江保护法》《湿地保护法》《黄河保护法》《青藏高原生态保护法》中均有明确规定。

（二）生态环境修复规划的编制

政府负有改善和修复生态环境的环境保护职责，国务院及地方各级政府有关部门对于重大生态系统的保护和修复负有主体责任，这在《土壤污染防治法》《森林法》《湿地保护法》《长江保护法》等法律，以及国家发改委、自然资源部、生态环境部等部委联合出台的规范性文件中都得到了具体的呈现。根据现行立法的相关规定，国务院自然资源主管部门会同国务院有关部门编制全国重要生态系统保护和修复规划，组织实施重要生态系统、重大生态环境修复工程，统筹推进生态环境修复工作。各级人民政府应当加强系统治理，科学修复重要生态系统、重大生态环境，推进生态环境修复工作，恢复生态系统功能。

（三）生态环境修复方案的确定

修复生态环境应当编制生态环境修复方案。负有生态环境监督管理职责的部门在收到受委托的鉴定评估机构提供的或者由责任主体按指令提交的生态环境修复方案后，应当组织专家进行审查和论证，综合考虑环境质量改善目标、生态环境修复效果、技术和经济可行性以及公众意见等确定生态环境修复方案。根据我国现行相关立法的规定，国务院有关主管部门应当会同国务院有关部门制定并组织实施生态环境修复方案，省级人民政府制定并组织实施本行政区域的生态环境修复方案，省级有关主管部门在批准生态环境修复方案前，应当征求同级人民政府自然资源、水行政、住房城乡建设、生态环境、农业农村等有关部门的意见。修复生态环境应当按照经批准的生态环境修复方案进行修复。

（四）生态环境修复措施的实施

生态环境修复责任主体应当根据负有生态环境监督管理职责的部门确定的生态环境修复方案及时采取生态环境修复措施。在修复过程中，生态、环境和社会经济形势发生变化，对生态环境损害修复方案的实施有重大影响的，负有生态环境监督管理职责的部门可以对生态环境损害修复措施进行调整。地方人民政府应当因地制宜在项目、资金、人才、管理等方面，对实施生态环境修复和其他保护措施给予支持。此外，国家按照政策支持、企业和社会参与、市场化运作的原则，鼓励社会资本投入生态环境修复。

(五)生态环境修复效果评估

实施生态环境修复活动应当编制生态环境修复效果评估报告。效果评估报告应当主要包括是否达到生态修复目标等内容。生态环境修复完成后,应当报地方人民政府相关主管部门验收,并依法公开修复情况。生态环境修复活动完成后,需要实施后期管理的,责任人应当按照要求实施后期管理,地方人民政府相关主管部门应当加强修复后期管理和动态监测,并根据需要开展修复效果后期评估。

四、责令修复生态环境和代履行

生态环境损害救济方式分为两类:第一类是行政救济,即行政机关通过行政命令责令责任人修复;第二类是司法救济,包括行政机关提起的生态环境损害赔偿诉讼、环保组织或检察机关提起的以救济生态环境损害为诉求的民事公益诉讼。[111] 通过环境行政执法来追究相关行政相对人的生态环境修复责任以实现对生态环境公共利益的维护,相较于通过司法方式来追究生态修复责任,具有更大的正当性,这是由行政机关在环境治理中的重要地位所决定的。相关行政部门通过行政执法对相对人生态修复责任予以追究,主要涉及两种制度:一种是行政责令制度,即要求违法行为人采取生态修复措施;另一种是行政代履行制度,即在违法行为人不采取措施时,主管部门指定有关单位代为进行生态修复,费用由行为人承担。[112]

其中,责令修复是实现生态修复责任的执行措施、基础性措施及前置性措施,是通过行政命令的方式救济生态环境损害,即以行政主体依法要求相对人履行生态修复行政法律义务为核心实现损害救济。例如,《土壤污染防治法》规定了土壤污染责任人的土壤污染修复义务。《森林法》《草原法》《土地管理法》等法律中规定了责令补种、恢复植被、土地复垦等内容,《水污染防治法》《固体废物污染环境防治法》等法律中规定了责令限期治理、消除污染等内容,从某种程度上看,均体现了生态环境修复的意蕴。[113]

生态修复代履行是环境行政代履行制度在生态修复责任领域的具体运用,它以行政机关依法作出责令行政相对人承担生态修复责任的行政命令为基础,如果违法者拒绝治理或者没有治理能力,主管部门可以指定具备治理能力的人代为治理,所需费用由违法者承担。[114] 我国最早于 1995 年 10 月颁布的《固体废物污染环境防治法》第 55 条规定了代履行制度,由于废物代清理的效果显著,后来修订与颁布的一些环境单行法如 1998 年修正的《森林法》第 39 条、2002 年修订的《草原法》第 71 条、2003 年颁布的《放射性污染防治法》第 56 条、2008 年修订的《水污染防治法》第 76 条、2010 年修订的《水土保持法》第 55 条等,均陆续设立了环境行政代履行制度。[115]

政府在责任人不明或者责任人无力承担修复责任而生态环境确有修复必要时,直接承担生态环境修复责任是国家环境保护义务、政府环境保护职责的具体表现形式。例如,2021 年颁布的《乡村振兴促进法》第 36 条规定了政府的“生态修复”职责。即使未有法律的明确规

---

〔111〕 参见胡静:《比较法视野下生态环境损害救济的行政主导实质及其启示》,载《比较法研究》2023 年第 3 期。

〔112〕 参见陈海嵩:《证成与规范:地方政府生态修复责任论纲》,载《求索》2023 年第 4 期。

〔113〕 参见刘倩、王彬:《生态修复:从民事法律责任到行政法律义务》,载《环境污染与防治》2022 年第 3 期。

〔114〕 参见张宝:《生态环境损害政府索赔制度的性质与定位》,载《现代法学》2022 年第 2 期。

〔115〕 参见唐绍均、蒋云飞:《环境行政代履行制度:优势、困境与完善》,载《中州学刊》2016 年第 1 期。

定，地方政府也在事实上承担了生态环境修复职责，如近年来不少地方大力开展的水环境整治，以及长期以来都由政府组织开展的植树造林、防沙治沙等工程。在此意义上，生态环境修复责任是政府环境保护职责的重要内容，基于行政职责应当妥当履行的基本原理，政府的生态环境修复责任应在法律上规定，从而明确为政府应承担的法律责任。[116]

案例 3-8-01 铜仁市万山区人民检察院诉万山区林业局不履行林业行政管理职责行政公益诉讼案[117]

2014 年 4 月，被告人沈某祥投资设立某公司并任法定代表人。2014 年 5 月至 7 月，该公司以修建种植、养殖场为由，在没有办理林地使用许可手续的情况下，雇佣施工队使用挖掘机械在万山区茶店街道梅花村隘口山组及万山区大坪乡大坪村马鞍山等处林地剥离地表植被进行挖掘，致使地表植被毁坏，山石裸露。经鉴定，毁坏林地 276.17 亩，其中重点公益林 49.38 亩，一般公益林 72.91 亩，重点商品林 108.93 亩，一般商品林 44.95 亩。涉案公益林功能为水土保持和水源涵养。

2015 年 1 月，万山区林业局以上述行为涉嫌构成非法占用农用地罪移送市公安局万山分局，但公安机关立案侦查后作出撤案处理。万山区林业局遂对沈某祥和某公司作出行政处罚决定，责令限期恢复原状(未载明期限)并处罚款，但被处罚人均未履行。2016 年 1 月，市公安局万山分局重新立案侦查。次日，万山区林业局撤销上述行政处罚决定。2016 年 12 月，万山区人民法院作出刑事判决，认定被告人沈某祥犯非法占用农用地罪，判处有期徒刑 2 年，并处罚金人民币 5 万元。判决生效后，万山区人民检察院向万山区林业局发出检察建议，建议其依法履行森林资源保护监管职责，责令沈某祥限期恢复原状，并处罚款。万山区林业局书面回复，因沈某祥在服刑，公司倒闭，人员解散，无法实施复绿；林业局拟部分复绿造林，对其中难以复绿造林地块异地补植复绿；按一事不再罚原则不予罚款处罚。

万山区检察院以万山区林业局既未对沈某祥作出行政处罚，也未采取有效措施予以补植复绿，没有履行生态环境监管职责，导致林地被破坏的状态持续存在，当地生态环境遭受严重破坏为由提起行政公益诉讼，请求确认万山区林业局未依法履行监管职责的行为违法并判令其依法履行环境保护监管职责。贵州省遵义市播州区人民法院于 2017 年 9 月作出行政判决：由被告万山区林业局对沈某祥以某公司名义毁坏万山区茶店街道梅花村隘口山组、大坪乡大坪村马鞍山林地补植复绿恢复原状依法履行监督管理法定职责，并限期完成复绿工程验收。

评析：依照 2009 年修正的《森林法》第 10 条和第 44 条的规定，万山区林业局应当对该区行政区域内森林资源保护、利用、更新行为进行监督管理，对违反林业管理法律、法规，占用、毁坏森林资源、改变林地用途的行为，责令违法行为人停止违法行为并按法律规定补种树木。违法行为人拒不补种或者补种不符合国家有关规定的，应代为补种，所需费用向违法行为人追偿。但是万山区林业局未依法履行职责，不但撤销了与罚金刑功能相同的罚款处罚，还撤销了

〔116〕 参见刘长兴：《生态环境修复责任的体系化构造》，载《中国法学》2022 年第 6 期。
〔117〕 参见(2017)黔 0321 行初 97 号，最高人民法院指导案例 211 号(2022 年)。

责令违法行为人补植复绿以恢复原状的行政处罚。在对违法行为人追究刑事责任后,刑罚处罚未涉及生态环境修复责任的,万山区林业局也未责令沈某祥及某公司补植复绿以恢复原状并监督履行。此外,万山区林业局代为补植树木的行为,虽已部分履行职责,但尚未正确、全面履行,仍应继续履行。

第九节 突发环境事件应急制度

一、突发环境事件应急制度的概念

2007 年 8 月颁布的《突发事件应对法》中所称的突发事件,是指突然发生,造成或者可能造成严重社会危害,需要采取应急处置措施予以应对的自然灾害、事故灾难、公共卫生事件和社会安全事件。这类事件的主要特征是:发生的突然性、形式的多样性、危害的严重性和处理处置的艰巨性。

突发环境事件是环境方面的突发事件,根据 2014 年 12 月修订的《国家突发环境事件应急预案》的规定,突发环境事件是指由于污染物排放或自然灾害、生产安全事故等因素,导致污染物或放射性物质等有毒有害物质进入大气、水体、土壤等环境介质,突然造成或可能造成环境质量下降,危及公众身体健康和财产安全,或造成生态环境破坏,或造成重大社会影响,需要采取紧急措施予以应对的事件,主要包括大气污染、水体污染、土壤污染等突发性环境污染事件和辐射污染事件。

突发环境事件应急制度,是指为了及时应对突发环境事件,由政府事先编制突发环境事件应急预案的一系列法律规定的总称,在发生或者可能发生突发环境事件时,可启动该应急预案以最大限度地预防和减少其可能造成的危害。该制度包括突发环境事件的预测预警、应急处置、恢复与重建、信息发布以及应急组织体系、运行机制、应急保障、监督管理等方面的内容。

二、突发环境事件应急制度的建立和发展

1987 年 9 月原国家环境保护局发布的《报告环境污染与破坏事故的暂行办法》(现已失效)规定了环境事故报告处理制度。1989 年颁布的《环境保护法》第 31 条和第 32 条也对造成或者可能造成环境污染的事故或者其他突然性事件的处理作出了相应规定。2004 年修正的《宪法》增设了紧急状态条款,为规范突发环境事件的应急立法提供了宪法依据。

2006 年 1 月,依据 1989 年颁布的《环境保护法》、1999 年修订的《海洋环境保护法》、2002 年颁布的《安全生产法》、2006 年发布的《国家突发公共事件总体应急预案》及相关的法律法规,国务院发布了《国家突发环境事件应急预案》(现已失效)。2007 年 8 月,《突发事件应对法》正式颁布,该法是我国应急法律体系中起着总体指导作用的一般法,是一部"兜底"性的应急管理法。[118]

---

〔118〕 参见国务院法制办公室编:《中华人民共和国突发事件应对法注解与配套》,中国法制出版社 2008 年版,第 1 页。

为规范突发环境事件应急预案管理,完善环境应急预案体系,增强突发环境事件应急预案的科学性、实效性和可操作性,2010 年 9 月,原环境保护部制定了《突发环境事件应急预案管理暂行办法》。为了规范突发环境事件信息报告工作,提高环境保护主管部门应对突发环境事件的能力,原环境保护部于 2011 年 3 月审议通过了《突发环境事件信息报告办法》。此后,原环境保护部于 2013 年 8 月印发《突发环境事件应急处置阶段污染损害评估工作程序规定》(已失效)。根据《国家突发环境事件应急预案》和《突发环境事件分级标准》等的规定,确定突发环境事件级别的依据之一是直接经济损失的数额。为此,《突发环境事件应急处置阶段污染损害评估工作程序规定》(已失效)将突发环境事件应急处置阶段污染损害评估的范围明确为评估应急处置期间事件造成的直接经济损失,包括人身损害、财产损害、应急处置费用以及应急处置阶段可以确定的其他直接经济损失。

《环境保护法(2014 修订)》第 47 条就突发环境事件的风险控制、应急准备、应急处置、事后恢复等工作进行了规定,进一步明确了政府、部门、企业在处置突发环境事件中的责任。2014 年 12 月,原环境保护部出台《突发环境事件调查处理办法》,规范突发环境事件调查处理工作。2014 年 12 月,国务院印发修订后的《国家突发环境事件应急预案》。2014 年 12 月,原环境保护部印发《突发环境事件应急处置阶段环境损害评估推荐方法》,规范和指导突发环境事件应急处置阶段环境损害评估工作。2015 年 1 月,原环境保护部印发《企业事业单位突发环境事件应急预案备案管理办法(试行)》,加强对企业事业单位突发环境事件应急预案的备案管理。2015 年 3 月,原环境保护部通过《突发环境事件应急管理办法》,规范突发环境事件应急管理工作,全过程构建应急管理基本制度,突出企业事业单位的环境安全主体责任,明确应急管理优先保障顺序,强调信息公开,新设部分罚则。2018 年 2 月,原环境保护部印发国家环境保护标准《企业突发环境事件风险分级方法》(HJ 941－2018),针对 2014 年《企业突发环境事件风险评估指南(试行)》存在的不足,将该指南附录 A、附录 B 进行修订、完善和标准化。

三、突发环境事件应急预案体系

《突发事件应对法》第 17 条规定:国家建立健全突发事件应急预案体系。国务院制定国家突发事件总体应急预案,组织制定国家突发事件专项应急预案;国务院有关部门根据各自的职责和国务院相关应急预案,制定国家突发事件部门应急预案。地方各级人民政府和县级以上地方各级人民政府有关部门根据有关法律、法规、规章、上级人民政府及其有关部门的应急预案以及本地区的实际情况,制定相应的突发事件应急预案。应急预案制定机关应当根据实际需要和情势变化,适时修订应急预案。应急预案的制定、修订程序由国务院规定。

突发事件应急预案,是指承担突发事件应对职能的国家机关针对突发事件的性质、特点和可能造成的社会危害,就预防和准备、监测和预警、处置与救援、恢复与重建,以及应急管理的组织、指挥、保障等内容制定的工作计划。一般来说,应急预案包括几个重要的子系统:完善的应急组织指挥系统;强有力的应急工程救援保障体系;综合协调、应对自如的相互支持系统;充分备灾的保障供应体系;体现综合救援的应急队伍等。地方的突发事件应急预案包括三类:一是本地区的突发事件总体应急预案;二是地方人民政府组织制定的本地区突发事件专项应急预案;三是由地方人民政府有关部门分别制定的本地区突发事件部门应急预案。[119] 根据2015年1月施行的《企业事业单位突发环境事件应急预案备案管理办法(试行)》,企业事业单位突发环境事件应急预案,是指企业为了在应对各类事故、自然灾害时,采取紧急措施,避免或最大程度减少污染物或其他有毒有害物质进入厂界外大气、水体、土壤等环境介质,而预先制定的工作方案。

《环境保护法(2014修订)》第47条第2款规定:县级以上人民政府应当建立环境污染公共监测预警机制,组织制定预警方案;环境受到污染,可能影响公众健康和环境安全时,依法及时公布预警信息,启动应急措施。第3款还规定,企业事业单位应当按照国家有关规定制定突发环境事件应急预案,报环境保护主管部门和有关部门备案。对此,2015年发布的《突发环境事件应急管理办法》第13条和第14条规定,企业事业单位应当按照国务院环境保护主管部门的规定,在开展突发环境事件风险评估和应急资源调查的基础上制定突发环境事件应急预案,并按照分类分级管理的原则,报县级以上环境保护主管部门备案。县级以上地方环境保护主管部门应当根据本级人民政府突发环境事件专项应急预案,制定本部门的应急预案,报本级人民政府和上级环境保护主管部门备案。

四、突发环境事件分级

《突发事件应对法》第3条中规定,按照社会危害程度、影响范围等因素,自然灾害、事故灾难、公共卫生事件分为特别重大、重大、较大和一般四级。2014年修订的《国家突发环境事件应急预案》按照突发事件严重性和紧急程度,将突发环境事件分为特别重大环境事件(Ⅰ级)、重大环境事件(Ⅱ级)、较大环境事件(Ⅲ级)和一般环境事件(Ⅳ级)四级,并在附件1根据事件可能造成的危害程度、紧急程度和发展势态对突发环境事件分级标准作出了具体规定。

五、突发环境事件的组织指挥体系

根据2014年修订的《国家突发环境事件应急预案》的相关规定,突发环境事件的组织指挥体系包括:国家层面组织指挥机构、地方层面组织指挥机构以及现场指挥机构。

其中,国家层面组织指挥机构,指由生态环境部负责重特大突发环境事件应对的指导协调和环境应急的日常监督管理工作。根据突发环境事件的发展态势及影响,生态环境部或省级人民政府可报请国务院批准,或根据国务院领导同志指示,成立国务院工作组,负责指导、协调、督促有关地区和部门开展突发环境事件应对工作。必要时,成立国家环境应急指挥部,由国务院领导同志担任总指挥,统一领导、组织和指挥应急处置工作;国务院办公厅履行信息汇总和综合协调职责,发挥运转枢纽作用。

地方层面组织指挥机构,指由县级以上地方人民政府负责本行政区域内的突发环境事件应对工作,明确相应组织指挥机构。跨行政区域的突发环境事件应对工作,由各有关行政区域人民政府共同负责,或由有关行政区域共同的上一级地方人民政府负责。对需要国家层面协

---

〔119〕 参见国务院法制办公室编:《中华人民共和国突发事件应对法注解与配套》,中国法制出版社2008年版,第6-7页。

调处置的跨省级行政区域突发环境事件,由有关省级人民政府向国务院提出请求,或由有关省级生态环境主管部门向生态环境部提出请求。地方有关部门按照职责分工,密切配合,共同做好突发环境事件应对工作。

此外,负责突发环境事件应急处置的人民政府根据需要成立现场指挥部,负责现场组织指挥工作。参与现场处置的有关单位和人员要服从现场指挥部的统一指挥。

六、突发环境事件信息报告

《环境保护法(2014 修订)》第 47 条第 3 款规定,在发生或者可能发生突发环境事件时,企业事业单位应当立即采取措施处理,及时通报可能受到危害的单位和居民,并向环境保护主管部门和有关部门报告。

针对信息报告与通报,2014 年修订的《国家突发环境事件应急预案》作出了详细规定。突发环境事件发生后,涉事企业事业单位或其他生产经营者,必须采取应对措施,并立即向当地生态环境主管部门和相关部门报告,同时通报可能受到污染危害的单位和居民。

生产安全事故导致突发环境事件的,安全监管等有关部门应当及时通报同级生态环境主管部门。生态环境主管部门应通过互联网信息监测、环境污染举报热线等多种渠道,加强对突发环境事件的信息收集,及时掌握突发环境事件发生情况。

事发地生态环境主管部门接到突发环境事件信息报告或监测到相关信息后,应当立即进行核实,对突发环境事件的性质和类别作出初步认定,按照国家规定的时限、程序和要求向上级生态环境主管部门和同级人民政府报告,并通报同级其他相关部门。突发环境事件已经或者可能涉及相邻行政区域的,事发地人民政府或生态环境主管部门应当及时通报相邻行政区域同级人民政府或生态环境主管部门。地方各级人民政府及其生态环境主管部门应当按照有关规定逐级上报,必要时可越级上报。

接到已经发生或者可能发生跨省级行政区域突发环境事件信息时,生态环境部要及时通报相关省级生态环境主管部门。对于被初判为特别重大或重大突发环境事件,可能或已引发大规模群体性事件的突发环境事件,可能造成国际影响的境内突发环境事件,境外因素导致或可能导致我国境内突发环境事件,省级人民政府和生态环境部认为有必要报告的其他突发环境事件的信息,省级人民政府和生态环境部应当立即向国务院报告。

此外,根据 2011 年发布的《突发环境事件信息报告办法》第 3 条和第 4 条的规定,突发环境事件发生地设区的市级或者县级人民政府生态环境主管部门在发现或者得知突发环境事件信息后,应当立即进行核实,对突发环境事件的性质和类别作出初步认定。如果发生对饮用水水源保护区造成或者可能造成影响,涉及居民聚居区、学校、医院等敏感区域和敏感人群,涉及重金属或者类金属污染,有可能产生跨省或者跨国影响,因环境污染引发群体性事件,或者社会影响较大的突发环境事件等情形,一时无法判明其等级的,或者发生地方人民政府生态环境主管部门认为有必要报告的其他突发事件,事件发生地设区的市级或者县级人民政府生态环境主管部门应当按照重大(Ⅱ级)或者特别重大(Ⅰ级)突发环境事件的报告程序上报。

七、突发环境事件管理的运行机制

1. 监测预警

突发事件的早发现、早报告、早预警,是及时做好应急准备、有效处置突发事件、减少人员伤亡和财产损失的前提。预警机制不健全,就会导致突发事件发生后处置不及时,造成人员和经济损失。因此,《突发事件应对法》第 42 条第 1 款规定,国家建立健全突发事件预警制度。《环境保护法(2014 修订)》第 47 条第 2 款规定:县级以上人民政府应当建立环境污染公共监测预警机制,组织制定预警方案;环境受到污染,可能影响公众健康和环境安全时,依法及时公布预警信息,启动应急措施。2014 年修订的《国家突发环境事件应急预案》规定了各级生态环境主管部门及其他有关部门的监测和风险分析责任,以及企业事业单位和其他生产经营者为落实环境安全主体责任应当采取的措施。

对可以预警的突发环境事件,按照事件发生的可能性大小、紧急程度和可能造成的危害程度,将预警分为四级,由低到高依次用蓝色、黄色、橙色和红色表示。预警信息发布后,当地人民政府及其有关部门视情况采取分析研判、防范处置、应急准备、舆论引导。发布突发环境事件预警信息的地方人民政府或有关部门,应当根据事态发展情况和采取措施的效果适时调整预警级别;当判断不可能发生突发环境事件或者危险已经消除时,宣布解除预警,适时终止相关措施。

2. 应急响应

根据突发环境事件的严重程度和发展态势,应急响应可被设定为Ⅰ级、Ⅱ级、Ⅲ级和Ⅳ级四个等级。初判发生特别重大、重大突发环境事件,分别启动Ⅰ级、Ⅱ级应急响应,由事发地省级人民政府负责应对工作;初判发生较大突发环境事件,启动Ⅲ级应急响应,由事发地设区的市级人民政府负责应对工作;初判发生一般突发环境事件,启动Ⅳ级应急响应,由事发地县级人民政府负责应对工作。

突发环境事件发生在易造成重大影响的地区或重要时段时,可适当提高响应级别。应急响应启动后,可视事件损失情况及其发展趋势调整响应级别,避免响应不足或响应过度。突发环境事件发生后,各有关地方、部门和单位根据工作需要,组织现场污染处置、转移安置人员、医学救援、应急监测、市场监管和调控、信息发布、舆论引导、维护社会稳定、国际通报和援助等。当事件条件已经排除、污染物质已降至规定限值以内、所造成的危害基本消除时,由启动响应的人民政府终止应急响应。

3. 后期工作

突发环境事件应急响应终止后,要及时组织开展污染损害评估,并将评估结果向社会公布。评估结论是事件调查处理、损害赔偿、环境修复和生态恢复重建的依据。

突发环境事件发生后,根据有关规定,由生态环境主管部门牵头,可会同监察机关及相关部门,组织开展事件调查,查明事件原因和性质,提出整改防范措施和处理建议。

事发地人民政府要及时组织制定补助、补偿、抚慰、抚恤、安置和环境恢复等善后工作方案并组织实施。保险机构要及时开展相关理赔工作。

4. 应急保障

为提高突发环境事件快速响应和应急处置能力,2014 年修订的《国家突发环境事件应急预案》对应急保障机制作出了规定,确立了队伍保障,物资与资金保障,通信、交通与运输保障,技术保障等内容。

案例 3-9-01 黑龙江省某矿业有限公司"3·28"尾矿库泄漏次生重大突发环境事件[120]

2020年3月28日13时30分左右,黑龙江省伊春市某矿业有限公司尾矿库发生泄漏,造成铁力市第一水厂停止取水,伊春市、绥化市境内部分河段、农田及林地污染。事件发生后,黑龙江省人民政府启动突发环境事件应急二级响应,生态环境部、应急管理部迅速派出工作组和专家组赶赴现场,指导当地政府开展应急处置工作。4月11日14时,依吉密河、呼兰河全线特征污染物钼浓度稳定达标。

此次事件应急响应阶段共造成直接经济损失4420.45万元。2021年8月,黑龙江省伊春市生态环境局对该公司下发行政处罚决定书(伊环罚〔2021〕第004号),按照水污染事故造成的直接损失的30%计算,罚款1326.1万元。

经过鉴定评估,此次事件应赔偿的损害总金额是9326万元。2022年1月4日,黑龙江省生态环境厅法规与标准处发布生态环境损害赔偿协议,省级政府作为赔偿权利人和责任方通过磋商之后达成赔偿协议,由该公司承担赔偿责任,目前已履行到位。

评析:该尾矿库泄漏次生重大突发环境事件是一起因工程质量不合格造成尾矿库排水井损毁,进而导致尾矿大量泄漏次生的重大突发环境事件。事件发生后,黑龙江省人民政府启动突发环境事件应急二级响应,生态环境部、应急管理部迅速派出工作组和专家组赶赴现场,指导当地政府开展应急处置工作。生态环境部、应急管理部、黑龙江省人民政府成立的联合调查组通过现场勘察、资料核查、人员询问、检测鉴定及专家论证,查明了事件发生经过、环境影响、直接经济损失、直接原因和应对处置情况,认定了事件性质和责任,并针对事件暴露出的问题提出防范和整改措施建议。

第十节 政府环境责任制度

一、政府环境责任制度的概念和内容

政府环境责任,是指环境立法中所规定的政府在环境领域所承担的义务,可进一步被分为第一性义务和第二性义务。其中,第一性义务是指社会主体对社会所负担的与自己的社会角色相适应的应为的义务,包括法律直接规定的义务或由法律关系主体依法通过积极活动设定的义务;第二性义务则是社会主体违反第一性义务所应承担的不利后果。[121]

政府环境责任制度,是有关政府环境责任范围、组成、内容、体系等一系列法律规定的总

〔120〕 参见《黑龙江伊春某矿业有限公司"3·28"尾矿库泄漏次生重大突发环境事件调查报告》,载生态环境部网2021年5月20日,https://www.mee.gov.cn/ywgz/hjyj/yjxy/202105/t20210520_833709.shtml。

〔121〕 参见张建伟:《政府环境责任论》,中国环境科学出版社2008年版,第14页。

称。建立和完善政府环境责任制度,就是要通过拓展政府第一性环境义务(政府环境职责)提升政府公信力,通过强化政府第二性义务(政府环境法律责任)来增强政府执行力。

政府环境责任制度存在诸多缺陷,环境法不能对行政权力和政府行为实施有效监督,是一直以来我国生态环境保护领域政府失灵、法律失灵的一个重要原因。[122] 针对这一现状,《环境保护法(2014 修订)》进一步明确了政府的环境保护责任,加强了对政府及有关部门依法履行环境保护职责的监督,增加了关于地方政府的环境保护职权以及环境责任承担的规定,为完善政府环境责任制度作出了努力,被认为是政府职责之法。[123] 该法规定的政府责任主要包括:对本行政区域的环境质量负责、改善环境质量、加大财政收入、加强环境保护宣传和普及工作、对生活废弃物进行分类处理、推广清洁能源的生产和使用、做好突发环境事件的应急准备、统筹城乡污染设施建设、接受同级人大及其常委会的监督等。

二、政府环境质量责任

《环境保护法(2014 修订)》第 6 条第 2 款规定,地方各级人民政府应当对本行政区域的环境质量负责。其中,环境质量是指在一个具体的环境内,环境的总体或环境的某些要素,对人类的生存和繁衍以及社会经济发展的适宜程度,它是根据环境质量标准对环境进行评价所得出的结果。环境质量的优劣,直接影响人体健康和生态系统的平衡,同时也是判断一个国家文明程度的重要标准。地方各级政府应当在属地管理的原则下,对环境质量负责。地方政府之所以要对环境质量负责,主要是因为:(1)市场失灵。通常情况下,市场对配置资源是有效率的,但对于公共产品,市场的配置往往是失灵的,“公地的悲剧”由此产生。环境是典型的公共产品,政府作为公共物品的管理者应当对环境质量负责。(2)环境质量的特性。一方面,环境质量通常是由大气、水、生物、土壤等自然要素在一定时期内的综合作用所决定;另一方面,环境质量又是由产业结构、能源结构、人口结构等经济社会因素所决定。由于影响环境质量的因素具有上述复杂性,能够承担统筹协调各种资源,综合治理,改善环境质量责任的,除了政府以外没有其他主体。[124]

《环境保护法(2014 修订)》关于政府环境质量责任的规定主要包括:

第一,环境保护目标责任制和考核评价制度。第 26 条规定,国家实行环境保护目标责任制和考核评价制度。县级以上人民政府应当将环境保护目标完成情况纳入对本级人民政府负有环境保护监督管理职责的部门及其负责人和下级人民政府及其负责人的考核内容,作为对其考核评价的重要依据。考核结果应当向社会公开。

第二,向人大报告制度。第 27 条规定,县级以上人民政府应当每年向本级人民代表大会或者人民代表大会常务委员会报告环境状况和环境保护目标完成情况,对发生的重大环境事件应当及时向本级人民代表大会常务委员会报告,依法接受监督。

第三,环境质量限期达标制度。第 28 条规定,地方各级人民政府应当根据环境保护目标

---

〔122〕 参见陈海嵩:《新〈环境保护法〉中政府环境责任的实施路径——以环保目标责任制与考核评价制度为中心的考察》,载《社会科学家》2017 年第 8 期。

〔123〕 参见徐祥民:《地方政府环境质量责任的法理与制度完善》,载《现代法学》2019 年第 3 期。

〔124〕 参见袁杰主编:《中华人民共和国环境保护法解读》,中国法制出版社 2014 年版,第 22 页。

和治理任务,采取有效措施,改善环境质量。未达到国家环境质量标准的重点区域、流域的有关地方人民政府,应当制定限期达标规划,并采取措施按期达标。

《环境保护法(2014 修订)》还为政府环境质量责任设计了相关的配套制度,主要体现在以下几个方面。

第一,明确地方政府环境职责。该法规定了地方政府行使环境权力、履行环境职责的各项相关制度和措施。针对环境整体性、环境要素流动性的特点,为了主动克服行政管理的地域性、分割性,该法第 20 条还规定了区域联防联控制度,即国家建立跨行政区域的重点区域、流域环境污染和生态破坏联合防治协调机制,实行统一规划、统一标准、统一监测、统一的防治措施。重点区域、流域以外的跨行政区域的环境污染和生态破坏的防治,由上级人民政府协调解决,或者由有关地方人民政府协商解决。

第二,强化环境执法权限。为了使地方政府更好地进行监督管理和保护环境,在赋予生态环境主管部门现场检查权的同时可赋予其行政强制措施权。该法第 25 条规定了查封、扣押两种形式的行政强制措施权,有助于提高生态环境执法能力,解决生态环境行政处罚、行政强制执行难等问题。

第三,确立环境执法监督体制。除了规定生态环境保护工作接受人大监督之外,还规定了环境执法的社会监督、司法监督和行政监督。该法第五章关于信息公开和公众参与的规定,除赋予公民、法人和其他组织依法获取环境信息、参与和监督环境保护的权利外,还规定公众可以对环境违法行为进行举报并首次规定了环境公益诉讼制度,疏通了公众事后参与机制。针对地方党政领导干预、阻碍环保执法的情况,该法第 67 条对生态环境保护工作中上级对下级的监督作出了规定。此外,该法第 68 条对地方各级人民政府、县级以上人民政府生态环境主管部门和其他负有生态环境保护监督管理职责的部门应当承担的法律责任作出了明确规定。

在环境保护单行法中,例如 2017 年修正的《水污染防治法》第 4 条、2018 年修正的《大气污染防治法》第 3 条,均对政府环境质量责任作出了规定。

三、环境保护目标责任制和考核评价制度

(一)环境保护目标责任制

环境保护目标责任制是我国实现政府环境责任的重要手段。环境保护目标责任制,概括地说就是确定生态环境保护的一个目标、确定实现这一目标的措施,签订协议、做好考核、明确责任,保障措施得以落实、目标得以实现。这一制度明确了一个区域、一个部门乃至一个单位环境保护主要责任者和责任范围,运用目标化、定量化、制度化的管理方法,从而使改善环境质量的任务能够层层分解落实,达到既定的环境保护目标。[125]

实践中,主要是上级政府或其委托的部门,根据本行政区域环境总体目标,结合实际情况制定若干具体目标和配套措施,分解到所辖地方政府、部门或者单位,并以签定责任书的方式,具体落实地方各级人民政府的环境质量责任;同时,将责任书公开,接受社会监督。例如,2013 年 9 月,国务院印发《大气污染防治行动计划》,规定“国务院与各省(区、市)人民政府签订大

---

〔125〕 参见袁杰主编:《中华人民共和国环境保护法解读》,中国法制出版社 2014 年版,第 91 页。

气污染防治目标责任书”。“责任书”给相关省(区、市)人民政府“分解”大气污染防治任务,这就是让地方政府长官立“军令状”。[126]

(二)考核评价制度

考核评价与目标责任密切相关。长期以来,我国的干部考核评价体系过于重视经济发展,导致一些地方政府盲目热衷“短平快”的政绩项目,大搞“政绩工程”,甚至以牺牲环境和人体健康为代价换取经济增长速度,并且只追求任期内的短期利益。随着我国发展理念的更新,环境形势日趋严峻,亟须改进政绩考核评价制度,纠正单纯以经济增长速度评定政绩的偏向,而应当树立可持续发展观,追求经济、环境、社会效益的统一。

根据《环境保护法(2014 修订)》第 26 条的规定,考核评价的对象包括:一是本级人民政府负有环境保护监督管理职责的部门及其负责人;二是下级人民政府及其负责人。实践中,为了加强考核的针对性,考核部门一般会配套制定相应的考核办法。例如,为保障《“十二五”主要污染物总量减排目标责任书》顺利实施,国务院办公厅转发了原环境保护部《“十二五”主要污染物总量减排考核办法》。[127] 根据规定,主要污染物总量减排考核内容主要包括三个方面:主要污染物总量减排目标完成情况;主要污染物总量减排统计监测考核体系的建设运行情况;各项主要污染物总量减排措施的落实情况。考核结果报经国务院审定后,交由干部主管部门,作为对各地区领导班子和领导干部综合考核评价的重要依据。对考核结果为通过的,优先加大对该地区污染治理和环保能力建设的支持力度,并结合全国减排表彰活动进行表彰奖励。对考核结果为未通过的,实行“一票否决制”,暂停该地区所有新增主要污染物排放建设项目的环评审批,撤销国家授予该地区的环境保护或环境治理方面的荣誉称号,领导干部不得参加年度评奖、授予荣誉称号等,并依照减排绩效管理的有关规定,实行通报批评、约谈、诫勉谈话等。对未通过且整改不到位或因工作不力造成重大社会影响的,由监察机关依照有关规定追究该地区有关责任人员的责任。该项制度在当前仍具有比较强的政策性,与干部考核等人事制度密切相关,其实际运行效果有赖于各级党委、政府的决心、力度,有赖于目标、措施、考核评价指标的科学性。[128]

四、向人大报告制度

(一)人大及其常委会听取政府有关工作报告的相关规定

根据 2006 年颁布的《各级人民代表大会常务委员会监督法》第 8 条的规定,各级人民代表大会常务委员会每年选择若干关系改革发展稳定大局和群众切身利益、社会普遍关注的重大问题,有计划地安排听取和审议本级人民政府工作报告。常务委员会听取和审议专项工作报告的年度计划,经委员长会议或者主任会议通过,印发给常务委员会组成人员并向社会公布。该法第 9 条规定,常务委员会听取和审议本级人民政府、人民法院和人民检察院的专项工作报

---

[126] 参见徐祥民:《大气污染防治中的地方政府大气环境质量责任制度实证研究》,载《法学论坛》2020 年第 5 期。

[127] 又如,为严格落实《大气污染防治行动计划》,2014 年 4 月,国务院出台了《大气污染防治行动计划实施情况考核办法(试行)》。2014 年 7 月,原环境保护部、国家发改委、工业和信息化部制定了《大气污染防治行动计划实施情况考核办法(试行)实施细则》。

[128] 参见袁杰主编:《中华人民共和国环境保护法解读》,中国法制出版社 2014 年版,第 93 - 94 页。

告的议题,根据下列途径反映的问题确定:(1)本级人民代表大会常务委员会在执法检查中发现的突出问题;(2)本级人民代表大会代表对人民政府、人民法院和人民检察院工作提出的建议、批评和意见集中反映的问题;(3)本级人民代表大会常务委员会组成人员提出的比较集中的问题;(4)本级人民代表大会专门委员会、常务委员会工作机构在调查研究中发现的突出问题;(5)人民来信来访集中反映的问题;(6)社会普遍关注的其他问题。人民政府也可以向本级人民代表大会常务委员会要求报告专项工作。

除此之外,如果其他法律规定了向人大及其常委会报告工作的情形,相关报告单位应当依法报告,人大及其常委会也应当安排听取和审议报告。《环境保护法(2014 修订)》第 27 条就规定了这种情况。

(二)报告的形式和内容

环境状况和环境保护目标的完成情况,并没有形式上的要求。报告内容包括环境形势和环境保护目标完成情况以及面临的问题和挑战。例如,2023 年 4 月,第十四届全国人大常委会第二次会议审议通过国务院《关于 2022 年度环境状况和环境保护目标完成情况的报告》。[129] 该报告指出,2022 年全国生态环境质量保持改善态势,环境安全形势基本稳定,但生态环境持续改善的难度明显加大。2022 年全国主要污染物排放量持续下降,生态环境质量改善目标顺利完成。

报告内容还包括生态环境保护工作下一步安排等。例如,对于 2023 年生态环境保护工作安排,上述报告指出应切实加强生态环境立法和督察执法,扎实推动绿色低碳高质量发展,深入打好污染防治攻坚战,持续强化生态保护修复,切实维护生态环境安全,严格核与辐射安全监管,加快构建现代环境治理体系。

《环境保护法(2014 修订)》第 27 条还对针对特定事件的报告作出了规定。对本行政区域内发生的重大环境事件,应当及时向本级人民代表大会常务委员会提出专项报告,依法接受监督。此类报告的主要内容包括事件概况、发生原因、处理情况等。[130]

(三)报告的程序

如果采用专项工作报告的形式报告,应当遵守相应的程序。根据 2006 年颁布的《各级人民代表大会常务委员会监督法》的相关规定,人大及其常务委员会听取和审议专项工作报告前,委员长会议或者主任会议可以组织本级人民代表大会常务委员会组成人员和本级人民代表大会代表,对有关工作进行视察或者专题调查研究。常务委员会可以安排参加视察或者专题调查研究的代表列席常务委员会会议,听取专项工作报告,提出意见。常务委员会听取和审议专项工作报告前,常务委员会办事机构应当将各方面对该项工作的意见汇总,交由本级人民政府研究并在专项工作报告中作出回应。政府应当在常务委员会举行会议的 20 日前,由其办事机构将专项工作报告送交本级人民代表大会有关专门委员会或者常务委员会有关工作机构征求意见;政府对报告修改后,应在常务委员会举行会议的 10 日前送交常务委员会。常务委

---

〔129〕 参见黄润秋:《国务院关于 2022 年度环境状况和环境保护目标完成情况的报告》,载全国人大网 2023 年 4 月 26 日,http://www.npc.gov.cn/npc/c2/c30834/202304/t20230426_429045.html。

〔130〕 参见袁杰主编:《中华人民共和国环境保护法解读》,中国法制出版社 2014 年版,第 96 页。

员会办事机构应当在常务委员会举行会议的7日前,将专项工作报告发给常务委员会组成人员。专项工作报告由政府负责人向本级人民代表大会常务委员会报告,也可以委托有关部门负责人向本级人民代表大会常务委员会报告。

在报告完毕后,会议要安排审议,由常务委员会组成人员将专项工作报告的审议意见交由本级人民政府研究处理。政府应当将研究处理情况由其办事机构送交本级人民代表大会有关专门委员会或者常务委员会有关工作机构征求意见后,向常务委员会提出书面报告。常务委员会认为必要时,可以对专项工作报告作出决议;政府应当在决议规定的期限内,将执行决议的情况向常务委员会报告。

五、生态环境保护督察制度

(一)生态环境保护督察制度的概念

生态环境保护督察制度具有重要内涵。生态环境保护督察的体系涵盖了生态环境部系统内的督察和中央层面的督察两大类,其中生态环境部系统内的督察主要是指生态环境部自行开展的区域生态环境保护督察和生态环境保护约谈,中央层面的督察主要是指由相关人员组成的督察组代表党中央、国务院对各省(自治区、直辖市)党委和政府及其有关部门开展的督察。[131]

(二)区域生态环境保护督察制度

区域生态环境保护督察制度是为解决跨区域的生态环境问题而设立的生态环境部系统内的生态环境监管制度,是生态环境部的一项常规性督察制度。

2002年,原国家环保总局在南京市、广州市分别设立华东、华南环境保护督查中心(以下简称环保督查中心)作为试点。2005年12月,国务院发布《关于落实科学发展观加强环境保护的决定》专门强调"健全区域环境督查派出机构,协调跨省域环境保护,督促检查突出的环境问题",进一步推动建立区域环保督查机制。2006年,西北、西南和东北三个环保督查中心相继成立。2008年,华北环保督查中心正式成立,最终形成了覆盖全国的六大环保督查中心。六大环保督查中心的督查主要针对所辖区域内的企业,一定程度上打破了原有行政区域的环保管理划分和地方保护主义,成为连接国家与地方环境监察体系的重要环节。按照行政区划层层设置的环境监察机构和按照地理区划设置的六大区域督查中心共同构成了我国的环境监管体系。[132]

随着中央层面生态环保督察制度的深入推进,六大环保督查中心也分别更名为生态环境部华北、华东、华南、西北、西南、东北督察局,均属于生态环境部的派出行政机构。随着中央环境保护督察制度的实施以及国务院行政机构改革的深化和落地,2018年8月发布的《生态环境部职能配置、内设机构和人员编制规定》进一步明确了承担中央生态环境保护督察工作是各督察局的一项重要职能。[133]

---

〔131〕 参见翁智雄等:《我国生态环境保护督察制度的构成及其特征》,载《环境保护》2019年第14期。
〔132〕 参见陈海嵩:《环保督察制度法治化:定位、困境及其出路》,载《法学评论》2017年第3期。
〔133〕 参见翁智雄等:《我国生态环境保护督察制度的构成及其特征》,载《环境保护》2019年第14期。

（三）生态环境保护约谈制度

生态环境保护约谈制度，是指通过直接、公开约谈地方政府负责人的方式，通过行政及舆论压力，强化地方政府环保的主体责任；作为一项新的行政执法监督措施倒逼地方政府解决突出的生态环境问题。尤其在环保垂改后，基层生态环境监管权分化，这一制度成为上级生态环境主管部门监督和督促地方政府及其相关职能部门环保履职的重要抓手。[134] 目前，污染防治类法律，例如2017年修正的《水污染防治法》第20条、2018年修正的《大气污染防治法》第22条、2018年颁布的《土壤污染防治法》第76条，生态保护类法律，例如2019年修订的《森林法》第67条、2020年颁布的《长江保护法》第81条、2021年颁布的《湿地保护法》第49条均对约谈予以明确规定。

生态环境保护约谈制度曾被单独使用，后又被直接应用于中央生态环境保护督察之中，发挥了更加突出的作用。该制度的实施一开始以地方性自主约谈为主。这类约谈主要由省级人民政府或原省级环境保护厅（现为生态环境厅）组织，开展对地市级或重点减排项目的约谈。约谈对象主要为地方私营企业或部分国有企业代表，也会有地市级有关部门人员参加。为确保约谈有章可循，部分省级政府专门出台了针对约谈的管理办法，如江苏省、宁夏回族自治区、河北省相继出台环保约谈管理办法，明确了约谈的范围、程序和要求。在此期间，原环境保护部也开始探索直接对地方政府开展约谈。如2014年11月，原环境保护部华北督查中心就大气污染防治工作约谈了安阳市环保局主要领导，并针对安阳市大气污染防治工作落实不力的问题启动了挂牌督办。[135] 2015年之后，部级层面的约谈频次不断提高。部级层面的约谈，以原环境保护部的名义开展，总体上由两类机构具体组织：一类由六大区域环保督查中心（现为生态环境部各督察局）组织，由督查中心的主任（正局级）主持约谈会，省一级环境保护厅的有关负责人负责协助；另一类组织方为环保部环境监察局（现为生态环境部生态环境执法局），同样受环境保护部委托，约谈由环境监察局局长（正局级）主持，通常被约谈的行政一把手参与并作表态性发言。[136]

随着环保督察的开展与制度化，约谈也成为环保督察工作开展的重要方式之一。2019年6月，中共中央办公厅、国务院办公厅印发《中央生态环境保护督察工作规定》，其中第21条第9项规定，针对督察发现的突出问题，可以视情对有关党政领导干部实施约见或者约谈。环保督察中的约谈制度具有实施主体特定和适用对象广泛的特征。实践中，实施主体是由生态环境部牵头的中央环保督察领导小组办公室而非某一部门，环保督察中的约谈对象不限于政府及其部门负责人，而是包括所有相关的党政领导干部。[137]

---

〔134〕 参见竺效、丁霖：《论环保督察背景下生态环境保护约谈制度的构建路径》，载《南京工业大学学报（社会科学版）》2022年第6期。

〔135〕 参见《环保部就大气污染防治约谈河南安阳市政府一把手》，载中国新闻网，https://www.chinanews.com/ny/2014/11-05/6753840.shtml。

〔136〕 参见翁智雄等：《我国生态环境保护督察制度的构成及其特征》，载《环境保护》2019年第14期。

〔137〕 参见竺效、丁霖：《论环保督察背景下生态环境保护约谈制度的构建路径》，载《南京工业大学学报（社会科学版）》2022年第6期。

(四)中央生态环境保护督察制度

1. 中央生态环境保护督察的发展历程

2015年7月,习近平总书记主持召开中央全面深化改革领导小组(现更名为中央全面深化改革委员会)第十四次会议,会议审议通过了《环境保护督察方案(试行)》《生态环境监测网络建设方案》《开展领导干部自然资源资产离任审计试点方案》《党政领导干部生态环境损害责任追究办法(试行)》,搭建起中央环境保护督察制度的基本框架。原先的"环保督查"进一步发展为"环保督察",以党中央、国务院的名义赋予环保督察以更高的权威与"刚性",强调环境保护工作的"党政同责""一岗双责",将地方党委与政府的环保责任作为重点监督对象,是我国环保督察制度及"督政"转型后的又一次制度变革,是新时期我国环境管理转型与制度建设的一个重要核心内容。[138]

2015年12月,中央环境保护督察组进驻试点省份河北省,标志着这一制度从酝酿走向实践。2016年1月,中央环保督察组正式成立。2016年先后开展了两批中央环境保护督察,2017年开展了第三批和第四批督察。从试点到全面铺开,首轮中央环境保护督察完成了对31个省(自治区、直辖市)的全覆盖,并对20个省(自治区、直辖市)实施"回头看",推动了大量生态环境问题的解决。[139]

2018年5月和10月分别对20个省(自治区、直辖市)开展环保督察"回头看"。2019年8月、2010年8月和2021年4月分别开展了第二轮中央生态环境保护督察,督察对象从地方政府扩展到国务院相关部门以及国有企业。[140] 目前,中央生态环境保护督察已经完成了对31个省(区、市)和新疆生产建设兵团的两轮全覆盖,并对一些部门和中央企业开展了督察。2022年10月,党的二十大报告提出,深入推进中央生态环境保护督察。2023年11月21日,第三轮中央生态环境保护督察全面启动。

2. 中央环境保护督察的制度规范

根据2019年颁布的《中央生态环境保护督察工作规定》的相关规定,中央生态环境保护例行督察的督察对象包括:省、自治区、直辖市党委和政府及其有关部门,并可以下沉至有关地市级党委和政府及其有关部门;承担重要生态环境保护职责的国务院有关部门;从事的生产经营活动对生态环境影响较大的有关中央企业;其他中央要求督察的单位。

督察的类型包括例行督察、专项督察和"回头看"等。督察的程序一般包括督察准备、督察进驻、督察报告、督察反馈、移交移送、整改落实和立卷归档等程序环节。督察的方式包括:听取被督察对象工作汇报和有关专题汇报;与被督察对象党政主要负责人和其他有关负责人进行个别谈话;受理人民群众生态环境保护方面的信访举报;调阅、复制有关文件、档案、会议记录等资料;对有关地方、部门、单位以及个人开展走访问询;针对问题线索开展调查取证,并可以责成有关地方、部门、单位以及个人就有关问题作出书面说明;召开座谈会,让被督察对象列席有关会议;到被督察对象下属地方、部门或者单位开展下沉督察;针对督察发现的突出问

---

[138] 参见陈海嵩:《环保督察制度法治化:定位、困境及其出路》,载《法学评论》2017年第3期。

[139] 参见翁智雄等:《我国生态环境保护督察制度的构成及其特征》,载《环境保护》2019年第14期。

[140] 参见竺效主编:《环境法入门笔记》,法律出版社2017年版,第206页。

题,可以视情对有关党政领导干部实施约见或者约谈;提请有关地方、部门、单位以及个人予以协助等。

2021 年 5 月,中央生态环境保护督察办公室公布《生态环境保护专项督察办法》。该办法适用于党中央、国务院交办和中央生态环境保护督察工作领导小组明确要求,由中央生态环境保护督察办公室组织实施的专项督察,以及由中央生态环境保护督察办公室提出建议,经中央生态环境保护督察工作领导小组审核同意开展的专项督察。2023 年 9 月,中共中央办公厅、国务院办公厅《关于调整生态环境部职责机构编制的通知》将生态环境部的内设机构中央生态环境保护督察办公室更名为中央生态环境保护督察协调局,[141] 将其职责表述中的"承担国务院生态环境保护督察工作领导小组日常工作"修改为"承担中央生态环境保护督察工作领导小组办公室具体事务",更加强调党中央对于中央生态环境保护督察工作的领导,明确"党管督察"。

案例 3-10-01 云南省昆明市晋宁区长腰山过度开发案[142]

长腰山位于滇池南岸,是滇池山水林田湖草生态系统的重要组成部分,是滇池重要自然景观,曾经是昆明市城市重要生态隔离带,对涵养滇池良好生态具有十分重要作用。2015 年 1 月以来,昆明某企业(集团)有限公司(以下简称某集团)在长腰山区域,陆续开工建设滇池国际养生养老度假区项目。据调查,该项目规划约占长腰山总面积的 92%,项目已全部实施,长腰山生态功能基本丧失,影响了滇池山水生态的原真性和完整性。

2012 年颁布的《云南省滇池保护条例》规定,滇池一级保护区禁止新建、改建、扩建建筑物和构筑物,二级保护区限制建设区只能开发建设生态旅游、文化等建设项目,禁止开发建设其他房地产项目。2016 年 7 月,第一轮中央生态环境保护督察曾指出,某集团建设的有关项目侵占滇池一级保护区。但晋宁区及某集团不仅没有认真吸取教训,反而变本加厉,在滇池一级保护区毁坏生态林建设了一条沥青道路,并陆续在滇池二级保护区限制建设区违规开发建设房地产项目。

2018 年 7 月,第一轮中央生态环境保护督察"回头看"指出,2012 年《云南省滇池保护条例》对二级保护区内允许建设的生态旅游、文化建设项目界定不明确,导致一些旅游地产项目"打擦边球"。2018 年 11 月,云南省人大常委会修订《云南省滇池保护条例》,规定在滇池二级保护区限制建设区可以建设健康养老、健身休闲等生态旅游、文化项目。某集团更加肆无忌惮,随即打着健康养老产业的幌子,在滇池二级保护限制建设区内又继续开工建设别墅,这些别墅的房屋不动产权证"权利性质"一栏为"市场化商品房",并非对外宣称的健康养老项目,实际是以健康养老产业之名,行房地产开发之实。

除前述位于滇池二级保护区的房产项目外,2017 年至 2020 年,某集团还陆续在长腰山三

---

[141] 参见《中共中央办公厅 国务院办公厅关于调整生态环境部职责机构编制的通知》,载中国政府网 2023 年 10 月 13 日,https://www.gov.cn/govweb/zhengce/202310/content_6908732.htm。

[142] 参见《云南昆明晋宁长腰山过度开发严重影响滇池生态系统完整性》,载生态环境部网 2021 年 5 月 6 日,https://www.mee.gov.cn/xxgk2018/xxgk/xxgk15/202105/t20210506_831724.html。

级保护区建设别墅、多层和中高层房地产项目,整个长腰山被开发殆尽。2021年5月6日,中央第八生态环境保护督察组曝光"云南省昆明市晋宁区长腰山过度开发严重影响滇池生态系统完整性"问题,指出昆明市围绕滇池"环湖开发""贴线开发"现象突出,长腰山区域被房地产开发项目蚕食,部分项目直接侵占滇池保护区,挤占了滇池生态空间。

评析:云南省级相关部门,昆明市、晋宁区党委政府和相关职能部门、部分领导干部在滇池保护治理上没有正确处理好发展与保护的关系,对中央环保督察指出的问题敷衍应付,整改不力,想方设法为项目建设铺路搭桥,存在滥用职权、失职渎职等问题。2022年2月,云南省纪委监委通报"古滇名城"长腰山片区及滇池南湾未来城五渔郡项目违规违建问题追责问责情况,对29个责任单位追责问责,对58名责任人追责问责。[143] 目前,昆明市长腰山过度开发问题已整改完成。

思考问题

1. 生态环境规划制度在生态环境保护中的地位如何?生态环境规划的类别有哪些?效力如何?
2. 生态保护红线制度的意义是什么?划定并严守生态保护红线的指导思想和原则是什么?
3. 生态环境标准的性质和效力如何?生态环境标准的制定需要考虑哪些因素?
4. 环境影响评价制度的内容和功能是什么?规划环境影响评价与建设项目环境影响评价的关系是什么?环境影响评价制度与"三同时"制度的联系与区别是什么?
5. 排污许可管理制度的意义是什么?排污权交易制度的原理是什么?排污许可管理制度、总量控制制度和排污权交易制度的关系是什么?
6. 生态环境监测制度的意义是什么?生态环境监测数据造假问题应当如何解决?
7. 环境保护税制度的主要内容是什么?它与生态补偿制度有哪些区别和联系?
8. 生态环境修复制度的主要内容是什么?如何通过行政执法对相对人生态修复责任予以追究?
9. 突发环境事件应急制度的主要内容是什么?有何意义和作用?
10. 关于政府环境质量责任的规定主要有哪些?生态环境保护约谈和中央生态环境保护督察制度的主要内容是什么?

[143] 参见《云南省纪委省监委关于"古滇名城"长腰山片区及滇池南湾未来城五渔郡项目违规违建问题追责问责情况的通报》,载云南省生态环境厅网2022年2月25日,https://sthjt.yn.gov.cn/sthjbhdc/dcgz/202202/t20220225_229167.html。

第四章 环境管理和环境行政执法

思政与知识要点

党的二十大报告要求健全现代环境治理体系。习近平总书记于2018年5月18日在全国生态环境保护大会上的讲话指出，环境治理是系统工程，需要综合运用行政、市场、法治、科技等多种手段。要充分运用市场化手段，推进生态环境保护市场化进程，撬动更多社会资本进入生态环境保护领域。

环境管理是实现环境法立法目标的重要手段。我国环境管理体制有以下特点：生态环境主管部门的统一监督管理和各相关部门的分散监督管理相结合，中央的监督管理和地方分级监督管理相结合。环境行政执法的管辖可被分为级别管辖、地域管辖、指定管辖。环境行政执法除了遵循环境法的基本原则外，还应遵循行政合法性、行政合理性和行政应急性原则。

环境法，是指调整因保护和改善生活环境与生态环境，合理开发、利用、保护和改善自然资源，防治环境污染和其他公害而产生的社会关系的法律规范的总称。鉴于环境总体上属于公共产品，具有非排他性，没有办法排除未对良好环境支付成本的人消费环境，即存在“搭便车”现象，因此，不会有私人主体有积极性提供或者生产足够良好的环境这种公共产品，国家就成为提供或者生产良好环境的主体。国家可以提供环境公共服务如植树造林、防沙治沙等，还可以通过环境管理来约束排污者或者其他环境使用者的行为。环境管理落实到执法层面就是环境行政执法。

第一节 环境管理

一、环境管理的概念

环境管理是国家或者其他社会管理主体利用行政、经济、法律、科学技术、教育等多种手段，对各种影响环境或者可能影响环境的活动进行调控，从而协调经济、社会与环境保护的关系，防治污染和其他公害的行政管理活动。

环境管理的概念有以下几个要点：

第一，环境管理的首要主体是国家。国家是抽象的主体，其具体职能通过国家机关来执行，所以环境管理职能的实际承担者是国家机关，主要是行政机关，但并不排除有些非政府组织或社会组织依法接受国家行政机关的委托进行环境管理或者参与环境管理。随着社会管理权力的多元化，管理环境事务的权力也有由国家单一管理向国家和社会组织共同管理发展的趋势，也就是除了国家机关管理环境事务外，一些社会组织如行业协会、环境保护组织等也参与环境事务的管理。

第二,环境管理的手段有行政、经济、法律、科学技术和宣传教育等。行政手段就是行政机关的意志主导,这种手段在计划经济体制下使用得最为普遍。随着依法行政原则的确立,行政手段在环境管理中的地位有所弱化,因为不受法律控制的行政机关容易形成恣意、专断的力量。经济手段一般指运用经济激励的方式引导可能造成环境危害后果的企业或者其他主体主动采取措施防治污染和保护自然资源,例如征收环境保护税、水资源费、矿产资源税等就属于典型的经济手段,如果经济手段被法律所确认,也属于法律之下的具体手段。法律手段是指行政机关以法律为依据实施环境管理,包含管理权力法定、管理方式法定、管理内容法定、管理程序法定等。科学技术手段主要指行政机关应当及时运用先进的科学技术改进环境管理方式方法。例如,国家可以支持和鼓励有利于环境保护的科学研究和技术开发,这些科学技术的推广使用可以减少、监控污染物的排放,治理大气、水、海洋或者土壤污染等。宣传教育的手段包括对从事可能影响环境的活动的企业或者其他主体进行环境保护知识和法律教育,也包括向可能受到环境污染和环境破坏影响的公民进行环境保护知识、维权意识、维权能力等的宣传和普及。

第三,环境管理的对象是影响或者可能影响环境资源状况的活动。环境管理的对象主要有两类,即环境污染活动与环境破坏活动。前者主要是企业的工业生产造成的,后者主要是开发自然资源造成的。只有存在影响环境资源状况风险的活动,才有将其纳入环境管理的必要。

第四,环境管理的目的是实现环境法的立法目的。具体而言,其目的是保护和改善环境,防治污染和其他公害,保障公众健康,推进生态文明建设,促进经济社会可持续发展。

二、国家的环境管理职能

在大多数情况下,国家是环境管理的主体,但管理环境事务并非一开始就是国家职能。环境问题出现之初,并非所有国家均以管理者的身份介入环境事务。20 世纪 60 年代末以前,西方发达国家对环境污染问题的定性是“私害”或者私人纠纷,大陆法系主要通过私法解决,英美法系主要通过普通法解决。总之,很少由国家或政府出面解决环境污染问题。后来随着环境问题规模和影响范围扩大、频度增加,环境问题成为严重的社会问题,传统民事手段难以应对,政府遂开始对环境事务进行干预。于是,环境管理成为国家职能的一部分。在实行计划经济的国家,政府管理环境事务是其经济管理职能的自然延伸,并没有经历西方发达国家由私法应对为主到公私法并举的发展轨迹。

1972 年在斯德哥尔摩召开的人类环境会议,在推动将环境管理纳入国家职能的过程中发挥了巨大作用。这次会议指出,环境问题不仅是一个技术问题,也是一个重要的社会经济问题,不能只用科学技术的方法去解决污染,还需要用经济的、法律的、行政的、综合的方法和措施,从其与社会经济发展的联系中全面解决问题。这样,只有把环境与资源管理作为一项国家职能,全面加强国家对环境的管理才能做到。[1]

国家管理环境需要宪法依据,环境管理的宪法依据在不同国家有不同的表述形式。下面

〔1〕 参见金瑞林主编:《环境与资源保护法学》,高等教育出版社 2006 年版,第 93 页。

以美国和中国为例予以说明。美国《宪法》第1条第8款(商务条款)规定,“国会有权……管理同外国、各州之间和同印第安部落的通商”,这一条款成为联邦政府管理环境事务的宪法依据。美国《宪法第10修正案》(警察权条款)规定,“本宪法未授予合众国,也未禁止各州行使的权力,一律由各州各自保留,或由人民保留”,警察权是由各州政府保留的一项权力。根据该条款,州政府有权制定环境法规和环境管理规章条例。[2] 事实上,在美国由自由资本主义向垄断资本主义过渡时,美国政府将主张国家干预经济的凯恩斯主义作为官方经济学,为了克服自由资本主义时期制定的美国宪法的局限性,美国对宪法的商务条款进行解释,从中寻找国家干预经济的合宪性依据。我国进行环境管理最重要的宪法依据是《宪法》第26条第1款,该款规定:国家保护和改善生活环境和生态环境,防治污染和其他公害。由于我国是社会主义国家,1954年制定《宪法》时实行计划经济模式,管理经济事务和环境事务就天然地内含在国家职能之中。在确立环境管理的宪法依据方面,美国采用较为间接和委婉的方式,我国采用比较直接的方式,这种差别与各个国家的社会政治制度、国家结构(联邦制或者单一制)和发展历程有关系。

三、环境管理机构的设置模式

国家环境管理职能的执行通过环境管理机构来承担,也就是由法定的国家机构代表国家管理环境事务。代表国家管理环境事务的机构如何设置,各国并不统一,在同一个国家不同时期也有差别。概括起来,环境管理机构的设置有以下几种模式。

第一,由若干与环境保护有关的部门兼管环境事务。在这种模式中,政府将环境事务管理权分配给主要职能不是管理环境但又与环境保护有些关系的部门。在环境问题发生之初主要采用该模式,原因在于,在环境问题出现时,政府出于本能会动用现有的机构资源和制度资源应急,无暇创设新的机构或者制度,并没有专司环境保护的机构,并且政府也难以准确判断环境问题是长期存在的还是短期存在的现象。现在,除了少数环境问题比较轻微的国家采用这种分散管理的模式外,大部分国家都采用专门机构管理环境的模式。原因在于,机构分散意味着权力分散,各机构之间经常存在相互扯皮、各行其是的现象,易造成多头管理、谁都管谁都难以管好的局面。该种模式由于缺乏有效的协调和管理环境事务的权威机构,环境管理效率低下,法律法规难以得到有效实施;在缺乏专门环境管理机构的情况下,没有一个部门将保护环境作为自己的职责,仅仅是在本部门主要职责关涉环境问题时附带实施环境管理,这显然难以适应将环境问题作为独立的社会问题加以解决的形势和需要。

第二,成立专门的环境管理机构。政府内设立一个专司环境事务的机构,其主要职能就是管理环境事务和实施环境保护。这种专门机构往往被命名为环境保护局、环境部、环境保护部等。

第三,在与环境保护有关的部门之上设立协调机构。在政府内设立一个由与环境保护有关的各个部门的首长组成的协调委员会,由地位较一般部门首长更高的成员领导。其工作是负责制定政策和协调各相关部门之间的环境管理活动。

---

[2] 参见王曦:《美国环境法概论》,武汉大学出版社1992年版,第81页。

实践中,其中的两种或者三种设置模式往往在一个国家政府内并存。以我国为例,在1988年至1998年,在中央政府一级,我国既有专门的环境管理机构即国家环境保护局,还有负责协调工作的国务院环境保护委员会,而且许多部委仍在其职权范围内管理环境事务。

四、我国环境管理机构的沿革

我国环境管理机构经历了一个从无到有、从小到大、从不独立到独立、从级别低到级别高的发展过程,从国务院关于环境保护行政机构的设置变迁中可见一斑。

在我国政府派员出席了1972年的斯德哥尔摩人类环境会议后,国务院于1973年召开第一次全国环境保护会议,将环境保护提上国家管理的议事日程。会后,国务院批准并转发了原国家计划委员会制定的《关于保护和改善环境的若干规定(试行草案)》,该规定在当时起着环境保护基本法的作用。根据这个规定,1974年5月国务院环境保护领导小组成立,由20多个部、委负责人参加,下设一个办公室,负责日常工作,这标志着国家级的环境保护行政机构从此在我国诞生。

1982年,我国进行机构改革,撤销原国务院环境保护领导小组,其常设办公室并入城乡建设环境保护部,更名为环境保护局,属于部内的司局级机构。1984年5月,成立国务院环境保护委员会以加强环境保护协调工作,同年底将城乡建设环境保护部内设的环境保护局升格为部委归口管理的国家局,更名为国家环境保护局,具有相对独立的地位,作为国务院环境保护委员会的办事机构。

1988年,国务院进行机构改革,国务院直属的国家环境保护局成立,其属于国务院直属机构(副部级),继续作为国务院环境保护委员会的办事机构。

1998年,国务院再次进行机构改革,将环境保护局升格为国家环境保护总局(正部级),仍然是国务院直属机构,同时撤销国务院环境保护委员会,并把国家科委的国家核安全局并入国家环境保护总局。2001年6月,国务院批准建立"全国环境保护部际联席会议制度",以协调环境保护工作。

2008年3月,十一届全国人大一次会议表决通过组建环境保护部,与国家环境保护总局相比,环境保护部是国务院组成部门,其地位进一步得到提升。

2018年3月,十三届全国人大一次会议通过了关于国务院机构改革的方案,整合原环境保护部、国家发改委、国土资源部、水利部、农业部、国家海洋局、国务院南水北调工程建设委员会办公室担负的多项职责,组建生态环境部。

五、我国的环境管理体制

环境管理体制指国家的环境管理权力在环境管理机构之间的分配格局。环境管理权力的分配既涉及同级政府各部门之间的横向分配,又涉及上下级政府环境管理机构之间的纵向分配。

关于我国环境管理体制,《环境保护法(2014修订)》作出了原则性规定,第10条规定:"国务院环境保护主管部门,对全国环境保护工作实施统一监督管理;县级以上地方人民政府环境保护主管部门,对本行政区域环境保护工作实施统一监督管理。县级以上人民政府有关部门和军队环境保护部门,依照有关法律的规定对资源保护和污染防治等环境保护工作实施监督管理。"

可见,我国环境管理体制有以下特点。

第一,生态环境主管部门的统一监督管理和各相关部门的分散监督管理相结合。该特点反映出环境管理权力的横向配置。生态环境主管部门和同级政府的分管部门之间执法地位平等,没有领导和被领导、监督和被监督的关系,只有环境管理的分工不同,即监督管理对象和范围有差异。如根据《噪声污染防治法》的规定,生态环境主管部门对噪声污染防治实施统一监督管理,住房和城乡建设、公安、交通运输、铁路监督管理、民用航空、海事等部门,在各自职责范围内,对建筑施工、交通运输和社会生活噪声污染防治实施监督管理。这种统一监督管理和分散管理的结合,既能保证统一监督管理部门在环境与资源保护工作中的主导地位,使环境与资源保护的目标不至于在各分管部门追求其主要行政目标的过程中被牺牲,又能调动分管部门的积极性和行政资源,有效实现环境资源监督管理的组织、规划、综合、协调和监督功能。关于如何在生态环境主管部门和分管部门之间的关系上体现统一监督管理的要求,无论在理论上还是在实践中都值得研究和探索。

第二,中央监督管理和地方分级监督管理相结合。这个特点体现出环境管理权力的纵向配置。国务院生态环境主管部门不仅对全国环境保护工作实施统一监督管理,而且对地方各级人民政府的生态环境主管部门进行工作监督。国务院环境保护分管部门如自然资源主管部门、农业农村部门对全国范围内归其分管的环境事务行使监督管理权,对地方政府分管部门的环境管理工作进行监督。地方各级政府的环境监督管理部门的上一级行政机关不仅包括上一级政府的环境监督管理部门(必须是对口部门,如国务院自然资源主管部门是各省级自然资源主管部门而非省级水利主管部门的上一级行政机关),而且在一般情况下还包括本级人民政府(如某省级政府是该省级生态环境主管部门的上一级行政机关)。所以,一般而言,地方各级政府的环境监督管理部门不仅接受上一级政府的对口部门的监督,还要接受本级人民政府的监督。中共中央办公厅和国务院办公厅印发的《关于省以下环保机构监测监察执法垂直管理制度改革试点工作的指导意见》明确:市级环保局实行以省级环保厅(局)为主的双重管理,仍为市级政府工作部门;县级环保局调整为市级环保局的派出分局,由市级环保局直接管理。县级生态环境主管部门的地位发生了很大的变化。

第三,自然资源主管部门在自然资源保护领域发挥重要作用。国务院在2018年机构改革中,将原国土资源部的职责,国家发改委、住建部、水利部、原农业部、原国家林业局部分职责,原国家海洋局的职责,以及原国家测绘地理信息局的职责整合,组建了自然资源部。自然资源部的主要职责是:对自然资源开发利用和保护进行监管,建立空间规划体系并监督实施,履行全民所有各类自然资源、资产所有者职责,统一调查和确权登记,建立自然资源有偿使用制度,负责测绘和地质勘察行业管理等。[3]

需要说明的是,除了上述各级政府的环境监督管理部门享有环境监督管理权力之外,各级政府也对环境保护工作实施监督管理。包括但不限于如下职责:地方各级人民政府应当对本行政区域的环境质量负责;符合一定条件的跨行政区域的环境污染和生态破坏的防治,由上级人民政府协调解决,或者由有关地方人民政府协商解决;县级以上人民政府应当将环境保护工

〔3〕　参见汪劲:《环境法学》(第4版),北京大学出版社2018年版,第89页。

作纳入国民经济和社会发展规划;县级以上地方人民政府批准并公布实施本行政区域的环境保护规划;未达到国家环境质量标准的重点区域、流域的有关地方人民政府,应当制定限期达标规划,并采取措施按期达标;县级以上人民政府应当建立环境污染公共监测预警机制,组织制定预警方案,在环境受到污染可能影响公众健康和环境安全时,依法及时公布预警信息,启动应急措施。

六、环境管理的手段

环境管理主要使用以下手段或者方法。

1. 行政手段。主要是制定环境政策和环境保护规划、计划;运用行政权力划定需要特别保护的区域,如国家公园、自然保护区、生活饮用水地表水源保护区等。

2. 法律手段。主要通过执行环境法规来实现,如审批环境影响评价文件,发放排污许可证,对无证排放污染物的违法行为实施行政处罚等。

3. 经济手段。政府可以对积极防治污染而在经济上有困难的或者利用废弃物生产的排污者以及环保产业给予财政援助、价格、政府采购、贷款优惠、税收减免等经济措施进行引导。《环境保护法(2014 修订)》第 21 条规定:"国家采取财政、税收、价格、政府采购等方面的政策和措施,鼓励和支持环境保护技术装备、资源综合利用和环境服务等环境保护产业的发展。"第 22 条规定:"企业事业单位和其他生产经营者,在污染物排放符合法定要求的基础上,进一步减少污染物排放的,人民政府应当依法采取财政、税收、价格、政府采购等方面的政策和措施予以鼓励和支持。"这都体现了经济手段在环境管理中的作用。

4. 教育手段。主要利用媒体、展示会、报告会、专题讲座等多种形式,向公众宣传环境科学知识、环境法律知识、保护环境的消费知识等。《环境保护法(2014 修订)》第 9 条规定:"各级人民政府应当加强环境保护宣传和普及工作,鼓励基层群众性自治组织、社会组织、环境保护志愿者开展环境保护法律法规和环境保护知识的宣传,营造保护环境的良好风气。教育行政部门、学校应当将环境保护知识纳入学校教育内容,培养学生的环境保护意识。新闻媒体应当开展环境保护法律法规和环境保护知识的宣传,对环境违法行为进行舆论监督。"

5. 技术手段。例如,研制、开发和推广无污染工艺和少污染工艺;因地制宜地采取综合治理和区域治理技术;交流国内外有关环境保护的科学技术情报;利用遥感技术对生态环境实施监测;组织推广卓有成效的管理经验和环境科学技术成果;开展国际间环境科学技术合作等。《环境保护法(2014 修订)》第 7 条规定:"国家支持环境保护科学技术研究、开发和应用,鼓励环境保护产业发展,促进环境保护信息化建设,提高环境保护科学技术水平。"

第二节 环境行政执法

一、环境行政执法的概念

环境行政执法是环境行政机关执行法律的行为,广义的行政执法包括行政机关制定和发布普遍性行为规范的行为,狭义的行政执法是指行政机关针对特定对象发布的,并对其权利义务产生影响的行为。本节所说的环境行政执法是指狭义的行政执法,包括环境行政许可(如审批环境影响评价文件和发放排污许可证等)、环境行政处罚、环境行政征收、环境行政命令、环境行政强制等。

二、环境行政执法的管辖

环境行政执法中的级别管辖,是指第一次处理环境执法案件的权限在环境监督管理机构纵向上的分配。一般国家或地方立法或规范性文件会针对具体执法事项(如环评审批)规定级别管辖。划分环境行政级别管辖的考量因素是行政级别和执法案件的性质和情况。执法案件的性质和情况,包括行为人(单位和个人)或当事人的性质和情况、实施行为的类型和情况、执法方式和执法标的物的情况。一般而言,行为人的行政级别越高、影响越大(如中央政府直接管辖的企业、大型企业)、行为性质越严重、涉及面越广,由级别较高的环境监督管理机构管辖的可能性就越大。以生态环境主管部门的级别管辖为例,其管辖权限大致如下:(1)县级人民政府生态环境主管部门(经过垂直改革后变成了市级生态主管部门的派出分局),管辖一般环境保护行政执法案件;(2)市级人民政府生态环境主管部门,管辖本行政区域内重大、复杂的环境保护行政执法案件;(3)省级人民政府生态环境主管部门,管辖本行政区域内重大、复杂的环境保护行政执法案件;(4)国务院生态环境主管部门,管辖全国范围内重大、复杂的环境保护行政执法案件。

地域管辖是对行政机关体系横向划分管辖范围,属地管辖是基本原则。以环境行政处罚为例:县级以上生态环境主管部门管辖本行政区域的环境行政处罚案件;造成跨行政区域污染的行政处罚案件,由污染行为发生地生态环境主管部门管辖。两个以上生态环境主管部门都有管辖权的环境行政处罚案件,由最先发现或者最先接到举报的生态环境主管部门管辖。

此外,还可能发生指定管辖。具体情形如下:在对行政处罚案件的管辖权发生争议时,争议双方应报请共同的上一级生态环境主管部门指定管辖;下级生态环境主管部门认为其管辖的案件重大、疑难或者实施处罚有困难的,可以报请上一级生态环境主管部门指定管辖;上一级生态环境主管部门认为下级生态环境主管部门实施处罚确有困难或者不能独立行使处罚权的,经通知下级生态环境主管部门和当事人,可以对下级生态环境主管部门管辖的案件指定管辖;上级生态环境主管部门可以将其管辖的案件交由有管辖权的下级生态环境主管部门实施行政处罚。

三、环境行政执法的原则

环境行政执法的原则,是指环境法规和环境政策文件明确规定或体现的,反映环境执法性质、特点和规律,对环境行政执法具有指导作用且在执法过程中必须遵循的行为准则。

环境行政执法除了遵循本书有关环境法的基本原则外,还应遵循以下几个原则。

1. 行政合法性原则

该原则是指环境行政执法权的存在、行使必须依据法律法规,符合法律法规,不得与其相抵触。合法性原则要求环境执法机构(环境监督管理机构)进行执法不仅应遵循宪法、法律,还应遵循行政法规、地方性法规、行政规章、自治条例和单行条例等。合法不仅指合乎实体法,也指合乎程序法。合法性原则的具体内容包括以下两点。

第一,环境行政执法权必须基于法律法规的授权才能存在。合法性原则要求环境行政执法主体在其法定权限内行使职权,任何没有法律依据的职权都是不应存在的。例如,责令停业、关闭的权力属于政府而非生态环境主管部门。根据《水污染防治法》第83条的规定,对未依法取得排污许可证排放水污染物等违法行为,县级以上人民政府环境保护主管部门责令改正或者责令限制生产、停产整治,并处10万元以上100万元以下的罚款;情节严重的,报经有批准权的人民政府批准,责令停业、关闭。

第二,行使环境行政执法权必须依据法律法规。依法行使职权是为行政主体设定的一项义务或者职责。职权和职责是统一的。行政机关的职权相对于相对方或者被管理者而言是一种权力,而相对于国家而言则是一种义务。合法性原则要求环境行政执法主体既不能违反行政实体规范,也不能违反行政程序规范。不履行或拖延履行法定职责,应承担相应的行政责任。

2. 行政合理性原则

该原则是指环境行政执法的内容要客观、适度、合乎理性。合理性原则产生的主要原因是行政自由裁量权的存在。自由裁量权是指在法律规定的条件下,行政机关根据合理判断,考虑相关因素,决定作出具体行政行为的权力。《生态环境行政处罚办法》第41条第1款规定,行使生态环境行政处罚裁量权应当符合立法目的,并综合考虑以下情节:(1)违法行为造成的环境污染、生态破坏以及社会影响;(2)当事人的主观过错程度;(3)违法行为的具体方式或者手段;(4)违法行为持续的时间;(5)违法行为危害的具体对象;(6)当事人是初次违法还是再次违法;(7)当事人改正违法行为的态度和所采取的改正措施及效果。

合理性原则和合法性原则既有区别又有联系。合法性原则适用于环境行政执法的所有领域,合理性原则适用于自由裁量领域。通常一个行为如果触犯了合法性原则,就不再追究其合理性问题;而一个自由裁量行为,即使没有违反合法性原则,也可能引起合理性问题。例如,执法畸轻畸重,即使合乎法律规定的处罚幅度,也构成对合理性原则的违反。

合理性原则的具体内容为:执法行为应符合立法目的;执法行为应建立在正当考虑的基础上,不得考虑不相关因素;平等适用法律规范,不得对相同事实给予不同对待;符合社会道德,如职业道德、社会公德等;符合自然规律,如符合法律规定的"合理采伐森林""合理利用土地"等。

案例4-2-01 深圳市某乳业有限公司与博罗县环境保护局其他行政管理案[4]

深圳市某乳业有限公司某某分公司存在未办理环保相关审批手续,未领取排污许可证等违法行为,博罗县环保局对其作出行政处罚决定,处100万元罚款。深圳市某乳业有限公司不服,向原审法院提起行政诉讼,诉请撤销;原审法院不予支持。深圳市某乳业有限公司上诉。二审法院认为,博罗县环保局在上诉人积极改正违法行为的情况下,仍然作出两个顶格处罚,且不在行政处罚决定中说明自由裁量的理由,明显不符合行政处罚自由裁量权公平合理的原

〔4〕 参见广东省惠州市中级人民法院行政判决书,(2020)粤13行终107号。

则和立法目的,违反《广东省规范行政处罚自由裁量权规定》和被上诉人自行制定的行政处罚自由裁量标准,行政处罚明显不当,判决撤销一审判决和处罚决定。

评析:本案属于对自由裁量权行使行为明显不当的处理。根据《行政诉讼法》第70条第6项的规定,行政行为明显不当的,判决撤销或者部分撤销,并可以判决被告重新作出行政行为。根据《水污染防治法》第83条第1项的规定,对于未依法取得排污许可证排放水污染物的行为,罚款幅度为10万元以上100万元以下,但这并非意味着行政机关在这个幅度内确定处罚金额就是合法的。行政机关可行使自由裁量权,但裁量并非绝对"自由",行使自由裁量权必须考虑相关因素,如根据《生态环境行政处罚办法》第41条的规定,其中一项因素就是"违法行为造成的环境污染、生态破坏以及社会影响"。

3. 行政应急性原则

该原则是现代行政法治原则的重要内容。根据该原则,在某些紧急情况下,根据国家安全、社会秩序或公共利益的需要,环境行政执法主体可以采取紧急措施或要求相对人采取紧急措施。行政应急性原则仅仅适用于"紧急状态",是一般合法性原则的例外,但是它并非不受任何法律控制。一般而言,行政应急权的行使应符合下列条件:存在明确无误的而非想象的紧急危险;非法定机关行使了紧急权力,事后应由有关机关予以确认;行政机关作出应急行为应受有权机关的监督;应急措施必须适当。例如,在发生了严重的污染事故的情况下,环境执法主体可以依据应急性原则采取适当的应急措施。

思考问题

1. 我国生态环境主管部门的统一监管如何体现?
2. 我国环境管理体制如何影响环境法的实施?
3. 环境管理有哪些手段?
4. 如何完善我国环境行政执法?

第五章 污染防治法

思政与知识要点

党的二十大报告要求深入推进环境污染防治。坚持精准治污、科学治污、依法治污，持续深入打好蓝天、碧水、净土保卫战。加强污染物协同控制，基本消除重污染天气。统筹水资源、水环境、水生态治理，推动重要江河湖库生态保护治理，基本消除城市黑臭水体。加强土壤污染源头防控，开展新污染物治理。提升环境基础设施建设水平，推进城乡人居环境整治。全面实行排污许可制，健全现代环境治理体系。严密防控环境风险。深入推进中央生态环境保护督察。要坚定推进绿色发展，推动自然资本大量增值，让良好生态环境成为人民生活的增长点、成为展现我国良好形象的发力点，让老百姓呼吸上新鲜的空气、喝上干净的水、吃上放心的食物、生活在宜居的环境中、切实感受到经济发展带来的实实在在的环境效益，让中华大地天更蓝、山更绿、水更清、环境更优美，走向生态文明新时代。

污染防治法是有关预防和治理环境污染和其他公害的法律规范的总称。本章介绍污染防治法的相关内容。第一节是污染防治法概述，介绍污染防治的相关概念、立法概况和制度特色。目前，我国污染防治法体系已基本形成，而且处于进一步健全和完善过程之中。其后各节主要从立法的角度介绍不同领域的污染防治法，包括大气污染防治法、水污染防治法、土壤污染防治法、噪声污染防治法、海洋污染防治法、有毒有害物质污染防治法、固体废物污染环境防治法等。

第一节 污染防治法概述

一、环境污染概述

环境问题一般可分为环境污染和生态破坏两大类。污染防治是环境保护事业的两大任务之一，也是环境保护法的首要内容。世界上绝大多数国家的环境法都直接起源于对环境污染的治理。

（一）环境污染的概念及其特征

汉语中“环境污染”一词，对应于英文中的污染（pollution）。“环境污染”的定义最早由经济合作与发展组织（OECD）环境委员会在 1974 年提出，指被人们利用的物质或能量直接或间接地进入环境，导致对自然的有害影响，以致危及人类健康、危害生命资源和生态系统，以及损害或者妨害舒适和环境的其他合法用途的现象。[1]

---

〔1〕 参见汪劲：《环境法学》（第 4 版），北京大学出版社 2018 年版，第 149 页。

与环境污染紧密相连的一个概念是“公害”。所谓公害,主要是指由于环境污染而造成对人类生活环境的一种社会性危害。环境污染与公害既有相同之处,又存在一定差别。环境污染着重强调人类活动对环境造成的危害,而公害着重强调由于环境的污染造成的对人类的危害,它们在某种情况下表现为因果关系。但二者又不完全对应,有些行为并不一定污染环境,但会通过环境要素对人体造成危害,即产生公害;而有些污染环境的行为并不一定直接产生公害。

我国《环境保护法(2014 修订)》把“防治污染和其他公害”并列提出,列举了“废气、废水、废渣、医疗废物、粉尘、恶臭气体、放射性物质以及噪声、振动、光辐射、电磁辐射等对环境的污染和危害”,但未对“环境污染”和“公害”作出明确界定。一般而言,可将“其他公害”理解为在上述环境污染和危害之外,现在尚未出现而今后可能出现的,或者现在已经出现但尚未被包括在《环境保护法(2014 修订)》所列举的上述 11 种环境污染和危害之中的公害,即对已列举污染和公害类型的补充。[2] 在本书中,如无特指,环境污染均包括公害。

案例 5-1-01　李某诉某有限公司光辐射污染案[3]

某有限公司与原告住宅之间无遮挡物,其产生的强光直射入原告住宅,给李某的正常生活造成影响,李某遂向法院起诉。人民法院组织原、被告双方于 2018 年 8 月 11 日晚到现场进行了查看,正对原告住宅的一块 LED 显示屏持续播放广告视频,产生的光线较强,可直射入原告住宅,该 LED 显示屏播放广告视频至 20 时 58 分关闭。由此,法院认定被告使用 LED 显示屏播放广告、宣传资料等所产生的强光已超出了一般公众普遍可容忍的范围,会严重影响相邻人群的正常工作和学习,干扰周围居民正常生活和休息,已构成由强光引起的光辐射污染。法院判决被告立即停止其在运行 LED 显示屏时对原告李某的光污染侵害。

评析:本案中的环境污染属于光辐射污染。尽管我国关于光辐射污染环境的规范及标准尚不完善,但被告使用 LED 显示屏播放广告、宣传资料等造成光辐射已对原告造成客观损害(妨害),因而仍属于环境污染侵权行为。

环境污染可依据不同的分类标准进行划分。根据造成环境污染和危害的污染物或因素的性质的不同,可以将环境污染分为物质污染和能量危害,物质污染向环境排放的是人体或环境难以降解或不能降解的物质,能量危害向环境排放的是对环境或人体健康产生妨害的能量流。根据被保护环境要素的不同,可以将环境污染分为大气污染、水污染、海洋污染、土壤污染等。根据污染物或因素的形态不同,可以将环境污染分为废气污染、废水污染、废渣及其他固体废物污染、噪声污染、放射性污染、电磁辐射污染等。根据污染产生的原因,可以将环境污染分为生产污染和生活污染等。

环境污染具有如下几方面的特征。

1. 原因的人为性。环境污染是伴随着人类的生产、生活活动而产生的。由人的意志以外

---

〔2〕 参见汪劲:《环境法学》(第 4 版),北京大学出版社 2018 年版,第 151 页。

〔3〕 参见重庆市江津区人民法院民事判决书,(2018)渝 0116 民初 6093 号。

的原因造成的环境污染属于自然灾害,不属于严格意义上的环境污染。

2. 综合性和积累性。环境污染主要是指污染物以较低浓度长时间存在而且往往是多种物质同时存在,对环境综合地起作用,且是积累性、连续性地起作用,并以环境为介质对不特定人体及其他多种权益造成危害。[4]

3. 间接性和不确定性。环境污染以环境为媒介对不特定人体造成危害,即人类活动排放的污染物和能量进入环境,使其质量下降之后,才对人体健康、生命安全造成危害,而且侵害的是不特定人群。[5] 这种间接性和不确定性,使其与投毒、伤害等一般侵害行为不同。

4. 后果的广泛性和严重性。环境污染危害范围广,不仅可以污染一个地区、一个国家,还可以污染整个大洋甚至遍及全球。同时,环境污染可通过多种途径对人体产生长期影响,造成的后果严重,可能还会危及下一代。

5. 系统的破坏性。环境及其相互关系构成的环境系统是一个动态平衡的体系,各种环境要素彼此相互依赖,其中任何一个要素发生变化都会影响整个系统的平衡及稳定。

(二)环境污染的防治

环境污染的防治可以通过技术手段、经济手段、行政手段、法律手段和宣传教育手段来完成。

1. 技术手段。技术手段是指借助那些既能提高生产效率,又能把环境污染控制到最小限度的技术以及先进的污染治理技术来达到保护环境的目的的手段。运用技术手段可实现污染防治的科学化,科学技术的进步是解决环境污染问题的有力保证。《环境保护法(2014 修订)》第 21 条规定,国家采取财政、税收、价格、政府采购等方面的政策和措施,鼓励和支持环境保护技术装备、资源综合利用和环境服务等环境保护产业的发展。

2. 经济手段。经济手段是指利用价值规律,运用价格、税收、信贷等经济杠杆,控制生产者的行为,以便限制损害环境的社会经济活动,奖励积极治理污染的单位,促进清洁生产,充分发挥价值规律在环境污染防治工作中的作用。

3. 行政手段。行政手段是指国家和地方各级行政主管机关,根据国家环境污染防治及其他相关行政法规所赋予的权力,制定方针、政策,建立法规,颁布标准,进行监督协调,对环境污染防治工作实施政策决策和管理。

4. 法律手段。法律手段是开展环境污染防治工作的强制性手段,是控制并消除污染,救济环境污染造成的损害的重要措施。环境污染防治的法律手段主要包括污染防治立法、污染防治执法和污染防治司法三个方面。

5. 宣传教育手段。宣传教育是开展环境污染防治工作不可缺少的方法。根据《环境保护法(2014 修订)》第 9 条第 1 款的规定,各级人民政府应当加强环境保护宣传和普及工作,鼓励基层群众性自治组织、社会组织、环境保护志愿者开展环境保护法律法规和环境保护知识的宣传,营造保护环境的良好风气。

---

〔4〕 参见蔡守秋主编:《环境资源法教程》(第 3 版),高等教育出版社 2017 年版,第 182 页。

〔5〕 参见汪劲:《环境法学》(第 4 版),北京大学出版社 2018 年版,第 152 页。

二、污染防治法

（一）污染防治法的概念和特征

污染防治法是有关预防和治理环境污染和其他公害的法律规范的总称。其立法目的是保护环境，进而保护人体健康、财产安全和生态安全，其立法内容是对产生或可能产生环境污染和其他公害的活动进行规范。目前，我国已制定的涉及环境污染防治的单项法律主要有《大气污染防治法》《水污染防治法》《土壤污染防治法》《海洋环境保护法》《噪声污染防治法》《固体废物污染环境防治法》《放射性污染防治法》等。在环境污染防治方面较为重要的还有针对化学品安全、农药使用、电磁辐射等控制和管理的行政法规、部门规章以及相关的环境标准。

污染防治法具有如下特征：

1. 污染防治法的直接目标是防止和减少污染物向环境的排放，以避免环境污染的出现。为此，污染防治法所确立的法律控制措施也必须与环境污染的产生和发展相结合。

2. 污染防治法是环境法体系的一个组成部分。环境法可以被划分为若干子部门，污染防治法是其中的一个重要子部门。除污染防治法外，环境法体系还包括综合性环境基本法、自然保护法、物质循环管理法、气候变化应对法、环境侵害救济法等。

3. 污染防治法与环境法的其他子部门之间是互相协调、配合的关系。如污染防治法与自然保护法就从不同的角度、不同的层面对环境保护作出规定。

（二）我国污染防治法的立法概况

我国污染防治法的立法发展可以被划分为三个历史阶段：

第一阶段是起步阶段（20世纪70年代初至1988年）。1973年召开了第一次全国环境保护会议，确立了环境保护工作的方针。1978年环境保护首次被写入宪法，成为国家职能。1979年颁布的《环境保护法（试行）》以较大篇幅规定了污染防治的基本监督管理制度。自1979年《环境保护法（试行）》颁布以来，我国的环境污染防治立法工作不断迅速发展。污染防治法在20世纪80年代经历了第一次立法高潮，《海洋环境保护法》《水污染防治法》《大气污染防治法》等几个重要的污染防治法律法规相继出台。

第二阶段是全面发展阶段（1989年至20世纪末）。1989年《环境保护法》正式公布并施行，这标志着我国污染防治法进入一个新的发展阶段。进入20世纪90年代，以1992年里约环境与发展大会为契机，我国的污染防治法进入全面发展的时期。1994年国务院发布了《中国21世纪议程——中国21世纪人口、环境与发展白皮书》，促成我国环保战略和污染控制战略的转变。这一时期，污染防治指导思想发生了根本转变，突出了源头控制、问题控制、集中控制，深化了预防为主原则的内涵，加快治理老污染源，公众参与环境管理得到实质突破。这一期间，《大气污染防治法》《水污染防治法》得以修正，《固体废物污染环境防治法》《环境噪声污染防治法》（已失效）也相继出台。

第三阶段是健全完善阶段（21世纪初至今）。进入21世纪以来，我国污染防治法进入一个新的发展完善阶段。特别是在2012年党的十八大报告提出将生态文明建设与经济建设、政治建设、文化建设、社会建设纳入社会主义现代化建设总体布局的要求之后，加快推进建设生态文明的制度体系成为我国环境法立法工作的时代使命。我国的环境污染防治法在此背景下开始进入全面修改和完善阶段。

其中,《环境保护法》于2014年得以全面修订,并于2015年1月1日起施行。该法在明确政府责任、加大对违法排污的惩罚力度、加大信息公开方面有重要突破。如实施环境保护目标责任制和考核评价制度,将环境保护目标完成情况纳入地方政府及其负责人的考核内容;对违法排污企业实行按日连续计罚,罚款上不封顶,从而加大了惩罚力度;规定各级政府、环境部门要公开环境信息,及时发布环境违法企业名单等。此次修订最大限度地凝聚和吸纳了各方共识,符合了今后一段时期环境保护的实际需要,并将开启我国环境保护法发展的新阶段。

在此基础上,原先制定的单项污染防治法律分别得以修订,一些污染防治领域的法律空白的也得以弥补。目前,我国有关污染防治的专门法律有《大气污染防治法》《水污染防治法》《海洋环境保护法》《噪声污染防治法》《固体废物污染环境防治法》《放射性污染防治法》《土壤污染防治法》《环境保护税法》等。根据2023年9月发布的《十四届全国人大常委会立法规划》,"十四五"期间我国还将积极推进"(生态环境)法典""危险化学品安全法""电磁辐射污染防治法"的编纂或草案审议工作。此外,我国还颁布了大量污染防治方面的行政法规、规章。

三、我国污染防治法的主要制度特色

污染防治属于环境治理的重要组成部分,因而也适用本书第三章所述的环境法的基本制度。我国污染防治法还有一些专门性的制度,如重点污染物总量控制制度、淘汰严重污染环境的工艺(包括设备和产品)制度、限期达标制度、按日计罚制度等,这些制度适用于大部分污染防治领域。此外,在各污染防治领域,各项单行污染防治法律还有针对性地规定了很多具体的制度措施。例如,在大气污染防治领域规定了大气环境质量公报制度;在水污染防治领域规定了河长制;在土壤污染防治领域规定了土壤污染风险管控和修复制度;在固体废弃物污染环境防治领域规定了生活垃圾分类制度;在噪声污染防治领域规定了噪声敏感建筑物集中区域夜间建筑施工作业限制制度;在放射性污染防治领域规定了放射源安全保卫制度;等等。

我国污染防治法具有以下特点。

1. 污染防治法以保障公众健康为首要价值追求。从环境保护的历史演进中可以发现,现代环境法的兴起在很大程度上是对工业化进程中产生的环境污染而导致的对公众健康损害的回应。污染防治法作为具体应对手段,其制度理念、逻辑和内容都体现着对公众健康的保护。污染防治法的这种价值追求直接体现在各单项污染防治法的立法目的条款中。

2. 污染防治法的制度设计与污染的产生和发展规律相匹配。环境污染从发生至造成危害一般要经历三个过程:污染物质或致害能量从发生源排放(释放);污染物质或致害能量在环境中扩散;污染物质或致害能量导致环境质量下降(生态环境损害),进而(或直接)造成国家财产或者公民合法权益受到侵害。[6] 污染防治法围绕这一过程设计了事前预防、事中控制和事后治理的制度措施。具体而言:首先,针对环境质量状况的现实条件和需要,通过制订规划、标准等制度明确该环境区域是否允许污染物质和致害能量排放(释放),或者在何种程度上允

---

〔6〕 参见汪劲:《环境法学》(第4版),北京大学出版社2018年版,第153-154页。

许哪些污染物质和致害能量散发和排放;其次,通过环境影响评价等制度对新建、改建和扩建项目等污染物或致害能量的排放(释放)源在建成前进行评估确保上述环境质量要求得以满足;再次,通过总量控制、排污许可、环境监测、环境税费、排污现场检查等制度对污染物或致害能量的排放(释放)源的运行过程实施调控;最后,通过限期治理、限制生产(停产整顿)、突发环境事件应急管理等制度对违反规定排放污染物质或致害能量的行为进行处罚和纠正,并对造成的环境污染进行治理或修复。

3. 污染防治法的制度设计秉持了类型化思维。控制污染物质或致害能量向环境无序排放是环境污染防治法的根本任务。由于被保护的环境要素存在多元化特点,排放(释放)的污染物质或致害能量在性质、来源、传播途径和损害后果等方面存在较大差异,相应的污染防治制度也应当有所区别,从而确保污染治理更具针对性。这种类型化制度设计的主要思路是:一方面,在立法模式上,基于《环境保护法》关于污染防治的一般性规定,我国在大气污染防治、水污染防治、土壤污染防治、固体废弃物污染环境防治、噪声污染防治、放射性污染防治等污染防治领域分别制定了专门性法律,使《环境保护法》中的污染防治一般性制度得以具体化;另一方面,在同一类型的污染防治法中,各单行污染防治法分别按照污染物的来源类型或被保护环境要素的子类型(或区域)规定了具体的污染防治措施,如《大气污染防治法》分别规定了燃煤和其他能源污染、工业污染、机动车船等污染、扬尘污染、农业和其他污染的防治措施,《水污染防治法》分别规定了工业水污染、城镇水污染、农业和农村水污染、船舶水污染的防治措施等。

第二节 大气污染防治法

一、大气污染防治法概述

(一)大气和大气污染

大气,是指覆盖地球表面的,由多种气体成分组成的自然混合体。在构成大气的诸多成分中,氮、氧、惰性气体为恒定成分,二氧化碳、水蒸气为可变成分,杂质及其他有害物质等为不定成分,其中排放到大气中的有害物质是造成大气污染的根源。

大气污染则是指人们的生产活动和其他活动向大气排入了有毒、有害物质,使其物理、化学、生物或者放射性等特性改变,导致人类的生活环境和生态环境质量下降,进而危害人体健康、生命安全和造成财产损害的现象。大气污染的特点是污染速度快,范围大,持续时间也较长,是人类社会常见的公害之一。[7] 大气污染的实质是大气中的有害物质和二氧化碳大量增加,超过大气的本底含量或者自净能力,从而对人类和各种动植物等生物体造成污染和危害。[8] 其中,二氧化碳是最主要的温室气体,大量排放二氧化碳会造成地球温室效应加剧。2020 年 9 月,中国国家主席习近平在第七十五届联合国大会一般性辩论上指出:中国将提高

---

〔7〕 参见韩德培主编:《环境保护法教程》(第 8 版),法律出版社 2018 年版,第 209 页。

〔8〕 参见周珂等主编:《环境法》(第 6 版),中国人民大学出版社 2021 年版,第 124 页。

国家自主贡献力度,采取更加有力的政策和措施,二氧化碳排放力争于2030年前达到峰值,努力争取2060年前实现碳中和。[9] 由此确定了我国的"双碳"目标。

大气污染按照污染物的来源不同可以被分为五类:(1)煤烟型污染,即由烟尘、二氧化硫、一氧化碳和氮氧化物引起的大气污染,这种污染主要是由煤的燃烧引起的;(2)石油型污染,即由一氧化碳、碳氢化合物、氮氧化物、颗粒物和铅引起的大气污染,这种污染主要是使用、生产、燃烧石油和石油化工产品造成的;(3)混合型污染,这是一种介于煤烟型污染和石油型污染之间的大气污染,主要是工矿企业的废气或粉尘造成的;(4)氮氧型污染,这种污染主要是汽车尾气排放的氮氧化物造成的;(5)沙尘型污染,这种污染主要是风沙灰尘污染造成的。大气污染对人类身体健康、财产以及自然环境会造成严重损害。

我国大气污染状况经过多年治理有所好转。《中国空气质量改善报告(2013-2018年)》[10]显示,2018年我国多项大气污染物浓度实现了大幅下降,全国环境空气质量总体改善。首批实施《环境空气质量标准》的74个城市,细颗粒物(PM2.5)平均浓度下降42%,二氧化硫平均浓度下降68%。主要大气污染物排放总量显著减少。2013年以来,氮氧化物和二氧化硫排放总量分别下降28%和26%。我国酸雨分布格局总体保持稳定,酸雨面积呈逐年减小趋势,2013年全国酸雨区面积占国土面积的10.6%,2018年已降至5.5%,降幅近50%。我国实施积极应对气候变化国家战略,不断加大对温室气体排放的控制力度,碳排放快速增长的局面得到扭转,对环境改善作出积极贡献。2018年,单位GDP的二氧化碳排放较2005年降低45.8%,提前达到并超过了2020年单位GDP的二氧化碳排放降低40%至45%的目标,为实现中国2030年左右碳排放达峰奠定了坚实基础。

(二)我国大气污染防治法的立法概况

我国关于大气污染防治的法律规定,最早见于1956年5月国务院公布的《关于防止厂、矿企业中矽尘危害的决定》。该决定主要是为了保护厂、矿企业中的清洁空气,消除矽尘对职工的危害。1962年,国家计委和卫生部颁发了《工业企业设计卫生标准(试行)》。20世纪70年代,大气污染防治以改造锅炉和消除烟尘为主要内容。1973年,当时的国家计委发布了《关于加强防止矽尘和有毒物质危害工作的通知》,制定了《防治企业中矽尘和有毒物质的规划》。当时的国家计委、国家建委、卫生部还联合发布了《工业"三废"排放试行标准》,规定了二氧化硫、一氧化碳等13类有害物质的排放标准,提出"三同时"等重要措施和制度。

1979年《环境保护法(试行)》对大气污染防治作出了原则性的规定。1979年9月,当时的卫生部、国家建委、国家计委和国家劳动总局联合颁布了《工业企业设计卫生标准》,该标准是中国最早颁布的工业区大气环境质量标准和车间空气质量标准。

20世纪80年代至90年代,国家大气污染防治工作的重点转向了改变城市能源结构和煤炭的加工改造方面,特别是大力发展成型煤燃料。[11] 这一期间,国家颁布了《关于结合技术改造防治工业污染的几项规定》(1983年公布,2001年废止)、《关于防治煤烟型污染技术政策的

---

〔9〕 参见《国务院新闻办发表〈中国应对气候变化的政策与行动〉白皮书》(2021年10月)。

〔10〕《生态环境部发布〈中国空气质量改善报告(2013-2018年)〉》,载生态环境部网2019年6月6日,https://www.mee.gov.cn/xxgk2018/xxgk/xxgk15/201906/t20190606_705778.html。

〔11〕 参见周珂等主编:《环境法》(第6版),中国人民大学出版社2021年版,第128页。

规定》(1984 年)、《关于发展民用型煤的暂行办法》(1987 年)、《城市烟尘控制区管理办法》(1987 年)、《大气环境质量标准》(1982 年)[12]、《锅炉烟尘排放标准》(1983 年)、《硫酸工业污染物排放标准》(1984 年)[13]等,对我国大气污染防治工作起到了积极作用。

1987 年 9 月,我国通过了《大气污染防治法》。1991 年 5 月,国家环境保护局公布了《大气污染防治法实施细则》(已废止)。1995 年 8 月,第八届全国人大常委会第十五次会议对《大气污染防治法》进行了修正,主要增加了企业实行清洁生产工艺、对落后工艺和设备实行淘汰制度和防治燃烧污染大气的对策和措施的规定。

2000 年 4 月,第九届全国人大常委会第十五次会议对《大气污染防治法》进行了第一次修订。修订后的《大气污染防治法》法律条文增加到 66 条,增加了“防治机动车船排放污染”一章。此次修订的重点包括:强化重点城市的大气污染防治、加强机动车污染防治、注重城市扬尘管理、禁止超过排放标准排放污染物、实行大气污染物排放的总量控制和许可制度、建立排污收费制度、强化法律责任等。2012 年 2 月,环境保护部发布《环境空气质量标准》(GB 3095－2012),自 2016 年 1 月 1 日起在全国实施。新修订的《环境空气质量标准》变化主要体现在两个方面:一是增加了臭氧和细颗粒物(PM2.5)两项污染物控制标准;二是提高了可吸入颗粒物(PM10)、二氧化氮等污染物的限值要求。

2015 年 8 月,第十二届全国人大常委会第十六次会议对《大气污染防治法》进行了第二次修订。修订后《大气污染防治法》设 8 章,条文增至 129 条,修改的重点在总量控制、源头治理、联合防治等制度方面。2018 年 10 月,第十三届全国人民代表大会常务委员会第六次会议对该法进行修正。

2022 年 10 月,党的二十大报告提出要加快发展方式绿色转型,深入推进环境污染防治,为《大气污染防治法》的进一步完善确定目标。党的二十大报告提出推动经济社会发展绿色化、低碳化是实现高质量发展的关键环节,要求加快推动产业结构、能源结构、交通运输结构等调整优化,持续深入打好蓝天保卫战,加强污染物协同控制,基本消除重污染天气。

二、我国大气污染防治法的主要规定

我国大气污染防治的法律规定主要体现在《大气污染防治法》中。我国现行的《大气污染防治法》共有 8 章 129 条,对我国大气污染防治的政府职责、监督管理体制、防治标准和限期达标规划、监督管理制度、防治措施、法律责任进行了规定,并对重点区域大气污染联合防治、重污染天气应对进行了专章规定。

(一)大气污染防治的监督管理体制

《大气污染防治法》实行人民政府生态环境保护行政主管部门统一监督管理与其他部门分工负责相结合的监督管理体制。

---

[12] 1996 年 5 月,原国家环保局将该标准修订为《环境空气质量标准》(GB 3095－1996);2012 年 2 月,环境保护部再次修订该标准为《环境空气质量标准》(GB 3095－2012)。

[13] 已经修订为《硫酸工业污染物排放标准》(GB 26132－2010)。

1. 各级政府在大气污染防治中的职责

《大气污染防治法》对国务院和地方各级人民政府在大气污染防治中的职责作出了明确规定,可将其概括为以下几方面。

一是统一规划管理。县级以上人民政府应当将大气污染防治工作纳入国民经济和社会发展规划,加大对大气污染防治的财政投入。地方各级人民政府应当对本行政区域的大气环境质量负责,制定规划,采取措施,控制或者逐步削减大气污染物的排放量,使大气环境质量达到规定标准并逐步改善。其中,将大气保护纳入国民经济和社会发展规划,是保障大气污染防治与经济建设协调发展的关键。

二是强化政府考核。国务院生态环境主管部门会同国务院有关部门,按照国务院的规定,对省、自治区、直辖市大气环境质量改善目标,大气污染防治重点任务完成情况进行考核。省、自治区、直辖市人民政府制定考核办法,对本行政区域内地方大气环境质量改善目标、大气污染防治重点任务完成情况实施考核。考核结果应当向社会公开。

三是依靠科学技术。国家和地方各级人民政府只有将先进适用的科学技术措施进行推广,才能使科学技术在大气污染防治工作中切实发挥作用。法律规定国家鼓励和支持大气污染防治科学技术研究,开展对大气污染来源及其变化趋势的分析,推广先进适用的大气污染防治技术和装备,促进科技成果转化,发挥科学技术在大气污染防治中的支撑作用。

2. 生态环境保护行政主管部门对大气污染防治的监管职责

县级以上人民政府生态环境主管部门对大气污染防治实施统一监督管理。生态环境保护行政主管部门的具体职责包括:制定国家大气环境质量标准,并根据该质量标准和国家经济、技术条件制定大气污染物排放标准;审批环境影响报告书(表)、登记表;实施排污许可管理和对排污监测设备进行监督;调查处理大气污染事故;对排污单位进行现场检查;等等。

3. 其他行政主管部门的职责

县级以上人民政府其他有关部门在各自职责范围内对大气污染防治实施监督管理。各级公安、交通、铁路管理、渔业管理部门根据各自的职责,分管机动车船污染大气的监督管理工作。我国大气污染防治任务艰巨,大气污染源多,牵涉面广,危害范围大,仅由生态环境保护部门承担监督管理职责是不现实的。因此,也需要由其他部门履行各自的大气污染防治监督管理职责。

(二)大气污染防治标准与限期达标规划的规定

《大气污染防治法》第二章“大气污染防治标准和限期达标规划”主要规定了大气环境质量标准、大气污染物排放标准以及大气环境质量限期达标规划的相关制度。

1. 大气污染防治标准

大气污染防治标准的制定应该科学合理,制定过程应保障公众参与,并定期评估、适时修订。制定大气环境质量标准,应当以保障公众健康和保护生态环境为宗旨,与经济社会发展相适应,做到科学合理。制定大气污染物排放标准,应当以大气环境质量标准和国家经济、技术条件为依据,同时还应对标准制定过程中的专家论证、征求意见,以及标准的公布查阅、评估修订作出规定,其进一步反映了大气污染防治标准应与经济社会发展相适应。

2. 大气环境质量限期达标规划

为实现源头防治,持续实施大气污染防治行动,推动大气环境质量改善,未达到国家大气环境质量标准的城市的人民政府应当及时编制大气环境质量限期达标规划，采取措施，按照国务院或者省级人民政府规定的期限达到大气环境质量标准。同时，该规划还应对规划编制过程中征求意见、内容公开以及评估修订作出相应规定。城市人民政府每年在向本级人民代表大会或者其常务委员会报告环境状况和环境保护目标完成情况时，应当同时报告大气环境质量限期达标规划执行情况，并向社会公开。

（三）大气污染防治的监督管理制度

《大气污染防治法》第三章“大气污染防治的监督管理”规定了环境影响评价制度，排污许可制度，总量控制制度，约谈和区域限批制度，环境监测制度，淘汰严重污染大气环境的工艺、设备和产品的制度，监督检查与行政强制制度，举报与处理制度等监督管理制度。其中，如环境影响评价制度、排污许可制度等已经有了专门的规定，这里（以及下面各章节）只对一些本法中有特殊规定的法律制度作必要的介绍，以免重复。

1. 总量控制制度

总量控制制度是指根据国家大气环境质量标准和地区大气环境容量，计算出该地区大气污染物允许排放量，将其分配到整个地区、行业以及污染源，要求按照下达的总量控制指标排放污染物的法律规定。国家对重点大气污染物排放实行总量控制。重点大气污染物排放总量控制目标，由国务院生态环境主管部门在征求国务院有关部门和各省、自治区、直辖市人民政府意见后，会同国务院经济综合主管部门报国务院批准并下达实施。省、自治区、直辖市人民政府应当按照国务院下达的总量控制目标，控制或者削减本行政区域的重点大气污染物排放总量。20 世纪 70 年代我国曾在一些地方提过总量控制目标；“十一五”规划首次提出节能减排的约束性指标，要求 2010 年主要污染物（二氧化硫和化学需氧量）排放总量比 2005 年减少 10%；“十二五”规划进一步提出主要污染物排放总量显著减少，化学需氧量、二氧化硫排放分别减少 8%，氨氮、氮氧化物排放分别减少 10% 的目标。[14]

2. 约谈与区域限批制度

约谈与区域限批制度是防范地方环境风险的重要手段，也是落实地方政府环境质量改善责任的重要途径。对超过国家重点大气污染物排放总量控制指标或者未完成国家下达的大气环境质量改善目标的地区，省级以上人民政府生态环境主管部门应当会同有关部门约谈该地区人民政府的主要负责人，并暂停审批该地区新增重点大气污染物排放总量的建设项目环境影响评价文件。这也是《环境保护法（2014 修订）》第 44 条第 2 款规定在大气污染防治方面的细化。

3. 环境监测制度

环境监测制度是指国务院生态环境保护行政主管部门设立大气环境监测机构，并组织监测网络，制定统一的监测方法，以开展全国性的大气环境监测工作，评价和掌握大气环境质量和环境污染状况，为大气污染防治提供技术、方法和监测数据的制度。国务院生态环境主管部门负责制定大气环境质量和大气污染源的监测和评价规范，组织建设与管理全国大气环境质量和大气污染源监测网，组织开展大气环境质量和大气污染源监测，统一发布全国大气环境质

---

〔14〕 约束性指标中属于大气污染物的是二氧化硫和氮氧化物。

量状况信息。

排污者对其排污行为有自行监测的义务。企业事业单位和其他生产经营者应当按照国家有关规定和监测规范,对其排放的工业废气和有毒有害大气污染物名录中所列有毒有害大气污染物进行监测,并保存原始监测记录。其中,重点排污单位应当安装、使用大气污染物排放自动监测设备,与生态环境主管部门的监控设备联网,保证监测设备正常运行并依法公开排放信息。排污者应对数据真实性和准确性负责,并有义务保护自动监测设备。

4. 监督检查与行政强制制度

为监督排污者,相关法律法规规定相关部门享有检查职权并可以采取强制措施。生态环境主管部门及其环境执法机构和其他负有大气环境保护监督管理职责的部门,有权通过现场检查监测、自动监测、遥感监测、远红外摄像等方式,对排放大气污染物的企业事业单位和其他生产经营者进行监督检查。被检查者应当如实反映情况,提供必要的资料。在强制措施方面,企业事业单位和其他生产经营者违反法律法规规定排放大气污染物,造成或者可能造成严重大气污染,或者有关证据可能灭失或者被隐匿的,县级以上人民政府生态环境主管部门和其他负有大气环境保护监督管理职责的部门,可以对有关设施、设备、物品采取查封、扣押等行政强制措施。

案例5-2-01 排污者对其排污行为有自行监测义务

A公司在生产过程中,发现该公司的自动监测设备的部件无法正常工作,需要送厂家维修。该公司在自动监测设备的部件送厂家维修期间继续生产,但自动监测设备无法正常运行,生态环境监管部门进行现场检查时发现此情况,依据《大气污染防治法》对其进行处罚。A公司则主张自动监测设备无法正常运行不是故意为之,且积极送厂家维修,属于客观原因造成,不应进行处罚。

评析:本案例中A公司的自动监测设备的部件损坏,造成自动监测设备无法正常运行,违反了自行监测的义务,应该受到相应的行政处罚。在自动监测设备停运或故障期间,排污单位应通过手工监测等方式,履行自行监测的义务。

(四)大气污染防治措施

《大气污染防治法》第四章"大气污染防治措施",包括燃煤和其他能源污染防治、工业污染防治、机动车船等污染防治、扬尘污染防治、农业和其他污染防治等五节内容。

1. 燃煤和其他能源污染防治

目前,我国能源结构仍以煤炭为主,防治大气污染仍应以防治燃煤所产生的烟尘、二氧化硫和碳氧化物为重点。此类污染防治主要包括以下几方面的内容:(1)调整能源结构,推广清洁能源的生产和使用。(2)推行煤炭洗选加工,实现煤炭清洁高效利用,逐步降低煤炭在一次能源消费中的比重,减少煤炭在生产、使用、转化过程中的大气污染物排放。(3)城市人民政府应划定高污染燃料禁燃区,并逐步扩大禁燃区范围。(4)城市建设应当统筹规划,在燃煤供热地区推进热电联产和集中供热。(5)锅炉产品必须符合环境标准。

2. 工业污染防治

为防止在工业生产过程中排放粉尘、硫化物和氮氧化物等污染物质,法律要求企业采用清洁生产工艺，以控制大气污染物的排放。主要内容包括：(1)生产、进口、销售和使用含挥发性有机物的原材料和产品的应当符合质量标准或者要求。(2)产生含挥发性有机物废气的生产和服务活动，应当在密闭空间或者设备中进行。(3)工业涂装企业应当使用低挥发性有机物含量的涂料，并建立台账。(4)采取集中收集处理等措施，严格控制粉尘和气态污染物的排放，对产生的可燃性气体进行回收利用。

3. 机动车船等污染防治

机动车船在使用过程中，会向环境排放氮氧化物、二氧化硫、一氧化碳、铅化物等对人体和动、植物有毒有害的物质。近年来，我国汽车使用量急剧增加，因此法律对机动车船的生产、在用车船使用的油料以及机动车船的检修、相关监督管理等必须作出严格的规定。(1)机动车船排放污染物不得超过规定的标准。(2)机动车排放检验机构定期对其进行排放检验，县级以上地方人民政府生态环境主管部门可以在机动车集中停放地、维修地对在用机动车的大气污染物排放状况进行监督抽测。(3)实施机动车环境保护召回制度，生产、进口企业获知机动车、非道路移动机械排放大气污染物超过标准，属于设计、生产缺陷或者不符合规定的环境保护耐久性要求的，应当召回。(4)禁止生产、进口、销售不符合标准的机动车船用燃料。

4. 扬尘污染防治

扬尘是我国近年来城市大气污染的重要污染源，并且污染程度不断加深，防治扬尘污染是地方政府的重要职责。地方各级人民政府应当加强对建设施工和运输的管理，保持道路清洁，控制料堆和渣土堆放，扩大绿地、水面、湿地和地面铺装面积，防治扬尘污染。在建设单位和施工单位的防治义务方面，法律要求建设单位应当将防治扬尘污染的费用列入工程造价，并在施工承包合同中明确施工单位负有扬尘污染防治责任。施工单位应当制定具体的施工扬尘污染防治实施方案。

5. 农业和其他污染防治

在农业生产经营活动的大气污染防治方面，法律要求地方各级人民政府应当推动转变农业生产方式，发展农业循环经济，加大对废弃物综合处理的支持力度，加强对农业生产经营活动排放大气污染物的控制。其主要内容包括在使用化肥农药过程中应减少氨、挥发性有机物等大气污染物的排放，在畜禽养殖过程中应防止排放恶臭气体。

在禁止露天焚烧秸秆以及秸秆综合利用方面，各级人民政府及其农业行政等有关部门应当鼓励和支持采用先进适用技术，对秸秆、落叶等进行肥料化、饲料化、能源化、工业原料化、食用菌基料化等综合利用，加大对秸秆还田、收集一体化农业机械的财政补贴力度。省、自治区、直辖市人民政府应当划定区域，在该区域内禁止露天焚烧秸秆、落叶等产生烟尘污染的物质。《全国农作物秸秆综合利用情况报告》显示，2021 年全国农作物秸秆利用量为 6.47 亿吨，综合利用率达 88.1%。

在社会生活中的大气污染防治方面，法律要求排放油烟的餐饮服务业经营者应当安装油烟净化设施并保持正常使用，或者采取其他油烟净化措施，使油烟达标排放，并防止对附近居民的正常生活环境造成污染。任何单位和个人不得在城市人民政府禁止的时段和区域内燃放烟花爆竹。从事服装干洗和机动车维修等服务活动的经营者，应当按照国家有关标准或者要求设置异味和废气处理装置等污染防治设施并保持正常使用，防止影响周边环境。

此外,国家实施有毒有害大气污染物名录制度。国务院生态环境主管部门应当会同国务院卫生行政部门,根据大气污染物对公众健康和生态环境的危害和影响程度,公布有毒有害大气污染物名录,实行风险管理。向大气排放持久性有机污染物的企业事业单位和其他生产经营者以及废弃物焚烧设施的运营单位,应当按照国家有关规定,采取有利于减少持久性有机污染物排放的技术方法和工艺,配备有效的净化装置,实现达标排放。

(五)重点区域大气污染联合防治

当前我国大气污染呈现明显的区域性特征,不再局限于单个城市,城市间大气污染变化过程具有明显的同步性,区域性污染特征十分显著,如京津冀、长三角、珠三角等地区所出现的区域性大气污染。《大气污染防治法》第五章专门针对此问题,规定了大气污染防治的区域协作机制。

1. 重点区域大气污染联防联控机制

区域大气污染联防联控机制是以改善空气质量为目的,增强区域环境保护合力,全面削减大气污染物排放,按照统一规划、统一标准、统一监测、统一的防治措施的要求开展大气污染联合防治的工作机制。[15] 国务院生态环境主管部门根据主体功能区划、区域大气环境质量状况和大气污染传输扩散规律,划定国家大气污染防治重点区域,报国务院批准。重点区域内有关省、自治区、直辖市人民政府应当确定牵头的地方人民政府,定期召开联席会议。国务院生态环境主管部门会同国务院有关部门、国家大气污染防治重点区域内有关省、自治区、直辖市人民政府,根据重点区域经济社会发展和大气环境承载力,制定重点区域大气污染联合防治行动计划。重点区域内有关省、自治区、直辖市人民政府应当实施更严格的机动车大气污染物排放标准。

2. 项目会商制度

重点区域内有关省、自治区、直辖市建设可能对相邻省、自治区、直辖市大气环境质量产生重大影响的项目,应当及时通报有关信息,进行会商,会商意见及其采纳情况应作为环境影响评价文件审查或者审批的重要依据。

3. 监测信息共享机制与联合执法

国务院生态环境主管部门应当组织建立国家大气污染防治重点区域的大气环境质量监测信息、大气污染源监测信息等相关信息共享机制。国务院生态环境主管部门和国家大气污染防治重点区域内有关省、自治区、直辖市人民政府可以组织有关部门开展联合执法、跨区域执法、交叉执法。例如,2022 年的《德阳市大气污染防治条例》第 39 条规定,本市应当加强成德眉资区域协同,协调制定有利于区域大气环境质量改善的产业发展规划以及政策,建立大气污染联合防治协调机制,开展联合防治,落实大气污染防治目标责任,实现成德眉资区域大气污

---

〔15〕 2018 年,国务院成立京津冀及周边地区大气污染防治领导小组。其主要职责包括:贯彻落实党中央、国务院关于京津冀及周边地区大气污染防治的方针政策和决策部署;组织推进该区域大气污染联防联控工作,统筹研究解决该区域大气环境突出问题;研究确定该区域大气环境质量改善目标和重点任务,指导、督促、监督有关部门和地方落实,组织实施考评奖惩;组织制定有利于该区域大气环境质量改善的重大政策措施,研究审议该区域大气污染防治相关规划等文件;研究确定该区域重污染天气应急联动相关政策措施,组织实施重污染天气联合应对工作;完成党中央、国务院交办的其他事项。

染防治工作基本同步和重点内容基本统一,保证大气污染防治工作有效进行。

(六)重污染天气应对

重污染天气已经成为当前最受关注的环境问题。从 2016 年 3 月开始,京津冀地级及以上城市统一重污染天气预警分级标准,根据重污染天气预报提示信息,及时发布预警信息,适时调整预警级别,并要求加强预警信息报送。[16] 2021 年,《关于深入打好污染防治攻坚战的意见》明确提出到 2025 年生态环境持续改善,重污染天气基本消除。2022 年 11 月,为实现以上目标,生态环境部等 15 部门联合印发《重污染天气消除攻坚行动方案》。

1. 建立重污染天气监测预警体系

重污染天气预警制度是应对重污染天气的重要手段。国务院生态环境主管部门会同国务院气象主管机构等有关部门,国家大气污染防治重点区域内有关省、自治区、直辖市人民政府,建立重点区域重污染天气监测预警机制,统一预警分级标准。可能发生区域重污染天气的,有关部门应当及时向重点区域内有关省、自治区、直辖市人民政府通报。县级以上地方人民政府应当将重污染天气应对纳入突发事件应急管理体系。

2. 大气污染防治的应急预案

重污染天气应对是突发事件应急管理的重要内容。县级以上地方人民政府应当依据重污染天气的预警等级,及时启动应急预案,根据应急需要可以采取责令有关企业停产或者限产、限制部分机动车行驶、禁止燃放烟花爆竹、停止工地土石方作业和建筑物拆除施工、停止露天烧烤、停止幼儿园和学校组织的户外活动、组织开展人工影响天气作业等应急措施。

第三节 水污染防治法

一、水污染防治法概述

(一)水与水污染

水是生命的源泉,是人类和其他一切生物生存和发展不可或缺也不可替代的环境要素。环境科学把水中的悬浮物、溶解物质、水中生物、底泥和水作为一个生态系统,将其称为“水体”。[17] 《水污染防治法》中所指的水体,包括中华人民共和国领域内的江河、湖泊、运河、渠道、水库等地表水体以及地下水体。

《水污染防治法》中的水污染是指水体被某种物质介入,而导致其化学、物理、生物或者放射性等方面的特性改变,从而影响水的有效利用,危害人体健康或者破坏生态环境,造成水质恶化的现象。水污染依其污染物质的性质不同,大体上可以分为病原体污染、悬浮物及沉积物污染、需氧型污染、植物营养物质污染、石油污染、酸碱盐污染、有毒化学物质污染、放射性污染

---

〔16〕 参见环境保护部办公厅、中国气象局办公厅《关于统一京津冀城市重污染天气预警分级标准强化重污染天气应对工作的函》(2016 年)。

〔17〕 参见张璐主编:《环境与资源保护法学》(第 4 版),北京大学出版社 2023 年版,第 213 页。

和热污染等。[18]

水污染主要有污染影响范围大、污染作用时间长、污染物质种类繁多、污染造成的某些疾病不易彻底治疗、污染治理困难等特点。[19] 其对人体健康、工农业生产、渔业生产和生态系统造成不同程度的危害。[20]

水污染一直是我国环境保护中的突出问题,党的十八大以来,国家不断加强水污染治理力度,“绿水青山就是金山银山”的意识不断得到强化。2018 年,中共中央、国务院《关于全面加强生态环境保护 坚决打好污染防治攻坚战的意见》要求着力打好碧水保卫战,深入实施水污染防治行动计划。生态环境部发布的《2021 中国生态环境状况公报》显示,2021 年全国地表水监测的3632 个国考断面中,Ⅰ类至Ⅲ类水质断面占比为84.9%,劣Ⅴ类占比为1.2%,主要污染指标为化学需氧量、高锰酸盐指数和总磷。长江流域、西北诸河、西南诸河、浙闽片河流和珠江流域水质为优,黄河流域、辽河流域和淮河流域水质为良好,海河流域和松花江流域为轻度污染。

(二)我国水污染防治立法概况

我国水污染防治立法工作始于20 世纪50 年代中期,最初是在饮用水卫生方面作出相关规定。1954 年,我国制定了《自来水水质暂行标准》(已失效)。1956 年国务院颁布了《工厂安全卫生规程》(已失效),规定要“保证饮水不受污染”。同年,卫生部和国家建委颁布了《饮用水水质标准(草案)》。1957 年,国务院有关部门颁布了《集中式生活饮用水水源选择及水质评价暂行规定》和《关于注意处理工矿企业排出有毒废水、废气问题的通知》。

20 世纪70 年代以后,水污染问题日益严重。1971 年,卫生部发出了《关于工业“三废”对水源、大气污染程度调查的通知》。1972 年6 月至9 月,国务院批转了《关于官厅水库水源保护工作进展情况的报告》《关于桑干河水系污染情况的调查报告》等文件。1973 年,国务院颁布了《工业“三废”排放试行标准》。1976 年颁布《生活饮用水卫生标准(试行)》。1979 年颁布《渔业水质标准(试行)》《农田灌溉水质标准》《工业企业设计卫生标准》。

1984 年5 月,第六届全国人大常委会第五次会议通过了《水污染防治法》。为了贯彻实施这项法律,国家颁布或修订了一系列水污染排放标准,如《生活饮用水卫生标准》《农田灌溉水质标准》《地面水质标准》等。1989 年,原国家环境保护局颁布了经国务院批准的《水污染防治法实施细则》(已失效)。

自20 世纪90 年代以来,随着我国经济的快速发展,水污染在总体上呈恶化趋势,并出现了许多新问题和新情况。为此,第八届全国人大常委会于1996 年5 月通过了《关于修改〈中华人民共和国水污染防治法〉的决定》。2000 年3 月,国务院发布了《水污染防治法实施细则》(已失效)。2008 年2 月,第十届全国人大常委会通过了修订后的《水污染防治法》,并于2008 年6 月1 日起施行。

2015 年,全国人大常委会对水污染防治法实施情况开展执法检查,认为水污染防治工作

---

〔18〕 参见周珂等主编:《环境法》(第6 版),中国人民大学出版社2021 年版,第140 - 141 页。

〔19〕 参见张璐主编:《环境与资源保护法学》(第4 版),北京大学出版社2023 年版,第274 页。

〔20〕 参见曹明德主编:《环境与资源保护法》(第2 版),中国人民大学出版社2013 年版,第123 页。

取得阶段性成果，水环境质量有所改善，同时指出当前我国水环境质量仍不容乐观，水污染形势依然严峻，水污染防治任务艰巨。同年 4 月，国务院印发《水污染防治行动计划》，对水污染防治工作作出全面部署，确立了一系列新制度、新措施。为进一步强化地方政府责任，明确企业主体责任，完善总量控制与排污许可、饮用水安全保障、地下水污染防治、水生态保护、区域流域水污染联合防治等制度，加大处罚力度，将《水污染防治行动计划》确立的各项制度措施法制化，2017 年 6 月，全国人大常委会再次修正了《水污染防治法》。[21] 此外，为加强对长江流域和黄河流域的保护，全国人大常委会分别于 2020 年和 2022 年通过了《长江保护法》和《黄河保护法》，对长江流域和黄河流域的水污染防治问题作出了规定。

目前，我国水污染防治的法律、法规主要有：《水污染防治法》、《长江保护法》、《黄河保护法》、《饮用水水源保护区污染防治管理规定》（1989 年公布，2010 年修正）、《淮河流域水污染防治暂行条例》（1995 年公布，2011 年修订）、《太湖流域管理条例》（2011 年）、《南水北调工程供用水管理条例》（2014 年）等。

二、我国水污染防治法的主要规定

我国水污染防治的法律规定主要体现在《水污染防治法》中。我国现行的《水污染防治法》共有 8 章 103 条，对水污染防治的标准和规划、监督管理原则、监督管理体制、监督管理制度、污染事故处置和法律责任进行了规定，对工业水污染防治、城镇水污染防治、农业和农村水污染防治、船舶水污染防治规定了相应的防治措施，并对饮用水水源和其他特殊水体的保护作出了专门规定。

（一）水污染防治的监督管理原则

水污染防治的监督管理原则是水污染防治领域在一定时期内指导各项工作的指导思想，也是制定各项具体政策应当体现的精神。在水污染防治的监督管理工作中应遵循以下五项基本原则。

1. 预防为主、防治结合与综合治理原则

《水污染防治法》第 3 条明确规定，水污染防治应当坚持预防为主、防治结合与综合治理的原则。这一原则要求采取各种预防措施，尽量防止水环境问题的产生和恶化，同时对间生污染积极予以综合治理，把水环境污染和破坏控制在至少能够维持生态平衡，保障人体健康和社会物质财富以及经济、社会持续发展的最低安全水平以上。[22]

2. 优先保护饮用水水源原则

在水所有的用途中，“基本生活用水”是人生存发展之必需品，而生存权和健康权是最基本的人权，所以加强生活饮用水水源的保护，就是保护人类的生存与发展。作为基本人权和物质基础——“基本生活用水”必须得到优先和重点保护，这便是这一原则的理论和价值基础。《水污染防治法》第 3 条明确规定应优先保护饮用水源。

---

〔21〕 参见陈吉宁：《关于〈中华人民共和国水污染防治法修正案（草案）〉的说明——2016 年 12 月 19 日在第十二届全国人民代表大会常务委员会第二十五次会议上》。

〔22〕 参见周珂等主编：《环境法》（第 6 版），中国人民大学出版社 2021 年版，第 146 页。

3. 严格控制工业污染和城镇生活污染原则

工业废水是我国水污染主要污染源之一,是水污染防治中的重中之重。同时,随着经济社会的发展,城镇生活污水已经逐渐成为水污染的另一重要来源。在有的城市,城镇生活污水的排放量甚至已经超过了工业污水,成为排放量最大的污染源。因此,必须加强对城镇生活污水的防治。《水污染防治法》第3条明确规定,要严格控制工业污染和城镇生活污染。

4. 水污染防治与水资源管理相协调原则

水资源保护和水污染防治是水环境保护的两个侧面,二者相辅相成、相互制约。水污染降低了水资源的质量,影响了水资源的利用价值。而水资源的枯竭,水位线下降,也会降低水体稀释作用,削弱水体自然净化能力,从而会使水体污染程度加剧。[23] 为此,《水污染防治法》第27条规定,国务院有关部门和县级以上地方人民政府开发、利用和调节、调度水资源时,应当统筹兼顾,维持江河的合理流量和湖泊、水库以及地下水体的合理水位,保障基本生态用水,维护水体的生态功能。

5. 生态保护补偿原则

为了激励相关主体更加积极地实施水环境保护活动,平衡保护者和受益者之间的利益关系,《水污染防治法》规定了保护补偿的原则。国家通过财政转移支付等方式,建立健全对位于饮用水水源保护区区域和江河、湖泊、水库上游地区的水环境生态保护补偿机制。

(二)水污染防治的监督管理体制

我国水污染防治的监督管理体制是政府负责、环境保护行政主管部门统管和其他部门分管相结合的管理体制。

1. 政府水污染防治职责

根据《水污染防治法》的规定,各级人民政府在水污染防治中的职责体现在四方面:(1)县级以上人民政府应当将水环境保护工作纳入国民经济和社会发展规划;(2)地方各级人民政府对本行政区域的水环境质量负责;(3)国家实行水环境保护目标责任制和考核评价制度,将水环境保护目标完成情况作为对地方人民政府及其负责人考核评价的内容;(4)省、市、县、乡建立河长制,分级分段组织领导本行政区域内江河、湖泊的水资源保护、水域岸线管理、水污染防治、水环境治理等工作。

此外,省级人民政府的职责包括:(1)可以对国家水环境质量标准中未作规定的项目制定地方标准;(2)参与确定重要江河、湖泊流域的省界水体适用的水环境质量标准;(3)可对国家水污染物排放标准中未作规定的项目制定地方水污染物排放标准,对国家水污染物排放标准中已作规定的项目制定严于国家水污染物排放标准的地方水污染物排放标准;(4)参与修订水环境质量标准和水污染物排放标准;(5)参与编制国家确定的重要江河、湖泊等跨省级江河、湖泊的流域水污染防治规划,组织制定本行政区域的水污染防治规划。

有关市、县级人民政府应当按照水污染防治规划确定的水环境质量改善目标的要求,制定限期达标规划,采取措施按期达标,并将限期达标规划报上一级人民政府备案,向社会公开。市、县级人民政府每年在向本级人民代表大会或者其常务委员会报告环境状况和环境保护目

〔23〕 参见张梓太主编:《环境与资源保护法学》,北京大学出版社2007年版,第298页。

标完成情况时,应当报告水环境质量限期达标规划执行情况,并向社会公开。

2. 环境保护行政主管部门水污染防治职责

环境保护行政主管部门是对水污染防治实施监督管理的国家机关。县级以上人民政府环境保护主管部门对水污染防治实施统一监督管理。其中,国务院环境保护行政主管部门的具体职责是:(1)制定和修订国家水环境质量标准和水污染物排放标准;(2)会同国务院水行政主管部门和有关省级人民政府,确定该重要江河、湖泊流域水体的省界水体适用的水环境质量标准;(3)会同有关部门编制重要江河、湖泊的流域水污染防治规划。

3. 其他有关部门职责

交通主管部门的海事管理机构对船舶污染水域的防治实施监督管理,县级以上人民政府水行政、国土资源、卫生、建设、农业、渔业等部门以及重要江河、湖泊的流域水资源保护机构,在各自的职责范围内,对有关水污染防治实施监督管理。

(三)水污染防治的监督管理制度

1. 重点水污染物排放的总量控制制度

重点水污染物排放的总量控制制度,是指在特定的时期内,综合经济、技术、社会等条件,采取通过向排污源分配水污染排放量的形式,将一定空间范围内的排污源产生的水污染物的数量控制在水环境容许限度内而实行的污染控制方式及其管理规范的总称。

《水污染防治法》关于重点水污染物排放总量控制的规定包括三方面:(1)国家对重点水污染物排放实施总量控制制度;(2)国务院环境保护主管部门会同国务院经济综合宏观调控部门报国务院批准并下达实施重点水污染物排放总量控制指标;(3)省级人民政府按照国务院的规定削减和控制本行政区域的重点水污染物排放总量,对超过重点水污染物排放总量控制指标或者未完成水环境质量改善目标的地区,省级以上人民政府环境保护主管部门会同有关部门约谈该地区人民政府的主要负责人,并暂停审批新增重点水污染物排放总量的建设项目的环境影响评价文件。

此外,根据《水污染防治法》的规定,省级人民政府可以根据本行政区域水环境质量状况和水污染防治工作的需要,对国家重点水污染物之外的其他水污染物排放实行总量控制。

2. 排污许可制度

排污许可制度是加强污染物排放监管的重要手段。根据《水污染防治法》第 21 条的规定,直接或者间接向水体排放工业废水和医疗污水以及其他按照规定应当取得排污许可证方可排放的废水、污水的企业事业单位和其他生产经营者,以及城镇污水集中处理设施的运营单位应当取得排污许可证,禁止无排污许可证或者违反排污许可证的规定向水体排放废水、污水。国务院 2021 年颁布的《排污许可管理条例》对排污许可的具体要求和实施步骤作出了具体规定。

根据《水污染防治法》第 83 条的规定:对于未依法取得排污许可证排放水污染物的或利用渗井、渗坑、裂隙、溶洞,私设暗管,篡改、伪造监测数据,或者不正常运行水污染防治设施等逃避监管的方式排放水污染物的,由县级以上人民政府环境保护主管部门责令改正或者责令限制生产、停产整治,并处 10 万元以上 100 万元以下的罚款;情节严重的,报经有批准权的人民政府批准,责令停业、关闭。

3. 水污染物排放超标处罚制度

超标排放水污染物属于违法行为,理应承担相应的法律责任。根据《水污染防治法》第10条和第83条的规定:排放水污染物,不得超过国家或者地方规定的水污染物排放标准,超过水污染物排放标准排放污染物的,由县级以上人民政府环境保护主管部门责令改正或者责令限制生产、停产整治,并处10万元以上100万元以下的罚款;情节严重的,报经有批准权的人民政府批准,责令停业、关闭。

4. 水环境监测制度

水环境监测制度包括水环境质量监测制度和水污染物排放监测制度。根据《水污染防治法》第25条的规定,国务院环境保护主管部门负责制定水环境监测规范,统一发布国家水环境状况信息,会同国务院水行政等部门组织监测网络,统一规划国家水环境质量监测站(点)的设置,建立监测数据共享机制,加强对水环境监测的管理。根据《水污染防治法》第26条的规定,国家确定的重要江河、湖泊流域的水资源保护工作机构负责监测其所在流域的省界水体的水环境质量状况,并将监测结果及时报国务院环境保护主管部门和国务院水行政主管部门;有经国务院批准成立的流域水资源保护领导机构的,应当将监测结果及时报告流域水资源保护领导机构。

根据《水污染防治法》的相关规定:实行排污许可管理的企业事业单位和其他生产经营者应当按照国家有关规定和监测规范,对所排放的水污染物自行监测,并保存原始监测记录;重点排污单位还应当安装水污染物排放自动监测设备,与环境保护主管部门的监控设备联网,并保证监测设备正常运行;排放国务院环境保护主管部门会同国务院卫生主管部门公布的有毒有害水污染物名录中所列有毒有害水污染物的企业事业单位和其他生产经营者,应当对排污口和周边环境进行监测,评估环境风险,排查环境安全隐患,并公开有毒有害水污染物信息,采取有效措施防范环境风险;化学品生产企业以及工业集聚区、矿山开采区、尾矿库、危险废物处置场、垃圾填埋场等的运营、管理单位,应当采取防渗漏等措施,并建设地下水水质监测井进行监测,防止地下水污染;加油站等的地下油罐应当使用双层罐或者采取建造防渗池等其他有效措施,并进行防渗漏监测,防止地下水污染;禁止篡改、伪造监测数据。

5. 流域水环境保护联合协调治理制度

水环境治理应当坚持整体系统观,流域上下游之间需要协同采取治理措施。根据《水污染防治法》第28条和第29条的规定:(1)国务院环境保护主管部门应当会同国务院水行政等部门和有关省级人民政府,建立重要江河、湖泊的流域水环境保护联合协调机制,实行统一规划、统一标准、统一监测、统一的防治措施;(2)国务院环境保护主管部门和省级人民政府环境保护主管部门应当会同同级有关部门明确流域生态环境保护要求,组织开展流域环境资源承载能力监测、评价,实施流域环境资源承载能力预警;(3)县级以上地方人民政府应当根据流域生态环境功能需要,组织开展江河、湖泊、湿地保护与修复,因地制宜建设人工湿地、水源涵养林、沿河沿湖植被缓冲带和隔离带等生态环境治理与保护工程,整治黑臭水体,提高流域环境资源承载能力。此外,《长江保护法》和《黄河保护法》分别对长江流域和黄河流域的水环境治理作出了专门规定。

6. 跨行政区域水纠纷协商解决制度

跨行政区域水污染纠纷的原因复杂多样,许多纠纷是各行政区域在相关经济与社会发展方面的政策不协调所导致。因此,跨行政区域水污染纠纷的处理并非司法裁判能全面解决,需要通过政府之间的协调才能达成最终目标。为此,《水污染防治法》第31条规定,跨行政区域的水污染纠纷,由有关地方人民政府协商解决,或者由其共同的上级人民政府协调解决。这一条确立了我国的跨行政区域水纠纷协商解决制度。

案例5-3-01 甘肃省某锑业有限责任公司尾矿库泄漏事件[24]

2015年11月23日,甘肃省某锑业有限责任公司尾矿库发生泄漏,造成跨甘肃省、陕西省、四川省的突发环境事件,对沿线部分群众生产、生活用水造成了一定影响,并直接威胁到四川省广元市西湾水厂供水安全。事件发生后,原环境保护部、水利部、住房和城乡建设部迅速派出工作组和专家组赶赴现场,协调指导地方做好应急应对工作。通过甘肃省、陕西省、四川省三省共同努力,事件得到了妥善处置,保障了沿线群众生产、生活用水安全,成功避免了一起特别重大环境事件的发生。

评析:此次事件由尾矿库泄漏直接引发,造成了甘肃省、陕西省、四川省三省跨界水污染,三省的省政府及其有关部门根据《水污染防治法》第31条和《国家突发环境事件应急预案》的规定和要求,协调处理,有效防止了水污染损害后果的扩大。

(四)水污染防治的主要措施

《水污染防治法》第四章规定了水污染防治的主要措施,包括水污染防治的一般规定和工业水污染防治、城镇水污染防治、农业和农村水污染防治、船舶水污染防治的特殊规定。

1. 水污染防治的一般规定

(1)有毒有害水污染物风险管理的规定。国务院环境保护主管部门应当会同国务院卫生主管部门公布有毒有害水污染物名录,实行风险管理。排放上述名录中所列有毒有害水污染物的企业事业单位和其他生产经营者,应采取有效措施防范环境风险。(2)禁止向水体排放、倾倒有毒、有害物质的规定。这些有毒、有害物质主要包括:油类、酸液、碱液或者剧毒废液;放射性固体废物或者含有高放射性和中放射性物质的废水;工业废渣、城镇垃圾和其他废弃物。此外,禁止在水体清洗装贮过油类或者有毒污染物的车辆和容器;禁止将含有汞、镉、砷、铬、铅、氰化物、黄磷等的可溶性剧毒废渣向水体排放、倾倒或者直接埋入地下;禁止在江河、湖泊、运河、渠道、水库最高水位线以下的滩地和岸坡堆放、存贮固体废弃物和其他污染物。(3)限制向水体排入其他污染物的规定。向水体排放低放射性物质、含热废水、含病原体废水,应当符合国家有关规定和标准。存放可溶性剧毒废渣的场所,应当采取防水、防渗漏、防流失的措施。(4)防止地下水污染的禁止规定。禁止利用渗井、渗坑、裂隙、溶洞,私设暗管,篡改、伪造监测数据,或者不正常运行水污染防治设施等逃避监管的方式排放水污染物。禁止利用无防渗漏措施的沟渠、坑塘等输送或者存贮含有毒污染物的废水、含病原体的污水和其他废弃物。化学品生产企业以及工业集聚区、矿山开采区、尾矿库、危险废物处置场、垃圾填埋场等的运

〔24〕《甘肃省某锑业有限责任公司"11·23"尾矿库泄漏次生重大突发环境事件调查报告》,载生态环境部网2021年3月12日,https://www.mee.gov.cn/home/ztbd/2021/yacjtshjyjnl/yacjdxal/202103/t20210312_824442.shtml。

营、管理单位应当采取防渗漏等措施。加油站等的地下油罐应当使用双层罐或者采取建造防渗池等措施。(5)防止开发、回灌活动污染地下水的规定。多层地下水的含水层水质差异大的,应当分层开采;对已受污染的潜水和承压水,不得混合开采。兴建地下工程设施或者进行地下勘探、采矿等活动,应当采取防护性措施,防止地下水污染。人工回灌补给地下水,不得恶化地下水质。对于报废矿井、钻井或者取水井等,应当实施封井或者回填。

2. 工业水污染防治的主要规定

工业水污染防治的主要规定包括:(1)合理规划工业布局,造成水污染的企业应进行技术改造,采取综合防治措施,提高水的重复利用率,减少废水和污染物排放量;(2)采取有效措施收集和处理废水,对含有毒有害水污染物的工业废水应当分类收集和处理,不得稀释排放,工业集聚区应当配套建设相应的污水集中处理设施,向污水集中处理设施排放工业废水应当按照国家有关规定进行预处理;(3)淘汰严重污染水环境的落后工艺和设备,公布限期禁止采用的工艺名录和设备名录;(4)禁止新建不符合国家产业政策的小型造纸、制革、印染、染料、炼焦、炼硫、炼砷、炼汞、炼油、电镀、农药、石棉、水泥、玻璃、钢铁、火电以及其他严重污染水环境的生产项目;(5)企业应当采用原材料利用效率高、污染物排放量少的清洁工艺。

3. 城镇水污染防治的主要规定

城镇水污染防治的主要规定包括:(1)县级以上地方人民政府统筹安排建设城镇污水集中处理设施及配套管网;(2)城镇污水集中处理设施的运营单位对出水水质负责,环境保护主管部门应当对出水水质和水量进行监督检查;(3)城镇污水集中处理设施的运营单位或者污泥处理处置单位应当安全处理、处置污泥,保证处理处置后的污泥符合国家标准。

4. 农业和农村水污染防治的主要规定

农业和农村水污染防治的主要规定包括:(1)国家支持农村污水、垃圾处理设施的建设,推进农村污水、垃圾集中处理,地方各级人民政府应当统筹规划建设农村污水、垃圾处理设施,并保障其正常运行;(2)在制定化肥、农药等产品的质量标准和使用标准时,应当使其符合水环境保护要求,县级以上地方人民政府农业主管部门和其他有关部门应当指导农业生产者科学、合理地施用化肥和农药,控制化肥和农药的过量使用;(3)国家支持畜禽养殖场、养殖小区建设畜禽粪便、废水的综合利用或者无害化处理设施,畜禽养殖场、养殖小区应当保证这些设施正常运转,保证污水达标排放,畜禽散养密集区所在地县、乡级人民政府应当组织对畜禽粪便污水进行分户收集、集中处理利用;(4)从事水产养殖应当科学确定养殖密度,合理投饵和使用药物;(5)农田灌溉用水应当符合相应的水质标准,禁止向农田灌溉渠道排放工业废水或者医疗污水,在向农田灌溉渠道排放城镇污水以及未综合利用的畜禽养殖废水、农产品加工废水时,应当保证其下游最近的灌溉取水点的水质符合农田灌溉水质标准。

5. 船舶水污染防治的主要规定

船舶水污染防治的重点是内河船舶的污染防治,应减少和降低船舶作业活动对内河水域的污染。其措施包括:(1)船舶进入内河和港口的应当遵守内河的船舶污染物排放标准,禁止向水体排入船舶的残油、废油,禁止向水体倾倒船舶垃圾;(2)船舶应当按照国家有关规定配置相应的防污设备和器材,严格遵守污染物排放作业的操作规程,并在相应的记录簿上如实记载;(3)港口、码头、装卸站和船舶修造厂所在地市、县级人民政府应当统筹规划建设船舶污染物、废弃物的接收,转运及处理处置设施,港口、码头、装卸站和船舶修造厂应当备有足够的船舶污染物、废弃物的接收设施;(4)在船舶进行散装液体污染危害性货物的过驳作业时,应当编制作业方案,采取有效的安全和污染防治措施,并报作业地海事管理机构批准。

(五)饮用水水源和其他特殊水体的保护

为确保城乡居民的饮用水安全,现行《水污染防治法》将"保障饮用水安全"作为立法目的,对饮用水水源保护进行专章规定。饮用水水源保护的规定主要包括以下四个方面:

1. 饮用水水源保护区的划定。"饮用水水源保护区"是指国家为防止饮用水水源地污染、保证水源地环境质量而划定,并要求加以特殊保护的一定面积的水域和陆域。饮用水水源保护区被分为一级保护区和二级保护区;必要时,可以在饮用水水源保护区外围划定一定的区域作为准保护区。《水污染防治法》和《饮用水水源保护区污染防治管理规定》规定了饮用水水源保护区的划定程序、设立标志和争议解决方式。

2. 饮用水水源保护区的严格管理。禁止在饮用水水源保护区内设置排污口。在饮用水水源一级保护区内禁止新建、改建、扩建与供水设施和保护水源无关的建设项目和从事网箱养殖、旅游、游泳、垂钓或者其他可能污染饮用水水体的活动。在饮用水水源二级保护区内,禁止新建、改建、扩建排放污染物的建设项目,从事网箱养殖、旅游等活动应当按照规定采取措施,防止污染饮用水水体。在饮用水水源准保护区内,禁止新建、扩建对水体污染严重的建设项目,改建建设项目则不得增加排污量。此外,饮用水水源受到污染可能威胁供水安全的,环境保护主管部门应当责令有关企业事业单位和其他生产经营者采取停止或者减少排放水污染物等措施。国务院和省级人民政府可以根据水环境保护的需要,规定在饮用水水源保护区内,采取禁止或者限制使用含磷洗涤剂、化肥、农药以及限制种植养殖等措施。

3. 在饮用水水源保护区内实施积极的保护措施。县级以上地方人民政府应当根据保护饮用水水源的实际需要,在准保护区内采取工程措施或者建造湿地、水源涵养林等生态保护措施,防止水污染物直接排入饮用水水体,对饮用水水源保护区、地下水型饮用水源的补给区及供水单位周边区域的环境状况和污染风险进行调查评估,筛查可能存在的污染风险因素,并采取相应的风险防范措施;饮用水供水单位应当对供水水质负责,确保供水设施安全可靠运行,保证供水水质符合国家有关标准,做好取水口和出水口的水质检测工作,发现取水口水质不符合饮用水水源水质标准或者出水口水质不符合饮用水卫生标准的,应当及时采取相应措施,并向所在地市、县级人民政府供水主管部门报告。

4. 特殊水体的保护。县级以上人民政府可以对风景名胜区水体、重要渔业水体和其他具有特殊经济文化价值的水体划定保护区,保证保护区的水质符合规定用途的水环境质量标准。在风景名胜区水体、重要渔业水体和其他具有特殊经济文化价值的水体的保护区内,不得新建排污口。在保护区附近新建排污口,应当保证保护区水体不受污染。

(六)有关水污染事故处置的规定

1. 对各级人民政府水污染事故处置的要求。各级人民政府及其有关部门,应当依照《突发事件应对法》的规定,做好突发水污染事故的应急准备、应急处置和事后恢复等工作;市、县级人民政府应当组织编制饮用水安全突发事件应急预案,有关人民政府应当根据情况及时启动应急预案,采取有效措施,保障供水安全。

2. 对企业事业单位水污染事故处置的要求。可能发生水污染事故的企业事业单位,应当制定有关水污染事故的应急方案,做好应急准备,并定期进行演练;生产、储存危险化学品的企业事业单位,应当采取措施,防止在处理安全生产事故过程中产生的可能严重污染水体的消防废水、废液直接排入水体;企业事业单位发生事故或者其他突发性事件,造成或者可能造成水污染事故的,应当立即启动本单位的应急方案,采取隔离等应急措施,防止水污染物进入水体,并向事故发生地的县级以上地方人民政府或者环境保护主管部门报告;饮用水供水单位应当根据所在地饮用水安全突发事件应急预案,制定相应的突发事件应急方案,报所在地市、县级人民政府备案,并定期进行演练,在饮用水水源发生水污染事故时应当采取应急处理措施,向所在地市、县级人民政府报告,并向社会公开。

(七)有关水污染损害民事责任的规定

《水污染防治法》第96~100条对水污染损害民事责任作出了规定,包括以下五个方面:

1. 民事纠纷的举证责任。水污染引起的损害赔偿诉讼,由排污方就法律规定的免责事由及其行为与损害结果之间不存在因果关系承担举证责任。

2. 共同诉讼、支持诉讼和法律援助。因水污染受到损害的当事人人数众多的,可以依法由当事人推选代表人进行共同诉讼。环境保护主管部门和有关社会团体可以依法支持因水污染受到损害的当事人向人民法院提起诉讼。国家鼓励法律服务机构和律师为水污染损害诉讼中的受害人提供法律援助。

3. 监测证据取得的方法和程序。对于水污染引起的损害赔偿责任和赔偿金额的纠纷,当事人可以委托环境监测机构提供监测数据。环境监测机构应当接受委托,如实提供有关监测数据。

4. 行政机关负有调解水污染民事纠纷的职责。对于水污染引起的损害赔偿责任和赔偿金额的纠纷,可以根据当事人的请求,由环境保护主管部门或者海事管理机构、渔业主管部门按照职责分工调解处理;调解不成的,当事人可以向人民法院提起诉讼。当事人也可以直接向人民法院提起诉讼。

5. 第三人的不真正连带责任。若水污染损害是第三人造成的,则排污方在承担赔偿责任后,有权向第三人追偿。

第四节　土壤污染防治法

一、土壤污染防治法概述

(一)土壤和土壤污染

土壤是构成生态系统的基本要素,被誉为"生命之基、万物之母",是人类赖以生存的重要物质基础,是工农业生产不可或缺的宝贵资源,土壤安全是保障农产品质量安全和人居环境安全的重要前提。[25] 土壤通常是指由矿物质、有机质、水、空气及生物有机体组成的地球陆地表

〔25〕 参见罗清泉、许安标、张桃林主编:《中华人民共和国土壤污染防治法释义》,中国民主法制出版社2018年版,第33页。

面上能生长植物的疏松层。土壤可以净化环境,提供植物生长的场所和必需的养分,为各种生物及微生物提供生存空间,提供建筑物的基础和工程材料。《土壤污染防治法(草案)》规定,"本法所称土壤,是指位于陆地表层能够生长植物的疏松多孔物质层及其相关自然地理要素的综合体"。但由于缺乏相关统一的术语规定,所以最后通过的《土壤污染防治法》并没有就"土壤"的定义作出统一规定。[26]

土壤污染一般是指土壤因物质、生物或能量的介入,其原有特性发生改变,从而发生影响土壤有效利用、危害人体健康或者破坏生态环境的现象。《土壤污染防治法》所称的土壤污染,则是指"因人为因素导致某种物质进入陆地表层土壤,引起土壤化学、物理、生物等方面特性的改变,影响土壤功能和有效利用,危害公众健康或者破坏生态环境的现象"。

土壤污染通常是在经济社会发展过程中长期累积形成的:企业生产经营活动中排放的废气、废水、废渣造成周边土壤污染;污水灌溉,化肥、农药、农膜等农业投入品的不合理使用和畜禽养殖等农业生产活动造成耕地土壤污染;生活垃圾、废旧家用电器、废旧电池、废旧灯管等造成土壤污染;等等。与大气污染、水污染相比较,土壤污染的主要特征为:(1)隐蔽性和滞后性,土壤污染往往要通过土壤样品分析才能确定,从产生到发现时间较长;(2)累积性,污染物更难在土壤中迁移、扩散和稀释;(3)不均匀性,污染物在土壤中迁移慢,导致土壤中污染物分布不均匀;(4)难可逆性,重金属难以降解,土壤污染基本上是一个不可完全逆转的过程;(5)污染治理具有艰巨性,土壤污染一旦发生,仅仅依靠控制污染源的方法很难恢复原有环境,治理土壤污染的成本高、周期长、难度大。[27] 土壤污染会对耕地、农产品、人居环境、生态环境和人体健康造成严重危害。

2014 年发布的《全国土壤污染状况调查公报》显示,全国土壤环境状况总体不容乐观,部分地区土壤污染较重,耕地土壤环境质量堪忧,工矿业废弃地土壤环境问题突出。工矿业、农业等人为活动以及土壤环境背景值高是造成土壤污染或超标的主要原因。从污染分布情况看,南方土壤污染重于北方;长江三角洲、珠江三角洲、东北老工业基地等部分区域土壤污染问题较为突出,西南、中南地区土壤重金属超标范围较大;镉、汞、砷、铅等四种无机污染物含量分布呈现从西北到东南、从东北到西南逐渐升高的态势。近些年土壤污染状况有所改善,《2021 中国生态环境状况公报》显示,2021 年全国土壤环境风险得到基本控制,土壤污染加重趋势得到初步遏制。[28]

(二)我国土壤污染防治立法概况

我国早在 1979 年《环境保护法(试行)》中就有关于防止土壤污染的规定,该法第 21 条规定:"积极发展高效、低毒、低残留农药。推广综合防治和生物防治,合理利用污水灌溉,防止土壤和作物的污染。"在《土壤污染防治法》颁布以前,我国并没有专门对土壤污染防治进行立

---

〔26〕 参见生态环境部法规与标准司编写:《〈中华人民共和国土壤污染防治法〉解读与适用手册》,法律出版社 2018 年版,第 5 页。

〔27〕 参见《环境保护部就〈土壤污染防治行动计划〉答问》,载中国政府网,http://www.gov.cn/xinwen/2016-05/31/content_5078433.htm。

〔28〕 参见《2021 中国生态环境状况公报》,载生态环境部网 2022 年 5 月 27 日,https://www.mee.gov.cn/hjzl/sthjzk/zghjzkgb/202205/P020220608338202870777.pdf。

法,防治土壤污染的措施被分散规定在相关法律中,土壤污染防治标准体系不健全,要求不明确,责任也不清晰。为保障公众健康,推动土壤资源永续利用,推进生态文明建设,2018 年 8 月,第十三届全国人大常委会第五次会议通过《土壤污染防治法》。

除法律外,国家制定了土壤污染防治的行动计划。2016 年,国务院印发《土壤污染防治行动计划》,对加强土壤污染防治,逐步改善土壤环境质量发挥重要作用。该计划提出的目标是:到 2020 年,全国土壤污染加重趋势得到初步遏制,土壤环境质量总体保持稳定,农用地和建设用地土壤环境安全得到基本保障,土壤环境风险得到基本管控;到 2030 年,全国土壤环境质量稳中向好,农用地和建设用地土壤环境安全得到有效保障,土壤环境风险得到全面管控;到 21 世纪中叶,土壤环境质量全面改善,生态系统实现良性循环。

在《土壤污染防治法》正式实施前,原国家环境保护局制定《土壤环境质量标准》(1995 年),适用于农田、林地、自然保护区等地的土壤。为加强污染地块环境保护监督管理,原《污染地块土壤环境管理办法(试行)》(2016 年)、《农用地土壤环境管理办法(试行)》(2017 年)、《工矿用地土壤环境管理办法(试行)》(2018 年)、《土壤环境质量　农用地土壤污染风险管控标准(试行)》(2018 年)、《土壤环境质量　建设用地土壤污染风险管控标准(试行)》(2018 年)陆续被颁布。

在《土壤污染防治法》正式实施后,我国又制定《土壤污染防治资金管理办法》(2021 年通过,2022 年修订)、《建设用地土壤污染责任人认定暂行办法》(2021 年)、《农用地土壤污染责任人认定暂行办法》(2021 年)等,对土壤污染防治资金管理制度与土壤污染责任人认定制度进行了细化。

2022 年 10 月,党的二十大报告明确要求坚持精准治污、科学治污、依法治污,持续深入打好净土保卫战,加强土壤污染源头防控,开展新污染物治理,为土壤污染防治工作指明方向。

二、我国土壤污染防治法的主要规定

我国土壤污染防治的法律规定主要体现在《土壤污染防治法》中。我国《土壤污染防治法》共计 7 章 99 条,主要内容包括规划、标准、普查和监测、预防和保护、风险管控和修复、保障和监督、法律责任等。

(一)土壤污染防治的基本原则与监督管理体制

1. 土壤污染防治的基本原则

土壤污染防治原则是土壤污染防治领域具有统领性作用的基本原则,体现了制定土壤污染防治法的指导思想和基本理念,明确了开展土壤污染防治工作的指导方针和基本遵循。[29]其内容是:"土壤污染防治应当坚持预防为主、保护优先、分类管理、风险管控、污染担责、公众参与的原则。"该原则包括了六个方面:在开展与土壤利用相关工作时应预先采取防范措施、优先采取保护措施、按土地用途制定相应管理措施、控制污染地块的环境风险、造成土壤污染者应承担相应义务和责任、鼓励和支持公众参与土壤污染防治。

---

〔29〕 参见罗清泉、许安标、张桃林主编:《中华人民共和国土壤污染防治法释义》,中国民主法制出版社 2018 年版,第 56 页。

2. 各级人民政府的职责

《土壤污染防治法》规定了考核评价制度，以明确政府的责任，要求地方各级人民政府对本行政区域土壤污染防治和安全利用负责。国家实行土壤污染防治目标责任制和考核评价制度，将土壤污染防治目标完成情况作为考核评价地方各级人民政府及其负责人、县级以上人民政府负有土壤污染防治监督管理职责的部门及其负责人的内容。各级人民政府应当加强对土壤污染防治工作的领导，组织、协调、督促有关部门依法履行土壤污染防治监督管理职责。也就是说，实行土壤污染防治，必须发挥好"关键少数"的带头作用。

3. 政府各主管部门的职责

土壤污染防治实行统一监管与部门分工监管相结合的监管体制。国务院生态环境主管部门对全国土壤污染防治工作实施统一监督管理，国务院农业农村、自然资源、住房城乡建设、林业草原等主管部门在各自职责范围内对土壤污染防治工作实施监督管理。地方人民政府生态环境主管部门对本行政区域土壤污染防治工作实施统一监督管理，地方人民政府农业农村、自然资源、住房城乡建设、林业草原等主管部门在各自职责范围内对土壤污染防治工作实施监督管理。

4. 社会主体的土壤污染防止义务与责任

任何组织和个人都有保护土壤、防止土壤污染的义务。其中，土地使用权人从事土地开发利用活动，企业事业单位和其他生产经营者从事生产经营活动，应当采取有效措施，防止、减少土壤污染，对所造成的土壤污染依法承担责任。

（二）土壤污染防治监督管理制度

1. 全国土壤污染状况普查制度

土壤污染具有隐蔽性，通过开展全国土壤污染状况普查，可以调查清楚土壤环境问题，提升土壤资源保护和利用水平，并可以将普查结果作为开展土壤污染防治工作的依据。《土壤污染防治法》规定了国务院统一领导全国土壤污染状况普查。国务院生态环境主管部门会同国务院农业农村、自然资源、住房城乡建设、林业草原等主管部门，每 10 年至少组织开展一次全国土壤污染状况普查。2005 年至 2013 年，原环境保护部会同原国土资源部开展了首次全国土壤污染状况调查，并发布报告。

2. 土壤环境监测制度

土壤环境监测制度主要包括监测网络的建设以及重点监测地块的相关内容。国务院生态环境主管部门制定土壤环境监测规范，会同国务院农业农村、自然资源、住房城乡建设、水利、卫生健康、林业草原等主管部门组织监测网络，统一规划国家土壤环境监测站（点）的设置。重点监测的农用地地块包括：（1）产出的农产品污染物含量超标的；（2）被作为或者曾被作为污水灌溉区的；（3）被用于或者曾被用于规模化养殖，固体废物堆放、填埋的；（4）曾被作为工矿用地或者发生过重大、特大污染事故的；（5）位于有毒有害物质生产、贮存、利用、处置设施周边区域的；（6）国务院农业农村、林业草原、生态环境、自然资源主管部门规定的其他情形。重点监测的建设用地地块包括：（1）曾被用于生产、使用、贮存、回收、处置有毒有害物质的；（2）曾被用于固体废物堆放、填埋的；（3）曾发生过重大、特大污染事故的；（4）国务院生态环境、自然资源主管部门规定的其他情形。对农用地和建设用地进行重点监测，主要是它们直接关系到食品安全和人居环境安全。

(三)土壤污染预防和保护制度

1. 土壤有毒有害物质重点名录

“有毒有害物质”是指对公众健康、生态环境有危害和不良影响的物质,包括天然有毒有害物质和人工合成有毒有害物质,主要包括重金属、危险废物、优先控制化学品等。[30] 国务院生态环境主管部门应当会同国务院卫生健康等主管部门,根据对公众健康、生态环境的危害和影响程度,对土壤中有毒有害物质进行筛查评估,公布重点控制的土壤有毒有害物质名录,并适时更新。

2. 土壤污染重点监管单位名录

确定土壤污染重点监管单位,主要是为了加强监管的针对性与有效性。设区的市级以上地方人民政府生态环境主管部门应当按照国务院生态环境主管部门的规定,根据有毒有害物质排放等情况,制定本行政区域土壤污染重点监管单位名录,向社会公开并适时更新。生态环境部根据此条规定,制定了《环境监管重点单位名录管理办法》,对土壤污染重点监管单位的义务进行了细化。

土壤污染重点监管单位应当履行的义务包括:(1)严格控制有毒有害物质排放,并按年度向生态环境主管部门报告排放情况;(2)建立土壤污染隐患排查制度,保证持续有效防止有毒有害物质渗漏、流失、扬散;(3)制定、实施自行监测方案,并将监测数据报生态环境主管部门。土壤污染重点监管单位应当对监测数据的真实性和准确性负责。

3. 矿产资源开发区域土壤污染防治

矿产资源开发利用是造成土壤污染的重要原因。各级人民政府生态环境、自然资源主管部门应当依法加强对矿产资源开发区域土壤污染防治的监督管理,按照相关标准和总量控制的要求,严格控制可能造成土壤污染的重点污染物排放。

4. 农业土壤污染防治

农药、化肥、农用薄膜等农业投入品的使用对农业发展、提高农产品质量和产量发挥了巨大作用,我国农业投入品使用量一直居高不下,不仅导致了农产品质量安全问题,还造成了严重的土壤污染。国务院农业农村、林业草原主管部门应当制定规划,完善相关标准和措施,加强农用地农药、化肥使用指导和使用总量控制,加强农用薄膜使用控制。国家禁止生产、销售、使用国家明令禁止的农业投入品。[31] 农业投入品生产者、销售者和使用者应当及时回收农药、肥料等农业投入品的包装废弃物和农用薄膜,并将农药包装废弃物交由专门的机构或者组织进行无害化处理。

另外,污水也是造成土壤污染的重要因素。国家禁止向农用地排放重金属或者其他有毒有害物质含量超标的污水、污泥,以及可能造成土壤污染的清淤底泥、尾矿、矿渣等。县级以上

---

〔30〕 参见罗清泉、许安标、张桃林主编:《中华人民共和国土壤污染防治法释义》,中国民主法制出版社 2018 年版,第 110 页。

〔31〕 例如,湖北省农业农村厅、湖北省生态环境厅、湖北省自然资源厅依据《农药管理条例》及农业农村部的相关公告发布的《关于公布禁止和限制使用农药名录的通告》(2021 年)对国家禁止(停止)使用的农药名单进行了明确规定,具体包括六六六、滴滴涕、毒杀芬等。

人民政府有关部门应当加强对畜禽粪便、沼渣、沼液等收集、贮存、利用、处置的监督管理,防止土壤污染。农田灌溉用水应当符合相应的水质标准,防止土壤、地下水和农产品污染。

5. 农业生产者防治土壤污染的措施

农业生产者对土壤的利用行为直接关系到土壤生态环境。法律鼓励和支持农业生产者采取如下防治土壤污染的措施:(1)使用低毒、低残留农药以及先进喷施技术;(2)使用符合标准的有机肥、高效肥;(3)采用测土配方施肥技术、生物防治等病虫害绿色防控技术;(4)使用生物可降解农用薄膜;(5)综合利用秸秆、移出高富集污染物秸秆;(6)按照规定对酸性土壤等进行改良。在立法过程中有意见提出可将碱性土壤纳入鼓励改良范围,但考虑到碱性土壤主要是肥力受影响,对土壤并不会造成污染,所以就没有对此作出规定。[32]

除以上措施外,国家还要求加强对未污染土壤的保护,在土地利用规划和城乡规划中严格执行企业布局选址要求,加强土壤资源保护和合理利用,单独收集和存放开发建设中剥离的表土用于土地复垦等。

(四)土壤污染风险管控和修复制度

土壤污染风险管控和修复,包括土壤污染状况调查和土壤污染风险评估、风险管控、修复、风险管控效果评估、修复效果评估、后期管理等活动。

1. 土壤污染风险管控和修复的一般规定

土壤污染风险管控和修复的前提是土壤污染状况调查。实施土壤污染状况调查活动,应当编制土壤污染状况调查报告。土壤污染状况调查报告主要包括地块基本信息、污染物含量是否超过土壤污染风险管控标准等内容。污染物含量超过土壤污染风险管控标准的,土壤污染状况调查报告还应当包括污染类型、污染来源以及地下水是否受到污染等内容。[33]

土壤污染风险评估是土壤污染风险管控和修复的重要步骤。实施土壤污染风险评估活动,应当编制土壤污染风险评估报告。土壤污染风险评估报告应当包括:(1)主要污染物状况;(2)土壤及地下水污染范围;(3)农产品质量安全风险、公众健康风险或者生态风险;(4)风险管控、修复的目标和基本要求等。

土壤污染风险管控、修复可以分为事前、事中和事后三个阶段。在实施风险管控、修复活动前,地方人民政府有关部门有权根据实际情况,要求土壤污染责任人、土地使用权人采取移除污染源、防止污染扩散等措施。对于风险管控、修复活动中产生的废水、废气和固体废物,应当按照规定进行处理、处置,并达到相关环境保护标准。实施风险管控效果评估、修复效果评估活动应当编制效果评估报告,在风险管控、修复活动完成后,需要实施后期管理的,土壤污染责任人应当按照要求实施后期管理。

土壤污染责任人负有实施土壤污染风险管控和修复的义务。土壤污染责任人无法认定的,土地使用权人应当实施土壤污染风险管控和修复。地方人民政府及其有关部门可以根据实际情况组织实施土壤污染风险管控和修复。土壤污染责任人变更的,由变更后承继其债权、

---

〔32〕 参见罗清泉、许安标、张桃林主编:《中华人民共和国土壤污染防治法释义》,中国民主法制出版社 2018 年版,第 144 页。

〔33〕《场地环境调查技术导则》《建设用地土壤环境调查评估技术指南》《工业企业场地环境调查评估与修复工作指南(试行)》等为土壤污染状况调查提供了详细的工作准则。

债务的单位或者个人履行相关土壤污染风险管控和修复义务并承担相关费用。

当土壤污染责任人不明确或者存在争议时,农用地的土壤污染风险管控和修复义务的承担主体由地方人民政府农业农村、林业草原主管部门会同生态环境、自然资源主管部门认定,建设用地的该义务承担主体则由地方人民政府生态环境主管部门会同自然资源主管部门认定。法律规定不同的认定主体,主要是考虑应符合各部门的职能分工、专业性要求以及土壤污染防治工作在监测管理等方面的延续性。[34]

2. 农用地土壤污染风险管控和修复

国家对农用地实施分类管理制度。按照土壤污染程度和相关标准,可将农用地划分为优先保护类、安全利用类和严格管控类。对符合条件的优先保护类耕地,县级以上地方人民政府应当依法将其划为永久基本农田,实行严格保护。对安全利用类农用地地块,地方人民政府农业农村、林业草原主管部门,应结合主要作物品种和种植习惯等情况,制订并实施安全利用方案。对严格管控类农用地地块,地方人民政府农业农村、林业草原主管部门应当采取风险管控措施。对产出的农产品污染物含量超标,需要实施修复的农用地地块,土壤污染责任人应当编制修复方案,报地方人民政府农业农村、林业草原主管部门备案并实施。另外,土壤污染责任人应当另行委托有关单位对风险管控效果、修复效果进行评估,农业生产经营主体等负有协助实施土壤污染风险管控和修复的义务。农业生产经营主体如果因此受到损失,土壤污染责任人应对其给予赔偿或适当补偿。[35]

3. 建设用地土壤污染风险管控和修复

国家实行建设用地土壤污染风险管控和修复名录制度。建设用地土壤污染风险管控和修复名录由省级人民政府生态环境主管部门会同自然资源等主管部门制定,按照规定向社会公开,并根据风险管控、修复情况适时更新。对土壤污染状况普查、详查、监测、现场检查表明有土壤污染风险的建设用地地块,地方人民政府生态环境主管部门应当要求土地使用权人按照规定进行土壤污染状况调查。建设用地用途变更为住宅、公共管理与公共服务用地的,变更前应当按照规定进行土壤污染状况调查。

如土壤污染状况调查发现风险,则应进行土壤污染风险评估。对土壤污染状况调查报告表明污染物含量超过土壤污染风险管控标准的建设用地地块,土壤污染责任人、土地使用权人应当按照国务院生态环境主管部门的规定进行土壤污染风险评估,并将土壤污染风险评估报告报省级人民政府生态环境主管部门。为保护人居环境,被列入建设用地土壤污染风险管控和修复名录的地块,不得作为住宅、公共管理与公共服务用地。[36]

对于被列入建设用地土壤污染风险管控和修复名录的地块,土壤污染责任人有义务采取管控与修复措施。土壤污染责任人应采取相应的风险管控措施,地方人民政府生态环境主管

---

〔34〕 参见罗清泉、许安标、张桃林主编:《中华人民共和国土壤污染防治法释义》,中国民主法制出版社 2018 年版,第 190 - 191 页。

〔35〕 参见罗清泉、许安标、张桃林主编:《中华人民共和国土壤污染防治法释义》,中国民主法制出版社 2018 年版,第 210 页。

〔36〕 有些地方法规对此进行了细化,如《重庆市环境保护条例》(2022 年修正)规定规划自然资源部门对未开展风险评估或者未完成治理修复的污染场地,不得组织土地出让或者划拨。

部门也可根据实际情况采取划定隔离区域、进行土壤及地下水污染状况监测等风险管控措施。对于名录中需要实施修复的地块，土壤污染责任人应当结合土地利用总体规划和城乡规划编制修复方案，报地方人民政府生态环境主管部门备案并实施。

在风险管控、修复活动完成后，土壤污染责任人应当另行委托有关单位对风险管控效果、修复效果进行评估，并将效果评估报告报地方人民政府生态环境主管部门备案。对达到土壤污染风险评估报告确定的风险管控、修复目标的建设用地地块，土壤污染责任人、土地使用权人可以申请省级人民政府生态环境主管部门将其移出建设用地土壤污染风险管控和修复名录。对未达到土壤污染风险评估报告确定的风险管控、修复目标的建设用地地块，禁止相关主体开工建设任何与风险管控、修复无关的项目。

土壤污染重点监管单位生产经营用地的用途变更或者在其土地使用权被收回、转让前，应当由土地使用权人按照规定进行土壤污染状况调查。土壤污染状况调查报告应当作为不动产登记资料送交地方人民政府不动产登记机构，并报地方人民政府生态环境主管部门备案。土地使用权已经被地方人民政府收回，土壤污染责任人为原土地使用权人的，由地方人民政府组织实施土壤污染风险管控和修复。

案例 5-4-01 土壤污染责任人负有实施土壤污染风险管控和修复的义务

某地新建学校附近发现三块被污染的地块，分别是1958年建成的A化工有限公司、1983年建成的B化工有限公司和1990年建成的C化工厂的生产场所，三企业于2010年前后搬迁，其原生产场所的土地已被政府收回。发现污染后，某环保公益组织对以上三企业提起公益诉讼，要求三企业承担土壤污染修复责任。

评析：根据《建设用地土壤污染责任人认定暂行办法》的相关规定，建设用地土壤污染责任人是指因排放、倾倒、堆存、填埋、泄漏、遗撒、渗漏、流失、扬散污染物或者有毒有害物质等，造成建设用地土壤污染，需要依法承担土壤污染风险管控和修复责任的单位和个人。本案例中三家化工企业的生产行为造成了其原生产场所土壤污染，三者应属于土壤污染责任人。根据《土壤污染防治法》第45条的规定，土壤污染责任人负有实施土壤污染风险管控和修复的义务。根据第68条的规定，土地使用权已经被地方人民政府收回，土壤污染责任人为原土地使用权人的，由地方人民政府组织实施土壤污染风险管控和修复。

（五）土壤污染防治的保障和监督制度

1. 土壤污染防治的经济保障措施

国家采取有利于土壤污染防治的财政、税收、价格、金融等经济政策和措施。各级人民政府应当加强对土壤污染的防治，安排必要的资金。在金融措施方面，国家鼓励金融机构加大对土壤污染风险管控和修复项目的信贷投放。国家鼓励金融机构在办理土地权利抵押业务时开展土壤污染状况调查。

2. 土壤污染防治基金制度

国家建立土壤污染防治基金制度。国家设立中央土壤污染防治专项资金和省级土壤污染防治基金，主要用于农用地土壤污染防治，土壤污染责任人或者土地使用权人无法认定的土壤污染风险管控和修复以及政府规定的其他事项。对《土壤污染防治法》实施之前产生的,土壤污染责任人无法认定的污染地块,土地使用权人实际承担土壤污染风险管控和修复的,可以申请土壤污染防治基金,集中用于土壤污染风险管控和修复。2022 年,财政部、生态环境部修订了《土壤污染防治资金管理办法》。

3. 土壤污染防治约谈制度

土壤污染防治约谈制度在倒逼地方政府转变经济发展方式、调整产业结构方面比较有效。省级以上人民政府生态环境主管部门应当会同有关部门对土壤污染问题突出、防治工作不力、群众反映强烈的地区,约谈设区的市级以上地方人民政府及其有关部门主要负责人,要求其采取措施及时整改。约谈整改情况应当向社会公开。

4. 土壤污染防治现场检查与行政强制

生态环境主管部门及其环境执法机构和其他负有土壤污染防治监督管理职责的部门,有权对从事可能造成土壤污染活动的企业事业单位和其他生产经营者进行现场检查、取样,要求被检查者提供有关资料、就有关问题作出说明。企业事业单位和其他生产经营者违反法律法规规定排放有毒有害物质,造成或者可能造成严重土壤污染的,或者有关证据可能灭失或者被隐匿的,生态环境主管部门和其他负有土壤污染防治监督管理职责的部门,可以查封、扣押有关设施、设备、物品。

5. 土壤污染防治第三方主体的信用评价制度

第三方治理有利于引导社会资本积极参与,不断提升土壤污染治理效率和专业化水平,但同时也要注意避免其在治理活动中实施弄虚作假的行为。省级以上人民政府生态环境主管部门和其他负有土壤污染防治监督管理职责的部门应当将从事土壤污染状况调查和土壤污染风险评估、风险管控、修复、风险管控效果评估、修复效果评估、后期管理等活动的单位和个人的执业情况,纳入信用系统建立信用记录,将违法信息记入社会诚信档案,并纳入全国信用信息共享平台和国家企业信用信息公示系统向社会公布。

第五节　噪声污染防治法

一、噪声污染防治法概述

(一)噪声与噪声污染

噪声是指生产生活中产生的干扰周围生活环境的声音。噪声可按不同的标准进行分类:按产生机理可分为机械性噪声、空气动力性噪声和电磁性噪声;按时间变化程度可分为稳态噪声和非稳态噪声;按产生区域可分为城市噪声、农村噪声和海洋噪声;按污染源种类可分为工业噪声、建筑施工噪声、交通运输噪声和社会生活噪声,我国关于噪声污染防治的立法是针对这四类噪声污染而规定的。[37]

---

〔37〕 参见周珂等主编:《环境法》(第 6 版),中国人民大学出版社 2021 年版,第 210 页。

根据《噪声污染防治法》第2条第2款的规定，噪声污染是指超过噪声排放标准或者未依法采取防控措施产生噪声，并干扰他人正常生活、工作和学习的现象。与其他环境污染相比，噪声污染具有感觉性、局部性、多发性和暂时性等特点。[38] 噪声污染分为两种情形：一是噪声排放超过了国家或地方噪声排放标准并导致他人正常生活、工作和学习受到干扰；二是噪声排放虽然没有超过国家或地方噪声排放标准，但排放者未采取防控措施，导致他人正常生活、工作和学习受到干扰。

噪声污染的危害是多方面的，其主要表现为对人体健康的影响，包括影响人们的正常学习、工作、休息和睡眠，损害听觉和引起疾病等方面。同时，噪声还可能对人类财产以及动物的健康造成一定损害。[39] 噪声污染与人民群众息息相关，越来越成为社会和广大人民群众关心的问题。环保热线举报平台中噪声投诉长期居高不下，位居各污染要素投诉的第2位，仅次于大气污染。[40] 生态环境部发布的《2021中国生态环境状况公报》显示，2021年全国324个地级及以上城市各类功能区昼间总点次达标率为95.4%。其中，0类功能区昼间达标率为87.5%，夜间达标率为59.4%；1类功能区昼间达标率为89.9%，夜间达标率为78.2%；2类功能区昼间达标率为95.4%，夜间达标率为89.5%；3类功能区昼间达标率为98.5%，夜间达标率为93.1%；4a类功能区昼间达标率为98.3%，夜间达标率为66.3%；4b类功能区昼间达标率为98.1%，夜间达标率为81.7%。总体上看，各类功能区昼间达标率高于夜间，3类功能区达标率高于其他类功能区，0类及4a类功能区夜间达标率低于其他类功能区。"十四五"规划和2035年远景目标纲要已明确提出，要加强环境噪声污染治理。

(二)我国噪声污染防治立法概况

我国早在20世纪50年代制定的《工厂安全卫生规程》(已失效)中就对工厂内各种噪声规定了防治措施。1957年我国制定的《治安管理处罚条例》(已失效)，也对在城市任意发出高大声响、影响周围居民的工作和休息且不听制止者规定了处罚条款。1973年国务院发布的《关于保护和改善环境的若干规定(试行草案)》专门对工业和交通噪声的控制作出规定。1979年颁布的《环境保护法(试行)》(已失效)对城市区域、工业和交通运输等噪声污染的防治作出原则性规定。之后，在国务院颁布的《关于结合技术改造防治工业污染的几项规定》(1983年通过，2001年失效)、《关于加强乡镇、街道企业环境管理的规定》(1984年通过，2001年失效)、《民用机场管理暂行规定》(1986年通过，2001年失效)等法规与规范文件中，也设有防治噪声污染的规定。1989年，在总结各地环境噪声污染防治法规实施情况的基础上，国务院颁布了《环境噪声污染防治条例》(1997年失效)。

经过6年多实施经验的积累，我国于1996年10月在《环境噪声污染防治条例》(已失效)的基础上制定了《环境噪声污染防治法》(已失效)。2018年，全国人大常委会对《环境噪声污染防治法》(已失效)的个别条款作出修正。自该法实施以来，我国噪声污染防治法规标准体

---

〔38〕 参见汪劲：《环境法学》(第4版)，北京大学出版社2018年版，第207页。

〔39〕 参见周珂主编：《环境法》(第6版)，中国人民大学出版社2021年版，第212页。

〔40〕 参见高虎城：《关于修订〈中华人民共和国环境噪声污染防治法〉的说明——2021年8月17日在第十三届全国人民代表大会常务委员会第三十次会议上》，载中国人大网2022年1月4日，http：www.npc.gov.cn/c2/c30834/202201/t20220104_315723.html。

系不断完善,噪声污染防治措施取得积极成效。但是近年来我国噪声污染防治的形势已发生了重大的变化,环境噪声污染防治法已不能适应新形势的要求。在此背景下,全国人大常委会于2021年对《环境噪声污染防治法》(已失效)进行了全面修订,修订通过后的法律更名为《噪声污染防治法》,自2022年6月5日起施行。

二、我国噪声污染防治法的主要规定

我国噪声污染防治的法律规定主要体现在《噪声污染防治法》中。《噪声污染防治法》共9章90条,确立了统筹规划、源头防控、分类管理、社会共治、损害担责的噪声污染防治原则,对噪声污染防治的标准,规划,监督管理,以及工业噪声、建筑施工噪声、交通运输噪声和社会生活噪声等四种类型的噪声污染治理措施进行了规定。

(一)噪声污染防治的监督管理职责

根据《噪声污染防治法》的规定,我国对噪声污染防治实行统一管理与部门分工负责管理相结合的监督管理体制。

1. 政府噪声污染防治职责

(1)国家鼓励、支持噪声污染防治科学技术研究开发、成果转化和推广应用,加强噪声污染防治专业技术人才培养,促进噪声污染防治科学技术进步和产业发展。(2)地方各级人民政府对本行政区域声环境质量负责,加强噪声污染防治法律法规和知识的宣传教育普及工作,增强公众噪声污染防治意识,引导公众依法参与噪声污染防治工作。(3)县级以上人民政府应当将噪声污染防治工作纳入国民经济和社会发展规划、生态环境保护规划,将噪声污染防治工作经费纳入本级政府预算,根据需要建立噪声污染防治工作协调联动机制,加强部门协同配合、信息共享,推进本行政区域噪声污染防治工作。

2. 生态环境主管部门和其他行政主管部门的监管职责

国务院生态环境主管部门对全国噪声污染防治实施统一监督管理,地方人民政府生态环境主管部门对本行政区域噪声污染防治实施统一监督管理。各级住房和城乡建设、公安、交通运输、铁路监督管理、民用航空、海事等部门,在各自职责范围内,对建筑施工、交通运输和社会生活噪声污染防治实施监督管理。基层群众性自治组织应当协助地方人民政府及其有关部门做好噪声污染防治工作。

(二)噪声污染防治的监督管理制度

1. 噪声污染防治标准制度

《噪声污染防治法》第二章对噪声污染防治标准的制定和修订作出了规定。

(1)声环境质量标准的制定。国务院生态环境主管部门和国务院其他有关部门,在各自职责范围内制定和完善噪声污染防治相关标准,加强标准之间的衔接协调;国务院生态环境主管部门制定国家声环境质量标准;县级以上地方人民政府划定本行政区域各类声环境质量标准的适用区域,将以用于居住、科学研究、医疗卫生、文化教育、机关团体办公、社会福利等的建筑物为主的区域划定为噪声敏感建筑物集中区域,加强噪声污染防治。目前,我国主要的声环境质量标准是《声环境质量标准》(GB 3096－2008),各部门制定的产品质量标准中规定噪声限值的有《汽车定置噪声限值》(GB 16170－1996)、《汽车加速行驶车外噪声限值及测量方法》(GB 1495－2002)、《摩托车和轻便摩托车定置噪声排放限值及测量方法》(GB 4569－2005)、《摩托车和轻便摩托车加速行驶噪声限值及测量方法》(GB 16169－2005)等。声环境质量标准是衡量区域环境是否受到噪声污染的客观判断标准。我国已颁布的声环境质量标准主要是《声环境质量标准》(GB 3096－2008),该标准将城市区域划分为0～4五类;0类标准,昼间50分贝,夜间40分贝,适用于疗养区等特别需要安静的区域;1类标准,昼间55分贝,夜间45分贝,适用于以居民住宅、医疗卫生、文化教育、科研设计、行政办公为主要功能,需要保持安静的区域;2类标准,昼间60分贝,夜间50分贝,适用于以商业金融、集市贸易为主要功能,或者居住、商业、工业混杂,需要维护住宅安静的区域;3类标准,昼间65分贝,夜间55分贝,适用于以工业生产、仓储物流为主要功能,需要防止工业噪声对周围环境产生严重影响的区域;4类标准,昼间70分贝,夜间60分贝,适用于交通干线两侧一定距离之内,需要防止交通噪声对周围环境产生严重影响的区域。

(2)噪声排放标准和振动标准。声环境质量标准是制定噪声排放标准和环境振动控制标准的重要依据。国务院生态环境主管部门根据国家声环境质量标准和国家经济、技术条件,制定国家噪声排放标准以及相关的环境振动控制标准;省级人民政府对尚未制定国家噪声排放标准的,可以制定地方噪声排放标准,对已经制定国家噪声排放标准的,可以制定严于国家噪声排放标准的地方噪声排放标准。国务院标准化主管部门会同国务院发展改革、生态环境、工业和信息化、住房和城乡建设、交通运输、铁路监督管理、民用航空、海事等部门,对可能产生噪声污染的工业设备、施工机械、机动车、铁路机车车辆、城市轨道交通车辆、民用航空器、机动船舶、电气电子产品、建筑附属设备等产品,根据声环境保护的要求和国家经济、技术条件,在其技术规范或者产品质量标准中规定噪声限值;产品使用时产生噪声的限值,应当在有关技术文件中注明;禁止生产、进口或者销售不符合噪声限值的产品;县级以上人民政府市场监督管理等部门对生产、销售的有噪声限值的产品进行监督抽查,对电梯等特种设备使用时发出的噪声进行监督抽测。目前,我国的噪声排放标准主要有《社会生活环境噪声排放标准》(GB 22337－2008)、《工业企业厂界环境噪声排放标准》(GB 12348－2008)、《铁路边界噪声限值及其测量方法》(GB 12525－90,2008年修改)和《建筑施工场界噪声排放标准》(GB 12523－2011)。振动控制标准主要执行的是《城市区域环境振动标准》(GB 10070—88)。

2. 国土空间规划和相关规划中的噪声污染防治制度

由于噪声与城市规划和建设布局有着密切的关系,规划和布局是否合理直接影响噪声污染的程度,尤其是交通运输噪声和社会生活噪声,如果城市规划和建设布局不合理,仅仅针对单个的污染源采取防治措施是无法从根本上解决噪声污染的。对因城市规划和建设布局不合理而导致的噪声污染,只能通过重新调整布局或者进行搬迁等加以解决。所以,噪声污染防治必须加强整体的区域防治。

根据《噪声污染防治法》第18～21条的规定:各级人民政府及其有关部门制定、修改国土空间规划和相关规划,应当依法进行环境影响评价,充分考虑城乡区域开发、改造和建设项目产生的噪声对周围生活环境的影响,统筹规划,合理安排土地用途和建设布局;确定建设布局,应当根据国家声环境质量标准和民用建筑隔声设计相关标准,合理划定建筑物与交通干线等的防噪声距离,并提出相应的规划设计要求;未达到国家声环境质量标准的区域所在的设区的市、县级人民政府,应当及时编制声环境质量改善规划及其实施方案;声环境质量改善规划及其实施方案的制定应当征求有关行业协会、企业事业单位、专家和公众等的意见,并向社会公开。

3. 噪声污染防治责任制度

为进一步强化噪声污染的治理,《噪声污染防治法》第22条规定,排放噪声、产生振动,应当符合噪声排放标准以及相关的环境振动控制标准和有关法律、法规、规章的要求。排放噪声的单位和公共场所管理者,应当建立噪声污染防治责任制度,明确负责人和相关人员的责任。

4. 噪声监测制度

根据《噪声污染防治法》第23条的规定,国务院生态环境主管部门负责制定噪声监测和评价规范,会同国务院有关部门组织声环境质量监测网络,规划国家声环境质量监测站(点)的设置,组织开展全国声环境质量监测,推进监测自动化,统一发布全国声环境质量状况信息。地方人民政府生态环境主管部门会同有关部门按照规定设置本行政区域声环境质量监测站(点),组织开展本行政区域声环境质量监测,定期向社会公布声环境质量状况信息。地方人民政府生态环境等部门应当加强对噪声敏感建筑物周边等重点区域噪声排放情况的调查、监测。

(三)噪声污染防治的分类管理规定

1. 工业噪声污染防治

工业噪声是指在工业生产活动中产生的干扰周围生活环境的声音,是我国主要的噪声污染源。《噪声污染防治法》第四章对防治工业噪声污染作出了专门规定。

(1)工业企业选址要求。县级以上地方人民政府应当按照国土空间规划以及相关规划要求优化工业企业布局,防止工业噪声污染。在噪声敏感建筑物集中区域,禁止新建排放噪声的工业企业,改建、扩建工业企业的,应当采取有效措施防止工业噪声污染。

(2)排污许可与监测管理要求。排放工业噪声的企业事业单位和其他生产经营者,应当依法取得排污许可证或者填报排污登记表;实行排污许可管理的单位,不得无排污许可证排放工业噪声,并应当按照排污许可证的要求进行噪声污染防治,对工业噪声开展自行监测,保存原始监测记录,向社会公开监测结果,对监测数据的真实性和准确性负责;噪声重点排污单位应当按照国家规定,安装、使用、维护噪声自动监测设备,与生态环境主管部门的监控设备联网。

2. 建筑施工噪声污染防治

建筑施工噪声是指在建筑施工过程中产生的干扰周围生活环境的声音。它主要来源于建筑施工过程中各类建筑机械的使用及建筑器材的装卸,特点是强度较大,且多发生在人口密集地区,因此对居民的休息与生活影响较大。《噪声污染防治法》第五章对建筑施工噪声污染的防治作出规定。

(1)噪声污染防治费用和实施方案要求。建设单位应当按照规定将噪声污染防治费用列入工程造价,在施工合同中明确施工单位的噪声污染防治责任。施工单位应当按照规定制定噪声污染防治实施方案,采取有效措施,减少振动、降低噪声。建设单位应当监督施工单位落实噪声污染防治实施方案。

(2)噪声敏感建筑物集中区域施工作业要求。首先,在噪声敏感建筑物集中区域施工作业,应当优先使用国务院工业和信息化主管部门会同国务院生态环境、住房和城乡建设、市场监督管理等部门公布的低噪声施工设备指导名录中的工艺和设备。其次,在噪声敏感建筑物集中区域施工作业,建设单位应当按照国家规定,设置噪声自动监测系统,与监督管理部门联网,保存原始监测记录,对监测数据的真实性和准确性负责。最后,除抢修、抢险施工作业以及因生产工艺要求或者其他特殊需要必须连续施工作业外,在噪声敏感建筑物集中区域,禁止在夜间进行产生噪声的建筑施工作业;因特殊需要必须连续施工作业的,应当取得有关部门的证明,并在施工现场显著位置公示或者以其他方式公告附近居民。

3. 交通运输噪声污染防治

交通运输噪声,是指机动车辆、铁路机车、机动船舶、航空器等交通运输工具在运行时产生的干扰周围生活环境的声音。交通运输噪声已成为城市主要的噪声来源。《噪声污染防治法》第六章对交通运输噪声防治作出了专门规定。

(1)交通规划制定和交通基础设施设计等要求。各级人民政府及其有关部门制定、修改国土空间规划和交通运输等相关规划,应当综合考虑公路、城市道路、铁路、城市轨道交通线路、水路、港口和民用机场及其起降航线对周围声环境的影响;新建公路、铁路线路选线设计应当尽量避开噪声敏感建筑物集中区域;新建民用机场选址与噪声敏感建筑物集中区域的距离应当符合标准要求。制定交通基础设施工程技术规范,应当明确噪声污染防治要求;新建、改建、扩建经过噪声敏感建筑物集中区域的高速公路、城市高架、铁路和城市轨道交通线路等的,建设单位应当在可能造成噪声污染的重点路段设置声屏障或者采取其他减少振动、降低噪声的措施,符合有关交通基础设施工程技术规范以及标准要求。

(2)机动车辆使用声响装置的要求。首先,机动车的消声器和喇叭应当符合国家规定,禁止驾驶拆除或者损坏消声器、加装排气管等擅自改装的机动车以轰鸣、疾驶等方式造成噪声污染,使用机动车音响器材应当控制音量。其次,机动车、铁路机车车辆、城市轨道交通车辆、机动船舶等交通运输工具运行时,应当按照规定使用喇叭等声响装置;警车、消防救援车、工程救险车、救护车等机动车安装、使用警报器应当符合国务院公安等部门的规定;非执行紧急任务,不得使用警报器。再次,地方人民政府生态环境主管部门会同公安机关根据声环境保护的需要,可以划定禁止机动车行驶和使用喇叭等声响装置的路段和时间,向社会公告,并由公安机关交通管理部门依法设置相关标志、标线。最后,在车站、铁路站场、港口等地指挥作业时使用广播喇叭的,应当控制音量。

(3)公路、城市道路养护与降噪的要求。公路养护管理单位、城市道路养护维修单位应当加强对公路、城市道路的维护和保养,保持减少振动、降低噪声设施正常运行;城市轨道交通运营单位、铁路运输企业应当加强对城市轨道交通线路和城市轨道交通车辆、铁路线路和铁路机车车辆的维护和保养,保持减少振动、降低噪声设施正常运行,并按照国家规定进行监测,保存原始监测记录,对监测数据的真实性和准确性负责。

(4)民用机场与民用航空器降噪的要求。首先,民用机场所在地人民政府应当根据环境影响评价以及监测结果确定的民用航空器噪声对机场周围生活环境产生影响的范围和程度,划定噪声敏感建筑物禁止建设区域和限制建设区域,并实施控制;在禁止建设区域禁止新建与航空无关的噪声敏感建筑物;在限制建设区域确需建设噪声敏感建筑物的,建设单位应当对噪声敏感建筑物进行建筑隔声设计,符合民用建筑隔声设计相关标准要求。其次,民用航空器应当符合国务院民用航空主管部门规定的适航标准中的有关噪声要求。最后,民用机场管理机构负责机场起降航空器噪声的管理,会同航空运输企业、通用航空企业、空中交通管理部门等单位,采取低噪声飞行程序、起降跑道优化、运行架次和时段控制、高噪声航空器运行限制或者周围噪声敏感建筑物隔声降噪等措施,防止、减轻民用航空器噪声污染;民用机场管理机构应当按照国家规定对机场周围民用航空器噪声进行监测,保存原始监测记录,对监测数据的真实性和准确性负责,监测结果定期向民用航空、生态环境主管部门报送。

(5)交通噪声污染的调查与治理要求。根据《噪声污染防治法》第55~58条的规定,地方人民政府应当组织有关主管部门和单位对公路、城市道路、城市轨道交通、铁路和民用航空器造成严重噪声污染的情况进行调查,在征求有关专家和公众等的意见的基础上制定噪声污染综合治理方案,并按该综合治理方案的要求采取有效治理措施。

4. 社会生活噪声污染防治

社会生活噪声,是指人为活动产生的除工业噪声、建筑施工噪声和交通运输噪声之外的干扰周围生活环境的声音。它是现代社会中噪声污染的最主要来源之一,由于和人们的日常生活联系紧密,极易影响人们的健康及引发邻里纠纷。《噪声污染防治法》第七章规定,全社会应当增强噪声污染防治意识,自觉减少社会生活噪声排放,积极开展噪声污染防治活动,形成人人有责、人人参与、人人受益的良好噪声污染防治氛围,共同维护生活环境和谐安宁。其具体要求包括以下几个方面。

(1)营业性场所噪声污染防治要求。文化娱乐、体育、餐饮等场所的经营管理者,使用空调器、冷却塔、水泵、油烟净化器、风机、发电机、变压器、锅炉、装卸设备等设备、设施的企业事业单位和其他经营管理者,应当采取有效措施,防止、减轻噪声污染;禁止在商业经营活动中使用高音广播喇叭或者采用其他持续反复发出高噪声的方法进行广告宣传。

(2)公共场所噪声污染防治要求。首先,除紧急情况以及地方人民政府规定的特殊情形外,禁止在噪声敏感建筑物集中区域使用高音广播喇叭;其次,在街道、广场、公园等公共场所组织或者开展娱乐、健身等活动应当遵守公共场所管理者有关活动区域、时段、音量等规定,不得违反规定使用音响器材产生过大音量;最后,公共场所管理者应当合理规定娱乐、健身等活动的区域、时段、音量,可以采取设置噪声自动监测和显示设施等措施加强管理。

(3)家庭噪声控制要求。家庭及其成员应当培养形成减少噪声产生的良好习惯,乘坐公共交通工具、饲养宠物和其他日常活动尽量避免产生噪声对周围人员造成干扰,互谅互让解决噪声纠纷,共同维护声环境质量;使用家用电器、乐器或者进行其他家庭场所活动,应当控制音量或者采取其他有效措施防止噪声污染。

(4)住宅楼等建筑物与邻里间噪声防治要求。首先,对已竣工交付使用的住宅楼、商铺、办公楼等建筑物进行室内装修活动应当按照规定限定作业时间;新建居民住房的房地产开发经营者应当在销售场所公示住房可能受到噪声影响的情况以及采取或者拟采取的防治措施并纳入买卖合同,新建居民住房的房地产开发经营者应当在买卖合同中明确住房的共用设施设备位置和建筑隔声情况。其次,居民住宅区安装电梯、水泵、变压器等共用设施设备应当合理设置,符合民用建筑隔声设计相关标准要求;已建成使用的居民住宅区电梯、水泵、变压器等共用设施设备由专业运营单位负责维护管理,符合民用建筑隔声设计相关标准要求。最后,基层群众性自治组织指导业主委员会、物业服务人、业主通过制定管理规约或者其他形式,约定本物业管理区域噪声污染防治要求,由业主共同遵守;对噪声敏感建筑物集中区域的社会生活噪声扰民行为,基层群众性自治组织、业主委员会、物业服务人应当及时劝阻、调解;劝阻、调解无效的,可以向负有社会生活噪声污染防治监督管理职责的部门或者地方人民政府指定的部门报告或者投诉,接到报告或者投诉的部门应当依法处理。

案例 5-5-01 崔某生与李某萍等申请诉前禁止令纠纷案[41]

自2018年12月起,李某萍等采取喇叭紧贴卫生间墙壁的方式,定时每天循环播放"荒山野鬼"录音,严重影响包括崔某生在内的周围居民的宁静生活。经生态环境部门监测,该声音在崔某生居住的房间为36分贝,未达到噪声限值昼间60分贝、夜间50分贝的标准,但可清晰听到。崔某生向法院申请禁止令,要求李某萍等停止播放前述噪声。广州市海珠区人民法院经审理作出裁定,责令被申请人李某萍等自该裁定生效之日起不得通过播放"荒山野鬼"录音等方式制造噪声扰民。2022年4月15日,李某萍等在现场签收民事裁定书及禁止令,拆除录音播放设备,删除录音文件,承诺不会再制造噪声。

评析:本案中,李某萍等故意以播放录音的方式持续制造非正常社会生活产生的噪声,尽管噪声并未达到行政处罚标准,但对于其故意制造噪声的行为,审查禁止令申请是否符合条件不应囿于其是否超过噪声排放的标准,而应以申请人的宁静生活有无受到影响为标准,符合法律规定的条件的,可以认定为构成环境侵权。

第六节 海洋污染防治法

一、海洋污染防治法概述

(一)海洋环境与海洋环境污染

人类和海洋环境关系密切,海洋对于人类社会的发展有着至关重要的作用。2019年10月,《习近平致2019中国海洋经济博览会的贺信》指出:"海洋对人类社会生存和发展具有重要意义,海洋孕育了生命、联通了世界、促进了发展……要高度重视海洋生态文明建设,加强海洋环境污染防治,保护海洋生物多样性,实现海洋资源有序开发利用,为子孙后代留下一片碧海蓝天。"[42]

海洋环境是人类赖以生存和发展的自然环境的重要组成部分,海洋是人类生命的摇篮,地

---

[41] 参见崔某生与李某萍等申请诉前禁止令纠纷案,广东省广州市珠海人民法院(2022)粤0105行保1号。

[42] 《习近平致2019中国海洋经济博览会的贺信》,载中国政府网,https://www.gov.cn/xinwen/2019-10/15/content_5440000.htm。

球上的生物就是从海洋中产生和发展来的。海洋也是地球的气候调节器,直接影响着地球的气候,调节着地球的温度和湿度。海洋又被称为“地球之肺”,对保持大气中的气体平衡发挥着巨大的作用。

海洋具有一定的自净能力,但是海洋的自净能力是有限度的。当进入海洋的污水、废弃物、有毒或有害物质的数量或者浓度超过了环境容量,即超过了海洋的自净能力,就会损害海洋环境,造成海洋环境污染。《海洋环境保护法》第120条规定了“海洋环境污染损害”的含义,即“直接或者间接地把物质或者能量引入海洋环境,产生损害海洋生物资源、危害人体健康、妨害渔业和海上其他合法活动、损害海水使用素质和减损环境质量等有害影响”。

我国是海洋大国,大陆海岸线为1.8万千米,面积为500平方米以上的海岛6900余个,管辖海域总面积约为300万平方千米。入海河流众多,流域范围广阔。海洋生物多样性十分丰富,已记录的海洋生物为28661种,分布有多种类型海洋生态系统。[43] 当前,我国海域生态环境状况总体稳中趋好,但沿海地区排放的工业和生活污水将大量污染物携带入海,给近岸海域,尤其是排污口邻近海域环境造成巨大压力。重要海湾以及重要江河入海口邻近海域海水污染严重,生物多样性降低,陆源污染物排海已严重制约了邻近海域海洋功能的正常发挥。

(二)我国海洋环境污染防治立法概况

我国的海洋环境污染防治立法工作起步于20世纪70年代。1974年国务院批准了《防止沿海水域污染暂行规定》,这是我国第一个海洋环境保护规范性法律文件。1979年《环境保护法(试行)》作为我国环境保护的基本法,对海洋环境保护也作出了一些原则性规定。1982年4月,国务院环境保护领导小组颁布了《海水水质标准》(1997年修订)。

1982年8月,第五届全国人大常务委员会第二十四次会议通过了我国第一部保护海洋环境的综合性专门法律《海洋环境保护法》,自1983年3月1日起施行。为了实施《海洋环境保护法》,国务院陆续颁布了《防止船舶污染海域管理条例》(1983年公布,2010年失效)、《海洋石油勘探开发环境保护管理条例》(1983年)、《海洋倾废管理条例》、《防止拆船污染环境管理条例》、《防治陆源污染物污染损害海洋环境管理条例》(1990年)、《防治海岸工程建设项目污染损害海洋环境管理条例》、《防治海洋工程建设项目污染损害海洋环境管理条例》(2006年通过,2018年修订)、《防治船舶污染海洋环境管理条例》等行政法规。国务院有关部门还陆续颁布了一些防治海洋环境污染的环境质量标准和污染物排放标准,如《海水水质标准》(GB 3097-82)[44]、《船舶污染物排放标准》(GB 3552-83)[45]、《海洋石油开发工业含油污水排放标准》(GB 4914-85)、《渔业水质标准》(GB 11067-1989)、《景观娱乐用水水质标准》(GB 12941-91)等。

我国还积极参加了海洋环境保护的国际合作,加入了一些防治海洋环境污染的国际公约,如《1969年国际油污损害民事责任公约》(1980年加入)、《1969年国际干预公海油污事故公约》(1990年加入)、《防止倾倒废物及其他物质污染海洋的公约》(1985年加入)、《国际防止

〔43〕 参见《2021年中国海洋生态环境状况公报》,载生态环境部网2022年5月27日,https://www.mee.gov.cn/hjzl/sthjzk/jagb/202205/P020220527579939593049.pdf。
〔44〕 该标准已经修改为《海水水质标准》(GB 3097-1997)。
〔45〕 该标准已经修改为《船舶水污染物排放控制标准》(GB 3552-2018代替GB 3552-83)。

船舶造成污染公约》(1983 年加入)、《联合国海洋法公约》(1996 年加入)等。

1999 年 12 月,第九届全国人大常委会第十三次会议修订公布了《海洋环境保护法》,专门增设了“海洋生态保护”一章,自 2000 年 4 月 1 日起施行。2013 年 12 月,全国人大常委会对《海洋环境保护法》个别条款作出修改。2016 年 11 月,第十二届全国人大常委会第二十四次会议通过《关于修改〈中华人民共和国海洋环境保护法〉的决定》,对《海洋环境保护法》进行第二次修正,规定了生态保护红线、全国海洋功能区划、暂停审批环境影响报告书等一些新制度。2017 年 11 月,第十二届全国人大常委会第三十次会议对《海洋环境保护法》进行第三次修正,修改个别条款。

2018 年 4 月,习近平总书记在庆祝海南建省办经济特区 30 周年大会上的讲话中指出:“要严格保护海洋生态环境,建立健全陆海统筹的生态系统保护修复和污染防治区域联动机制。”[46] 2022 年 10 月,党的二十大报告再次明确要求发展海洋经济,保护海洋生态环境,加快建设海洋强国。

2023 年 10 月,第十四届全国人大常委会第六次会议对《海洋环境保护法》进行第二次修订,修订后的法律于 2024 年 1 月 1 日起施行。修订的主要内容包括:完善立法目的和原则,将维护国家海洋权益、推进生态文明建设写入立法目的,增加“保护优先、预防为主”等原则;强化政府及其有关部门责任,增加目标责任制和考核评价制度、约谈制度;加强陆海统筹的海洋环境监督管理制度建设,健全排污许可管理制度、环境保护设施验收制度;加强海洋生态保护,健全生态保护补偿制度;加强海洋环境污染防治,完善排污口监管措施,推进海洋垃圾监测等。

二、我国海洋环境保护法的主要规定

《海洋环境保护法》共规定了 9 章内容,包括总则、海洋环境监督管理、海洋生态保护、陆源污染物污染防治、工程建设项目污染防治、废弃物倾倒污染防治、船舶及有关作业活动污染防治、法律责任和附则。

(一)适用范围

我国《海洋环境保护法》的空间适用范围并不限于我国管辖海域。《海洋环境保护法》第 2 条第 1 款规定,“本法适用于中华人民共和国管辖海域”。对于我国管辖海域以外的,该法也有管辖权,《海洋环境保护法》第 2 条第 3 款规定,“在中华人民共和国管辖海域以外,造成中华人民共和国管辖海域环境污染、生态破坏的,适用本法相关规定”。至于对人的适用范围,《海洋环境保护法》第 2 条第 2 款规定,“在中华人民共和国管辖海域内从事航行、勘探、开发、生产、旅游、科学研究及其他活动,或者在沿海陆域内从事影响海洋环境活动的任何单位和个人,应当遵守本法”。

(二)海洋环境保护监督管理体制

我国海洋环境保护监督管理体制按“统一监督管理,分工分级负责”的原则构建。

---

〔46〕《习近平:在庆祝海南建省办经济特区 30 周年大会上的讲话》,载中国政府网,https://www.gov.cn/xinwen/2018-04/13/content_5282321.htm。

1. 国务院生态环境主管部门职责

国务院生态环境主管部门负责全国海洋环境的监督管理,负责全国防治陆源污染物、海岸工程和海洋工程建设项目(以下简称工程建设项目)、海洋倾倒废弃物对海洋环境污染损害的环境保护工作,指导、协调和监督全国海洋生态保护修复工作。

2. 国务院自然资源主管部门职责

国务院自然资源主管部门负责海洋保护和开发、利用的监督管理,负责全国海洋生态、海域海岸线和海岛的修复工作。

3. 国务院交通运输主管部门职责

国务院交通运输主管部门负责所辖港区水域内非军事船舶和港区水域外非渔业、非军事船舶污染海洋环境的监督管理,组织、协调、指挥重大海上溢油应急处置。海事管理机构具体负责上述水域内相关船舶污染海洋环境的监督管理,并负责污染事故的调查处理;对在中华人民共和国管辖海域航行、停泊和作业的外国籍船舶造成的污染事故登轮检查处理。船舶污染事故给渔业造成损害的,应当吸收渔业主管部门参与调查处理。

4. 国务院渔业主管部门职责

国务院渔业主管部门负责渔港水域内非军事船舶和渔港水域外渔业船舶污染海洋环境的监督管理,负责保护渔业水域生态环境工作,并调查处理前述污染事故以外的渔业污染事故。

5. 海警机构职责

海警机构在职责范围内对海洋工程建设项目、海洋倾倒废弃物对海洋环境污染损害、自然保护地海岸线向海一侧保护利用等活动进行监督检查,查处违法行为,按照规定权限参与海洋环境污染事故的应急处置和调查处理。

6. 其他部门职责

国务院发展改革、水行政、住房和城乡建设、林业和草原等部门在各自职责范围内负责有关行业、领域涉及的海洋环境保护工作,军队生态环境保护部门负责军事船舶污染海洋环境的监督管理及污染事故的调查处理。

关于地方人民政府的职责,沿海县级以上地方人民政府对其管理海域的海洋环境质量负责。国家实行海洋环境保护目标责任制和考核评价制度,将海洋环境保护目标完成情况纳入考核评价的内容。沿海县级以上地方人民政府可以建立海洋环境保护区域协作机制,组织协调其管理海域的环境保护工作。

(三)海洋环境监督管理制度

1. 陆海统筹、区域联动的督管理制度

陆海统筹、区域联动体现了陆地和海洋生态系统的整体性、系统性特征,实现不同行政区域之间的协同,以实现海洋污染防治监督管理的合力。其主要内容就是加强规划、标准、监测等监督管理制度的衔接协调。

2. 生态保护红线监管制度

生态保护红线是守住自然生态安全的边界,应确保生态保护红线范围内生态功能不降低、面积不减少、性质不改变,提升生态系统质量和稳定性。国家优先将生态功能极重要、生态极敏感脆弱的海域划入生态保护红线,实行严格保护。开发利用海洋资源或者从事影响海洋环境的建设活动,应当根据国土空间规划科学合理布局,严格遵守国土空间用途管制要求,严守生态保护红线,不得造成海洋生态环境的损害。

3. 生态环境分区管控方案和生态环境准入清单制度

生态环境分区管控制度主要是以环境管控单元为载体,系统集成空间布局约束、污染物排放管控、环境风险防控、资源利用效率等各项生态环境管控要求,对优先、重点、一般三类管控单元实施分区分类管理,提高生态环境管理系统化水平的制度。沿海省、自治区、直辖市人民政府应当根据其管理海域的生态环境和资源利用状况,将其管理海域纳入生态环境分区管控方案和生态环境准入清单,并应当与国土空间规划相衔接。

4. 国家环境治理重点海域划定制度

国务院生态环境主管部门根据海洋环境状况和质量改善要求,会同国务院发展改革、自然资源、住房和城乡建设、交通运输、水行政、渔业等部门和海警机构,划定国家环境治理重点海域及其控制区域,制定综合治理行动方案,报国务院批准后实施。沿海设区的市级以上地方人民政府应当根据综合治理行动方案,制订其管理海域的实施方案,因地制宜采取特别管控措施,开展综合治理,协同推进重点海域治理与美丽海湾建设。

5. 海洋生态环境监测制度

海洋生态环境监测涉及多个部门以及沿海各地方人民政府,需要各方在监测上协同。在监测分工方面,国务院生态环境主管部门负责海洋生态环境监测工作,制定海洋生态环境监测规范和标准并监督实施,组织实施海洋生态环境质量监测,统一发布国家海洋生态环境状况公报,定期组织对海洋生态环境质量状况进行调查评价。

在协同方面,国务院有关部门和海警机构应当向国务院生态环境主管部门提供编制国家海洋生态环境状况公报所必需的入海河口和海洋环境监测、调查、监视等方面的资料,生态环境主管部门应当向有关部门和海警机构提供与海洋环境监督管理有关的资料。各方应推进综合监测、协同监测和常态化监测,加强监测数据、执法信息等海洋环境管理信息共享,提高海洋环境保护综合管理水平。

6. 海洋污染损害赔偿制度

《海洋环境保护法》特别规定了海洋污染损害赔偿制度。《海洋环境保护法》第 114 条规定:"对污染海洋环境、破坏海洋生态,造成他人损害的,依照《中华人民共和国民法典》等法律的规定承担民事责任。对污染海洋环境、破坏海洋生态,给国家造成重大损失的,由依照本法规定行使海洋环境监督管理权的部门代表国家对责任者提出损害赔偿要求。前款规定的部门不提起诉讼的,人民检察院可以向人民法院提起诉讼。前款规定的部门提起诉讼的,人民检察院可以支持起诉。"该规定赋予行政部门或者检察院以代表国家进行海洋环境损害求偿的诉讼主体资格,其中前者具有优先地位。

(四)海洋环境污染防治的分类管理规定

《海洋环境保护法》第四章至第七章分别规定了陆源污染物污染防治、工程建设项目污染防治、废弃物倾倒污染防治、船舶及有关作业活动污染防治等相关制度。

1. 陆源污染物污染防治制度

陆地污染源(简称陆源),是指从陆地向海域排放污染物,造成或者可能造成海洋环境污染的场所、设施等。陆源污染物,则是指由陆地污染源排放的污染物。对陆源污染物的管理主要是加强对入海排污口的管理。入海排污口位置的选择,应当符合国土空间用途管制要求,经科学论证后,报设区的市级以上人民政府生态环境主管部门备案。排污口的责任主体应当加强排污口监测,按照规定开展监控和自动监测。沿海县级以上地方人民政府应当根据排污口类别、责任主体,组织有关部门对本行政区域内各类入海排污口进行排查整治和日常监督管理,建立健全近岸水体、入海排污口、排污管线、污染源全链条治理体系;同时,禁止在自然保护地、重要渔业水域、海水浴场、生态保护红线区域及其他需要特别保护的区域,新设工业排污口和城镇污水处理厂排污口。

在排污的禁限规定方面,禁止向海域排放油类、酸液、碱液、剧毒废液;禁止向海域排放污染海洋环境、破坏海洋生态的放射性废水;严格控制向海域排放含有不易降解的有机物和重金属的废水。

在海洋垃圾污染防治方面,沿海县级以上地方人民政府负责其管理海域的海洋垃圾污染防治,建立海洋垃圾监测、清理制度,统筹规划建设陆域接收、转运、处理海洋垃圾的设施,明确有关部门、乡镇、街道、企业事业单位等的海洋垃圾管控区域,建立海洋垃圾监测、拦截、收集、打捞、运输、处理体系并组织实施,采取有效措施鼓励、支持公众参与上述活动。关于危险废物,禁止经中华人民共和国内水、领海过境转移危险废物;经中华人民共和国管辖的其他海域转移危险废物的,应当事先取得国务院生态环境主管部门的书面同意。

2. 工程建设项目污染防治制度

工程建设项目涉及两类工程。其中,海岸工程是指在海岸线以上狭窄的近海陆地地带或其相邻区域,为海岸的资源、能源开发和空间利用所建设的各种工程设施,包括海港、码头工程、入海河口水利工程、潮汐能利用工程、海岸防护工程、渔业工程、环境保护工程和围海工程等。海洋工程是指在海岸线以下的施工工程,如开发海底隧道、铺设海底电缆、建设人工岛屿、在海岸线以下进行围海工程等。

工程建设项目的防治污染义务主要包括:禁止在沿海陆域新建不符合国家产业政策的生产项目;保护国家和地方重点保护的野生动植物及其生存环境;禁止在严格保护岸线范围内开采海砂;不得使用含超标准放射性物质或者易溶出有毒有害物质的材料;不得造成领海基点及其周围环境的侵蚀、淤积和损害,不得危及领海基点的稳定;不得违法向海洋排放污染物、废弃物及其他有害物质。

3. 废弃物倾倒污染防治制度

向海洋倾倒废弃物是指通过船舶、航空器、平台或者其他载运工具,向海洋处置废弃物和其他有害物质的行为,包括弃置船舶、航空器、平台及其辅助设施和其他浮动工具的行为。

海洋倾倒废弃物实行倾倒许可制度。需要倾倒废弃物的,产生废弃物的单位应当向国务院生态环境主管部门海域派出机构提出书面申请,并出具废弃物特性和成分检验报告,在取得倾倒许可证后,方可倾倒。国务院生态环境主管部门制定可以向海洋倾倒的废弃物名录。

向海洋倾倒废弃物必须在指定区域内倾倒,同时应对使用状况进行评估和调整。国务院生态环境主管部门会同国务院自然资源主管部门编制全国海洋倾倒区规划,并征求国务院交通运输、渔业等部门和海警机构的意见,报国务院批准。国务院生态环境主管部门根据全国海洋倾倒区规划,按照科学、合理、经济、安全的原则及时选划海洋倾倒区,征求国务院交通运输、渔业等部门和海警机构的意见,并向社会公告。

倾倒废弃物单位应严格履行义务。获准和实施倾倒废弃物的单位,应当按照许可证注明的期限及条件,到指定的区域进行倾倒。倾倒作业船舶等载运工具应当安装使用符合要求的海洋倾倒在线监控设备,并与国务院生态环境主管部门监管系统联网。任何单位禁止在海上焚烧废弃物;禁止在海上处置污染海洋环境、破坏海洋生态的放射性废物或者其他放射性物质。实施委托倾倒的,委托单位有义务核实受托单位的主体资格、技术能力和信用状况,依法签订书面合同,否则应承担相应的行政责任和民事连带责任。

4. 船舶及有关作业活动污染防治制度

在中华人民共和国管辖海域,任何船舶及相关作业不得违法向海洋排放船舶垃圾、生活污水、含油污水、含有毒有害物质污水、废气等污染物,废弃物,压载水,沉积物及其他有害物质。载运具有污染危害性货物进出港口的船舶,其承运人、货物所有人或者代理人,应当事先向海事管理机构申报。交付船舶载运污染危害性货物的,托运人应当将货物的正式名称、污染危害性以及应当采取的防护措施如实告知承运人。

对于港口等相关船舶污染物处理,县级以上地方人民政府应当统筹规划建设船舶污染物等的接收、转运、处理处置设施,建立相应的接收、转运、处理处置多部门联合监管制度。沿海县级以上地方人民政府负责规范生产生活污水和渔业垃圾回收处置,推进污染防治设备建设和环境清理整治。

5. 船舶油污损害民事责任与海难应对的国家职责

船舶应当遵守海上交通安全法律、法规的规定,防止碰撞、触礁、搁浅、火灾或者爆炸等引起的海难事故,造成海洋环境的污染。针对船舶油污造成的损害,国家完善并实施船舶油污损害民事赔偿责任制度;按照船舶油污损害赔偿责任由船东和货主共同承担风险的原则,完善并实施船舶油污保险、油污损害赔偿基金制度。2012 年 5 月 11 日,财政部、交通运输部发布《船舶油污损害赔偿基金征收使用管理办法》,将船舶油污损害赔偿基金纳入政府性基金管理,收入全额上缴中央国库,实行专款专用。

船舶发生海难事故,造成或者可能造成海洋环境重大污染损害的,国家海事管理机构有权强制采取避免或者减少污染损害的措施。对在公海上发生海难事故,造成中华人民共和国管辖海域重大污染损害后果或者具有污染威胁的船舶、海上设施,国家海事管理机构有权采取与实际的或者可能发生的损害相称的必要措施。

案例 5-6-01 "佛罗里达"轮燃油泄漏海域案[47]

2013 年 3 月,P 公司所有并由 D 公司经营的 E 国籍"佛罗里达"轮与 L 公司所有的 B 国籍"舟山"轮在长江口的东海海域发生碰撞,致使"佛罗里达"轮燃油舱严重破损,泄漏大量燃

[47] 参见《2019 年全国海事审判典型案例》,载最高人民法院网 2020 年 9 月 7 日,https://www.court.gov.cn/zixun-xiangqing-252691.html。

油入海。S打捞局先后协调、组织多家单位启动应急行动,"佛罗里达"轮在六艘专业救助船、专业清污船的伴航下起锚,沿途救助船和清污船保持即时清污,该轮最终安全抵达附近船厂。后S海事局与P公司、D公司、L公司之间产生救助费和防污清污费纠纷。法院判决:P公司、D公司应当向S打捞局给付救助费;P公司、D公司应当向S打捞局给付防污清污费,L公司应承担防污清污费的一半;S打捞局从碰撞事故双方所设立的两个海事赔偿责任限制基金中受偿的债权总额,应当以防污清污费为限。

评析:船舶碰撞事故通常伴随油污泄漏事故发生,应合理区分海难救助与防污清污作业的标准,为准确认定案件所涉法律关系和明确纠纷的准据法确立必要前提。根据相关国际条约,P公司、D公司应承担支付防污清污费的损害赔偿责任,同时,事故船舶承担有限海事赔偿责任。在没有国际条约的前提下,非漏油船舶一方的污染损害赔偿责任应当根据有关国家的国内法予以解决,进而依法认定碰撞双方均对油污损害承担赔偿责任(不真正连带责任),即L公司应承担防污清污费的一半。

第七节　有毒有害物质污染防治法

一、有毒有害物质污染防治法概述

(一)有毒有害物质污染

有毒有害物质是指在生产或生活中使用的,在一定条件下会污染环境、危害人体或动植物生命和健康的物质。这类物质通常作为生产原料、生产成品或人们日常生活的必需品而存在,而不是被废弃的物质。这类物质只有在管理不善、使用不当时才会造成环境污染。目前,我国污染防治立法规制的有毒有害物质主要有放射性物质、有毒化学品和农药。

有毒有害物质中有一些能通过食物链被生物富集,也有不少属于致癌物、致畸物,因而对人体健康威胁极大。有毒有害物质污染具有以下特征:(1)通过大气、水体、土壤等环境介质,进入植物、动物、人体等,其中许多无机毒物和有机毒物能在生物体中富集、积累并转移,最终通过食物链威胁和危害人体健康;(2)大多有毒有害物质化学性质稳定,不易被生物分解,且在自然界中长期残留,其毒性对人体健康的影响稳定而持久,对生态平衡的干扰和破坏也十分严重;(3)不少有毒有害物质是致癌、致畸、致突变物质,对人类的正常生存和繁衍具有严重影响;(4)进入环境后,有些污染物能在环境中发生化学反应,转化成为危害更大的二次污染物,如水俣病事件、洛杉矶光化学烟雾事件都是二次污染的结果。

(二)有毒有害物质污染防治法

有毒有害物质污染防治法是以控制特定类型的污染物和污染源,阻止有毒有害物质进入生态系统的循环为直接内容,在法律上表现为防治对人体健康具有特别危害的那些有毒有害物质污染的专门立法,如防治放射性物质、有毒化学品、农药、电磁辐射等污染的专门立法。

有毒有害物质污染防治法具有以下特点:(1)它是环境污染防治法的重要组成部分,与环境要素污染防治法从不同的层面和角度对环境污染的防治作出了规定。环境要素污染防治法着重于对环境要素的全面保护，而有毒有害物质污染防治法则着重于某一污染物质对环境要素危害和人体健康影响的防治。两者各有侧重，不可替代。(2)它是对某一类特定的污染物或污染源的防治所进行的专门立法，其目的在于防治某一特定的污染物对于生态平衡和人体健康的特殊、严重的干扰与破坏。(3)有毒有害物质污染防治法重点突出，其所建立的监督管理体制和控制制度较之于环境要素污染防治法更为特殊。

我国《环境保护法(2014修订)》第48条规定，生产、储存、运输、销售、使用、处置化学物品和含有放射性物质的物品，应当遵守国家有关规定，防止污染环境。目前，除在放射性污染防治领域有专门立法——《放射性污染防治法》(2003年)和《核安全法》(2017年)外，其他有毒有害物质污染防治尚无专门立法，主要以国务院及其有关部门制定的行政法规和部门规章为具体规范依据，如《危险化学品安全管理条例》(2002年公布，2013年修订)、《农药安全使用规定》(1982年)、《防止含多氯联苯电力装置及其废物污染环境的规定》(1991年)等。

二、放射性污染防治法

(一)放射性污染概述

自然界中有一些元素(如铀、钍、镭等)，其原子核能发生衰变，在衰变的过程中同时释放出肉眼看不见的射线，这种现象被称为放射性。具有放射性的物质被称为放射性物质。放射性污染是指因人类的生产、生活排放的放射性物质所释放的射线，改变了环境中放射性水平，从而危害人体健康的现象。

放射性污染主要来自三个方面：(1)核利用过程中产生的核污染，包括核原料开采、冶炼，核设施运行，放射性废物处置以及核试验等过程中产生的放射性污染；(2)放射性同位素和射线装置使用造成的放射性污染；(3)伴生放射性矿物资源开发利用过程中产生的放射性污染。

放射性污染主要有以下三个特点：(1)放射性污染影响面广，特别是核事故危害更大；(2)放射性污染对人体损害严重，可以引起白血病、皮肤病、骨癌等重病，使人寿命大大缩短；(3)放射性污染难以消除且危害时间长，放射性污染能引起基因突变和染色体畸变，不但危害当代人，还会影响后代人健康。[48]

放射性物质对人体和环境造成的损害都很严重。例如，放射性物质对人体照射到一定程度，就能引起多种疾病，使人体发生放射性损伤、皮炎、皮癌、白血病、肺癌等；如果急性大剂量照射能使人死亡，放射性物质还会对大气、水、土壤、农作物、禽兽类以及建筑物、器皿等造成放射性污染，会通过生物富集后经过食物链进入人体形成内照射，从而危害人体健康。[49] 核事故通常会导致放射性污染。人类核能利用史上发生过2起严重的核事故——1986年苏联切尔诺贝利核事故和2011年日本福岛核事故。前者是设计缺陷和错误操作导致反应堆爆炸，大量放射性物质释放到环境中并扩散到欧洲广大地区，大量人员受到严重超剂量照射，并造成极为严重的经济损失和极坏的社会影响；后者则是里氏9.0级地震引发特大海啸，导致反应堆冷却剂泵停止工作，造成堆芯温度不断升高，安全壳内氢气不断聚集而爆炸，使大量放射性物质

---

〔48〕 参见张梓太主编：《环境与资源保护法学》，北京大学出版社2007年版，第339页。
〔49〕 参见李爱年、李慧玲主编：《环境与资源保护法》，浙江大学出版社2008年版，第358页。

外泄,事故造成周边30公里的居民全部被疏散。[50]

(二)我国放射性污染防治立法概况

世界上核工业发达国家几乎从一开始就制定了一系列放射性防护法律、法规和标准。我国对放射性污染防治的立法也十分重视。

国务院于1974年颁布了《放射防护规定》,1979年颁布了《放射性同位素工作卫生防护管理办法》(1989年失效)。原城乡建设环境保护部于1984年发布了《核电站基本建设环境保护管理办法》。此后,国务院陆续制定了系列放射性污染防治相关的行政法规,包括《民用核设施安全监督管理条例》(1986年颁布)、《核材料管制条例》(1987年颁布)、《放射性同位素与射线装置放射防护条例》(1989年颁布,2005年失效)、《放射性药品管理办法》(1989年颁布,2022年修订)、《核电厂核事故应急管理条例》(1993年颁布,2011年修订)。

这期间,国务院有关部门还制定了放射性污染防治相关的部门规章,如原国家环保总局在1987年发布了《城市放射性废物管理办法》(已失效),1990年发布了《放射环境管理办法》(已失效);原卫生部在2001年发布了《放射工作卫生防护管理办法》(已失效),2001年发布了《放射防护器材与含放射性产品卫生管理办法》(已失效);原卫生部和公安部于2001年发布了《放射事故管理规定》。此外,国家有关部门还颁布了一系列与此相关的环境标准,如《核电站环境辐射防护规定》(GB 6249-1986)、《电离辐射防护与辐射源安全基本标准》(GB 18871-2002)等。

为了进一步做好放射性污染防治工作,全国人大常委会于2003年6月通过了《放射性污染防治法》。这是我国关于放射性污染防治的第一部法律,于2003年10月1日起正式实施。此后,国务院及其有关部门根据该法分别修订和制定了相关的行政法规、部门规章,包括《放射性同位素与射线装置安全和防护条例》(2005年颁布,2019年修订)、《民用核安全设备监督管理条例》(2007年)、《放射性物品运输安全管理条例》(2009年)、《放射性废物安全管理条例》(2011年)、《放射性同位素与射线装置安全许可管理办法》(2006年公布,2021年修改)、《放射性同位素与射线装置安全和防护管理办法》(2011年)等。

2011年日本福岛核事故发生后,为进一步强化对核设施与核材料的安全监管,防止放射性污染,全国人大常委会启动了核安全立法,并于2017年9月通过了《核安全法》,自2018年1月1日起实施。除了《放射性污染防治法》和《核安全法》,《环境保护法》《大气污染防治法》《海洋环境保护法》《水污染防治法》等法律中也有防治放射性污染的条款。

(三)我国放射性污染防治法的主要规定

放射性污染防治的法律规定主要体现在《放射性污染防治法》和《核安全法》中,前者涵盖了对所有核能与核技术利用的放射性污染防治,后者聚焦于对核设施和核材料活动的安全监管,通过安全监管间接实现防治放射性污染的目的。前者注重污染防治,后者注重安全监管,两者存在区别,但也相互关联。本部分主要梳理《放射性污染防治法》的规定,兼及《核安全法》等其他法律法规。

《放射性污染防治法》共8章63条,以防治放射性污染,保护环境,保障人体健康,促进核

---

[50] 参见金瑞林、汪劲主编:《环境与资源保护法学》(第4版),高等教育出版社2023年版,第154-155页。

能、核技术的开发与和平利用为目的，实行“预防为主、防治结合、严格管理、安全第一”的方针，对放射性污染防治的监督管理、核设施的放射性污染防治、核技术利用的放射性污染防治、铀（钍）矿和伴生放射性矿开发利用的放射性污染、放射性废物管理、法律责任等作出了具体规定。

1. 放射性污染防治监督管理体制

《放射性污染防治法》第 8 条规定：国务院环境保护行政主管部门对全国放射性污染防治工作依法实施统一监督管理。国务院卫生行政部门和其他有关部门依据国务院规定的职责，对有关的放射性污染防治工作依法实施监督管理。

其中，生态环境部的“统一监督管理”职责包括：制定并联合国务院标准化行政主管部门发布放射性污染防治标准；会同国务院其他有关部门组织环境监测网络，对放射性污染实施监测管理；和国务院其他有关部门，对核设施、铀（钍）矿开发利用单位环境影响评价文件的审批，对核动力厂、放射性废物等进行监督管理。

“其他有关部门”是指公安部门、核工业主管部门和核安全监管部门等部门。“依据国务院规定的职责”是指依照国务院颁布的《放射性同位素与射线装置安全和防护条例》《民用核设施安全监督管理条例》《核电厂核事故应急管理条例》《放射性废物安全管理条例》等法规中规定的职责。例如，上述法规规定国务院核工业行业主管部门会同国务院环境保护主管部门根据地质、环境、社会经济条件和放射性固体废物处置的需要，在征求国务院有关部门意见并进行环境影响评价的基础上编制放射性固体废物处置场所选址规划，报国务院批准后实施；公安部门负责丢失、被盗放射源的立案侦查和追缴；国务院核安全监管部门对民用核安全设备设计、制造、安装和无损检验活动实施监督管理；等等。

2. 放射性污染防治的监督管理制度

（1）放射性污染防治标准制度。根据《放射性污染防治法》第 9 条的规定，国务院环境保护行政主管部门根据环境安全要求、国家经济技术条件制定国家放射性污染防治标准，并和国务院标准化行政主管部门联合发布。

（2）放射性污染监测制度。根据《放射性污染防治法》第 10 条和第 49 条的规定：国务院环境保护行政主管部门会同国务院其他有关部门组织环境监测网络，对放射性污染实施监测管理；县级以上人民政府环境保护行政主管部门或者其他有关部门依据职权对不按照规定报告有关环境监测结果的，责令限期改正，同时可处以罚款。

（3）放射性污染资格和资质管理制度。放射性污染防治工作专业性和技术性强，危险程度高，社会敏感性强，直接关系到公众利益。《放射性污染防治法》第 14 条规定，国家对从事放射性污染防治的专业人员实行资格管理制度，对从事放射性污染监测工作的机构实行资质管理制度。

（4）放射性污染危险标志和警示说明制度。这一制度要求旨在提示风险。《放射性污染防治法》第 16 条规定，放射性物质和射线装置应当设置明显的放射性标识和中文警示说明。生产、销售、使用、贮存、处置放射性物质和射线装置的场所，以及运输放射性物质和含放射源的射线装置的工具，应当设置明显的放射性标志。

（5）核事故应急制度。应急是放射性污染防治的“最后一道防线”。《放射性污染防治法》

第25条和第26条对核事故应急作出了规定。《核安全法》第四章对《放射性污染防治法》的规定进行了更新和完善。具体而言,我国核事故应急体系分为国家应急、场外应急和场内应急三个层次。在国家应急方面,国家设立核事故应急协调委员会,组织、协调全国的核事故应急管理工作;在场外应急方面,省级人民政府根据实际需要设立核事故应急协调委员会,组织、协调本行政区域内的核事故应急管理工作;在场内应急方面,核设施营运单位负责本单位场内核事故应急。发生核事故时,核设施营运单位应当按照应急预案的要求开展应急响应,减轻事故后果,并立即向国务院核工业主管部门、核安全监督管理部门和省级人民政府指定的部门报告核设施状况,根据需要提出场外应急响应行动建议。此外,中国人民解放军和中国人民武装警察部队按照国务院、中央军事委员会的规定,制定本系统支援地方的核事故应急工作预案,按照国务院、中央军事委员会的规定,实施核事故应急救援工作。核设施营运单位应当按照核事故应急救援工作的要求,实施应急响应支援。

3. 具体领域放射性污染防治要求

(1)核设施放射性污染防治要求。《放射性污染防治法》第三章和《核安全法》第二章从三个方面规定了核设施的放射性污染防治要求:首先,核设施选址应当进行科学论证,并按照国家有关规定办理审批手续。在办理核设施选址审批手续前,应当编制环境影响报告书,报国务院环境保护行政主管部门审查批准;未经批准,有关部门不得办理核设施选址批准文件。其次,核设施营运单位在进行核设施建造、装料、运行、退役等活动前,必须按照国务院有关核设施安全监督管理的规定,申请领取核设施建造、运行许可证和办理装料、退役等审批手续。最后,核设施营运单位应当建立健全安全保卫制度,加强安全保卫工作,并接受公安部门的监督指导。

(2)核技术利用放射性污染防治要求。根据《放射性污染防治法》第四章的规定:第一,生产、销售、使用、转让、进口放射性同位素和射线装置的单位应当按照国务院有关规定申请领取许可证和办理有关手续;第二,放射性同位素应当单独存放,不得与易燃、易爆、腐蚀性物品等一起存放,其贮存场所应当采取有效的防火、防盗、防射线泄漏的安全防护措施,并指定专人负责保管;第三,贮存、领取、使用、归还放射性同位素时,应当进行登记、检查,做到账物相符;第四,生产、使用放射性同位素和射线装置的单位,应当按照国务院环境保护行政主管部门的规定对其产生的放射性废物进行收集、包装、贮存,对废旧放射源进行回收或利用;第五,在发生放射源丢失、被盗和放射性污染事故时,有关单位和个人必须立即采取应急措施,并向公安部门、卫生行政部门和环境保护行政主管部门报告。

(3)铀(钍)矿和伴生放射性矿开发利用。根据《放射性污染防治法》第五章的规定:开发利用或者关闭铀(钍)矿、伴生放射性矿的单位应当在申请领取采矿许可证或者办理退役审批手续前编制环境影响报告书,报国务院环境保护行政主管部门审查批准;对铀(钍)矿和伴生放射性矿开发利用过程中产生的尾矿,应当建造尾矿库进行贮存、处置;建造的尾矿库应当符合放射性污染防治的要求。

(4)放射性废物管理制度。我国对放射性废物实施分类管理,根据《核安全法》第三章的规定,低、中水平放射性废物在国家规定的符合核安全要求的场所实行近地表或者中等深度处置,高水平放射性废物实行集中深地质处置。核设施营运单位、放射性废物处理处置单位应当对放射性废物进行减量化、无害化处理、处置,确保永久安全。国务院核工业主管部门会同国务院有关部门和省级人民政府编制低、中水平放射性废物处置场所的选址规划,国务院核工业主管部门会同国务院有关部门编制高水平放射性废物处置场所的选址规划。上述规划均应报国务院批准后组织实施。此外,国家建立放射性废物管理许可制度。核设施营运单位应当对其产生的放射性固体废物和不能经净化排放的放射性废液进行处理,使其转变为稳定的、标准化的固体废物后,及时送交放射性废物处置单位处置。核设施营运单位应当对其产生的放射性废气进行处理,达到国家放射性污染防治标准后,方可排放。放射性废物处置单位应当按照国家放射性污染防治标准的要求,对其接收的放射性废物进行处置。

案例 5-7-01 某医疗器械有限公司无证销售射线装置案[51]

2023 年 3 月 10 日,温江市生态环境局接相关部门线索移交,对四川省某医疗器械有限公司进行现场检查,发现该公司于 2022 年 4 月 28 日从重庆市某医疗科技有限公司处购买 1 台 X 射线计算机体层摄影设备,购买金额为 2234400 元,于 2022 年 5 月 4 日与四川省某医药有限公司签订《四川某医疗器械有限公司购销合同》,合同标的物为 1 台 X 射线计算机体层摄影设备,销售金额为 2234400 元。该公司未办理辐射安全许可证就进行放射性射线装置销售。查处情况:对该公司处罚款 10000 元。

评析:本案涉及核技术利用方面的放射性污染防治要求。根据《放射性污染防治法》第 28 条和《放射性同位素与射线装置安全和防护条例》的规定,销售射线装置的单位应当按照国务院有关放射性同位素与射线装置放射防护的规定申请领取许可证。依据《放射性污染防治法》第 53 条的规定,县级以上人民政府环境保护行政主管部门或其他有关部门对未申请许可证的单位,应责令停止违法行为,限期改正,并处以罚款。

三、有毒化学品污染防治法

(一)有毒化学品污染概述

化学品又称化学物品,是指人工制造的或者是从自然界取得的化学物质,包括化学物质本身、化学混合物或者化学配剂中的一部分,以及作为工业化学品和农药使用的物质。有毒化学品,是指进入环境后通过环境蓄积、生物累积、生物转化或化学反应等方式损害健康和环境,或者通过接触会严重危害人体和具有潜在危险的化学品。危险化学品,是指具有毒害、腐蚀、爆炸、燃烧、助燃等性质,对人体、设施、环境具有危害性的剧毒化学品和其他化学品。从其概念可以看出,"化学品""危险化学品"是从公共安全性角度出发,按化学反应方式来界定的。"有毒化学品"的定义既考虑了对公共安全和人体健康的危害性,又考虑了生态安全。"有毒"是指对人体健康和环境具有危害性质。因此,有毒化学品的范围包括了通常的危险化学品,并且

---

〔51〕 参见《温江公布 2 起环境违法典型案例:无证销售放射性射线装置、检测机构出具虚假报告!依法查处!》,载温江区人民政府官网 2023 年 7 月 13 日,http://www.wenjiang.gov.cn/gkml/cdswjsthjj/qtwj/1679386001400692738.shtml。

比危险化学品的范围更为广泛。[52]

有毒化学品污染主要有以下几个特点:(1)有毒化学品不同于被污染的废水、废气和固体废物,它具有两面性,既有对人类有害的一面,直接或间接摄入有毒化学品会影响人体健康,引发各种疾病,甚至造成残疾或死亡,又有对人类有用的一面,并非被弃置的废物。(2)有毒化学品在生产、运输、贮存、使用过程中,管理不善、控制不力、使用不当,造成泄漏、溢出、渗透、散失的,进入环境后,会产生污染危害。(3)有毒化学品危害性大,不但能造成人、畜急性中毒,而且会致畸、致癌、致突变。很多种类的化学品性质特别稳定,具有生物难降解或不能降解的特性,一旦进入环境,便能通过生物累积、富集、生物转化等方式长期危害人类健康。

目前,在世界范围内有毒化学品的种类繁多、数量巨大、用途广泛、使用频繁且方法多样,已经生产或使用的化学物质达700多万种,其中大部分对人体和环境具有不利的影响。一旦这些有毒化学品在生产、贮存、运输、使用、处置过程发生泄漏、遗失、溢出、渗透、扩散,进入人体和环境,必然造成对人体的损害和对环境的破坏、污染。有毒化学品污染最为直接的危害对象是人畜,人畜一旦直接或者因为大气、地表水、地下水、食用类植物被污染而间接地摄入有毒化学品,轻则引发各种疾病,重则导致残疾或死亡。我国是化学品的生产、使用和进出口大国,有毒化学品污染防治任务十分繁重。

(二)我国有毒化学品污染防治立法概况

我国非常重视有毒化学品的安全控制和管理。进入20世纪70年代以后,对有毒化学品的管理从只限于安全管理向保护环境方面扩展,并制定了一系列的防治有毒化学品污染环境的法规、规章以及一些安全标准和环境标准,主要包括《化学危险物品安全管理条例》(1987年公布,该条例已经被2002年《危险化学品安全管理条例》代替)、《防止含多氯联苯电力装置及其废物污染环境的规定》(1991年)、《关于防治铬化合物生产建设中环境污染的若干规定》(1992年)、《关于停止生产和销售萘丸提倡使用樟脑制品的通知》(1993年)、《化学品首次进口及有毒化学品进出口环境管理规定》(1994年通过,2007年修正)、《监控化学品管理条例》(1995年公布,2011年修订)、《危险化学品安全管理条例》(2002年通过,分别于2011年和2013年修订)、《新化学物质环境管理办法》(2003年通过,2010年修订,2021年失效)、《易制毒化学品管理条例》(2005年通过,2018年修订)、《药品类易制毒化学品管理办法》(2010年)和《铬化合物生产建设许可管理办法》(2010年通过,2016年失效)等。2022年5月,国务院办公厅印发了《新污染物治理行动方案》,对新污染物治理工作进行全面部署。此外,在《环境保护法》《水污染防治法》《大气污染防治法》《土壤污染防治法》《海洋环境保护法》《固体废物污染环境防治法》等法律法规中,也有关于防治有毒化学品污染环境的条款。2023年9月发布的《十四届全国人大常委会立法规划》已将"危险化学品安全法"纳入第一类项目,即条件比较成熟,任期内拟提请审议的法律草案。

(三)我国有毒化学品污染的主要法律规定

1. 有毒化学品污染监督管理体制

《危险化学品安全管理条例》第6条规定了对危险化学品生产、储存、使用、经营、运输实

〔52〕 参见周珂等主编:《环境法》(第6版),中国人民大学出版社2021年版,第233页。

施安全监督管理的有关部门的职责。

(1)安全生产监督管理部门负责危险化学品安全监督管理综合工作,组织确定、公布、调整危险化学品目录,对新建、改建、扩建生产、储存危险化学品(包括使用长输管道输送危险化学品)的建设项目进行安全条件审查,核发危险化学品安全生产许可证、危险化学品安全使用许可证和危险化学品经营许可证,并负责危险化学品登记工作。

(2)公安机关负责危险化学品的公共安全管理,核发剧毒化学品购买许可证、剧毒化学品道路运输通行证,并负责危险化学品运输车辆的道路交通安全管理。

(3)质量监督检验检疫部门负责核发危险化学品及其包装物、容器(不包括储存危险化学品的固定式大型储罐)生产企业的工业产品生产许可证,并依法对其产品质量实施监督,负责对进出口危险化学品及其包装实施检验。

(4)环境保护主管部门负责废弃危险化学品处置的监督管理,组织危险化学品的环境危害性鉴定和环境风险程度评估,确定实施重点环境管理的危险化学品,负责危险化学品环境管理登记和新化学物质环境管理登记;依照职责分工调查相关危险化学品环境污染事故和生态破坏事件,负责危险化学品事故现场的应急环境监测。

(5)交通运输主管部门负责危险化学品道路运输、水路运输的许可以及运输工具的安全管理,对危险化学品水路运输安全实施监督,负责危险化学品道路运输企业、水路运输企业驾驶人员、船员、装卸管理人员、押运人员、申报人员、集装箱装箱现场检查员的资格认定。铁路监管部门负责危险化学品铁路运输及其运输工具的安全管理。民用航空主管部门负责危险化学品航空运输以及航空运输企业及其运输工具的安全管理。

(6)卫生主管部门负责危险化学品毒性鉴定的管理,负责组织、协调危险化学品事故受伤人员的医疗卫生救援工作。

(7)工商行政管理部门依据有关部门的许可证件,核发危险化学品生产、储存、经营、运输企业营业执照,查处危险化学品经营企业违法采购危险化学品的行为。

(8)邮政管理部门负责依法查处寄递危险化学品的行为。

2. 有毒化学品污染监督管理制度

(1)安全生产许可

我国对有毒化学品实行安全生产许可管理制度。根据《危险化学品安全管理条例》第 14 条的规定:危险化学品生产企业进行生产前,应当取得危险化学品安全生产许可证;生产列入国家实行生产许可证制度的工业产品目录的危险化学品的企业,还应当取得工业产品生产许可证。

(2)安全防护和污染防治

根据《危险化学品安全管理条例》第 20 条的规定,生产、储存危险化学品的单位,应当根据其生产、储存的危险化学品的种类和危险特性,在作业场所设置相应的监测、监控、通风、防晒、调温、防火、灭火、防爆、泄压、防毒、中和、防潮、防雷、防静电、防腐、防泄漏以及防护围堤或者隔离操作等安全设施、设备,并按照国家标准、行业标准或者国家有关规定对安全设施、设备进行经常性维护、保养,保证安全设施、设备的正常使用。生产、储存危险化学品的单位,应当在其作业场所和安全设施、设备上设置明显的安全警示标志。

(3)进出口管理

我国在有毒化学品进出口环境管理中实施环境风险评价制度,并实行进出口有毒化学品名录制度。根据《危险化学品安全管理条例》和《化学品首次进口及有毒化学品进出口环境管理规定》的相关规定,生态环境部发布中国禁止或严格限制的有毒化学品名录,对列入名录的有毒化学品采取严格管制。首次进口化学品必须事先向生态环境部提交化学品首次进口环境管理登记申请,并提交规定的资料和样品。生态环境部对符合我国环境管理规定和要求的,准予登记或临时登记,并发放登记证或临时登记证。进口企业不办理危险化学品登记,或者发现其生产、进口的危险化学品有新的危险特性不办理危险化学品登记内容变更手续的,由安全生产监督管理部门责令改正,并可以处以罚款,情节严重的,责令停产停业整顿。

(4)化学品监控

根据《监控化学品管理条例》的规定,我国将监控化学品分为四类:第一类是可作为化学武器的化学品;第二类是可作为生产化学武器前体的化学品;第三类是可作为生产化学武器主要原料的化学品;第四类是除炸药和纯碳氢化合物外的特定有机化学品。国家对这四类监控化学品以公布名录的形式实行监控,并且分别实行严格的审批、生产和使用规定。

(5)污染事故应急

消除突发性的有毒化学品污染事故和在事故发生时采取紧急救援措施,是各国共同关心的问题。我国先后制定了有关法律、法规,明确规定有毒化学品突发性污染事故的应急救援工作。根据《危险化学品安全管理条例》的相关规定:危险化学品单位应当制定本单位危险化学品事故应急预案,并定期组织应急救援演练;事故单位主要负责人在发生危险化学品事故时应立即按照本单位危险化学品应急预案组织救援,并向当地安全生产监督管理部门和环境保护、公安、卫生主管部门报告;道路运输、水路运输过程中发生危险化学品事故的,驾驶人员、船员或者押运人员还应当向事故发生地交通运输主管部门报告;有关地方人民政府应当立即组织安全生产监督管理、环境保护、公安、卫生、交通运输等有关部门,按照本地区危险化学品事故应急预案组织实施救援,不得拖延、推诿。

案例 5-7-02 天津港某公司危险品仓库特别重大火灾爆炸事故案[53]

2015 年 8 月 12 日,位于天津市滨海新区天津港的某国际物流有限公司危险品仓库运抵区南侧集装箱内硝化棉由于湿润剂散失出现局部干燥,在高温(天气)等因素的作用下加速分解放热,积热自燃,引起相邻集装箱内的硝化棉和其他危险化学品长时间大面积燃烧,导致堆放于运抵区的硝酸铵等危险化学品发生剧烈爆炸。通过分析事发时该公司储存的 111 种危险货物的化学组分,确定至少有 129 种化学物质发生爆炸燃烧或泄漏扩散,其中,氢氧化钠、硝酸钾、硝酸铵、氰化钠、金属镁和硫化钠这 6 种物质的重量占到总重量的 50%。同时,爆炸还引

〔53〕 参见《天津港“8·12”瑞海公司危险品仓库特别重大火灾爆炸事故调查报告》,载中国政府网,https://www.gov.cn/foot/2016-02/05/content_5039788.htm。

燃了周边建筑物以及大量汽车、焦炭等普通货物。本次事故残留的化学品与产生的二次污染物逾百种,对局部区域的大气环境、水环境和土壤环境造成了不同程度的污染。天津市委、市政府迅速成立事故救援处置总指挥部,公安消防部队会同解放军、武警部队等组成多个搜救小组,反复侦检、深入搜救,针对现场存放的各类危险化学品的不同理化性质,分类防控灭火,科学慎重清理危险化学品,并对进出现场的人员、车辆进行全面洗消;对事故中心区的污水进行封堵和处理;同时,对事故中心区及周边大气、水、土壤、海洋环境实行24小时不间断监测,采取具有针对性的防范处置措施,防止环境污染扩大。

评析:本案涉及危险化学品事故应急处理。《危险化学品安全管理条例》规定了危险化学品事故应急预案制度,明确了危险化学品事故应急救援工作由地方人民政府负责组织、协调和实施。本案中天津市委、市政府迅速成立事故救援处置总指挥部,公安消防部队会同解放军、武警部队等组成多个搜救小组,相关部门通力合作,减少了事故损失,有效防止事故蔓延、扩大。

四、农药污染防治法

(一)农药污染概述

根据我国《农药管理条例》的规定,农药是指用于预防、消灭或者控制危害农业、林业的病、虫、草和其他有害生物以及有目的地调节植物、昆虫生长的化学合成或者来源于生物、其他天然物质的一种物质或者几种物质的混合物及其制剂。

农药的功能包括:(1)预防、消灭或者控制危害农业、林业的病、虫(包括昆虫、蜱、螨)、草和鼠、软体动物等有害生物;(2)预防、消灭或者控制仓储病、虫、鼠和其他有害生物;(3)调节植物、昆虫生长;(4)农业、林业产品防腐或者保鲜;(5)预防、消灭或者控制蚊、蝇、蜚蠊、鼠和其他有害生物;(6)预防、消灭或者控制危害河流堤坝、铁路、机场、建筑物和其他场所的有害生物。

农药污染是指生产、运输、储藏、销售和施用农药污染环境,引起人体和动植物急性或慢性中毒以及影响生态系统良性循环的现象。农药污染已成为世界性的突出环境问题之一。

农药污染的危害性主要表现在五个方面;(1)造成大气污染,农药喷洒可能产生大量农药飘浮物,与尘埃结合后会随风扩散进入大气;(2)造成水体污染,农药厂排放废液、洗涮农药用具、喷洒农药等会污染水体;(3)造成土壤污染,农药进入土壤后会在土壤中积累,破坏土壤结构,降低土壤肥力,影响土壤的生态系统功能的发挥;(4)危害人体健康,人若误食、误吸或大量接触剧毒农药,可造成急性中毒,如长期食用被农药污染的动植物,则会通过食物链作用使农药富集于体内,引起人体慢性中毒;(5)危害动、植物和农畜产品,农药也可能造成动植物急、慢性中毒,损害动植物的生物机能,诱发各种病变,甚至死亡。[54]

(二)我国农药污染防治立法概况

我国向来重视对农药的管理,早在20世纪50年代国务院有关部门就颁布了农药安全管理的若干规定,内容涉及防止农药中毒、农药质量与生产、使用的安全管理。如《关于严防农

---

〔54〕 参见周珂等主编:《环境法》(第6版),中国人民大学出版社2021年版,第236页。

药中毒的联合通知》(1956 年)、《“1605”及“1059”农药安全使用操作规程(试行)》(1957 年)、《关于加强农药安全管理的规定(试行)》(1959 年)等。进入 20 世纪 70 年代以来,国家进一步加强了这方面的立法,1979 年制定了《农药安全使用标准(试行)》,20 世纪 80 年代初有关部门联合发布了《农药安全使用规定》(1982 年)、《农药登记规定》(1982 年)、《农药毒性试验方法暂行规定》(1982 年),20 世纪 80 年代末发布了《农药安全使用标准》(1989 年)和《农药合理使用准则》(1987 年)等。1996 年,农业部、原国家环境保护总局、原国家工商行政管理局等五个部门联合发出通知,严禁在蔬菜生产中使用高毒、高残留农药。为了进一步加强对农药生产、经营和使用的监督管理,保证农药质量,保护农业、林业生产和生态环境,维护人畜安全,国务院于 1997 年 5 月发布了《农药管理条例》,该条例分别于 2001 年、2017 年和 2022 年进行了修订。此外,在《环境保护法》《土壤污染防治法》《农业法》《农业技术推广法》等法律中也有防治农药污染的相关条款。

案例 5-7-03 冯某不当涮洗药桶致残余农药污染水源案〔55〕

2022 年 5 月 20 日,村民冯某给果树施打农药,施药完毕后在附近河沟中涮洗药桶,并将混杂着农药的残水倒在河沟旁的空地上。当日,同村张某放羊回家路过河沟,羊群习惯性地去河沟中饮水。次日,张某发现羊群出现萎靡不振等中毒迹象,并陆续有羊流产、死亡。后张某将冯某诉至法院,要求其赔偿羊群救治费、损失费以及误工费等各项经济损失。一审法院判决冯某赔偿,冯某提起上诉,二审法院予以维持。

评析:冯某喷洒农药后未将含有毒性的残留药液进行安全处理,造成了水源和土壤的污染(存在污染行为);张某的羊群出现中毒、死亡和流产现象(出现损害后果);张某的羊群在饮用了接触农药的水流后出现中毒症状(污染行为和损害后果之间存在因果关系)。因此,冯某应承担侵权责任,赔偿张某的损失。

(三)我国农药污染防治立法的主要规定

1. 农药污染监督管理体制

根据《农药管理条例》第 3 条和第 4 条的规定:国务院农业主管部门负责全国的农药监督管理工作;县级以上地方人民政府农业主管部门负责本行政区域的农药监督管理工作;县级以上人民政府其他有关部门在各自职责范围内负责有关的农药监督管理工作;县级以上地方人民政府应当加强对农药监督管理工作的组织领导,将农药监督管理经费列入本级政府预算,保障农药监督管理工作的开展。

2. 农药污染监督管理原则

《农药管理条例》第 6 条规定,国家鼓励和支持研制、生产、使用安全、高效、经济的农药,推进农药专业化使用,促进农药产业升级。这里把“安全”放在首位,其次为“高效”和“经济”。所谓“安全”,不但包括对人、畜安全无害,而且还应包括对有益生物、农作物、生态环境也是无

〔55〕 参见《农药残余污染水源　致死牲畜损害担责》,载微信公众号“密云法院”2023 年 5 月 8 日,https://mp.weixin.qq.com/s/_nwJ7t4DP_qVcJ_k-_6giA。

害的。所谓“高效”，是指对病、虫、草害的防治效果好。所谓“经济”，主要指降低用药成本，包括在使用中避免滥用和浪费。

3. 农药污染防治的主要法律规定

(1)关于农药登记制度。《农药管理条例》第二章规定了农药登记制度。农药生产企业、向中国出口农药的企业应当申请农药登记，新农药研制者应依照规定申请农药登记。申请农药登记的，应当按照规定进行登记试验，登记试验结束后，申请人应当向所在地省级人民政府农业主管部门提出农药登记申请，并提交登记试验报告、标签样张和农药产品质量标准及其检验方法等申请资料；申请新农药登记的，还应当提供农药标准品。国务院农业主管部门受理申请或者收到省级人民政府农业主管部门报送的申请资料后，应当组织审查和登记评审，符合条件的，核发农药登记证。农药登记证应当载明农药名称、剂型、有效成分及其含量、毒性、使用范围、使用方法和剂量、登记证持有人、登记证号以及有效期等事项。

(2)关于农药生产的规定。根据《农药管理条例》第三章的规定：农药生产应当符合国家产业政策，农药生产企业应当具备有与所申请生产农药相适应的技术人员、厂房、设施等条件，并按照国务院农业主管部门的规定向省级人民政府农业主管部门申请农药生产许可证；委托加工、分装农药的，委托人应当取得相应的农药登记证，受托人应当取得农药生产许可证，委托人应当对委托加工、分装的农药质量负责；农药生产企业应当建立原材料进货记录制度，严格按照产品质量标准进行生产，确保农药产品与登记农药一致；农药出厂销售，应当经质量检验合格并附具产品质量检验合格证；农药生产企业应当建立农药出厂销售记录制度。农药包装应当符合国家有关规定并印制或者贴有标签；剧毒、高毒农药以及使用技术要求严格的其他农药等限制使用农药的标签还应当标注“限制使用”字样，并注明使用的特别限制和特殊要求，用于食用农产品的农药的标签还应当标注安全间隔期。

(3)关于农药经营的规定。国家实行农药经营许可制度。根据《农药管理条例》第四章的规定，农药经营者应当按照国务院农业主管部门的规定向县级以上地方人民政府农业主管部门申请农药经营许可证。农药经营者采购农药应当查验产品包装、标签、产品质量检验合格证以及有关许可证明文件，不得向未取得农药生产许可证的农药生产企业或者未取得农药经营许可证的其他农药经营者采购农药。农药经营者应当建立采购台账和销售台账，不得加工、分装农药，不得在农药中添加任何物质，不得采购、销售包装和标签不符合规定的农药。境外企业不得直接在中国销售农药，应当依法在中国设立销售机构或者委托符合条件的中国代理机构销售。

(4)关于农药使用的规定。《农药管理条例》第五章规定了农药使用者的义务，包括：遵守国家有关农药安全、合理使用制度，妥善保管农药，并在配药、用药过程中采取必要的防护措施，避免发生农药使用事故；严格按照农药的标签标注的使用范围、使用方法和剂量、使用技术要求和注意事项使用农药；不得将剧毒、高毒农药用于防治卫生害虫，蔬菜、瓜果、茶叶、菌类、中草药材的生产和水生植物的病虫害防治；不得在饮用水水源保护区、河道内丢弃农药、农药包装物或者清洗施药器械；不得在饮用水水源保护区内使用农药和使用农药毒鱼、虾、鸟、兽等。

第八节　固体废物污染环境防治法

一、固体废物污染环境防治法概述

(一)固体废物与固体废物污染

固体废物是指在生产、生活和其他活动中产生的丧失原有利用价值或者虽未丧失利用价值但被抛弃或者放弃的固体、半固态和置于容器中的气态的物品、物质及法律、行政法规规定的被纳入固体废物管理的物品、物质。《固体废物污染环境防治法》将固体废物分为工业固体废物、生活垃圾、建筑垃圾、农业固体废物和危险废物等类别。固体废物种类繁多、性质复杂,一些物质因难以根据固体废物特征简单判定,所以也有不属于固体废物的情形。[56] 这些物质如经无害化加工处理,并且符合强制性国家产品质量标准,不会危害公众健康和生态安全,或者根据固体废物鉴别标准和鉴别程序可认定为不属于固体废物。

固体废物污染是指对固体废物处置不当而使其进入环境,从而导致危害人体健康或财产安全,破坏自然生态系统以及造成环境质量恶化的现象。固体废物的主要特点是:数量巨大、种类繁多、性质复杂;具有污染环境的危害性和可利用性的双重性质,由于固体废物具有可以作为二次原料或再生资源利用的性质,所以被认为是"放错了地方的资源";具有可转移性、处置的多样性和可与环境隔离性,固体废物可以并易于进行异地转移处置;具有长期潜在性和迟滞性,固体废物危害环境是一个缓慢过程,一旦造成污染危害往往难以消除。[57]

我国固体废物产生量很大,固体废物污染已经成为影响我国环境质量的突出问题。《2020年全国大、中城市固体废物污染环境防治年报》显示,2019 年,196 个大、中城市一般工业固体废物产生量达 13.8 亿吨,一般工业固体废物综合利用量占利用处置及贮存总量的 55.9%,处置量和贮存量分别占比为 20.4% 和 23.6%。工业危险废物产生量达 4498.9 万吨,工业危险废物综合利用量占利用处置及贮存总量的 47.2%,处置量和贮存量分别占比为 38.5% 和 14.3%。生活垃圾产生量为 23560.2 万吨,处理量为 23487.2 万吨,处理率达 99.7%。[58] 我国固体废物产生量大,综合利用率仍然不高,已成为我国污染防治的"短板"。

(二)我国固体废物污染环境防治立法概况

我国关于固体废物的立法工作最早体现在 1956 年 12 月国务院批转的《矿产资源保护法试行条例》中。该条例对矿产资源实行综合勘探、综合开发和综合利用的方针和措施作了规定。1973 年制定的《关于保护和改善环境的若干规定(试行草案)》,对防治固体废物污染作出了一些规定。1979 年,《环境保护法(试行)》制定,该法规定要防治工矿企业和城市生活产

---

〔56〕 参见别涛、邱启文主编:《中华人民共和国固体废物污染环境防治法条文释解》,中国法制出版社 2020 年版,第 441 页。

〔57〕 参见韩德培主编:《环境保护法教程》(第 8 版),法律出版社 2018 年版,第 249 页。

〔58〕 参见《2020 年全国大、中城市固体废物污染环境防治年报》,载生态环境部网 2020 年 12 月 28 日,https://www.mee.gov.cn/ywgz/gtfwyhxpgl/gtfw/202012/P020201228557295103367.pdf。

生的废渣、粉尘、垃圾等对环境造成的污染和危害,特别是对废渣规定实行综合利用、化害为利的方针,并对粉尘采取吸尘、净化和回收措施。1989年制定的《传染病防治法》(2004年修订,2013年修正)对传染病病原体污染的垃圾等的卫生处理作出了规定。

原国家环境保护局于1984年开始酝酿起草《固体废物污染环境防治法》。通过反复征求意见与专家论证,历时11年,1995年10月第八届全国人大常务委员会第十六次会议上通过了《固体废物污染环境防治法》,该法于1996年4月1日起实施。《固体废物污染环境防治法》实施以后,取得了一定的成效。但是,由于固体废物污染仍然十分严重,全国人大环境与资源保护委员会于2003年开始着手这部法律的修订工作。2004年12月,该法由第十届全国人大常委会第十三次会议通过,自2005年4月1日起正式施行。

2017年,全国人大常委会进行执法检查,认为《固体废物污染环境防治法》对防治固体废物污染环境、保障公众健康、维护生态安全发挥了重要作用,但该法中的一些制度规定难以适应当时固体废物污染防治新形势、新任务,如排污许可、查封扣押等制度措施需要及时补充完善,危险废物管理、农业废弃物污染防治、农村生活垃圾处置等有关制度和措施需要进一步细化和完善,相关法律责任有待强化等,并建议尽快启动《固体废物污染环境防治法》修订工作。[59]

经过多次征求意见,2020年4月,第十三届全国人大常委会第十七次会议通过了新修订的《固体废物污染环境防治法》,并于2020年9月1日起施行。新修订的《固体废物污染环境防治法》进一步明确减量化、资源化和无害化原则,强调通过形成绿色生产和生活方式推进源头减量,体现了固体废物污染防治思路从污染控制向绿色低碳发展的转变。

2022年10月,党的二十大报告指出加快发展方式绿色转型,实施全面节约战略,推进各类资源节约集约利用,加快构建废弃物循环利用体系,进一步明确了《固体废物污染环境防治法》实施的核心与要点。

二、我国固体废物污染环境防治法的主要规定

我国固体废物污染环境防治的法律规定主要体现在《固体废物污染环境防治法》中。《固体废物污染环境防治法》共9章126条,对固体废物污染环境防治的政府监管职责、监督管理体制、监督管理制度、法律责任进行了规定,并对工业固体废物、生活垃圾、建筑垃圾、农业固体废物、危险废物等分别进行了规定。

(一)固体废物污染环境防治的监督管理原则

1.“三化原则”

“三化原则”是指对固体废物污染防治,采用减量化、资源化和无害化的原则。任何单位和个人都应当采取措施,减少固体废物的产生量,促进固体废物的综合利用,降低固体废物的危害性。

减量化是指采取措施减少固体废物的产生量和排放量,从源头上直接减少或减轻固体废

---

〔59〕 参见李干杰:《关于〈中华人民共和国固体废物污染环境防治法(修订草案)〉的说明》,载中国人大网2020年5月11日,http://www.npc.gov.cn/npc/c30834/202005/37841782aa824953a2b73ce131d5ecee.shtml。

物对环境和人体健康的危害。减量化不只是减少固体废物的数量及其体积,还包括尽可能减少其种类、降低危险废物有害成分的浓度、减轻或消除其危害特性等,是对固体废物的数量、体积、种类、有害性质的全面管制。就国家而言,应当改变粗放经营的发展模式,鼓励和支持清洁生产;就产生和排放固体废物的单位和个人而言,法律要求其合理选择和利用原材料、能源和其他资源,采用废物产生量最少的生产工艺和设备。

资源化是指通过回收、加工、循环利用、交换等方式,对固体废物进行综合利用,使之转化为可利用的二次原料或再生资源。资源化不仅规定了对废物的回收和合理利用,而且鼓励产品的生产者开展生态设计,促进资源回收利用。

无害化是指对已经产生又无法或暂时尚不能综合利用的固体废物,进行对环境无害或低危害的安全处理、处置,以防止、减少或减轻固体废物的危害。相当部分的固体废物需要进行处置,将固体废物焚烧或者用其他改变固体废物数量、缩小固体废物体积、减少或消除其危险成分的活动,或者将固体废物最终置于符合环境保护规定要求的填埋场。[60] 处置固体废物的单位和个人,应当采取措施,防止或者减少固体废物对环境的污染,处置不当会造成严重环境污染。

2. 全过程管理原则

全过程管理原则是指对固体废物的产生、收集、贮存、运输、利用、处置全过程及各个环节,都实行控制管理和开展污染防治。由于这一原则包含了从固体废物的产生到最终处置的全部过程,因而也被称为"从摇篮到坟墓"的管理原则。如在工业固体废物污染防治方面,要求产生工业固体废物的单位建立健全涵盖工业固体废物产生、收集、贮存、运输、利用、处置全过程的污染环境防治责任制度。

3. 污染担责原则

污染担责原则是《环境保护法(2014修订)》"损害担责"原则在固体废物污染环境防治上的体现。根据该原则,产生、收集、贮存、运输、利用、处置固体废物的单位和个人,应当采取措施,防止或者减少固体废物对环境的污染,对所造成的环境污染依法承担责任。此规定既明确了主体的防治责任又明确了其侵权责任。

4. 鼓励集中处置原则

对于固体废物,集中处置有利于降低成本、减少污染和节约土地资源,在《固体废物污染环境防治法》中有大量关于集中处理的要求,如统筹生活垃圾、建筑垃圾、危险废物等固体废物转运、集中处置等设施建设,鼓励研究开发固体废物综合利用、集中处置新技术等。

5. 固体废物分类管理原则

固体废物种类繁多、性质复杂,这就要求对不同种类、性质的废物,应当根据其特性,采取相应的防治措施。《固体废物污染环境防治法》根据废弃物的来源按工业固体废物、生活垃圾、建筑垃圾、农业固体废物、危险废物分类规定了管理措施。同时,在这些规定之中,又规定了生活垃圾分类制度、建筑垃圾分类处理制度、危险废物分类管理制度、医疗废物分类收集制度等分类管理制度。

---

〔60〕 参见别涛、邱启文主编:《中华人民共和国固体废物污染环境防治法条文释解》,中国法制出版社2020年版,第11页。

（二）固体废物污染环境防治的监督管理体制

我国对固体废物污染环境防治实行统一管理与部门分工负责管理相结合的行政管理体制。国务院生态环境主管部门对全国固体废物污染环境防治工作实施统一监督管理。国家发展改革、工业和信息化、自然资源、住房城乡建设、交通运输、农业农村、商务、卫生健康、海关等主管部门在各自职责范围内负责固体废物污染环境防治的监督管理工作。其中，工业和信息化主管部门负责工业固体废物综合利用、环境卫生主管部门负责生活垃圾和建筑垃圾监督管理、农业农村主管部门负责农业固体废物监督管理、市场监督管理部门负责过度包装的监督管理。

地方人民政府生态环境主管部门对本行政区域固体废物污染环境防治工作实施统一监督管理。地方人民政府发展改革、工业和信息化、自然资源、住房城乡建设、交通运输、农业农村、商务、卫生健康等主管部门在各自职责范围内负责固体废物污染环境防治的监督管理工作。

（三）固体废物污染环境防治的监督管理制度

1. 固体废物污染防治的一般规定

固体废物污染防治的一般规定通常是一些禁止、限制措施：要求产生、收集、贮存、运输、利用、处置固体废物的单位和其他生产经营者，应当采取防扬散、防流失、防渗漏或者其他防止污染环境的措施，不得擅自倾倒、堆放、丢弃、遗撒固体废物；禁止任何单位或者个人向江河、湖泊、运河、渠道、水库及其最高水位线以下的滩地和岸坡以及法律法规规定的其他地点倾倒、堆放、贮存固体废物。在生态保护红线区域、永久基本农田集中区域和其他需要特别保护的区域内，禁止建设工业固体废物、危险废物集中贮存、利用、处置的设施、场所和生活垃圾填埋场。

2. 固体废物污染转移制度

固体废物可以跨区转移，在转移过程中有可能造成环境污染，近些年非法转移、倾倒固体废物案件频发，严重威胁生态环境安全，所以转移固体废物必须获得相应部门的审批。

转移固体废物出省、自治区、直辖市行政区域贮存、处置的，应当向固体废物移出地的省、自治区、直辖市人民政府生态环境主管部门提出申请。移出地的省、自治区、直辖市人民政府生态环境主管部门应当及时商请接受地的省、自治区、直辖市人民政府生态环境主管部门同意，在其同意后，应在规定期限内批准转移该固体废物出省、自治区、直辖市行政区域。

对固体废物，国家计划逐步实施固体废物零进口的目标，同时禁止我国境外的固体废物进境倾倒、堆放、处置，禁止经我国过境转移危险废物。

3. 现场检查制度

现场检查权是行政机关为履行日常监管职责，实现行政目的而享有的一项具有基础性、普遍性的权利。生态环境主管部门及其环境执法机构和其他负有固体废物污染环境防治监督管理职责的部门，在各自职责范围内有权对从事产生、收集、贮存、运输、利用、处置固体废物等活动的单位和其他生产经营者进行现场检查。

4. 生产经营者信用记录制度

信用体系建设与信用监管制度有利于发挥行业和社会监督作用。生态环境主管部门应当会同有关部门建立产生、收集、贮存、运输、利用、处置固体废物的单位和其他生产经营者信用记录制度，将相关信用记录纳入全国信用信息共享平台。

5. 信息公开制度

信息公开能促使排污者积极遵守污染防治义务,提升环境管理水平。固体废物污染防治要求设区的市级人民政府生态环境主管部门会同住房城乡建设、农业农村、卫生健康等主管部门,定期向社会发布固体废物的种类、产生量、处置能力、利用处置状况等信息。县级以上人民政府应当将工业固体废物、生活垃圾、危险废物等固体废物污染环境防治情况纳入环境状况和环境保护目标完成情况年度报告,向本级人民代表大会或者人民代表大会常务委员会报告。产生、收集、贮存、运输、利用、处置固体废物的单位,应当依法及时公开固体废物污染环境防治信息,主动接受社会监督。利用、处置固体废物的单位,应当依法向公众开放设施、场所,提高公众环境保护意识和参与程度。

(四)固体废物污染环境防治的分类管理规定

《固体废物污染环境防治法》将固体废物分为工业固体废物、生活垃圾、建筑垃圾、农业固体废物以及危险废物进行管理。该法规定,对工业固体废物、生活垃圾、建筑垃圾、农业固体废物等采取一般管理措施,对危险废物采取严格管理措施。

1. 工业固体废物污染环境的防治

工业固体废物是指在工业生产活动中产生的固体废物。防治工业固体废物污染环境的主要规定包括:(1)推广先进的生产工艺设备、淘汰落后生产工艺设备。国家相关主管部门应对工业固体废物对公众健康、生态环境的危害和影响程度等作出界定,制定防治工业固体废物污染环境的技术政策,组织推广先进的防治工业固体废物污染环境的生产工艺和设备,并公布限期淘汰产生严重污染环境的工业固体废物的落后生产工艺、设备的名录。(2)固体废物资源综合利用评价。相关主管部门应定期发布工业固体废物综合利用技术、工艺、设备和产品导向目录,组织开展工业固体废物资源综合利用评价。(3)全过程的污染环境防治责任。产生工业固体废物的单位应当建立健全涵盖工业固体废物产生、收集、贮存、运输、利用、处置全过程的污染环境防治责任制度,建立工业固体废物管理台账,实现工业固体废物可追溯、可查询。(4)工业固体废物委托处置制度。产生工业固体废物的单位委托他人运输、利用、处置工业固体废物的,应当对受托方的主体资格和技术能力进行核实,依法签订书面合同,在合同中约定污染防治要求。受托方应当依照有关法律法规的规定和合同约定履行污染防治要求,并将运输、利用、处置情况告知产生工业固体废物的单位。产生工业固体废物的单位违反以上规定的,应当与造成环境污染和生态破坏的受托方承担连带责任。(5)产生工业固体废物的单位的防治义务。产生工业固体废物的单位应当对工业固体废物加以利用;对暂时不利用或者不能利用的,应当按照国务院生态环境等主管部门的规定建设贮存设施、场所,安全分类存放,或者采取无害化处置措施。

2. 生活垃圾污染环境的防治

生活垃圾是指在日常生活中或者在为日常生活提供服务的活动中产生的固体废物,以及法律、行政法规规定视为生活垃圾的固体废物。生活垃圾污染环境的防治是县级以上地方人民人民政府的重要职责,具体包括:(1)加快建立生活垃圾分类制度和生活垃圾分类工作协调机制,对生活垃圾进行分类收集、分类运输、分类处理;(2)有计划地改进燃料结构;(3)加强产品生产和流通过程管理,避免过度包装,组织净菜上市;(4)统筹安排建设城乡生活垃圾收集、运输、处理设施，合理安排回收、分拣、打包网点，促进生活垃圾的回收利用工作。

在农村生活垃圾污染环境防治方面，地方各级人民政府应当加强农村生活垃圾污染环境的防治，保护和改善农村人居环境。城乡接合部、人口密集的农村地区和其他有条件的地方，应当建立城乡一体的生活垃圾管理系统；其他农村地区应当积极探索生活垃圾管理模式，因地制宜，就近就地利用或者妥善处理生活垃圾，鼓励农村生活垃圾源头减量。

产生生活垃圾的单位、家庭和个人应当依法履行生活垃圾源头减量和分类投放义务，承担生活垃圾产生者责任。任何单位和个人都应当依法在指定的地点分类投放生活垃圾。农贸市场、小区开发建设单位、村镇建设单位、公共设施经营管理单位应尽到垃圾管理义务。建设生活垃圾处理设施、场所应当符合相关的环境保护和环境卫生标准。

3. 建筑垃圾、农业固体废物等污染环境的防治

建筑垃圾是指建设单位、施工单位在新建、改建、扩建和拆除各类建筑物、构筑物、管网等过程中，以及居民在装饰装修房屋过程中产生的弃土、弃料和其他固体废物。农业固体废物是指在农业生产活动中产生的固体废物。县级以上地方人民政府在这些领域的主要职责包括：建立建筑垃圾分类处理制度、制定建筑垃圾污染环境防治工作规划、建立建筑垃圾回收利用体系、指导农业固体废物回收利用体系建设等。

县级以上地方人民政府环境卫生主管部门负责建筑垃圾污染环境防治工作，建立建筑垃圾全过程管理制度，规范建筑垃圾产生、收集、贮存、运输、利用、处置行为，推进综合利用，加强建筑垃圾处置设施、场所建设，保障处置安全，防止污染环境。工程施工单位则应当编制建筑垃圾处理方案，采取污染防治措施，并报县级以上地方人民政府环境卫生主管部门备案。县级以上人民政府农业农村主管部门负责指导农业固体废物回收利用体系建设，鼓励和引导有关单位和其他生产经营者依法收集、贮存、运输、利用、处置农业固体废物，加强监督管理，防止污染环境。产生秸秆、废弃农用薄膜、农药包装废弃物等农业固体废物的单位和其他生产经营者应当采取回收利用和其他防止污染环境的措施。

国家推动建立生产者责任延伸制度。生产者责任延伸制度属新增条款，具体是指将生产者对其产品承担的资源环境责任从生产环节延伸到产品设计、流通消费、回收利用、废物处置等全生命周期的制度。实施生产者责任延伸制度，是加快生态文明建设和绿色循环低碳发展的内在要求，对推进供给侧结构性改革和制造业转型升级具有积极作用。[61]《固体废物污染环境防治法》要求国家建立电器电子、铅蓄电池、车用动力电池等产品的生产者责任延伸制度。[62]电器电子、铅蓄电池、车用动力电池等产品的生产者应当按照规定自建或者以委托等方式建立与产品销售量相匹配的废旧产品回收体系，并向社会公开，实现有效回收和利用。

在防止过度包装方面，关于产品和包装物的设计、制造，生产经营者应当遵守国家有关清洁生产的规定。生产经营者应当遵守限制商品过度包装的强制性标准，避免过度包装。电子商务、快递、外卖等行业应当优先采用可重复使用、易回收利用的包装物，优化物品包装，减少

---

〔61〕 参见别涛、邱启文主编：《中华人民共和国固体废物污染环境防治法条文释解》，中国法制出版社 2020 年版，第 240 页。

〔62〕 2016 年，国务院办公厅印发《生产者责任延伸制度推行方案的通知》。通过开展产品生态设计、鼓励使用再生原料、保障废弃产品规范回收利用和安全处置、加强信息公开等，推动生产企业切实落实资源环境责任。

包装物的使用,并积极回收利用包装物。在一次性用品污染防治方面,国家依法禁止、限制生产、销售和使用不可降解塑料袋等一次性塑料制品。[63] 商品零售场所开办单位、电子商务平台企业和快递企业、外卖企业应当按照国家有关规定向商务、邮政等主管部门报告塑料袋等一次性塑料制品的使用、回收情况。旅游、住宿等行业应当按照国家有关规定推行不主动提供一次性用品。

4. 危险废物污染环境的防治

危险废物是指被列入国家危险废物名录的或者根据国家规定的危险废物鉴别标准和鉴别方法认定的具有危险特性的固体废物。所谓危险特性,主要是指毒性、易燃性、腐蚀性、反应性、传染疾病性、放射性等。《固体废物污染环境防治法》对危险废物污染环境防治规定了一些特别制度。

国务院生态环境主管部门应当会同国务院有关部门制定国家危险废物名录,规定统一的危险废物鉴别标准、鉴别方法、识别标志和鉴别单位管理要求。国家危险废物名录应当动态调整。对危险废物的容器和包装物以及收集、贮存、运输、利用、处置危险废物的设施、场所,应当按照规定设置危险废物识别标志。

产生危险废物的单位应当按照国家有关规定制定危险废物管理计划,建立危险废物管理台账,如实记录有关信息,并通过国家危险废物信息管理系统向所在地生态环境主管部门申报危险废物的种类、产生量、流向、贮存、处置等有关资料。从事收集、贮存、利用、处置危险废物经营活动的单位,应当按照国家有关规定申请取得许可证。禁止无许可证或者未按照许可证规定从事危险废物收集、贮存、利用、处置的经营活动,禁止将危险废物提供或者委托给无许可证的单位或者其他生产经营者进行收集、贮存、利用、处置活动。收集、贮存危险废物,应当按照危险废物特性分类进行。从事收集、贮存、利用、处置危险废物经营活动的单位,贮存危险废物不得超过1年。

转移危险废物的单位应当按照国家有关规定填写、运行危险废物电子或者纸质转移联单。跨省、自治区、直辖市转移危险废物的,应当向危险废物移出地省、自治区、直辖市人民政府生态环境主管部门申请。移出地省、自治区、直辖市人民政府生态环境主管部门应当及时商请接受地省、自治区、直辖市人民政府生态环境主管部门同意,在其同意后,应在规定期限内批准转移该危险废物,并将批准信息通报相关省、自治区、直辖市人民政府生态环境主管部门和交通运输主管部门。

案例5-8-01 某公司随意处置硫酸废液破坏生态环境案[64]

2015年,A公司将其工业生产活动中产生的83桶硫酸废液,以每桶1300~3600元不等的价格,交由黄某处置。黄某将上述硫酸废液以每桶2000元的价格委托何某处置,何某又以每桶1000元的价格委托王某处置。王某随机联系外地货车车主分多次将上述83桶硫酸废液带

[63] 2007年,国务院办公厅颁布《关于限制生产销售使用塑料购物袋的通知》。
[64] 参见最高人民法院指导案例135号,载最高人民法院网,https://www.court.gov.cn/shenpan/xiangqing/216971.html。

出市外随意处置,这些硫酸废液最终去向不明(仅12桶寻回处置)。其中,司机魏某在本市农地倾倒3桶。后硫酸废液被鉴定为危险废物。2017年,人民检察院提起公诉,法院判决A公司以及黄某、何某、王某、魏某等构成污染环境罪。2018年,人民检察院提起公益诉讼,法院判决A公司以及黄某、何某、王某、魏某连带承担3桶硫酸废液所产生的生态环境修复费,A公司以及黄某、何某、王某连带承担68桶硫酸废液所产生的生态环境修复费。

评析:A公司委托不具有资格的主体处置硫酸废液,受委托主体则随意向外地转移硫酸废液,违反了《固体废物污染环境防治法》委托处置制度、危险废物经营许可制度、危险废物转移联单制度等相关规定,需要承担相应公法责任。本案中去向不明的危险物质造成的环境危害无法查明,根据2015年最高人民法院《关于审理环境民事公益诉讼案件适用法律若干问题的解释》,法院可以推定原告主张的环境污染事实成立,即推定其余68桶硫酸废液被非法处置并污染环境的事实成立,被告需要根据虚拟治理成本连带承担生态环境修复费。

(五)固体废物污染环境防治的保障措施

1. 统筹固体废物设施用地制度

转运、集中处置固体废物的设施用地存在处置能力不足、规划选址不合理的问题,受"邻避效应"影响,生活垃圾处置设施建设滞后,处理能力分布不平衡。[65] 为满足设施建设要求,国务院有关部门、县级以上地方人民政府及其有关部门在编制国土空间规划和相关专项规划时,应当统筹生活垃圾、建筑垃圾、危险废物等固体废物转运、集中处置等设施建设需求,保障转运、集中处置等设施用地。

2. 鼓励、支持固体废物污染环境防治措施

固体废物污染环境防治需要取得经济、技术等政策方面的支持,相关机构应注重人才培养,提升行业能力,以促进固体废物污染环境防治产业的发展。国家应采取有利于固体废物污染环境防治的经济、技术政策和措施,加强对从事固体废物污染环境防治工作人员的培训和指导;各级人民政府应加强必要的资金安排;鼓励和支持研究开发固体废物综合利用、集中处置等的新技术;鼓励和支持社会力量参与固体废物污染环境防治工作;鼓励单位和个人购买、使用综合利用产品和可重复使用产品。

3. 固体废物污染环境防治优惠措施

固体废物污染环境防治不能仅靠政府,还需要积极引导社会资本参与其中。所以国家应当发展绿色金融,鼓励金融机构加大对固体废物污染环境防治项目的信贷投放,并加强税收优惠和污染责任保险相关措施。

思考问题

1. 我国目前在环境污染防治领域尚有哪些方面的立法需要补充和完善?
2. 比较大气污染中的固定污染源污染和移动污染源污染的差别,并思考对这两种污染在监督

〔65〕 参见别涛、邱启文主编:《中华人民共和国固体废物污染环境防治法条文释解》,中国法制出版社2020年版,第320页。

管理方面有何不同?

3.《水污染防治法》规定了哪些水污染防治监督管理制度?

4. 根据《土壤污染防治法》的规定,土壤污染责任人应当履行哪些义务?

5.《噪声污染防治法》对社会生活噪声污染防治有哪些规定?并简述其理由。

6. 什么是“倾倒”?简述《海洋环境保护法》关于防止倾倒废弃物对海洋环境造成污染损害的基本规定。

7. 什么是放射性污染?简述《放射性污染防治法》关于放射性污染防治的基本规定。

8. 什么是有毒化学品污染?比较危险化学品和有毒化学品的区别。

9. 什么是农药污染?简述《农药管理条例》关于安全使用农药的基本规定。

10. 我国防止固体废物污染环境的原则有哪些?并简述其含义。

第六章 自然保护法

思政与知识要点

党的二十大报告在总结我国自然保护事业所取得成就的基础上，进一步要求坚持山水林田湖草沙一体化保护和系统治理，提升生态系统多样性、稳定性、持续性。党的二十大报告明确指出：以国家重点生态功能区、生态保护红线、自然保护地等为重点，加快实施重要生态系统保护和修复重大工程。推进以国家公园为主体的自然保护地体系建设。实施生物多样性保护重大工程。科学开展大规模国土绿化行动。深化集体林权制度改革。推行草原森林河流湖泊湿地休养生息，实施好长江十年禁渔，健全耕地休耕轮作制度。建立生态产品价值实现机制，完善生态保护补偿制度。加强生物安全管理，防治外来物种侵害。

自然保护法，是指国家对开发利用自然环境和资源的行为实行控制，以保护生态系统平衡或防止生物多样性被破坏为目的而制定的法律规范的总称。不同于主要采取消极控制措施和对策的污染防治法，自然保护法更强调的是对自然环境和资源的积极管理和保护。本章主要从立法的角度来阐释生态保护法与自然资源保护法的内容，即分别介绍野生生物保护法和自然区域保护法，强调国家对自然环境和资源的管理和保护，同时分别分析土地资源保护法、森林资源保护法、草原资源保护法、水资源保护法以及海域资源保护法在自然资源开发和利用中调整各种社会关系的不同作用。生态保护法与自然资源保护法尽管在各自的领域中侧重点不同，但是两者的目标是一致的，都是为了实现人类的可持续发展，更好地实现自然资源生态价值的保护。

第一节 自然保护法概述

一、自然保护的概念

1987 年原国务院环境保护委员会发布了《中国自然保护纲要》，指明了自然保护的概念和目的："自然保护即保护人类生活其中的自然环境和自然资源，使之免遭破坏。自然保护的目的是为当代和后代人建立最合适的生活、工作和生产条件，以保证经济的持续发展和社会的繁荣进步。"[1] 由此可见，早期的自然保护概念侧重于自然资源保护，追求自然资源的可持续利用，从而为经济社会发展提供坚实的物质基础。与此一致，法律上的自然保护概念主要存在于

---

〔1〕《中国自然保护纲要》编写委员会编：《中国自然保护纲要》，中国环境科学出版社 1987 年版，第 11 页。

自然资源法之中,保护对象主要是对人类有经济利用价值的自然资源而不包含其他生态要素,保护法益也仅限于自然资源为权利人带来的相关经济利益,对生态要素的保护只是对经济利益保护的“副产品”。

随着人类社会对自然生态价值的认识不断加深、自然资源因开发利用而逐渐稀缺,以及生物多样性日益减少,人们对自然保护概念的认知开始发生转变。尤其是在2018年“生态文明”入宪之后,《宪法》第26条中的“生态环境”概念内涵被激活,法律上的自然保护概念从自然资源保护法向生态保护法拓展,保护对象从自然资源扩展到更加丰富的各类生态要素乃至生态空间、生态系统(如长江流域、黄河流域、青藏高原区域等),保护法益也从狭隘的经济利益扩展到自然生态环境本身的内在价值。

二、自然保护的类型

自然保护可以分为自然资源保护与生态保护。自然资源保护是在合理开发、利用、保护和管理自然资源的基础上,为实现人类对自然资源的永续利用,采取特定的保护措施,进而从某种程度上实现维护生态平衡的作用。它对自然生态环境的保护是通过自然资源保护的反射利益所达到的一种间接的保护。目前,我国有关自然资源保护的相关法律主要有《土地管理法》《森林法》《草原法》《水法》等。此外,国务院及其有关部门也制定了一系列有关自然资源保护的行政法规和部门规章。

生态保护是专门针对人类对生态系统的破坏,以维护生态系统平衡、保护生物多样性为目的而对自然环境进行的特殊保护。它是对自然生态环境的一种直接保护。与自然资源保护相比,我国过去对自然生态环境价值的认识低于对自然资源所产生的经济价值的认识,因此一般认为自然资源法中的保护性规范就能够达到保护生态系统的目的,所以将生态保护与自然资源保护合称为“自然保护”,并且在自然保护方面的立法比较薄弱。[2]

尽管自然资源保护侧重于对自然资源的直接保护,对自然生态环境仅进行间接保护,但是从最终目标来说,自然资源保护和生态保护在终极目标上是一致的,都是为了实现人类的可持续发展。近年来,自然资源保护的重心也不再局限于对自然资源经济价值的保护,而更侧重于对自然环境和生态系统的保护。在某些情况下,当自然资源的经济价值与环境价值发生冲突时,人们甚至更侧重于对自然资源的环境价值的保护。

三、我国自然保护法主要制度特色

与前述自然保护的类型区分一致,我国自然保护法主要由生态保护法与自然资源保护法组成。生态保护法将生态保护作为本位目标,涵盖野生动物保护、野生植物保护、外来物种入侵防治等方面的野生生物保护法,以及自然保护地保护、风景名胜区保护、海洋保护、海岛保护、湿地保护、流域保护、青藏高原生态保护等方面的自然区域保护法。自然资源保护法则是自然资源法中的自然保护规定,包括土地、森林、草原、水体、海域等方面的资源保护法。随着生态文明建设日益推进,生态保护立法已经成为近些年我国环境立法的新趋势,如《长江保护

---

〔2〕 参见汪劲:《环境法学》(第4版),北京大学出版社2018年版,第231页。

法》(2020年)、《湿地保护法》(2021年)、《黄河保护法》(2022年)、《青藏高原生态保护法》(2023年),以及正在制定过程中的国家公园法、自然保护地法等。已有立法也通过修改强化了生态化趋势,如《野生动物保护法》已在2016年修订时删去了立法目的中的“资源”表述,明确其属于保护本位而非利用本位。

我国自然保护法主要制度的特色包括以下三方面。第一,秉持生态优先原则。生态环境容量、阈值一旦突破将产生不可逆的影响,自然保护必须防患于未然,实行生态保护优先。此原则在与森林、野生动物、海岛、水土保持、湿地相关的立法中都已得到明确规定。第二,运用生态系统方法。自然保护须以生态系统和自然规律为基础,运用生态系统方法,以特定生态系统为治理单元,遵循生态价值指引,“从系统整体角度综合运用各种手段保护和管理生态环境相关物质和空间,充分利用自然规律来解决环境及其相关问题的策略和方法”[3]。第三,贯彻可持续利用理念。自然生态具有相当的调节、适应能力和恢复、再生潜力。把人类活动的负面影响控制在生态承载力和资源再生能力所允许的阈值范围内,可实现对自然生态的可持续利用,推动和促进人与自然的和谐共生。

第二节　生态保护法

近20年来,随着自然科学的发展和人类对自身行为的反省,生态利益中心主义逐渐在理念上替代了人类中心主义,从而使自然保护概念也逐渐向生态保护概念的方向发展。尤其是随着生态文明理念的提出与践行,生态保护或生物多样性保护的概念正在逐步取代自然保护的概念,成为时代的关键词之一。[4] 本节将以野生生物保护和自然区域保护为重点,专门介绍我国有关生态保护方面的立法状况。

一、野生生物保护法

野生生物包括野生动物和野生植物两大类,在人类发展进化史上起着推动作用。随着人类生产力水平的不断提高,人类逐渐意识到野生生物保护的重要性。同时,由于近年来生物技术的发展以及我国对生态环境安全的重视,我国开始加强生物技术安全管理与外来物种入侵防治。

(一)野生动物保护

1. 野生动物保护及其立法

野生动物是指在自然状态下生长且未被驯化的动物。它既是重要的物种和环境要素,又是人类生活和生产中不可或缺的自然资源。从现行法律规定的保护范围来看,我国法律中所保护的野生动物,是指珍贵、濒危的陆生、水生野生动物和有重要生态、科学、社会价值的陆生野生动物。也就是说,并非所有的野生动物都受法律的保护。同时,它们既包括未被人们通过

---

〔3〕 巩固:《生态系统方法视野下的环境法典编纂:方向与思路》,载《法治研究》2023年第3期。
〔4〕 参见巩固:《环境法典基石概念探究:从资源、环境、生态概念的变迁切入》,载《中外法学》2022年第6期。

合法途径取得而成为私有财产权客体的野生动物,也包括人们已经合法取得的野生动物。此外,珍贵、濒危的水生野生动物以外的其他水生野生动物的保护,适用《渔业法》等有关法律的规定。

在生物学中,动物可以门、纲、目、科、属、种加以区别。在法律中,野生动物则按保护程度的不同,分为国家重点保护野生动物、地方重点保护野生动物和非重点保护野生动物。国家重点保护野生动物是指列入国家重点保护野生动物名录而被特殊保护的动物,分为一级保护野生动物和二级保护野生动物。这类野生动物通常是珍贵、濒危野生动物。在国家重点保护野生动物之外,国家还制定了有重要生态、科学、社会价值的陆生野生动物名录。地方重点保护野生动物是指列入地方重点保护野生动物名录而被特殊保护的动物。这类野生动物通常是在一个省、自治区、直辖市的行政区划内具有珍贵、濒危特性或者有重要生态、科学、社会价值的动物。

1988 年 11 月,全国人大常委会通过了《野生动物保护法》。它是我国第一部关于野生动物保护的综合性法律,也是野生动物保护方面位阶最高的法律。随着社会实践的发展,全国人大常委会于 2004 年 8 月、2009 年 8 月、2016 年 7 月、2018 年 10 月、2022 年 12 月对《野生动物保护法》进行了多次修改。[5] 在《野生动物保护法》之外,国务院及其有关部门陆续发布了关于野生动物保护的专门行政法规、部门规章。1991 年 1 月,原林业部发布了《国家重点保护野生动物驯养繁殖许可证管理办法》。1992 年 3 月,原林业部发布了《陆生野生动物保护实施条例》。1993 年 10 月,原农业部发布了《水生野生动物保护实施条例》。此外,司法机关也发布了野生动物保护的相关司法解释。2000 年 11 月,最高人民法院发布了《关于审理破坏野生动物资源刑事案件具体应用法律若干问题的解释》(已失效)。在此基础上,最高人民法院、最高人民检察院于 2022 年 4 月发布了《关于办理破坏野生动物资源刑事案件适用法律若干问题的解释》。

2. 野生动物保护法律的主要规定

(1)野生动物的权属。在传统法理论中,野生动物是一种对人类具有经济价值的资源,属于“谁猎谁有,谁占谁有”的无主物。为了进一步保护野生动物资源,必须首先改变过去人们长期以来对野生动物所持的无主物的观念。因此,我国《野生动物保护法》第 3 条明确规定:“野生动物资源属于国家所有。国家保障依法从事野生动物科学研究、人工繁育等保护及相关活动的组织和个人的合法权益。”这种国家所有权不因野生动物资源所依附的土地或水体的所有权而改变。

(2)野生动物的保护措施。以《野生动物保护法》第 4 条为据,国家对野生动物实行保护优先、规范利用、严格监管的原则,鼓励和支持开展野生动物科学研究与应用,秉持生态文明理念,推动绿色发展。具体的保护措施包括:

第一,重点保护野生动物名录制度。由于野生动物种类繁多,并不是所有野生动物都需要法律的特别保护,因此,确立重点保护野生动物名录制度实有必要。依据《国家重点保护野生动物名录》,国家对包括一级和二级保护野生动物在内的珍贵、濒危野生动物实行重点保护。

---

〔5〕 参见杨朝霞等:《新〈野生动物保护法〉的解读》,载《环境保护》2023 年第 16 期。

依据《野生动物保护法》第 10 条第 2 款的规定,《国家重点保护野生动物名录》由国务院野生动物保护主管部门组织科学论证评估后,报国务院批准公布。同时,《陆生野生动物保护实施条例》第 7 条规定,国务院林业行政主管部门和省、自治区、直辖市人民政府林业行政主管部门,应当定期组织野生动物资源调查,建立资源档案,为制订野生动物资源保护发展方案、制定和调整国家和地方重点保护野生动物名录提供依据。野生动物资源普查每 10 年进行一次。

1989 年 1 月,原林业部、原农业部共同发布了《国家重点保护野生动物名录》,并于 2021 年 1 月经国务院批准更新。现行《国家重点保护野生动物名录》共列出国家一级保护野生动物 234 种和 1 类,国家二级保护野生动物 746 种和 7 类。同时,为了履行《濒危野生动植物种国际贸易公约》的义务,我国于 1993 年 4 月将该公约附录一和附录二所列非原产我国的所有野生动物分别核准为国家一级和二级保护野生动物。

除国家重点保护的野生动物外,地方也可以制定地方重点保护野生动物名录。地方重点保护野生动物名录由省、自治区、直辖市人民政府组织科学论证评估,征求国务院野生动物保护主管部门意见后制定、公布。

第二,野生动物栖息地保护制度。我国《野生动物保护法》第 12 条第 1 款、第 2 款规定,国务院野生动物保护主管部门应当会同国务院有关部门,根据野生动物及其栖息地状况的调查、监测和评估结果,确定并发布野生动物重要栖息地名录。省级以上人民政府依法将野生动物重要栖息地划入国家公园、自然保护区等自然保护地,保护、恢复和改善野生动物生存环境。对不具备划定自然保护地条件的,县级以上人民政府可以采取划定禁猎(渔)区、规定禁猎(渔)期等措施予以保护。

第三,野生动物救助及致害补偿制度。《野生动物保护法》第 15 条第 1 款规定,国家重点保护野生动物和有重要生态、科学、社会价值的陆生野生动物或者地方重点保护野生动物受到自然灾害、重大环境污染事故等突发事件威胁时,当地人民政府应当及时采取应急救助措施。《野生动物保护法》第 19 条第 1 款规定,因保护国家和地方重点保护野生动物,造成人员伤亡、农作物或者其他财产损失的,由当地人民政府给予补偿。具体办法由省、自治区、直辖市人民政府制定。

(3)野生动物的管理制度。我国《野生动物保护法》对野生动物的具体管理措施主要包括:

第一,建立野生动物资源档案制度。《野生动物保护法》第 11 条第 1 款规定,县级以上人民政府野生动物保护主管部门应当加强信息技术应用,定期组织或者委托有关科学研究机构对野生动物及其栖息地状况进行调查、监测和评估,建立健全野生动物及其栖息地档案。

第二,人工繁育野生动物管理制度。《野生动物保护法》第 25 条第 1 款规定,人工繁育野生动物实行分类分级管理,严格保护和科学利用野生动物资源。国家支持有关科学研究机构因物种保护目的人工繁育国家重点保护野生动物。

第三,严格限制野生动物猎捕制度。《野生动物保护法》第 21 条规定,禁止猎捕、杀害国家重点保护野生动物。因科学研究、种群调控、疫源疫病监测或者其他特殊情况,需要猎捕国家一级保护野生动物的,应当向国务院野生动物保护主管部门申请特许猎捕证;需要猎捕国家二级保护野生动物的,应当向省、自治区、直辖市人民政府野生动物保护主管部门申请特许猎捕证。《陆生野生动物保护实施条例》对申请特许猎捕证的具体情形和程序作出了明确的规定。

根据《野生动物保护法》的规定,猎捕有重要生态、科学、社会价值的陆生野生动物和地方重点保护野生动物的,应当依法取得县级以上地方人民政府野生动物保护主管部门核发的狩猎证,并服从猎捕量限额管理。猎捕者应当严格按照特许猎捕证、狩猎证规定的种类、数量或者限额、地点、工具、方法和期限进行猎捕。在自然保护地和禁猎(渔)区、禁猎(渔)期内,禁止猎捕以及其他妨碍野生动物生息繁衍的活动,但法律法规另有规定的除外。禁止使用毒药、爆炸物、电击或者电子诱捕装置以及猎套、猎夹、捕鸟网、地枪、排铳等工具进行猎捕。

第四,对野生动物及其制品的贸易管制制度。《野生动物保护法》第28条第1~3款规定,禁止出售、购买、利用国家重点保护野生动物及其制品。因科学研究、人工繁育、公众展示展演、文物保护或者其他特殊情况,需要出售、购买、利用国家重点保护野生动物及其制品的,应当经省、自治区、直辖市人民政府野生动物保护主管部门批准,并按照规定取得和使用专用标识,保证可追溯,但国务院对批准机关另有规定的除外。出售、利用有重要生态、科学、社会价值的陆生野生动物和地方重点保护野生动物及其制品的,应当提供狩猎、人工繁育、进出口等合法来源证明。

根据《野生动物保护法》第37条第1款、第2款的规定,我国缔结或者参加的国际公约禁止或者限制贸易的野生动物或者其制品名录,由国家濒危物种进出口管理机构制定、调整并公布。进出口列入前述名录的野生动物或者其制品,或者出口国家重点保护野生动物或者其制品的,应当经国务院野生动物保护主管部门或者国务院批准,并取得国家濒危物种进出口管理机构核发的允许进出口证明书。海关凭允许进出口证明书办理进出境检疫,并依法办理其他海关手续。为了加强对濒危野生动物及其产品的进出口管理,保护和合理利用野生动植物资源,履行《濒危野生动植物种国际贸易公约》,2006年4月国务院发布了《濒危野生动植物进出口管理条例》,并于2018年3月、2019年3月对该条例两次进行修订。

第五,禁止食用野生动物制度。《野生动物保护法》第31条规定,禁止食用国家重点保护野生动物和国家保护的有重要生态、科学、社会价值的陆生野生动物以及其他陆生野生动物。禁止以食用为目的猎捕、交易、运输在野外环境自然生长繁殖的前述野生动物。禁止生产、经营使用前述野生动物及其制品制作的食品。禁止为食用非法购买前述野生动物及其制品。

第六,对境外人员的特殊管理。《野生动物保护法》第43条规定,外国人在我国对国家重点保护野生动物进行野外考察或者在野外拍摄电影、录像,应当经省、自治区、直辖市人民政府野生动物保护主管部门或者其授权的单位批准,并遵守有关法律法规的规定。此外,《陆生野生动物保护实施条例》第20条规定,外国人在中国境内狩猎,必须在国务院林业行政主管部门批准的对外国人开放的狩猎场所内进行,并遵守中国有关法律、法规的规定。

3. 渔业资源与保护

渔业资源是指一切具有经济开发利用和科学研究价值的水生生物的总称。按其所处水域的不同,渔业资源可以分为淡水渔业资源和海水渔业资源。渔业资源是从产业部门分工的角度命名的,其与森林资源、土地资源、草原资源、水资源等以资源本身为主体来命名有所不同。这种命名方法使渔业资源与野生动物资源存在一定的交叉。我国《渔业法》所说的渔业资源,是指在我国的内水、滩涂、领海、专属经济区以及我国管辖的一切其他海域内可以养殖、捕捞的水生动植物。作为一种可再生的生物资源，渔业资源既是重要的自然资源，又是自然环境要素的重要组成部分，保护渔业资源对促进社会经济的发展、满足和改善人们的物质生活、维护水生生态平衡都具有十分重要的意义。

我国的水域和海域辽阔，渔业资源十分丰富。作为一个渔业生产大国，我国十分重视对渔业资源的保护，并制定了一系列相关的法律规范。目前，我国关于渔业资源保护的规定主要有1986年7月施行并于2000年10月、2004年8月、2009年8月、2013年12月四次修正的《渔业法》，1987年10月施行并于2020年3月、2020年11月两次修订的《渔业法实施细则》。此外，我国还专门针对渔业水质制定了《渔业水质标准》(GB 11607—1989)，并在《环境保护法》《野生动物保护法》以及有关水污染防治、海洋环境保护等的法律法规中，对渔业资源生存环境的保护与管理作出了规定。具体的保护措施如下：

第一，根据《渔业法》第3条第1款的规定，我国对渔业生产实行以养殖为主，养殖、捕捞、加工并举，因地制宜，各有侧重的方针。

第二，鼓励发展养殖业制度。《渔业法》第10条规定，国家鼓励全民所有制单位、集体所有制单位和个人充分利用适于养殖的水域、滩涂，发展养殖业。其具体措施包括：实行养殖使用证制度，确定单位和个人对水域、滩涂的养殖使用权；集体所有的或者全民所有由农业集体经济组织使用的水域、滩涂，可以由个人或者集体承包，从事养殖生产；加强对商品鱼生产基地和城市郊区重要养殖水域的保护；鼓励和支持水产优良品种的选育、培育和推广；保护水域生态环境，科学确定养殖密度，合理投饵、施肥、使用药物，不得造成水域的环境污染等。

第三，推行捕捞限额与许可证制度。一方面，国家实行捕捞限额制度。《渔业法》第22条第1款规定，"国家根据捕捞量低于渔业资源增长量的原则，确定渔业资源的总可捕捞量，实行捕捞限额制度。国务院渔业行政主管部门负责组织渔业资源的调查和评估，为实行捕捞限额制度提供科学依据。中华人民共和国内海、领海、专属经济区和其他管辖海域的捕捞限额总量由国务院渔业行政主管部门确定，报国务院批准后逐级分解下达；国家确定的重要江河、湖泊的捕捞限额总量由有关省、自治区、直辖市人民政府确定或者协商确定，逐级分解下达。"另一方面，国家对捕捞业实行捕捞许可证制度。渔业捕捞许可证是国家准许单位或个人在一定水域行使捕捞权利的凭证，分为海洋渔业捕捞许可证、公海渔业捕捞许可证、内陆渔业捕捞许可证、专项(特许)渔业捕捞许可证、临时渔业捕捞许可证、休闲渔业捕捞许可证、外国渔业捕捞许可证和捕捞辅助船许可证八类。凡在我国管辖水域从事生产的单位和个人，均需按规定申请渔业捕捞许可证。未取得渔业捕捞许可证的，不得从事捕捞作业。同时，根据《渔业法》第25条的规定，从事捕捞作业的单位和个人，必须按照捕捞许可证关于作业类型、场所、时限、渔具数量和捕捞限额的规定进行作业，并遵守国家有关保护渔业资源的规定，大中型渔船应当填写渔捞日志。

第四，实行渔业资源的增殖和保护制度。为了增殖和保护渔业资源，《渔业法》规定了一系列严格的管理措施，具体包括：(1)征收渔业资源增殖保护费。《渔业法》第28条规定，县级以上人民政府渔业行政主管部门应当对其管理的渔业水域统一规划，采取措施，增殖渔业资源。县级以上人民政府渔业行政主管部门可以向受益的单位和个人征收渔业资源增殖保护费,专门用于增殖和保护渔业资源。(2)建立水产种质资源保护区。《渔业法》第29条规定,国家保护水产种质资源及其生存环境,并在具有较高经济价值和遗传育种价值的水产种质资源的主要生长繁育区域建立水产种质资源保护区。未经国务院渔业行政主管部门批准,任何单位或者个人不得在水产种质资源保护区内从事捕捞活动。(3)关于捕捞的禁限规定。《渔业法》第30条第1款规定,禁止使用炸鱼、毒鱼、电鱼等破坏渔业资源的方法进行捕捞。禁止制造、销售、使用禁用的渔具。禁止在禁渔区、禁渔期进行捕捞。禁止使用小于最小网目尺寸的网具进行捕捞。捕捞的渔获物中幼鱼不得超过规定的比例。在禁渔区或者禁渔期内禁止销售非法捕捞的渔获物。《渔业法》第31条第1款规定,禁止捕捞有重要经济价值的水生动物苗种。因养殖或者其他特殊需要,捕捞有重要经济价值的苗种或者禁捕的怀卵亲体的,必须经国务院渔业行政主管部门或者省、自治区、直辖市人民政府渔业行政主管部门批准,在指定的区域和时间内,按照限额捕捞。此外,《渔业法》第37条规定,国家对白鳍豚等珍贵、濒危水生野生动物实行重点保护,防止其灭绝。禁止捕杀、伤害国家重点保护的水生野生动物。

案例6-2-01 孟某龙诉某市人民政府行政赔偿案〔6〕

孟某龙与某公司签订《土地使用协议》,承包某公司在西海岸飞机场享有使用权的可耕种土地约4250亩用于农作物种植,期限自2017年6月25日至2018年6月24日。孟某龙在前述土地上种植了小麦。2017年冬季,野生大雁飞至孟某龙种植的麦田食用麦苗。孟某龙为保护麦田,对大雁实施驱赶。2018年5月28日,孟某龙致函某市人民政府法制办,请求补偿其因此遭受的损失200万元。某市人民政府以孟某龙的主张缺乏法律根据为由拒绝其请求。

评析:本案中某市人民政府拒绝赔偿的理由不充分。根据《野生动物保护法》第19条第1款的规定,"因保护本法规定保护的野生动物,造成人员伤亡、农作物或者其他财产损失的,由当地人民政府给予补偿。具体办法由省、自治区、直辖市人民政府制定"。孟某龙所受损失是由作为国家重点保护野生动物之一的野生大雁造成。野生大雁因受法律保护而得以自由觅食,孟某龙虽对大雁实施了驱赶行为但未造成伤害,其所受损失应该按照前述法条的规定由当地政府予以补偿。如当地政府所在的省级人民政府尚未制定具体的补偿办法,当地政府则应在报请省级人民政府对补偿标准作出解释,并启动相应的调查处理程序认定损失金额后对孟某龙给予补偿,而非直接拒绝其补偿请求。

(二)野生植物保护

1. 野生植物保护及其立法

野生植物是指在自然状态下生长且无法证明为人工栽培的植物,包括藻类、菌类、地衣、苔藓、蕨类和种子等植物。它是自然界能量转化和物质循环的重要环节,也是重要的环境要素之一,与人类的生活和自然环境的保护有着密切的联系。我国作为一个幅员辽阔、自然条件复杂多样的国家,拥有丰富的野生植物资源。然而,由于人口压力的迅速增加,以及人类对自然环境和资源的开发利用强度的不断增大,野生植物资源受到的人为破坏也日益增多,许多物种已

〔6〕 参见山东省高级人民法院行政赔偿判决书,(2019)鲁行赔终195号。

经濒危甚至灭绝。根据生态环境部于 2023 年 5 月发布的《2022 中国生态环境状况公报》，我国需要重点关注和保护的高等植物有 10102 种，占评估物种总数的 29.3%。[7]

过去人们对野生植物的保护主要依赖《草原法》、《森林法》以及《环境保护法》中的一些原则性的规定。但是野生植物这一概念的外延非常广，并不以草原和森林上的野生植物资源为限。因此，为了进一步保护野生植物资源和物种的多样性，我国逐渐加强了对野生植物保护的专门立法。

由于野生植物保护也是生物多样性保护的组成部分，1984 年 7 月原国务院环境保护委员会公布了《中国珍稀濒危保护植物名录》，1991 年我国编写了《中国植物红皮书》，对国家重点保护的野生植物的名录及其范围作出了具体的规定。1983 年 1 月国务院发布了《植物检疫条例》，并于 1992 年 5 月修正、2017 年 10 月修订。1987 年 10 月国务院发布了《野生药材资源保护管理条例》，对野生药材资源作出了保护性的规定。

为了保护、发展和合理利用野生植物资源，保护生物多样性，维护生态平衡，国务院于 1996 年 9 月发布了《野生植物保护条例》，并于 2017 年 10 月进行了修订。在我国境内从事野生植物的保护、发展和利用活动，必须遵守该条例。《野生植物保护条例》第 2 条第 2 款、第 3 款规定，该条例所保护的野生植物，是指原生地天然生长的珍贵植物和原生地天然生长并具有重要经济、科学研究、文化价值的濒危、稀有植物；药用野生植物和城市园林、自然保护区、风景名胜区内的野生植物的保护，同时适用有关法律、行政法规。

2. 野生植物的保护措施

《野生植物保护条例》第 3 条确立了“国家对野生植物资源实行加强保护、积极发展、合理利用的方针”。同时，该条例第 4 条规定，“国家保护依法开发利用和经营管理野生植物资源的单位和个人的合法权益”。第 5 条第 1 款规定，“国家鼓励和支持野生植物科学研究、野生植物的就地保护和迁地保护”。其具体的保护措施包括：

第一，保护野生植物及其生长环境。《野生植物保护条例》第 9 条规定，禁止任何单位和个人非法采集野生植物或者破坏其生长环境。

第二，建立重点保护野生植物名录制度和分级保护制度。根据保护程度的不同，《野生植物保护条例》将野生植物分为国家重点保护野生植物和地方重点保护野生植物。其中，国家重点保护野生植物又分为国家一级保护野生植物和国家二级保护野生植物。国家重点保护野生植物是指列入国家重点保护野生植物名录而被采取特别措施加以保护的植物，而地方重点保护野生植物是指列入地方重点保护野生植物名录而被特殊保护的植物。1999 年 9 月，原国家林业局、原农业部发布了《国家重点保护野生植物名录（第一批）》（已失效）。2021 年 9 月，国家林业和草原局、农业农村部发布了《国家重点保护野生植物名录》。

第三，建立自然保护区制度。《野生植物保护条例》第 11 条第 1 款规定，在国家重点保护野生植物物种和地方重点保护野生植物物种的天然集中分布区域，应当依法建立自然保护区；在其他区域，县级以上地方人民政府野生植物行政主管部门和其他有关部门可以根据实际情

---

[7] 参见生态环境部：《2022 中国生态环境状况公报》，载生态环境部网 2023 年 5 月 29 日，https://www.mee.gov.cn/hjzl/sthjzk/zghjzkgb/202305/P020230529570623593284.pdf。

况建立国家重点保护野生植物和地方重点保护野生植物的保护点或者设立保护标志。

第四,对野生植物的监视与拯救制度。《野生植物保护条例》第12条规定,有关部门应当监视、监测环境对国家重点保护野生植物生长和地方重点保护野生植物生长的影响,并采取措施,维护和改善国家重点保护野生植物和地方重点保护野生植物的生长条件。《野生植物保护条例》第14条规定,当野生植物的生长受到威胁时,有关部门应当采取拯救措施,保护或者恢复其生长环境,必要时应当建立繁育基地、种质资源库或者采取迁地保护措施。

3. 野生植物的管理措施

第一,建立野生植物资源档案制度。《野生植物保护条例》第15条规定,野生植物行政主管部门应当定期组织国家重点保护野生植物和地方重点保护野生植物资源调查,建立资源档案。野生植物资源档案是记载野生植物种类、数量、质量、地区分布、利用和保护状况等资料的文书。它不仅是管理、保护、发展和合理利用开发野生植物资源的依据,也是整个自然资源开发利用的基础资料。

第二,重点保护野生植物采集证制度。根据《野生植物保护条例》第16条第1款、第2款的规定,禁止采集国家一级保护野生植物。因科学研究、人工培育、文化交流等特殊需要采集国家一级保护野生植物的,以及采集国家二级保护野生植物的,必须依法定程序经有关部门签署意见后再申请采集证。重点保护野生植物采集证是有关单位和个人依法采集国家重点保护野生植物的法定凭证。它是控制珍稀濒危野生植物采集量,防止野生植物被破坏的重要手段。采集国家重点保护野生植物的单位和个人,必须取得采集证,并按照采集证规定的种类、数量、地点、期限和方法进行采集。

第三,重点保护野生植物进出口许可制度。为了控制重点保护野生植物的进出口,《野生植物保护条例》第20条规定,出口国家重点保护野生植物或者进出口中国参加的国际公约所限制进出口的野生植物的,必须经法定程序获得批准,并取得国家濒危物种进出口管理机构核发的允许进出口证明书或者标签。禁止出口未定名的或者新发现并有重要价值的野生植物。

第四,限制出售、收购野生植物制度。《野生植物保护条例》第18条规定,禁止出售、收购国家一级保护野生植物。出售、收购国家二级保护野生植物的,必须经省、自治区、直辖市人民政府野生植物行政主管部门或者其授权的机构批准。第21条第1款规定,外国人不得在中国境内采集或者收购国家重点保护野生植物。

案例6-2-02 谢某仁非法出售国家重点保护植物案〔8〕

2016年10月,谢某仁经与游某商议,将存放于谢某仁家中的一堆楠木段以人民币6000元的价格出售给游某。2016年12月4日,游某通过手机向谢某仁转账支付了人民币6000元,随后谢某仁多次催促游某将该批楠木段运走。2017年1月,游某雇请李某驾驶农用车,由谢某仁带至家中,将该批楠木段装车运至尤溪县某沙料厂,并用沙子覆盖藏放。同年9月3日,尤溪县公安机关查获该批楠木段并扣押。经鉴定,该批楠木段数量为33段,原木材积为1.8850

〔8〕 参见福建省永泰县人民法院刑事判决书,(2018)闽0125刑初116号。

立方米，树种为闽楠，樟科楠属，是国家二级保护野生植物。案发后，谢某仁的亲属代其退出违法所得人民币6000元。

评析：谢某仁不仅要退还违法所得，还需承担行政责任。《野生植物保护条例》第18条第2款规定："出售、收购国家二级保护野生植物的，必须经省、自治区、直辖市人民政府野生植物行政主管部门或者其授权的机构批准。"该条例第24条进一步规定："违反本条例规定，出售、收购国家重点保护野生植物的，由工商行政管理部门或者野生植物行政主管部门按照职责分工没收野生植物和违法所得，可以并处违法所得10倍以下的罚款。"本案中，被告人谢某仁非法出售作为国家二级保护野生植物的楠木，当时的工商行政管理部门或者野生植物行政主管部门可以对其并处违法所得10倍以下的罚款。

（三）外来物种入侵防治

1. 外来物种入侵防治及其立法

外来物种入侵防治是维护生物多样性的重要组成部分。外来物种入侵造成的环境破坏已日益为人们所认识。根据世界自然保护联盟（International Union for Conservation of Nature，IUCN）的数据统计，外来物种入侵是最近400年中造成39%的动植物灭绝的罪魁祸首。在全球范围内，外来物种入侵已经成为除栖息地破坏以外造成生物多样性丧失的最主要原因。

所谓外来物种，是相对于本地物种而言的，它是指出现在自然分布范围（过去或现在）和分布位置以外（在原分布范围以外自然定殖的，或没有直接或间接引进，或没有人类活动就不能定殖）的一种物种、亚种或低级分类群，包括这些物种能生存和繁殖的任何部分、配子或繁殖体。依据世界自然保护联盟于2000年公布的《防止因生物入侵而造成的生物多样性损失指南》的解释，外来入侵物种是指在自然、半自然生态系统或栖息地中，建立种群并影响和威胁到本地生物多样性的一种外来物种。

外来入侵物种的引入途径主要有三种：有意引进、无意引进和自然侵入。外来入侵物种通过以上三种途径到达新环境，再历经侵入、定居、适应和扩散四个阶段生存并致害。外来入侵物种通过压制或排挤本地物种，危害本地物种的生存，加快物种多样性和遗传多样性的丧失，破坏生态系统的结构和功能，进而造成巨大的经济损失。经济损失包括直接经济损失和间接经济损失两大类。直接经济损失是指外来病虫害和杂草对农林牧渔、交通等行业或人类健康造成的直接损毁、实际价值的减少或防护费用的增加等；间接经济损失是指对生态系统服务功能、物种多样性和遗传多样性造成的经济损失。

我国早期有关外来物种入侵的相关规定主要集中在野生动植物保护与病虫害、杂草检疫和传染病防疫的法律法规中，包括《海洋环境保护法》《草原法》《农业法》《种子法》《渔业法》《畜牧法》《进出境动植物检疫法》《动物防疫法》《植物检疫条例》《农业转基因生物安全管理条例》《陆生野生动物保护实施条例》等。例如，《草原法》第29条第2款规定，从境外引进草种必须依法进行审批。《农业法》第64条第1款规定，从境外引进生物物种资源应当依法进行登记或者审批，并采取相应安全控制措施。《渔业法》第16条第2款、第17条第2款分别规定，"水产苗种的进口、出口由国务院渔业行政主管部门或者省、自治区、直辖市人民政府渔业行政主管部门审批"，"引进转基因水产苗种必须进行安全性评价"。《畜牧法》第16条规定，从境外引进畜禽遗传资源的,应当向主管部门提出申请;主管部门经审核后,报国务院相关部门经评估论证后批准。从境外引进的畜禽遗传资源被发现对境内畜禽遗传资源、生态环境有危害或者可能产生危害的,主管部门应当“及时采取相应的安全控制措施”。以上法律法规基本确定了我国对境外引入物种的审批、检疫、论证和采取安全措施的防治外来物种入侵制度。

2. 主要规定

《生物安全法》第 60 条第 1 款明确规定:“国家加强对外来物种入侵的防范和应对,保护生物多样性。国务院农业农村主管部门会同国务院其他有关部门制定外来入侵物种名录和管理办法。”根据该条规定的授权,农业农村部、自然资源部、生态环境部、海关总署于 2022 年 5 月公布了《外来入侵物种管理办法》(以下简称《外来物种办法》)。[9]

外来物种入侵防控事关国家粮食安全、生物安全和生态安全。近年来,随着我国商品贸易和人员往来日益频繁,外来入侵物种扩散途径更加多样化、隐蔽化,多数入侵物种可在我国找到适宜的生存环境,一旦定殖,会对生态环境产生重大威胁。《外来物种办法》加强了外来物种全链条管理,健全了责任机制,对外来物种入侵防控工作从源头预防、监测预警和治理修复等方面作出规定。

第一,明确职责分工。《外来物种办法》第 4 条至第 9 条规定了外来入侵物种管理的职责分工。其中,农业农村部会同国务院有关部门建立外来入侵物种防控部际协调机制,省级人民政府组织开展本行政区域外来入侵物种防控工作,县级以上地方人民政府依法对本行政区域外来入侵物种防控工作负责,县级以上地方人民政府相关部门按职责分工开展外来入侵物种防控工作。

第二,建立源头预防机制。《外来物种办法》第 10 条、第 12 条、第 13 条从三方面对加强源头预防提出明确要求。首先是规范引种管理。因品种培育等特殊需要从境外引进农作物和林草种子苗木、水产苗种等外来物种的,应当依据审批权限办理进口审批与检疫审批。属于首次引进的,引进单位还必须进行风险分析,并向审批部门提交风险评估报告。其次是强化口岸防控。海关应当对非法引进、携带、寄递、走私外来物种等违法行为进行打击,对发现的外来入侵物种以及经评估具有入侵风险的外来物种依法进行处置。最后是加强境内检疫。县级以上农业农村、林业草原主管部门应当依法加强境内跨区域调运农作物和林草种子苗木、植物产品、水产苗种等检疫监管,防止外来入侵物种扩散传播。

第三,建立监测与预警制度。《外来物种办法》第 15 条、第 16 条对普查和监测作出要求。一方面,建立外来入侵物种普查制度,每 10 年组织开展一次全国普查;另一方面,建立外来入侵物种监测制度,构建全国外来入侵物种监测网络,有关部门按照职责分工布设监测站点,组织开展常态化监测。《外来物种办法》第 18 条规定了预警预报的发布机制。省级以上人民政府农业农村、自然资源(海洋)等主管部门和海关应当加强外来入侵物种监测信息共享,分析研判外来入侵物种发生、扩散趋势,评估危害风险,及时发布预警预报,提出应对措施,指导开展防控。同时,《外来物种办法》第 19 条还规范了外来入侵物种信息发布的职责权限。

---

[9] 参见《完善外来入侵物种管理制度加强全链条防控治理——农业农村部科技教育司有关负责人就〈外来入侵物种管理办法〉答记者问》,载中央人民政府网,http://www.gov.cn/zhengce/2022-06/17/content_5696172.htm。

第四,建立治理修复制度。《外来物种办法》第20条规定,农业农村部及有关部门按照职责分工,研究制订本领域外来入侵物种防控策略措施,指导地方开展防控。对外来入侵植物、外来入侵病虫害、外来入侵水生动物的治理方法分别于《外来物种办法》第21条至第23条予以列明。《外来物种办法》第24条规定,外来入侵物种发生区域的生态系统恢复,应当因地制宜采取种植乡土植物、放流本地种等措施。

案例6-2-03　罗某某未经批准擅自释放外来物种案[10]

2022年9月10日,广西壮族自治区百色市农业综合行政执法支队接到群众举报,有人于当日在百色市澄碧河水库永乐镇码头附近水域涉嫌释放外来物种豹纹翼甲鲶(俗称清道夫)。同行人员还拍摄现场照片和视频并上传短视频平台,引发社会舆论高度关注。该支队执法人员迅速赴现场勘验,并依法提取了有关音视频证据。经查,当事人罗某某出于"祈福"目的在澄碧河水库中实施"放生"活动,涉案动物经鉴定确为外来物种豹纹翼甲鲶。广西壮族自治区百色市农业综合行政执法支队责令罗某某限期捕回释放的外来物种,并对其处以2.8万元罚款。

评析:罗某某应当为放生豹纹翼甲鲶的行为承担相应责任。豹纹翼甲鲶属于《重点管理外来入侵物种名录》列明的外来入侵物种。罗某某未经批准擅自释放豹纹翼甲鲶,违反了《生物安全法》第60条第3款"任何单位和个人未经批准,不得擅自引进、释放或者丢弃外来物种"的规定。该法第81条第2款进一步规定,"违反本法规定,未经批准,擅自释放或者丢弃外来物种的,由县级以上人民政府有关部门根据职责分工,责令限期捕回、找回释放或者丢弃的外来物种,处一万元以上五万元以下的罚款"。据此,广西壮族自治区百色市农业综合行政执法支队有权对罗某某处以2.8万元罚款。

二、自然区域保护法

自然区域与土地、草原、海洋等以单个环境要素为名称的环境有所不同,它是指占有特定地域空间的各种自然因素或人工因素组成的综合体,其最明显的特点就是具有相对独立的结构和特征,并具有特殊的保护要求。[11] 目前,我国有关自然区域保护的法律法规主要涉及国家公园、自然保护区、自然公园(包括风景名胜区)等自然保护地,海洋、海岛、湿地等特殊生态系统,以及长江黄河流域、青藏高原等特殊地理区域。

自然保护地"被公认为确保自然和生物多样性的长期保育及其相关生态系统服务和文化价值的主要工具",旨在划定一定地理空间区域,对其中的生态系统构成要素及其整体实施特别保护。[12] 2019年6月,中共中央办公厅、国务院办公厅印发《关于建立以国家公园为主体的自然保护地体系的指导意见》,将自然保护地定义为"是由各级政府依法划定或确认,对重要的自然生态系统、自然遗迹、自然景观及其所承载的自然资源、生态功能和文化价值实施长

---

〔10〕 参见农业农村部《关于印发"中国渔政亮剑2022"执法典型案例的通知》(农渔发〔2023〕5号)。

〔11〕 参见吴凯杰:《生态区域保护法的法典化》,载《东方法学》2021年第6期。

〔12〕 参见[美]巴巴拉·劳瑎:《保护地立法指南》,王曦、卢锟、唐瑭译,法律出版社2016年版,第169页。

期保护的陆域或海域”。按生态价值和保护强度高低,自然保护地依次分为国家公园、自然保护区和自然公园三大类。

根据《关于建立以国家公园为主体的自然保护地体系的指导意见》等自然保护地政策文件的规定,国家公园将成为我国自然保护地体系的主体。该指导意见将国家公园界定为“以保护具有国家代表性的自然生态系统为主要目的,实现自然资源科学保护和合理利用的特定陆域或海域,是我国自然生态系统中最重要、自然景观最独特、自然遗产最精华、生物多样性最富集的部分,保护范围大,生态过程完整,具有全球价值、国家象征,国民认同度高”。2022 年 6 月,国家林业和草原局发布的《国家公园管理暂行办法》则将国家公园界定为“由国家批准设立并主导管理,以保护具有国家代表性的自然生态系统为主要目的,实现自然资源科学保护和合理利用的特定陆域或者海域”。2021 年 10 月,我国在前期试点的基础上,正式设立了三江源、大熊猫、东北虎豹、海南热带雨林、武夷山等第一批国家公园。

我国现行的自然保护地立法主要集中在自然保护区、自然公园(尤其是风景名胜区)方面,包括 1994 年 10 月发布、2011 年 1 月和 2017 年 10 月两次修订的《自然保护区条例》,2006 年 9 月发布、2016 年 2 月修订的《风景名胜区条例》。在国家公园方面,国家层面上的现行立法主要是 2022 年 6 月发布的《国家公园管理暂行办法》。目前我国正在制定国家公园法、自然保护区法等自然保护地立法,为以国家公园为主体的自然保护地体系改革提供法律保障。〔13〕由于国家公园法尚在制定过程中,有关法律规定尚未成熟,所以在自然保护地方面,本书主要介绍与分析关于自然保护区、自然公园的法律规定,而关于自然公园的相关法律规定的分析主要以立法中相对完善的风景名胜区为代表。

(一)自然保护区保护

1. 自然保护区及其立法

自然保护区是指对有代表性的自然生态系统、珍稀濒危野生动植物物种的天然集中分布区、有特殊意义的自然遗迹等保护对象所在的陆地、陆地水体或者海域,依法划出一定面积予以特殊保护和管理的区域。它既是构成整体环境的一种环境要素,又是保护自然的一种比较严格和有效的形式。自然保护区对于保护环境和自然资源,监测和评价人为活动对环境的影响,认识和掌握自然生态规律,维护生态平衡,促进科学文化事业和社会文明的发展与进步,都有着重要的意义。从 1956 年在广东鼎湖山设立第一个自然保护区到现在,我国已基本形成类型比较齐全、布局基本合理、功能相对完善的自然保护区体系。截至 2017 年年底,全国共建立各种类型、不同级别的自然保护区 2750 个,总面积 147.17 万平方千米。其中,自然保护区陆域面积 142.70 万平方千米,占陆域国土面积的 14.86%。国家级自然保护区 463 个,总面积约 97.45 万平方千米。2018 年国家级自然保护区增至 474 个。〔14〕

目前,我国关于自然保护区的行政法规、部门规章主要有上文提及的《自然保护区条例》、

---

〔13〕 参见汪劲、吴凯杰:《〈国家公园法〉的功能定位及其立法意义——以中国自然保护地法律体系的构建为背景》,载《湖南师范大学社会科学学报》2020 年第 3 期;吴凯杰:《环境法体系中的自然保护地立法》,载《法学研究》2020 年第 3 期。

〔14〕 参见生态环境部:《2018 中国生态环境状况公报》,载生态环境部网 2019 年 5 月 29 日,https://www.mee.gov.cn/hjzl/sthjzk/zghjzkgb/201905/P020190619587632630618.pdf。

1985年7月发布的《森林和野生动物类型自然保护区管理办法》和1995年5月发布的《海洋自然保护区管理办法》等。此外,《环境保护法》《海洋环境保护法》《森林法》《野生动物保护法》《野生植物保护条例》《水生野生动物保护实施条例》中都有关于自然保护区的规定。

2. 自然保护区的建设

(1)自然保护区的建立条件

自然保护区的建立,必须经法定程序向特定部门申请批准。

《自然保护区条例》第10条规定,凡具有下列条件之一的,应当建立自然保护区:典型的自然地理区域、有代表性的自然生态系统区域以及已经遭受破坏但经保护能够恢复的同类自然生态系统区域;珍稀、濒危野生动植物物种的天然集中分布区域;具有特殊保护价值的海域、海岸、岛屿、湿地、内陆水域、森林、草原和荒漠;具有重大科学文化价值的地质构造、著名溶洞、化石分布区、冰川、火山、温泉等自然遗迹;经国务院或者省、自治区、直辖市人民政府批准,需要予以特殊保护的其他自然区域。

该条例第14条第2款规定,在确定自然保护区的范围和界线时,应当兼顾保护对象的完整性和适度性,以及当地经济建设和居民生产、生活的需要。

(2)自然保护区的分级与命名制度

我国的自然保护区分为国家级自然保护区和地方级自然保护区两类。其中,在国内外有典型意义、在科学上有重大国际影响或者有特殊科学研究价值的自然保护区,列为国家级自然保护区。除列为国家级自然保护区的外,其他具有典型意义或者重要科学研究价值的自然保护区列为地方级自然保护区。地方级自然保护区可以实施分级管理制度。

在给自然保护区命名时,根据《自然保护区条例》第16条的规定,国家级自然保护区采用自然保护区所在地地名加"国家级自然保护区"的方式,地方级自然保护区采用自然保护区所在地地名加"地方级自然保护区"的方式。有特殊保护对象的自然保护区,可以在自然保护区所在地地名后加特殊保护对象的名称,如铜陵淡水豚国家级自然保护区、湖北青龙山恐龙蛋化石群国家级自然保护区等。

(3)自然保护区的分区保护制度

自然保护区可以分为核心区、缓冲区和实验区三类。

第一,自然保护区内保存完好的天然状态的生态系统以及珍稀、濒危动植物的集中分布地,应当划为核心区。根据《自然保护区条例》第18条第2款、第32条第1款的规定,禁止任何单位和个人进入核心区,核心区内不得建设任何生产设施。同时,该条例第27条作出了例外规定,因科学研究的需要,必须进入核心区从事科学研究观测、调查活动的,应当事先向自然保护区管理机构提交申请和活动计划,并经自然保护区管理机构(针对地方级自然保护区)或者省、自治区、直辖市人民政府有关自然保护区行政主管部门(针对国家级自然保护区)批准。自然保护区核心区内原有居民确有必要迁出的,由自然保护区所在地的地方人民政府予以妥善安置。

第二,核心区的外围可以划定一定面积的缓冲区。根据《自然保护区条例》第18条第3款、第28条第1款和第32条第1款的规定,缓冲区内,只准进入从事科学研究观测活动,禁止开展旅游和生产经营活动,不得建设任何生产设施。该条例第28条还指出,因教学科研的目的,需要进入自然保护区的缓冲区从事非破坏性的科学研究、教学实习和标本采集活动的,应当事先向自然保护区管理机构提交申请和活动计划,经自然保护区管理机构批准,并将其活动成果的副本提交自然保护区管理机构。

第三,缓冲区外围划为实验区,可以进入从事科学试验、教学实习、参观考察、旅游以及驯化、繁殖珍稀、濒危野生动植物等活动。《自然保护区条例》第29条规定,在自然保护区的实验区内开展参观、旅游活动的,由自然保护区管理机构编制方案,方案应当符合自然保护区管理目标。在自然保护区组织参观、旅游活动的,应当严格按照前款规定的方案进行,并加强管理;进入自然保护区参观、旅游的单位和个人,应当服从自然保护区管理机构的管理。严禁开设与自然保护区保护方向不一致的参观、旅游项目。

在自然保护区的划分方面,原国家环境保护总局办公厅在2002年6月印发的《国家级自然保护区总体规划大纲》中规定,核心区是最具保护价值或在生态进化中起到关键作用的保护地区,其所占面积不得低于该自然保护区总面积的1/3,实验区所占面积不得超过总面积的1/3。三区的划分不应人为割断自然生态的连续性,可尽量利用山脊、河流、道路等地形地物作为区划界线。《自然保护区条例》第30条规定,自然保护区的内部未分区的,依照该条例有关核心区和缓冲区的规定管理。

此外,根据《自然保护区条例》第18条第5款的规定,原批准建立自然保护区的人民政府认为必要时,可以在自然保护区的外围划定一定面积的外围保护地带。该条例第32条对此明确规定,在自然保护区的外围保护地带建设的项目,不得损害自然保护区内的环境质量;已造成损害的,应当限期治理。

3. 自然保护区的其他管理措施

为了保护和管理自然保护区,《自然保护区条例》规定了一系列保护管理措施,其主要措施有:

其一,自然保护区类型与级别的划分。为加强自然保护区的建设,提高自然保护区的管理质量,原国家环境保护局、原国家技术监督局联合发布了《自然保护区类型与级别划分原则》(GB/T 14529-1993),根据自然保护区的主要保护对象的不同,将自然保护区分为三个类别九个类型(见表6-1)。

表6-1 自然保护区类型划分

类别	类型
自然生态系统类	森林生态系统类型 草原与草甸生态系统类型 荒漠生态系统类型 内陆湿地和水域生态系统类型 海洋和海岸生态系统类型
野生生物类	野生动物类型 野生植物类型
自然遗迹类	地质遗迹类型 古生物遗迹类型

其二,设立自然保护区管理机构,明确各自职责。《自然保护区条例》第21条第2款规定,有关自然保护区行政主管部门应当在自然保护区内设立专门的管理机构,配备专业技术人员,负责自然保护区的具体管理工作。此外,该条例第24条规定,自然保护区所在地的公安机关,可以根据需要在自然保护区设置公安派出机构,维护自然保护区内的治安秩序。

其三,明确自然保护区管理经费的来源。《自然保护区条例》第23条规定,管理自然保护区所需经费,由自然保护区所在地的县级以上地方人民政府安排。国家对国家级自然保护区的管理,给予适当的资金补助。

其四,禁止和限制自然保护区内的人为活动。除上针对核心区、缓冲区和实验区的特殊保护管理措施外,《自然保护区条例》第25条、第26条还规定了对自然保护区的一般保护管理规定:在自然保护区内的单位、居民和经批准进入自然保护区的人员,必须遵守自然保护区的各项管理制度,接受自然保护区管理机构的管理;除法律、行政法规另有规定外,禁止在自然保护区内进行砍伐、放牧、狩猎、捕捞、采药、开垦、烧荒、开矿、采石、挖沙等活动。

案例6-2-04 某水电站诉某县环境保护局环境保护行政决定案[15]

1994年国务院确定鹞落坪自然保护区为国家级自然保护区。2001年原国家环境保护总局批准了《鹞落坪国家级自然保护区总体规划(2001—2015)》。2005年某水电站在位于鹞落坪国家级自然保护区核心区的包家乡鹞落坪村开工建设。2006年某县水利局批复同意建设。2009年某县环境保护局以某水电站位于自然保护区实验区为由,要求其补办环境影响评价批准手续。2017年安徽省第五环境保护督察组等先后对鹞落坪国家级自然保护区内的违法建设进行督察,要求迅速查处。某县环境保护局经立案调查,认定某水电站是在设立鹞落坪国家级自然保护区后建设,机房、明渠和涵洞位于该自然保护区的缓冲区,蓄水坝位于该自然保护区的核心区。因此,某县环境保护局责令某水电站立即停止生产,限期自行拆除电站上网断路器、移除主变压器。某水电站不服,诉至法院。

评析:在鹞落坪国家级自然保护区的核心区和缓冲区建设水电站的行为违反了《自然保护区条例》的规定,依法应予停产、限期拆除相关设施设备。《自然保护区条例》第32条第1款规定,在自然保护区的核心区和缓冲区内,不得建设任何生产设施。鹞落坪国家级自然保护区设立在先,虽然某水电站建立时取得了相关部门的批复,但其机房、明渠和涵洞建设在该自然保护区的缓冲区,蓄水坝建设在该自然保护区的核心区,违反了《自然保护区条例》的规定。虽然某水电站建成后,经某县水利局要求补办了环境影响评价批准手续,但这并不影响对其违法建设事实的认定。根据该条例第35条的规定,县级以上人民政府有关自然保护区行政主管部门或者其授权的自然保护区管理机构有权对违法单位没收违法所得,责令其停止违法行为,限期恢复原状或者采取其他补救措施。据此,某县环境保护局有权责令某水电站停产、限期拆除相关设施设备。

---

〔15〕 参见安徽省安庆市中级人民法院行政判决书,(2018)皖08行终11号。

(二)风景名胜区保护

1. 风景名胜区及其立法

风景名胜区是指按法定的条件和程序划定,具有观赏、文化或者科学价值,自然景观、人文景观比较集中,环境优美,可供人们游览或者进行科学、文化活动的区域。按照形成原因和主要构成因素的不同,风景名胜区可以分为天然风景名胜区和人工风景名胜区。前者是指主要由天然环境因素组成的风景名胜区,如长白山景区等;后者是指主要由人工建筑组成的风景名胜区,如北京颐和园等。自1982年11月国务院审定公布第一批国家级风景名胜区以来,国务院已经分九批批准建立国家级风景名胜区244处,[16]总面积约为10万平方千米。[17] 此外,截至2016年4月30日,我国已建立省级风景名胜区808处。[18]

国际社会也十分重视对风景名胜区的保护。1972年11月联合国教科文组织通过了《保护世界文化和自然遗产公约》,并依该公约规定成立了世界遗产委员会,设立了世界遗产基金,建立了《世界遗产名录》和《处于危险的世界遗产目录》。我国于1985年加入了该公约,1999年当选为世界遗产委员会成员。我国于1986年开始向联合国教科文组织申报世界遗产项目。截至2023年9月,中国已有57处自然文化遗址和自然景观列入《世界遗产名录》。

2. 主要规定

为了加强对风景名胜区的管理,有效保护和合理利用风景名胜区资源,2006年9月国务院颁布了《风景名胜区条例》,对风景名胜区的设立、规划、保护、利用和管理作出了详细规定,后于2016年2月作了修订。此外,《环境保护法》《城乡规划法》等法律中也有关于风景名胜区的规定。

《风景名胜区条例》确立了国家对风景名胜区实行科学规划、统一管理、严格保护、永续利用的原则。

(1)风景名胜区的设立

第一,风景名胜区与自然保护区的分离设立。目前,我国有些风景名胜区与自然保护区存在重合的现象。然而,自然保护区强调保持地域的原貌,严格禁止人为的干扰和破坏,目的在于保留和提供环境的"本底",而且还要对内部划分的不同区域,采取不同程度的保护措施;而风景名胜区则特别强调具有特定美学价值的自然和人文景观以及风土人情,并具有相当的欣赏价值,可供人游览参观,允许一定的人工修饰与恢复。一个区域既被划定为自然保护区,又被定为风景名胜区并不科学。因此,《风景名胜区条例》第7条第2款明确规定,新设立的风景名胜区与自然保护区不得重合或者交叉;已设立的风景名胜区与自然保护区重合或者交叉的,风景名胜区规划与自然保护区规划应当相协调。

第二,风景名胜区的分级设立。根据《风景名胜区条例》第8条的规定,我国将风景名胜区划分为国家级风景名胜区和省级风景名胜区两类。自然景观和人文景观能够反映重要自然

---

〔16〕 参见中国风景名胜区协会:《中国国家级风景名胜区名单》,载中国风景名胜区协会网2018年3月23日,http://www.china-npa.org/info/1137.jspx。

〔17〕 参见高吉喜等:《中国自然保护地70年发展历程与成效》,载《中国环境管理》2019年第4期。

〔18〕 参见中国风景名胜区协会:《全国省(直辖市、自治区)级风景名胜区名单》,载中国风景名胜区协会网2016年8月10日,http://www.china-npa.org/info/772.jspx。

变化过程和重大历史文化发展过程，基本处于自然状态或者保持历史原貌，具有国家代表性的，可以申请设立国家级风景名胜区；具有区域代表性的，可以申请设立省级风景名胜区。

第三，风景名胜区设立中的损失补偿。国家保护风景名胜区内的土地、森林等自然资源和房屋等财产的所有权人、使用权人的合法权益。《风景名胜区条例》第 11 条第 2 款、第 3 款规定：申请设立风景名胜区的人民政府应当在报请审批前，与风景名胜区内的土地、森林等自然资源和房屋等财产的所有权人、使用权人充分协商。因设立风景名胜区对风景名胜区内的土地、森林等自然资源和房屋等财产的所有权人、使用权人造成损失的，应当依法给予补偿。

(2)风景名胜区的规划

风景名胜区应当制定风景名胜区规划，具体包括总体规划和详细规划。编制风景名胜区规划，应当广泛征求有关部门、公众和专家的意见；必要时，应当进行听证。

一方面，风景名胜区总体规划的编制，应当体现人与自然和谐相处、区域协调发展和经济社会全面进步的要求，坚持保护优先、开发服从保护的原则，突出风景名胜资源的自然特性、文化内涵和地方特色。总体规划应当自风景名胜区设立之日起 2 年内编制完成，规划期一般为 20 年。规划期届满前 2 年，总体规划的组织编制机关应当组织专家对其进行评估，以决定是否需要重新编制。

另一方面，风景名胜区的详细规划应当符合风景名胜区的总体规划，根据核心景区和其他景区的不同要求编制，确定基础设施、旅游设施、文化设施等建设项目的选址、布局与规模，并明确建设用地范围和规划设计条件。

风景名胜区的规划经批准后，应当向社会公布，任何组织和个人有权查阅。经批准的风景名胜区规划不得擅自修改；如确需修改，应当报原审批机关批准或者备案。风景名胜区规划的修改对公民、法人或者其他组织造成财产损失的，政府或者政府部门应当依法给予补偿。

(3)风景名胜区的保护

根据《风景名胜区条例》第 24 条第 1 款的规定，风景名胜区内的景观和自然环境，应当根据可持续发展的原则，严格保护，不得破坏或者随意改变。该条例第 31 条第 1 款进一步指出，国家建立风景名胜区管理信息系统，对风景名胜区规划实施和资源保护情况进行动态监测。

同时，《风景名胜区条例》第 26 条规定，严格禁止实施破坏风景名胜区的行为，包括开山、采石、开矿、开荒、修坟立碑等破坏景观、植被和地形地貌的活动；修建储存爆炸性、易燃性、放射性、毒害性、腐蚀性物品的设施；在景物或者设施上刻划、涂污；乱扔垃圾。第 27 条规定，禁止违反风景名胜区规划，在风景名胜区内设立各类开发区和在核心景区内建设宾馆、招待所、培训中心、疗养院以及与风景名胜资源保护无关的其他建筑物；已经建设的，应当按照风景名胜区规划，逐步迁出。

在风景名胜区内从事《风景名胜区条例》第 26 条、第 27 条规定的禁止范围以外的建设活动，应当经风景名胜区管理机构审核后，依照有关法律、法规的规定办理审批手续。在国家级风景名胜区内修建缆车、索道等重大建设工程，项目的选址方案应当报省、自治区人民政府建设主管部门和直辖市人民政府风景名胜区主管部门核准。

需要注意的是，风景名胜区内的建设项目应当符合风景名胜区规划，并与景观相协调，不得破坏景观、污染环境、妨碍游览。在风景名胜区内进行建设活动的，建设单位、施工单位应当制定污染防治和水土保持方案,并采取有效措施,保护好周围景物、水体、林草植被、野生动物资源和地形地貌。

(4)风景名胜区的利用和管理

第一,由风景名胜区管理机构进行具体的管理活动。风景名胜区所在地县级以上地方人民政府设置的风景名胜区管理机构,负责风景名胜区的保护、利用和统一管理工作。风景名胜区管理机构应当根据风景名胜区的特点,保护民族民间传统文化,开展健康有益的游览观光和文化娱乐活动,普及历史文化和科学知识;根据风景名胜区规划,合理利用风景名胜资源,改善交通、服务设施和游览条件;建立健全安全保障制度,加强安全管理,保障游览安全,并督促风景名胜区内的经营单位接受有关部门依据法律、法规进行的监督检查,禁止超过允许容量接纳游客和在没有安全保障的区域开展游览活动。

第二,风景名胜区的门票收入和资源有偿使用费制度。《风景名胜区条例》规定由风景名胜区管理机构负责出售门票,并与经营者签订合同,收缴风景名胜资源有偿使用费。风景名胜区的门票收入和风景名胜资源有偿使用费实行收支两条线管理,专门用于风景名胜资源的保护和管理以及风景名胜区内财产的所有权人、使用权人损失的补偿。

(三)海洋保护

1. 海洋保护及其立法

海洋环境的范围既包括海水、海洋生物,也包括海岛、海礁以及海底等。相较于陆地环境,海洋环境的整体性更为明显,海洋生态系统的构成也有其特殊之处。因此,我国有关海洋环境保护的立法也采用了一体化的立法模式,即将海洋资源保护、海洋生态保护和海洋污染控制等集于一体,以《海洋环境保护法》(1982 年公布,2023 年修订)的形式颁布。

为保护海洋生态环境,《海洋环境保护法》除了对海洋污染防治实行法律控制外,还设专章对海洋生态保护作出规定。其中第 33 条对海洋生态保护作了一般规定,要求国家加强海洋生态保护,提升海洋生态系统质量和多样性、稳定性、持续性。该条还明确了重点保护对象,要求国务院和沿海地方各级人民政府采取有效措施,重点保护红树林、珊瑚礁、海藻场、海草床、滨海湿地、海岛、海湾、入海河口、重要渔业水域等具有典型性、代表性的海洋生态系统,珍稀濒危海洋生物的天然集中分布区,具有重要经济价值的海洋生物生存区域及有重大科学文化价值的海洋自然遗迹和自然景观。

2. 主要规定

在一般规定的基础上,《海洋环境保护法》重点规定了海洋生态区域保护制度、海洋生态保护补偿制度、海洋生态保护与资源开发利用管控措施、海洋生态修复与灾害应对制度等内容。

(1)海洋生态区域保护制度

目前,我国正在建立完善以国家公园为主体的自然保护地体系,为海洋生态环境提供系统保护、严格保护。《海洋环境保护法》第 34 条规定,国务院和沿海省、自治区、直辖市人民政府及其有关部门根据保护海洋的需要,依法将重要的海洋生态系统、珍稀濒危海洋生物的天然集中分布区、海洋自然遗迹和自然景观集中分布区等区域纳入国家公园、自然保护区或者自然公园等自然保护地。

在自然保护地之外,海洋生态区域保护还包括海水养殖禁养区、限养区和养殖区等。《海洋环境保护法》第 44 条第 2 款规定,沿海县级以上地方人民政府应当因地制宜编制并组织实施养殖水域滩涂规划,确定可以用于养殖业的水域和滩涂,科学划定海水养殖禁养区、限养区和养殖区,建立禁养区内海水养殖的清理和退出机制。

在此基础上,划定生态保护红线能够为海洋生态保护提供“底线保障”。《海洋环境保护法》第 13 条第 1 款规定,国家优先将生态功能极重要、生态极敏感脆弱的海域划入生态保护红线,实行严格保护。

(2)海洋生态保护补偿制度

海洋生态保护补偿制度旨在让海洋生态保护者获得合理补偿,鼓励海洋生态保护者投入成本从事生态保护工作。《海洋环境保护法》第 35 条规定,国家建立健全海洋生态保护补偿制度。国务院和沿海省、自治区、直辖市人民政府应当通过转移支付、产业扶持等方式支持开展海洋生态保护补偿。沿海地方各级人民政府应当落实海洋生态保护补偿资金,确保其用于海洋生态保护补偿。

(3)海洋生态保护与资源开发利用管控措施

《海洋环境保护法》中有关海洋生态保护与资源开发利用管控措施的规定主要包括以下几点。

在海洋生物多样性保护方面,国家加强海洋生物多样性保护,健全海洋生物多样性调查、监测、评估和保护体系,维护和修复重要海洋生态廊道,防止对海洋生物多样性的破坏。开发利用海洋和海岸带资源,应当对重要海洋生态系统、生物物种、生物遗传资源实施有效保护,维护海洋生物多样性。引进海洋动植物物种,应当进行科学论证,避免对海洋生态系统造成危害。国家鼓励科学开展水生生物增殖放流,支持科学规划,因地制宜采取投放人工鱼礁和种植海藻场、海草床、珊瑚等措施,恢复海洋生物多样性,修复改善海洋生态。

在海岸生态保护方面,国家严格保护自然岸线,建立健全自然岸线控制制度。沿海省、自治区、直辖市人民政府负责划定严格保护岸线的范围并发布。沿海地方各级人民政府应当加强海岸线分类保护与利用,保护修复自然岸线,促进人工岸线生态化,维护岸线岸滩稳定平衡,因地制宜、科学合理划定海岸建筑退缩线。禁止违法占用、损害自然岸线。在严格保护自然岸线之外,沿海地方各级人民政府应当结合当地自然环境的特点,建设海岸防护设施、沿海防护林、沿海城镇园林和绿地,对海岸侵蚀和海水入侵地区进行综合治理。禁止毁坏海岸防护设施、沿海防护林、沿海城镇园林和绿地。

在海岛及周围海域生态保护方面,开发海岛及周围海域的资源,应当采取严格的生态保护措施,不得造成海岛地形、岸滩、植被和海岛周围海域生态环境的损害。

在重要入海河流生态流量管控方面,国务院水行政主管部门确定重要入海河流的生态流量管控指标,应当征求并研究国务院生态环境、自然资源等部门的意见。确定生态流量管控指标,应当进行科学论证,综合考虑水资源条件、气候状况、生态环境保护要求、生活生产用水状况等因素。

在渔业资源开发利用行为管控方面,国家鼓励发展生态渔业,推广多种生态渔业生产方式,改善海洋生态状况,保护海洋环境。从事海水养殖活动应当保护海域环境,科学确定养殖规模和养殖密度,合理投饵、投肥,正确使用药物,及时规范收集处理固体废物,防止造成海洋生态环境的损害。

(4)海洋生态修复与灾害应对制度

在海洋生态修复方面,《海洋环境保护法》第 42 条第 1 款规定,对遭到破坏的具有重要生态、经济、社会价值的海洋生态系统,应当进行修复。海洋生态修复应当以改善生境、恢复生物多样性和生态系统基本功能为重点,以自然恢复为主、人工修复为辅,并优先修复具有典型性、代表性的海洋生态系统。

在海洋生态灾害应对方面,《海洋环境保护法》第 43 条明确由国务院自然资源主管部门负责开展全国海洋生态灾害预防、风险评估和隐患排查治理。沿海县级以上地方人民政府负责其管理海域的海洋生态灾害应对工作,采取必要的灾害预防、处置和灾后恢复措施,防止和减轻灾害影响。企业事业单位和其他生产经营者应当采取必要应对措施,防止海洋生态灾害扩大。

(四)海岛保护

1. 海岛保护及其立法

海岛是指四面环海水并在高潮时高于水面的自然形成的陆地区域,包括有居民海岛和无居民海岛。我国是海洋大国,也是一个海岛众多的国家。全国海域海岛地名普查结果显示,我国共有海岛 11000 余个,海岛总面积占我国陆地面积的 0.8%。[19] 这些海岛是海陆兼备的重要海上疆土,具有丰富的资源和特殊的功能区位,对中国政治、经济和国防安全具有极为重要的战略意义。海岛与其周围的海域组成的海岛生态系统,是生产力最高的海洋生态系统之一,蕴藏着丰富的生物资源、矿物资源、港口资源、旅游资源等。[20]

1988 年至 1995 年,国家有关部门开展了全国海岛资源综合调查,初步摸清了中国海岛的有关情况。根据调查结果,我国先后建立了三批海岛开发、保护和管理的试点。2003 年 6 月,原国家海洋局、民政部和原中国人民解放军总参谋部联合印发了《无居民海岛保护与利用管理规定》(已失效),我国开始进行无居民海岛管理制度建设。为了保护海岛及其周边海域生态系统,合理开发利用海岛自然资源,我国于 2009 年 12 月公布了《海岛保护法》。

2. 主要规定

《海岛保护法》第 3 条确定了国家对海岛实行科学规划、保护优先、合理开发、永续利用的原则。国务院和沿海地方各级人民政府应当将海岛保护和合理开发利用纳入国民经济和社会发展规划,采取有效措施,加强对海岛的保护和管理,防止海岛及其周边海域生态系统遭受破坏。

(1)海岛保护规划制度与海岛统计调查制度

《海岛保护法》第 8 条规定,国家实行海岛保护规划制度。海岛保护规划是从事海岛保护、利用活动的依据。制定海岛保护规划应当遵循有利于保护和改善海岛及其周边海域生态系统,促进海岛经济社会可持续发展的原则。除涉及国家秘密外,海岛保护规划报送审批前,应当征求有关专家和公众的意见,经批准后应当及时向社会公布。

---

〔19〕 参见自然资源部:《2017 年海岛统计调查公报》,载自然资源部网 2018 年 7 月 26 日,http://gi.mnr.gov.cn/201807/P020180727654497944230.pdf。

〔20〕 参见杨邦杰、吕彩霞:《中国海岛的保护开发与管理》,载《中国发展》2009 年第 2 期。

海岛保护规划的编制和修改都需要经过法定程序。根据规划所涉及保护范围的不同,海岛保护规划可分为全国海岛保护规划,省域海岛保护规划,直辖市海岛保护专项计划,沿海城市、镇海岛保护专项规划和县域海岛保护规划。其中,全国海岛保护规划应当按照海岛的区位、自然资源、环境等自然属性及保护、利用状况,确定海岛分类保护的原则和可利用的无居民海岛,以及需要重点修复的海岛等,并且应当与全国城镇体系规划和全国土地利用总体规划相衔接。

此外,《海岛保护法》还规定国家要建立完善海岛统计调查制度,发布海岛统计调查公报,同时要建立海岛管理信息系统,开展海岛自然资源的调查评估,对海岛的保护与利用等状况实施监视、监测。

(2)海岛分类保护制度

除对海岛保护的一般性规定外,《海岛保护法》将我国海岛分为有居民海岛、无居民海岛和特殊用途海岛三类,实行分类保护制度。

第一,关于海岛保护的一般性规定包括:保护海岛的自然资源、自然景观以及历史、人文遗迹;保护海岛植被,促进海岛淡水资源的涵养;开展海岛物种登记,依法保护和管理海岛生物物种;安排海岛保护专项资金,用于海岛的保护、生态修复和科学研究活动等。此外,国家支持在海岛上开展科学研究活动以及建立可再生能源开发利用、生态建设等实验基地。

第二,对于有居民海岛,《海岛保护法》第 23 条明确规定,其开发、建设应当遵守有关城乡规划、环境保护、土地管理、海域使用管理、水资源和森林保护等法律、法规的规定,保护海岛及其周边海域生态系统。具体措施包括:对海岛土地资源、水资源及能源状况进行调查评估,依法进行环境影响评价;划定禁止开发、限制开发区域;严格限制在有居民海岛沙滩建造建筑物或者设施,严格限制在有居民海岛沙滩采挖海砂;严格限制填海、围海等改变有居民海岛海岸线的行为等。

第三,对于无居民海岛的保护,《海岛保护法》规定的具体保护措施包括:其一,明确无居民海岛的权属关系。《海岛保护法》第 4 条规定,无居民海岛属于国家所有,国务院代表国家行使无居民海岛所有权。其二,无居民海岛的有偿使用制度。《海岛保护法》规定,除因国防、公务、教学、防灾减灾、非经营性公用基础设施建设和基础测绘、气象观测等公益事业使用无居民海岛外,经批准开发利用无居民海岛的,应当依法缴纳使用金。2010 年 6 月财政部、原国家海洋局联合印发了《无居民海岛使用金征收使用管理办法》,对无居民海岛的有偿使用制度作出了详细规定。其三,对无居民海岛开发利用的禁限措施。

第四,对于领海基点所在海岛、国防用途海岛、海洋自然保护区内的海岛等具有特殊用途或者特殊保护价值的海岛,国家实行特别保护。具体措施包括:第一,对特殊用途海岛相关活动的严格禁止。《海岛保护法》规定,禁止在领海基点保护范围内进行工程建设以及其他可能改变该区域地形、地貌的活动;禁止损毁或者擅自移动领海基点标志;禁止破坏国防用途无居民海岛的自然地形、地貌和有居民海岛国防用途区域及其周边的地形、地貌;禁止将国防用途无居民海岛用于与国防无关的目的。第二,自然保护区制度。《海岛保护法》第 39 条规定,根据海岛自然资源、自然景观以及历史、人文遗迹保护的需要,对具有特殊保护价值的海岛及其周边海域,依法批准设立海洋自然保护区或者海洋特别保护区。

(五)湿地保护

1. 湿地保护及其立法

湿地是独特的生态系统,具有调蓄洪水、净化水源、储碳固碳、调节气候等生态功能,可以产出丰富的物质产品和生态产品,被誉为"地球之肾",为经济社会可持续发展提供重要支撑。湿地还是众多野生动植物的生存繁衍和栖息之地,是十分富集的"物种基因库"。[21] 根据第三次全国国土调查及2020年度国土变更调查结果,我国湿地面积约为5634.93万公顷。我国湿地分布广,类型多,区域差异显著。红树林地、沿海滩涂、浅海水域等湿地集中分布在东部及南部沿海区域;森林沼泽、灌丛沼泽、沼泽草地等湿地集中分布在东北平原、大小兴安岭和青藏高原;具有显著生态功能的河流水面、湖泊水面和内陆滩涂等湿地集中分布在青藏高原和长江中下游地区;具有显著生态功能的水库水面、坑塘水面、沟渠等湿地集中分布在长江中下游地区和东南沿海地区。[22]

2021年12月,我国颁布《湿地保护法》,这是中国首部专门保护湿地的法律,确立了湿地保护管理顶层设计的"四梁八柱"。贯彻实施《湿地保护法》,更好地保护湿地生态系统,是维护国家生态安全和生物多样性的战略举措,是推动绿色发展和建设人与自然和谐共生的现代化的迫切需要。

《湿地保护法》第2条第2款规定,该法中所称的湿地,是指具有显著生态功能的自然或者人工的、常年或者季节性积水地带、水域,包括低潮时水深不超过6米的海域,但是水田以及用于养殖的人工的水域和滩涂除外。

2. 主要规定

(1)湿地保护的原则

《湿地保护法》第3条确立了"保护优先、严格管理、系统治理、科学修复、合理利用"的湿地保护原则,强调要发挥湿地涵养水源、调节气候、改善环境、维护生物多样性等多种生态功能。

(2)湿地保护的职权划分和国家职责

《湿地保护法》第5条第1款明确规定,国务院林业草原主管部门负责湿地资源的监督管理,负责湿地保护规划和相关国家标准拟定、湿地开发利用的监督管理、湿地生态保护修复工作。国务院其他有关部门,按照职责分工承担湿地保护、修复、管理有关工作。同时,该法第7条第1款规定,各级人民政府应当加强湿地保护宣传教育和科学知识普及工作,通过湿地保护日、湿地保护宣传周等开展宣传教育活动,增强全社会湿地保护意识。此外,该法第9条、第10条分别规定:国家支持开展湿地保护科学技术研究开发和应用推广,加强湿地保护专业技术人才培养;国家支持开展湿地保护科学技术、生物多样性、候鸟迁徙等方面的国际合作与交流。

(3)湿地资源管理制度

《湿地保护法》第14条第1款、第2款规定,国家对湿地实行分级管理,按照生态区位、面

---

〔21〕 参见关志鸥:《全面贯彻实施湿地保护法 推进湿地保护工作高质量发展》,载国家林业和草原局网2022年5月31日,https://www.forestry.gov.cn/main/142/20220607/105335589476324.html。

〔22〕 参见《全国湿地保护规划(2022—2030年)》。

积以及维护生态功能、生物多样性的重要程度,将湿地分为重要湿地和一般湿地。重要湿地包括国家重要湿地和省级重要湿地,依法划入生态保护红线;重要湿地以外的湿地为一般湿地。国务院林业草原主管部门会同国务院有关部门发布国家重要湿地名录及范围,并设立保护标志。国际重要湿地应当列入国家重要湿地名录。该法第二章"湿地资源管理"还规定了湿地资源调查评价、湿地保护规划、湿地占用控制等其他湿地资源管理制度。

(4)湿地的保护和利用

《湿地保护法》专门设置了第三章"湿地保护与利用",指出国家坚持生态优先、绿色发展,完善湿地保护制度,健全湿地保护政策支持和科技支撑机制,保障湿地生态功能和永续利用,实现生态效益、社会效益、经济效益相统一。具体而言,省级以上人民政府及其有关部门根据湿地保护规划和湿地保护需要,依法将湿地纳入国家公园、自然保护区或者自然公园。县级以上地方人民政府应当注重以下几方面:充分考虑保障重要湿地生态功能的需要,优化重要湿地周边产业布局;开展湿地有害生物监测工作;加强对国家重点保护野生动植物集中分布湿地的保护。地方各级人民政府及其有关部门应当采取措施,预防和控制人为活动对湿地及其生物多样性的不利影响,加强湿地污染防治,并对省级重要湿地和一般湿地利用活动进行分类指导。该法还对国务院水行政主管部门、自然资源主管部门、住房城乡建设主管部门等部门在湿地保护和利用方面的职责作出规定。

《湿地保护法》第 28 条规定,禁止实施下列破坏湿地及其生态功能的行为:开(围)垦、排干自然湿地,永久性截断自然湿地水源;擅自填埋自然湿地,擅自采砂、采矿、取土;排放不符合水污染物排放标准的工业废水、生活污水及其他污染湿地的废水、污水,倾倒、堆放、丢弃、遗撒固体废物;过度放牧或者滥采野生植物,过度捕捞或者灭绝式捕捞,过度施肥、投药、投放饵料等污染湿地的种植养殖行为;其他破坏湿地及其生态功能的行为。

《湿地保护法》第 36 条规定,国家建立湿地生态保护补偿制度。国务院和省级人民政府应当按照事权划分原则加大对重要湿地保护的财政投入,加大对重要湿地所在地区的财政转移支付力度。国家鼓励湿地生态保护地区与湿地生态受益地区人民政府通过协商或者市场机制进行地区间生态保护补偿。因生态保护等公共利益需要,造成湿地所有者或者使用者合法权益受到损害的,县级以上人民政府应当给予补偿。

(5)湿地修复制度

《湿地保护法》第四章规定了湿地修复制度,指出湿地修复应坚持"自然恢复为主、自然恢复和人工修复相结合"的原则。《湿地保护法》第 38 条和第 39 条第 1 款、第 2 款规定,县级以上地方人民政府就湿地修复应当注重以下几方面:在组织开展湿地保护与修复时,充分考虑水资源禀赋条件和承载能力,合理配置水资源,保障湿地基本生态用水需求,维护湿地生态功能;加强科学论证,对具备恢复条件的原有湿地、退化湿地、盐碱化湿地等,因地制宜采取措施,恢复湿地生态功能;按照湿地保护规划,因地制宜采取水体治理、土地整治、植被恢复、动物保护等措施,增强湿地生态功能和碳汇功能。对于重要湿地的修复,《湿地保护法》第 42 条第 1 款、第 43 条规定,修复重要湿地应当编制湿地修复方案,并按照经批准的湿地修复方案进行修复。重要湿地修复完成后,应当经省级以上人民政府林业草原主管部门验收合格,依法公开修复情况。省级以上人民政府林业草原主管部门应当加强修复湿地后期管理和动态监测,并根据需要开展修复效果后期评估。

《湿地保护法》第44条规定了修复主体。因违法占用、开采、开垦、填埋、排污等活动，导致湿地破坏的，违法行为人应当负责修复。违法行为人变更的，由承继其债权、债务的主体负责修复。因重大自然灾害造成湿地破坏，以及湿地修复责任主体灭失或者无法确定的，由县级以上人民政府组织实施修复。

《湿地保护法》第40条和第41条对红树林湿地和泥炭沼泽湿地的修复措施进行了特别规定。

（六）流域保护

1. 流域保护及其立法

流域是一个兼具自然与社会人文特性的概念，不仅包括一定范围内的自然水文网络，还包括其中的人口、环境、资源、经济、文化、政策等社会人文要素。在自然意义上，流域是完整、独立、自成系统的水文单元，是由分水岭包围的有明确边界范围的自然汇水区域。在社会人文意义上，水的质与量问题将流域的上下游、左右岸密切联系在一起，流域生态环境和资源条件也孕育了流域各部分共同的文化习俗。现实中，许多流域的自然意义与社会人文意义并不一致。例如，长江、黄河等大江大河的流域往往横跨多个不同行政区域的边界，导致作为整体的自然流域被分割成碎片化的行政管理单元。这就要求在法律上确立流域的概念，不仅要体现其自然属性和社会人文属性，还必须解决自然流域边界对行政区域的分割所带来的“各自为政”问题，对流域进行整体性、系统性、综合性的保护。[23]

为在法律上确立流域概念并予以整体、系统的保护，世界范围内的流域立法实践呈现从单项立法向综合立法的发展趋势，全面涵盖水环境、水资源、水生态等各方面，通过流域综合管理应对全球性水危机已成为基本趋势。目前，我国先后于2020年12月、2022年10月公布了《长江保护法》与《黄河保护法》。此外，我国国务院还制定了《淮河流域水污染防治暂行条例》《太湖流域管理条例》等流域保护行政法规，地方也制定了《湖南省洞庭湖保护条例》《巢湖流域水污染防治条例》等流域保护地方性法规。

2. 流域保护的一般规定

流域保护涉及的关系复杂、利益多元、需求多样，需要在立法上明确处理各方利益关系的法律原则。《长江保护法》第3条明确规定，长江流域经济社会发展，应当坚持生态优先、绿色发展，共抓大保护、不搞大开发；长江保护应当坚持统筹协调、科学规划、创新驱动、系统治理。《黄河保护法》第3条也要求“黄河流域生态保护和高质量发展……贯彻生态优先、绿色发展，量水而行、节水为重，因地制宜、分类施策，统筹谋划、协同推进的原则”。据此，生态优先、绿色发展原则和统筹协调、系统治理原则是流域保护法确立的一般原则。

为贯彻落实上述原则，流域保护法重点在流域协调机制、流域空间规划制度等方面进行了制度创新。第一，流域协调机制。为破除条块分割、各自为政的弊端，《长江保护法》对多部门、多地区的流域保护相关职责进行统筹协调与整体设计，明确规定国家建立长江流域协调机制，统一指导、统筹协调长江保护工作，审议长江保护重大政策、重大规划，协调跨地区跨部门

---

〔23〕 参见吕忠梅：《关于制定〈长江保护法〉的法理思考》，载《东方法学》2020年第2期。

重大事项,督促检查长江保护重要工作的落实情况。《黄河保护法》在国家流域协调机制层面进一步明确了黄河流域管理机构、黄河流域生态环境监督管理机构的流域统一治理管理的职能,并在省际协作机制上,依托被实践证明行之有效的“河湖长制”建立了黄河流域省际河湖长联席会议制度,从而形成了“重大事项国家统筹+重点事项流域机构统管+相关事项省际协调合作”的流域治理管理新机制,进一步提升了流域治理管理的系统性、整体性。[24]

第二,流域空间规划制度。流域规划体系以国家发展规划为统领,以国土空间规划为基础,以专项规划、区域规划为支撑。流域发展规划由国务院批准后实施,国土空间规划统筹安排流域生态、农业、城镇等功能空间,划定生态保护红线、永久基本农田、城镇开发边界三条控制线,涉及流域国土空间利用的专项规划应当与流域国土空间规划相衔接。流域保护立法所确立的以国土空间规划为基础的规划体系,解决了困扰我国多年的多规不统一的问题,并且以法律的方式明确了生态保护红线、永久基本农田、城镇开发边界三条控制线的法律效力。

3. 长江流域保护的特别规定

长江流域横跨东部、中部、西部三大经济区,蕴藏着全国1/3的水资源、1/5的水能资源,具有完备的自然生态系统、独特的生物多样性。根据《长江保护法》第2条的规定,长江流域是指由长江干流、支流和湖泊形成的集水区域所涉及的青海省、四川省、西藏自治区、云南省、重庆市、湖北省、湖南省、江西省、安徽省、江苏省、上海市,以及甘肃省、陕西省、河南省、贵州省、广西壮族自治区、广东省、浙江省、福建省的相关县级行政区域。过去几十年粗放的发展模式使长江流域生态环境付出了沉重的代价,2007年被称为“水中大熊猫”的白鳍豚被宣布功能性灭绝,2017年被称为长江生态“活化石”的长江江豚数量仅存1012头。21世纪初长江鲟野生种群基本绝迹,生物完整性指数到了最差的“无鱼”等级,一些珍稀、濒危野生动植物的种群数量急剧下降,栖息地和生物群落遭到破坏。[25]

为实现长江流域生态环境的整体性、系统性保护,《长江保护法》结合长江流域的特点,在现行自然资源、生态保护、污染防治立法基础上,对资源利用管控、生态保护修复、污染防治等方面作了全面规定。

首先,在资源利用管控方面,《长江保护法》第53条第1款规定了禁渔制度,即国家对长江流域重点水域实行严格捕捞管理。在长江流域水生生物保护区全面禁止生产性捕捞;在国家规定的期限内,长江干流和重要支流、大型通江湖泊、长江河口规定区域等重点水域全面禁止天然渔业资源的生产性捕捞。此外,《长江保护法》还规定了长江岸线的建设项目管控、河道采砂规划和许可等措施。

其次,在生态保护修复方面,《长江保护法》在现行自然保护地法、生物多样性保护法的基础上,结合长江流域生态系统的特点,重点作出了以下规定:一是国家统筹长江流域自然保护地体系建设;二是重点保护长江流域珍贵、濒危水生野生动植物;三是开展长江流域水生生物完整性评价;四是建立野生动植物遗传资源基因库。

最后,在污染防治方面,《长江保护法》在《水污染防治法》的基础上,针对长江水污染的特

---

〔24〕 参见吕忠梅:《〈黄河保护法〉实现“江河战略”法治化》,载《中国环境报》2022年11月9日,第6版。

〔25〕 参见李静云:《〈长江保护法〉的八大亮点》,载《中国环境报》2021年3月5日,第6版。

点,增加了以下六项要求:一是控制总磷排放总量;二是加强对固体废物的监管;三是加强农业面源污染防治;四是开展地下水重点污染源及周边地下水环境风险隐患调查评估;五是严格危险化学品运输的管控;六是加快重点地区危险化学品生产企业搬迁改造。

此外,《长江保护法》第76条还对长江流域生态保护补偿制度作了规定。长江干流及重要支流源头、上游水源涵养地等区域,往往要为流域的生态环境保护作出一定经济利益牺牲。推行长江流域生态保护补偿制度有助于环境利益和经济利益在保护者和利用者、受益者和付出者之间公平分配,促进环境福祉的共享,真正形成全流域发展合力。

4. 黄河流域保护的特别规定

在人类文明历史上,黄河流域是开发历史最悠久的流域之一,哺育了灿烂辉煌的华夏文明。一直以来,黄河流域是我国重要的生态屏障和经济地带,在全国的生态环境保护与高质量发展中扮演着重要角色。根据《黄河保护法》第2条第2款的规定,黄河流域是指黄河干流、支流和湖泊的集水区域所涉及的青海省、四川省、甘肃省、宁夏回族自治区、内蒙古自治区、山西省、陕西省、河南省、山东省的相关县级行政区域。

然而,目前黄河流域保护和治理的任务十分艰巨,流域生态系统脆弱、经济发展滞后、人地关系趋向紧张,严重制约了黄河流域的高质量发展。[26] 因此,相较于《长江保护法》对加强污染防治的重视,《黄河保护法》注重整个流域生态的保护和修复,做好保水、固土、治沙的文章。[27]《黄河保护法》是以水、土两大自然物为对象,围绕水土来完善全流域生态保护制度,规范全流域人的生产生活行为。《黄河保护法》主要从生态保护与修复、水资源节约集约利用、水沙调控与防洪安全、污染防治、促进高质量发展等方面,对加强生态环境保护作出了全面规定。[28]

第一,在生态保护与修复方面,《黄河保护法》第29条明确规定:国家加强黄河流域生态保护与修复,坚持山水林田湖草沙一体化保护与修复,实行自然恢复为主、自然恢复与人工修复相结合的系统治理;国务院自然资源主管部门应当会同国务院有关部门编制黄河流域国土空间生态修复规划,组织实施重大生态修复工程,统筹推进黄河流域生态保护与修复工作。

第二,在污染防治方面,《黄河保护法》明确指出,国家应当加强黄河流域环境污染的综合治理、系统治理、源头治理,推进重点河湖环境综合整治,同时要求在黄河流域开展有毒有害化学物质调查监测、环境风险评估与管控,加强对新污染物的管控、治理。此外,该法还对黄河流域水环境质量标准、水污染物排放标准、重点水污染物排放总量控制、排污口监管、地下水污染防治、土壤生态环境保护、固体废物污染环境防治、农业面源污染防治等内容作出了规定。

第三,在水资源节约集约利用方面,《黄河保护法》主要规定:国家在黄河流域强化农业节水增效、工业节水减排和城镇节水降损措施,有效实现水资源节约集约利用,推进节水型社会建设;黄河流域水资源利用应当坚持节水优先、统筹兼顾、集约使用、精打细算;国家对黄河水量实行统一配置,制定和调整黄河水量分配方案。此外,该法还对取用水总量控制、取水许可、

---

〔26〕 参见薛澜等:《黄河流域生态保护和高质量发展战略立法的策略》,载《中国人口·资源与环境》2020年第12期。

〔27〕 参见栗战书:《在黄河保护法立法座谈会上的讲话》,载《中国人大》2022年第18期。

〔28〕 参见蒲晓磊:《为守护母亲河提供有力法治保障 全国人大常委会法工委行政法室负责人解读黄河保护法》,载《法治日报》2022年11月1日,第2版。

水资源差别化管理、强制性用水定额管理、用水计量、水价体系、饮用水水源地名录和饮用水水源地保护区、非常规水利用等内容作出了规定。

第四，在水沙调控与防洪安全方面，《黄河保护法》紧紧抓住水沙关系调节这个“牛鼻子”，主要规定：国家统筹黄河干支流防洪体系建设，加强流域及流域间防洪体系协同，推进黄河上中下游防汛抗旱、防凌联动，构建科学高效的综合性防洪减灾体系；编制水沙调控方案、防御洪水方案、洪水调度方案、防凌调度方案等。此外，该法还对水沙统一调度制度、黄河滩区治理、河湖管理和保护、河道治理、河道采砂管理、水库库区管理等内容作出了规定。

第五，在促进高质量发展方面，《黄河保护法》明确规定，促进黄河流域高质量发展应当坚持新发展理念，加快发展方式绿色转型，以生态保护为前提优化调整区域经济和生产力布局。国务院有关部门和黄河流域县级以上地方人民政府及其有关部门应当协同推进黄河流域生态保护和高质量发展战略与乡村振兴战略、新型城镇化战略和中部崛起、西部大开发等区域协调发展战略的实施；黄河流域县级以上地方人民政府应当推动制造业高质量发展和资源型产业转型，因地制宜发展特色优势现代产业和清洁低碳能源，推动产业结构、能源结构、交通运输结构等优化调整。

此外，该法对城乡融合发展、美丽乡村建设、基础设施建设、现代农业发展、科技创新、绿色低碳生活方式等也作出了规定。

（七）青藏高原生态保护

1. 青藏高原生态保护及其立法

青藏高原是世界上最高的高原，是全球气候变化的关键区、敏感区，是世界山地冰川最发育的地区和亚洲多条重要江河的源头区。青藏高原的生态系统质量与功能状况直接影响我国的生物多样性、水资源供应、气候系统稳定和碳收支平衡，在我国乃至世界生态安全中具有独特而不可替代的作用。但是，目前青藏高原生态环境面临诸多问题和挑战。草地退化仍较严重，冰川退化风险加剧，水土流失和土地荒漠化沙化危害较大，生物多样性面临威胁，极端气候增多，气候风险及其引发的冰崩、冰湖溃决、冰川跃动和冰川泥石流等次生灾害风险增加。〔29〕为加强青藏高原生态保护的法律保障，我国于2023年4月颁布了《青藏高原生态保护法》。

根据《青藏高原生态保护法》第2条第2款的规定，青藏高原是指西藏自治区、青海省的全部行政区域和新疆维吾尔自治区、四川省、甘肃省、云南省的相关县级行政区域。虽然现行的《环境保护法》以及许多污染防治、自然资源保护、生态保护立法均适用于青藏高原区域，但这些立法在制度设计上主要是针对全国普遍性和流域性问题，较少针对青藏高原区域的特殊性问题，难以满足青藏高原生态保护的特殊要求。《青藏高原生态保护法》旨在坚持问题导向，积极应对全球气候变化和人类活动对青藏高原的影响，科学认识青藏高原生态隐患和灾害风险，制定符合实际、更加严格、操作性强的法律制度和有效措施。

2. 主要规定

（1）青藏高原生态保护的原则

作为特殊生态区域保护立法，《青藏高原生态保护法》重在体现整体保护、系统保护、协同

〔29〕 参见《更好发挥法律作用 加强青藏高原生态保护——解读青藏高原生态保护法草案》，载国家林业和草原局网，https://www.forestry.gov.cn/main/3956/20220831/163319566312046.html。

保护规律。[30] 这集中体现在该法第3条原则条款,即要求青藏高原生态保护应当尊重自然、顺应自然、保护自然;坚持生态保护第一,自然恢复为主,守住自然生态安全边界;坚持统筹协调、分类施策、科学防控、系统治理。

(2)青藏高原生态保护协调机制

为突破行政区划界线、推进协同保护,《青藏高原生态保护法》要求国家建立青藏高原生态保护协调机制,统筹指导、综合协调青藏高原生态保护工作。国务院有关部门按照职责分工,负责青藏高原生态保护相关工作。青藏高原地方各级人民政府应当落实本行政区域的生态保护修复、生态风险防控、优化产业结构和布局、维护青藏高原生态安全等责任;青藏高原相关地方根据需要在地方性法规和地方政府规章制定、规划编制、监督执法等方面加强协作,协同推进青藏高原生态保护。

(3)青藏高原生态安全布局

青藏高原的范围广大,不同地区在水源涵养、防风固沙、水土保持、生物多样性保护、碳固定等方面发挥的作用差异很大。为针对不同地区构建差异化的生态保护措施,《青藏高原生态保护法》围绕构建青藏高原生态安全布局,规定了生态环境分区管控方案和生态环境准入清单,自然保护地体系建设,自然资源开发、产业准入及退出等制度措施。

(4)青藏高原生态保护修复

青藏高原自然生态系统先天脆弱敏感,自我维持和恢复能力差,受气候变化和人为活动影响,需要在系统治理理念下加强生态保护修复。《青藏高原生态保护法》对雪山冰川冻土、河流、湖泊、草原、森林、湿地、耕地等生态系统要素的保护作出了规定,要求加强对三江源等核心区域的重点保护,加强对青藏高原珍贵、濒危和特有野生动植物物种以及生物多样性的保护,还规定了荒漠化和水土流失防治、绿色矿山建设等制度措施。

(5)青藏高原生态风险防控

近50年来,青藏高原是受全球气候变暖影响最大的地区,其变暖幅度是全球同期水平的两倍,未来全球仍将保持增暖趋势,气候与生态环境灾害复合风险加大。[31] 为此,《青藏高原生态保护法》针对气候变化与人类活动影响带来的生态风险,明确规定了气候变化监测评估制度,并有针对性地对自然灾害、雪山冰川冻土消融、外来物种入侵等风险规定了一些监测防控措施,同时要求加强对青藏高原重大工程建设对生态地质环境造成的影响的监测和评估。

第三节 自然资源保护法

一、土地资源保护法

(一)概述

土地是指地球陆地的表层。它既是人类赖以生存和发展的物质基础和环境条件,以及生

---

〔30〕 参见吕忠梅、马鑫:《打造特殊空间区域保护的"中国样本"》,载《环境保护》2023年第16期。

〔31〕 参见穆治霖:《依法守护雪域高原 保障国家生态安全》,载《环境保护》2023年第8期。

活生产活动中最重要的生产资料,又是各种植物生长发育和各种动物栖息、繁衍后代的场所,因而被称为“财富之母”。土地资源,是指在当前和可预见的未来对人类有利用价值的土地。由于人类对土地价值的认识在不断扩展,几乎可以将所有土地都称为土地资源。目前,土地资源主要由耕地、林地、草地、荒地、滩涂、山岭、各种建设用地和军事用地等组成,具有位置固定、面积有限和不可替代的基本属性。位置固定是指每块土地所处的经纬度都是固定、无法移动的,因此只能就地利用。面积有限是指非经过漫长的地质作用,土地总面积不会有明显的增减。不可替代是指土地无论是作为人类生活的基地,还是作为动植物栖息地,都不能用其他物质来代替。

由于土地资源对人类和国家的重要性,世界各国都比较重视土地资源保护立法。我国土地资源保护立法基本形成了完整的体系。目前,我国关于土地资源保护的立法主要由《土地管理法》(1986 年公布,2019 年修正)、《土地管理法实施条例》(1998 年公布,2021 年修订)、《黑土地保护法》(2022 年公布)、《水土保持法》(1991 年公布,2010 年修订)、《土地复垦条例》(2011 年公布)、《土地调查条例》(2008 年公布,2018 年修订)、《基本农田保护条例》(1998 年公布,2011 年修订)等组成。此外,《环境保护法》《农业法》《矿产资源法》等法律中也有一些关于土地资源保护的规定。除此之外,我国还有许多关于土地资源保护的地方性立法。

为切实落实十分珍惜、合理利用土地和切实保护耕地的基本国策,更好地统筹土地资源的开发、利用和保护,促进国民经济又好又快发展,2008 年国务院发布了《全国土地利用总体规划纲要(2006－2020 年)》,阐明了规划期内的国家土地利用战略,明确了政府土地利用管理的主要目标、任务和政策,引导全社会保护和合理利用土地资源。

(二)我国《土地管理法》关于土地保护的基本规范

为加强土地管理,维护土地的社会主义公有制,保护、开发土地资源,合理利用土地,切实保护耕地,促进社会经济的可持续发展,我国于 1986 年制定了《土地管理法》。2019 年 8 月 26 日,全国人民代表大会常务委员会对《土地管理法》又作了进一步的修正。

《土地管理法》是我国土地制度的基本法律。该法从如下六个方面对土地的保护作出了具体规定。

1. 珍惜、合理利用土地和切实保护耕地的基本原则

修正后的《土地管理法》第 3 条规定我国实行“十分珍惜、合理利用土地和切实保护耕地”的基本原则,并将该项原则宣示为我国的一项基本国策。各级人民政府应当采取措施,全面规划,严格管理,保护、开发土地资源,制止非法占用土地的行为。

2. 明确土地的所有权和使用权

我国实行土地的社会主义公有制,即全民所有制和劳动群众集体所有制。全民所有,即国家所有土地的所有权由国务院代表国家行使;同时,我国依法实行国有土地有偿使用制度。

3. 编制土地利用总体规划,实行土地用途管制

我国实行土地用途管制制度,通过编制土地利用总体规划,实现对土地的用途管制。各级人民政府应当依据国民经济和社会发展规划、国土整治和资源环境保护的要求、土地供给能力以及各项建设对土地的需求,组织编制土地利用总体规划。

根据修正后的《土地管理法》第 17 条的规定,土地利用总体规划按照下列原则编制:落实

国土空间开发保护要求,严格土地用途管制;严格保护永久基本农田,严格控制非农业建设占用农用地;提高土地节约集约利用水平;统筹安排城乡生产、生活、生态用地,满足乡村产业和基础设施用地合理需求,促进城乡融合发展;保护和改善生态环境,保障土地的可持续利用;占用耕地与开发复垦耕地数量平衡、质量相当。

下级土地利用总体规划应当依据上一级土地利用总体规划编制。地方各级人民政府编制的土地利用总体规划中的建设用地总量不得超过上一级土地利用总体规划确定的控制指标,耕地保有量不得低于上一级土地利用总体规划确定的控制指标。

此外,修正后的《土地管理法》第21条、第22条还规定,城市总体规划,村庄和集镇规划,江河、湖泊综合治理和开发利用规划,应当与土地利用总体规划相衔接。

4. 实行土地分类制

修正后的《土地管理法》第4条第2款、第3款规定:依据用途的不同,将土地分为农用地、建设用地和未利用地三类。农用地是指直接用于农业生产的土地,包括耕地、林地、草地、农田水利用地、养殖水面等;建设用地是指建造建筑物、构筑物的土地,包括城乡住宅和公共设施用地、工矿用地、交通水利设施用地、旅游用地、军事设施用地等;未利用地是指农用地和建设用地以外的土地。

国家严格限制农用地转为建设用地,控制建设用地总量,对耕地实行特殊保护。使用土地的单位和个人必须严格按照土地利用总体规划确定的用途使用土地。

5. 具体行政管制措施

《土地管理法》相关条文还规定了一系列关于土地的具体行政管制措施:加强土地利用计划管理,实行建设用地总量控制;建立土地调查制度、土地统计制度和全国土地管理信息系统。同时,为了科学、有效地组织实施土地调查,保障土地调查数据的真实性、准确性和及时性,国务院于2008年颁布了《土地调查条例》(后于2016年、2018年两次修订),并于2009年发布了《土地调查条例实施办法》(后于2016年、2019年两次修正)。

6. 关于耕地等农用地的特殊保护

我国实行耕地的特殊保护制度,严格控制耕地转为非耕地。关于耕地保护的具体措施包括以下几点。

(1)实行耕地占用补偿制度

为了防止非农业建设导致耕地减少,国家实行占用耕地补偿制度。非农业建设经批准占用耕地的,按照"占多少,垦多少"的原则,由占用耕地的单位负责开垦与所占用耕地的数量和质量相当的耕地;没有条件开垦或者开垦的耕地不符合要求的,应当按照省、自治区、直辖市的规定缴纳耕地开垦费,专款用于开垦新的耕地。省、自治区、直辖市人民政府应当制订开垦耕地计划,监督占用耕地的单位按照计划开垦耕地或者按照计划组织开垦耕地,并进行验收。

(2)实行永久基本农田保护制度

基本农田,是指按照一定时期人口和社会经济发展对农产品的需求,依据土地利用总体规划确定的不得占用的耕地。国家实行永久基本农田保护制度,对根据土地利用总体规划被划入基本农田保护区的耕地实行严格管理。为了对基本农田实行特殊保护,促进农业生产和社会经济的可持续发展,国务院于1998年发布并于2011年修订了《基本农田保护条例》,对基本农田的划定、保护和监督管理作出了明确规定。

(3)节约使用土地,禁止闲置、荒芜耕地

修正后的《土地管理法》第37条规定:非农业建设必须节约使用土地,可以利用荒地的,不得占用耕地;可以利用劣地的,不得占用好地。禁止占用耕地建窑、建坟或者擅自在耕地上建房、挖砂、采石、采矿、取土等。禁止占用永久基本农田发展林果业和挖塘养鱼。第38条第1款规定,禁止任何单位和个人闲置、荒芜耕地。

(4)鼓励对未开发利用土地的合理开发

修正后的《土地管理法》第39条第1款规定:国家鼓励单位和个人按照土地利用总体规划,在保护和改善生态环境、防止水土流失和土地荒漠化的前提下,开发未利用的土地;适宜开发为农用地的,应当优先开发成农用地。

未利用地有的可以开发,有的则不宜开发,不能为了增加农用地而盲目地开发土地。开垦未利用的土地,必须经过科学论证和评估,在土地利用总体规划划定的可开垦的区域内,经依法批准后进行。禁止毁坏森林、草原开垦耕地,禁止围湖造田和侵占江河滩地。

(5)鼓励土地整理

修正后的《土地管理法》第42条规定:国家鼓励土地整理。县、乡(镇)人民政府应当组织农村集体经济组织,按照土地利用总体规划,对田、水、路、林、村综合整治,提高耕地质量,增加有效耕地面积,改善农业生产条件和生态环境。地方各级人民政府应当采取措施,改造中、低产田,整治闲散地和废弃地。

(6)实行土地复垦制度

修正后的《土地管理法》第43条规定:因挖损、塌陷、压占等造成土地破坏,用地单位和个人应当按照国家有关规定负责复垦;没有条件复垦或者复垦不符合要求的,应当缴纳土地复垦费,专项用于土地复垦。复垦的土地应当优先用于农业。为了规范土地复垦活动,加强土地复垦管理,提高土地利用的社会效益、经济效益和生态效益,2011年国务院颁布了《土地复垦条例》,对生态建设活动损毁土地的复垦、历史遗留损毁土地和自然灾害损毁土地的复垦,以及土地复垦的验收和激励措施作出了明确规定。

(三)我国《黑土地保护法》关于黑土地保护的特别规范

1. 概述

在《土地管理法》的基础上,我国还制定了《黑土地保护法》,为黑土地提供特别保护。黑土地被誉为“耕地中的大熊猫”,是指黑龙江省、吉林省、辽宁省、内蒙古自治区的相关区域范围内具有黑色或者暗黑色腐殖质表土层,性状好、肥力高的耕地。多年来人为高强度开发利用黑土地,导致黑土地退化严重,污染和破坏行为时有发生,黑土买卖十分猖獗,[32]严重影响生态安全和农业可持续发展。以前与土地管理有关的法律法规在耕地保护方面主要解决一般性问题,缺乏针对黑土地特殊性的保护措施,因此,《黑土地保护法》致力于在不重复既有规定的前提下,构建具有针对性、系统性的黑土地保护制度。

---

〔32〕 参见孙佑海:《为黑土地保护提供有力法律保障——〈黑土地保护法〉解读》,载《环境保护》2022年第16期。

2. 主要内容

黑土地保护应当坚持统筹规划、因地制宜、用养结合、近期目标与远期目标结合、突出重点、综合施策的原则。黑土地保护保障“用”,但更偏重“养”,强调在保护和利用、种地和养地之间做好平衡,实现合理利用、科学利用、永续利用。[33]《黑土地保护法》主要在以下方面作出了针对性规定。

(1)统筹与协调黑土地保护监管体制机制

目前黑土地保护的监管职责分散在不同层级政府、不同主管部门,需要统筹协调形成工作合力。在监管主体方面,《黑土地保护法》第6条第1款、第2款明确国务院和四省区人民政府应当加强领导、组织、协调、监督管理,县级以上人民政府应当建立农业农村、自然资源、水行政、发展改革、财政、生态环境等有关部门组成的黑土地保护协调机制。在监管手段方面,《黑土地保护法》第10条第3款突出规划引领,要求县级以上人民政府农业农村主管部门会同有关部门以调查和监测为基础,体现整体集中连片治理,编制黑土地保护规划。县级黑土地保护规划应当与国土空间规划相衔接,落实到黑土地具体地块,并向社会公布。为摸清黑土地底数和变化趋势,该法还对开展黑土地调查和常态化监测作出了规定。

(2)补充与加强黑土地保护的监管职权职责

为遏制屡禁不止的盗挖、占用黑土地现象,《黑土地保护法》第20条明确规定,任何组织和个人不得破坏黑土地资源和生态环境,禁止盗挖、滥挖和非法买卖黑土。违反该条规定,盗挖、滥挖黑土的,依照土地管理等有关法律法规的规定从重处罚。违法将黑土地用于非农建设的,依照土地管理等有关法律法规的规定从重处罚。造成黑土地污染、水土流失的,分别依照污染防治、水土保持等有关法律法规的规定从重处罚。

严格的法律责任需要有效的监管执法,否则将因无法及时发现违法行为而无济于事。为压实黑土地保护责任、形成监督合力,《黑土地保护法》第26~28条规定:建立黑土地保护目标责任制和考核评价制度,将黑土地保护情况纳入耕地保护责任目标;有关部门按照职责联合开展监督检查;加强人大监督,县级以上人民政府应当向本级人民代表大会或者其常务委员会报告黑土地保护情况。

(3)明确与强化黑土地保护的政府投入义务

除了加强对破坏黑土地行为的监管,《黑土地保护法》也明确与强化了黑土地保护的政府投入义务。一方面,长期稳定的资金投入是黑土地保护的重要保障。《黑土地保护法》第22条规定:国家应当建立健全黑土地保护财政投入保障制度,加大对黑土地保护措施奖补资金的倾斜力度;高标准农田建设等项目资金应当积极支持黑土地保护需要;县级人民政府可以按照国家有关规定统筹使用相关涉农资金用于黑土地保护。另一方面,农业生产经营者要保护黑土地,同时要让保护者不吃亏、种粮者收入有提高。《黑土地保护法》第23条规定,国家实行用养结合、保护效果导向的激励政策,对采取黑土地保护和治理修复措施的农业生产经营者按照国家有关规定给予奖励补助。

---

〔33〕 参见孙梦爽:《用“长牙齿”的法律呵护黑土地——黑土地保护法亮点速递》,载《中国人大》2022年第13期。

（四）我国《水土保持法》中的水土保持规范

1. 概述

水土保持是针对水土流失的现象提出的。所谓水土流失，是指自然或人为原因致使土地表层缺乏植被保护，土层被雨水冲蚀后逐渐变薄、变瘠的现象。依据《水土保持法》第2条第2款的解释，水土保持是指对自然因素和人为活动造成水土流失所采取的预防和治理措施。

除受到地貌、气候、土壤和植被等自然因素影响造成水土流失外，人类不合理的生产建设活动，包括陡坡开荒、毁林开垦、过度放牧等，通常被认为是导致水土流失的最重要原因。水土流失导致土壤减少、肥力减退、土地无法涵养水分并与干燥的气候形成恶性循环，进而导致土地的沙漠化。此外，水土流失是由水流的冲蚀造成的，因此，水土流失还会造成河道泥沙淤积、河床升高，并导致泥石流和滑坡等自然破坏现象。

根据生态环境部2023年5月发布的《2022中国生态环境状况公报》，2021年水土流失动态监测成果显示，全国水土流失面积为267.42万平方千米；按照侵蚀强度分，轻度、中度、强烈、极强烈和剧烈侵蚀面积分别占全国水土流失总面积的64.4%、16.6%、7.4%、5.5%和6.1%。[34]

为了预防和治理水土流失，保护和合理利用水土资源，减轻水、旱、风沙灾害，改善生态环境，保障经济社会可持续发展，1991年我国制定了《水土保持法》，并于2010年12月进行了最新修订。同时，国务院还于1993年制定了《水土保持法实施条例》，并于2011年1月进行了修订。除此以外，我国在《环境保护法》、《土地管理法》、《水法》、《森林法》、《草原法》以及《农业法》中也规定了防治水土流失的相关内容。

2. 主要内容

国家对水土保持工作实行预防为主、保护优先、全面规划、综合治理、因地制宜、突出重点、科学管理、注重效益的方针。为贯彻实施水土保持的基本方针，我国《水土保持法》关于水土保持的具体规定主要包括以下三个方面：

（1）水土保持的规划制度

《水土保持法》规定国家实行水土保持规划制度。水土保持规划应当在水土流失调查结果及水土流失重点预防区和重点治理区划定的基础上，遵循统筹协调、分类指导的原则编制，内容应当包括水土流失状况、水土流失类型区划分、水土流失防治目标、任务和措施等。编制水土保持规划，应当征求专家和公众的意见。同时，水土保持规划应当与土地利用总体规划、水资源规划、城乡规划和环境保护规划等相协调。

（2）水土流失的预防措施

根据《水土保持法》的规定，地方各级人民政府应当按照水土保持规划，采取严格的禁止或者限制措施，以预防和减轻水土流失。

其具体措施包括：采取封育保护、自然修复等措施，组织单位和个人植树种草，扩大林草覆盖面积，涵养水源；加强对取土、挖砂、采石等活动的管理，禁止在崩塌、滑坡危险区和泥石流易发区从事取土、挖砂、采石等可能造成水土流失的活动；水土流失严重、生态脆弱的地区应当限

---

〔34〕 参见生态环境部：《2022中国生态环境状况公报》，载生态环境部网2023年5月29日，https://www.mee.gov.cn/hjzl/sthjzk/zghjzkgb/202305/P020230529570623593284.pdf。

制或者禁止可能造成水土流失的生产建设活动,严格保护植物、沙壳、结皮、地衣等;禁止开垦、开发植物保护带;禁止在25度以上陡坡地开垦种植农作物;禁止毁林、毁草开垦和采集发菜;林木采伐应当采用合理方式,严格控制皆伐;等等。

同时,《水土保持法》第25条第1款还规定,在山区、丘陵区、风沙区以及水土保持规划确定的容易发生水土流失的其他区域开办可能造成水土流失的生产建设项目,生产建设单位应当编制水土保持方案,报县级以上人民政府水行政主管部门审批,并按照经批准的水土保持方案,采取水土流失预防和治理措施。

(3)水土保持的治理措施

第一,国家对水土保持的治理义务。《水土保持法》规定了国家的水土保持治理义务,具体包括加强水土流失重点预防区和重点治理区的坡耕地改梯田、淤地坝等水土保持重点工程建设;加强江河源头区、饮用水水源保护区和水源涵养区水土流失的预防和治理工作;在水力侵蚀地区、风力侵蚀地区、重力侵蚀地区和饮用水水源保护区,组织单位和个人因地制宜地开展水土保持治理工作。

第二,水土保持补偿费制度。《水土保持法》第32条第2款规定,在山区、丘陵区、风沙区以及水土保持规划确定的容易发生水土流失的其他区域开办生产建设项目或者从事其他生产建设活动,损坏水土保持设施、地貌植被,不能恢复原有水土保持功能的,应当缴纳水土保持补偿费,专项用于水土流失预防和治理。水土保持补偿费的收取使用管理办法由国务院财政部门、国务院价格主管部门会同国务院水行政主管部门制定。

第三,国家鼓励单位和个人参与对水土流失的治理。《水土保持法》规定:国家鼓励单位和个人按照水土保持规划参与水土流失治理,并在资金、技术、税收等方面予以扶持;鼓励和支持承包治理荒山、荒沟、荒丘、荒滩,保护和改善生态环境;鼓励和支持在山区、丘陵区、风沙区以及容易发生水土流失的其他区域,采取有利于水土保持的措施。

(五)我国《防沙治沙法》中的土地保护规定

1.概述

我国是世界上土地沙化危害最严重的国家之一。土地沙化会导致可利用的土地资源减少、土地生产力的严重衰退以及自然灾害的加剧。土地沙化的不断蔓延,已经对我国经济和社会的可持续发展形成了巨大威胁。造成沙化土地不断扩张的原因,有气候变化、自然灾害等自然原因,然而更为主要的原因是不合理的人类活动,如过度放牧、滥采滥伐、盲目开荒、水资源利用不合理等。

为了限制人为破坏植被的行为,我国《森林法》《草原法》《水土保持法》等法律分别作出了一些规定,但都未能从根本上起到遏制土地沙化扩张的作用。为预防土地沙化,治理沙化土地,维护生态安全,促进经济和社会的可持续发展,我国于2001年8月制定了《防沙治沙法》,并于2018年10月作了修正,对土地沙化的预防、沙化土地的治理和开发利用作出了具体规定。

2.主要内容

土地沙化有广义和狭义之分。广义的土地沙化,是指因气候变化和人类活动所导致的天然沙漠扩张和沙质土壤上植被破坏、沙土裸露的过程。狭义的土地沙化,是指主要因人类不合理活动所导致的天然沙漠扩张和沙质土壤上植被及覆盖物被破坏，形成流沙及沙土裸露的过程。我国《防沙治沙法》所指的土地沙化是指狭义的土地沙化的概念。

我国《防沙治沙法》关于防沙治沙的规定包括如下五个方面。

(1)明确防沙治沙工作的七项基本原则

七项基本原则分别为：统一规划，因地制宜，分步实施，坚持区域防治与重点防治相结合；预防为主，防治结合，综合治理；保护和恢复植被与合理利用自然资源相结合；遵循生态规律，依靠科技进步；改善生态环境与帮助农牧民脱贫致富相结合；国家支持与地方自力更生相结合，政府组织与社会各界参与相结合，鼓励单位、个人承包防治；保障防沙治沙者的合法权益。

(2)实行防沙治沙规划制度

防沙治沙规划应当对遏制土地沙化扩展趋势，逐步减少沙化土地的时限、步骤、措施等作出明确规定，并将具体实施方案纳入国民经济和社会发展五年计划和年度计划。编制防沙治沙规划，应当根据沙化土地所处的地理位置、土地类型、植被状况、气候和水资源状况、土地沙化程度等自然条件及其所发挥的生态、经济功能，对沙化土地实行分类保护、综合治理和合理利用。在规划期内不具备治理条件的以及因保护生态的需要不宜开发利用的连片沙化土地，应当规划为沙化土地封禁保护区，实行封禁保护。此外，防沙治沙规划应当与土地利用总体规划相衔接；防沙治沙规划中确定的沙化土地用途，应当符合本级人民政府的土地利用总体规划。

(3)土地沙化的预防措施

《防沙治沙法》主要通过下列措施以期实现对土地沙化的预防：因地制宜地营造防风固沙林网、林带，种植多年生灌木和草本植物；禁止在沙化土地上砍挖灌木、药材及其他固沙植物；草原实行以产草量确定载畜量的制度；防止因地下水和上游水资源的过度开发利用，导致植被破坏和土地沙化；在沙化土地封禁保护区范围内，禁止一切破坏植被的活动；等等。

(4)沙化土地的治理措施

对于沙化土地的治理，《防沙治沙法》规定了公益性治沙活动、开发者治理和营利性治沙活动三种模式。为此，该法规定了单位和个人自愿、政府组织和开发者承担义务的治理方式。此外，为保障治理人的合法权益，法律还规定了相应的资金补助等补偿措施。

(5)防沙治沙的保障措施

为了保障防沙治沙活动的开展，我国《防沙治沙法》规定了下列具体保障措施：国务院和沙化土地所在地区的地方各级人民政府在本级财政预算中按照防沙治沙规划通过项目预算安排资金，用于本级人民政府确定的防沙治沙工程；国务院和沙化土地所在地区的地方各级人民政府制定优惠政策，鼓励和支持单位和个人防沙治沙；县级以上地方人民政府应当按照国家规定，根据防沙治沙的面积和难易程度，给予从事防沙治沙活动的单位和个人资金补助、财政贴息以及税费减免等政策优惠；经县级以上人民政府依法批准，给予使用已经沙化的国有土地从事治沙活动者不超过70年的土地使用权；批准机关给予将治理后的土地批准划为自然保护区或者沙化土地封禁保护区的治理者合理的经济补偿；等等。

案例 6-3-01 某县人民检察院诉某县自然资源和规划局怠于履行土地行政监管职责案[35]

2014年下半年，某公司负责人谢某某通过租赁方式流转某村的27.738亩土地，约定用途为种植、养殖业及农业经济开发。2015年3月，某公司以该宗地坡坎大，不利于花卉苗木种植为由，申请在该宗地倾倒土石方进行土地填平整治，所在村组、某镇人民政府、某县自然资源和规划局等予以审批同意。某县自然资源和规划局就倾倒土石方予以选址会审并收取某公司复垦保证金1.732万元。某公司在流转土地上倾倒建筑渣土，未按照申请的时间和范围平整土地用于种养殖业和农业经济开发。

评析：某公司应当停止倾倒建筑渣土的行为，并且复垦受损的土地。2019年《土地管理法》第43条规定，“因挖损、塌陷、压占等造成土地破坏，用地单位和个人应当按照国家有关规定负责复垦；没有条件复垦或者复垦不符合要求的，应当缴纳土地复垦费，专项用于土地复垦……”《土地复垦条例》第18条第1款规定：“土地复垦义务人不复垦，或者复垦验收中经整改仍不合格的，应当缴纳土地复垦费，由有关国土资源主管部门代为组织复垦。”某公司及负责人谢某某以发展种植、养殖业及农业经济开发之名流转某村的农用地，但长达数年未实际用于农业经营，而是以违规倾倒建筑渣土谋利并压占农村土地。当地的自然资源主管部门应当依法履行土地违法行为查处和土地复垦的监管职责，对某公司的违法行为及时、有效地进行制止和处罚，并且要求其履行复垦义务或者缴纳复垦费，并将该费用专项用于受损耕地的复垦。

二、森林资源保护法

（一）概述

森林是指在一定区域内生长的以树木或者其他木本植物为主的植物群落。根据其生活习性的不同，可以将森林分为热带雨林、季雨林、亚热带常绿阔叶林、温带落叶阔叶林、中温带针阔混交林、寒温带针叶林等。根据其用途的不同，又可以分为防护林、特种用途林、用材林、经济林、能源林等。

森林是自然界中一类重要的生态系统和自然资源，具有多方面的功能。它除了可以给人们提供林产品，满足人类生产生活的需要外，还具有蓄水保土、防风固沙，调节气候、净化空气，美化环境、降低噪声，保护生物多样性和维护生态平衡等重要作用。从2014年开始到2018年结束，我国开展了历时5年的第九次全国森林资源清查，此次清查结果显示我国森林覆盖率为22.96%。

由于森林资源对人类的极端重要性，世界各国都十分重视森林资源保护。新中国成立以后，我国政府制定了许多关于合理利用森林资源的行政法规和部门规章。然而，早期的森林立法主要是出于持续林业产出的目的而规定限制采伐和保证伐后的林木更新。1984年制定的

---

〔35〕 参见《耕地保护典型行政案例》，载最高人民法院网2020年12月14日，https://www.court.gov.cn/zixun/xiangqing/279511.html。

《森林法》调整了对森林作用保护的顺序，明确将森林蓄水保土、调节气候、改善环境的作用放在首要位置，而将森林提供林产品的作用放在了次要位置。2019 年修订后的《森林法》更是在内容上强调了对森林生态效益的保护。[36]

除 1984 年公布、1998 年修正、2009 年修正、2019 年修订的《森林法》外，我国还发布了《森林法实施条例》(2000 年公布，2018 年修订)、《森林病虫害防治条例》(1989 年公布)、《森林采伐更新管理办法》(1987 年公布，2011 年修订)、《森林和野生动物类型自然保护区管理办法》(1985 年公布)等一系列行政法规。

我国现行《森林法》的主要内容涉及森林经营管理、森林保护、植树造林等方面，以下将主要针对森林资源保护的内容进行介绍。

(二) 主要规定

1. 确立林权制度

林权，又称森林所有权，是指森林法律关系的主体对森林、林木或者林地的占有、使用、收益和处分的权利。森林保护是以林权为中心展开的。我国《森林法》第 14 条第 1 款规定，森林资源属于国家所有，由法律规定属于集体所有的除外。该法第 20 条进一步规定：国有企业事业单位、机关、团体、部队营造的林木，由营造单位管护并按照国家规定支配林木收益。农村居民在房前屋后、自留地、自留山种植的林木，归个人所有。城镇居民在自有房屋的庭院内种植的林木，归个人所有。集体或者个人承包国家所有和集体所有的宜林荒山荒地荒滩营造的林木，归承包的集体或者个人所有；合同另有约定的从其约定。其他组织或者个人营造的林木，依法由营造者所有并享有林木收益；合同另有约定的从其约定。

林业经营者依法取得的国有林地和林地上的森林、林木的使用权，经批准可以转让、出租、作价出资等。此外，我国法律对林权的保护措施包括确认权属、返还非法占有、排除妨碍、赔偿损失等。

2. 明确森林资源保护、培育、利用的原则

《森林法》第 3 条规定，保护、培育、利用森林资源应当尊重自然、顺应自然，坚持生态优先、保护优先、保育结合、可持续发展的原则。

3. 对森林分类经营管理

《森林法》第 6 条规定，国家对公益林和商品林实行分类经营管理，突出主导功能，发挥多种功能，实现森林资源永续利用。

4. 确立林业发展规划和森林资源调查监测制度

《森林法》设置第三章"发展规划"，规定县级以上人民政府应当将森林资源保护和林业发展纳入国民经济和社会发展规划，县级以上人民政府林业主管部门应当根据森林资源保护发展目标编制林业发展规划。同时，县级以上人民政府林业主管部门可以结合本地实际，编制林地保护利用、造林绿化、森林经营、天然林保护等相关专项规划。《森林法》第 27 条还规定国家建立森林资源调查监测制度，对全国森林资源现状及变化情况进行调查、监测和评价，并定期公布。

---

[36] 参见周誉东：《森林法修订：守护"绿水青山"那一片绿》，载《中国人大》2020 年第 3 期。

5. 对森林的全方位保护

《森林法》在第一章"总则"中规定,国家对森林资源实行以下保护措施:实行森林资源保护发展目标责任制和考核评价制度;采取财政、税收、金融等方面的措施,支持森林资源保护发展;以培育稳定、健康、优质、高效的森林生态系统为目标,对公益林和商品林实行分类经营管理,突出主导功能,发挥多种功能,实现森林资源永续利用;建立森林生态效益补偿制度,加大公益林保护支持力度,完善重点生态功能区转移支付政策,指导受益地区和森林生态保护地区人民政府通过协商等方式进行生态效益补偿;采取措施,鼓励和支持林业科学研究,推广先进适用的林业技术,提高林业科学技术水平;对在造林绿化、森林保护、森林经营管理以及林业科学研究等方面成绩显著的组织或者个人,给予表彰、奖励。

除上述规定外,我国《森林法》还专设"森林保护"一章,对森林资源的保护措施作出了详尽的规定,具体包括:安排资金,用于公益林的营造、抚育、保护、管理和非国有公益林权利人的经济补偿等;支持重点林区的转型发展和森林资源保护修复;在具有特殊保护价值的天然林区建立以国家公园为主体的自然保护地体系;实行天然林全面保护制度;禁止毁林开垦、采石、采砂、采土以及其他毁坏林木和林地的行为;等等。

6. 组织和鼓励造林绿化

植树造林是增加森林面积、提高森林覆盖率的主要途径,为此我国《森林法》第五章"造林绿化"规定了以下措施:各级人民政府应当组织各行各业和城乡居民造林绿化;城市规划区内、铁路公路两侧、江河两侧、湖泊水库周围,由各有关主管部门按照有关规定因地制宜组织开展造林绿化;工矿区、工业园区、机关、学校用地,部队营区以及农场、牧场、渔场经营地区,由各该单位负责造林绿化;新造幼林地和其他应当封山育林的地方,由当地人民政府组织封山育林。

7. 森林采伐实行采伐许可证制度

我国《森林法》规定,森林采伐实行采伐许可证制度,即采伐林地上的林木应当申请采伐许可证,并按照采伐许可证的规定进行采伐。国家严格控制森林年采伐量。符合林木采伐技术规程的,审核发放采伐许可证的部门应当及时核发采伐许可证。但是,审核发放采伐许可证的部门不得超过年采伐限额发放采伐许可证。

《森林法》第55条第1款还规定,采伐森林和林木应当遵守下列规定:第一,公益林只能进行抚育、更新和低质低效林改造性质的采伐。但是,因科研或者实验、防治林业有害生物、建设护林防火设施、营造生物防火隔离带、遭受自然灾害等需要采伐的除外。第二,商品林应当根据不同情况,采取不同采伐方式,严格控制皆伐面积,伐育同步规划实施。第三,自然保护区的林木,禁止采伐。但是,因防治林业有害生物、森林防火、维护主要保护对象生存环境、遭受自然灾害等特殊情况必须采伐的和实验区的竹林除外。

8. 强化监督检查

《森林法》第七章"监督检查"明确规定,县级以上人民政府林业主管部门依照该法规定,对森林资源的保护、修复、利用、更新等进行监督检查,依法查处破坏森林资源等违法行为。破坏森林资源造成生态环境损害的,县级以上人民政府自然资源主管部门、林业主管部门可以依法向人民法院提起诉讼,对侵权人提出损害赔偿要求。审计机关按照国家有关规定对国有森林资源资产进行审计监督。

三、草原资源保护法

(一)概述

草原是在温带半干旱气候条件下以旱生多年生草本植物为主形成的植物群落。它是以中温、旱生或半旱生密丛禾草为主的植物和相应的动物等构成的一个地带性的生态系统。我国《草原法》所称的草原包括天然草原和人工草地。我国是草原资源大国,拥有各类草原面积近60亿亩,约占国土面积的40%。[37]

草原很少有林,具有干旱缺水、寒暑巨变、风大沙多、土壤钙化和盐渍化作用强烈的特点。但同时,草原对环境的适应性很强、更新速度快,具有保持水土、防风固沙、保护生物多样性和维护生态系统平衡等作用。此外,草原还具有生产饲料、燃料和工业原料等多种经济效能。因此,草原作为一种宝贵的自然资源和一类特殊的生态系统,对人类的生存和发展有着重要的作用。

为了保护、建设和合理利用草原,改善生态环境,维护生物多样性,发展现代畜牧业,促进经济和社会的可持续发展,我国于1985年6月制定了《草原法》,并于2002年12月、2009年8月、2013年6月和2021年4月对该法进行了四次修改。为了加强草原防火工作,积极预防和扑救草原火灾,保护草原,保障人民生命和财产安全,国务院于1993年10月制定了《草原防火条例》,并于2008年11月进行了修订。

(二)主要规定

1. 确立草原保护的方针

《草原法》确立了国家对草原实行科学规划、全面保护、重点建设、合理利用的方针,促进草原的可持续利用和生态、经济、社会的协调发展。

2. 明确草原权属关系

《草原法》第二章明确了草原权属关系。第一,草原属于国家所有,由法律规定属于集体所有的除外。国家所有的草原,由国务院代表国家行使所有权。第二,国家所有的草原,可以依法确定给全民所有制单位、集体经济组织等使用。使用草原的单位,应当履行保护、建设和合理利用草原的义务。第三,草原承包经营权受法律保护,可以按照自愿、有偿的原则依法转让。草原承包经营权转让的受让方必须具有从事畜牧业生产的能力,并应当履行保护、建设和按照承包合同约定的用途合理利用草原的义务。

3. 对草原保护、建设、利用实行统一规划制度

《草原法》规定国家对草原保护、建设、利用实行统一规划制度。《草原法》第18条规定,编制草原保护、建设、利用规划,应当依据国民经济和社会发展规划并遵循下列原则:改善生态环境,维护生物多样性,促进草原的可持续利用;以现有草原为基础,因地制宜,统筹规划,分类

---

〔37〕 参见韩长赋:《国务院关于草原生态环境保护工作情况的报告——2017年11月1日在第十二届全国人民代表大会常务委员会第三十次会议上》,载中国人大网,http://www.npc.gov.cn/zgrdw/npc/xinwen/2017-11/01/content_2030812.htm。

指导;保护为主、加强建设、分批改良、合理利用;生态效益、经济效益、社会效益相结合。同时,根据《草原法》第19条的规定,草原保护、建设、利用规划应当包括:草原保护、建设、利用的目标和措施,草原功能分区和各项建设的总体部署,各项专业规划等。此外,该法第20条还规定,草原保护、建设、利用规划应当与土地利用总体规划相衔接,与环境保护规划、水土保持规划、防沙治沙规划、水资源规划、林业长远规划、城市总体规划、村庄和集镇规划以及其他有关规划相协调。

4. 建立草原的调查、评级、统计、监测制度

《草原法》第22条至第25条规定:(1)建立草原调查制度,定期进行草原调查;(2)制定全国草原等级评定标准,依据该标准对草原进行评等定级;(3)建立草原统计制度,对草原的面积、等级、产草量、载畜量等进行统计并定期发布统计资料;(4)建立草原生产、生态监测预警系统,对草原的基本状况实行动态监测。

5. 合理利用草原

草原作为可再生资源,只要合理利用,就可以在发挥其经济效能的同时,保持其生态功能。为此,我国《草原法》第五章对草原承包经营者合理利用草原规定了一系列措施,具体包括:合理利用草原,不得超过草原行政主管部门核定的载畜量,保持草畜平衡;实行划区轮牧,合理配置畜群,均衡利用草原;按照饲养牲畜的种类和数量,调剂、储备饲草饲料,采用青贮和饲草饲料加工等新技术,逐步改变依赖天然草地放牧的生产方式。

此外,《草原法》第38条规定,严格管理因进行矿藏开采和工程建设而占用草原的情形,防止工程建设破坏草原。

6. 采取草原保护措施

(1)特殊保护措施

《草原法》第42条规定,国家实行基本草原保护制度,对基本草原实施严格管理。目前,国家层面上尚未制定基本草原保护相关的行政法规或部门规章;在地方层面上,《内蒙古自治区基本草原保护条例》(2011年公布,2016年修正)规定对基本草原实行特殊保护。同时,《草原法》第43条规定,国务院草原行政主管部门或者省、自治区、直辖市人民政府可以按照自然保护区管理的有关规定在具有代表性的草原类型的地区、珍稀濒危野生动植物分布区和具有重要生态功能和经济科研价值的草原建立草原自然保护区。《草原法》第44条规定,县级以上人民政府应当依法加强对草原珍稀濒危野生植物和种质资源的保护、管理。

(2)禁止活动措施

一是禁止开垦草原。对水土流失严重、有沙化趋势、需要改善生态环境的已垦草原,应当有计划、有步骤地退耕还草;已造成沙化、盐碱化、石漠化的,应当限期治理。二是对严重退化、沙化、盐碱化、石漠化的草原和生态脆弱区的草原,实行禁牧、休牧制度。三是禁止在荒漠、半荒漠和严重退化、沙化、盐碱化、石漠化、水土流失的草原以及生态脆弱区的草原上采挖植物和从事破坏草原植被的其他活动。四是禁止在草原上使用剧毒、高残留以及可能导致二次中毒的农药。五是除抢险救灾和牧民搬迁的机动车辆外,禁止机动车辆离开道路在草原上行驶,破坏草原植被。

(3)限制活动措施

《草原法》第50条规定:在草原上从事采土、采砂、采石等作业活动,应当报县级人民政府草原行政主管部门批准;开采矿产资源的,还应当依法办理有关手续。经批准在草原上从事上述所列活动的,应当在规定的时间、区域内,按照准许的采挖方式作业,并采取保护草原植被的措施。在他人使用的草原上从事上述所列活动的,还应当事先征得草原使用者的同意。

《草原法》第52条规定,在草原上开展经营性旅游活动,应当符合有关草原保护、建设、利用规划,并不得侵犯草原所有者、使用者和承包经营者的合法权益,不得破坏草原植被。

《草原法》第55条规定,因从事地质勘探、科学考察等活动确需离开道路在草原上行驶的,应当事先向所在地县级人民政府草原行政主管部门报告行驶区域和行驶路线,并按照报告的行驶区域和行驶路线在草原上行驶。

案例6-3-02 某区人民检察院诉某区畜牧业管理局行政公益诉讼案[38]

2015年春季,顾某某未经任何部门审批,私自将位于镇南种羊场报好农场南侧草原非法开垦。某区畜牧业管理局接到群众举报后,由某区草原站执法人员进行了现场勘查。经勘查,被破坏草原性质为国有,面积为10.068公顷。2015年7月8日,某区畜牧业管理局将该案移送公安机关侦查,并告知了顾某某,但未责令其恢复草原植被。2017年9月14日,某区公安分局以顾某某涉嫌非法占用农用地罪,将案件移送某区人民检察院审查起诉。至移送时,顾某某破坏的草原植被仍然没有恢复,严重破坏了生态资源,国家和社会公共利益受到侵害,某区畜牧业管理局对此没有采取监督管理措施。

评析:顾某某应当停止非法开垦行为,并且恢复草原植被。《草原法》第46条规定,"禁止开垦草原……"第66条规定,"非法开垦草原……尚不够刑事处罚的,由县级以上人民政府草原行政主管部门依据职权责令停止违法行为,限期恢复植被,没收非法财物和违法所得,并处违法所得一倍以上五倍以下的罚款;没有违法所得的,并处五万元以下的罚款……"顾某某违法开垦草原,使草原植被和生态环境处于被破坏的状态,当地的畜牧业管理局作为草原主管部门应当依法采取监督管理措施,责令顾某某停止开垦、恢复植被。

四、水资源保护法

(一)概述

广义上的水资源,是指地球上所有可以被人类利用的水。由于水的范围太广,立法时不可能将地球上所有的水都作为水资源立法的对象。因此,我国在《水法》中规定,该法所称的水资源是指地表水和地下水。土壤水和海水都不包括在该法的调整范围之中。

水是地球环境的基本组成要素之一,是一切生命的源泉,是人类生存和发展所不可或缺的自然资源。作为资源,水是人和一切动植物赖以生存的环境条件,也是人类社会生活和生产活动所必需的物质基础,以及维持人类社会发展的主要能源之一。为此,世界各国都十分重视对

[38] 参见吉林省白城市洮北区人民法院行政判决书,(2017)吉0802行初52号。

水资源的立法保护与管理。

区别于《水污染防治法》,《水法》的目的主要在于调整开发、利用、节约、保护和管理水资源的人类行为,使水资源可以为人类永续利用。《水污染防治法》的目的则是通过对人为活动所产生的水污染物进行控制,并对已经受到污染的水体予以治理,使水体符合生态平衡以及人类生存的需要。

从20世纪80年代开始,我国逐步加强了对水资源管理的法制建设,颁布了一系列用水、管水的法律法规。目前,我国的水资源保护法主要有《水法》(1988年制定,2002年修订,2009年修正,2016年修正)、《河道管理条例》(1988年6月发布,2018年3月修订)、《城市节约用水管理规定》(1988年12月发布)、《城市供水条例》(1994年7月发布,2020年3月修订)和一些水污染防治的法律、法规、标准等。此外,各地还制定了相当数量的关于水资源保护和管理的地方性法规与地方规章。

(二)主要规定

我国《水法》第4条规定,开发、利用、节约、保护水资源和防治水害,应当全面规划、统筹兼顾、标本兼治、综合利用、讲求效益,发挥水资源的多种功能,协调好生活、生产经营和生态环境用水。遵循上述要求,《水法》对水资源的保护管理作出了许多规定。

1. 确立水资源开发利用的基本原则

《水法》所确立的水资源保护的基本原则有:水资源的国家所有原则,全面规划、综合利用、多效兼顾原则,节约用水原则,居民生活用水优先原则。

2. 实行水资源规划制度

《水法》第14条第1款、第2款规定:国家制定全国水资源战略规划。开发、利用、节约、保护水资源和防治水害,应当按照流域、区域统一制定规划。水资源规划是法定机构按法定程序对一定时期水资源的开发利用和水害防治预先作出的整体安排,一经批准必须严格执行。

3. 水资源开发利用中的保护措施

《水法》第22条至第24条对水资源的开发利用规定了一系列的保护措施,包括:跨流域调水,应当进行全面规划和科学论证,统筹兼顾调出和调入流域的用水需要,防止对生态环境造成破坏;地方各级人民政府应当结合本地区水资源的实际情况,按照地表水与地下水统一调度开发、开源与节流相结合、节流优先和污水处理再利用的原则,合理组织开发、综合利用水资源;在水资源短缺的地区,国家鼓励对雨水和微咸水的收集、开发、利用和对海水的利用、淡化。

《水法》第26条第1款规定,在水能丰富的河流,应当有计划地进行多目标梯级开发。《水法》第27条第1款规定,在水生生物洄游通道、通航或者竹木流放的河流上修建永久性拦河闸坝,建设单位应当同时修建过鱼、过船、过木设施,或者经国务院授权的部门批准采取其他补救措施,并妥善安排施工和蓄水期间的水生生物保护、航运和竹木流放。

4. 水资源和水工程中的保护措施

《水法》第30条、第31条第1款、第35条分别规定:制定水资源开发、利用规划和调度水资源时,应当注意维持江河的合理流量和湖泊、水库以及地下水的合理水位,维护水体的自然净化能力;从事水资源开发、利用、节约、保护和防治水害等水事活动,应当遵守经批准的规划;从事工程建设,占用农业灌溉水源、灌排工程设施,或者对原有灌溉用水、供水水源有不利影响的，建设单位应当采取相应的补救措施，造成损失的还应依法给予补偿。

《水法》第 33 条规定，国家建立饮用水水源保护区制度。省、自治区、直辖市人民政府应当划定饮用水水源保护区，并采取措施，防止水源枯竭和水体污染，保证城乡居民饮用水安全。第 34 条第 1 款规定，禁止在饮用水水源保护区内设置排污口。

《水法》第 31 条规定：因违反规划造成江河和湖泊水域使用功能降低、地下水超采、地面沉降、水体污染的，应当承担治理责任；开采矿藏或者建设地下工程，因疏干排水导致地下水水位下降、水源枯竭或者地面塌陷，采矿单位或者建设单位应当采取补救措施。第 36 条规定，在地下水超采地区，县级以上地方人民政府应当采取措施，严格控制开采地下水。在地下水严重超采地区，经省、自治区、直辖市人民政府批准，可以划定地下水禁止开采或者限制开采区。在沿海地区开采地下水，应当经过科学论证，并采取措施，防止地面沉降和海水入侵。第 48 条第 1 款规定，直接从江河、湖泊或者地下取用水资源的单位和个人，应当按照国家取水许可制度和水资源有偿使用制度的规定，向水行政主管部门或者流域管理机构申请领取取水许可证，并缴纳水资源费，取得取水权。但是，家庭生活和零星散养、圈养畜禽饮用等少量取水的除外。

五、海域资源保护法

（一）概述

我国《海域使用管理法》中所称的海域，是指中华人民共和国内水、领海的水面、水体、海床和底土。作为与陆地资源相对应的自然资源，海域不仅具有其他自然资源所具有的一般特征，而且还具有其自身的特征。作为人类重要的自然资源和生态系统，海域不仅为人类的生存和发展提供了丰富的物质财富，而且对促进水循环、保护海洋的生物多样性和维护生态平衡发挥着重要作用。

我国关于海域保护的立法起步较晚，从 20 世纪 90 年代开始，我国先后发布了一系列关于海域管理与保护的部门规章和部门规范性文件，包括《中华人民共和国管辖海域外国人、外国船舶渔业活动管理暂行规定》（1999 年公布，2022 年修订）、《近岸海域环境功能区管理办法》（1999 年公布，2010 年修正）、《临时海域使用管理暂行办法》（2003 年印发）、《海域使用统计管理暂行办法》（2009 年印发）、原国家海洋局《关于进一步规范海域使用论证管理工作的意见》（2016 年公布）等。

为了加强海域使用管理，维护国家海域所有权和海域使用权人的合法权益，促进海域的合理开发和可持续利用，2001 年 10 月全国人大常委会通过了《海域使用管理法》。

对海洋环境污染的治理和海洋生态环境的保护主要由《海洋环境保护法》规定，而对海洋渔业资源的保护由《渔业法》规定，以上内容已在前文中论述。

（二）主要规定

《海域使用管理法》对海域资源的保护作出了明确的规定，具体包括：

1. 明确海域的国家所有权制度

《海域使用管理法》第 3 条第 1 款规定海域属于国家所有，国务院代表国家行使海域所有权。任何单位或者个人不得侵占、买卖或者以其他形式非法转让海域。

2. 实行海洋功能区划制度

国家实行海洋功能区划制度。《海域使用管理法》第10条规定:国务院海洋行政主管部门会同国务院有关部门和沿海省、自治区、直辖市人民政府,编制全国海洋功能区划。沿海县级以上地方人民政府海洋行政主管部门会同本级人民政府有关部门,依据上一级海洋功能区划,编制地方海洋功能区划。

此外,养殖、盐业、交通、旅游等行业规划涉及海域使用的,应当符合海洋功能区划。沿海土地利用总体规划、城市规划、港口规划涉及海域使用的,应当与海洋功能区划相衔接。

3. 实行海域使用权制度

在对海域进行合理开发和利用方面,《海域使用管理法》规定,单位和个人使用海域,必须依法取得海域使用权。海域使用权派生于国家海域所有权,被认为是与土地使用权并列的用益物权之一。国家建立海域使用管理信息系统,对海域使用状况实施监视、监测。海域使用权人有依法保护和合理使用海域的义务;海域使用权人对不妨害其依法使用海域的非排他性用海活动,不得阻挠。国家严格管理填海、围海等改变海域自然属性的用海活动。

4. 实行海域有偿使用制度

由于自然资源具有有限性,对海域的使用必然会导致海域自然资源价值的减少,因此,国家实行海域有偿使用制度。单位和个人使用海域,应当按照国务院的规定缴纳海域使用金。军事用海,公务船舶专用码头用海,非经营性的航道、锚地等交通基础设施用海,教学、科研、防灾减灾、海难搜救打捞等非经营性公益事业用海可以免缴海域使用金。公用设施用海、国家重大建设项目用海和养殖用海,经主管部门批准可以减缴或者免缴海域使用金。

案例6-3-03 某甲公司诉某市海洋与渔业局行政处罚案[39]

2013年6月1日,某乙公司与某村小组签订《农村土地租赁合同》,约定某村小组将位于海边的空地(实为海滩涂)租给某乙公司管理使用,某乙公司将其作为海产品冷冻场地。该地块左邻避风港右靠北林码头,与海堤公路平齐,沿街边100米,沿海上进深145米,共21.78亩,实际位置在海岸线之外。同年7月至9月,某乙公司雇请他人抽取海沙填到涉案海域,形成沙堆。2016年5月12日,某甲公司与某乙公司签订《土地承包合同转让协议》,某甲公司取得某乙公司在原合同中的权利。同年7月至9月,某甲公司在未依法取得海域使用权的情况下,对前述地块利用机械和车辆从外运来泥土、建筑废料进行场地平整,建设临时码头,形成陆域,准备建设冷冻厂。

评析:某甲公司应当停止围海、填海行为,并且依法缴纳罚款。《海域使用管理法》第18条规定,"下列项目用海,应当报国务院审批:(一)填海五十公顷以上的项目用海;(二)围海一百公顷以上的项目用海……前款规定以外的项目用海的审批权限,由国务院授权省、自治区、直辖市人民政府规定"。第42条规定,"……对未经批准或者骗取批准,进行围海、填海活动的,并处非法占用海域期间内该海域面积应缴纳的海域使用金十倍以上二十倍以下的罚款"。

〔39〕 参见广西壮族自治区高级人民法院行政判决书,(2018)桂行终1163号。

某甲公司平整填充场地以及围堰护岸等行为导致海域自然属性改变,形成有效岸线,且未取得案涉海域的合法使用权,构成非法围海、填海行为。因此,某市海洋与渔业局有权对某甲公司依法实施行政处罚。

思考问题

1. 如果国家或者地方重点保护的野生动物致人损害,受害人能否得到相应的补偿?如能补偿,应由谁来补偿?
2. 在休渔期,若私自进行拖网捕捞活动,行为人应当承担哪些法律责任?
3. 未经批准进入国家级自然保护区核心区,但是并未对其造成任何损害的行为是否违法?如违法,该受到何种处罚?
4. 在海上发生溢油事故后,除了要求溢油公司赔偿海洋主管部门清除油污及其他污染清理费用之外,海洋主管部门是否可以要求溢油公司承担对海洋生态造成的损失?
5. 超过采伐许可证指定标准对成熟林木进行砍伐的行为是否违法?如违法,应当受到何种处罚?
6. 依法取得的海域使用权的人是否有权对其他不妨害其依法使用海域的活动进行阻挠?

第七章 物质循环管理法

思政与知识要点

党的二十大报告提出的到2035年我国发展的总体目标中包括：广泛形成绿色生产生活方式，碳排放达峰后稳中有降，生态环境根本好转，美丽中国目标基本实现。党的二十大报告指出：推动经济社会发展绿色化、低碳化是实现高质量发展的关键环节。加快推动产业结构、能源结构、交通运输结构等调整优化。实施全面节约战略，推进各类资源节约集约利用，加快构建废弃物循环利用体系。完善支持绿色发展的财税、金融、投资、价格政策和标准体系，发展绿色低碳产业，健全资源环境要素市场化配置体系，加快节能降碳先进技术研发和推广应用，倡导绿色消费，推动形成绿色低碳的生产方式和生活方式。

物质循环管理法是环境法单行法体系中的新成员。物质循环管理法偏重促进物质循环类产业的发展，在立法目的上通常以管理物质循环为重点，在企业调整手段上以促进为主、以禁限为辅，在实施上以政府为主导。我国主要的物质循环管理法有《循环经济促进法》《清洁生产促进法》《节约能源法》《可再生能源法》等。

第一节 物质循环管理法概述

一、物质循环管理法的概念

环境法规制可能产生环境影响的活动。可能产生环境影响的活动分为两类：一类是自然资源开发利用活动，规制这类活动的环境法称为自然资源保护法；另一类是排放污染物的活动，规制这类活动的环境法称为污染防治法。不过，这个格局在20世纪90年代被打破。自20世纪90年代以来，循环经济理念逐渐深入人心，清洁生产和生态工业发展风起云涌。日本、德国、美国、法国、英国、瑞典和韩国等国家出现了一系列以促进经济社会结构调整为目标的立法。[1]

我国在1997年出台了《节约能源法》（1997年公布，2018年修正）。进入21世纪后，我国先后出台了《清洁生产促进法》（2002年公布，2012年修正）、《可再生能源法》（2005年公布，2009年修正）和《循环经济促进法》（2008年公布，2018年修正）。《环境保护法（2014修订）》第40条对此也有原则性规定："国家促进清洁生产和资源循环利用。国务院有关部门和地方

〔1〕 参见孙军工：《循环经济法治化探析》，法律出版社2008年版，第180－191页。

各级人民政府应当采取措施，推广清洁能源的生产和使用。企业应当优先使用清洁能源，采用资源利用率高、污染物排放量少的工艺、设备以及废弃物综合利用技术和污染物无害化处理技术，减少污染物的产生。"

上述环境立法无法整体归入自然资源保护法和污染防治法，故有学者称之为物质循环管理法。物质循环管理法，是指以对废弃物实施物质循环管理为中心、以促进循环经济为目的的立法。1970 年，A. 克尼斯等人基于生态系统的危机，即物质代谢结构的崩溃而撰文提出了"物质循环分析论"。物质循环分析论认为应该脱离传统的只以财产、服务的市场交换经济贸易为主题的经济体系，而在能源的转化、物质加工、最终消费、废弃物加工处理这些开发体制中抓住人类的经济活动，以全部收支的观点来看待环境的污染及其控制。以物质循环分析论为基础，物质循环全过程管理理念逐渐形成，即对物质从生产到废弃的各个阶段实施全方位管理的过程，除回收、再生循环和再商品化外，还必须促进和管理全社会的物质循环。〔2〕

具体到目前各国的物质循环管理立法：在生产环节，贯彻清洁生产的思想，不是单纯抑制生产，而是用政策引导改革生产工艺；在消费环节，采取再生和回收利用措施，包括经济刺激措施如产品费或税、生态税、事前处理手续费、保证金等；在废弃物处理环节，明确企业对资源、容器包装、家电等的回收责任以及对不能回收利用废弃物的分类、处置等处理责任，并明确费用与财政分担制度。

二、物质循环管理法的特征

总体考察现有的物质循环管理法，发现这类立法具有以下特征。

第一，在立法目的上通常以管理物质循环为重点。自然资源保护法和污染防治法对应的自然资源开发利用活动和排放污染活动分别伴随物质、能量从自然界进入人类和从人类回到自然界，彼此之间并没有形成循环。物质循环的思想则超越传统的单纯保护自然资源和防治污染的消极目的，认为物质和能量投入的减少、废弃物的回收利用等在促进物质循环的同时能够起到保护自然资源和防治污染的作用。

第二，在对企业的调整手段上以促进为主、以禁限为辅。自然资源保护法和污染防治法往往为自然资源的开发利用者或者排污者施加强制性的禁止或者限制活动的法律义务，违背义务者要承担法律责任。物质循环管理法则通常倡导企业实施物质循环，对响应倡导者给予奖励和表彰，但一般对没有实施物质循环的企业并不实施法律制裁，这类立法往往设有专章规定"激励措施""鼓励措施"。由此可知，自然资源保护法和污染防治法属于禁限型环境立法，物质循环管理法属于促进型环境立法。

第三，在实施上以政府为主导。促进型环境立法对政府职责有大量规定，政府必须在切实履行监督职责的基础上，对先进生产方式的发展予以倾斜保护，提供资金支持、政策优惠，扫除其发展道路上的障碍。政府既发挥着管理监督的功能，还起到协助市场运作和引导市场主体行为的作用，在整个法律实施过程中扮演着主导性的角色。

---

〔2〕 参见汪劲：《环境法学》（第 4 版），北京大学出版社 2018 年版，第 184 页。

三、我国主要的物质循环管理法

在我国现有的物质循环管理法中,《循环经济促进法》更能完整体现物质循环的理念,更能全面管理物质循环的各个环节如生产、流通和消费等,不仅明确了消极的减量化,而且突出了再利用和资源化。因此,《循环经济促进法》是物质循环管理的基本法和龙头法。《清洁生产促进法》涉及节约资源、提高资源利用效率、综合利用、合理包装、废物回收利用等多个方面的内容,直接体现了物质循环再生产领域的大量重要要求。《节约能源法》推动全社会节约能源,减少能源消耗,能源所依托的物质的消耗必然减少,也体现了循环经济减量化的要求。《可再生能源法》强调促进可再生能源的开发利用,减少国民经济和生活对不可再生能源的依赖,客观上必然减少不可再生能源如化石能源的开发利用。化石能源所包含的天然资源有煤炭、石油和天然气。减少化石能源的开发利用,必然能减少进入经济系统中的煤炭、石油和天然气等物质,这体现了循环经济减量化的要求。本书将《节约能源法》和《可再生能源法》纳入物质循环管理法范畴正是基于前述理由,这两部法律也主要运用以促进为主、以禁限为辅的调控手段。

第二节　循环经济促进法

一、循环经济促进法概述

《循环经济促进法》于 2008 年 8 月 29 日第十一届全国人大常委会第四次会议通过,根据 2018 年 10 月 26 日第十三届全国人大常委会第六次会议《关于修改〈中华人民共和国野生动物保护法〉等十五部法律的决定》修正。《循环经济促进法》在我国的物质循环管理法中扮演着基本法和龙头法的角色。此前我国多次发布有关循环经济的政策和管理文件,尽管其中提出了发展循环经济的目标要求,但始终没有给出一个明确的循环经济的定义,国外立法也没有采用“循环经济”这一表述的先例。[3] 《循环经济促进法》第 2 条第 1 款则指出:循环经济,是指在生产、流通和消费等过程中进行的减量化、再利用、资源化活动的总称。具体而言,减量化,是指在生产、流通和消费等过程中减少资源消耗和废物产生。再利用,是指将废物直接作为产品或者经修复、翻新、再制造后继续作为产品使用,或者将废物的全部或者部分作为其他产品的部件予以使用。资源化,是指将废物直接作为原料进行利用或者对废物进行再生利用。在减量化、再利用和资源化的关系上,应当坚持减量化优先。因为在严峻的资源条件约束下,我国发展循环经济的目标并不是简单实现废物的再利用或者循环利用,而是在整个经济系统的各个流程中减少资源消耗、避免和减少废物产生,只有减量化后剩下的废物才存在再利用和资源化的问题。该法律在体例安排上也是以减量化、再利用和资源化为主线展开的。2012 年至 2021 年,我国循环经济发展成效显著,持续走向深入,主要资源产出率提高了 58%,为产业绿

---

〔3〕 参见孙佑海、赵家荣主编:《中华人民共和国循环经济促进法解读》,中国法制出版社 2008 年版,第 5 页。

色低碳转型提供了有力支撑。[4]

发展循环经济作为我国经济社会发展的一项重大战略，应当遵循统筹规划、合理布局，因地制宜、注重实效，政府推动、市场引导，企业实施、公众参与的方针。统筹规划、合理布局，强调的是要调整经济结构和优化区域布局；因地制宜、注重实效，强调的是发展循环经济不要遵循既定的模式，而要从地方实际出发，充分发挥相关主体的积极性和创造性；政府推动、市场引导，强调的是既要坚持以政府指导和推动为基础，又要充分发挥市场的激励和导向作用，从而促进循环经济发展；企业实施、公众参与，强调的是企业和公众两类主体在发展循环经济中的不同作用。[5]

《循环经济促进法》如是规定循环经济的监督管理体制："国务院循环经济发展综合管理部门负责组织协调、监督管理全国循环经济发展工作；国务院生态环境等有关主管部门按照各自的职责负责有关循环经济的监督管理工作。县级以上地方人民政府循环经济发展综合管理部门负责组织协调、监督管理本行政区域的循环经济发展工作；县级以上地方人民政府生态环境等有关主管部门按照各自的职责负责有关循环经济的监督管理工作。"

循环经济的监督管理体制大体包括统一监管和协同监管。循环经济发展综合管理部门负责组织协调、监督管理即统一监管，根据职责分工，组织拟订发展循环经济、全社会能源资源节约和综合利用规划及政策措施并协调实施，担负起组织发展循环经济工作的职责。生态环境等有关主管部门按照职责监督管理即协同监管，指的是生态环境、工业和信息化、科学技术、农业、建设、水利、质量技术监督等有关主管部门，各负其责、协同配合，共同做好发展循环经济的监督管理工作。

二、循环经济促进法的基本管理制度

《循环经济促进法》规定了若干克服循环经济发展障碍、切实推进循环经济发展的基本管理制度。

（一）循环经济发展规划制度

国务院循环经济发展综合管理部门会同国务院生态环境等有关主管部门编制全国循环经济发展规划，报国务院批准后公布施行。设区的市级以上地方人民政府循环经济发展综合管理部门会同本级人民政府生态环境等有关主管部门编制本行政区域循环经济发展规划，报本级人民政府批准后公布施行。

有关循环经济发展规划的内容，应当包括规划目标、适用范围、主要内容、重点任务和保障措施等，并规定资源产出率、废物再利用和资源化率等指标。

（二）总量控制制度

县级以上地方人民政府应当依据上级人民政府下达的本行政区域主要污染物排放、建设用地和用水总量控制指标，规划和调整本行政区域的产业结构，促进循环经济发展。总量控制

---

〔4〕 参见中国循环经济协会：《循环经济这十年（2012—2021）》，载中国循环经济协会网，https://www.chinacace.org/news/uploads/2022/11/1668654676833579.pdf。

〔5〕 参见孙佑海、赵家荣主编：《中华人民共和国循环经济促进法解读》，中国法制出版社2008年版，第12-13页。

有三个指标:主要污染物排放、建设用地和用水。这必然要求地方政府全面优化本行政区域的产业结构,限制发展高物耗、高污染的产业,促进传统产业的技术改造和经济结构调整。

新建、改建、扩建建设项目,必须符合本行政区域主要污染物排放、建设用地和用水总量控制指标的要求。当建设项目新增加的污染物排放量、建设用地和用水量超过总量控制指标时,总量控制指标只能在该区域内调剂。在总量控制之下,如果上述指标没有富余,那么除污染治理项目和循环经济项目外,国家原则上不再审批该区域的新项目。

(三)循环经济评价指标体系和考核制度

国务院循环经济发展综合管理部门会同国务院统计、生态环境等有关主管部门建立和完善循环经济评价指标体系。2016 年 12 月,国家发改委、财政部、环境保护部、国家统计局印发了《循环经济发展评价指标体系(2017 年版)》,该指标体系从体例上分为综合指标、专项指标和参考指标。综合指标包括"主要资源产出率"和"主要废弃物循环利用率",主要从资源利用水平和资源循环水平方面进行考虑。专项指标包括 11 个具体指标,主要分为资源产出效率指标、资源循环利用(综合利用)指标和资源循环产业指标。参考指标主要是废弃物末端处理处置指标,主要用于描述工业固体废物、工业废水、城市垃圾和污染物的最终排放量。参考指标不作为评价指标。[6]

上级人民政府根据以上规定的循环经济主要评价指标,对下级人民政府发展循环经济的状况定期进行考核,并将主要评价指标完成情况作为对地方人民政府及其负责人考核评价的内容。

(四)以生产者为主的责任延伸制度

通常而言,生产者的责任主要被限定在产品生产及使用阶段。但随着社会的发展,出现了以生产者为主的责任延伸制度。

生产者责任延伸(Extended Producer Responsibility,EPR)对生产者施加了回收、利用和处置废弃产品或包装物的义务。生产者责任延伸经历发展和变化。生产者责任延伸的概念最早由瑞典的环境经济学家托马斯教授于 1988 年提出。托马斯教授认为生产者责任延伸是一种环境保护战略,旨在降低产品的环境影响。生产者责任延伸具体涵盖了生产者对产品环境损害、提供产品安全信息、废物回收和再利用等整个周期上的责任,特别是强调产品消费后生产者的回收再利用责任。提出生产者责任延伸的最初目的在于鼓励生产者在产品设计中更多地考虑环境影响,后来其又被赋予更广泛的含义,被看作"污染者负担原则"的深化和延伸。经济合作与发展组织于 1998 年较为完整地阐释了生产者延伸责任,即指产品的生产商和进口商必须对其产品在整个生命周期中对环境的影响负大部分责任,包括原材料选取和产品设计的上游影响生产过程的中游影响以及产品消费后回收处理、处置的下游影响。2001 年经济合作与发展组织继 1998 年之后对生产者责任延伸理论进行了修正,认为生产者责任延伸是一项环境政策,生产者对其产品所负的责任扩大到产品生命周期的消费后的废弃物处置阶段。[7]

---

〔6〕 参见《发展改革委、统计局就〈循环经济发展评价指标体系(2017 年版)〉答问》,载中国政府网,https://www.gov.cn/xinwen/2017-01/11/content_5158869.htm#3。

〔7〕 参见王干:《论我国生产者责任延伸制度的完善》,载《现代法学》2006 年第 4 期。

根据我国《循环经济促进法》的规定，以生产者为主的责任延伸制度包括以下几个要点。

（1）生产者的回收、利用和处置责任。生产列入强制回收名录的产品或者包装物的企业，必须对废弃的产品或者包装物负责回收；对其中可以利用的，由各该生产企业负责利用；对因不具备技术经济条件而不适合利用的，由各该生产企业负责无害化处置。生产者委托销售者或者其他组织进行回收的，或者委托废物利用或者处置企业进行利用或者处置的，受托方应当依照有关法律、行政法规的规定和合同的约定负责回收或者利用、处置。

（2）消费者的回收、利用和处置责任。虽然按照谁污染、谁治理的原则，生产者应当承担对废弃产品或包装物进行回收、利用和处置的主要责任，但由于消费者是使用者和受益者，所以其也应承担一定的责任。对列入强制回收名录的产品和包装物，消费者应当将废弃的产品或者包装物交给生产者或者其委托回收的销售者或者其他组织。

（五）重点企业监督管理制度

重点企业在资源消耗中占据很大比重，当前和今后一个时期对重点行业的高耗能、高耗水企业进行重点管理十分必要。

考虑到具体监管措施如企业产品能耗标准和水耗标准在《节约能源法》和《水法》中已经作出规定，《循环经济促进法》仅作以下原则规定：国家对钢铁、有色金属、煤炭、电力、石油加工、化工、建材、建筑、造纸、印染等行业年综合能源消费量、用水量超过国家规定总量的重点企业，实行能耗、水耗的重点监督管理制度。

（六）循环经济统计制度、循环经济标准体系和产品资源消耗标识制度

这些制度是企业开展循环经济活动的基础，也是政府评价循环经济发展状况的主要依据和手段，在整个循环经济制度体系中具有基础性地位。

第一，国家建立健全循环经济统计制度，加强资源消耗、综合利用和废物产生的统计管理，并将主要统计指标定期向社会公布。

第二，国务院标准化主管部门会同国务院循环经济发展综合管理和生态环境等有关主管部门建立健全循环经济标准体系，制定和完善节能、节水、节材和废物再利用、资源化等标准。循环经济标准是为了发展循环经济而制定的有关技术、工艺和设备在节能、节水、节材和资源综合利用等方面的统一技术要求和规范，或者对产品在单位产值以及单位产品的能耗、物耗排放中所作的强制性限制要求。

第三，国家建立健全能源效率标识等产品资源消耗标识制度。产品资源消耗标识制度是指对符合循环经济关于产品资源消耗要求的产品，按照一定的规则，在产品本身或包装物上作出明显标记的制度。《清洁生产促进法》第 13 条规定，国务院有关部门可以根据需要批准设立节能、节水、废物再生利用等环境与资源保护方面的产品标志，并按照国家规定制定相应标准。《节约能源法》第 18 条也规定，国家对家用电器等使用面广、耗能量大的用能产品，实行能源效率标识管理。

三、减量化

《循环经济促进法》为了实现减量化的要求，规定了如下制度和措施：

1. 名录制度。对技术、工艺、设备、材料、产品等根据其环境影响分别制定名录，根据名录

决定是否鼓励、限制、淘汰或者是否允许生产、进口、销售,从而引导产业投资和发展方向。国务院循环经济发展综合管理部门会同国务院生态环境等有关主管部门,定期发布鼓励、限制和淘汰的技术、工艺、设备、材料和产品名录。禁止生产、进口、销售列入淘汰名录的设备、材料和产品,禁止使用列入淘汰名录的技术、工艺、设备和材料。可见,淘汰名录具有法律上的强制性。凡是列入淘汰名录的设备、材料和产品,任何单位和个人不得继续生产、进口和销售;凡是列入淘汰名录的技术、工艺、设备和材料,任何单位不得继续使用。

2. 生态设计制度。生态设计,通常也称为环境友好设计或绿色设计,其基本内涵是在工艺、设备、产品及包装物等的源头设计环节中综合考虑资源和环境要素,减少资源消耗和环境影响,增加废物再利用和资源化的可能性,使设计的工艺、设备、产品和包装物能够达到减量化要求,并便于再利用和资源化。具体要求如下:(1)一般性要求。从事工艺、设备、产品及包装物设计,应当按照减少资源消耗和废物产生的要求,优先选择采用易回收、易拆解、易降解、无毒无害或者低毒低害的材料和设计方案,并应当符合有关国家标准的强制性要求。(2)有关电器电子等产品的特殊规定。对在拆解和处置过程中可能造成环境污染的电器电子等产品,不得设计使用国家禁止使用的有毒有害物质。禁止在电器电子等产品中使用的有毒有害物质名录,由国务院循环经济发展综合管理部门会同国务院生态环境等有关主管部门制定。(3)有关包装物的特殊规定。设计产品包装物应当执行产品包装标准,防止过度包装造成资源浪费和环境污染。

3. 工业节水措施。根据《循环经济促进法》的规定,工业节水采用以下三项具体措施:(1)工业企业应当采用先进或者适用的节水技术、工艺和设备,制订并实施节水计划,加强节水管理,对生产用水进行全过程控制。(2)工业企业应当加强用水计量管理,配备和使用合格的用水计量器具,建立水耗统计和用水状况分析制度。(3)新建、改建、扩建建设项目,应当配套建设节水设施。节水设施应当与主体工程同时设计、同时施工、同时投产使用。

4. 企业节油措施。《循环经济促进法》宣示国家鼓励和支持企业使用高效节油产品,并对部分行业提出燃料油替代的原则要求:电力、石油加工、化工、钢铁、有色金属和建材等企业,必须在国家规定的范围和期限内,以洁净煤、石油焦、天然气等清洁能源替代燃料油,停止使用不符合国家规定的燃油发电机组和燃油锅炉;内燃机和机动车制造企业应当按照国家规定的内燃机和机动车燃油经济性标准,采用节油技术,减少石油产品消耗量。

5. 节约矿产资源措施。该法对开采矿产资源提出原则要求:统筹规划,制订合理的开发利用方案,采用合理的开采顺序、方法和选矿工艺。为确保该要求得到切实执行,实践中将其落实到采矿许可证的颁发上。采矿许可证颁发机关应当对申请人提交的开发利用方案中的开采回采率、采矿贫化率、选矿回收率、矿山水循环利用率和土地复垦率等指标依法进行审查;审查不合格的,不予颁发采矿许可证。采矿许可证颁发机关应当依法加强对开采矿产资源的监督管理。考虑到开采共生和伴生矿容易破坏矿产资源,该法区分两种情况分别作了规定。一是在具有实际应用的技术可能性和经济可行性的情况下,矿山企业在开采主要矿种的同时,应当对具有工业价值的共生和伴生矿实行综合开采、合理利用;二是在暂时不具有实际应用的技术可能性或者经济可行性的情况下,对必须同时采出而暂时不能利用的矿产以及含有有用组分的尾矿,应当采取保护措施,防止资源损失和生态破坏。

6. 建筑领域节约资源的措施。《循环经济促进法》在建筑领域节约资源方面对设计、建设和施工过程三个环节提出了一般性的要求:建筑设计、建设、施工等单位应当按照国家有关规定和标准,对其设计、建设、施工的建筑物及构筑物采用节能、节水、节地、节材的技术工艺和小型、轻型、再生产品。在节约能源方面,要求有条件的地区充分利用太阳能、地热能、风能等可再生能源。

同时,该法针对建筑材料作出两方面的具体要求。一是从保护土地和减少废物的角度,国家鼓励利用无毒无害的固体废物生产建筑材料;从减少包装材料消耗、减少水泥损耗和减少施工粉尘污染的角度,国家鼓励使用散装水泥,推广使用预拌混凝土和预拌砂浆。二是禁止损毁耕地烧砖。在国务院或者省、自治区、直辖市人民政府规定的期限和区域内,禁止生产、销售和使用粘土砖。

7. 农业领域节约资源的措施。在农业领域节约资源方面,《循环经济促进法》对县级以上人民政府及其农业等主管部门提出了四方面的要求:推进土地集约利用;鼓励和支持农业生产者采用节水、节肥、节药的先进种植、养殖和灌溉技术;推动农业机械节能;优先发展生态农业。针对缺水地区,规定了两方面的措施:调整种植结构;优先发展节水型农业,推进雨水集蓄利用,建设和管护节水灌溉设施,提高用水效率,减少水的蒸发和漏失。

8. 国家机关及使用财政性资金的其他组织节约资源和有关建筑物维护管理的措施。国家机关及使用财政性资金的其他组织应当厉行节约、杜绝浪费,带头使用节能、节水、节地、节材和有利于保护环境的产品、设备和设施,节约使用办公用品。国务院和县级以上地方人民政府管理机关事务工作的机构会同本级人民政府有关部门制定本级国家机关等机构的用能、用水定额指标,财政部门根据该定额指标制定支出标准。在建筑物维护管理方面,《循环经济促进法》对城市人民政府和建筑物的所有者或者使用者提出原则要求:采取措施,加强建筑物维护管理,延长建筑物使用寿命。同时,该法对拆除建筑物规定了两个前提条件:一是不符合城市规划和工程建设标准;二是超过合理使用寿命。不具备上述两个要件的,除为了公共利益的需要外,城市人民政府不得决定拆除。

9. 餐饮、娱乐、宾馆等服务性企业节约资源的措施。服务业领域节能减排的潜力很大,而且往往投资少、见效快、效果突出。《循环经济促进法》从服务业产品使用和新建服务性企业要求两方面加以规定:一是餐饮、娱乐、宾馆等服务性企业,应当采用节能、节水、节材和有利于保护环境的产品,减少使用或者不使用浪费资源、污染环境的产品;二是在该法施行后新建的餐饮、娱乐、宾馆等服务性企业,应当采用节能、节水、节材和有利于保护环境的技术、设备和设施。

10. 使用再生水的措施。再生水是污水处理厂的二级排放水经过处理后,符合城市杂用水水质国家标准的可用水,通常用途为城市绿化、园林景观、道路喷洒、市政施工、工业冷却、家庭冲厕、洗车用水等,对其的使用可以节约大量水资源。在使用再生水方面,该法第27条规定:"国家鼓励和支持使用再生水。在有条件使用再生水的地区,限制或者禁止将自来水作为城市道路清扫、城市绿化和景观用水使用。"

11. 限制一次性消费品生产和销售的措施。一次性消费品的广泛使用,一方面为服务业和广大消费者提供了诸多便利,另一方面浪费了大量资源、产生了大量固体废物。因此,该法对此从两个方面加以规定:第一,国家在保障产品安全和卫生的前提下,限制一次性消费品的生产和销售。具体名录由国务院循环经济发展综合管理部门会同国务院财政、生态环境等有关主管部门制定。第二,对列入前述名录中的一次性消费品的生产和销售,由国务院财政、税务和对外贸易等主管部门制定限制性的税收和出口等措施。

四、再利用与资源化

《循环经济促进法》从生产、流通、消费等方面规定了再利用和资源化的主要领域。具体法律制度和措施如下:

1. 区域循环经济。单个的企业对发展循环经济的作用固然重要,但有些问题超出了企业自己的解决能力范围,这就需要在区域的层面推动循环经济发展。为推动区域循环经济发展,《循环经济促进法》规定了以下措施:

第一,县级以上人民政府应当统筹规划区域经济布局,合理调整产业结构,促进企业在资源综合利用等领域进行合作,实现资源的高效利用和循环使用。区域经济布局是统筹考虑和合理规划的重要举措。区域经济布局主要是指不同类型的经济产业在某一区域内的分布,是对经济结构在空间上的要求。

第二,各类产业园区应当组织区内企业进行资源综合利用,促进循环经济发展。产业园区是我国发展循环经济的重点,其思路是选择不同类型的工业和农业园区,充分发挥产业集聚和生态效应,围绕核心资源发展相关产业,形成资源循环利用的产业链,提高资源利用率,降低废物最终处置量。

第三,国家鼓励各类产业园区的企业进行废物交换利用、能量梯级利用、土地集约利用、水的分类利用和循环使用,共同使用基础设施和其他有关设施。

第四,新建和改造各类产业园区应当依法进行环境影响评价,并采取生态保护和污染控制措施,确保本区域的环境质量达到规定的标准。

2. 工业废物综合利用。工业废物综合利用是资源综合利用的重要领域。企业应当按照国家规定,对生产过程中产生的粉煤灰、煤矸石、尾矿、废石、废料、废气等工业废物进行综合利用。

3. 工业用水再利用和资源化。节约用水、高效用水是缓解我国水资源供需矛盾的根本途径,也是发展循环经济的主要领域。《循环经济促进法》从两个方面对企业提出要求:(1)发展串联用水系统和循环用水系统,提高水的重复利用率;(2)采用先进技术、工艺和设备,对生产过程中产生的废水进行再生利用。

4. 余热、余压等综合利用。余热和余压是指在工业生产过程中锅炉、窑炉、转炉等设施产生的尚未被完全利用的热量、压力,只要经过合理的工艺流程,就可以进行发电等综合利用。具体要求如下:(1)企业应当采用先进或者适用的回收技术、工艺和设备,对生产过程中产生的余热、余压等进行综合利用。(2)建设利用余热、余压、煤层气以及煤矸石、煤泥、垃圾等低热值燃料的并网发电项目,应当依照法律和国务院的规定取得行政许可或者报送备案。电网企业应当按照国家规定,与综合利用资源发电的企业签订并网协议,提供上网服务,并全额收购并网发电项目的上网电量。

5. 建筑废物综合利用。我国目前建筑废物即建筑垃圾产生量非常大。建设单位应当对工程施工中产生的建筑废物进行综合利用；不具备综合利用条件的，应当委托具备条件的生产经营者进行综合利用或者无害化处置。

6. 农业废物综合利用。我国每年产生的农作物秸秆、畜禽粪便、农产品加工业副产品、废农用薄膜等农业废物数量庞大。国家鼓励和支持农业生产者和相关企业采用先进或者适用技术，对农作物秸秆、畜禽粪便、农产品加工业副产品、废农用薄膜等进行综合利用，开发利用沼气等生物质能源。

7. 林业再利用和资源化。县级以上人民政府及其林业草原主管部门在推进林业再利用和资源化方面的职责包括：积极发展生态林业，鼓励和支持林业生产者和相关企业采用木材节约和代用技术，开展林业废弃物和次小薪材、沙生灌木等综合利用，提高木材综合利用率。其中，林业废弃物是林业生产、森林更新和林产品加工过程中产生的废弃物，包括采伐剩余物、清林抚育剩余物和木材加工剩余物，是生物质资源的一种，可以转化为生物质能。

8. 产业废物交换。产业废物是指在生产环节中产生的废物，是相对于流通环节和消费后产生的废物而言的。国家支持生产经营者建立产业废物交换信息系统，促进企业交流产业废物信息。企业对生产过程中产生的废物不具备综合利用条件的，应当提供给具备条件的生产经营者进行综合利用。

9. 废物回收体系建设。废物回收是提高资源利用率、保护环境、发展循环经济的重要途径。国家鼓励和推进废物回收体系建设。地方人民政府应当按照城乡规划，合理布局废物回收网点和交易市场，支持废物回收企业和其他组织开展废物的收集、储存、运输及信息交流。废物回收交易市场应当符合国家环境保护、安全和消防等规定。

10. 废电器电子产品等特定产品拆解或再利用。废电器电子产品等特定产品因其生产工艺、材料成分等的特殊性，对其进行拆解或者再利用，可能造成资源浪费或环境污染。因此，对废电器电子产品、报废机动车船、废轮胎、废铅酸电池等特定产品进行拆解或者再利用，应当符合有关法律、行政法规的规定。

11. 电器电子产品再利用和资源化。可以回收的电器电子产品使用后可能有两种情况，目前加以区别规制。一种是对该电器电子产品进行再利用：回收的电器电子产品，经过修复后销售的，必须符合再利用产品标准，并在显著位置标识为再利用产品；另一种是将使用过后的电器电子产品的全部或者部分作为其他产品的部件予以使用：回收的电器电子产品，需要拆解和再生利用的，应当交售给具备条件的拆解企业。

案例 7-2-01 某工商分局与黄某进行政非诉执行审查案[8]

2013 年 1 月起，黄某进未领取营业执照，从事打印机清洗、维修及修复打印机销售。其在销售某某得、某普等五个品牌的修复打印机时，没有在显著位置标识为再利用产品或加贴再利用产品标识。某工商分局于 2014 年 6 月 14 日作出行政处罚决定书，对黄某进的无照经营行

[8] 参见江苏省南京市栖霞区人民法院行政裁定书，(2014)栖非诉行审字第 30 号。

为没收违法所得人民币8万元,并处罚款人民币1万元,对黄某进销售未按规定标识的再利用产品的行为罚款人民币1万元,合计罚没款人民币10万元。黄某进在收到行政处罚决定书后,于2014年6月14日缴纳罚没款2万元。此后,由于黄某进未及时缴清其余罚没款,又未复议、未起诉,且被催告后未履行义务,某工商分局向法院申请执行,法院裁定准予强制执行。

评析:根据《循环经济促进法》第56条第1项的规定,销售没有再利用产品标识的再利用电器电子产品的,由地方人民政府工商行政管理部门责令限期改正,可以处5000元以上5万元以下的罚款。申请执行人某工商分局依法作出的行政处罚决定,事实清楚,适用法律正确,理应得到支持。被执行人黄某进在申请执行人某工商分局依法作出行政处罚决定书并送达后,在规定的期限内未缴清罚没款,又未复议、未起诉,且在某工商分局发出履行义务催告书后,仍未履行义务。因此,某工商分局向法院申请执行,符合法律规定。

12. 机动车零部件等产品的再制造和轮胎翻新。再制造是把废旧产品恢复到像原产品一样的技术性能和产品质量的生产工艺流程。国家支持企业开展机动车零部件、工程机械、机床等产品的再制造和轮胎翻新。销售的再制造产品和翻新产品的质量必须符合国家规定的标准,并在显著位置标识为再制造产品或者翻新产品。

13. 生活垃圾和污泥的资源化。我国县级以上人民政府在城乡生活垃圾资源化方面,应当统筹规划建设城乡生活垃圾分类收集和资源化利用设施,建立和完善分类收集和资源化利用体系,提高生活垃圾资源化率;在污泥资源化和处置方面,应当支持企业建设污泥资源化利用和处置设施,提高污泥综合利用水平,防止产生再次污染。

五、激励措施

《循环经济促进法》以促进循环经济为宗旨,对发展循环经济的激励措施作了比较具体的规定,大体如下:(1)设立发展循环经济的有关专项资金,支持循环经济的科技研究开发、循环经济技术和产品的示范与推广、重大循环经济项目的实施、发展循环经济的信息服务等;(2)安排财政性资金支持循环经济重大科技攻关项目的自主创新研究、应用示范和产业化;(3)对促进循环经济发展的产业活动给予税收优惠;(4)将节能、节水、节地、节材、资源综合利用等项目列为重点投资领域;(5)优先贷款支持符合国家产业政策的节能、节水、节地、节材、资源综合利用等项目;(6)实行有利于资源节约和合理利用的价格政策,引导单位和个人节约和合理使用水、电、气等资源性产品;(7)实行有利于循环经济发展的政府采购政策;(8)表彰和奖励在循环经济管理、科学技术研究、产品开发、示范和推广工作中做出显著成绩的单位和个人。

第三节　清洁生产促进法

一、清洁生产促进法概述

清洁生产概念出现于20世纪70年代。根据联合国环境规划署的定义,清洁生产是指将综合预防的环境策略持续地应用于生产过程、产品中,以减少对人类和环境的风险。[9] 2002年6月29日,第九届全国人大常委会第二十八次会议通过《清洁生产促进法》;2012年2月29日,第十一届全国人大常委会第二十五次会议对《清洁生产促进法》进行修正。根据该法第2条的规定,清洁生产是指不断采取改进设计、使用清洁的能源和原料、采用先进的工艺技术与设备、改善管理、综合利用等措施,从源头削减污染,提高资源利用效率,减少或者避免生产、服务和产品使用过程中污染物的产生和排放,以减轻或者消除对人类健康和环境的危害。

2021年,我国积极推进清洁生产审核工作,重点行业清洁生产水平不断提高,污染物排放强度和能耗大幅降低,在助力打赢污染防治攻坚战、促进产业改造升级等方面取得了显著成效。2021年,全国公布的应开展强制性清洁生产审核企业数为8082家,其中,7825家已开展强制性清洁生产审核,占比为96.8%。[10]

清洁生产工作管理体制直接关系到清洁生产推行和实施的机制和效果。在我国,国务院清洁生产综合协调部门负责组织、协调全国的清洁生产促进工作。国务院环境保护、工业、科学技术、财政部门和其他有关部门,按照各自的职责,负责有关的清洁生产促进工作。考虑到各个地方具体情况不同,有的地方政府机构设置不够健全,所以对地方政府层面的统一领导,《清洁生产促进法》第5条第2款规定:县级以上地方人民政府负责领导本行政区域内的清洁生产促进工作;县级以上地方人民政府确定的清洁生产综合协调部门负责组织、协调本行政区域内的清洁生产促进工作;县级以上地方人民政府其他有关部门,按照各自的职责,负责有关的清洁生产促进工作。

二、清洁生产的推行

《清洁生产促进法》第二章"清洁生产的推行"对政府及有关部门明确规定了支持、促进清洁生产的职责。具体包括以下几点。

1.制定有利于实施清洁生产的政策。有利于实施清洁生产的政策有许多种类。财政政策是指国家调整资财的收入与支出管理活动的行动准则;税收政策是指国家调整向何种对象、按照何种税率征税的管理活动的行动准则;产业政策是指国家支持、限制或者禁止某些产业的行动准则;技术开发政策是指国家支持发现或者发明先进技术以供利用的行动准则;技术推广政策是指国家支持将先进、实用的技术,通过试验、示范、培训、指导以及咨询服务等手段,普及应用于工农业等领域的行动准则。[11] 国务院应当制定有利于实施清洁生产的财政税收政策。国务院及其有关部门和省、自治区、直辖市人民政府,应当制定有利于实施清洁生产的产业政策、技术开发和推广政策。

2.制定清洁生产推行规划。清洁生产推行规划,是指政府有关部门制定的推行清洁生产的全面而长远的发展计划。首先,清洁生产推行规划有利于对实施清洁生产涉及的工业、农业、第三产业等领域进行综合考虑、统筹兼顾;其次,清洁生产推行规划可以保证清洁生产这样

---

[9] 参见李飞主编:《中华人民共和国清洁生产促进法释义》(第2版),法律出版社2013年版,第4页。

[10] 参见《2021年中国生态环境统计年报》,载中华人民共和国生态环境部网2023年1月18日,https://www.mee.gov.cn/hjzl/sthjzk/sthjtjnb/202301/W020230118392178258531.pdf。

[11] 参见李飞主编:《中华人民共和国清洁生产促进法释义》(第2版),法律出版社2013年版,第16页。

一项长期的艰巨任务按步骤、有计划地进行;最后,实施清洁生产需要各方面的大力支持,既包括人才和资金方面的支持,又包括技术、物资等方面的支持,还包括政策、法规等方面的支持,这显然也离不开清洁生产推行规划。国务院清洁生产综合协调部门会同国务院环境保护、工业、科学技术部门和其他有关部门,根据国民经济和社会发展规划及国家节约资源、降低能源消耗、减少重点污染物排放的要求,编制国家清洁生产推行规划,报经国务院批准后及时公布。国家清洁生产推行规划的内容应当包括:推行清洁生产的目标、主要任务和保障措施,按照资源能源消耗、污染物排放水平确定开展清洁生产的重点领域、重点行业和重点工程。国务院有关行业主管部门根据国家清洁生产推行规划确定本行业清洁生产的重点项目,制定行业专项清洁生产推行规划并组织实施。县级以上地方人民政府根据国家清洁生产推行规划、有关行业专项清洁生产推行规划,按照本地区节约资源、降低能源消耗、减少重点污染物排放的要求,确定本地区清洁生产的重点项目,制定推行清洁生产的实施规划并组织落实。

3. 预算和财政资助。中央预算应当加强对清洁生产促进工作的资金投入,包括中央财政清洁生产专项资金和中央预算安排的其他清洁生产资金,用于支持国家清洁生产推行规划确定的重点领域、重点行业、重点工程实施清洁生产及其技术推广工作,以及生态脆弱地区实施清洁生产的项目。县级以上地方人民政府应当统筹地方财政安排的清洁生产促进工作的资金,引导社会资金,支持清洁生产重点项目。

4. 建立清洁生产信息系统和技术咨询服务体系。清洁生产信息系统,是指为社会各界开展清洁生产提供情报服务的系统;清洁生产技术咨询服务体系,是指为社会各界开展清洁生产提供技术性指导意见的服务体系。建立清洁生产信息系统和技术咨询服务体系有助于解决和克服一些企业在开展清洁生产时遇到的信息和技术方面的障碍。国务院和省、自治区、直辖市人民政府的有关部门,应当组织和支持建立促进清洁生产信息系统和技术咨询服务体系,向社会提供有关清洁生产方法和技术、可再生利用的废物供求以及清洁生产政策等方面的信息和服务。

5. 制定清洁生产导向目录、指南。清洁生产导向目录,是指有关人民政府或者其行政主管部门制定的支持清洁生产项目的政策性文件;清洁生产指南,一般泛指为指导和帮助企业实施清洁生产而对清洁生产所涉及的某些特定活动或工作,就其目的和原则、概念和内容、程序和步骤、方法和要求等共性问题,由政府或者其行政机关编制发布的规范性技术文件的总称。国务院清洁生产综合协调部门会同国务院环境保护、工业、科学技术、建设、农业等有关部门定期发布清洁生产技术、工艺、设备和产品导向目录。国务院清洁生产综合协调部门、环境保护部门和省、自治区、直辖市人民政府负责清洁生产综合协调的部门、环境保护部门会同同级有关部门,组织编制重点行业或者地区的清洁生产指南,指导实施清洁生产。

6. 制定限期淘汰的生产技术、工艺、设备和产品的名录。限期淘汰制度,是指将浪费资源和严重污染环境的落后生产技术、工艺、设备和产品列入限期淘汰的名录,并在规定的期限内不得再生产、销售、进口、使用和转让的制度。该制度有利于加快产业结构调整,制止低水平重复建设,促进生产技术、工艺、设备和产品升级换代,减少资源浪费和控制环境污染。国务院有关部门按照职责分工,制定并发布限期淘汰的生产技术、工艺、设备和产品的名录。

7. 设立环境与资源保护的产品标志。环境与资源保护的产品标志,也称生态标志。该标志不同于一般商标，它是指通过产品或包装的印记表明这些产品比其他功能和竞争性都类似的产品更有利于环境和资源保护。这一标志制度的应用可以保护生产经营者和消费者的利益，为消费者提供全面的绿色信息，同时会对我国绿色市场的成熟起到积极的推动作用，通过消费者的购买引导企业走环境友好型的发展道路。[12] 国务院有关部门可以根据需要批准设立节能、节水、废物再生利用等环境与资源保护方面的产品标志，并按照国家规定制定相应标准。

此外，还要求政府及有关部门指导和支持清洁生产技术和有利于环境与资源保护的产品的研究、开发以及清洁生产技术的示范和推广工作，加强清洁生产的教育、宣传和培训，优先采购并鼓励公众购买和使用节能、节水、废物再生利用等有利于环境与资源保护的产品，公布未达到能源消耗控制指标、重点污染物排放控制指标的企业的名单。

三、清洁生产的实施

《清洁生产促进法》第三章"清洁生产的实施"主要是对企业施加义务。清洁生产的实施的重要方式是将其嵌入已有的制度如环境影响评价制度之中。具体要求有以下几点。

1. 将清洁生产纳入建设项目环境保护管理程序。将清洁生产纳入建设项目环境保护管理程序，一方面丰富了环境影响评价的内涵，另一方面将清洁生产的新思想贯彻到了既有的成熟的制度之中。新建、改建和扩建项目应当进行环境影响评价，对原料使用、资源消耗、资源综合利用以及污染物产生与处置等进行分析论证，优先采用资源利用率高以及污染物产生量少的清洁生产技术、工艺和设备。

2. 将清洁生产纳入企业技术改造过程。企业在进行技术改造过程中，应当采取以下清洁生产措施：(1)采用无毒、无害或者低毒、低害的原料，替代毒性大、危害严重的原料；(2)采用资源利用率高、污染物产生量少的工艺和设备，替代资源利用率低、污染物产生量多的工艺和设备；(3)对生产过程中产生的废物、废水和余热等进行综合利用或者循环使用；(4)采用能够达到国家或者地方规定的污染物排放标准和污染物排放总量控制指标的污染防治技术。

3. 在产品和包装物的设计中实施清洁生产措施。产品和包装物的生命周期，是指产品和包装物从获取原材料、生产、包装、市场营销、使用、再使用和产品维护，直至再循环和最终废物处置的整个过程，也即通常所称的"从摇篮到坟墓"的过程。对一个产品(包括包装物)对人类健康和环境的影响进行生命周期评价，旨在系统评价该产品在整个生命周期对人类健康和环境的影响，比较和改进该产品的设计和开发，减少整个生命周期的污染物产生。[13] 产品和包装物的设计，应当考虑其在生命周期中对人类健康和环境的影响，优先选择无毒、无害、易于降解或者便于回收利用的方案。企业对产品的包装应当合理，包装的材质、结构和成本应当与内装产品的质量、规格和成本相适应，减少包装性废物的产生，不得进行过度包装。

4. 指定产品的主体构件上注明材料成分。生产大型机电设备、机动运输工具以及国务院工业部门指定的其他产品的企业，应当按照国务院标准化部门或者其授权机构制定的技术规

---

〔12〕 参见李飞主编：《中华人民共和国清洁生产促进法释义》(第2版)，法律出版社2013年版，第29页。
〔13〕 参见李飞主编：《中华人民共和国清洁生产促进法释义》(第2版)，法律出版社2013年版，第40页。

范,在产品的主体构件上注明材料成分的标准牌号。标准牌号是为特定组分的材料所规定的代号,一般由化学元素符号和阿拉伯数字组成。标准牌号由国务院标准化行政管理部门或者其授权的机构以国家标准或者行业标准的形式发布。由于标准牌号能够起到明示材料成分和性能的作用,在市场上能够有效地解决交易双方信息不对称的问题,因此,标准牌号目前在原材料买卖市场和废物回收利用中,发挥着非常重要的作用。

5. 农业实施清洁生产的要求。农业生产者应当科学地使用化肥、农药、农用薄膜和饲料添加剂,改进种植和养殖技术,实现农产品的优质、无害和农业生产废物的资源化,防止农业环境污染。禁止将有毒、有害废物用作肥料或者用于造田。

6. 餐饮等服务业实施清洁生产的要求。餐饮、娱乐、宾馆等服务性企业,应当采用节能、节水和其他有利于环境保护的技术和设备,减少使用或者不使用浪费资源、污染环境的消费品。

7. 建筑业实施清洁生产的要求。建筑物的设计和建设是全社会实现清洁生产的基础。建筑业实施清洁生产包含两层含义:一是通过建筑的节能节水设计,使建筑物的使用达到节约资源、减少污染的目的;二是在建筑的过程之中采用清洁生产措施,使建筑施工本身能够实现清洁无害。建筑工程应当采用节能、节水等有利于环境与资源保护的建筑设计方案、建筑和装修材料、建筑构配件及设备。建筑和装修材料必须符合国家标准。禁止生产、销售和使用有毒、有害物质超过国家标准的建筑和装修材料。

8. 矿业实施清洁生产的要求。矿产资源的勘查、开采,应当采用有利于合理利用资源、保护环境和防止污染的勘查、开采方法和工艺技术,提高资源利用水平。

9. 从废物、余热综合利用角度对企业提出要求。企业应当在经济技术可行的条件下对生产和服务过程中产生的废物、余热等自行回收利用或者转让给有条件的其他企业和个人利用。

10. 实施清洁生产审核。清洁生产审核是指按照一定程序,对生产和服务过程进行调查和诊断,找出能耗高、物耗高、污染重的原因,提出减少有毒有害物料的使用、产生,降低能耗、物耗以及废物产生的方案,进而选定技术可行、经济合算及符合环境保护要求的清洁生产方案的过程。企业应当对生产和服务过程中的资源消耗以及废物的产生情况进行监测,并根据需要对生产和服务实施清洁生产审核。

有下列情形之一的企业,应当实施强制性清洁生产审核:(1)污染物排放超过国家或者地方规定的排放标准,或者虽未超过国家或者地方规定的排放标准,但超过重点污染物排放总量控制指标的;(2)超过单位产品能源消耗限额标准构成高耗能的;(3)使用有毒、有害原料进行生产或者在生产中排放有毒、有害物质的。

案例 7-3-01 成都市青白江生态环境局、某环保装饰材料有限公司行政非诉执行审查案〔14〕

由于某环保装饰材料有限公司未按期完成清洁生产审核,2019 年 1 月 5 日,成都市青白江区环境保护局决定对该公司的上述违法行为处以罚款 5 万元。成都市青白江区环境保护局

〔14〕 参见四川省成都市青白江区人民法院行政裁定书,(2019)川 0113 行审 34 号。

在行政处罚决定书中告知了某环保装饰材料有限公司提起行政复议、行政诉讼的权利,但该公司在法定期限内未提起行政复议和行政诉讼。此后,经成都市青白江区环境保护局催告,某环保装饰材料有限公司对罚款仍未履行。因此,成都市青白江生态环境局[15]于2019年9月3日向法院申请执行行政处罚,法院裁定准予强制执行。

评析:依据《清洁生产促进法》第39条第1款的规定,违反该法第27条第2款、第4款规定,不实施强制性清洁生产审核或者在清洁生产审核中弄虚作假的,或者实施强制性清洁生产审核的企业不报告或者不如实报告审核结果的,由县级以上地方人民政府负责清洁生产综合协调的部门、环境保护部门按照职责分工责令限期改正;拒不改正的,处以5万元以上50万元以下的罚款。该公司未将审核结果上报并分布,符合违法行为构成,行政机关适用法律正确。

11. 环境自愿协议。《清洁生产促进法》作出了有关环境自愿协议的规定。环境自愿协议是企业与有关行政机关之间以平等主体身份签订的协议,该协议的签订必须基于双方的意思表示,该协议的内容是企业承诺进一步节约资源或者削减污染物的排放,当企业达到该协议所规定的量化指标后,签约的行政机关给予企业相应的奖励或者表彰。环境自愿协议可以帮助企业创造良好的社会形象和环境记录,从而增加消费者、股份持有者、债权人的信任和信心,有助于企业产品的销售和企业资产的保值、升值。没有义务实施强制性清洁生产审核的企业,可以自愿与清洁生产综合协调部门和环境保护部门签订进一步节约资源、削减污染物排放量的协议。该清洁生产综合协调部门和环境保护部门应当在本地区主要媒体上公布该企业的名称以及节约资源、防治污染的成果。

12. 自愿环境管理体系认证。企业可以根据自愿原则,按照国家有关环境管理体系等认证的规定,委托经国务院认证认可监督管理部门认可的认证机构进行认证,提高清洁生产水平。最有代表性的自愿环境管理系列标准是ISO14000标准,它是国际标准化组织发布的一个国际性管理系列标准。该系列目前包括环境管理体系标准、环境审核标准、环境标志标准、环境效绩标准、生命周期分析、产品标准中的环境指标等内容,不具有任何强制性。该系列标准与传统的环境标准不同,它强调采用预防性措施,强调持续改进,使企业在产品设计、原料采用以及整个生产过程中都主动地考虑保护环境和资源,不断改善企业和组织的环境纪录,实现一个又一个更高的环境目标。[16]

四、鼓励措施

为了引导企业积极实施清洁生产,《清洁生产促进法》第四章规定了如下鼓励措施。

1. 表彰奖励。政府对在清洁生产工作中做出显著成绩的单位和个人给予表彰和奖励。

2. 资金支持。资金支持主要有两个来源。一是政府资金支持。对从事清洁生产研究、示范和培训,实施国家清洁生产重点技术改造项目和自愿节约资源、削减污染物排放量协议中载明的技术改造项目,由县级以上人民政府给予资金支持。二是中小企业发展基金。《中小企业促进法》第10条第1款规定:"国家设立中小企业发展基金。国家中小企业发展基金应当遵

---

〔15〕 机构改革文件将成都市青白江环境保护局的职责划归成都市青白江生态环境局。

〔16〕 参见李飞主编:《中华人民共和国清洁生产促进法释义》(第2版),法律出版社2013年版,第58页。

循政策性导向和市场化运作原则,主要用于引导和带动社会资金支持初创期中小企业,促进创业创新。”

3. 税收减免。依法利用废物和从废物中回收原料生产产品的,按照国家规定享受税收优惠。由此可见,可以享受减征或者免征增值税的情形有两种:一种是利用废物生产产品的,另一种是从废物中回收原料的。

4. 费用纳入成本。企业用于清洁生产审核和培训的费用是企业对生产的投入,是企业提高资源利用效率、减少和避免污染物产生、保护和改善环境、寻求可持续发展的必不可少的花费。规定企业用于清洁生产审核和培训的费用可以列入其经营成本,是对企业实施清洁生产的又一项有力的鼓励措施,可以调动企业对清洁生产审核和培训的积极性。

第四节　节约能源法

一、节约能源法概述

能源是人类赖以生存和发展的重要物质基础,节约能源成为人类实现可持续发展的必然选择。我国能源供需矛盾突出,节约能源是当前一项极为紧迫的任务。1997 年 11 月 1 日,第八届全国人大常委会第二十八次会议通过了《节约能源法》。2007 年 10 月 28 日,第十届全国人大常委会第三十次会议对该法进行了修订。根据 2016 年 7 月 2 日第十二届全国人大常委会第二十一次会议《关于修改〈中华人民共和国节约能源法〉等六部法律的决定》,《节约能源法》第一次修正。根据 2018 年 10 月 26 日第十三届全国人民代表大会常务委员会第六次会议《关于修改〈中华人民共和国野生动物保护法〉等十五部法律的决定》,该法第二次修正。

根据《节约能源法》的规定,能源是指煤炭、石油、天然气、生物质能和电力、热力以及其他直接或者通过加工、转换而取得有用能的各种资源。能源按照生成方式不同,可分为一次能源和二次能源。一次能源是指可以从自然界直接获取的能源,如煤炭、天然气、水能、风能等;二次能源是指无法从自然界直接获取,必须经过加工、转换才能获取的能源,如汽油、煤气、电力、热力等。节约能源简称节能,是指加强用能管理,采取技术上可行、经济上合理以及环境和社会可以承受的措施,从能源生产到消费的各个环节,降低消耗、减少损失和污染物排放、制止浪费,有效、合理地利用能源。随着碳达峰、碳中和工作的积极推进,我国能耗强度保持下降,2021 年单位 GDP 能耗比上年下降 2.7%,规模以上工业单位增加值能耗下降 5.6%。[17]

国务院管理节能工作的部门主管全国的节能监督管理工作。节能工作涉及方方面面和多个管理部门,按照目前国务院部门的职责分工,国务院管理节能工作的部门是指国家发改委,这是综合性经济管理部门。同时,国务院有关部门在各自的职责范围内负责节能监督管理工作,并接受国务院管理节能工作的部门的指导。例如,交通主管部门负责交通运输节能的监督管理工作,建设主管部门负责建筑节能的监督管理工作。县级以上地方各级人民政府管理节

---

〔17〕 参见胡汉舟:《能源保供成效显著　能源结构持续优化》,载国家统计局网 2022 年 1 月 18 日,https://www.stats.gov.cn/sj/sjjd/202302/t20230202_1896583.html。

能工作的部门负责本行政区域内的节能监督管理工作。县级以上地方各级人民政府有关部门在各自的职责范围内负责节能监督管理工作,并接受同级管理节能工作的部门的指导。由于各地具体节能形势和机构设置存在差异,县级以上地方各级人民政府管理节能工作的部门可以由地方政府根据本地实际情况决定。

二、节能管理

国务院和县级以上地方各级人民政府应当加强对节能工作的领导,部署、协调、监督、检查、推动节能工作。县级以上人民政府管理节能工作的部门和有关部门应当在各自的职责范围内,加强对节能法律、法规和节能标准执行情况的监督检查,依法查处违法用能行为。

(一)节能标准制度

国务院标准化主管部门和国务院有关部门依法组织制定并适时修订有关节能的国家标准、行业标准,建立健全节能标准体系。国务院标准化主管部门会同国务院管理节能工作的部门和国务院有关部门制定强制性的用能产品、设备能源效率标准和生产过程中耗能高的产品的单位产品能耗限额标准。国家鼓励企业制定严于国家标准、行业标准的企业节能标准。省、自治区、直辖市制定严于强制性国家标准、行业标准的地方节能标准,由省、自治区、直辖市人民政府报经国务院批准,《节约能源法》另有规定的除外。

由于建筑不同于一般工业产品,具有不可转移、互换的特殊性,因此,《节约能源法》对建筑节能标准专门规定:建筑节能的国家标准、行业标准由国务院建设主管部门组织制定,并依照法定程序发布;省、自治区、直辖市人民政府建设主管部门可以根据本地实际情况,制定严于国家标准或者行业标准的地方建筑节能标准,并报国务院标准化主管部门和国务院建设主管部门备案。

(二)固定资产投资项目节能评估和审查制度

国家实行固定资产投资项目节能评估和审查制度。不符合强制性节能标准的项目,建设单位不得开工建设;已经建成的,不得投入生产、使用。政府投资项目不符合强制性节能标准的,依法负责项目审批的机关不得批准建设。

(三)落后的耗能过高的用能产品、设备和生产工艺淘汰制度

国家对落后的耗能过高的用能产品、设备和生产工艺实行淘汰制度。淘汰的用能产品、设备、生产工艺的目录和实施办法,由国务院管理节能工作的部门会同国务院有关部门制定并公布。生产过程中耗能高的产品的生产单位,应当执行单位产品能耗限额标准。对超过单位产品能耗限额标准用能的生产单位,由管理节能工作的部门按照国务院规定的权限责令限期治理。对高耗能的特种设备,按照国务院的规定实行节能审查和监管。

(四)用能产品、设备、生产工艺淘汰制度

禁止生产、进口、销售国家明令淘汰或者不符合强制性能源效率标准的用能产品、设备;禁止使用国家明令淘汰的用能设备、生产工艺。

(五)能源效率标识管理制度

能源效率标识,是指附在用能产品或者其包装物上,表示产品能源效率等级等性能指标的

信息标识,可以引导消费者选择高效节能产品,影响用能产品的设计、生产和销售。

我国并不是对所有的用能产品都统一强制要求实施能源效率标识管理制度,而只对家用电器等使用面广、耗能量大的用能产品实行能源效率标识管理制度。生产者和进口商应当对列入国家能源效率标识管理产品目录的用能产品标注能源效率标识,在产品包装物上或者说明书中予以说明,并按照规定报国务院市场监督管理部门和国务院管理节能工作的部门共同授权的机构备案。生产者和进口商应当对其标注的能源效率标识及相关信息的准确性负责。禁止销售应当标注而未标注能源效率标识的产品。禁止伪造、冒用能源效率标识或者利用能源效率标识进行虚假宣传。

案例 7-4-01 桐城市市场监督管理局、安徽省某电机有限公司行政非诉执行审查案〔18〕

桐城市市场监督管理局认为安徽省某电机有限公司生产销售的 YEJ 系列电磁制动三相异步电动机未办理能源效率标识备案,违反了《节约能源法》第 19 条的规定,依据《节约能源法》第 73 条和《行政处罚法》(2017 年修正)第 27 条第 1 款第 4 项的规定,处罚如下:(1)责令改正;(2)罚款人民币 3 万元。2020 年 8 月 12 日,桐城市市场监督管理局向安徽省某电机有限公司送达了行政处罚决定书,但该公司在法定期限内既不申请行政复议又不提起行政诉讼,亦未自动履行缴纳罚款的义务。2021 年 3 月 4 日,申请执行人桐城市市场监督管理局向被执行人安徽省某电机有限公司直接送达了桐市监罚催〔2020〕04280001 号行政处罚决定履行催告书,但该公司仍未履行。申请执行人桐城市市场监督管理局遂向法院提出申请,要求强制执行,法院裁定准予强制执行。

评析:根据《节约能源法》第 73 条第 2 款的规定,"未办理能源效率标识备案,或者使用的能源效率标识不符合规定的,由市场监督管理部门责令限期改正;逾期不改正的,处一万元以上三万元以下罚款"。该公司销售的产品未办理能源效率标识备案,构成违法,行政机关适用法律正确。

(六)节能产品认证制度

节能产品认证,是指由用能产品的生产者、销售者提出申请,取得认证资格的机构依据相关的标准和技术要求,按照规定的程序,对符合条件的用能产品,通过颁发认证证书和认证标志,证明该产品为节能产品的活动。〔19〕

用能产品的生产者、销售者,可以根据自愿原则,按照国家有关节能产品认证的规定,向经国务院认证认可监督管理部门认可的从事节能产品认证的机构提出节能产品认证申请;经认证合格后,取得节能产品认证证书,可以在用能产品或者其包装物上使用节能产品认证标志。禁止使用伪造的节能产品认证标志或者冒用节能产品认证标志。

(七)能源统计制度

能源统计,是指采用科学统计分析方法,对能源的勘探、开发、生产、加工、转换、输送、储

〔18〕 参见安徽省桐城市人民法院行政裁定书,(2021)皖 0881 行审 8 号。

〔19〕 参见杨景宇、李飞主编:《中华人民共和国节约能源法释义》,中国市场出版社 2007 年版,第 62 页。

存、流转、使用等各个环节运动过程、内部规律性和能源系统流程的平衡状况等数量关系的一项专门统计。

县级以上各级人民政府统计部门应当会同同级有关部门,建立健全能源统计制度,完善能源统计指标体系,改进和规范能源统计方法,确保能源统计数据真实、完整。国务院统计部门会同国务院管理节能工作的部门,定期向社会公布各省、自治区、直辖市以及主要耗能行业的能源消费和节能情况等信息。

此外,国家鼓励节能服务机构的发展,支持节能服务机构开展节能咨询、设计、评估、检测、审计、认证等服务;国家支持节能服务机构开展节能知识宣传和节能技术培训,提供节能信息、节能示范和其他公益性节能服务;国家鼓励行业协会在行业节能规划、节能标准的制定和实施、节能技术推广、能源消费统计、节能宣传培训和信息咨询等方面发挥作用。

三、合理使用与节约能源

《节约能源法》第三章"合理使用与节约能源"中,既有不同行业之间共同的管理要求,也有体现行业特点的各自的管理要求。

(一)一般规定

一般规定体现了不同行业共同的管理要求。具体如下:

1. 对用能单位的要求。用能单位是指国家机关、事业单位、企业、社会团体等能源使用单位。用能单位具有以下义务:第一,按照合理用能的原则,加强节能管理,制定并实施节能计划和节能技术措施,降低能源消耗。第二,建立节能目标责任制,对节能工作取得成绩的集体、个人给予奖励。第三,定期开展节能教育和岗位节能培训。第四,加强能源计量管理,按照规定配备和使用经依法检定合格的能源计量器具。能源计量管理要求通过采用科学的计量方法、合理设置能源计量装置、配备合格的能源计量器具、加强能源计量器具的维护和检定、落实能源计量管理责任等措施,保证能源计量数据真实、准确、完整。第五,建立能源消费统计和能源利用状况分析制度,对各类能源的消费实行分类计量和统计,并确保能源消费统计数据真实、完整。能源消费统计是指按照规定对能源计量数据进行归纳汇总的活动;能源利用状况分析是指根据能源计量数据和统计资料,对主要用能设备、工艺系统以及全单位的能源利用状况进行技术经济分析。

2. 对能源生产经营单位的要求。能源生产经营单位不得向本单位职工无偿提供能源。任何单位不得对能源消费实行包费制。无偿使用能源或者支付一定费用后可以无限量使用能源会导致能源使用者缺少经济约束,不利于树立节能意识和培养节能习惯。

(二)工业节能

工业是我国能源消耗最大的产业,工业节能是节能工作的重点。工业节能应当从以下几个方面采取措施:

第一,调整行业结构。国务院和省、自治区、直辖市人民政府推进能源资源优化开发利用和合理配置,推进有利于节能的行业结构调整,优化用能结构和企业布局。

第二,推动节能技术改造。国务院管理节能工作的部门会同国务院有关部门制定电力、钢铁、有色金属、建材、石油加工、化工、煤炭等主要耗能行业的节能技术政策,推动企业节能技术改造。

第三,鼓励采用高效节能设备和先进节能技术。国家鼓励工业企业采用高效、节能的电动机、锅炉、窑炉、风机、泵类等设备,采用热电联产、余热余压利用、洁净煤以及先进的用能监测和控制等技术。

第四,安排节能高效的发电机组并网运行。电网企业应当按照国务院有关部门制定的节能发电调度管理的规定,安排清洁、高效和符合规定的热电联产、利用余热余压发电的机组以及其他符合资源综合利用规定的发电机组与电网并网运行,上网电价执行国家有关规定。禁止新建不符合国家规定的燃煤发电机组、燃油发电机组和燃煤热电机组。

(三)建筑节能

随着我国建筑行业迅速持续发展,建筑用能占我国的能源消费量的比例逐年上升,建筑节能已成为全社会节能的重点领域之一。建筑节能应当采取以下制度和措施。

第一,建筑节能规划制度。县级以上地方各级人民政府建设主管部门会同同级管理节能工作的部门编制本行政区域内的建筑节能规划。建筑节能规划应当包括既有建筑节能改造计划。建筑节能规划的内容一般包括建筑节能工作的指导思想、工作原则、工作目标、重点任务和主要措施等。

第二,建筑节能标准制度。建筑节能标准是保障建筑符合节能要求的基本准则。建筑工程的建设、设计、施工和监理单位应当遵守建筑节能标准。不符合建筑节能标准的建筑工程,建设主管部门不得批准开工建设;已经开工建设的,应当责令停止施工、限期改正;已经建成的,不得销售或者使用。

第三,所售房屋节能信息告知措施。房地产开发企业在销售房屋时,应当向购买人明示所售房屋的节能措施、保温工程保修期等信息,在房屋买卖合同、质量保证书和使用说明书中载明,并对其真实性、准确性负责。

第四,室内温度控制制度和供热措施。使用空调采暖、制冷的公共建筑应当实行室内温度控制制度。国家采取措施,对实行集中供热的建筑分步骤实行供热分户计量、按照用热量收费的制度。新建建筑或者对既有建筑进行节能改造,应当按照规定安装用热计量装置、室内温度调控装置和供热系统调控装置。

此外,《节约能源法》还规定了加强城市节约用电管理,严格控制公用设施和大型建筑物装饰性景观照明的能耗,以及鼓励在新建建筑和既有建筑节能改造中使用新型墙体材料等节能建筑材料和节能设备,安装和使用太阳能等可再生能源利用系统等措施。

(四)交通运输节能

我国机动车船等交通工具数量迅速增长,导致交通运输节能成为我国节能的重要领域之一。《节约能源法》规定了如下措施。

第一,交通运输节能规划。国务院有关交通运输主管部门会同国务院管理节能工作的部门分别制定相关领域的节能规划。

第二,建设节能型综合交通运输体系。国务院及其有关部门指导、促进各种交通运输方式协调发展和有效衔接,优化交通运输结构,建设节能型综合交通运输体系。

第三,应当优先发展公共交通并鼓励使用非机动交通工具出行。县级以上地方各级人民政府应当优先发展公共交通,加大对公共交通的投入,完善公共交通服务体系,鼓励利用公共交通工具出行;鼓励使用非机动交通工具出行。

第四,加强交通运输组织管理。国务院有关交通运输主管部门应当加强交通运输组织管理,引导道路、水路、航空运输企业提高运输组织化程度和集约化水平,提高能源利用效率。

第五,鼓励发展节能型交通工具和清洁燃料、石油替代燃料。国家鼓励开发、生产、使用节能环保型汽车、摩托车、铁路机车车辆、船舶和其他交通运输工具,实行老旧交通运输工具的报废、更新制度。国家鼓励开发和推广应用交通运输工具使用的清洁燃料、石油替代燃料。

第六,加强交通运输营运车船燃料消耗管理。国务院有关部门制定交通运输营运车船的燃料消耗量限值标准;不符合标准的,不得用于营运。国务院有关交通运输主管部门应当加强对交通运输营运车船燃料消耗检测的监督管理。

(五)公共机构节能

公共机构,是指全部或者部分使用财政性资金的国家机关、事业单位和团体组织。公共机构应当厉行节约,杜绝浪费,带头使用节能产品、设备,提高能源利用效率。在公共机构节能方面,《节约能源法》规定了如下措施。

第一,公共机构节能规划。国务院和县级以上地方各级人民政府管理机关事务工作的机构会同同级有关部门制定和组织实施本级公共机构节能规划。公共机构节能规划应当包括公共机构既有建筑节能改造计划。

第二,能源消费管理。公共机构应当制定年度节能目标和实施方案,加强能源消费计量和监测管理,向本级人民政府管理机关事务工作的机构报送上年度的能源消费状况报告。国务院和县级以上地方各级人民政府管理机关事务工作的机构会同同级有关部门按照管理权限,制定本级公共机构的能源消耗定额,财政部门根据该定额制定能源消耗支出标准。

第三,用能系统管理和能源审计。公共机构应当加强本单位用能系统管理,保证用能系统的运行符合国家相关标准。公共机构应当按照规定进行能源审计,并根据能源审计结果采取提高能源利用效率的措施。

第四,采购用能产品和设备的要求。公共机构采购用能产品、设备,应当优先采购列入节能产品、设备政府采购名录中的产品、设备。禁止采购国家明令淘汰的用能产品、设备。

(六)重点用能单位节能

下列用能单位为重点用能单位:(1)年综合能源消费总量1万吨标准煤以上的用能单位;(2)国务院有关部门或者省、自治区、直辖市人民政府管理节能工作的部门指定的年综合能源消费总量5000吨以上不满1万吨标准煤的用能单位。《节约能源法》对重点用能单位的节能规定了如下措施:

一是报告能源利用状况。重点用能单位应当每年向管理节能工作的部门报送上年度的能源利用状况报告。能源利用状况包括能源消费情况、能源利用效率、节能目标完成情况和节能效益分析、节能措施等内容。管理节能工作的部门应当对重点用能单位报送的能源利用状况报告进行审查。对节能管理制度不健全、节能措施不落实、能源利用效率低的重点用能单位,管理节能工作的部门应当开展现场调查,组织实施用能设备能源效率检测,责令实施能源审计,并提出书面整改要求,限期整改。

二是设立能源管理岗位和开展能源负责人培训。重点用能单位应当设立能源管理岗位,在具有节能专业知识、实际经验以及中级以上技术职称的人员中聘任能源管理负责人,并报管理节能工作的部门和有关部门备案。能源管理负责人负责组织对本单位用能状况进行分析、评价,组织编写本单位能源利用状况报告,提出本单位节能工作的改进措施并组织实施。能源管理负责人应当接受节能培训。

四、节能技术进步

《节约能源法》对于节能技术进步作出了如下规定。

1. 将节能技术研发作为科技投入重点领域。县级以上各级人民政府应当把节能技术研究开发作为政府科技投入的重点领域,支持科研单位和企业开展节能技术应用研究,制定节能标准,开发节能共性和关键技术,促进节能技术创新与成果转化。

2. 推广节能技术和产品以及实施节能项目和工程。国务院管理节能工作的部门会同国务院有关部门制定并公布节能技术、节能产品的推广目录,引导用能单位和个人使用先进的节能技术、节能产品。国务院管理节能工作的部门会同国务院有关部门组织实施重大节能科研项目、节能示范项目、重点节能工程。

3. 农业和农村节能。县级以上各级人民政府应当按照因地制宜、多能互补、综合利用、讲求效益的原则,加强农业和农村节能工作,增加对农业和农村节能技术、节能产品推广应用的资金投入。农业、科技等有关主管部门应当支持、推广在农业生产、农产品加工储运等方面应用节能技术和节能产品,鼓励更新和淘汰高耗能的农业机械和渔业船舶。国家鼓励、支持在农村大力发展沼气,推广生物质能、太阳能和风能等可再生能源利用技术,按照科学规划、有序开发的原则发展小型水力发电,推广节能型的农村住宅和炉灶等,鼓励利用非耕地种植能源植物,大力发展薪炭林等能源林。

五、激励措施

加强节能工作,需要国家采取激励措施加以引导和推动,具体如下。

1. 财政安排专项资金。中央财政和省级地方财政安排节能专项资金,支持节能技术研究开发、节能技术和产品的示范与推广、重点节能工程的实施、节能宣传培训、信息服务和表彰奖励等。

2. 税收优惠和财政补贴。国家对生产、使用列入推广目录的需要支持的节能技术、节能产品,实行税收优惠等扶持政策。国家通过财政补贴支持节能照明器具等节能产品的推广和使用。国家实行有利于节约能源资源的税收政策,健全能源矿产资源有偿使用制度,促进能源资源的节约及其开采利用水平的提高。国家运用税收等政策,鼓励先进节能技术、设备的进口,控制在生产过程中耗能高、污染重的产品的出口。

3. 政府优先采购。政府采购监督管理部门会同有关部门制定节能产品、设备政府采购名录,应当优先列入取得节能产品认证证书的产品、设备。

4. 信贷优惠和资金支持。国家引导金融机构增加对节能项目的信贷支持,为符合条件的节能技术研究开发、节能产品生产以及节能技术改造等项目提供优惠贷款。国家推动和引导社会有关方面加大对节能的资金投入,加快节能技术改造。

5. 价格激励和财税支持。国家实行有利于节能的价格政策,引导用能单位和个人节能。国家运用财税、价格等政策,支持推广电力需求侧管理、合同能源管理、节能自愿协议等节能办法。国家实行峰谷分时电价、季节性电价、可中断负荷电价制度,鼓励电力用户合理调整用电负荷;对钢铁、有色金属、建材、化工和其他主要耗能行业的企业,分淘汰、限制、允许和鼓励类实行差别电价政策。

6. 表彰和奖励。各级人民政府对在节能管理、节能科学技术研究和推广应用中有显著成绩以及检举严重浪费能源行为的单位和个人,给予表彰和奖励。

第五节 可再生能源法

一、可再生能源法概述

可再生能源是指从自然界获取的、可以再生的非化石能源,包括风能、太阳能、水能、生物质能、地热能、海洋能等。可再生能源是国际公认的清洁能源,对环境无害或者危害极小,有利于应对气候变化,而且资源分布广泛,适合就地开发利用。我国可再生能源资源开发潜力巨大,必须加强清洁能源的开发和利用,逐步降低煤炭消费在能源结构中的比重。《可再生能源法》于2005 年2 月28 日第十届全国人大常委会第十四次会议通过,根据2009 年12 月26 日第十一届全国人大常委会第十二次会议《关于修改〈中华人民共和国可再生能源法〉的决定》修正。

我国电力生产平稳有序,清洁能源发电占比提高。水电、核电、风电和太阳能发电等清洁能源发电 2.7 万亿千瓦时,比上年增长 3.1%。全国水电、风电和太阳能发电等可再生能源发电装机规模再创新高,超过 14 亿千瓦,占比过半。[20]

国务院能源主管部门对全国可再生能源的开发利用实施统一管理。按照目前国务院部门的职责分工,国务院能源主管部门是国家发改委。考虑到可再生能源的开发利用涉及科技、农业、水利、国土资源、建设、环境保护、林业、海洋、气象等有关部门,国务院有关部门应当在各自的职责范围内负责有关的可再生能源开发利用管理工作。县级以上地方人民政府管理能源工作的部门负责本行政区域内可再生能源开发利用的管理工作。县级以上地方人民政府管理能源工作的部门由地方政府根据本地实际情况决定。县级以上地方人民政府有关部门在各自的职责范围内负责有关的可再生能源开发利用管理工作。

二、资源调查与发展规划

开发利用可再生能源的基本前提是掌握有关具体情况,在此基础上制订发展规划,以发展规划作为指导可再生能源开发的依据。

---

〔20〕 参见胡汉舟:《能源保供有力有效 绿色低碳转型进程加快》,载国家统计局网 2024 年 1 月 18 日,https://www.stats.gov.cn/xxgk/jd/sjjd2020/202401/t20240118_1946719.html。

(一)资源调查

国务院能源主管部门负责组织和协调全国可再生能源资源的调查,国务院有关部门在各自的职责范围内负责相关可再生能源资源的调查,调查结果报国务院能源主管部门汇总。可再生能源资源的调查结果应当公布;但是,国家规定需要保密的内容除外。需要注意的是,资源调查具有较强的技术性,所以为了保障调查方法的统一性,国务院能源主管部门应当会同国务院有关部门组织制定资源调查的技术规范。

(二)可再生能源开发利用中长期总量目标

可再生能源开发利用总量目标制度就是用法律形式对国家可再生能源的总量或者在能源结构中的比例作出规定。[21] 可再生能源开发利用中长期目标分为全国可再生能源开发利用中长期总量目标和各行政区域可再生能源开发利用中长期目标。全国可再生能源开发利用中长期总量目标由国务院能源主管部门根据全国能源需求与可再生能源资源实际状况制定,报国务院批准后执行,并予公布;各行政区域可再生能源开发利用中长期目标由国务院能源主管部门根据全国可再生能源开发利用中长期总量目标和省、自治区、直辖市经济发展与可再生能源资源实际状况,会同省、自治区、直辖市人民政府确定,并予公布。

(三)可再生能源开发利用规划

可再生能源开发利用规划分为全国可再生能源开发利用规划和各行政区域可再生能源开发利用规划。全国可再生能源开发利用规划由国务院能源主管部门会同国务院有关部门,根据全国可再生能源开发利用中长期总量目标和可再生能源技术发展状况编制,报国务院批准后实施。各行政区域可再生能源开发利用规划由省、自治区、直辖市人民政府管理能源工作的部门会同本级人民政府有关部门,依据全国可再生能源开发利用规划和本行政区域可再生能源开发利用中长期目标编制,经本级人民政府批准后,报国务院能源主管部门和国家电力监管机构备案,并组织实施。

经批准的规划应当公布;但是,国家规定需要保密的内容除外。经批准的规划需要修改的,须经原批准机关批准。

编制可再生能源开发利用规划,应当遵循因地制宜、统筹兼顾、合理布局、有序发展的原则,对风能、太阳能、水能、生物质能、地热能、海洋能等可再生能源的开发利用作出统筹安排。规划内容应当包括发展目标、主要任务、区域布局、重点项目、实施进度、配套电网建设、服务体系和保障措施等。组织编制机关应当征求有关单位、专家和公众的意见,进行科学论证。

三、产业指导与技术支持

政府在可再生能源产业发展指导与技术支持中的责任体现在以下几个方面。

一是出台发展指导目录。可再生能源产业发展指导目录,是指在一定期限内,根据我国的可再生能源资源量和分布、可再生能源不同技术的发展水平和经济条件,以及国家可再生能源产业发展的要求,编制和发布的国家可再生能源技术和产品的优先发展领域或鼓励发展领域

---

〔21〕 参见毛如柏、安建主编:《中华人民共和国可再生能源法释义》,法律出版社2005年版,第27页。

的指南。[22] 国务院能源主管部门根据全国可再生能源开发利用规划，制定、公布可再生能源产业发展指导目录。

二是制定技术和产品标准。国家标准是指在全国范围内统一的技术要求，由国务院标准化行政主管部门制定；行业标准是指没有国家标准而又需要在全国某个行业范围内统一的技术要求，由国务院有关部门制定，在国家标准公布后，该项行业标准即行废止。国务院标准化行政主管部门应当制定、公布国家可再生能源电力的并网技术标准和其他需要在全国范围内统一技术要求的有关可再生能源技术和产品的国家标准。对上述规定的国家标准中未作规定的技术要求，国务院有关部门可以制定相关的行业标准，并报国务院标准化行政主管部门备案。

三是促进技术和产品的科技研发和教育培训。国家将可再生能源开发利用的科学技术研究和产业化发展列为科技发展与高技术产业发展的优先领域，纳入国家科技发展规划和高技术产业发展规划，并安排资金支持可再生能源开发利用的科学技术研究、应用示范和产业化发展，促进可再生能源开发利用的技术进步，降低可再生能源产品的生产成本，提高产品质量。国务院教育行政部门应当将可再生能源知识和技术纳入普通教育、职业教育课程。

四、推广与应用

《可再生能源法》在可再生能源的推广与应用方面作了如下规定。

1. 建设可再生能源并网发电项目的行政许可和备案。国家鼓励和支持可再生能源并网发电。建设可再生能源并网发电项目，应当依照法律和国务院的规定取得行政许可或者报送备案。建设应当取得行政许可的可再生能源并网发电项目，有多人申请同一项目许可的，应当依法通过招标确定被许可人。

2. 全额保障性收购。国家实行可再生能源发电全额保障性收购制度。为了实现可再生能源发电全额保障性收购，法律规定了如下措施：(1)国务院能源主管部门会同国家电力监管机构和国务院财政部门，按照全国可再生能源开发利用规划，确定在规划期内应当达到的可再生能源发电量占全部发电量的比重，制定电网企业优先调度和全额收购可再生能源发电的具体办法，并由国务院能源主管部门会同国家电力监管机构在年度中督促落实。(2)电网企业应当与按照可再生能源开发利用规划建设，依法取得行政许可或者报送备案的可再生能源发电企业签订并网协议，全额收购其电网覆盖范围内符合并网技术标准的可再生能源并网发电项目的上网电量。发电企业有义务配合电网企业保障电网安全。(3)电网企业应当加强电网建设，扩大可再生能源电力配置范围，发展和应用智能电网、储能等技术，完善电网运行管理，提高吸纳可再生能源电力的能力，为可再生能源发电提供上网服务。

3. 扶持可再生能源独立电力系统建设。可再生能源独立电力系统，是指不与电网连接的单独运行的可再生能源电力系统，一般用于偏远地区和海岛以及无电网覆盖或难以并入电网的地区。《可再生能源法》第 15 条规定，国家扶持在电网未覆盖的地区建设可再生能源独立电力系统，为当地生产和生活提供电力服务。

---

〔22〕 参见毛如柏、安建主编：《中华人民共和国可再生能源法释义》，法律出版社 2005 年版，第 39 页。

4. 鼓励清洁、高效地开发利用生物质燃料和发展能源作物。《可再生能源法》不仅原则性地鼓励清洁、高效开发利用生物质燃料和发展能源作物,还规定了以下具体措施予以保障:(1)利用生物质资源生产的燃气和热力,符合城市燃气管网、热力管网的入网技术标准的,经营燃气管网、热力管网的企业应当接收其入网。这有利于促进可再生能源燃气和热力应用的发展,提高投资者的投资积极性,保证符合标准的可再生能源燃气和热力能够入网销售。(2)石油销售企业应当按照国务院能源主管部门或者省级人民政府的规定,将符合国家标准的生物液体燃料纳入其燃料销售体系。这体现了国家鼓励生产和利用生物液体燃料的导向。

5. 鼓励太阳能利用系统推广利用。国家鼓励单位和个人安装和使用太阳能热水系统、太阳能供热采暖和制冷系统、太阳能光伏发电系统等太阳能利用系统。为促进太阳能利用的健康、有序和规范发展,国务院建设行政主管部门应当会同国务院有关部门制定太阳能利用系统与建筑结合的技术经济政策和技术规范。房地产开发企业应当遵守上述技术规范,在建筑物的设计和施工中,为太阳能利用提供必备条件。对已建成的建筑物,住户可以在不影响其质量与安全的前提下安装符合技术规范和产品标准的太阳能利用系统;但是,当事人另有约定的除外。

6. 鼓励和支持农村地区的可再生能源开发利用。县级以上地方人民政府管理能源工作的部门应当会同有关部门,根据当地经济社会发展、生态保护和卫生综合治理需要等实际情况,制定农村地区可再生能源发展规划,因地制宜地推广应用沼气等生物质资源转化、户用太阳能、小型风能、小型水能等技术。县级以上人民政府应当对农村地区的可再生能源利用项目提供财政支持。

五、价格管理与费用补偿

《可再生能源法》在价格管理与费用补偿方面作出了下列规定:

1. 上网电价确定。上网电价是指发电企业与购电方进行上网电能结算的价格。可再生能源发电项目的上网电价,由国务院价格主管部门根据不同类型可再生能源发电的特点和不同地区的情况,按照有利于促进可再生能源开发利用和经济合理的原则确定,并根据可再生能源开发利用技术的发展适时调整。上网电价应当公布。此外,实行招标的可再生能源发电项目的上网电价,按照中标确定的价格执行;但是,不得高于依照上述规定确定的同类可再生能源发电项目的上网电价水平。

2. 费用补偿。为鼓励对可再生能源的投资,《可再生能源法》规定在以下两种情况下实施补偿措施。一是电网企业依照上网电价收购可再生能源电量所发生的费用,高于按照常规能源发电平均上网电价计算所发生费用之间的差额,由在全国范围对销售电量征收可再生能源电价附加补偿。二是国家投资或者补贴建设的公共可再生能源独立电力系统的销售电价,执行同一地区分类销售电价,其合理的运行和管理费用超出销售电价的部分,也依照第一种情况进行补偿。

3. 合理费用计入成本。电网企业为收购可再生能源电量而支付的合理的接网费用以及其他合理的相关费用,可以计入电网企业输电成本,并从销售电价中回收。这有利于吸引对可再生能源的投资。

4. 运用价格杠杆。进入城市管网的可再生能源热力和燃气的价格,按照有利于促进可再生能源开发利用和经济合理的原则,根据价格管理权限确定。

六、经济激励与监督措施

国家应当对可再生能源发展的基础性工作及农村、偏远地区可再生能源项目给予专项资金支持,对列入可再生能源产业发展目录的项目给予优惠贷款和税收优惠支持。这也是国际上通行的做法。[23]《可再生能源法》专门设立“经济激励与监督措施”一章,对国家支持可再生能源发展的经济激励与监督措施加以规定。

1. 设立可再生能源发展基金。国家财政设立可再生能源发展基金,资金来源包括国家财政年度安排的专项资金和依法征收的可再生能源电价附加收入等。可再生能源发展基金用于补偿《可再生能源法》第 20 条、第 22 条规定的差额费用,并用于支持以下事项:(1)可再生能源开发利用的科学技术研究、标准制定和示范工程;(2)农村、牧区的可再生能源利用项目;(3)偏远地区和海岛可再生能源独立电力系统建设;(4)可再生能源的资源勘查、评价和相关信息系统建设;(5)促进可再生能源开发利用设备的本地化生产。如果《可再生能源法》第 21 条规定的接网费用以及其他相关费用,电网企业不能通过销售电价回收,其也可以申请可再生能源发展基金补助。

2. 财政贴息优惠贷款。对列入国家可再生能源产业发展指导目录、符合信贷条件的可再生能源开发利用项目,金融机构可以提供有财政贴息的优惠贷款。

3. 税收优惠。国家对列入可再生能源产业发展指导目录的项目给予税收优惠。

4. 监督检查。电力企业应当真实、完整地记载和保存可再生能源发电的有关资料,并接受电力监管机构的检查和监督。电力监管机构进行检查时,应当依照规定的程序进行,并为被检查单位保守商业秘密和其他秘密。

思考问题

1. 物质循环管理法兴起的社会背景和原因是什么?
2.《循环经济促进法》在物质循环管理法中的地位如何?
3. 促进型环境立法和禁限型环境立法适用的条件或者范围分别是什么?

---

〔23〕 参见毛如柏、安建主编:《中华人民共和国可再生能源法释义》,法律出版社 2005 年版,第 100 页。

第八章 环境责任

思政与知识要点

党的十九届四中全会审议通过的《中共中央关于坚持和完善中国特色社会主义制度 推进国家治理体系和治理能力现代化若干重大问题的决定》明确指出，坚持人与自然和谐共生，坚守尊重自然、顺应自然、保护自然，健全源头预防、过程控制、损害赔偿、责任追究的生态环境保护体系，实行最严格的生态环境保护制度。党的十九届四中全会提出实行最严格的生态环境保护制度，标志着生态文明建设正在从理论和制度上的顶层设计进入全面实施阶段。党的二十大报告进一步指出，尊重自然、顺应自然、保护自然，是全面建设社会主义现代化国家的内在要求，必须牢固树立和践行绿水青山就是金山银山的理念，站在人与自然和谐共生的高度谋划发展。环境责任制度贯穿了生态环境保护的全过程，是生态文明制度体系中的一项基础性制度，是贯彻落实习近平生态文明思想的具体实践和制度保障。

环境责任主要包括环境行政责任、环境刑事责任和生态环境侵权责任，本章前三节对此作出了阐述。其中，第一节系统阐述了环境行政责任的概念与特征、应受环境行政处罚的行为的构成要件、环境行政处罚的种类等内容；第二节结合《刑法》的相关规定，系统阐述了关于破坏环境资源保护罪和环境领域渎职罪的规定等环境刑事责任的内容；第三节结合《民法典》的相关规定，系统阐述了生态环境侵权责任的概念、特点、构成要件、承担方式等内容；第四节系统阐述了我国各种环境公益诉讼和生态环境损害赔偿制度。

第一节 环境行政责任

一、环境行政责任的概念与特征

环境行政责任是指环境法律关系主体违反环境行政法律规范或者不履行环境行政法律义务而依法所应当承担的否定性的行政法律后果。

环境行政责任属于行政责任，《行政处罚法》也适用于环境行政处罚。针对具体违法行为的环境行政责任的规定分散在《环境保护法》和各环境单行立法的“法律责任”部分。《生态环境行政处罚办法》已于 2023 年 4 月 13 日由生态环境部 2023 年第 1 次部务会议审议通过，自 2023 年 7 月 1 日起施行。该办法对生态环境主管部门实施行政处罚的程序进行了较为详细的规定。

环境行政责任的特征如下。

第一，环境行政责任的主体是环境行政法律关系主体，包括环境行政主体和环境行政相对方。环境行政主体享有环境监督管理的职权,即作出环境行政行为并保证其最终实现,是环境行政主体的职责;环境行政相对方在享有权利的同时,也必须履行法定义务。所以环境行政责任不仅包括环境行政主体的法律责任,还包括环境行政相对方的法律责任,二者均必须受环境行政法律规范的制约。无论是环境行政主体不履行法定职责,还是环境行政相对方不履行法定义务,都要承担行政责任。

第二,环境行政责任是基于环境行政法律关系而发生的。环境行政法律关系主体应当履行法定职责和义务。环境行政责任是环境行政法律关系主体不履行法定职责和义务所引起的法律后果,它是以环境行政法律义务为基础的,没有环境行政法律义务,就没有环境行政责任。

第三,环境行政责任的追究方式有多种。具体如下:由上级行政机关直接纠正、撤销行政行为或者责令环境行政主体自行纠正、撤销行政行为;通过行政复议,由行政复议机关决定变更行政行为,撤销或部分撤销行政行为,责令重新作出行政行为,确认行政行为违法,履行法定职责,确认行政行为无效,给予赔偿,责令采取补救措施,返还财产,解除对财产的查封、扣押、冻结措施,或者赔偿相应的价款等;通过行政诉讼,由法院判决撤销或者部分撤销行政行为,重新作出行政行为,履行法定职责,履行给付义务,确认行政行为违法,确认行政行为无效,责令被告采取补救措施,承担赔偿责任,变更行政行为,给予补偿等。公务员的行政法律责任由《公务员法》和《监察法》作出规定,其法律后果是行政处分,行政处分的种类有警告、记过、记大过、降级、撤职、开除等。对公务员的行政处分依法由公务员所在机关或者监察机关决定。本节将以环境行政相对方的行政法律责任即环境行政处罚为主进行阐述,适当兼顾环境行政命令,另外,对颇具环境法特色的按日计罚作介绍和讨论。根据2021年修订的《行政处罚法》的定义,行政处罚是指行政机关依法对违反行政管理秩序的公民、法人或者其他组织,以减损权益或者增加义务的方式予以惩戒的行为。行政处罚强调对违法者的制裁或惩罚,为违法者增加法定义务之外的额外义务。相对而言,行政命令以恢复合法状态、履行行为人本身就具有的义务为目的。

二、环境行政处罚的概念和界定

环境行政处罚是指有权主体对违反环境行政法律规范的公民、法人或者其他组织依法实施的惩罚性法律责任。这里的惩罚性与补救性相对,责令改正的行政命令则是补救性法律责任。

环境行政制裁分为环境行政处罚和环境行政处分两大类。环境行政处分是环境行政主体基于特定的权力关系对行政机关内部工作人员违反纪律行为实施的制裁。环境行政处罚与环境行政处分的区别主要是:

一是目的不同。环境行政处罚的目的在于维护环境行政管理秩序,其属于环境行政主体的外部行政行为;环境行政处分的目的在于维护环境行政主体的内部秩序,其属于环境行政主体的内部行政行为。

二是依据不同。实施环境行政处罚的依据是环境行政管理方面的法律规范;实施环境行政处分的依据是行政纪律规范。

三是主体不同。实施环境行政处罚的主体是具有环境行政处罚权的行政机关和法律、法规授权的组织;实施环境行政处分的主体包括公务员所在机关和监察机关。

四是对象不同。环境行政处罚的对象可以是公民,也可以是法人或者其他组织;环境行政处分的对象是公务员和国家行政机关任命的其他人员。

五是种类不同。环境行政处罚的种类包括警告、通报批评,罚款、没收违法所得、没收非法财物,暂扣许可证件、降低资质等级、吊销许可证件、一定时期内不得申请行政许可,限制开展生产经营活动、责令停产整治、责令停产停业、责令关闭、限制从业、禁止从业,责令限期拆除,行政拘留,法律、行政法规规定的其他行政处罚种类;环境行政处分的种类有六种,即警告、记过、记大过、降级、撤职、开除。

六是救济途径不同。公民、法人或者其他组织对环境行政处罚决定不服的,有权申请行政复议或者提起行政诉讼;受环境行政处分人对环境行政处分决定不服的,可以向行政处分机关申请复核,如对复核结果仍不服,可以向同级公务员主管部门或者行政处分机关的上一级机关申诉。

三、应受环境行政处罚的行为的构成要件

应受环境行政处罚的行为的构成要件是指承担环境行政处罚所必须具备的法定条件,也就是依法实施环境行政处罚时,被处罚人所必须具备的主、客观条件。

1. 过错推定

从法理上讲,行为人在主观上有过错,是承担行政责任的要件之一,因为任何行为都是在一定意识支配下进行的,无意识的行为是不存在的。所谓主观过错,是指行为人实施行为时的心理状态,包括故意和过失两种形式。故意是指行为人明知自己的行为会造成破坏或者污染环境的危害后果,并且希望或者放任这种危害后果的发生。直接故意所持的态度是希望,间接故意所持的态度是放任。过失是指行为人应当预见自己的行为可能发生破坏或者污染环境的危害后果,但因为疏忽大意而没有预见,或者已经预见而轻信能够避免,以致发生这种危害后果的心理状态。由此,过失也相应地分为疏忽大意的过失和过于自信的过失。2021 年修订之前的《行政处罚法》并未对应受环境行政处罚的行为的主观方面加以规定,在执法实践中只要求行为人违反法定义务,不再单独考虑行为人是否有过错,实行无过错责任原则。2021 年《行政处罚法》第 33 条第 2 款则规定:“当事人有证据足以证明没有主观过错的,不予行政处罚。法律、行政法规另有规定的,从其规定。”可见,目前我国对行为是否应受行政处罚实行的是过错推定原则,即对过错的认定遵循如下过程:行政机关在当事人行为违法的基础上推定当事人有过错。如果当事人无法证明自己主观上无过错,过错要件成立;如果当事人能够证明自己主观上无过错,过错要件不成立。环境行政处罚亦应适用过错推定责任。例如,在上游排污者排放的超标污水,经过污水处理厂处理后排出的出水超标的情形下,污水处理厂因出水超标被推定存在过错,但如果污水处理厂能证明处理过程穷尽处理能力,并不存在过错,则不应当被处罚。

2. 行为具有违法性

任何违法行为都是对一定法律规范的违反,如果仅仅是对道德规范、企业内部规范的违反,一般并不构成违法行为。违法行政行为既不违反民事法律规范,也不违反刑事法律规范,

而是违反行政法律规范，从而侵害了行政法律规范所调整和保护的行政管理秩序。

行为具有违法性必须同时满足两个条件：一是行为人具有相关的法定义务。这种义务必须是法律明确规定的，不能是约定的，既可以是作为的义务如建设单位必须遵循“三同时”的制度（《环境保护法（2014修订）》第41条），也可以是不作为的义务如行为人不得向水体排放油类、酸液、碱液或者剧毒废液（《水污染防治法》第33条第1款）。二是行为人没有履行相关的法定义务。在行为人仅有相关的法定义务时，其行为构成行政违法还只是存在可能性，只有当行为人没有履行或者没有依法履行相关的法定义务时，才能构成行政违法。不履行相关的法定义务的行为方式可以是作为也可以是不作为。当法律要求行为人不作为时，其作为构成违法。当法律要求行为人作为时，其不作为构成违法；当法律要求行为人这样作为而行为人那样作为时，其作为也构成违法。

3. 存在危害后果

环境违法行为的危害后果指环境违法行为造成的实际危害后果，不含对环境行政管理秩序的破坏后果。假如行为人只要实施了违法行为，就会被认为影响了正常的环境行政管理秩序，影响环境行政管理秩序的危害后果就被行为违法这一要件所吸收，则没有必要将存在危害后果作为独立的构成要件，因此，只有将危害后果界定为实际危害后果，逻辑上才能顺畅。

环境违法行为的危害后果有三种：人身损害、财产损失和生态环境损害。当危害后果限定为实际危害后果时，危害后果并非承担环境行政责任的必要条件，也就是即使没有造成实际危害后果，只要符合其他构成要件，行为人也必须承担相应的环境行政责任。以《固体废物污染环境防治法》第102条第1款规定为例，以下违法行为都要接受行政处罚：产生、收集、贮存、运输、利用、处置固体废物的单位未依法及时公开固体废物污染环境防治信息的；生活垃圾处理单位未按照国家有关规定安装使用监测设备、实时监测污染物的排放情况并公开污染排放数据的；将列入限期淘汰名录被淘汰的设备转让给他人使用的；产生工业固体废物的单位未建立固体废物管理台账并如实记录的。很显然，这几种环境违法行为都没有直接造成实际危害后果。因此，如果有法律依据，即使没有实际危害后果，只要符合其他构成要件，行为人就必须承担环境行政责任。当然，在许多场合下，只有在具备实际危害后果时行为人才承担环境行政责任。例如，《固体废物污染环境防治法》第118条第2款规定：“造成一般或者较大固体废物污染环境事故的，按照事故造成的直接经济损失的一倍以上三倍以下计算罚款；造成重大或者特大固体废物污染环境事故的，按照事故造成的直接经济损失的三倍以上五倍以下计算罚款，并对法定代表人、主要负责人、直接负责的主管人员和其他责任人员处上一年度从本单位取得的收入百分之五十以下的罚款。”所以，危害后果不是承担环境行政责任的必备要件，只有在法律明文规定的情况下，它才是承担环境行政责任的构成要件，可以称其为选择要件。

4. 违法行为与危害后果之间存在因果关系

该因果关系指违法行为与破坏或者污染环境的危害后果之间的内在的、必然的联系，而不是表面的、偶然的联系。在法律规定不以存在危害后果作为承担环境行政责任的构成要件的情形下，违法行为与危害后果之间存在因果关系自然也不是承担环境行政责任的构成要件；如果法律明文规定存在危害后果是承担环境行政责任的构成要件，那么违法行为与危害后果之间的因果关系当然是承担环境行政责任的构成要件。这里因果关系的证明责任的分配不同于环境民事诉讼。环境民事诉讼实行因果关系推定,在原告(污染受害者)举出表面证据后,法院往往应该推定因果关系成立,举证负担转由排污者承担;如果排污者不能证明因果关系不存在,败诉的后果就由排污者承担。但在这里的因果关系中,追究作为行政相对人的排污者的行政责任的行政机关应该承担主要的举证责任,因为在环境行政法律关系中,行政机关本身居于有利的地位,而且行政机关的举证能力远远强于污染受害者,这和环境民事法律关系中污染受害者在形式上与排污者地位平等、事实上不平等不可相提并论。

可见,上述四个构成要件中,过错推定和行为具有违法性是每个应受环境行政处罚的行为必须具备的,可以说是必备要件,而存在危害后果及违法行为与危害后果之间的因果关系只在法律有明确规定时才成为构成要件,可以说是选择要件。

即便行为人符合上述构成要件,也并不当然要承担环境行政处罚,还需要满足没有超过行政处罚的有效期限的条件。这是行政处罚时效性在环境法领域的体现。环境法领域中行政处罚的时效,是指环境行政主体对承担行政责任者给予行政处罚的有效期限。超过此期限,则不得给予行政处罚。《行政处罚法》第 36 条规定:“违法行为在二年内未被发现的,不再给予行政处罚;涉及公民生命健康安全、金融安全且有危害后果的,上述期限延长至五年。法律另有规定的除外。前款规定的期限,从违法行为发生之日起计算;违法行为有连续或者继续状态的,从行为终了之日起计算。”例如,在某一时间段内,排污单位多次超过排放标准排污,构成连续违法行为;排污单位无证排污处于延续状态,构成继续违法行为。

四、环境行政处罚的对象

环境行政处罚的对象并非仅限于排污单位,还可能包括排污单位的直接责任人员,即实行双罚制。至于是仅处罚排污单位还是实行双罚制,取决于相应的法律依据。如《环境影响评价法》第 32 条第 1 款规定:建设项目环境影响报告书、环境影响报告表存在基础资料明显不实,内容存在重大缺陷、遗漏或者虚假,环境影响评价结论不正确或者不合理等严重质量问题的,由设区的市级以上人民政府生态环境主管部门对建设单位处 50 万元以上 200 万元以下的罚款,并对建设单位的法定代表人、主要负责人、直接负责的主管人员和其他直接责任人员,处 5 万元以上 20 万元以下的罚款。因而,对上述违法行为应实行双罚制。

五、环境行政处罚的实施原则

环境行政处罚的实施原则是指国家立法规定的环境行政处罚主体实施环境行政处罚必须遵循的基本准则。环境行政处罚的实施必须遵循以下原则:

1. 环境行政处罚法定原则

《行政处罚法》第 4 条规定了该原则:“公民、法人或者其他组织违反行政管理秩序的行为,应当给予行政处罚的,依照本法由法律、法规、规章规定,并由行政机关依照本法规定的程序实施。”该原则是“法无明文规定不得处罚”的法治原则在行政处罚制度上的具体体现。这一原则包含以下基本内容。

第一,行政处罚的依据法定。这包含两层含义:首先,处罚的设定法定。根据我国《行政处罚法》第 16 条的规定,除法律、法规、规章外,其他规范性文件不得设定行政处罚。有权制定法律、行政法规、地方性法规、行政规章的国家机关只能通过这四种法定形式设定行政处罚,不得将其他形式作为行政处罚的依据。其次,有权设定处罚的法律文件设定的处罚种类法定。有权设定的行政处罚种类与法律文件的位阶有关。例如,根据《行政处罚法》的规定,法律可以设定各种行政处罚,限制人身自由的行政处罚只能由法律设定;行政法规可以设定除限制人身自由以外的行政处罚,地方性法规可以设定除限制人身自由、吊销营业执照以外的行政处罚;尚未制定法律、法规的,国务院部门规章和地方政府规章对违反行政管理秩序的行为,可以设定警告、通报批评或者一定数额罚款的行政处罚。

第二,行政处罚主体法定。一方面,实施环境行政处罚的主体必须是有权主体。任何个人和一般组织不得享有行政处罚权,只有具有行政处罚权的行政机关和法律、法规授权的具有管理公共事务职能的组织才有资格实施行政处罚,行政机关委托非行政机关的组织实施行政处罚要受到诸多条件的限制。另一方面,实施环境行政处罚的主体只能实施其职权范围内的处罚。例如,根据《噪声污染防治法》第87条第1款的规定,违反该法规定,产生社会生活噪声,经劝阻、调解和处理未能制止,持续干扰他人正常生活、工作和学习,或者有其他扰乱公共秩序、妨害社会管理等违反治安管理行为的,由公安机关依法给予治安管理处罚。即使生态环境主管部门对噪声污染防治实施统一监督管理,也并不享有对上述违法行为的环境行政处罚权。

第三,行政处罚的种类和幅度法定。如果法律文件为排污者设定了法定义务,但是没有规定相应的法律后果,环境行政主体就不能对违反该法定义务的排污者施加行政处罚。环境行政处罚主体在实施行政处罚时必须严格依照环境与资源保护法规定的形式和幅度。例如,根据《土壤污染防治法》第89条的规定,违反该法规定,将重金属或者其他有毒有害物质含量超标的工业固体废物、生活垃圾或者污染土壤用于土地复垦的,由地方人民政府生态环境主管部门责令改正,处10万元以上100万元以下的罚款;有违法所得的,没收违法所得。由此可见,针对该条规定的情形,环境行政处罚机关不得处以罚款和没收违法所得之外的行政处罚,也不得处以不满10万元或超过100万元的罚款。

第四,行政处罚程序法定。环境行政处罚法定原则不仅要求实体合法,还要求程序合法,即遵循法定程序。

2. 环境行政处罚轻重与行政责任大小相当原则

该原则又简称为过罚相当原则,是指环境行政处罚主体对行为人适用行政处罚,所科处罚种类和处罚幅度要与行为人的过错、违法事实、性质、情节以及社会危害程度相适应,既不轻过重罚,也不重过轻罚,避免畸轻畸重的不合理、不公正的情况。该原则不仅是实施行政处罚的原则,也是设定行政处罚的原则。根据《生态环境行政处罚办法》第41条第1款的规定,行使生态环境行政处罚裁量权应当符合立法目的,并综合考虑以下情节:(1)违法行为造成的环境污染、生态破坏以及社会影响;(2)当事人的主观过错程度;(3)违法行为的具体方式或者手段;(4)违法行为持续的时间;(5)违法行为危害的具体对象;(6)当事人是初次违法还是再次违法;(7)当事人改正违法行为的态度和所采取的改正措施及效果。例如,《固体废物污染环境防治法》第116条规定:“违反本法规定,经中华人民共和国过境转移危险废物的,由海关责令退运该危险废物,处五十万元以上五百万元以下的罚款。”具体针对某个违法过境转移危险废物的行为,究竟在50万元至500万元标准下处以多大数额的罚款,必须根据转移危险废物的数量、危险性、违法手段等因素确定。譬如,如果其他因素都相同,则转移危险废物数量多的行为人应该缴纳的罚款数额大于转移危险废物数量较少的行为人,而不能相反,否则就违反过罚相当的原则。

3. 一事不再罚原则

该原则是指对相对方的某一违法行为,不得给予两次以上的同类处罚。根据《行政处罚法》第29条的规定,“对当事人的同一个违法行为,不得给予两次以上罚款的行政处罚”。该项规定将一事不再罚原则适用于罚款。对当事人的同一个违法行为,不得以同一事实和同一理由给予两次以上的行政处罚。同一事实和同一理由是适用一事不再罚原则的共同要件,二者缺一不可。这意味着,如果同一事实违反多项法律规定,就具备了不同的理由,可以依法进行多次处罚。例如,工厂因为没有做好安全生产措施,造成化工原料的泄漏,其行为违反安全生产法;如果泄漏导致环境污染,则其行为还违反环境法。同一违法行为违反两项法律规定,应急管理部门和生态环境部门可以各自依据安全生产法和环境法对该工厂进行罚款。

案例8-1-01 徐州市丰县生态环境局与江西某环保科技有限公司行政非诉审查案[1]

2019年8月21日,因江西某环保科技有限公司生产废水超标排放,徐州市丰县生态环境局作出丰环罚字〔2019〕74号行政处罚决定书,对江西某环保科技有限公司处以13万元罚款。2019年11月20日,因江西某环保科技有限公司生产废水超标排放的行为未予改正,徐州市丰县生态环境局作出徐环丰连罚决字〔2019〕2号行政处罚决定书,对江西某环保科技有限公司按日连续处罚,每天罚款13万元。在作出以上按日连续处罚决定的当日,申请执行人徐州市丰县生态环境局对被申请人江西某环保科技有限公司的生产废水超标排放行为另作出本案申请执行的徐环丰罚决字〔2019〕104号行政处罚决定书,对江西某环保科技有限公司处以罚款20万元。申请执行人徐州市丰县生态环境局于2020年7月17日向法院申请强制执行徐环丰罚决字〔2019〕104号行政处罚决定书。法院认为,徐环丰罚决字〔2019〕104号行政处罚决定书和丰环罚字〔2019〕74号行政处罚决定书,虽然处罚依据的调查时间不同,但依据的违法事实基本相同,且徐州市丰县生态环境局另作出徐环丰连罚决字〔2019〕2号行政处罚决定书,对江西某环保科技有限公司生产废水超标排放未改正的行为作出了按日连续处罚,每天罚款13万元的处罚决定。故徐州市丰县生态环境局作出的徐环丰罚决字〔2019〕104号行政处罚决定书系重复作出罚款处罚的情形,明显违反了《行政处罚法》(2017年修正)的相关规定,故裁定不予执行。

评析:本案依据的是2017年《行政处罚法》第24条的规定:对当事人的同一个违法行为,不得给予两次以上罚款的行政处罚。徐环丰罚决字〔2019〕104号行政处罚决定书和丰环罚字〔2019〕74号行政处罚决定书所针对的违法事实基本相同,在丰环罚字〔2019〕74号行政处罚决定书已经作出罚款处罚后,不能对基本相同的违法事实再次作出罚款处罚。因此,法院依据一事不再罚原则作出的裁定合法。

---

〔1〕 参见江苏省丰县人民法院行政裁定书,(2020)苏0321行审8号。

4. 公开公正原则

该原则提出以下要求：

第一，作为环境行政处罚依据的法律文件必须对社会公布。法律文件只有公布，才能对人们的行为作出引导，人们据此对自己的行为后果作出合理预期，决定做或者不做、如何做；未经公布的，不得作为行政处罚的依据。

第二，必须告知相对人享有的权利并保障相对人的权利行使。行政机关在作出行政处罚决定之前，应当告知当事人拟作出的行政处罚内容及事实、理由、依据，并告知当事人依法享有的陈述、申辩、要求听证等权利。环境行政处罚主体不能阻挠相对人行使上述权利，而应该为相对人行使权利提供便利和创造条件。特别需要强调的是，拟作出以下行政处罚决定，当事人要求听证的，生态环境主管部门应当组织听证：(1)较大数额罚款；(2)没收较大数额违法所得、没收较大价值非法财物；(3)暂扣许可证件、降低资质等级、吊销许可证件、一定时期内不得申请行政许可；(4)限制开展生产经营活动、责令停产整治、责令停产停业、责令关闭、限制从业、禁止从业；(5)其他较重的行政处罚；(6)法律、法规、规章规定的其他情形。其中，"较大数额""较大价值"，对公民是指人民币(或者等值物品价值)5000 元以上、对法人或者其他组织是指人民币(或者等值物品价值)20 万元以上。地方性法规、地方政府规章对"较大数额""较大价值"另有规定的，从其规定。

六、环境行政处罚的种类

环境行政处罚可以分为五大类。

一是申诫罚。即有关违法者声誉的处罚，是指环境行政机关依法对有环境违法行为的公民、法人或者其他组织所实施的谴责和警诫，是对违法者施加的精神上的惩戒，不涉及违法者的实体权利。申诫罚的主要形式是警告，即对情节较轻的违法者给予警告。例如，根据《水污染防治法》第 88 条的规定，城镇污水集中处理设施的运营单位或者污泥处理处置单位，处理处置后的污泥不符合国家标准，或者对污泥去向等未进行记录的，由城镇排水主管部门责令限期采取治理措施，给予警告。

二是财产罚。即强迫违法者缴纳一定价值的财产，以损害或剥夺其某些财产权的处罚。这是应用范围较广的一种处罚，主要种类有罚款、没收违法所得、没收非法财物。罚款使行为人受到货币上的损失，是适用最普遍的环境行政处罚种类。罚款金额以数值数距式和倍率数距式为主要设定方式。前者直接规定金额数值幅度。如《噪声污染防治法》第 71 条规定："违反本法规定，拒绝、阻挠监督检查，或者在接受监督检查时弄虚作假的，由生态环境主管部门或者其他负有噪声污染防治监督管理职责的部门责令改正，处二万元以上二十万元以下的罚款。"后者将金额与特定基数挂钩，该特定基数一般为总投资额、事故造成的直接损失、标的物货值金额等。如《环境影响评价法》第 31 条第 1 款规定："建设单位未依法报批建设项目环境影响报告书、报告表，或者未依照本法第二十四条的规定重新报批或者报请重新审核环境影响报告书、报告表，擅自开工建设的，由县级以上生态环境主管部门责令停止建设，根据违法情节和危害后果，处建设项目总投资额百分之一以上百分之五以下的罚款，并可以责令恢复原状；对建设单位直接负责的主管人员和其他直接责任人员，依法给予行政处分。"这里的总投资额需要经过计算才能获得。

三是资格罚。其是限制或剥夺违法者特定的行为能力的制裁,主要表现为暂扣许可证件、降低资质等级、吊销许可证件等。如根据《排污许可管理条例》第 41 条的规定,伪造、变造、转让排污许可证的,由生态环境主管部门没收相关证件或者吊销排污许可证,处 10 万元以上 30 万元以下的罚款,3 年内不得再次申请排污许可证。

四是行为罚。行为罚对行为本身进行禁止或限制,不涉及对资质或许可等行为能力或资格的处理。例如,根据《环境影响评价法》第 32 条第 3 款的规定,建设项目环境影响报告书、环境影响报告表的编制单位有该条第 1 款、第 2 款规定的违法行为的,编制主持人和主要编制人员 5 年内禁止从事环境影响报告书、环境影响报告表编制工作;构成犯罪的,依法追究刑事责任,并终身禁止从事环境影响报告书、环境影响报告表编制工作。

五是人身罚。其是指限制或剥夺违法者人身自由的行政制裁。人身权是宪法规定的公民的各种权利中最基本的一种权利,因为人身权是其他权利得以存在的基础。在一般情况下,人身罚是行政处罚中最严厉的一种处罚。我国法律对人身权的规定和行使都有严格的限制:人身罚的立法权集中于全国人大及其常委会,人身罚的行使一般仅限于公安等个别机关。人身罚在环境行政处罚中较少采用,但是在某些情况下,也可以对违法者处以行政拘留。《环境保护法(2014 修订)》第 63 条规定,企业事业单位和其他生产经营者实施以下四种违法行为,尚不构成犯罪的,由县级以上人民政府环境保护主管部门或者其他有关部门将案件移送公安机关,对其直接负责的主管人员和其他直接责任人员处以拘留的行政处罚:(1)建设项目未依法进行环境影响评价,被责令停止建设,拒不执行的;(2)违反法律规定,未取得排污许可证排放污染物,被责令停止排污,拒不执行的;(3)通过暗管、渗井、渗坑、灌注或者篡改、伪造监测数据,或者不正常运行防治污染设施等逃避监管的方式违法排放污染物的;(4)生产、使用国家明令禁止生产、使用的农药,被责令改正,拒不改正的。其中,第(1)(2)(4)项规定的都是经被责令改正而拒不改正的行为,违法者藐视法律的故意明显;第(3)项是情节极端恶劣,属于直接故意所为的严重违法行为。除对单位进行处罚外,对实施上述严重违法行为的有关人员施加行政拘留能产生更好的震慑效果。

七、环境行政命令

生态环境主管部门实施环境行政处罚时,应当及时作出责令当事人改正或者限期改正违法行为的行政命令。责令改正或者限期改正违法行为,是指生态环境主管部门要求行为人终止实施违法行为,履行法定义务或者以其他方式达到与履行义务相当的状态。改正违法行为一般包括两个方面:(1)停止实施违法行为;(2)消除违法行为所造成的不良后果。根据环境保护法律法规,环境行政命令的具体形式有责令停止建设、恢复原状、停止生产或者使用、限制生产、限量排污、限产限排、限期治理、限期整改、停产整顿、停产整治、停业整治、停工整治等。环境行政命令与环境行政处罚既有联系,又有区别。联系在于都是由相对人违法行为引起的法律责任。二者的区别有两点:第一,实施目的和性质不同。环境行政命令的实施目的是纠正违法行为,有补救性但没有惩罚性,环境行政处罚的实施目的是制裁违法行为,具有惩罚性。第二,实施程序不同。环境行政处罚必须适用《行政处罚法》和《生态环境行政处罚办法》有关行政处罚和环境行政处罚程序的规定。尽管我国当下没有行政命令和环境行政命令的专门立法,也缺乏一般的行政程序法,但环境行政命令并非不需要遵守任何程序。环境行政命令是针对相对人设定义务的不利行政行为,必须遵循调查、告知、听取意见等一般行政行为都应遵循的程序要求。

八、按日计罚

《环境保护法(2014 修订)》第 59 条第 1 款规定了按日计罚,具体如下:"企业事业单位和其他生产经营者违法排放污染物,受到罚款处罚,被责令改正,拒不改正的,依法作出处罚决定的行政机关可以自责令改正之日的次日起,按照原处罚数额按日连续处罚。"

按日计罚是对拒不改正违法行为的处罚,从应然角度,其法律性质不属于行政处罚,而属于执行罚。执行罚,是指义务人逾期不履行行政法律义务,由行政机关迫使义务人缴纳强制金以促使其履行义务的间接行政强制执行。直接行政强制执行则指直接划拨义务人的存款、汇款,拍卖或者依法处理查封、扣押的场所、设施或者财物等。

有关执行罚,《行政强制法》第 45 条规定:"行政机关依法作出金钱给付义务的行政决定,当事人逾期不履行的,行政机关可以依法加处罚款或者滞纳金。加处罚款或者滞纳金的标准应当告知当事人。加处罚款或者滞纳金的数额不得超出金钱给付义务的数额。"这里的加处罚款或者滞纳金属于执行罚,但数额有限制,不得超过金钱给付义务数额。按照《环境保护法》的规定,按日计罚是对拒不改正违法排污行为的处罚,而非针对拒不缴纳罚款行为。这和《行政强制法》针对逾期不履行金钱给付义务行为加处罚款或者滞纳金有所不同。不过,《环境保护法》的按日计罚和《行政强制法》的加处罚款或者滞纳金在性质上应同属于执行罚。

实施罚款和属于行政强制执行方式的执行罚的目的都应该是促使违法者停止违法行为,处罚本身不是目的。针对社会上存在的对行政机关加大罚款力度而不制止违法行为的担心,《行政强制法》有相应规定。根据该法第 34 条的规定,行政机关依法作出行政决定后,当事人在行政机关决定的期限内不履行义务的,具有行政强制执行权的行政机关依照该法有关规定强制执行;按照该法第 53 条的规定,当事人在法定期限内不申请行政复议或者提起行政诉讼,又不履行行政决定的,没有行政强制执行权的行政机关可以自期限届满之日起 3 个月内,依照该法有关规定申请人民法院强制执行。如果行政机关只罚款而不结束违法行为,则颠倒了处罚和制止违法行为的关系。因此,《环境保护法》应该补充规定,在经过一定时间如 30 日按日连续计罚之后,企业事业单位和其他生产经营者仍未改正违法行为的,由行政机关申请法院强制执行,建立间接强制执行与直接强制执行之间的联系。

第二节 环境刑事责任

一、环境刑事责任概述

环境刑事责任是指行为人违反环境法或刑法的规定,实施了严重污染或破坏环境的行为,造成环境严重污染或者破坏,导致公私财产重大损失或者人身伤亡严重后果,或者情节严重,依法构成犯罪所应承担的刑事方面的法律后果。我国已通过刑事立法构建了较为完善的环境刑事责任制度体系。具体而言,我国现行《刑法》除设专节明确规定了“破坏环境资源保护罪”包括污染环境罪〔2〕,非法处置进口的固体废物罪,擅自进口固体废物罪,走私废物罪〔3〕,非法捕捞水产品罪,危害珍贵、濒危野生动物罪,非法狩猎罪,非法猎捕、收购、运输、出售陆生野生动物罪,非法占用农用地罪〔4〕,破坏自然保护地罪〔5〕,非法采矿罪,破坏性采矿罪,危害国家重点保护植物罪〔6〕,非法引进、释放、丢弃外来入侵物种罪〔7〕,盗伐林木罪,滥伐林木罪,非法收购、运输盗伐、滥伐的林木罪〔8〕等罪名之外,还在第九章“渎职罪”中规定了违法发放林木采伐许可证罪、环境监管失职罪等罪名。为解决司法实践中的适用法律问题,最高人民法院和最高人民检察院先后发布了一系列司法解释,如最高人民法院、最高人民检察院《关于办理非法采矿、破坏性采矿刑事案件适用法律若干问题的解释》(法释〔2016〕25 号),最高人民法院、最高人民检察院《关于办理盗窃油气、破坏油气设备等刑事案件具体应用法律若干问题的解释》(法释〔2007〕3 号),最高人民法院、最高人民检察院《关于办理破坏野生动物资源刑事案件适用法律若干问题的解释》(法释〔2022〕12 号)〔9〕,最高人民法院、最高人民检察院《关于办理环境污染刑事案件适用法律若干问题的解释》(法释〔2023〕7 号)〔10〕等,进一步完善了我国环境刑事责任制度。

二、《刑法》关于破坏环境资源保护罪的规定

(一)污染环境罪

1. 概念

污染环境罪,指违反国家规定,排放、倾倒或者处置有放射性的废物、含传染病病原体的废物、有毒物质或者其他有害物质,严重污染环境,依照法律应受到刑事处罚的行为。

根据《刑法修正案(十一)》、《刑法》第 338 条的规定,违反国家规定,排放、倾倒或者处置

〔2〕《刑法修正案(八)》将 1997 年《刑法》第 338 条规定的“重大环境污染事故罪”罪名修正为“污染环境罪”。

〔3〕《刑法修正案(四)》将《刑法》第 339 条第 3 款修改为:以原料利用为名,进口不能用作原料的固体废物、液态废物和气态废物的,依照本法第 152 条第 2 款、第 3 款的规定定罪处罚。

〔4〕《刑法修正案(二)》,最高人民法院、最高人民检察院《关于执行〈中华人民共和国刑法〉确定罪名的补充规定》(法释〔2002〕7 号)。

〔5〕《刑法修正案(十一)》第 342 条之一规定:违反自然保护地管理法规,在国家公园、国家级自然保护区进行开垦、开发活动或者修建建筑物,造成严重后果或者有其他恶劣情节的,处 5 年以下有期徒刑或者拘役,并处或者单处罚金。有前款行为,同时构成其他犯罪的,依照处罚较重的规定定罪处罚。

〔6〕参见最高人民法院、最高人民检察院《关于执行〈中华人民共和国刑法〉确定罪名的补充规定(七)》(法释〔2021〕2 号)。

〔7〕《刑法修正案(十一)》在《刑法》第 344 条后增加 1 条,作为第 344 条之一:违反国家规定,非法引进、释放或者丢弃外来入侵物种,情节严重的,处 3 年以下有期徒刑或者拘役,并处或者单处罚金。

〔8〕《刑法修正案(四)》,最高人民法院、最高人民检察院《关于执行〈中华人民共和国刑法〉确定罪名的补充规定(二)》(法释〔2003〕12 号)。

〔9〕该解释公布施行后,最高人民法院《关于审理破坏野生动物资源刑事案件具体应用法律若干问题的解释》(法释〔2000〕37 号)同时废止;之前发布的司法解释与该解释不一致的,以该解释为准。

〔10〕该解释施行后,最高人民法院、最高人民检察院《关于办理环境污染刑事案件适用法律若干问题的解释》(法释〔2016〕29 号)同时废止;之前发布的司法解释与该解释不一致的,以该解释为准。

有放射性的废物、含传染病病原体的废物、有毒物质或者其他有害物质,严重污染环境的,处3年以下有期徒刑或者拘役,并处或者单处罚金;情节严重的,处3年以上7年以下有期徒刑,并处罚金;有下列情形之一的,处7年以上有期徒刑,并处罚金:(1)在饮用水水源保护区、自然保护地核心保护区等依法确定的重点保护区域排放、倾倒、处置有放射性的废物、含传染病病原体的废物、有毒物质,情节特别严重的;(2)向国家确定的重要江河、湖泊水域排放、倾倒、处置有放射性的废物、含传染病病原体的废物、有毒物质,情节特别严重的;(3)致使大量永久基本农田基本功能丧失或者遭受永久性破坏的;(4)致使多人重伤、严重疾病,或者致人严重残疾、死亡的。有前述行为,同时构成其他犯罪的,依照处罚较重的规定定罪处罚。

2. 构成要件

本罪的保护法益是国家环境保护制度和公私财产与公民健康、生命安全。所谓国家环境保护制度,是指由我国《环境保护法》《海洋环境保护法》《水污染防治法》《大气污染防治法》《传染病防治法》《固体废物污染环境防治法》《放射性污染防治法》《土壤污染防治法》《噪声污染防治法》等一系列法律法规所形成的环境保护制度。

本罪客观上表现为,违反国家生态环境保护法律法规,实施了破坏生态环境,造成严重污染后果的行为。具体来说,包括以下三方面的内容。

一是违法向土地、水体、大气中排放、倾倒或者处置有放射性的废物、含传染病病原体的废物、有毒物质或者其他危险废物。一般来说,向环境中排放、倾倒、处置生产、生活中产生的废物,是法律允许的行为,其本身就是利用环境的体现。本罪所处罚的是"违法"向土地、水体、大气当中排放、倾倒、处置各种废弃物的行为。具体来说,就是不按照指定的地点、方法等处理以上所列举的各种废弃物。本罪所称"有毒物质"包括:(1)危险废物,是指列入国家危险废物名录,或者根据国家规定的危险废物鉴别标准和鉴别方法认定的,具有危险特性的固体废物;(2)《关于持久性有机污染物的斯德哥尔摩公约》附件所列物质;(3)重金属含量超过国家或者地方污染物排放标准的污染物;(4)其他具有毒性,可能污染环境的物质。[11]

二是严重污染环境。本罪所称"严重污染环境"包括如下情形:(1)在饮用水水源保护区、自然保护地核心保护区等依法确定的重点保护区域排放、倾倒、处置有放射性的废物、含传染病病原体的废物、有毒物质的;(2)非法排放、倾倒、处置危险废物3吨以上的;(3)排放、倾倒、处置含铅、汞、镉、铬、砷、铊、锑的污染物,超过国家或者地方污染物排放标准3倍以上的;(4)排放、倾倒、处置含镍、铜、锌、银、钒、锰、钴的污染物,超过国家或者地方污染物排放标准10倍以上的;(5)通过暗管、渗井、渗坑、裂隙、溶洞、灌注、非紧急情况下开启大气应急排放通道等逃避监管的方式排放、倾倒、处置有放射性的废物、含传染病病原体的废物、有毒物质的;(6)2年内曾因在重污染天气预警期间,违反国家规定,超标排放二氧化硫、氮氧化物等实行排放总量控制的大气污染物受过2次以上行政处罚,又实施此类行为的;(7)重点排污单位、实行排污许可重点管理的单位篡改、伪造自动监测数据或者干扰自动监测设施,排放化学需氧量、氨氮、二氧化硫、氮氧化物等污染物的;(8)2年内曾因违反国家规定,排放、倾倒、处置有放

---

〔11〕 参见最高人民法院、最高人民检察院《关于办理环境污染刑事案件适用法律若干问题的解释》(法释〔2023〕7号)第17条。

射性的废物、含传染病病原体的废物、有毒物质受过2次以上行政处罚,又实施此类行为的;(9)违法所得或者致使公私财产损失30万元以上的;(10)致使乡镇集中式饮用水水源取水中断12小时以上的;(11)其他严重污染环境的情形。[12]

三是情节严重。具有下列情形之一的,应当认定为“情节严重”:(1)在饮用水水源保护区、自然保护地核心保护区等依法确定的重点保护区域排放、倾倒、处置有放射性的废物、含传染病病原体的废物、有毒物质,造成相关区域的生态功能退化或者野生生物资源严重破坏的;(2)向国家确定的重要江河、湖泊水域排放、倾倒、处置有放射性的废物、含传染病病原体的废物、有毒物质,造成相关水域的生态功能退化或者水生生物资源严重破坏的;(3)非法排放、倾倒、处置危险废物100吨以上的;(4)违法所得或者致使公私财产损失100万元以上的;(5)致使县级城区集中式饮用水水源取水中断12小时以上的;(6)致使永久基本农田、公益林地10亩以上,其他农用地20亩以上,其他土地50亩以上基本功能丧失或者遭受永久性破坏的;(7)致使森林或者其他林木死亡50立方米以上,或者幼树死亡2500株以上的;(8)致使疏散、转移群众5000人以上的;(9)致使30人以上中毒的;(10)致使1人以上重伤、严重疾病或者3人以上轻伤的;(11)其他情节严重的情形。[13]

本罪的主体为一般主体,自然人和单位均可。

关于本罪的主观方面,通说认为是过失。这种过失是指行为人对造成环境污染,致公私财产遭受重大损失或者人身伤亡的严重后果本应预见,但由于疏忽大意而没有预见,或者虽已预见到但轻信能够避免。至于行为人对违反国家规定排放、倾倒、处置危险废物这一行为本身则常常是有意为之,但这并不影响本罪的过失犯罪性质。

3. 本罪的处罚

依照《刑法》第338条、第346条的规定,犯本罪的,处3年以下有期徒刑或者拘役,并处或者单处罚金;情节严重的,处3年以上7年以下有期徒刑,并处罚金。有下列情形之一的,处7年以上有期徒刑,并处罚金:(1)在饮用水水源保护区、自然保护地核心保护区等依法确定的重点保护区域排放、倾倒、处置有放射性的废物、含传染病病原体的废物、有毒物质,情节特别严重的;(2)向国家确定的重要江河、湖泊水域排放、倾倒、处置有放射性的废物、含传染病病原体的废物、有毒物质,情节特别严重的;(3)致使永久基本农田50亩以上基本功能丧失或者遭受永久性破坏的;(4)致使3人以上重伤、严重疾病,或者1人以上严重残疾、死亡的。有前述行为,同时构成其他犯罪的,依照处罚较重的规定定罪处罚。

单位犯本罪的,对单位判处罚金,并对其直接负责的主管人员和其他直接责任人员,依照自然人犯本罪的规定处罚。

此外,最高人民法院、最高人民检察院《关于办理环境污染刑事案件适用法律若干问题的解释》(法释〔2023〕7号)第3条对此的规定更为详细。

---

〔12〕 参见最高人民法院、最高人民检察院《关于办理环境污染刑事案件适用法律若干问题的解释》(法释〔2023〕7号)第1条。

〔13〕 参见最高人民法院、最高人民检察院《关于办理环境污染刑事案件适用法律若干问题的解释》(法释〔2023〕7号)第2条。

案例 8-2-01 被告人董某某等 19 人污染环境案〔14〕

2015 年 2 月,被告人董某某将应由黄骅市某化工有限公司处置的废碱液交由没有资质的被告人刘某生处置。后刘某生联系被告人刘某辉租用被告人李某钟的停车场场地,挖设隐蔽排污管道,连接到河北省蠡县城市下水管网,用于排放废碱液。2015 年 2 月至 5 月,董某某雇用被告人石某某等,将 2816.84 吨废碱液排放至挖设的排污管道,并经案涉暗道流入蠡县城市下水管网。同时,从 2015 年 3 月起,被告人高某某等明知被告人娄某无废盐酸处置资质,仍将回收的废盐酸交由娄某处置。娄某又将废盐酸交由无资质的被告人张某等人处置。张某、段某某等人又联系李某钟,商定在其停车场内经案涉暗道排放废盐酸。2015 年 5 月 16 日至 17 日,石某某等人经案涉暗道排放 100 余吨废碱液至城市下水管网。同月 18 日上午,张某等人将 30 余吨废盐酸排放至案涉暗道。下午 1 时许,停车场及周边下水道大量废水外溢,并产生大量硫化氢气体,致停车场西侧经营饭店的被害人李某被熏倒,经抢救无效死亡。经鉴定,本案废碱液与废盐酸结合会产生硫化氢,并以气体形式逸出;李某符合硫化氢中毒死亡的症状。

一审法院认为,案涉废碱液、废盐酸均被列入《国家危险废物名录》,属危险废物。被告人董某某等违反国家规定,非法处置、排放有毒物质,严重污染环境,均已构成污染环境罪。董某某等人非法排放废碱液,娄某等人非法排放废盐酸,均对李某硫化氢中毒死亡这一结果的发生起到了决定性的作用,应对李某的死亡结果承担刑事责任。根据各被告人的犯罪事实、情节和社会危害性,一审法院判决被告人董某某等犯污染环境罪,判处有期徒刑 2 年至 7 年不等,并处罚金。二审法院对一审刑事判决部分予以维持。

评析:本案系污染环境致人死亡案件。危险废物具有腐蚀性、毒性、易燃性、反应性、感染性等危险特性,如果收集、贮存或处置不当,不仅严重威胁生态环境安全,更可能直接危及人体健康甚至生命。近年来,非法处置危险废物现象屡禁不绝,环境风险日益凸显。面对环境污染犯罪呈现的增长态势,坚持最严格的环保司法制度、最严密的环保法治理念,加大对环境污染犯罪的惩治力度,服务保障打好打赢污染防治攻坚战,是人民法院审判工作的重要职责。本案中,被告人董某某等挖设隐蔽排污管道,将废碱液排放至城市下水管网,被告人张某等利用同一暗道排放废盐酸,造成一人死亡的特别严重后果。人民法院全面贯彻宽严相济刑事政策,充分发挥环境资源刑事审判的惩治和教育功能,结合各被告人犯罪事实、情节和社会危害性,依法认定提供、运输、排放、倾倒、处置等环节各被告人的刑事责任,从重判处刑罚。本案的审理和判决对于斩断危险废物非法经营地下产业链条、震慑潜在的污染者具有典型意义。

(二)非法处置进口的固体废物罪

1. 概念

非法处置进口的固体废物罪,是指违反国家规定,故意将境外固体废物进境倾倒、堆放、处置的行为。

〔14〕 参见《生态环境保护典型案例》,载最高人民法院网 2019 年 3 月 2 日,https://www.court.gov.cn/zixun/xiangqing/144992.html。

《刑法》第339条第1款规定,违反国家规定,将境外的固体废物进境倾倒、堆放、处置的,处5年以下有期徒刑或者拘役,并处罚金;造成重大环境污染事故,致使公私财产遭受重大损失或者严重危害人体健康的,处5年以上10年以下有期徒刑,并处罚金;后果特别严重的,处10年以上有期徒刑,并处罚金。

2. 构成要件

本罪的保护法益是国家对进口固体废物的管理制度。本罪在客观上表现为,行为人未经国务院有关主管部门许可将境外固体废物进境倾倒、堆放、处置的行为。固体废物是构成环境污染的主要来源之一。因此,我国2020年修订的《固体废物污染环境防治法》第23条规定,禁止中华人民共和国境外的固体废物进境倾倒、堆放、处置。本罪中,所谓"违反国家规定",是指违反《固体废物污染环境防治法》等规定。所谓"将境外的固体废物进境倾倒、堆放、处置"包括以下两方面的内容:一是"违反国家规定,将境外的固体废物进境";二是将进境的固体废物"倾倒、堆放、处置"。前者实际上和《刑法》第152条第2款关于逃避海关监管将境外固体废物运输进境,情节严重的以走私废物罪论处的规定完全相同。因此,对本罪的客观行为必须作限定解释,即将并非走私进境的限制进口和自动许可进口的固体废物违规倾倒、堆放、处置。其中,倾倒是以各种交通运载工具向土地、水体倾卸,堆放就是随意存放,处置就是不按要求处理。销售也是一种特殊的处置行为。本罪是行为犯,只要违反国家规定实施了上述行为即可构成犯罪,不要求行为足以造成环境污染或者其他社会危害。本罪的主体可以是自然人,也可以是单位。本罪的主观方面为故意,即明知是进境的固体废物而违法倾倒、堆放、处置。

3. 本罪的认定

在本罪的认定当中,应当注意其与走私废物罪的界限。两者的区别有二:一是后者逃避海关监管,前者则不逃避海关监管;二是后者处罚的是走私行为,前者处罚的是将固体废物在我国境内倾倒、堆放、处置的行为。因此,如果行为人走私固体废物之后,在我国境内倾倒、堆放、处置,既构成走私废物罪,又构成非法处置进口的固体废物罪,应当实行并罚。

4. 本罪的处罚

关于本罪的处罚,按照《刑法》第339条第1款、第346条的规定,犯本罪的,处5年以下有期徒刑或者拘役,并处罚金;造成重大环境污染事故,致使公私财产遭受重大损失或者严重危害人体健康的,处5年以上10年以下有期徒刑,并处罚金;后果特别严重的,处10年以上有期徒刑,并处罚金。单位犯本罪的,对单位判处罚金,并对其直接负责的主管人员和其他直接责任人员,依照自然人犯本罪的规定处罚。

依照最高人民法院、最高人民检察院《关于办理环境污染刑事案件适用法律若干问题的解释》(法释〔2023〕7号)第4条、第19条的规定,所谓"致使公私财产遭受重大损失或者严重危害人体健康"是指具备下列情形之一:(1)致使公私财产损失100万元以上的;(2)具有该解释第2条第5项至第10项规定情形之一的;(3)其他致使公私财产遭受重大损失或者严重危害人体健康的情形。所谓"公私财产损失"是指直接造成财产损毁、减少的实际价值,为防止污染扩大、消除污染而采取必要合理措施所产生的费用,以及处置突发环境事件的应急监测费用。

案例 8-2-02 谢某正非法处置进口的固体废物案〔15〕

2012年至2017年，刘某辉将在加拿大和美国采购的固体废物通过走私运到国内刘某某处，刘某某将进口固体废物在国内进行销售，部分销售到河北、山东。2014年6月至2016年，被告人谢某正在无相应资质的情况下，从刘某某处购进进口固体废物价值89150元，在河北省大名县常马庄村、莘县古云镇陈庄村、朝城镇三里营村租赁的厂房中，把进口的固体废物加工成塑料颗粒并向外销售。法院认为，被告人谢某正违反国家规定，将境外固体废物非法处置，其行为足以污染环境，构成非法处置进口的固体废物罪，公诉机关指控被告人的犯罪事实及罪名成立。辩护人提出被告人谢某正投案自首，其行为没对环境造成损害结果，建议适用缓刑。法院依法裁判被告人谢某正犯非法处置进口的固体废物罪，判处有期徒刑8个月，并处罚金人民币1万元。

评析：私自处置走私到国内的固体废物，会对我国的经济利益、生态环境安全及群众生命健康安全造成极大损害。非法处置进口的固体废物行为构成犯罪，行为人将承担相应的环境污染侵权责任。根据最高人民检察院、公安部《关于公安机关管辖的刑事案件立案追诉标准的规定(一)》第61条的规定，"违反国家规定，将境外的固体废物进境倾倒、堆放、处置的，应予立案追诉"。本案中，被告人谢某正在无相应资质的情况下，将进口的固体废物加工成塑料颗粒并向外销售，其已实施了犯罪行为，故而依法构成非法处置进口的固体废物罪。

(三)擅自进口固体废物罪

1. 概念

擅自进口固体废物罪是指未经国务院有关主管部门许可，擅自进口固体废物用作原料，造成重大环境污染事故，致使公私财产遭受重大损失或者严重危害人体健康的行为。

《刑法》第339条第2款规定，未经国务院有关主管部门许可，擅自进口固体废物用作原料，造成重大环境污染事故，致使公私财产遭受重大损失或者严重危害人体健康的，处5年以下有期徒刑或者拘役，并处罚金；后果特别严重的，处5年以上10年以下有期徒刑，并处罚金。

2. 构成要件

本罪保护的法益是国家对固体废物进口利用的污染防治管理制度。本罪客观上表现为，未经国务院有关主管部门许可，擅自进口固体废物用作原料，造成重大环境污染事故，致使公私财产遭受重大损失或者严重危害人体健康。所谓未经国务院有关主管部门许可，是指未经生态环境主管部门及其环境执法机构和其他负有固体废物污染环境防治监督管理职责的部门许可。根据2020年修订的《固体废物污染环境防治法》第24条规定，国家逐步实现固体废物零进口，由国务院生态环境主管部门会同国务院商务、发展改革、海关等主管部门组织实施。所谓擅自进口固体废物用作原料，是指未经生态环境主管部门及其环境执法机构和其他负有固体废物污染环境防治监督管理职责的部门对进口可用作原料的废物的许可而私自进口。《关于全面禁止进口固体废物有关事项的公告》(生态环境部、商务部、国家发展和改革委员

〔15〕 参见山东省莘县人民法院刑事判决书，(2019)鲁1522刑初66号。

会、海关总署2020年第53号)规定,禁止以任何方式进口固体废物。禁止我国境外的固体废物进境倾倒、堆放、处置。生态环境部停止受理和审批限制进口类可用作原料的固体废物进口许可证的申请;2020年已发放的限制进口类可用作原料的固体废物进口许可证,应当在证书载明的2020年有效期内使用,逾期自行失效。海关特殊监管区域和保税监管场所[包括保税区、综合保税区等海关特殊监管区域和保税物流中心(A/B型)、保税仓库等保税监管场所]内单位产生的未复运出境的固体废物,按照国内固体废物相关规定进行管理。需出区进行贮存、利用或者处置的,应向所在地海关特殊监管区域和保税监管场所地方政府行政管理部门办理相关手续,海关不再验核相关批件。海关特殊监管区域和保税监管场所外开展保税维修和再制造业务单位生产作业过程中产生的未复运出境的固体废物,参照前述规定执行。所谓造成重大环境污染事故,致使公私财产遭受重大损失或者严重危害人体健康,参见非法处置进口的固体废物罪中的相关内容。本罪的主体是一般主体,包括自然人和单位。本罪的主观方面是故意,即明知未经国务院有关主管部门许可,擅自进口固体废物用作原料。

3. 本罪的认定

本罪在适用中,应当划清以下界限:

第一,本罪与走私废物罪的界限。两者的界限如下:(1)保护法益不同。后者的保护法益是海关的监管制度,前者的保护法益则是国家的环境保护制度。(2)行为不同。后者表现为逃避海关监管的行为,前者则不逃避海关监管。按照《刑法》第152条第2款的规定,逃避海关监管将境外固体废物运输进境,属于走私性质的犯罪,以走私废物罪论处。(3)后者属于行为犯,行为人只要走私固体废物、液态废物、气态废物就构成犯罪,而前者则是结果犯,要求造成重大环境污染事故,致使公私财产遭受重大损失或者严重危害人体健康。(4)犯罪对象不同。后者走私的废物应当理解为国家禁止进口的固体废物、液态废物、气态废物,而前者进口的则是国家限制进口的固体废物,如果将这些固体废物进口用作原料,必须经国务院有关主管部门批准。

第二,本罪与非法处置进口的固体废物罪的界限。两者的区别主要是目的不同。前者具有利用废物作原料的目的,后者则是出于将境外的固体废物进境加以倾倒、堆放、处置的目的。后者目的支配之下的行为,实际上是将我国作为洋垃圾处理场所的行为,比擅自进口固体废物的性质更为恶劣,社会危害性更大。

第三,本罪与走私犯罪的界限。《刑法》第339条第3款规定,以原料利用为名,进口不能用作原料的固体废物、液态废物和气态废物的,依照该法第152条第2款、第3款规定的走私废物罪定罪处罚。根据最高人民法院、最高人民检察院《关于办理走私刑事案件适用法律若干问题的解释》第21条第1款和第2款的规定,未经许可进出口国家限制进出口的货物、物品,构成犯罪的,应当依照《刑法》第151条、第152条的规定,以走私国家禁止进出口的货物、物品罪等罪名定罪处罚;偷逃应缴税额,同时又构成走私普通货物、物品罪的,依照处罚较重的规定定罪处罚。虽经许可,但超过许可数量进出口国家限制进出口的货物、物品,构成犯罪的,依照《刑法》第153条的规定,以走私普通货物、物品罪定罪处罚。

4. 本罪的处罚

根据《刑法》第339条第2款、第346条的规定,犯本罪的,处5年以下有期徒刑或者拘役,并处罚金;后果特别严重的,处 5 年以上 10 年以下有期徒刑,并处罚金。单位犯本罪的,对单位判处罚金,并对其直接负责的主管人员和其他直接责任人员,依照自然人犯本罪的规定处罚。

(四)走私废物罪

1. 概念

走私废物罪,是指逃避海关监管,将境外固体废物、液态废物和气态废物运输进境,或者以原料利用为名进口不能用作原料的固体废物、液态废物和气态废物,情节严重的行为。

《刑法》第 152 条第 2 款、第 3 款规定,逃避海关监管将境外固体废物、液态废物和气态废物运输进境,情节严重的,处 5 年以下有期徒刑,并处或者单处罚金;情节特别严重的,处 5 年以上有期徒刑,并处罚金。单位犯前述罪的,对单位判处罚金,并对其直接负责的主管人员和其他直接责任人员,依照前述规定处罚。

《刑法》第 339 条第 3 款规定,以原料利用为名,进口不能用作原料的固体废物、液态废物和气态废物的,依照该法第 152 条第 2 款、第 3 款的规定定罪处罚。

2. 构成要件

本罪的保护法益是国家有关废物污染环境防治的监管制度和国家对外经济贸易的管理制度。本罪客观上表现为,逃避海关监管将境外固体废物、液态废物和气态废物运输进境,或者以原料利用为名进口不能用作原料的固体废物、液态废物和气态废物,情节严重的行为。本罪的主体既包括自然人,也包括单位。本罪的主观方面是故意。

根据最高人民法院、最高人民检察院《关于办理走私刑事案件适用法律若干问题的解释》第 14 条规定,本罪的"情节严重"包括以下情形:(1)走私国家禁止进口的危险性固体废物、液态废物分别或者合计达到 1 吨以上不满 5 吨的;(2)走私国家禁止进口的非危险性固体废物、液态废物分别或者合计达到 5 吨以上不满 25 吨的;(3)走私国家限制进口的可用作原料的固体废物、液态废物分别或者合计达到 20 吨以上不满 100 吨的;(4)未达到上述数量标准,但属于犯罪集团的首要分子,使用特种车辆从事走私活动,或者造成环境严重污染等情形的。本罪的"情节特别严重"包括以下情形:(1)走私数量超过前述规定的标准的;(2)达到前述规定的标准,且属于犯罪集团的首要分子,使用特种车辆从事走私活动,或者造成环境严重污染等情形的;(3)未达到前述规定的标准,但造成环境严重污染且后果特别严重的。走私置于容器中的气态废物,构成犯罪的,参照前述规定的标准处罚。

3. 本罪的处罚

根据《刑法》第 152 条第 2 款、第 3 款,以及第 339 条第 3 款的规定,犯本罪的,情节严重的,处 5 年以下有期徒刑,并处或者单处罚金;情节特别严重的,处 5 年以上有期徒刑,并处罚金。单位犯本罪的,对单位判处罚金,并对其直接负责的主管人员和其他直接责任人员,依照自然人犯本罪的规定处罚。

(五)非法捕捞水产品罪

1. 概念

非法捕捞水产品罪,是指违反保护水产资源法规,在禁渔区、禁渔期或者使用禁用的工具、方法捕捞水产品,情节严重的行为。

《刑法》第340条规定:“违反保护水产资源法规,在禁渔区、禁渔期或者使用禁用的工具、方法捕捞水产品,情节严重的,处三年以下有期徒刑、拘役、管制或者罚金。”

2. 构成要件

本罪保护的法益是国家保护水产资源的管理制度。本罪的客体是国家保护水产资源的管理制度。所谓水产资源,包括具有经济价值的天然水生动物和水生植物两类。前者主要指各种鱼类、虾蟹类、贝类以及其他龟鳖、乌贼、海参等,后者主要是指海藻类、淡水食用水生植物等。但珍贵、濒危的陆生、水生野生动物和有重要生态、科学、社会价值的陆生野生动物属于《刑法》第341条规定的危害珍贵、濒危野生动物罪,非法狩猎罪以及非法猎捕、收购、运输、出售陆生野生动物罪的保护对象,不属于本罪的保护对象。人工养殖的水产品已经丧失天然属性而成为所有权的对象,因而也不是本罪的保护对象。行为人非法捕捞水产品,数额较大的,可以构成盗窃罪。

本罪客观上表现为,违反保护水产资源法规,在禁渔区、禁渔期或者使用禁用的工具、方法捕捞水产品,情节严重的行为。所谓禁渔区,是指由《水产资源繁殖保护条例》《长三角地区联合做好长江“十年禁渔”合作备忘录》《长三角地区长江禁渔水上联合执法长效机制》等国家法规或者地方政府规定,对某些重要的鱼、虾、蟹、贝、藻以及其他重要水生生物的产卵场、索饵场、越冬场和洄游通道,划定禁止所有或者特定渔业生产作业的区域。所谓禁渔期,是指对某些重要水生生物的产卵场、索饵场、越冬场和洄游通道,规定禁止渔业生产作业或者限制作业的一定期限。所谓禁用的工具,是指禁止使用的超过国家对不同捕捞对象所分别规定的最小网目尺寸的渔具。所谓禁用的方法,是指禁止采用的损害水产资源正常繁殖、生长的方法,如炸鱼、毒鱼、电鱼等。所谓情节严重,依据相关司法解释,其认定标准有所不同。其一,在内陆水域,根据2022年4月公布的最高人民法院、最高人民检察院《关于办理破坏野生动物资源刑事案件适用法律若干问题的解释》第3条第1款的规定,违反保护水产资源法规,在禁渔区、禁渔期或者使用禁用的工具、方法捕捞水产品,如需认定为“情节严重”,应具有下列情形之一:(1)非法捕捞水产品500公斤以上或者价值1万元以上的;(2)非法捕捞有重要经济价值的水生动物苗种、怀卵亲体或者在水产种质资源保护区内捕捞水产品50公斤以上或者价值1000元以上的;(3)在禁渔区使用电鱼、毒鱼、炸鱼等严重破坏渔业资源的禁用方法或者禁用工具捕捞的;(4)在禁渔期使用电鱼、毒鱼、炸鱼等严重破坏渔业资源的禁用方法或者禁用工具捕捞的;(5)其他情节严重的情形。[16] 按照2020年12月最高人民法院、最高人民检察院、公安部、农业农村部联合印发的《依法惩治长江流域非法捕捞等违法犯罪的意见》(公通字〔2020〕17号)内容,非法捕捞水产品,根据渔获物的数量、价值和捕捞方法、工具等情节,认为对水生生物资源危害明显较轻的,可以认定为犯罪情节轻微,依法不起诉或者免予刑事处罚,但是曾因破坏水产资源受过处罚的除外。非法猎捕、收购、运输、出售珍贵、濒危水生野生动物,尚未造成动物死亡,综合考虑行为手段、主观罪过、犯罪动机、获利数额、涉案水生生物的濒危程度、数量价值以及行为人的认罪悔罪态度、修复生态环境情况等情节,认为定罪量刑标准明显过重

〔16〕 参见最高人民法院、最高人民检察院《关于办理破坏野生动物资源刑事案件适用法律若干问题的解释》(法释〔2022〕12号)第3条第1款。

的,可以结合具体案件的实际情况依法作出妥当处理,确保罪责刑相适应。其二,在海洋水域,根据最高人民法院2016年8月公布的《关于审理发生在我国管辖海域相关案件若干问题的规定(二)》(法释〔2016〕17号)第4条的规定,违反保护水产资源法规,在禁渔区、禁渔期或者使用禁用的工具、方法捕捞水产品,如需认定为"情节严重",应具有下列情形之一:(1)非法捕捞水产品1万公斤以上或者价值10万元以上的;(2)非法捕捞有重要经济价值的水生动物苗种、怀卵亲体2000公斤以上或者价值2万元以上的;(3)在水产种质资源保护区内捕捞水产品2000公斤以上或者价值2万元以上的;(4)在禁渔区内使用禁用的工具或者方法捕捞的;(5)在禁渔期内使用禁用的工具或者方法捕捞的;(6)在公海使用禁用渔具从事捕捞作业,造成严重影响的;(7)其他情节严重的情形。

此外,需特别注意的是,在长江流域重点水域,根据2020年12月最高人民法院、最高人民检察院、公安部以及农业农村部联合印发的《依法惩治长江流域非法捕捞等违法犯罪的意见》(公通字〔2020〕17号)的规定,以及2021年2月24日最高人民检察院印发的《检察机关办理长江流域非法捕捞案件有关法律政策问题的解答》(高检办发〔2021〕1号)的内容,还应重点关注构成本罪的入罪追诉标准,即包括"在禁捕区域使用电鱼、毒鱼、炸鱼等严重破坏渔业资源的禁用方法捕捞"和"在禁捕区域使用农业农村部规定的禁用工具捕捞"。其中,在认定"禁用方法"时,要注意审查具体方法对渔业资源的严重危害程度。对于在禁捕区域使用电鱼、毒鱼、炸鱼方法的,一般应当以非法捕捞水产品罪追究刑事责任。对于确属情节轻微、对渔业资源危害不大,依法不需要判处刑罚或者可以免除刑罚的,可以依法作出不起诉决定。对于电鱼、毒鱼、炸鱼以外的其他严重破坏渔业资源的禁用方法,应从两个方面来把握:一是具有破坏渔业资源正常生长繁殖的现实危害或危险性;二是与电鱼、毒鱼、炸鱼方法的社会危害程度大致相当。在认定"禁用工具"时,应当适用农业农村部出台的标准。根据2020年12月农业农村部办公厅印发的《非法捕捞案件涉案物品认(鉴)定和水生生物资源损害评估及修复办法(试行)》(农办渔〔2020〕24号)第13条的规定,认(鉴)定涉案捕捞工具应当依据《渔具分类、命名及代号》(GB/T 5147)确定其名称,并结合农业农村部或相关省级渔业主管部门公布的、禁止或限制使用的捕捞工具名录及相关规定,判定其是否属于禁止或限制使用的捕捞工具。认(鉴)定涉案电鱼工具应当综合考虑其结构或组成、工作原理等因素。

本罪的主体是一般主体,既可以是自然人,也可以是单位。本罪的主观方面是故意。在认定行为人是否具有犯罪的主观故意时,应当依据其生活背景、职业经历、捕捞方法、捕捞工具、渔获物去向、获利资金流向,以及本人有无因同类行为受到行政处罚或者刑事追究情况等方面的证据,进行综合分析判断。在办理非法捕捞水产品的案件时,认定主观故意原则上不要求行为人对有关禁渔区、禁渔期或者禁用的工具、方法等法律规定具有明确的认知,只要其认识到行为可能违法、被禁止即可。对于行为人作出合理解释,或者有证据证明其确系对禁捕区域、禁捕时间、禁用方法或者禁用工具不知情的,依法可不作为犯罪处理。

3. 本罪的处罚

依照《刑法》第340条、第346条的规定,犯本罪的,处3年以下有期徒刑、拘役、管制或者罚金。单位犯本罪的,对单位判处罚金,并对其直接负责的主管人员和其他直接责任人员,依照自然人犯本罪的规定处罚。依照最高人民法院、最高人民检察院《关于办理破坏野生动物资源刑事案件适用法律若干问题的解释》第3条第2款规定,实施非法捕捞水产品的行为,具有下列情形之一的,从重处罚:(1)暴力抗拒、阻碍国家机关工作人员依法履行职务,尚未构成妨害公务罪、袭警罪的;(2)2年内曾因破坏野生动物资源受过行政处罚的;(3)对水生生物资源或者水域生态造成严重损害的;(4)纠集多条船只非法捕捞的;(5)以非法捕捞为业的。第3款规定,实施非法捕捞水产品的行为,根据渔获物的数量、价值和捕捞方法、工具等,认为对水生生物资源危害明显较轻的,综合考虑行为人自愿接受行政处罚、积极修复生态环境等情节,可以认定为犯罪情节轻微,不起诉或者免予刑事处罚;情节显著轻微危害不大的,不作为犯罪处理。

案例8-2-03 黄某辉、陈某等8人非法捕捞水产品刑事附带民事公益诉讼案[17]

2020年10月至2021年4月,黄某辉、陈某等8人为谋取非法利益,在明知长江流域全面禁捕的情况下,使用自制电网、丝网、地笼网等禁用工具,在东洞庭湖江豚自然保护区实验区和东洞庭湖鲤、鲫、黄颡国家级水产种质资源保护区实验区范围内,非法捕捞近40次,捕获渔获物1万余斤,非法获利10余万元。湖南省岳阳县人民检察院指控,黄某辉、陈某等8人为谋取非法利益,在禁捕期使用禁用工具、方法捕捞水产品,他们分工明确,团队化作案,形成了“捕—运—销”一体化的利益团伙,情节严重,严重影响了电捕鱼作业范围内各类水生动物的种群繁衍,破坏了长江流域的渔业生态资源。因此,黄某辉、陈某等8人的行为触犯了《刑法》第340条之规定,犯罪事实清楚,证据确实、充分,应当分别以非法捕捞水产品罪追究其刑事责任。

湖南省岳阳县人民法院根据《刑法》第340条之规定,认定被告人黄某辉、陈某等8人分别犯非法捕捞水产品罪,并根据8人的犯罪情节轻重分别判处有期徒刑1年1个月至拘役3个月,缓刑4个月等。

与此同时,根据最高人民法院、最高人民检察院《关于检察公益诉讼案件适用法律若干问题的解释》第20条的规定,湖南省岳阳县人民检察院在依法履行公告程序且公告期内无法律规定的机关和有关组织反馈情况或提起诉讼之后,以被告人黄某辉、陈某等8人涉嫌非法捕捞水产品罪向湖南省岳阳县人民法院提起公诉,并以其行为破坏长江流域渔业生态资源,影响自然保护区内各类水生动物的种群繁衍,损害社会公共利益为由,向湖南省岳阳县人民法院提起刑事附带民事公益诉讼,请求判令:(1)上述8名被告人在市级新闻媒体上赔礼道歉。(2)上述8名被告人按照生态损失评估报告提出的生态修复建议确定的放流种类、规格、数量以及物价鉴定意见,在各自参与非法捕捞渔获物范围内共同购置相应价值的成鱼和苗种,在洞庭湖水域进行放流,修复渔业资源与生态。被告人逾期不履行渔业资源和生态修复义务时,应按照放流种类和数量对应的鱼类市场价格连带承担相应渔业资源和生态修复费用211000元。(3)上述8名被告人连带承担本案的生态评估费用3000元。

在案件审理过程中,湖南省岳阳县人民法院组织附带民事公益诉讼起诉人和附带民事公

[17] 参见黄某辉、陈某等8人非法捕捞水产品刑事附带民事公益诉讼案,最高人民法院指导性案例213号(2023年)。

益诉讼被告人黄某辉、陈某等8人调解，双方自愿达成了下列协议：在洞庭湖水域进行放流，修复渔业资源与环境；由8名被告人共同承担本案的生态评估费用3000元，直接缴纳给湖南省岳阳县人民检察院；8名被告人在市级新闻媒体上赔礼道歉；等等。湖南省岳阳县人民法院经审查认为调解协议的内容不违反社会公共利益，出具了(2021)湘0621刑初244号刑事附带民事调解书，将调解书送达给8名被告人及湖南省岳阳县人民检察院，并向社会公开。

评析：本案中，黄某辉、陈某等8人为谋取非法利益，在明知长江流域全面禁捕的情况下，使用自制电网、丝网、地笼网等禁用工具、方法捕捞水产品，严重影响了电捕鱼作业范围内各类水生动物的种群繁衍，破坏了长江流域的渔业生态资源，触犯了《刑法》第340条的规定，因此，法院分别以非法捕捞水产品罪追究黄某辉、陈某等8人的刑事责任。此外，为充分发挥司法审判、法律监督职能作用，维护宪法法律权威、维护社会公平正义、维护国家利益和社会公共利益，湖南省岳阳县人民法院在追究被告人黄某辉等8人刑事责任的同时，还组织附带民事公益诉讼起诉人和附带民事公益诉讼被告人黄某辉、陈某等8人进行调解，并促使双方自愿达成协议，维护了社会公共利益。

(六)危害珍贵、濒危野生动物罪

1. 概念

本罪是指非法猎捕、杀害国家重点保护的珍贵、濒危野生动物，或者非法收购、运输、出售国家重点保护的珍贵、濒危野生动物及其制品的行为。

《刑法》第341条第1款规定，非法猎捕、杀害国家重点保护的珍贵、濒危野生动物的，或者非法收购、运输、出售国家重点保护的珍贵、濒危野生动物及其制品的，处5年以下有期徒刑或者拘役，并处罚金；情节严重的，处5年以上10年以下有期徒刑，并处罚金；情节特别严重的，处10年以上有期徒刑，并处罚金或者没收财产。

2. 构成要件

本罪的保护法益是国家重点保护的珍贵、濒危野生动物和珍贵、濒危野生动物制品。本罪客观上表现为，非法猎捕、杀害国家重点保护的珍贵、濒危野生动物，或者非法收购、运输、出售国家重点保护的珍贵、濒危野生动物及其制品的行为。本罪关于“国家重点保护的珍贵、濒危野生动物”范围主要参照2022年4月6日公布的最高人民法院、最高人民检察院《关于办理破坏野生动物资源刑事案件适用法律若干问题的解释》第4条的规定，即其包括：(1)列入《国家重点保护野生动物名录》的野生动物；(2)经国务院野生动物保护主管部门核准按照国家重点保护的野生动物管理的野生动物。而“珍贵、濒危野生动物制品”是指对捕获或者得到的珍贵、濒危野生动物通过某种加工之后得到的成品或者半成品，如标本、皮革和其他具有较高经济价值的动物部位、肉食等。本罪关于非法猎捕、杀害国家重点保护的珍贵、濒危野生动物，或者非法收购、运输、出售国家重点保护的珍贵、濒危野生动物及其制品的行为的认定，主要依据《野生动物保护法》等法律法规。其中，根据《野生动物保护法》第28条第2款、第3款的规定，因科学研究、人工繁育、公众展示展演、文物保护或者其他特殊情况，需要出售、购买、利用国家重点保护野生动物及其制品的，应当经省、自治区、直辖市人民政府野生动物保护主管部门批准，并按照规定取得和使用专用标识，保证可追溯，但国务院对批准机关另有规定的除外。

出售、利用有重要生态、科学、社会价值的陆生野生动物和地方重点保护野生动物及其制品的，应当提供狩猎、人工繁育、进出口等合法来源证明。第34条第1款规定，运输、携带、寄递国家重点保护野生动物及其制品，或者依照该法第29条第2款规定调出国家重点保护野生动物名录的野生动物及其制品出县境的，应当持有或者附有该法第21条、第25条、第28条或者第29条规定的许可证、批准文件的副本或者专用标识。

作为本罪实行行为的非法捕杀行为方式多种多样，可以归纳为三类：一是猎取珍贵、濒危的陆生野生动物；二是捕捞珍贵、濒危的水生野生动物；三是杀害珍贵、濒危的陆生或水生野生动物。只要具备上述方式之一，即可构成本罪。同时具备两种方式的，也只构成一罪，不能数罪并罚。此外，作为本罪实行行为的“收购”包括以营利、自用等为目的的购买行为；“运输”包括采用携带、邮寄、利用他人、使用交通工具等方法进行运送的行为；“出售”包括出卖和以营利为目的的加工利用行为。

本罪的主体为一般主体。本罪的主观方面表现为故意，即知道或者应当知道是国家重点保护的珍贵、濒危野生动物而加以猎捕、杀害，或者知道或应当知道是国家重点保护的珍贵、濒危野生动物及其制品而加以收购、运输、出售。在是否应当知道的判断上，不能仅凭行为人的供述，而应当依据行为人实施犯罪行为的过程、物品被查获时的情形等证据，结合行为人的年龄、阅历、智力等情况，进行综合分析判断。按照相关立法解释，知道或者应当知道是国家重点保护的珍贵、濒危野生动物及其制品，为食用或者其他目的而非法购买的，属于《刑法》第341条第1款规定的非法收购国家重点保护的珍贵、濒危野生动物及其制品的行为。[18]

3. 本罪的处罚

根据《刑法》第341条第1款、第346条的规定，犯本罪的，处5年以下有期徒刑或者拘役，并处罚金；情节严重的，处5年以上10年以下有期徒刑，并处罚金；情节特别严重的，处10年以上有期徒刑，并处罚金或者没收财产。单位犯本罪的，对单位判处罚金，并对其直接负责的主管人员和其他直接责任人员，依照自然人犯本罪的规定处罚。根据最高人民法院、最高人民检察院《关于办理破坏野生动物资源刑事案件适用法律若干问题的解释》第6条的规定，非法猎捕、杀害国家重点保护的珍贵、濒危野生动物，或者非法收购、运输、出售国家重点保护的珍贵、濒危野生动物及其制品，价值2万元以上不满20万元的，应当依照刑法第341条第1款的规定，以危害珍贵、濒危野生动物罪处5年以下有期徒刑或者拘役，并处罚金；价值20万元以上不满200万元的，应当认定为“情节严重”，处5年以上10年以下有期徒刑，并处罚金；价值200万元以上的，应当认定为“情节特别严重”，处10年以上有期徒刑，并处罚金或者没收财产。实施前款规定的行为，具有下列情形之一的，从重处罚：(1)属于犯罪集团的首要分子的；(2)为逃避监管，使用特种交通工具实施的；(3)严重影响野生动物科研工作的；(4)2年内曾因破坏野生动物资源受过行政处罚的。实施第1款规定的行为，不具有第2款规定的情形，且未造成动物死亡或者动物、动物制品无法追回，行为人全部退赃退赔，确有悔罪表现的，按照下列规定处理：(1)珍贵、濒危野生动物及其制品价值200万元以上的，可以认定为“情节严重”，

---

〔18〕 参见全国人民代表大会常务委员会《关于〈中华人民共和国刑法〉第三百四十一条、第三百一十二条的解释》(2014年4月24日第十二届全国人民代表大会常务委员会第八次会议通过)。

处5年以上10年以下有期徒刑,并处罚金。(2)珍贵、濒危野生动物及其制品价值20万元以上不满200万元的,可以处5年以下有期徒刑或者拘役,并处罚金。(3)珍贵、濒危野生动物及其制品价值2万元以上不满20万元的,可以认定为犯罪情节轻微,不起诉或者免予刑事处罚;情节显著轻微危害不大的,不作为犯罪处理。

案例8-2-04 李某华等11人危害珍贵、濒危野生动物刑事附带民事公益诉讼案[19]

自2019年以来,被告人李某华多次联系被告人龙某军猎捕野生小熊猫活体。2019年至2020年4月,龙某军将其自己捕获的野生小熊猫活体15只出售给李某华及被告人李某秋(李某华之子);李某华父子将其中14只运至山东莱州、江苏南京等地,向被告人刘某甲出售2只,向其他3名动物园经营者(另案处理)共出售10只,非法获利29万元。2020年11月至12月期间,龙某军从被告人高某林处收购4只野生小熊猫活体后,将其中1只耳朵有缺陷的野生小熊猫放生,另外3只小熊猫驾车运至四川省泸定县。李某华父子及被告人刘某乙驾车从泸定县购得该3只小熊猫后,返回途中被公安机关查获。2020年4月以来,李某华父子到四川省平武县锁江羌族乡从被告人马某曹处收购金丝猴活体18只;其中13只由李某华父子雇用被告人张某华、刘某乙运输至安徽铜陵出售给经营动物园的被告人徐某珍、沈某等人,非法获利56万元。经鉴定,案涉小熊猫均为国家二级保护野生动物,单只价值为4万元;金丝猴均为川金丝猴,系国家一级保护野生动物,单只价值为50万元。雅安市人民检察院以危害珍贵、濒危野生动物罪对李某华等11人提起公诉,并提起附带民事公益诉讼,诉请李某华、李某秋、刘某甲、龙某军赔偿死亡的野生小熊猫11只公益赔偿金共计44万元,李某华、李某秋、马某曹赔偿死亡的野生金丝猴1只公益赔偿金50万元,李某华等11名被告人共同在媒体公开赔礼道歉。

四川省雅安市中级人民法院经审理认为,李某华等人非法猎捕、出售、收购、运输国家重点保护的珍贵、濒危野生动物的行为,均构成危害珍贵、濒危野生动物罪。其中李某华、李某秋非法收购、运输、出售国家一级保护野生动物川金丝猴18只,国家二级保护野生动物小熊猫18只,野生动物价值共计972万元,属情节特别严重,综合考虑李某华具有累犯、坦白等情节,李某秋具有立功等情节,判处李某华有期徒刑14年并处罚金50万元、李某秋有期徒刑8年并处罚金30万元。马某曹非法猎捕、出售国家一级保护野生动物川金丝猴18只,野生动物价值900万元,属情节特别严重,综合考虑其系自首等情节,判处马某曹有期徒刑11年并处罚金30万元。判处其余被告人有期徒刑3年至6年不等,并处罚金5万元至25万元不等。对于动物园经营者刘某甲、徐某珍,并处自刑罚执行完毕之日或者假释之日起5年内禁止从事与野生动物有关的一切经营性活动。判令附带民事公益诉讼被告人李某华、李某秋、刘某甲、龙某军共同赔偿公益赔偿金44万元,李某华、李某秋、马某曹共同赔偿公益赔偿金50万元,李某华等11人在媒体公开赔礼道歉。宣判后,马某曹等部分被告人不服提起上诉,四川省高级人民法院审理后裁定驳回上诉,维持原判。

---

〔19〕 参见《国家公园司法保护典型案例》,载最高人民法院网2023年10月17日,https://www.court.gov.cn/zixun/xiangqing/414672.html。

评析:本案案发地之一的四川省平武县,是大熊猫国家公园的核心区,素有“天下大熊猫第一县”的美誉。大熊猫国家公园对加强大熊猫及其伞护的其他物种和典型生态脆弱区整体保护,打造国家重要生态屏障具有重要意义。本案中,被告人在大熊猫国家公园内猎捕国家重点保护野生动物用于销售,已经形成了危害珍贵、濒危野生动物犯罪的“猎捕—收购—运输—销售”的完整产业链,且以民营动物园为链条终端,通过动物园收购和再次交易将野生动物“洗白”,严重破坏了大熊猫国家公园内自然生态系统的原真性、完整性和系统性。本案部分被告人身为动物园经营者,具有从事野生动物收购、饲养、出售、运输等便利,其明知收购、运输珍贵、濒危野生动物必须按照法定程序审批,却为追求经济利益而利用其职业便利实施非法收购、运输野生动物犯罪,已严重违背职业道德和从业义务。为预防犯罪人再实施此类犯罪,人民法院对其判处“禁止令”,禁止其再次从事野生动物经营,体现了打击和预防犯罪并重,以最严法治守护国家公园生态安全的决心。

(七)非法狩猎罪

1. 概念

本罪是指违反狩猎法规,在禁猎区、禁猎期或者使用禁用的工具、方法进行狩猎,破坏野生动物资源,情节严重的行为。

《刑法》第341条第2款规定:“违反狩猎法规,在禁猎区、禁猎期或者使用禁用的工具、方法进行狩猎,破坏野生动物资源,情节严重的,处三年以下有期徒刑、拘役、管制或者罚金。”

2. 构成要件

本罪的主体是一般主体。本罪的客观方面表现为违反狩猎法规,在禁猎区、禁猎期或者使用禁用的工具、方法进行狩猎,破坏野生动物资源,情节严重的行为。本罪的客体是国家对野生动物的保护制度。本罪保护法益为国家对野生动物的保护制度。所谓非法狩猎,是指违反狩猎法规,在禁猎区、禁猎期狩猎,或者使用禁用的工具、方法狩猎。违反狩猎法规,主要是指违反我国《野生动物保护法》等有关野生动物保护的法律法规;禁猎区,是指国家根据野生动物保护需要,划定的禁止狩猎的区域;禁猎期,是指国家为了充分保护和合理利用野生动物资源,根据野生动物的繁殖和皮毛、肉食、药材的成熟季节,分别规定的禁止狩猎的期间;禁用的工具,一般是指具有极大杀伤力的狩猎器械,如地弓、地枪、大铁夹、军用武器等;禁用的方法,是指一切足以破坏野生动物资源的方法,如以化学药品毒杀、布电网围杀、爆炸等方法。所谓野生动物资源,是指受《野生动物保护法》等保护的野生动物,包括国家重点保护野生动物、地方重点保护野生动物和“有重要生态、科学、社会价值的陆生野生动物”(又称“三有动物”)三类,包括麻雀、青蛙、壁虎、蟾蜍、野鸡、野兔和各种蛇类等共计1700多种。所谓情节严重,是指具有下列情形之一:(1)非法猎捕野生动物价值1万元以上的;(2)在禁猎区使用禁用的工具或者方法狩猎的;(3)在禁猎期使用禁用的工具或者方法狩猎的;(4)其他情节严重的情形。[20] 实施上述行为,根据猎获物的数量、价值和狩猎方法、工具等,认为对野生动物资源危害明显较轻的,综合考虑猎捕的动机、目的、行为人自愿接受行政处罚、积极修复生态环境等情

〔20〕 参见最高人民法院、最高人民检察院《关于办理破坏野生动物资源刑事案件适用法律若干问题的解释》(法释〔2022〕12号)第7条第1款。

节,可以认定为犯罪情节轻微,不起诉或者免予刑事处罚;情节显著轻微危害不大的,不作为犯罪处理。[21] 本罪的主观方面为故意。

3. 本罪的认定

本罪在认定上,应当注意其与危害珍贵、濒危野生动物罪的界限。二者的主要区别是行为对象不同。本罪的对象是珍贵、濒危野生动物以外的一般陆生动物,而危害珍贵、濒危野生动物罪的行为对象是列入《国家重点保护野生动物名录》的珍贵、濒危野生动物,包括陆生的野生动物和水生的野生动物。因此,行为人在非法狩猎的过程中,猎捕或者杀害了珍贵、濒危野生动物的话,就要构成危害珍贵、濒危野生动物罪,而不是本罪。但行为人在实施非法狩猎行为时,因为使用一张"翻网"而同时猎捕到不同保护动物(如国家二级重点保护野生动物鸳鸯1只和被列入《有重要生态、科学、社会价值的陆生野生动物名录》和《中华人民共和国政府和日本国政府保护候鸟及其栖息环境协定》的动物绿翅鸭4只)时,由于它们属于不同种类的动物,因此即便只有一个猎捕行为,也构成危害珍贵、濒危野生动物罪和本罪两个罪名,应当数罪并罚。

4. 本罪的处罚

依照《刑法》第341条第2款、第346条的规定,犯本罪的,处3年以下有期徒刑、拘役、管制或者罚金。单位犯本罪的,对单位判处罚金,并对其直接负责的主管人员和其他直接责任人员,依照自然人犯本罪的规定处罚。行为人实施非法狩猎行为,具有下列情形之一的,从重处罚:(1)暴力抗拒、阻碍国家机关工作人员依法履行职务,尚未构成妨害公务罪、袭警罪的;(2)对野生动物资源或者栖息地生态造成严重损害的;(3)2年内曾因破坏野生动物资源受过行政处罚的。[22]

案例 8-2-05 张某强非法制造枪支、非法狩猎案[23]

2017年期间,被告人张某强到海南省海口市某五金店购买一把射钉枪、一根枪管及铁砂、射钉弹后,使用其自有工具组装枪型物1支。经鉴定,张某强制造的枪型物为以火药为发射动力的枪支。2022年3月21日凌晨,张某强在未经野生动物行政主管部门许可,且无狩猎证和持枪证的情况下,擅自进入被划为禁猎区的海南热带雨林国家公园霸王岭分局洪水管护站内狩猎,使用枪支共猎捕赤腹松鼠3只、椰子猫1只、鼬獾1只,使用头照灯照射猎捕大绿臭蛙30只。张某强于次日下山途中被公安民警当场抓获。经鉴定,案涉椰子猫属国家二级保护野生动物,鼬獾、赤腹松鼠均被列入《国家保护的有益的或者有重要经济、科学研究价值的陆生野生动物名录》,大绿臭蛙属于海南省重点保护陆生野生动物。海南省人民检察院第二分院以

〔21〕 参见最高人民法院、最高人民检察院《关于办理破坏野生动物资源刑事案件适用法律若干问题的解释》(法释〔2022〕12号)第7条第3款。

〔22〕 参见最高人民法院、最高人民检察院《关于办理破坏野生动物资源刑事案件适用法律若干问题的解释》(法释〔2022〕12号)第7条第2款。

〔23〕 参见《国家公园司法保护典型案例》,载最高人民法院网2023年10月17日,https://www.court.gov.cn/zixun/xiangqing/414672.html。

张某强犯非法制造枪支罪、非法狩猎罪提起公诉。

海南省第二中级人民法院经审理认为,张某强的行为已构成非法制造枪支罪、非法狩猎罪,应当数罪并罚。鉴于张某强系初犯,案发后如实供述其罪行,认罪认罚且有悔罪表现,其居住地愿意配合进行社区矫正,宣告缓刑对所居住社区没有重大不良影响,该院遂判决对张某强数罪并罚,决定执行有期徒刑3年,缓刑5年,没收犯罪工具等。

评析:本案中,被告人违反狩猎法规,在禁猎区使用改造的枪支及其他工具狩猎,破坏野生动物资源的价值较大,应当受到刑事制裁。同时,人民法院充分考虑被告人的个体因素,给予其改过自新的机会,对其适用缓刑,避免刚脱贫的家庭因刑返贫,彰显了司法的人文关怀,实现了惩罚和预防犯罪相结合的目的,也较好平衡了生态环境保护和民生保障之间的关系。

(八)非法猎捕、收购、运输、出售陆生野生动物罪

1. 概念

本罪是指违反野生动物保护管理法规,以食用为目的非法猎捕、收购、运输、出售国家重点保护的珍贵、濒危野生动物以外的在野外环境自然生长繁殖的陆生野生动物,情节严重的行为。

《刑法》第341条第3款规定,违反野生动物保护管理法规,以食用为目的非法猎捕、收购、运输、出售国家重点保护的珍贵、濒危野生动物以外的在野外环境自然生长繁殖的陆生野生动物,情节严重的,处3年以下有期徒刑、拘役、管制或者罚金。

2. 构成要件

本罪的立法目的是通过禁止以食用为目的猎杀蝙蝠等陆生野生动物,防止疾病传染,保护公共卫生安全。有些陆生野生动物,尽管不是珍贵、濒危动物,但已列入《有重要生态、科学、社会价值的陆生野生动物名录》,故也在法律保护范围之内。2016年《野生动物保护法》已将《国家保护的有益的或者有重要经济、科学研究价值的陆生野生动物名录》改为《有重要生态、科学、社会价值的陆生野生动物名录》。2020年2月24日,全国人大常委会发布了《关于全面禁止非法野生动物交易、革除滥食野生动物陋习、切实保障人民群众生命健康安全的决定》,其中第2条规定,全面禁止食用国家保护的"有重要生态、科学、社会价值的陆生野生动物"以及其他陆生野生动物,包括人工繁育、人工饲养的陆生野生动物。全面禁止以食用为目的猎捕、交易、运输在野外环境自然生长繁殖的陆生野生动物。对违反前述规定的行为,参照适用现行法律有关规定处罚。由此可知,此条文便是对《有重要生态、科学、社会价值的陆生野生动物名录》的进一步落实。2022年修订的《野生动物保护法》延续了2016年《野生动物保护法》关于《有重要生态、科学、社会价值的陆生野生动物名录》所涉条文内容,并作出了"有重要生态、科学、社会价值的陆生野生动物名录,由国务院野生动物保护主管部门征求国务院农业农村、自然资源、科学技术、生态环境、卫生健康等部门意见,组织科学论证评估后制定并公布"以及"对本条规定的名录,应当每五年组织科学论证评估,根据论证评估情况进行调整,也可以根据野生动物保护的实际需要及时进行调整"等条文规定,进一步完善了野生动物名录的论证、评估、制定、公布以及调整过程。

本罪的主体是一般主体。本罪的主观方面表现为故意。本罪的客体是国家陆生野生动物

保护制度。本罪保护的法益为国家陆生野生动物保护制度。本罪客观上表现为,违反野生动物保护管理法规,以食用为目的非法猎捕、收购、运输、出售国家重点保护的珍贵、濒危野生动物以外的在野外环境自然生长繁殖的陆生野生动物,情节严重。其中,作为实行行为的"收购"包括以营利、自用等为目的的购买行为。"运输"包括采用携带、邮寄、利用他人、使用交通工具等方法进行运送的行为。"出售"包括出卖和以营利为目的的加工利用行为。"情节严重",是指具有下列情形之一:(1)非法猎捕、收购、运输、出售有重要生态、科学、社会价值的陆生野生动物或者地方重点保护陆生野生动物价值1万元以上的;(2)非法猎捕、收购、运输、出售第1项规定以外的其他陆生野生动物价值5万元以上的;(3)其他情节严重的情形。[24] 本罪主观方面为故意,还必须具有特定目的即"以食用为目的"。对于"以食用为目的"的认定,应当综合涉案动物及其制品的特征,被查获的地点,加工、包装情况,以及可以证明来源、用途的标识、证明等证据作出认定。一般来说,具有下列情形之一的,可以认定为"以食用为目的":(1)将相关野生动物及其制品在餐饮单位、饮食摊点、超市等场所作为食品销售或者运往上述场所的;(2)通过包装、说明书、广告等介绍相关野生动物及其制品的食用价值或者方法的;(3)其他足以认定以食用为目的的情形。[25]

3. 本罪的处罚

依照《刑法》第341条第3款、第346条的规定,犯本罪的,处3年以下有期徒刑、拘役、管制或者罚金。单位犯本罪的,对单位判处罚金,并对其直接负责的主管人员和其他直接责任人员,依照自然人犯本罪的规定处罚。实施本罪行为,同时构成非法狩猎罪的,应当依照《刑法》第341条第3款的规定,以非法猎捕陆生野生动物罪定罪处罚。

案例8-2-06 邝某祺等非法猎捕、收购、运输、出售陆生野生动物案[26]

被告人邝某祺、吴某宁2019年曾因收购他人非法捕猎的野生鸟类被依法追究刑事责任。2020年5月至2021年11月,邝某祺、吴某宁、曾某准向杨某回、杨某做等人收购陆生野生鸟类。其间,杨某回与杨某做使用禁用的电子诱捕装置、捕鸟网等进行狩猎,捕获野生鸟类26676只和国家二级重点保护野生动物领鸺鹠1只,并出售他人获利;邝某祺以食用为目的向全国各地(包括杨某回、杨某做在内)收购大量陆生野生鸟类并出售,获利100余万元;吴某宁以食用为目的向杨某回、杨某做收购野生鸟类14569只并出售获利。

江西省永丰县人民法院经审理认为,邝某祺等人违反野生动物保护管理法规,明知案涉野生鸟类属于有重要生态、科学、社会价值的陆生野生动物,仍违法狩猎、收购、运输、出售获利,构成非法猎捕、收购、运输、出售陆生野生动物罪。根据邝某祺等人的犯罪事实、犯罪性质、情

---

〔24〕 参见最高人民法院、最高人民检察院《关于办理破坏野生动物资源刑事案件适用法律若干问题的解释》(法释〔2022〕12号)第8条第1款。

〔25〕 参见最高人民法院、最高人民检察院《关于办理破坏野生动物资源刑事案件适用法律若干问题的解释》(法释〔2022〕12号)第11条。

〔26〕 参见《江西省高级人民法院发布十起环境资源典型案例之七:邝某祺等非法收购、运输、出售陆生野生动物案,载北大法宝网2023年6月5日,https://www.pkalaw.com/pfn1/080410207c10f20623bLf2e51d5ea803d67f7374e2ac2b8fbdfb.html。

节和社会危害程度,法院判处邝某祺等5人有期徒刑4年零10个月至1年零6个月不等,并处没收违法所得。一审宣判后,邝某祺不服提起上诉,江西省吉安市中级人民法院裁定驳回上诉,维持原判。

评析:该案是人民法院进行生物多样性保护的典型案例。野生鸟类作为重要的野生动物资源,是大自然留给人类的宝贵财富,保护野生鸟类不仅对维系生态系统的平衡和维护生物多样性具有重要意义,而且是推进人与自然和谐共生现代化的重要内容。本案中,邝某祺等人违反野生动物保护管理法规,违法狩猎、收购、运输、出售野生鸟类,其行为依法构成非法猎捕、收购、运输、出售陆生野生动物罪。为切实维护好生物多样性,人民法院充分发挥职能作用,为野生动物资源提供了坚强有力的司法保护,不仅对非法猎捕、杀害野生鸟类等源头型犯罪进行了重点打击,也对非法收购、运输、出售野生鸟类的犯罪实施了全链条打击,本案是人民法院在生物多样性环境保护领域贯彻最严格制度最严密法治的鲜活案例。

(九)非法占用农用地罪

1. 概念

非法占用农用地罪,是指违反土地管理法规,非法占用耕地、林地等农用地,改变被占用土地用途,数量较大,造成耕地、林地等农用地大量毁坏的行为。

《刑法》第342条规定,违反土地管理法规,非法占用耕地、林地等农用地,改变被占用土地用途,数量较大,造成耕地、林地等农用地大量毁坏的,处5年以下有期徒刑或者拘役,并处或者单处罚金。

2. 构成要件

本罪的客体是国家土地管理制度。本罪保护法益为国家土地管理制度。本罪客观上表现为,违反土地管理法规,非法占用农用地、改变被占用土地的用途,数量较大,造成农用地大量毁坏。

其中,"违反土地管理法规",是指违反《土地管理法》《森林法》《草原法》等法律以及有关行政法规中关于土地管理的规定。所谓农用地,是指直接用于农业生产的土地,包括耕地、林地、草地、农田水利用地、养殖水面等。其中,所谓耕地,分为已开垦的耕地和尚未开发利用的后备耕地。已开垦的耕地包括熟地,当年新开荒地,连续撂荒未满3年的耕地,当年的休闲地,以种植农作物为主并附带种植其他作物的土地,沿海、沿湖地区围垦利用的海涂、湖田等。根据《基本农田保护条例》第10条第1款的规定,应当划入基本农田保护区的耕地范围包括:(1)经国务院有关主管部门或者县级以上地方人民政府批准确定的粮、棉、油生产基地内的耕地;(2)有良好的水利与水土保持设施的耕地,正在实施改造计划以及可以改造的中、低产田;(3)蔬菜生产基地;(4)农业科研、教学试验田。根据2019年修订后的《森林法》第83条的规定,林地,是指县级以上人民政府规划确定的用于发展林业的土地。包括郁闭度0.2以上的乔木林地及竹林地、灌木林地、疏林地、采伐迹地、火烧迹地、未成林造林地、苗圃地等。

"非法占用"就是未经批准,擅自占用。因此,除未经批准擅自占用农用地之外,少批多占农用地即少部分农用地是经过合法批准的但大部分农用地是没有经过批准的,以及提供虚假文件、盗用他人名义申请等以欺骗手段获得批准而占用农用地的情形,也属于非法占用。"改变被占用土地的用途”是将土地管理部门批准占用土地的用途擅自加以改变，包括在耕地或者林地上建窑、建坟、建房、挖沙、采石、采矿、取土、堆放固体废弃物或者进行其他非农业、非林业建设的情形在内。

而且，成立本罪，客观上必须为“数量较大，造成耕地、林地等农用地大量毁坏”的结果。根据最高人民检察院、公安部《关于公安机关管辖的刑事案件立案追诉标准的规定(一)》第67条的规定，违反土地管理法规，非法占用耕地、林地等农用地，改变被占用土地用途，造成耕地、林地等农用地大量毁坏，涉嫌下列情形之一的，应予立案追诉：(1)非法占用基本农田5亩以上或者基本农田以外的耕地10亩以上的；(2)非法占用防护林地或者特种用途林地数量单种或者合计5亩以上的；(3)非法占用其他林地10亩以上的；(4)非法占用第(2)项、第(3)项规定的林地，其中一项数量达到相应规定的数量标准的50%以上，且两项数量合计达到该项规定的数量标准的；(5)非法占用其他农用地数量较大的情形。此外，根据最高人民法院《关于审理破坏草原资源刑事案件应用法律若干问题的解释》第2条的规定，非法占用草原，改变被占用草原用途，数量在20亩以上的，或者曾因非法占用草原受过行政处罚，在3年内又非法占用草原，改变被占用草原用途，数量在10亩以上的，应当认定为《刑法》第342条规定的“数量较大”。非法占用草原，改变被占用草原用途，数量较大，具有下列情形之一的，应当认定为《刑法》第342条规定的“造成耕地、林地等农用地大量毁坏”：(1)开垦草原种植粮食作物、经济作物、林木的；(2)在草原上建窑、建房、修路、挖砂、采石、采矿、取土、剥取草皮的；(3)在草原上堆放或者排放废弃物，造成草原的原有植被严重毁坏或者严重污染的；(4)违反草原保护、建设、利用规划种植牧草和饲料作物，造成草原沙化或者水土严重流失的；(5)其他造成草原严重毁坏的情形。按照最高人民法院《关于审理破坏草原资源刑事案件应用法律若干问题的解释》第7条的规定，该解释所称的草原，是指天然草原和人工草地，天然草原包括草地、草山和草坡，人工草地包括改良草地和退耕还草地，不包括城镇草地。在禁牧区偷牧造成草场大量毁坏的行为，不构成非法占用农用地罪，但有可能构成盗窃罪。行为人违反土地管理法规，在耕地上建设大棚房、生态园、休闲农庄等，非法占用耕地数量较大，造成耕地大量毁坏的，应当以本罪追究实际建设者、经营者的刑事责任。

本罪的主体是一般主体，既可以是自然人，也可以是单位。本罪的主观方面为故意。

3. 本罪的处罚

根据《刑法》第342条、第346条的规定，犯本罪的，处5年以下有期徒刑或者拘役，并处或者单处罚金。单位犯本罪的，对单位判处罚金，并对其直接负责的主管人员和其他直接责任人员，依照自然人犯本罪的规定处罚。

案例8-2-07 辽宁省盘山县张某某破坏永久基本农田案[27]

2020年12月，张某某在未办理用地手续的情况下，擅自占用盘山县坝墙子镇某村26.76

〔27〕 参见《自然资源部公布12起非法占用农用地违法犯罪典型案例》，载自然资源部2023年11月12日，https://www.mnr.gov.cn/dt/ywbb/202311/t20231122_2807306.html。

亩永久基本农田挖坑用于水产养殖。2021 年 3 月,盘山县自然资源局立案查处,责令张某某改正和治理,恢复土地原貌和原种植条件,并处罚款 47.93 万元。由于张某某拒不履行行政处罚决定,2022 年 2 月,盘山县自然资源局向盘山县人民法院申请强制执行,3 月盘山县人民法院裁定准予执行。经内蒙古某生态环境损害司法鉴定所鉴定,永久基本农田土壤损毁严重。同年 4 月,盘山县自然资源局将涉嫌犯罪案件线索移送公安机关,5 月盘山县公安局立案。2023 年 1 月,盘山县人民法院判决张某某犯非法占用农用地罪,判处有期徒刑 8 个月,并处罚金 1 万元。盘山县自然资源局已将行政处罚未履行事项向盘山县人民法院执行局申请强制执行,2023 年 8 月执行局公告强制执行恢复土地。

评析:永久基本农田是依据规划确定的不得占用的优质耕地,保护永久基本农田,对于保障我国粮食安全有着十分重要的意义。根据最高人民法院《关于审理破坏土地资源刑事案件具体应用法律若干问题的解释》(法释〔2000〕14 号)的规定,违反土地管理法规,非法占用耕地改作他用,数量较大,造成耕地大量毁坏的,依照《刑法》第 342 条的规定定罪处罚。本案中,张某某非法占用永久基本农田,且已造成耕地种植条件毁坏,其行为构成非法占用农用地罪。

(十)破坏自然保护地罪

1. 概念

本罪是指违反自然保护地管理法规,在国家公园、国家级自然保护区进行开垦、开发活动或者修建建筑物,造成严重后果或者有其他恶劣情节的行为。

《刑法》第 342 条之一规定:“违反自然保护地管理法规,在国家公园、国家级自然保护区进行开垦、开发活动或者修建建筑物,造成严重后果或者有其他恶劣情节的,处五年以下有期徒刑或者拘役,并处或者单处罚金。有前款行为,同时构成其他犯罪的,依照处罚较重的规定定罪处罚。”

2. 构成要件

本罪的主体是一般主体,既可以是自然人,也可以是单位。本罪的主观方面是故意。本罪的客体是国家自然保护地保护制度。本罪保护法益是国家自然保护地管理保护制度。本罪客观上表现为,自然人或者单位违反自然保护地管理法规,在国家公园、国家级自然保护区进行开垦、开发活动或者修建建筑物,造成严重后果或者有其他恶劣情节的行为。

此外,鉴于当前我国已建立各级各类自然保护地超过 1.18 万个,保护面积覆盖我国陆域面积的 18%、领海的 4.6%,在维护国家生态安全、保护生物多样性、保存自然遗产和改善生态环境质量等方面发挥了重要作用。[28] 故而,适用本罪还需明晰自然保护地的内涵意蕴及类型范畴。自然保护地是由各级政府依法划定或确认,对重要的自然生态系统、自然遗迹、自然景观及其所承载的自然资源、生态功能和文化价值实施长期保护的陆域或海域,是生态建设的核

---

〔28〕 参见《我国自然保护地进入全面深化改革的新阶段——国家林草局有关负责人就〈关于建立以国家公园为主体的自然保护地体系的指导意见〉答记者问》,载中华人民共和国中央人民政府网 2019 年 6 月 26 日,http://www.gov.cn/zhengce/2019-06/26-content_5403599.htm。

心载体、中华民族的宝贵财富、美丽中国的重要象征,在维护国家生态安全中居于首要地位。[29] 按照自然生态系统的原真性、整体性、系统性及其内在规律,依据管理目标与效能并借鉴国际经验,我国将自然保护地按生态价值和保护强度高低依次分为三类,形成了以国家公园为主体、自然保护区为基础、各类自然公园为补充的自然保护地分类系统。其中,国家公园,是指由国家批准设立并主导管理,以保护具有国家代表性的自然生态系统为主要目的,实现自然资源科学保护和合理利用的特定陆域或海域。[30] 自然保护区,是指保护典型的自然生态系统、珍稀濒危野生动植物物种的天然集中分布区、有特殊意义的自然遗迹的区域。自然保护区具有较大面积,能够确保主要保护对象安全,维持和恢复珍稀濒危野生动植物种群数量及其赖以生存的栖息环境。自然公园,是指保护重要的自然生态系统、自然遗迹和自然景观,具有生态、观赏、文化和科学价值,可持续利用的区域,包括森林公园、地质公园、海洋公园、湿地公园等。自然公园能够确保森林、海洋、湿地、水域、冰川、草原、生物等珍贵自然资源,以及所承载的景观、地质地貌和文化多样性得到有效保护。

本罪的行为方式有三种表现:进行开垦活动、进行开发活动和修建建筑物。开垦表现为改变原土地生态状态,使其变为农田进行农业生产,种植粮食作物、经济作物、林木等行为。进行开垦活动会导致自然生态体系破坏或者退化。进行开发活动的范围比较广,不仅包括生产经营活动,还包括科学研究、科学试验等活动,常见的有修路、采伐林木、挖土、采矿、采砂、采石、放牧、捕猎、捕捞、采药等。修建建筑物,主要是指修建供人们进行生产、生活、经营或者其他活动的房屋或者场所。

成立本罪,客观上还要求"造成严重后果或者有其他恶劣情节"。"造成严重后果"主要表现为进行开垦、开发活动或者修建建筑物占用的自然保护地达到了一定的面积,导致自然保护地内的森林、野生动物等死亡,自然保护地的修复费用达到了一定数额或者造成了自然保护地一定的经济损失等情况。"其他恶劣情节"主要表现为违法所得达到一定数额或者经营达到一定规模,在自然保护区内禁止人为活动的核心区内从事开垦、开发活动或者修建建筑物等情形。

3. 本罪的处罚

根据《刑法》第342条之一、第346条的规定,犯本罪的,处5年以下有期徒刑或者拘役,并处或者单处罚金。犯本罪的同时构成其他犯罪的,依照处罚较重的规定定罪处罚。单位犯本罪的,对单位判处罚金,并对其直接负责的主管人员和其他直接责任人员,依照自然人犯本罪的规定处罚。

案例8-2-08 赵某某、辛某某破坏自然保护地案[31]

2020年8月,赵某某、辛某某和冯某商议共同到"老槽沟"矿区内盗取铅锌矿石。为便于

[29] 参见吕忠梅:《自然保护地立法基本构想及其展开》,载《甘肃政法大学学报》2021年第3期。
[30] 《国家公园管理暂行办法》(林保发〔2022〕64号)第3条。
[31] 参见夏菲妮:《全国首例涉国家公园破坏自然保护地罪案宣判 进入核心保护区采矿 1人死亡2人获刑》,载《四川法治报》2022年9月28日,第3版。

进入“老槽沟”矿区,3人雇人将大熊猫国家公园核心区入口的大石头凿碎,强行打通进入核心区的通道,凿碎后的碎石用于铺设及硬化路面、垒砌堡坎等,并雇人将小路上的植物砍倒,形成约1米宽的路。其后,3人先后将发电机、电镐、电线、矿灯、汽油、生活物资等物品搬入“老槽沟”矿区,在矿洞内用电镐、錾子等盗采矿石约15天,凿获矿石约40吨。2020年11月,辛某某、冯某用电镐凿矿时引发矿洞垮塌,辛某某、冯某被垮塌的矿石掩埋,冯某当场死亡、辛某某受重伤。然而,冯某的死亡并未阻断几人盗取矿石的行为。2021年8月,辛某某与李某某(另案处理)再次来到“老槽沟”矿区,二人为将盗采的铅锌矿石运出后出售,强行打开主矿洞,用石头和混凝土对核心区内已经封闭的部分道路进行硬化,并购买6匹骡子,还雇人在大熊猫国家公园内生产生活20余天,盗运矿石约6吨。同年9月,赵某某带李某某(另案处理)等人到“老槽沟”矿区内查看矿石,李某某等人及其使用的骡子在大熊猫国家公园内生产生活7天,盗运矿石约4吨。后来,大熊猫国家公园管理分局工作人员巡护时,发现了正在运送矿石的李某某,随即报警。2022年9月23日,成铁二院依法公开开庭审理了赵某某、辛某某破坏自然保护地一案。

本案中,被告人辛某某、赵某某为盗采、盗卖矿石,明知“老槽沟”矿区在大熊猫国家公园核心区范围内,仍违反自然保护地保护的法律法规,凿碎该国家公园用于封堵入口的挡路石,用石头、混凝土硬化路面,私自开启矿洞,放任人员、骡马在核心区内反复踩踏,携带汽油、煤气等危险物品进入核心区并使用以化石燃料为能源的机具,在核心区生产生活并随意弃置废弃物及生活垃圾,肆意盗采、盗运矿石等行为,严重破坏了大熊猫国家公园核心区的生态环境并造成了人员伤亡,属法律规定的后果严重、情节恶劣,其行为应以破坏自然保护地罪定罪处罚。

经过近5个小时的庭审,成铁二院当庭宣判:赵某某、辛某某犯破坏自然保护地罪,判处赵某某有期徒刑3年2个月,并处罚金5000元;判处辛某某有期徒刑2年10个月,并处罚金5000元。宣判后,二被告人均当庭表示认罪服判,不上诉。

评析:破坏自然保护地罪损害的法益是国家对国家公园、自然保护区、自然公园三类自然保护地的管理秩序,以及对自然保护地内特殊生态环境的严格保护。在本案中,赵某某、辛某某违反自然保护地管理法规,擅自进入大熊猫国家公园核心区内盗采、盗运矿石,造成国家公园矿产资源严重破坏、生态环境损害以及财产损失和人员伤亡,符合破坏自然保护地罪的构成要件。本案存在赵某某和辛某某的行为是构成破坏自然保护地罪还是非法采矿罪的意见分歧。由于非法采矿罪无法覆盖本案被告人违法进入国家公园核心区、破坏国家公园生态环境、引发矿区地质灾害、造成人员伤亡等全部环境破坏行为及后果,因此,以破坏自然保护地罪定罪量刑更为妥当。

(十一)非法采矿罪

1. 概念

非法采矿罪,是指违反矿产资源法的规定,未取得采矿许可证擅自采矿,擅自进入国家规划矿区、对国民经济具有重要价值的矿区和他人矿区范围采矿,或者擅自开采国家规定实行保护性开采的特定矿种,情节严重的行为。

《刑法》第343条第1款规定,违反矿产资源法的规定,未取得采矿许可证擅自采矿,擅自进入国家规划矿区、对国民经济具有重要价值的矿区和他人矿区范围采矿,或者擅自开采国家规定实行保护性开采的特定矿种,情节严重的,处3年以下有期徒刑、拘役或者管制,并处或者单处罚金;情节特别严重的,处3年以上7年以下有期徒刑,并处罚金。

2. 构成要件

本罪的主体是一般主体,既可以是自然人,也可以是单位。本罪的客体是国家的矿产资源保护制度。本罪保护法益为国家的矿产资源保护制度。本罪主观方面是故意。本罪客观上表现为,违反矿产资源法的规定,未取得采矿许可证擅自采矿、擅自进入国家规划矿区、对国民经济具有重要价值的矿区和他人矿区范围采矿,或者擅自开采国家规定实行保护性开采的特定矿种,情节严重的行为。具体来说,包括以下两方面的内容:

一是非法采矿,包括以下五种情形:(1)未取得采矿许可证擅自采矿。所谓未取得采矿许可证,是指具有下列情形之一:无许可证的;许可证被注销、吊销、撤销的;超越许可证规定的矿区范围或者开采范围的;超出许可证规定的矿种的(共生、伴生矿种除外);其他未取得许可证的情形。〔32〕 此外,值得注意的是,依据最高人民法院、最高人民检察院《关于办理非法采矿、破坏性采矿刑事案件适用法律若干问题的解释》第4条第1款、第5条第1款的规定,在河道管理范围内采砂,如若具有"依据相关规定应当办理河道采砂许可证,未取得河道采砂许可证的"或者"依据相关规定应当办理河道采砂许可证和采矿许可证,既未取得河道采砂许可证,又未取得采矿许可证的"情形,应以非法采矿罪定罪处罚。未取得海砂开采海域使用权证,且未取得采矿许可证,采挖海砂,符合其他条件的,应以本罪定罪处罚。但是,对是否构成未取得采矿许可证的情形,要在准确把握盗采矿产资源行为入罪的前提条件下,综合考量案件的具体事实、情节依法认定。(2)擅自进入国家规划矿区采矿。其中,国家规划矿区,是指在一定时期内,根据国民经济建设长期需要和资源分布情况,经国务院或者有关机关依法定程序审查、批准、确定列入国家矿产资源开发长期或者中期规划的矿区以及作为老矿区后备资源基地的矿区。(3)擅自进入对国民经济具有重要价值的矿区采矿。其中,对国民经济具有重要价值的矿区,是指从国民经济的角度来看,经济价值重大或者经济效益很高,对国家经济建设的全局性、战略性有重要影响的矿区。(4)擅自进入他人矿区范围采矿。其中,矿区范围,是指矿井(露天采场)设计部门确定并依照法律程序批准的矿井四周边界的范围。(5)擅自开采国家规定实行保护性开采的特定矿种。其中,国家规定实行保护性开采的特定矿种,是指对国民经济建设、高科技发展具有特殊重要价值,资源严重稀缺,矿产品贵重或者在国际市场上占有明显优势等,在一定时期内由国家依法定程序确定的矿种,如黄金、钨、锡、锑、离子型稀土矿等都是国家规定实行保护性开采的特定矿种。另外,违反矿产资源法的规定,非法开采石油、天然气资源的,也构成非法采矿。〔33〕

二是必须达到"情节严重"的程度。所谓"情节严重",是指具有下列情形之一:(1)开采的矿产品价值或者造成矿产资源破坏的价值在10万元至30万元以上的。(2)在国家规划矿区、

---

〔32〕 参见最高人民法院、最高人民检察院《关于办理非法采矿、破坏性采矿刑事案件适用法律若干问题的解释》(法释〔2016〕25号)第2条。

〔33〕 参见最高人民法院、最高人民检察院《关于办理盗窃油气、破坏油气设备等刑事案件具体应用法律若干问题的解释》(法释〔2007〕3号)第6条。

对国民经济具有重要价值的矿区采矿,开采国家规定实行保护性开采的特定矿种,或者在禁采区、禁采期内采矿,开采的矿产品价值或者造成矿产资源破坏的价值在5万元至15万元以上的。(3)2年内曾因非法采矿受过两次以上行政处罚,又实施非法采矿行为的。(4)造成生态环境严重损害的。(5)其他情节严重的情形。[34] 另外,虽不具有上述情形,但在河道管理范围内采砂,未取得河道采砂许可证(和采矿许可证),严重影响河势稳定,危害防洪安全,或者既未取得海砂开采海域使用权证又未取得采矿许可证,采挖海砂,造成海岸线严重破坏的,均应当认定为《刑法》第343条第1款规定的"情节严重"。[35]

此外,根据最高人民法院、最高人民检察院《关于办理非法采矿、破坏性采矿刑事案件适用法律若干问题的解释》第3条第2款的规定,实施非法采矿行为如若构成"情节特别严重",需具有下列情形之一:(1)数额达到情节严重标准5倍以上的;(2)造成生态环境特别严重损害的;(3)其他情节特别严重的情形。实施盗采矿产资源行为同时构成两种以上"情节严重"或者"情节特别严重"情形的,要综合考虑各情节,精准量刑。在河道管理范围、海域实施盗采砂石行为的,要充分关注和考虑其是否危害堤防安全、航道畅通、通航安全或者造成岸线破坏等因素。

3. 本罪的处罚

依照《刑法》第343条第1款、第346条的规定,犯本罪的,处3年以下有期徒刑、拘役或者管制,并处或者单处罚金;情节特别严重的,处3年以上7年以下有期徒刑,并处罚金。单位犯本罪的,对单位判处罚金,并对其直接负责的主管人员和其他直接责任人员,依照自然人犯本罪的规定处罚。

案例8-2-09 郑某成、高某进、叶某东非法采矿案[36]

被告人郑某成与他人共同承包位于福建省光泽县鸾凤乡某山场的林地,该山场位于武夷山国家公园范围内。郑某成与被告人高某进系朋友关系,二人预谋在该山场合伙开采稀土牟利。2016年9月至2017年5月,郑某成、高某进组织冯某安、钟某明(均另案处理)和被告人叶某东等人在无采矿许可证的情况下,到该山场采用在山体打溶洞注入硫酸铵等,再对析出液体进行沉淀的方式开采稀土矿,现场查获疑似稀土半成品9300千克。经鉴定,案涉稀土矿均属离子吸附型稀土矿,属国家规定实行保护性开采的特定矿种,郑某成等人的非法开采行为还造成稀土矿点矿产资源破坏。另查明叶某东于2018年3月与他人因琐事争执并打斗,犯有故意伤害致人轻伤的犯罪事实。福建省光泽县人民检察院以郑某成、高某进、叶某东犯非法采矿罪,叶某东犯故意伤害罪提起公诉。

---

〔34〕 最高人民法院、最高人民检察院《关于办理非法采矿、破坏性采矿刑事案件适用法律若干问题的解释》(法释〔2016〕25号)第3条第1款。

〔35〕 最高人民法院、最高人民检察院《关于办理非法采矿、破坏性采矿刑事案件适用法律若干问题的解释》(法释〔2016〕25号)第4条第2款、第5条第2款。

〔36〕 参见《国家公园司法保护典型案例》,载最高人民法院2023年10月17日,https://www.court.gov.cn/zixun/xiangqing/414672.html。

福建省光泽县人民法院经审理认为,被告人郑某成、高某进、叶某东等人违反矿产资源法的规定,无采矿许可证擅自开采国家实行保护性开采的特定矿种离子吸附型稀土矿,情节特别严重,已构成非法采矿罪。郑某成、高某进是主犯,叶某东是从犯。该院遂以非法采矿罪分别判处郑某成、高某进有期徒刑4年9个月,并处罚金15万元;以非法采矿罪、故意伤害罪,数罪并罚,判处叶某东有期徒刑3年,并处罚金10万元;扣押在案的稀土半成品予以没收。宣判后,被告人高某进不服,提出上诉。福建省南平市中级人民法院二审裁定驳回上诉,维持原判。

评析:武夷山国家公园是我国目前唯一一个既是世界人与生物圈保护区,又是世界文化与自然双遗产的国家公园,储有众多不可再生的宝贵矿产资源。其中的稀土是我国的重要战略资源,是新兴产业、高端制造业、现代国防科技工业的关键元素。近年来,武夷山国家公园周边地区出现了非法开采稀土的犯罪行为,损害国家稀土资源储备,严重威胁国家公园环境资源安全。本案被告人以原地浸矿法开采稀土矿,危害到武夷山国家公园的生态服务功能和生态系统稳定性,容易导致植被破坏、山体裸露、水源污染、水土流失、山体滑坡、地面裂缝和沉降等严重后果发生。人民法院在开采的矿产品价值和造成矿产资源破坏的价值均已查明的情况下,以造成矿产资源破坏的价值认定被告人非法采矿行为情节特别严重,依法严厉惩处非法开采稀土犯罪,在法定刑幅度范围内从严处罚,并严格控制缓刑的适用,有利于保障国家战略性资源的开发利用,守护国家公园生态安全。

(十二)破坏性采矿罪

1. 概念

破坏性采矿罪,是指违反矿产资源法的规定,采取破坏性的方法开采矿产资源,造成矿产资源严重破坏的行为。

《刑法》第343条第2款规定:“违反矿产资源法的规定,采取破坏性的开采方法开采矿产资源,造成矿产资源严重破坏的,处五年以下有期徒刑或者拘役,并处罚金。”

2. 构成要件

本罪的客体是国家的矿产资源保护制度。本罪的客观方面表现为,违反矿产资源法的规定,采取破坏性的方法开采矿产资源,造成矿产资源严重破坏的行为。本罪保护法益为国家的矿产资源保护制度。“采取破坏性的开采方法”,是指违反矿产资源法的规定,使用不合理的开采顺序、开采方法和选矿工艺,致使矿产资源的开采回采率、采矿贫化率和选矿回收率达不到设计要求,通常是指违反地质矿产主管部门审查批准的矿产资源开发利用方案开采的行为;“造成矿产资源严重破坏”,是指造成矿产资源破坏的价值在50万元至100万元以上,或者造成国家规划矿区、对国民经济具有重要价值的矿区和国家规定实行保护性开采的特定矿种资源破坏的价值在25万元至50万元以上。[37] 此外,违反矿产资源法的规定,破坏性开采石油、天然气资源的,也构成破坏性采矿。[38]

---

〔37〕 参见最高人民法院、最高人民检察院《关于办理非法采矿、破坏性采矿刑事案件适用法律若干问题的解释》(法释〔2016〕25号)第6条。

〔38〕 参见最高人民法院、最高人民检察院《关于办理盗窃油气、破坏油气设备等刑事案件具体应用法律若干问题的解释》(法释〔2007〕3号)第6条。

本罪的主体为特殊主体,即取得采矿许可证的个人或单位。如果未取得采矿许可证的个人或单位采取破坏性的方法开采矿产资源,则构成非法采矿罪。本罪的主观方面为故意。

3. 本罪的认定

在本罪的适用中,要注意以下两个问题:(1)本罪与非法采矿罪的界限。二者的根本区别是,本罪是在持有采矿许可证的前提之下,采用违反矿产资源法的破坏性手段采矿,而非法采矿罪是未取得采矿许可证擅自采矿,擅自进入国家规划矿区、对国民经济具有重要价值的矿区和他人矿区范围采矿,或者擅自开采国家规定实行保护性开采的特定矿种。(2)本罪的罪数问题。违反矿产资源法的规定,采取破坏性的开采方法开采矿产资源,造成重大伤亡事故或者其他严重后果,同时构成《刑法》第343条第1款规定的非法采矿罪和《刑法》第134条规定的重大责任事故罪,强令、组织他人违章冒险作业罪或者《刑法》第135条规定的重大劳动安全事故罪的,依照数罪并罚的规定处罚。

4. 本罪的处罚

根据《刑法》第343条第2款、第346条的规定,犯本罪的,处5年以下有期徒刑或者拘役,并处罚金。单位犯本罪的,对单位判处罚金,并对其直接负责的主管人员和其他直接责任人员,依照自然人犯本罪的规定处罚。

案例8-2-10 宁某喜、张某珠破坏性采矿案〔39〕

2004年4月30日,吕某某成立闻喜县年家沟生茂铁矿个人独资企业(以下简称生茂铁矿),同年6月1日生茂铁矿取得采矿许可,开采方式为地下开采,6月15日吕某某将生茂铁矿的生产经营权承包给张某某,承包期限至2007年9月30日止,同时约定承包期满后将生茂铁矿以30万元的价格转让给张某某。2007年7月,生茂铁矿采矿许可到期后,吕某某在山西省国土资源厅续办了采矿许可,开采方式为地下开采。同年9月,承包期满后吕某某与张某某因转让价格问题产生纠纷并诉至法院。其间,张某某与侯某某达成协议,由侯某某出资购买生茂铁矿。经运城市中级人民法院调解,吕某某将生茂铁矿采矿权及矿上所有资产转让给侯某某。2007年12月6日,运城市国土资源局对闻喜县石门乡生茂铁矿下发停工通知,并送达石门乡政府及石坪村村委会,该村委会将该件转至生茂铁矿各工作面。2008年5月26日,生茂铁矿向运城市国土资源局提出申请恢复生产。在停工期间,2008年3月至7月,被告人宁某喜、张某珠从侯某某处承包了生茂铁矿牛家沟两处矿口,以明采的方式进行破坏性采矿,造成该矿区大面积土地和植被严重破坏,无法复垦利用。经山西省自然资源厅认定,侯某某、宁某喜非法开采破坏铁矿资源量7万吨,价值158.9万元。侯某某、张某珠非法开采破坏铁矿资源量5.15万吨,价值116.905万元。其中,被告人宁某喜破坏性采矿3万余吨,价值68.1万元,被告人张某珠破坏性采矿2.6万余吨,价值59.02万元。

闻喜县人民检察院指控被告人宁某喜、张某珠违反矿产资源法的规定,采取破坏性的开采方法开采矿产资源,造成矿产严重破坏,犯罪事实清楚,证据确实、充分,应当以破坏性采矿罪

〔39〕 参见山西省闻喜县人民法院刑事判决书,(2019)晋0823刑初216号。

追究二被告人刑事责任。闻喜县人民法院认为,被告人宁某喜、张某珠违反矿产资源法的规定,采取破坏性的开采方法开采矿产资源,造成矿产资源严重破坏,二被告人的行为均已构成破坏性采矿罪。因此,该院判决如下:被告人宁某喜犯破坏性采矿罪,判处有期徒刑1年,缓刑1年,并处罚金人民币3万元;被告人张某珠犯破坏性采矿罪,判处有期徒刑9个月,缓刑1年,并处罚金人民币2万元;被告人宁某喜违法所得款68.1万元依法予以追缴;被告人张某珠违法所得款59.02万元依法予以追缴。

评析:矿产资源属于不可再生的资源,采取破坏性开采的方法,使矿产资源遭受毁灭,是对国家矿产资源管理制度的侵犯。国家对矿产资源的管理活动主要包括:对全国矿产资源进行统一规划、合理布局;对采矿资格进行审查,授予采矿权、颁发采矿许可证,依法保护正当的采矿权;对采矿单位或者个人进行全面的技术监督,保证采矿活动的科学性和计划性,防止破坏矿产资源。

根据最高人民检察院、公安部《关于公安机关管辖的刑事案件立案追诉标准的规定(一)》第69条的规定,“违反矿产资源法的规定,采取破坏性的开采方法开采矿产资源,造成矿产资源严重破坏,价值在三十万至五十万元以上的,应予立案追诉。本条规定的‘采取破坏性的开采方法开采矿产资源’,是指行为人违反地质矿产主管部门审查批准的矿产资源开发利用方案开采矿产资源,并造成矿产资源严重破坏的行为。破坏性的开采方法以及造成矿产资源严重破坏的价值数额,由省级以上地质矿产主管部门出具鉴定结论,经查证属实后予以认定”。根据最高人民法院、最高人民检察院《关于办理非法采矿、破坏性采矿刑事案件适用法律若干问题的解释》第6条的规定,“造成矿产资源破坏的价值在五十万元至一百万元以上,或者造成国家规划矿区、对国民经济具有重要价值的矿区和国家规定实行保护性开采的特定矿种资源破坏的价值在二十五万元至五十万元以上的,应当认定为刑法第三百四十三条第二款规定的‘造成矿产资源严重破坏’”。本案中,宁某喜与张某珠违反矿产资源法的规定,且以明采方式进行破坏性采矿,进而破坏了价值127.12万元的铁矿资源,由此满足“造成矿产资源严重破坏”的行为条件,最终构成破坏性采矿罪。

(十三)危害国家重点保护植物罪

1.概念

本罪是指违反国家规定,非法采伐、毁坏珍贵树木或者国家重点保护的其他植物的,或者非法收购、运输、加工、出售珍贵树木或者国家重点保护的其他植物及其制品的行为。

《刑法》第344条规定:“违反国家规定,非法采伐、毁坏珍贵树木或者国家重点保护的其他植物的,或者非法收购、运输、加工、出售珍贵树木或者国家重点保护的其他植物及其制品的,处三年以下有期徒刑、拘役或者管制,并处罚金;情节严重的,处三年以上七年以下有期徒刑,并处罚金。”

2.构成要件

本罪的主体是一般主体,既可以是自然人,也可以是单位。本罪的客体是国家对重点保护植物的保护制度。本罪的客观方面表现为违反国家规定,非法采伐、毁坏珍贵树木或者国家重点保护的其他植物,或者非法收购、运输、加工、出售珍贵树木或者国家重点保护的其他植物及其制品的行为。本罪的保护法益为国家对重点保护植物的保护制度。

所谓珍贵树木和国家重点保护的其他植物,包括由省级以上林业主管部门或者其他部门确定的具有重大历史纪念意义、科学研究价值或者年代久远的古树名木,国家禁止、限制出口的珍贵树木,以及列入《国家重点保护野生植物名录》的野生植物。野生植物限于原生地天然生长的植物。人工培育的植物,除古树名木外,不属于《刑法》第344条规定的"珍贵树木或者国家重点保护的其他植物"。所谓非法采伐,是指没有取得采伐许可证而进行采伐,或者违反采伐许可证规定的面积、株数、树种进行采伐。所谓毁坏,是指采用剥皮、砍枝、取脂等方式使树木死亡或者影响其正常生长的行为。所谓收购,就是有偿买入,包括以出售、自用为目的的收购。所谓运输,是指在我国国境之内从甲地到乙地的运送,包括采用携带、邮寄、利用他人、使用交通工具等方法进行运送的行为。所谓加工,是指按照规定的要求进行制作。所谓出售,就是有偿转让。

非法移栽珍贵树木或者国家重点保护的其他植物,依法应当追究刑事责任的,以本罪论处。鉴于移栽在社会危害程度上与砍伐存在一定差异,对非法移栽珍贵树木或者国家重点保护的其他植物的行为,在认定是否构成犯罪以及裁量刑罚时,应当考虑植物的珍贵程度、移栽目的、移栽手段、移栽数量、对生态环境的损害程度等情节,综合评估社会危害性,确保罪责刑相适应。非法采集或者采伐天然种质资源,符合《刑法》第344条规定的,以本罪定罪处罚。在种质资源库、种质资源保护区或者种质资源保护地实施上述行为的,应当酌情从重处罚。本罪属行为犯,且"采伐"与"毁坏"为选择性行为,只要行为人实施了其中之一,便可成立本罪。

本罪的主观方面为故意。在本罪适用过程中,应当注意故意的认定问题。如果行为人确实不认识或者无法意识到是珍贵树木或者国家重点保护的其他植物及其制品,或者无法意识到收购、运输、加工、出售上述物品的行为违法,那么可以说其具有事实上的认识错误,不具有本罪的故意;但是,如果行为人认识或者已经意识到是珍贵树木或者国家重点保护的其他植物及其制品,或者已经意识到收购、运输、加工、出售上述物品的行为可能违法而仍然实施上述行为,就难以排除其犯罪故意。

3. 本罪的处罚

根据《刑法》第344条、第346条的规定,犯本罪的,处3年以下有期徒刑、拘役或者管制,并处罚金;情节严重的,处3年以上7年以下有期徒刑,并处罚金。单位犯本罪的,对单位判处罚金,并对其直接负责的主管人员和其他直接责任人员,依照自然人犯本罪的规定处罚。其中"情节严重",是指具有下列情形之一:(1)危害国家一级保护野生植物5株以上或者立木蓄积5立方米以上的;(2)危害国家二级保护野生植物10株以上或者立木蓄积10立方米以上的;(3)危害国家重点保护野生植物,数量虽未分别达到第1项、第2项规定标准,但按相应比例折算合计达到有关标准的;(4)涉案国家重点保护野生植物及其制品价值20万元以上的;(5)其他情节严重的情形。[40]

---

〔40〕 参见最高人民法院《关于审理破坏森林资源刑事案件适用法律若干问题的解释》(法释〔2023〕8号)第2条第2款。

案例8-2-11 湖北恩施冯某等人危害国家重点保护植物案[41]

2022年7月,在夏季治安打击整治"百日行动"中,湖北警方破获一起涉嫌危害国家重点保护植物案,涉野生兰草22万余株,抓获主犯冯某在内的犯罪嫌疑人16人,追回野生兰草3649株,系近年来全国涉兰草第一大案。

春兰、蕙兰等兰草品类在湖北多地均有分布,因姿态优美、香气清雅,常年受人追捧。湖北省公安厅森林警察总队在网上巡查时,发现恩施市村民赵某等人在短视频平台上直播采挖野生兰草并出售,于是将该线索下发核查。恩施市公安局森林、网络安全、"情指勤舆"一体化专班等部门合成作战,对该案扩线深挖,力争全方位、全链条打击破坏兰草资源犯罪行为。经侦查,赵某等人在直播平台上销售的兰草除自己采挖外,还有部分系从恩施市盛家坝乡村民冯某手中购买,有10余个恩施本地人为冯某供货。

自2021年9月以来,冯某在湖北省恩施市盛家坝乡、芭蕉乡等地采挖野生兰草数万株,同时以每苗0.06元至1.7元不等的价格从各地收购野生兰草18万余株,通过微信、电话等方式将共计22万余株兰草出售到全国各地。经鉴定,冯某等人采挖及收购、销售的兰草为春兰、蕙兰,系国家二级保护野生植物,涉嫌危害国家重点保护植物罪。恩施市公安局森林警察大队将追回的兰草交由恩施市林业部门处理,由专业人员开展移植管护。

评析:国家林业和草原局、农业农村部已于2021年9月7日发布调整后的《国家重点保护野生植物名录》,兰科兰属所有种(被列入一级保护的美花兰和文山红柱兰除外。兔耳兰未列入名录)均被列为国家二级保护植物。依照《刑法》第344条的规定,"违反国家规定,非法采伐、毁坏珍贵树木或者国家重点保护的其他植物的,或者非法收购、运输、加工、出售珍贵树木或者国家重点保护的其他植物及其制品的",均属犯罪行为。本案中,冯某在湖北省恩施市盛家坝乡、芭蕉乡等地采挖国家二级保护野生植物兰草4.8万株,从他人处非法收购野生兰草18万余株,并对外出售牟利,其行为已然构成危害国家重点保护植物罪。

(十四)非法引进、释放、丢弃外来入侵物种罪

1. 概念

本罪是指违反国家规定,非法引进、释放或者丢弃外来入侵物种,情节严重的行为。

《刑法》第344条之一规定,违反国家规定,非法引进、释放或者丢弃外来入侵物种,情节严重的,处3年以下有期徒刑或者拘役,并处或者单处罚金。

本罪是为了应对日益加剧的生物安全风险而制定的。生物安全是指国家有效防范和应对危险生物因子及相关因素威胁,生物技术能够稳定健康发展,人民生命健康和生态系统相对处于没有危险和不受威胁的状态,生物领域具备维护国家安全和持续发展的能力。生物安全是国家和民族安全的重要内容,也是构建人类命运共同体必须面对的问题。根据《外来入侵物种管理办法》第2条第2款的规定,所谓外来入侵物种,是指传入定殖并对生态系统、生境、物

[41] 参见《公安部公布10起破坏生态环境犯罪典型案例》,载中华人民共和国公安部网2023年8月15日,https://www.mps.gov.cn/n2253534/n2253535/c9155584/content.html。

种带来威胁或者危害,影响我国生态环境,损害农林牧渔业可持续发展和生物多样性的外来物种。由于外来入侵物种,会打破自然平衡,改变或破坏当地生态环境、严重破坏生物物种多样性,所以必须在法律上予以制止。另外需要注意的是,对“外来入侵物种”要作扩大解释,不仅包括处于存活状态的“物”,还包括具有繁殖能力、扩散风险的“种”,因此,相关植物物种的种子、苗木,以及动物物种的卵、蛋以及胚胎等其他繁殖材料也应包含在其范围之内。

2. 构成要件

本罪的客体是国家的生物安全管理制度。本罪保护法益是国家的生物安全管理制度。本罪客观上表现为,违反国家规定,非法引进、释放或者丢弃外来入侵物种,情节严重。其中,所谓非法引进,是指行为人违反有关法律规定,从境外进口或者通过携带、邮寄和运输等方式向境内输入该物种。根据《生物安全法》第60条第3款的规定,任何单位和个人未经批准,不得擅自引进、释放或者丢弃外来物种。[42] 所谓释放,是指行为人主动解除对某一外来入侵物种的控制、封闭状态,使其不被阻挡地逃逸到开放的生态环境中去。近年来,巴西龟、虎皮鹦鹉、小葵花鹦鹉等外来物种交易在宠物交易市场较为活跃,宠物逃逸或者弃养宠物后随意放生的现象突出,由此带来了一定的生物和生态安全隐患。所谓丢弃,是指行为人随意抛弃外来入侵物种,放任其进入外部环境的行为。丢弃与释放的行为方式具有相似性,二者的区别主要包括两个方面:一是行为对象。释放一般针对具有自主行动能力的动物物种,而丢弃一般针对植物物种的种子、苗木,或者是动物死体、幼崽、雏鸟、卵、蛋等缺乏自主行动能力的物种载体。二是行为动机。释放一般是为了让物种“自生自灭”,往往对被释放物种进入的环境具有一定的选择性,例如释放鱼、虾等水生动物会选择河流、池塘等水域环境。丢弃则更具随意性,对被丢弃物种未来的生存状态没有明显的预期,对被丢弃物种可能进入的环境一般不具有选择性。

上述行为必须达到“情节严重”的程度,才构成犯罪。对此目前尚无司法解释,可以综合司法实践的具体情况,从非法引进、释放或者丢弃外来入侵物种的数量,造成经济损失的数额,对生物多样性和生态安全的破坏程度等方面,来认定是否符合“情节严重”情形。

本罪的主体为一般主体,包括自然人和单位。本罪的主观方面表现为故意,过失不构成本罪。因此,“无意引进”即伴随人类的运输传播系统而扩散到特种物种的自然分布区域之外的非人为引进行为,不构成本罪。[43]

3. 本罪的处罚

根据《刑法》第344条之一、第346条的规定,犯本罪的,处3年以下有期徒刑或者拘役,并处或者单处罚金。单位犯本罪的,对单位判处罚金,并对其直接负责的主管人员和其他直接责任人员,依照自然人犯本罪的规定处罚。

---

〔42〕 参见孙佑海:《生物安全法:国家生物安全的根本保障》,载《环境保护》2020年第22期。于文轩、胡泽弘:《论生态文明视域下的生物多样性法制体系化》,载《河南师范大学学报(哲学社会科学版)》2022年第5期。

〔43〕 参见杨万明主编:《〈刑法修正案(十一)〉条文及配套〈罪名补充规定(七)〉理解与适用》,人民法院出版社2021年版,第431页。

案例 8-2-12　浙江省淳安县人民检察院督促整治外来入侵物种豹纹脂身鲶行政公益诉讼案[44]

豹纹脂身鲶，又名豹纹翼甲鲶、清道夫鱼，原产于南美洲，于2014年被列入第三批外来入侵物种名单。2019年9月至2022年10月，余某某擅自在淳安县多地自建池塘，并养殖未经批准的外来入侵水生物种豹纹脂身鲶共计130余万尾。其间，余某某自建的位于千岛湖镇求坑源水库上方的池塘发生破裂、坍塌，大量豹纹脂身鲶外逸至连接千岛湖水域的求坑源水库，严重威胁千岛湖鱼类生物资源多样性，损害社会公共利益。

2022年10月，“益心为公”志愿者将案涉线索反映到浙江省淳安县人民检察院（以下简称淳安县院）。淳安县院经初步调查后于2022年10月18日对案涉线索立案审查。

经查，余某某在未经相关部门批准的情况下，擅自在千岛湖镇求坑源水库上方、威坪镇青联村码头等地违法养殖大量外来水生物种豹纹脂身鲶，并发生逃逸事件，余某某因涉嫌非法引进、释放外来入侵物种罪被淳安县公安局立案侦查并移送淳安县院审查起诉。淳安县院经查阅有关资料、咨询水产专家和淳安县农业农村局意见后，认为外逸事件已对千岛湖水域生物安全造成现实、紧迫的危险：一是该物种繁殖速度快、食量巨大，除了青苔、藻类植物，还以其他鱼类的鱼卵、鱼苗为食，被称为淡水鱼类杀手。二是千岛湖作为浙江省唯一的特别生态功能区，拥有61万亩优质渔业面积，湖区鱼类品种已达114种，渔业资源蕴藏量达15万吨，不仅是浙江省重要的战略饮用水源地，也是华东地区不可或缺的生态屏障。三是千岛湖镇求坑源水库面积10000平方米，汛期水库的水经溢洪隧道流入千岛湖，将导致豹纹脂身鲶进一步外逸至整个千岛湖水域。该类物种能够耐受的最低温度是8.8～11℃，根据千岛湖水温记载数据，不能排除其在千岛湖继续繁衍扩散的风险。

为预防外来水生物种入侵隐患，确保千岛湖水域生态安全，淳安县院于2022年10月18日与淳安县农业农村局进行磋商，确定该局作为外来物种主管部门，负责对千岛湖镇求坑源水库提出清库方案并指导落实。根据属地管辖原则，淳安县院于2023年1月3日与属地政府进行磋商，督促落实清库方案。但受疫情、天气、工程施工等客观原因影响，清库作业一直未能顺利推进。截至2023年4月，涉案水域生物安全仍然遭受豹纹脂身鲶侵害，而本地汛期即将到来，淳安县院根据《环境保护法》《生物安全法》等相关规定，于4月4日向水库属地政府制发检察建议书，进一步督促其依法履行职责，及时采取有效措施对千岛湖镇求坑源水库豹纹脂身鲶危害进行除治，防止豹纹脂身鲶扩散。

收到检察建议书后，属地政府在淳安县渔业产业技术人员和上海海洋大学教授帮助下，于2023年4月5日至4月15日期间在淳安县农业农村局指导下开展水库清理工作，在溢洪道分段设置4道定制拦网拦截，启动启闭机排水，后用1500斤漂白粉进行清库查杀。清库作业期间，淳安县院持续跟进监督，确保水库中豹纹脂身鲶已被全部清理，汛期水库溢洪致豹纹脂身

[44] 参见《最高人民检察院发布生物多样性保护检察公益诉讼典型案例》，载中华人民共和国最高人民检察院网2023年12月28日，https://www.spp.gov.cn/xwfbh/wsfbt/202312/t20231228_638608.shtml。

鲶外逸至千岛湖水域的安全隐患得以消除。

评析:本案中,余某某擅自在淳安县多地自建池塘,并养殖未经批准的外来入侵水生物种豹纹脂身鲶,其行为已然构成非法引进、释放、丢弃外来入侵物种罪,故而其被淳安县公安局立案侦查并移送淳安县院审查起诉。淳安县院对豹纹脂身鲶外逸至千岛湖水域的危害性、危险性作出全面评估后,灵活运用磋商、检察建议等监督手段持续督促行政主管部门和属地政府依法履行防治职责,在专家指导下协同开展,应急处置,及时防止外来入侵物种外溢扩散,有效保护本土生物多样性安全。

(十五)盗伐林木罪

1. 概念

盗伐林木罪,是指盗伐森林或者其他林木,数量较大的行为。

《刑法》第345条第1款规定,盗伐森林或者其他林木,数量较大的,处3年以下有期徒刑、拘役或者管制,并处或者单处罚金;数量巨大的,处3年以上7年以下有期徒刑,并处罚金;数量特别巨大的,处7年以上有期徒刑,并处罚金。

2. 构成要件

本罪的客体是国家林业管理制度。

本罪的保护法益为国家林业管理制度和国家、集体或公民对林木的所有权。本罪的客观方面表现为盗伐森林或者其他林木,数量较大的行为。所谓"盗伐森林或者其他林木",是指以非法占有为目的,并具有下列情形之一:未取得采伐许可证,擅自采伐国家、集体或者他人所有的林木的;违反《森林法》第56条第3款的规定,擅自采伐国家、集体或者他人所有的林木的;在采伐许可证规定的地点以外采伐国家、集体或者他人所有的林木的。[45] 所谓"数量较大",是指盗伐森林或者其他林木,涉案林木具有下列情形之一:(1)立木蓄积5立方米以上的;(2)幼树200株以上的;(3)数量虽未分别达到第1项、第2项规定标准,但按相应比例折算合计达到有关标准的;(4)价值2万元以上的。实施前述行为,达到第1项至第4项规定标准10倍、50倍以上的,应当分别认定为"数量巨大"和"数量特别巨大"。[46] 需要注意的是,立木蓄积的计算方法为:原木材积除以该树种的出材率。[47]

本罪的主体是一般主体,既可是自然人,也可为单位。本罪的主观方面为故意。

3. 本罪的适用

在本罪的适用中,应注意以下两个问题:

一是本罪与以树木为对象的盗窃罪的界限。二者属于两种不同的犯罪。本罪被列在《刑法》分则第六章"妨害社会管理秩序罪"中的"破坏环境资源保护罪"一节,因为盗伐林木行为使成活树木对资源环境的有益贡献损失殆尽,造成的破坏不可逆转、无法恢复,最终必然破坏生态环境;而盗窃罪的保护法益是公私财产所有权,属于侵犯财产类犯罪。具体而言,二者的

---

〔45〕 参见最高人民法院《关于审理破坏森林资源刑事案件适用法律若干问题的解释》(法释〔2023〕8号)第3条第1款。

〔46〕 参见最高人民法院《关于审理破坏森林资源刑事案件适用法律若干问题的解释》(法释〔2023〕8号)第4条第1款、第2款。

〔47〕 参见最高人民法院《关于审理破坏森林资源刑事案件适用法律若干问题的解释》(法释〔2023〕8号)第19条第1款。

区别在于：(1)犯罪对象有所不同。本罪侵犯的对象是森林保护资源范围之内的、正在生长中的森林或者其他成片的林木，而盗窃罪的对象则广泛得多。因此，盗窃国家、集体或者他人所有并已经伐倒的树木的，以及偷砍他人在自留地或者房前屋后种植的零星树木的，构成盗窃罪，而不是盗伐林木罪。[48] 此外，非法实施采种、采脂、掘根、剥树皮等行为，符合《刑法》第264条规定的，也以盗窃罪论处。[49] (2)成立犯罪的标准有所不同。本罪的成立，须符合盗伐数量较大的要求，以立木蓄积5立方米、幼树200株、按相应比例折算合计达到有关标准或者价值2万元为起点；而盗窃罪的成立标准虽仍是“数额较大”，但一般是指盗窃价值1000元至3000元。当然，盗伐林木罪是盗窃罪的一种特殊形式，二者之间存在特别法与普通法的法条竞合关系，在适用上可能会出现“重法优于轻法”的情形。因此，在盗伐林木数量特别巨大、后果极为严重，“处七年以上有期徒刑，并处罚金”仍然难以罚当其罪的时候，可以按照盗窃罪处罚。

二是本罪与危害国家重点保护植物罪的界限。二者的区别在于对象不同，前者为普通林木，后者为珍贵树木或者国家重点保护的其他植物。在盗伐林木时，又故意非法采伐、毁坏珍贵树木或者国家重点保护的其他植物的，构成数罪。

4. 本罪的处罚

根据《刑法》第345条第1款、第4款，以及第346条的规定，犯本罪的，处3年以下有期徒刑、拘役或者管制，并处或者单处罚金；数量巨大的，处3年以上7年以下有期徒刑，并处罚金；数量特别巨大的，处7年以上有期徒刑，并处罚金。盗伐国家级自然保护区内的森林或者其他林木的，从重处罚。单位犯本罪的，对单位判处罚金，并对其直接负责的主管人员和其他直接责任人员，依照自然人犯本罪的规定处罚。

案例8-2-13　湖南长沙“1·04”盗伐林木案[50]

2022年1月4日，长沙市公安局望城分局接到月亮岛街道银星村村干部报警称，村委集体土地种植的500多株杨树“不翼而飞”，涉及林区面积90余亩，损失200余万元，请求公安机关立案侦查。接到报案后，长沙市望城区森林公安局民警立即前往现场查勘。民警发现现场有大型车辆碾压的痕迹，现场遗留大量新旧不等被锯树木的树桩，初步分析作案时间持续有1年以上。由于该案作案时间跨度长、隐蔽性强、取证难度大，给侦破带来了很大的挑战。在长沙市公安局的指导下，长沙市公安局望城分局迅速成立专案组，全力开展案件侦破工作。专案民警通过大量的走访调查，同时调取了案发现场及周边的所有监控视频，初步锁定月亮岛景区离职保安王某等人和村民邓某某有重大作案嫌疑，一个以犯罪嫌疑人邓某某为首的盗伐林木

[48] 参见最高人民法院《关于审理破坏森林资源刑事案件适用法律若干问题的解释》(法释〔2023〕8号)第11条第1款。

[49] 参见最高人民法院《关于审理破坏森林资源刑事案件适用法律若干问题的解释》(法释〔2023〕8号)第11条第2款。

[50] 参见《公安机关依法严厉打击破坏生态环境犯罪　坚决守牢美丽中国建设安全底线　公安部公布10起破坏生态环境犯罪典型案例》，载中华人民共和国公安部网2023年8月15日，http://www.mps.gov.cn/n22535341n2253535/cq155584/content.html。

团伙逐渐浮出水面。

2022年1月12日,经过专案组连续8天加班加点的调查,抓捕时机到来,办案民警将嫌疑人邓某某、王某等11人一举抓获。在首次收网成功后,专案组乘胜追击,继续组织对该案深挖研判,发现存在以伍某某为首的在月亮岛洲头盗伐林木的另一犯罪团伙,并于2022年6月17日将该团伙5人一举抓获。此后,邓某某、王某、伍某某等16人因盗伐林木罪被法院依法判处1年至7年不等的有期徒刑。

评析:2021年7月,邓某某为牟取非法利益,买通保安王某等人,并纠集犯罪嫌疑人姚某某、陈某某等人多次在月亮岛盗伐杨树,非法获利30余万元。根据最高人民法院《关于审理破坏森林资源刑事案件适用法律若干问题的解释》第4条第1款、第2款的规定,盗伐森林或者其他林木,涉案林木具备立木蓄积5立方米以上、幼树200株以上、按相应比例折算合计达到有关标准、价值2万元以上情形之一的,便应当认定"数量较大",而达到前述情形之一10倍以上的,则应当认定为"数量巨大"。本案中,法院参照《刑法》、最高人民法院《关于审理破坏森林资源刑事案件适用法律若干问题的解释》等规范条文,结合邓某某、王某、伍某某等16人的犯罪行为情况,分别判处1年至7年不等的有期徒刑,适用法律正确,判决合理。

(十六)滥伐林木罪

1. 概念

滥伐林木罪,是指违反森林法的规定,滥伐森林或者其他林木,数量较大的行为。

《刑法》第345条第2款规定,违反森林法的规定,滥伐森林或者其他林木,数量较大的,处3年以下有期徒刑、拘役或者管制,并处或者单处罚金;数量巨大的,处3年以上7年以下有期徒刑,并处罚金。

2. 构成要件

本罪保护法益是国家的森林资源保护制度。客观方面表现为违反森林法的规定,滥伐森林或者其他林木,数量较大的行为。主体是一般主体,既可是自然人,又可为单位。主观方面是故意。

所谓"滥伐森林或者其他林木",须具有下列情形之一:(1)未取得采伐许可证,或者违反采伐许可证规定的时间、地点、数量、树种、方式,任意采伐本单位或者本人所有的林木的;(2)违反《森林法》第56条第3款的规定,任意采伐本单位或者本人所有的林木的;(3)在采伐许可证规定的地点,超过规定的数量采伐国家、集体或者他人所有的林木的。林木权属存在争议,一方未取得采伐许可证擅自砍伐的,以滥伐林木论处。[51] 所谓"数量较大",须具有下列情形之一:(1)立木蓄积20立方米以上的;(2)幼树1000株以上的;(3)数量虽未分别达到第1项、第2项规定标准,但按相应比例折算合计达到有关标准的;(4)价值5万元以上的。实施前述行为,达到第1项至第4项规定标准5倍以上的,应当认定为"数量巨大"。[52]

---

〔51〕 参见最高人民法院《关于审理破坏森林资源刑事案件适用法律若干问题的解释》(法释〔2023〕8号)第5条。

〔52〕 参见最高人民法院《关于审理破坏森林资源刑事案件适用法律若干问题的解释》(法释〔2023〕8号)第6条第1款、第2款。

3. 本罪的认定

在本罪的认定中,应当注意以下两点:(1)本罪与盗伐林木罪的区别。二者的根本区别是,本罪是在有采伐许可证的情况下,不按照采伐许可证的要求任意砍伐他人林木,或者无证采伐自己所有的林木,而盗伐林木罪原则上是在没有取得采伐许可证的情况下,任意采伐他人林木。(2)在滥伐林木的同时,触犯危害国家重点保护植物罪的,应按照想象竞合犯的处罚原则,择一重罪定罪处罚。

4. 本罪的处罚

根据《刑法》第345条第2款、第4款,以及第346条的规定,犯本罪的,处3年以下有期徒刑、拘役或者管制,并处或者单处罚金;数量巨大的,处3年以上7年以下有期徒刑,并处罚金。滥伐国家级自然保护区内的森林或者其他林木的,从重处罚。单位犯本罪的,对单位判处罚金,并对其直接负责的主管人员和其他直接责任人员,依照自然人犯本罪的规定处罚。

案例8-2-14　江苏省苏州市江某子、盛某宾滥伐林木刑事附带民事公益诉讼案〔53〕

江苏省苏州市虎丘区姚江山生态林带位于太湖流域。2021年12月1日至17日,被告人江某子、盛某宾未取得林木采伐许可证,合伙从姚江山附近多名村民处购入香樟、玉兰等树木396棵,二人使用油锯进行砍伐后销售给长期从事木材经营的孟某。经鉴定,涉案林木的立木蓄积为68.6287立方米,生态环境损害金额为148740元,其中固碳生态服务功能损害金额为7090元。鉴于孟某系收购林木,犯罪情节相对轻微,案发后主动认购碳汇108吨,并赔偿人民币3万元用于苏州市生态公益修复基地碳汇林植物养护,检察机关依法对其相对不起诉。被告人江某子、盛某宾的滥伐林木行为严重损害太湖流域生态环境,江苏省苏州市虎丘区人民检察院于2022年12月30日向江苏省苏州市姑苏区人民法院提起刑事附带民事公益诉讼,指控二人构成滥伐林木罪,同时请求法院判令二被告承担生态环境修复责任。

检察机关认为,二被告未取得林木采伐许可证而多次持续砍伐太湖周边林木近400棵,具有破坏森林生态的故意且造成严重后果。结合其自愿认罪认罚、愿意修复环境,经济赔偿能力有限等情形,检察机关提出一定系数的惩罚性赔偿。同时,检察机关经实地勘查评估发现,原址已被属地街道用于拆迁项目中的树木移植,而异地补植复绿要达到砍伐前的树木径级和生态服务功能需10年左右,在此期间生态固碳损失可以通过认购碳汇形式实现。2023年3月10日,经江苏省苏州市姑苏区人民法院组织民事公益诉讼部分调解,检察机关与二被告达成调解协议,综合考虑原址无法完全修复、当事人从事林木收购相关职业而具有补植复绿的便利条件等因素,由二被告通过认购碳汇、补植复绿、劳务代偿等方式替代履行生态环境损害费用及惩罚性赔偿费用共计18万余元。为保证认购碳汇程序规范,检察机关委托全国碳排放权交易市场上海环境能源交易所协助当事人认购经核证的林业碳汇并完成注销。目前,二被告已在苏州市生态资源公益修复基地(虎丘太湖片区)种植香樟等树木,并开展劳务代偿52个工

〔53〕　参见《检察机关服务保障碳达峰碳中和典型案例》,载中华人民共和国最高人民检察院网2023年6月5日,https://www.spp.gov.cn/xwfbh/wsfbh/2023061t20230605_616289.shtml。

时。2023 年 3 月 31 日,江苏省苏州市姑苏区人民法院以滥伐林木罪分别判处江某子、盛某宾有期徒刑 1 年 6 个月、1 年 4 个月,并处罚金人民币 5000 元、3000 元,均适用缓刑。

评析:被告人江某子、盛某宾未取得林木采伐许可证而多次持续砍伐太湖周边林木近 400 棵,具有破坏森林生态的故意且造成严重后果,由此江苏省苏州市姑苏区人民法院以滥伐林木罪追究其刑事责任,实属正确。此外,太湖流域沿湖生态林带属于山水林田湖草系统,对构建流域生态安全屏障意义重大。检察机关一体化发挥刑事和公益诉讼职能,综合考虑滥伐林木持续时间、森林生态受损程度、侵权人主观过错程度、修复方式等因素,严格适用惩罚性赔偿。检察机关自觉融入"双碳"国家战略,将生态服务功能损失量化,由当事人通过认购碳汇、补植复绿、劳务代偿的方式修复受损生态,有效解决了补种树木幼龄期固碳增汇能力缺失的问题。同时,依托长三角生态绿色一体化发展的区位优势,检察机关委托全国碳排放交易市场协助认购经核证的林业碳汇项目,确保碳汇认购过程的合法、合规、高效、透明,为实现"双碳"国家战略和建设人与自然和谐共生的中国式现代化提供检察助力。

(十七)非法收购、运输盗伐、滥伐的林木罪

1. 概念

非法收购、运输盗伐、滥伐的林木罪,是指非法收购、运输明知是盗伐、滥伐的林木,情节严重的行为。

《刑法》第 345 条第 3 款规定,非法收购、运输明知是盗伐、滥伐的林木,情节严重的,处 3 年以下有期徒刑、拘役或者管制,并处或者单处罚金;情节特别严重的,处 3 年以上 7 年以下有期徒刑,并处罚金。

2. 构成要件

本罪保护法益为国家的森林资源保护制度。本罪的客观方面表现为,非法收购、运输明知是盗伐、滥伐的林木,情节严重的行为。本罪的主体是一般主体,既可是自然人,又可为单位。本罪的主观方面为故意。

认定"明知是盗伐、滥伐的林木",应当根据涉案林木的销售价格、来源以及收购、运输行为违反有关规定等情节,结合行为人的职业要求、经历经验、前科情况等作出综合判断。具有下列情形之一的,可以认定行为人明知是盗伐、滥伐的林木,但有相反证据或者能够作出合理解释的除外:(1)收购明显低于市场价格出售的林木的;(2)木材经营加工企业伪造、涂改产品或者原料出入库台账的;(3)交易方式明显不符合正常习惯的;(4)逃避、抗拒执法检查的;(5)其他足以认定行为人明知的情形。[54] 此外,非法收购、运输明知是盗伐、滥伐的林木,具有下列情形之一的,应当认定为"情节严重":(1)涉案林木立木蓄积 20 立方米以上的;(2)涉案幼树 1000 株以上的;(3)涉案林木数量虽未分别达到第 1 项、第 2 项规定标准,但按相应比例折算合计达到有关标准的;(4)涉案林木价值 5 万元以上的;(5)其他情节严重的情形。实施前述行为,达到第 1 项至第 4 项规定标准 5 倍以上或者具有其他特别严重情节的,应当认定为"情节特别严重"。[55]

---

〔54〕 参见最高人民法院《关于审理破坏森林资源刑事案件适用法律若干问题的解释》(法释〔2023〕8 号)第 7 条。
〔55〕 参见最高人民法院《关于审理破坏森林资源刑事案件适用法律若干问题的解释》(法释〔2023〕8 号)第 8 条。

3. 本罪的适用

在本罪的认定中，应当注意其与掩饰、隐瞒犯罪所得、犯罪所得收益罪的区别。二者的区别主要是犯罪对象不同，前罪的对象是盗伐、滥伐的林木，而后罪的对象是一般犯罪所得及其收益。当然，盗伐、滥伐的林木在广义上也是犯罪所得，因此对其进行非法收购、运输，也属于一种收购、转移犯罪所得的行为。换言之，非法收购、运输盗伐、滥伐的林木罪和掩饰、隐瞒犯罪所得、犯罪所得收益罪之间存在法条竞合关系。由于《刑法》已经将明知是盗伐、滥伐的林木而非法收购、运输的行为规定为独立犯罪，因此，按照特别法优于普通法的原则，非法收购、运输盗伐、滥伐的林木的行为通常应以本罪论处。只有在非法收购盗伐、滥伐的林木，但未达“情节严重”程度（如收购盗伐的林木 19 立方米，价值 9458 元），不能以本罪处罚的场合，才可以以掩饰、隐瞒犯罪所得、犯罪所得收益罪对上述行为进行处罚。

4. 本罪的处罚

根据《刑法》第 345 条第 3 款、第 346 条的规定，犯本罪的，处 3 年以下有期徒刑、拘役或者管制，并处或者单处罚金；情节特别严重的，处 3 年以上 7 年以下有期徒刑，并处罚金。单位犯本罪的，对单位判处罚金，并对其直接负责的主管人员和其他直接责任人员，依照自然人犯本罪的规定处罚。

案例 8-2-15 彭某祥非法收购滥伐的林木案[56]

自 2019 年 6 月起，被告人彭某祥在江西省贵溪市开办锯板厂加工木材。同年，彭某祥与吴某口头约定，向其提供阔叶树锯材，吴某按每立方米 900 元至 1070 元收购。2020 年 1 月至 9 月，被告人彭某祥明知当地禁伐阔叶树，附近村民无采伐许可证从自留山上零星砍伐阔叶树，仍予收购，并收购部分为修建花桥水库枢纽工程而合法采伐的阔叶树。彭某祥对上述林木进行加工后，陆续向吴某销售阔叶树锯材 84055 根，折合立木蓄积 642 余立方米（包括合法采伐的阔叶树 87 余立方米）。同年 9 月，公安机关在该厂查获尚未销售的阔叶树原木 524 段、锯材 453 根，折合立木蓄积 33 余立方米。此外，2020 年 3 月，贵溪市林业局在彭某祥锯板厂查获非法收购的阔叶树木材 487 根，折合立木蓄积 28 余立方米；被告人彭某祥缴纳罚款人民币 16320 余元。案发后，被告人彭某祥主动到案并如实供述犯罪事实，后其亲属积极退赔赃款。

江西省贵溪市人民法院判决认为：被告人彭某祥收购明知是滥伐的林木，立木蓄积达到“情节特别严重”标准。综合考虑被告人自首、认罪认罚以及其亲属退赔情况，以非法收购滥伐的林木罪，判处被告人彭某祥有期徒刑 3 年 6 个月，并处罚金人民币 5 万元。该判决已发生法律效力。

评析：相对于盗伐林木和滥伐林木犯罪，非法收购、运输盗伐、滥伐的林木作为销赃环节的犯罪类型，不直接实施非法采伐、破坏森林资源的行为。但不容忽视的是，少数非法收购、运输盗伐、滥伐的林木案件，存在一对多、一对众，甚至是职业化、链条化的情况，行为辐射范围广，

---

〔56〕 参见《最高人民法院〈关于审理破坏森林资源刑事案件适用法律若干问题的解释〉及典型案例》，载中华人民共和国最高人民法院网 2023 年 8 月 14 日，https://www.court.gov.cn/zixun/xiangqing/408832.html。

涉案林木数量多,非法获利数额大,社会危害远超分散、偶发的一般盗伐、滥伐行为。对于此类涉森林资源销赃犯罪行为,应当坚持实事求是,准确评估实际社会危害,切实贯彻宽严相济刑事政策"严"的要求。本案即是专门实施非法收购滥伐的林木,并通过固定渠道加工转卖的情形,且呈规模化运作,不到1年时间内非法收购林木的立木蓄积就超过600立方米,对当地林业资源造成严重损害。受利益驱动,行为人被行政处罚后,仍然继续非法收购,在当地普遍禁伐阔叶树的情况下,成为持续诱发非法采伐的因素。人民法院贯彻宽严相济刑事政策要求,对本案行为人依法定罪并在第二档法定刑幅度内量刑,有力惩治、有效震慑链条化非法收购林木行为,对铲除非法采伐诱因、斩断不法利益链条,具有重要意义。

三、《刑法》关于环境领域渎职罪的规定

(一)违法发放林木采伐许可证罪

1. 概念

违法发放林木采伐许可证罪,是指林业主管部门的工作人员违反森林法的规定,超过批准的年采伐限额发放林木采伐许可证或者违反规定滥发林木采伐许可证,情节严重,致使森林遭受严重破坏的行为。

《刑法》第407条规定,林业主管部门的工作人员违反森林法的规定,超过批准的年采伐限额发放林木采伐许可证或者违反规定滥发林木采伐许可证,情节严重,致使森林遭受严重破坏的,处3年以下有期徒刑或者拘役。

2. 构成要件

本罪保护法益为国家正常的林业管理活动。本罪客观上表现为,违反森林法的规定,超过批准的年采伐限额发放林木采伐许可证或者违反规定滥发林木采伐许可证,情节严重,致使森林遭受严重破坏的后果。根据最高人民检察院《关于渎职侵权犯罪案件立案标准的规定》第一部分"渎职犯罪案件"中的第18点"违法发放林木采伐许可证案(第四百零七条)"的规定,行为人有以下情形之一的,应当立案查处:(1)发放林木采伐许可证允许采伐数量累计超过批准的年采伐限额,导致林木被超限额采伐10立方米以上的;(2)滥发林木采伐许可证,导致林木被滥伐20立方米以上,或者导致幼树被滥伐1000株以上的;(3)滥发林木采伐许可证,导致防护林、特种用途林被滥伐5立方米以上,或者幼树被滥伐200株以上的;(4)滥发林木采伐许可证,导致珍贵树木或者国家重点保护的其他树木被滥伐的;(5)滥发林木采伐许可证,导致国家禁止采伐的林木被采伐的;(6)其他情节严重,致使森林遭受严重破坏的情形。本罪的主体为特殊主体,即只能是林业主管部门的工作人员。本罪的主观方面为故意。

另外,根据最高人民检察院《关于渎职侵权犯罪案件立案标准的规定》第一部分"渎职犯罪案件"中的第18点"违法发放林木采伐许可证案(第四百零七条)"的规定,林业主管部门工作人员之外的国家机关工作人员,违反森林法的规定,滥用职权或者玩忽职守,致使林木被滥伐40立方米以上或者幼树被滥伐2000株以上,或者致使防护林、特种用途林被滥伐10立方米以上或者幼树被滥伐400株以上,或者致使珍贵树木被采伐、毁坏4立方米或者4株以上,或者致使国家重点保护的其他植物被采伐、毁坏后果严重的,或者致使国家严禁采伐的林木被采伐、毁坏情节恶劣的,按照《刑法》第397条的规定以滥用职权罪或者玩忽职守罪追究刑事

责任。本罪的主体只能是林业主管部门的工作人员。

3. 本罪的处罚

根据《刑法》第 407 条的规定，犯本罪的，处 3 年以下有期徒刑或者拘役。

（二）环境监管失职罪

1. 概念

环境监管失职罪，是指负有环境保护监督管理职责的国家机关工作人员严重不负责任，不履行或者不认真履行环境保护监管职责，导致发生重大环境污染事故，致使公私财产遭受重大损失或者造成人身伤亡的严重后果的行为。

《刑法》第 408 条规定，负有环境保护监督管理职责的国家机关工作人员严重不负责任，导致发生重大环境污染事故，致使公私财产遭受重大损失或者造成人身伤亡的严重后果的，处 3 年以下有期徒刑或者拘役。

2. 构成要件

本罪保护法益为国家正常的环境监管活动。本罪客观上表现为，严重不负责任，导致发生重大环境污染事故，致使公私财产遭受重大损失或者造成人身伤亡的严重后果的行为。其一，必须有严重不负责任的行为。严重不负责任是指行为人有我国《环境保护法》《水污染防治法》《大气污染防治法》《海洋环境保护法》《固体废物污染环境防治法》等法律及其他有关法规所规定的关于环境保护部门监管工作人员不履行职责、工作极不负责的行为。实践中严重不负责任的表现多种多样，如对建设项目任务书中的环境影响报告不作认真审查；防治污染的设施不进行审查验收即批准投入生产、使用；对不符合环境保护条件的企业、事业单位存在对污染隐患，不采取预防措施，不依法责令其整顿；对造成环境严重污染的企业、事业单位应当提出限期治理意见而不提出，或者虽然提出限期治理意见，但不认真检查、监督是否整顿治理以及是否符合条件；应当现场检查排污单位的排污情况而不作现场检查；发现环境受到严重污染，应当报告当地政府却不报告；或者虽作报告但不及时；等等。其二，必须导致重大环境污染事故的发生，致使公私财产遭受重大损失或者造成人身伤亡的严重后果。所谓环境污染是指由于有关单位违反法律法规规定，擅自向土地、水体、大气排放、倾倒或者处置有放射性的废物、含传染病病原体的废物、有毒物质或其他有害物质，致使环境的物理、化学、生物等方面的特性发生改变，影响环境的有效利用、危害人体健康或者破坏生态环境，造成环境恶化的现象。所谓环境污染事故，则是因为环境污染而造成人身伤亡、公私财产遭受损失后果。本罪的主体为特殊主体，即负有环境保护监督管理职责的国家机关工作人员，具体是指在国务院环境保护主管部门、县级以上地方人民政府环境保护主管部门从事环境保护工作的人员，以及在国务院生态环境主管部门、国务院自然资源主管部门、国务院交通运输主管部门、国务院渔业主管部门、国务院发展改革、水行政、住房和城乡建设、林业和草原等部门、海警机构、军队生态环境保护部门等部门中，依照有关法律的规定对环境污染防治实施监督管理的人员。本罪的主观方面是过失，但不能排除间接故意的存在。如明知有关单位排放污水、废气或固体废物的行为违反环境保护法，可能造成重大环境污染事故，危及公私财产或人身安全，但不采取任何措施予以制止，而是采取放任的态度，造成严重后果。行为人主观上显然属于间接故意，而非过失。

3. 本罪的处罚

依照《刑法》第408条的规定,犯本罪的,处3年以下有期徒刑或者拘役。

案例8-2-16 谢某威、龚某德环境监管失职案[57]

2003年7月,曾某长(另案处理)成立博罗县福田福易达金属表面处理有限公司(以下简称福易达公司),经营五金表面处理、五金制品等,并将该公司厂区的多个车间用于出租。2014年4月,朱某和承租第7车间用于电镀生产。从2013年5月开始,被告人龚某德、谢某威先后任博罗县福田镇人民政府环境保护办公室副主任,负有配合上级环境保护主管部门做好环境保护工作,确保各排污企业达标排放等职责。在2016年至2019年,龚某德、谢某威多次带队对福易达公司的排污情况检查,并多次接受袁某福(另案处理)请吃或以红包等形式输送的贿赂,检查时流于形式,只通过目测水质、污染处理设施是否正常运转来判断企业是否达标排污,完全忽视对生活污水、雨水沟、车间废水收集管道能否发挥收集废水功能等方面的检查;在发现福易达公司存在超过污染物排放标准、超量排污等违法行为后,仍未认真深入查找原因,进而未能发现福易达公司长期以不正常运行污染防治设施的方式,将车间废水不经处理直接通过厂区总雨水排渠排至外环境,严重污染环境的情况。其间,龚某德、谢某威还曾通过短信或微信,告知福易达公司相关负责人有关上级环保单位或督察组去检查的相关信息,帮助福易达公司规避检查。2019年9月4日,广东省生态环境厅执法检查组工作人员到福易达公司,发现该公司存在偷排污染物问题。次日,博罗县环境保护检测站工作人员对福易达公司排放的废水进行检测,检出该公司厂内和厂外废水总排口总铜分别超标21.8倍、15.5倍、44.0倍,第7车间中间雨水沟出口处总铜超标41.2倍、总锌超标19.6倍、总镉超标5.4倍、总铜超标75.8倍、总锌超标64.0倍。经生态环境部华南环境科学研究所测算,福易达公司造成的损失共计1322.4万元,其中污染环境损害数额为1262.4万元,环境损害评估费用60万元。

基于此,广东省博罗县人民法院依法判决如下:被告人龚某德犯环境监管失职罪,判处有期徒刑1年3个月,缓刑1年6个月(缓刑考验期限从判决确定之日起计算);被告人谢某威犯环境监管失职罪,判处有期徒刑1年,缓刑1年(缓刑考验期限从判决确定之日起计算);被告人龚某德主动退回的3600元、被告人谢某威主动退回的4700元,属违法所得,依法予以没收,由扣押机关在该判决发生法律效力后依法处理。

评析:被告人龚某德、谢某威先后任博罗县福田镇人民政府环境保护办公室副主任,依法对环境保护负有监督管理职责。龚某德、谢某威在明知福易达公司存在超过污染物排放标准、超量排污等违法行为的情况下,仍未认真深入检查,未能发现福易达公司长期以不正常运行污染防治设施的方式,将车间废水不经处理直接通过厂区总雨水排渠排至外环境,还曾帮助福易达公司规避检查。前述严重不负责任的行为导致环境遭受严重污染、公共财产遭受重大损失。广东省博罗县人民法院在判决时对被告人龚某德、谢某威在刑期适用、违法所得没收等方面进行区分,适用法律正确,判决合理。

---

〔57〕 参见广东省博罗县人民法院刑事判决书,(2020)粤1322刑初282号。

第三节　生态环境侵权责任

一、生态环境侵权责任概述

党的十八大以来，以习近平同志为核心的党中央把生态文明建设作为关系中华民族永续发展的根本大计，开展了一系列开创性工作，生态文明建设从理论到实践都发生了历史性、转折性、全局性变化，美丽中国建设迈出重要步伐。2020年5月通过的《民法典》侵权责任编第七章"环境污染和生态破坏责任"明确规定，环境污染侵权行为和生态破坏侵权行为作为同一特殊侵权行为类型，统一适用无过错责任原则和因果关系举证责任倒置规则，并对两个以上侵权人污染环境、破坏生态的责任承担，生态环境惩罚性赔偿和生态环境损害赔偿制度等进行了规定。上述内容共同构成了我国环境污染和生态破坏责任制度体系。最高人民法院还于2021年11月通过《关于生态环境侵权案件适用禁止令保全措施的若干规定》，于2021年12月通过《关于审理生态环境侵权纠纷案件适用惩罚性赔偿的解释》，于2023年4月通过《关于生态环境侵权民事诉讼证据的若干规定》，于2023年6月通过《关于审理生态环境侵权责任纠纷案件适用法律若干问题的解释》，进一步完善了我国环境污染和生态破坏责任制度体系。

（一）生态环境侵权责任的概念

根据最高人民法院《关于审理生态环境侵权责任纠纷案件适用法律若干问题的解释》、《民事案件案由规定》（法〔2020〕347号），以及最高人民法院《关于生态环境侵权民事诉讼证据的若干规定》等相关规定，《民法典》侵权责任编第七章规定的"环境污染和生态破坏责任"包括生态环境侵权责任和生态环境损害赔偿责任。〔58〕

生态环境侵权责任（又称环境污染和生态破坏民事责任、环境侵权民事责任），是指环境利用行为人在利用环境容量排污或者开发利用自然资源过程中，因实施污染环境、破坏生态行为造成他人人身、财产损害，依法应当承担的民事责任。

（二）环境污染和生态破坏侵权行为的类型

根据环境侵权发生的原因，环境污染和生态破坏侵权行为可以分为环境污染侵权行为和生态破坏侵权行为。

环境污染侵权行为，是指行为人在工业生产、生活活动过程中，经由水、空气、土壤等媒介，向自然环境排放了超过环境自身承载能力与净化能力的物质，致使环境质量发生明显不利变化，造成他人的人身权、财产权等民事权益损害，而应当承担侵权责任的行为。根据《民事案件案由规定》的规定，环境污染责任纠纷包括大气污染责任纠纷、水污染责任纠纷、土壤污染责任纠纷、电子废物污染责任纠纷、固体废物污染责任纠纷、噪声污染责任纠纷、光污染责任纠纷和放射性污染责任纠纷等。

---

〔58〕本节仅阐述生态环境侵权责任的基础知识，生态环境损害赔偿责任的基础知识由本章第四节"环境公益诉讼和生态环境损害赔偿制度"进行阐述。

生态破坏侵权行为,是指行为人超出环境生态平衡的限度开发和使用资源,致使环境质量发生明显不利变化,造成他人的人身权、财产权等民事权益损害,而应当承担侵权责任的行为。生态破坏责任纠纷包括土地资源破坏责任纠纷、水资源破坏责任纠纷、森林资源破坏责任纠纷、野生动植物资源破坏责任纠纷、渔业资源破坏责任纠纷、草原资源破坏责任纠纷、矿产资源破坏责任纠纷、风景名胜区和人文遗迹破坏责任纠纷以及沙漠资源破坏责任纠纷等。

最高人民法院《关于审理生态环境侵权责任纠纷案件适用法律若干问题的解释》第1条、第2条对污染环境、破坏生态行为进行了更为详细的规定。污染环境、破坏生态行为具体包括下列情形:(1)排放废气、废水、废渣、医疗废物、粉尘、恶臭气体、放射性物质等污染环境的;(2)排放噪声、振动、光辐射、电磁辐射等污染环境的;(3)不合理开发利用自然资源的;(4)违反国家规定,未经批准,擅自引进、释放、丢弃外来物种的;(5)其他污染环境、破坏生态的行为。但是,下列行为不属于污染环境、破坏生态行为,不作为生态环境侵权案件处理,而是依照相关法律规定确定民事责任:(1)未经由大气、水、土壤等生态环境介质,直接造成损害的;(2)在室内、车内等封闭空间内造成损害的;(3)不动产权利人在日常生活中造成相邻不动产权利人损害的;(4)劳动者在职业活动中受到损害的。

(三)生态环境侵权责任的特点

根据《民法典》第1229~1233条,以及最高人民法院《关于生态环境侵权案件适用禁止令保全措施的若干规定》、最高人民法院《关于审理生态环境侵权纠纷案件适用惩罚性赔偿的解释》、最高人民法院《关于生态环境侵权民事诉讼证据的若干规定》和最高人民法院《关于审理生态环境侵权责任纠纷案件适用法律若干问题的解释》等相关规定,生态环境侵权责任具有如下显著特点。

第一,生态环境侵权责任包括环境污染侵权行为和生态破坏侵权行为两种类型的生态环境侵权行为所应承担的民事责任。与原《侵权责任法》第65条仅将环境污染侵权行为作为特殊侵权行为,而将生态破坏侵权行为作为一般侵权行为相比,《民法典》第1229条明确规定,环境污染侵权行为和生态破坏侵权行为均属于特殊侵权行为,在归责上均适用无过错责任原则。

第二,生态环境侵权责任适用因果关系举证责任倒置。由于生态环境侵权责任是一种特殊侵权责任,因此,在因果关系举证责任方面,《民法典》第1230条明确规定,因污染环境、破坏生态发生纠纷,行为人应当就法律规定的不承担责任或者减轻责任的情形及其行为与损害之间不存在因果关系承担举证责任。

第三,侵权人承担生态环境侵权责任的方式具有多样性。根据《民法典》第179条、第1232条的规定,基于被侵权人的诉讼请求以及具体案情,人民法院除了可以合理判定侵权人承担停止侵害、排除妨碍、消除危险、赔偿损失、赔礼道歉等民事责任之外,还可以在侵权人违反法律规定,故意污染环境、破坏生态,且造成严重后果的情况下,判定侵权人承担惩罚性赔偿。

案例8-3-01 江西省浮梁县人民检察院诉某化工集团有限公司环境污染民事公益诉讼案〔59〕

2018年3月3日至7月31日,被告某化工集团有限公司生产部经理吴某民将该公司生产的硫酸钠废液交由无危险废物处置资质的吴某良处理,吴某良又雇请李某贤将30车共计1124.1吨硫酸钠废液运输到浮梁县寿安镇八角井、浮梁县湘湖镇洞口村的山上倾倒,造成了浮梁县寿安镇八角井周边约8.08亩范围内的环境和浮梁县湘湖镇洞口村洞口组、江村组地表水、地下水受到污染,影响了浮梁县湘湖镇洞口村约6.6平方千米流域的环境,妨碍了当地1000余名居民的饮用水安全。经鉴定,两处受污染地块的生态环境修复总费用为2168000元,环境功能性损失费用共计57135.45元,并产生检测鉴定费95670元。受污染地浮梁县湘湖镇洞口村采取合理预防、处置措施产生的应急处置费用共计528160.11元。其中,吴某良、吴某民、李某贤等因犯污染环境罪已被另案判处有期徒刑。公益诉讼起诉人江西省浮梁县人民检察院起诉请求某化工集团有限公司赔偿相关生态环境损害。

江西省浮梁县人民法院认为,某化工集团有限公司将生产废液交由无危险废物处置资质的个人处理,放任污染环境危害后果的发生,主观上存在故意,客观上违反了法律规定,损害了社会公共利益,造成了严重后果。而且至本案审理期间,涉案倾倒废液行为所致的环境污染并未得到修复,损害后果仍在持续,符合《民法典》第1232条规定的环境侵权惩罚性赔偿适用条件。综合该公司的过错程度、赔偿态度、损害后果、承担责任的经济能力、受到行政处罚等因素,江西省浮梁县人民法院判令其赔偿生态环境修复费用2168000元、环境功能性损失费用57135.45元、应急处置费用532860.11元、检测鉴定费95670元,并承担环境污染惩罚性赔偿171406.35元,以上共计3025071.91元;对违法倾倒硫酸钠废液污染环境的行为在国家级新闻媒体上向社会公众赔礼道歉。

评析:本案是我国首例适用《民法典》惩罚性赔偿条款的环境污染民事公益诉讼案件。《民法典》侵权责任编规定了污染环境和破坏生态的惩罚性赔偿制度,贯彻了"绿水青山就是金山银山"的环保理念,增强了生态环境保护力度,是构建天蓝地绿水净的美好家园的法治保障。审理法院在判令被告承担生态环境修复费用、环境功能性损失费用等补偿性费用之外,采取"基数+倍数"的计算方式,结合具体案情决定以环境功能性损失费用为计算基数,综合考虑侵权人主观过错程度,侵权后果的严重程度,侵权人的经济能力、赔偿态度、受到行政处罚的情况等调节因素确定倍数,进而确定最终的惩罚性赔偿数额,为正确实施环境污染和生态破坏责任惩罚性赔偿制度提供了有益借鉴。

---

〔59〕 参见江西省浮梁县人民检察院诉某化工集团有限公司污染环境民事公益诉讼案,最高人民检察院检例第164号(2022年)。

二、生态环境侵权责任的归责原则

(一)概念与渊源

归责是指行为人因其行为和物件致他人损害的事实发生以后,应依何种根据使其负责。此种根据体现了法律的价值判断,即法律是应以行为人的过错为价值判断标准,还是应以已经发生的损害后果为价值判断标准,抑或应以公平考虑等作为价值判断标准,从而要求行为人承担侵权责任。[60] 因此,侵权行为民事责任的归责原则,是指在侵权行为人造成他人损害时,应将损害归于侵权行为人,使其负民事责任的规则和标准。[61] 它是侵权行为法的核心问题。一定的归责原则决定了侵权责任的构成要件、举证责任的承担、免责条件、损害赔偿的原则和方法等,是司法人员处理侵权案件所应依据的基本准则。[62] 我国侵权责任法采用了过错责任原则和无过错责任原则的二元归责体系。对于一般侵权责任,适用过错责任原则进行归责;对于特殊侵权责任,适用无过错责任原则进行归责。适用无过错责任原则的,需要法律特别规定。[63]

根据《民法典》第1229条的规定,因污染环境、破坏生态造成他人损害的,侵权人应当承担侵权责任。最高人民法院《关于审理生态环境侵权责任纠纷案件适用法律若干问题的解释》第4条第1款进一步明确规定,污染环境、破坏生态造成他人损害,行为人不论有无过错,都应当承担侵权责任。具体而言,环境污染和生态破坏侵权行为属于特殊侵权行为,适用无过错责任原则。生态环境侵权责任之构成,不考虑行为人过错的有无,或者说行为人有无过错对生态环境侵权责任的构成和承担不产生影响。当侵权人实施的环境污染和生态破坏侵权行为造成他人民事权益损害时,不管其主观上是否有过错,只要法律明确规定其应当承担生态环境侵权责任,其就应承担生态环境侵权责任。

(二)适用无过错责任原则的历程

我国生态环境侵权责任的归责过程,大体上经历了"二分论"、"二分论"与"一元论"并重、确立"一元论"这样三个阶段。

"二分论"阶段是原《侵权责任法》于2010年7月1日实施之前的时期。根据原《民法通则》第106条和第124条等规定,我国对于环境污染和生态破坏责任的归责一直采取"二分论",对环境污染侵权行为采取无过错责任原则,实行因果关系举证责任倒置,而对生态破坏侵权行为采取过错责任原则,实行"谁主张,谁举证"的规则。

"二分论"与"一元论"并重阶段是从2010年7月1日原《侵权责任法》实施起到2021年1月1日《民法典》实施为止这段时期。虽然原《侵权责任法》第65条仅将环境污染侵权行为认定为特殊侵权行为,但是有关机关就相关条文的适用出现了松动迹象,司法实践中也出现了对生态破坏侵权行为适用无过错责任原则的案例。

---

〔60〕 参见王利明:《侵权行为法归责原则研究》(修订2版),中国政法大学出版社2004年版,第17页。

〔61〕 王泽鉴先生称之为"事由"。参见王泽鉴:《侵权行为法 · Ⅰ. 基本理论 · 一般侵权行为》,中国政法大学出版社2001年版,第12页。

〔62〕 参见魏振瀛主编:《民法》(第8版),北京大学出版社、高等教育出版社2021年版,第679页。

〔63〕 参见张新宝:《侵权责任法》(第5版),中国人民大学出版社2020年版,第13-14页。

确立"一元论"阶段是《民法典》实施之后至今的时期。《民法典》侵权责任编第七章专门就生态环境侵权责任加以规定。与原《侵权责任法》第65条的规定相比,《民法典》第1229条扩大了无过错责任原则的适用范围,将此前实行过错责任原则的生态破坏侵权行为纳入无过错责任原则的适用范围之内。

案例8-3-02　王某某、中交某公司大气污染责任纠纷案〔64〕

2014年11月、2015年1月,王某某先后从崇信县锦屏镇平头沟村、位家沟村村民委员会承包苹果园102亩、77.8亩,流转期限15年;2015年2月,王某某又从于某琴、梁某叶处转包位于锦屏镇的苹果园40.42亩。2021年,锦屏镇因修建高速公路占用王某某的苹果园土地12亩,故王某某位于锦屏镇的苹果园共计208.22亩。2021年8月,中交某公司修建高速公路时,因拉运土方产生大量尘土,致王某某及梁某昌等人经营的苹果园减产。后中交某公司与梁某昌等人达成补偿协议,但王某某不同意补偿金额1.9352万元,将中交某公司诉至崇信县人民法院,请求该院判决中交某公司赔偿王某某的经济损失50万元。庭审过程中,王某某分别于2022年7月14日、10月13日向该院申请对中交某公司施工过程中产生的粉尘污染与王某某所受损失之间的因果关系及损失金额进行鉴定。该院依法委托鉴定机构进行鉴定,鉴定机构要求王某某补充提交2021年施肥情况、农药的使用与购买情况以及近5年销售苹果的收入资料、成本资料等证据,但均因王某某未能提交以上证据而将鉴定申请退回。

崇信县人民法院认为,本案的争议焦点是,中交某公司的施工行为是否对王某某经营的苹果园造成环境污染,以及王某某的经济损失应如何认定。第一,根据《民法典》第1229条的规定,环境污染侵权行为适用的归责原则是无过错责任原则,因污染环境造成他人损害的,侵权人应当承担侵权责任。王某某提交的证据可以证实中交某公司的行为给王某某造成了一定的财产损害。虽然中交某公司对扬尘采取了覆盖、洒水等环保防护措施,但无论其是否有过错,只要其不能证明没有污染行为、污染行为与损害后果之间没有因果关系或有法定的免责事由,就应该承担赔偿责任。第二,关于经济损失的确定,王某某作为负有举证证明责任的当事人,对其受到的经济损失并未提交充分证据予以证实,故不利后果由其自行承担。综上,参照中交某公司对其他果农的赔偿标准,该院认定王某某的损失为1.9352万元。

王某某不服上述判决,上诉到平凉市中级人民法院,请求依法改判中交某公司赔偿其经济损失88.8965万元。该院认为,二审争议的焦点问题有二:一是中交某公司的施工行为是否对王某某经营的苹果园造成环境污染;二是王某某的经济损失应如何认定。第一,王某某提交的证据可以证实其苹果园遭受了粉尘污染。中交某公司主张其施工行为对王某某未造成污染的证据不足。第二,关于王某某主张的经济损失的认定。二审立案后,王某某单独委托某评估公司出具报告,证明88.8965万元损害后果的客观事实,但由于王某某单方委托鉴定,且送检材料单一,未经双方质证,而王某某的苹果园的受损面积是否为全部208.22亩,并无其他证据佐证,故王某某要求以该份鉴定结论为依据判定其经济损失的请求不能成立。综上,该院判决驳

〔64〕　参见甘肃省平凉市中级人民法院民事判决书,(2023)甘08民终804号。

回上诉,维持原判。

评析:本案是我国《民法典》施行后审理的一起大气污染环境侵权责任纠纷案。根据《民法典》第1229条、第1230条的规定,因污染环境、破坏生态造成他人损害的,侵权人应当承担侵权责任,并应当就法律规定的不承担责任或者减轻责任的情形及其行为与损害之间不存在因果关系承担举证责任。在本案中,尽管中交某公司对扬尘采取了覆盖、洒水等环保防护措施,但王某某的苹果园因遭受大气污染而产生经济损失,并且,中交某公司应当就其施工行为与王某某所受损失之间不存在因果关系承担举证责任。因此,在中交某公司没有提供足够证据证明其施工行为与王某某所受损失之间不存在因果关系的情况下,两审法院均认为中交某公司应当承担赔偿责任。此外,根据最高人民法院《关于生态环境侵权民事诉讼证据的若干规定》第4条的规定,原告应当就财产损害赔偿的数额承担举证责任。在本案中,王某某主张损害赔偿金88.8965万元,但缺乏足够的证据证明其苹果园的受损面积是全部208.22亩。因此,法院不予采纳,认定了王某某的经济损失为1.9352万元。

三、生态环境侵权责任的构成要件

根据《民法典》第1229条、第1230条的规定,侵权人承担生态环境侵权责任须具备环境污染和生态破坏侵权行为、损害后果、环境污染和生态破坏侵权行为与损害后果之间存在因果关系三个要件。

1. 环境污染和生态破坏侵权行为

通常情况下,环境污染侵权行为表现为大气污染侵权行为、水污染侵权行为、土壤污染侵权行为、电子废物污染侵权行为、固体废物污染侵权行为、噪声污染侵权行为、光污染侵权行为、放射性污染侵权行为等。〔65〕 生态破坏侵权行为表现为土地资源破坏侵权行为、水资源破坏侵权行为、森林资源破坏侵权行为、野生动植物资源破坏侵权行为、渔业资源破坏侵权行为、草原资源破坏侵权行为、矿产资源破坏侵权行为、风景名胜区和人文遗迹破坏侵权行为等。

2. 损害后果

一般而言,环境污染和生态破坏侵权行为造成的损害后果通常只包括对私人受害人的人身损害和财产损害。自20世纪90年代以来,环境污染和生态破坏使生态环境本身遭受的损害(damage to the eco - system or environment per se)作为一种新型的损害而被一些国家立法或国际条约公认。〔66〕 如法国于2016年8月修正《法国民法典》时,在其第三卷第三编第二分编第三章以"生态损害修复"为题,通过增加第1246~1252条规定创设了生态损害修复制度。〔67〕 我国《民法典》第1229~1235条规定的"环境污染和生态破坏责任"也包括生态环境侵权责任和生态环境损害赔偿责任。本节所讨论的生态环境侵权责任仅限于环境污染和生态破坏侵权行为造成的人身损害和财产损害,生态环境损害赔偿责任相关内容将在第四节展开。因此,在生态环境侵权责任中,环境污染和生态破坏侵权行为的损害后果,是指环境污染和生

〔65〕 参见《民事案件案由规定》(法〔2020〕347号)。
〔66〕 参见竺效:《论我国"生态损害"的立法定义模式》,载《浙江学刊》2007年第3期。
〔67〕 参见刘骏:《〈法国民法典〉中生态损害修复规则之研究》,载《现代法治研究》2019年第2期。

态破坏侵权行为导致的他人人身权、财产权等民事权益受到侵害的客观事实。

3. 因果关系

因果关系是侵权行为及损害赔偿法的核心问题。[68] 由于一般侵权行为在形态上是特定人与特定人之间的侵害行为,加害人的行为与损害后果之间的因果关系通常易于证明。但是,在环境污染和生态破坏侵权行为的场合,仅噪声、振动、妨害日照等直接的环境侵权事件中的因果关系较为明显,在通过大气、水等自然媒介物而产生或出于多种原因聚积、竞合而产生的环境侵权事件中,产生损害后果的原因物质种类繁多、来源形形色色、危害途径潜伏而隐蔽。因此,环境污染和生态破坏侵权行为与损害后果之间因果关系的证明,往往极为复杂。

与一般侵权行为的情况不同,环境污染和生态破坏侵权行为在因果关系的证明问题上,还存在以下困难:

第一,现代高科技的发展造成因果关系举证困难。环境污染和生态破坏侵权行为是伴随人类先进科学技术的发展和高危险作业等产业活动而产生的,蕴含着复杂的科学、高深的技术以及专业知识。因此,受害人受专业知识的限制,要想顺利证明环境污染和生态破坏侵权因果关系,较为困难。

第二,企业独占证明资料,致使因果关系举证困难。通常,引起环境污染和生态破坏侵权损害后果的企业充分地独占证明资料,并且以企业秘密为借口拒绝向外界提供;而对于一般市民来讲,科学、严密地证明企业的环境污染和生态破坏侵权行为是引起损害后果发生的原因,则相当困难。

第三,因果关系的判明受科学技术发展水平的影响。在环境污染和生态破坏侵权行为伴随高科技行业、高危险作业等产业活动产生的同时,高科技的发展水平又制约着环境污染和生态破坏侵权行为与损害后果之间的因果关系的判明。特别是在环境污染侵权行为造成受害人罹患原因不明疾病的场合,因果关系的判断尤为困难。即使能够确定受害人罹患疾病的原因物质,但要明确污染发生源、污染途径、污染与损害之间的相关性等问题也并非易事。

在上述情形下,如果仍然按照一般侵权责任的要求,由受害人承担环境污染和生态破坏侵权行为与损害后果之间的因果关系的举证责任,那么受害人通常会因无法证明因果关系而败诉,难以通过民事诉讼途径获得救济。这与传统民事法律制度所追求的公平与正义价值理念是背道而驰的。因此,为实现侵权行为法救济受害人、强化加害人民事责任的目的,世界各国法学理论与司法实践均尝试探索化解环境污染和生态破坏侵权受害人因果关系举证困难的有效途径。[69]

如前文所述,我国生态环境侵权纠纷中的因果关系举证责任分担经历了"二分论"、"二分论"与"一元论"并重、确立"一元论"这样三个阶段。

"二分论"阶段是原《侵权责任法》出台之前的时期。这段时期环境污染侵权责任纠纷的因果关系适用举证责任倒置规则,生态破坏侵权纠纷实行"谁主张,谁举证"的规则。根据1992年7月14日最高人民法院发布的《关于适用〈中华人民共和国民事诉讼法〉若干问题的

---

〔68〕 参见王泽鉴:《侵权行为法 · Ⅰ. 基本理论 · 一般侵权行为》,中国政法大学出版社 2001 年版,第 187 页。

〔69〕 参见罗丽:《中日环境侵权民事责任比较研究》,吉林大学出版社 2004 年版,第 162 页。

意见》(已失效)第74条、2001年12月21日最高人民法院发布的《关于民事诉讼证据的若干规定》第4条的规定,因环境污染引起的损害赔偿诉讼,由加害人就法律规定的免责事由及其行为与损害后果之间不存在因果关系承担举证责任。这两个司法解释明确了环境污染责任纠纷中的因果关系举证责任倒置规则,缓和了环境污染受害人在因果关系方面的举证责任。此后,我国相关环境立法进一步结合这两个司法解释的规定,将环境污染责任纠纷因果关系举证责任倒置规则具体化。例如,2004年修订的《固体废物污染环境防治法》第86条明确规定,因固体废物污染环境引起的损害赔偿诉讼,由加害人就法律规定的免责事由及其行为与损害后果之间不存在因果关系承担举证责任;又如,2008年修订的《水污染防治法》第87条明确规定,因水污染引起的损害赔偿诉讼,由排污方就法律规定的免责事由及其行为与损害后果之间不存在因果关系承担举证责任。2008年12月,最高人民法院发布了修改后的《关于适用〈中华人民共和国民事诉讼法〉若干问题的意见》(已失效)、《关于民事诉讼证据的若干规定》,两个文件分别在第74条与第4条继续明确环境污染责任纠纷中的因果关系举证责任倒置规则。此后,原《侵权责任法》第66条从立法上明确规定,因污染环境发生纠纷,污染者应当就法律规定的不承担责任或者减轻责任的情形及其行为与损害之间不存在因果关系承担举证责任。

"二分论"与"一元论"并重阶段是从原《侵权责任法》实施起到《民法典》实施为止这段时期。在这段时期,《环境保护法(2014修订)》第64条增加了破坏生态侵权,只是原《侵权责任法》没有破坏生态侵权的特别规定。[70] 司法实践中出现一些生态破坏侵权适用举证责任倒置的案例。

确立"一元论"是指《民法典》出台后,明确了环境污染侵权责任纠纷和生态破坏侵权责任纠纷均适用因果关系举证责任倒置规则。《民法典》第1230条进一步完善了生态环境侵权责任因果关系的举证责任,明确规定因污染环境、破坏生态发生纠纷,行为人应当就法律规定的不承担责任或者减轻责任的情形及其行为与损害之间不存在因果关系承担举证责任。

四、生态环境侵权民事诉讼证据规则

作为《民法典》绿色条款的重要组成部分,《民法典》侵权责任编专章规定了"环境污染和生态破坏责任",对生态环境侵权的归责原则、举证责任等内容作出了明确规定。2023年8月,最高人民法院发布的《关于生态环境侵权民事诉讼证据的若干规定》严格遵循立法原意,立足审判实际,深入研究、系统解决生态环境侵权责任纠纷案件中的证据规则问题,确保《民法典》绿色原则和生态环境侵权责任制度在审判实践中得到正确实施。该解释对生态环境侵权民事诉讼证据规则进行了明确规定。

1. 生态环境侵权责任纠纷案件的原告应承担的举证责任

根据侵权责任法的一般原理,即使在无过错责任的侵权类型中,原告主张损害赔偿时,也应该举证证明行为人实施了侵权行为、自己遭受了损害等基本事实。根据最高人民法院《关于生态环境侵权民事诉讼证据的若干规定》第2条、第5条等规定,生态环境侵权责任纠纷案件的原告应当就以下事实承担举证责任:(1)被告实施了污染环境或者破坏生态的行为;

---

〔70〕 张新宝、汪榆淼:《污染环境与破坏生态侵权责任的再法典化思考》,载《比较法研究》2016年第5期。

(2)原告人身、财产受到损害或者有遭受损害的危险;(3)被告行为与损害之间具有关联性。[71]

此外,根据最高人民法院《关于生态环境侵权民事诉讼证据的若干规定》第4条的规定,原告还应当就人身、财产损害赔偿的数额或者生态环境损害赔偿的数额承担举证责任。

2.生态环境侵权责任纠纷案件的被告应承担的举证责任

根据《民法典》第1230条的规定,因污染环境、破坏生态发生纠纷,行为人应当就法律规定的不承担责任或者减轻责任的情形及其行为与损害之间不存在因果关系承担举证责任。根据该条规定,生态环境侵权责任纠纷实行举证责任倒置。举证责任倒置是指依照法律规定,将通常应由提出事实主张的当事人所负担的举证责任分配给对方当事人,由对方当事人就否定该事实的主张承担举证责任;如果对方当事人不能就此举证证明,则推定事实主张成立。具体而言,根据最高人民法院《关于生态环境侵权民事诉讼证据的若干规定》第6条、第7条的规定,被告应当就其行为与损害之间不存在因果关系承担举证责任。被告主张不承担责任或者减轻责任的,应当就法律规定的不承担责任或者减轻责任的情形承担举证责任。被告证明其排放的污染物、释放的生态因素、产生的生态影响未到达损害发生地,或者其行为在损害发生后才实施且未加重损害后果,或者存在其行为不可能导致损害发生的其他情形的,人民法院应当认定被告行为与损害之间不存在因果关系。

案例8-3-03 种植行道树诱发梨树生病损害赔偿案[72]

2004年,在湖北省武汉市发生了一起因栽种公路的行道树诱发梨锈病,使周围梨农收成减产而引起的损害赔偿纠纷案件。原告为武汉市某农业区2227户梨农,被告为武汉市交通委员会、湖北省交通厅公路管理局、武汉市公路管理处、武汉市东西湖区107公路管理所、武汉市东西湖区107国道吴家山收费站、武汉市东西湖区交通局、武汉市东西湖区公路管理段等7家单位。原告与被告纠纷的重点在于1997年被告所属公路部门在107国道东西湖区路段栽种桧柏的行为是否与原告所种植的大量梨树发生梨锈病并致使梨树减产的损害后果之间存在因果关系。原告坚持认为被告栽种桧柏的行为是诱发梨树发生梨锈病并导致梨农收成减少的直接原因,而被告则主张梨树减产的原因是多方面的,原告提供的证据不能证明栽种桧柏与梨树损失之间存在法律上的因果关系。本案于2005年1月19日开庭审理,武汉市中级人民法院于2005年3月18日作出了驳回原告诉讼请求,案件受理费用33万余元全部免交的判决。

评析:根据案发时我国原《民法通则》第124条、2001年12月21日最高人民法院发布的

[71] 最高人民法院《关于生态环境侵权民事诉讼证据的若干规定》第2条规定:"环境污染责任纠纷案件、生态破坏责任纠纷案件的原告应当就以下事实承担举证责任:(一)被告实施了污染环境或者破坏生态的行为;(二)原告人身、财产受到损害或者有遭受损害的危险。"第5条规定:"原告起诉请求被告承担环境污染、生态破坏责任的,应当提供被告行为与损害之间具有关联性的证据。人民法院应当根据当事人提交的证据,结合污染环境、破坏生态的行为方式、污染物的性质、环境介质的类型、生态因素的特征、时间顺序、空间距离等因素,综合判断被告行为与损害之间的关联性是否成立。"

[72] 参见黎昌政、李正国:《武汉梨农状告"行道树"栽种单位案一审判决》,载新浪网,https://news.sina.com.cn/c/2005-03-18/22315399889s.shtml。

《关于民事诉讼证据的若干规定》第 4 条等的规定,本案属于一般侵权案件。因此,武汉市中级人民法院要求原告举证证明原告梨树生病、收成减产与被告栽种桧柏行为之间的因果关系,在法律适用方面正确。因此,法院基于原告提供的证据不能证明栽种桧柏与梨树损失之间存在法律上的因果关系而判决原告败诉,也属于适用法律正确。但是,我国这种对环境污染侵权行为实行无过错责任原则进行归责并对因果关系实行举证责任倒置规则的特殊侵权责任,以及对生态破坏侵权行为实行过错责任原则进行归责并对因果关系实行"谁主张,谁举证"规则的"二分法"体系,因其划分不够科学而对受害人保护不足。因此,为完善我国环境侵权民事责任制度,《民法典》侵权责任编对生态环境侵权责任设专章加以规定。与原《侵权责任法》第 65 条规定相比,《民法典》第 1229 条扩大了生态环境侵权无过错责任原则的适用范围,将此前实行过错责任原则的"破坏生态造成他人损害"的侵权行为纳入无过错责任原则适用范围之内,在一定程度上加大了对因环境破坏而遭到损害的受害人的保护力度。

3. 生态环境侵权责任纠纷案件事实专门性问题的查明

就生态环境侵权责任纠纷案件事实专门性问题,最高人民法院《关于生态环境侵权民事诉讼证据的若干规定》规定,可以通过委托司法鉴定机构、有专门知识的人进行认定,或者通过法庭调查、勘验等方式查明。根据该解释第 16 条、第 17 条、第 21 条的规定,对于查明环境污染、生态破坏案件事实的专门性问题,人民法院经审查认为有必要的,应当根据当事人的申请或者依职权委托具有相应资格的机构、人员出具鉴定意见。因没有鉴定标准、成熟的鉴定方法、相应资格的鉴定人等原因无法进行鉴定,或者鉴定周期过长、费用过高的,人民法院可以结合案件有关事实、当事人申请的有专门知识的人的意见和其他证据,对涉及专门性问题的事实作出认定。虽然属于专门性问题,但可以通过法庭调查、勘验等其他方式查明的,人民法院不予委托鉴定。此外,根据该解释第 14 条的规定,人民法院调查收集、保全或者勘验涉及环境污染、生态破坏专门性问题的证据,应当遵守相关技术规范。必要时,可以通知鉴定人到场,或者邀请负有环境资源保护监督管理职责的部门派员协助。

对于当事人自行委托有关机构、人员出具的意见,根据该解释第 23 条的规定,人民法院应当结合本案的其他证据,审查确定能否作为认定案件事实的根据。对方当事人对该意见有异议的,人民法院应当告知提供意见的当事人可以申请出具意见的机构或者人员出庭陈述意见;未出庭的,该意见不得作为认定案件事实的根据。

五、生态环境侵权的免责事由

根据《民法典》第 1230 条的规定,污染者和生态破坏者,不仅需就其行为与损害后果之间不存在因果关系承担举证责任,还需要对是否存在法律规定的不承担责任或减轻责任的事由承担举证责任。原则上,环境污染和生态破坏侵权的免责或减轻责任事由主要包括:不可抗力、受害人过错以及第三人过错。侵权人不承担责任或者减轻责任的情形,适用《海洋环境保护法》《水污染防治法》《大气污染防治法》等环境保护单行法的规定;相关环境保护单行法没有规定的,适用《民法典》的规定。

1. 不可抗力

不可抗力,是指不能预见、不能避免且不能克服的客观情况。《民法典》第 180 条第 1 款明确规定:因不可抗力不能履行民事义务的,不承担民事责任。法律另有规定的,依照其规定。不可抗力是减轻或者不承担违约责任或侵权责任的一般性抗辩事由,可分为自然原因的不可抗力、社会原因的不可抗力、国家原因的不可抗力三类。具体而言:(1)自然原因的不可抗力,是指达到一定强度的自然现象,如地震、台风、洪水、海啸等。(2)社会原因的不可抗力,是指因社会矛盾激化而出现的不能预见、不能避免且不能克服的客观情况,如战争、武装冲突。(3)国家原因的不可抗力,是指国家行使行政、司法职能而导致损害之发生或扩大。在实践中,作为不可抗力的国家原因主要发生在合同关系领域,较少发生在侵权责任领域。

根据法律规定,不可抗力作为免除生态环境侵权责任的条件是:不可抗力必须构成损害后果发生的唯一原因,只有损害后果完全是由不可抗力引起的,才能表明加害行为与损害后果之间无因果关系。并且,事故发生后,行为人必须及时采取合理救治措施。不可抗力之所以是生态环境侵权的免责事由,是因为在发生不可抗力的情况下,不可抗力是造成受害人的损害的原因,行为人的行为与受害人的损害之间并不存在因果关系。因此,行为人不需要承担责任。

2. 受害人过错

《民法典》第1173条规定,被侵权人对同一损害的发生或者扩大有过错的,可以减轻侵权人的责任。由于生态环境侵权纠纷实行无过错责任原则,因此,在污染者或者生态破坏者以受害人的过错为抗辩事由时,其必须证明损害是受害人本人的故意或重大过失所致,否则,便不能减轻或免除其损害赔偿责任。例如,2017年修正的《水污染防治法》第96条第3款规定,水污染损害是由受害人故意造成的,排污方不承担赔偿责任。水污染损害是由受害人重大过失造成的,可以减轻排污方的赔偿责任。

3. 第三人过错

第三人过错曾经是环境污染侵权的免责事由。例如,1982年《海洋环境保护法》第43条第2款规定,完全是由于第三者的故意或者过失造成污染损害海洋环境的,由第三者承担赔偿责任。[73] 1984年《水污染防治法》第41条第3款也明确规定,水污染损失由第三者故意或者过失所引起的,第三者应当承担责任。[74]

然而,在现实生活中,污染物管理者负有严格管理其污染物的高度注意义务。即使环境污染损害后果并非直接由污染物管理者本身行为所致,但由于在环境污染责任纠纷中,最终造成环境污染损害后果的是污染者的污染行为,而污染者的污染行为有时又是第三人过错行为所致,并促使污染者的污染行为造成受害人损害,如此,污染者的污染行为与损害后果就具有较为直接的因果关系。例如,为严格污染者责任,2008年修订的《水污染防治法》第85条第4款

---

〔73〕 1999年《海洋环境保护法》第92条将其修订为"完全属于下列情形之一,经过及时采取合理措施,仍然不能避免对海洋环境造成污染损害的,造成污染损害的有关责任者免予承担责任:(一)战争;(二)不可抗拒的自然灾害;(三)负责灯塔或者其他助航设备的主管部门,在执行职责时的疏忽,或者其他过失行为。"2013年修正的《海洋环境保护法》第92条、2016年修正的《海洋环境保护法》第91条、2017年修正的《海洋环境保护法》第91条以及2023年修订的《海洋环境保护法》第116条继续沿用1999年修订的《海洋环境保护法》第92条内容。

〔74〕 1996年修正的《水污染防治法》第55条第3款继续沿用1984年《水污染防治法》第41条第3款规定,"水污染损失由第三者故意或者过失所引起的,第三者应当承担责任"。而2008年修订的《水污染防治法》第85条第4款以及2017年修正的《水污染防治法》第96条第4款将相关内容规定为"水污染损害是由第三人造成的,排污方承担赔偿责任后,有权向第三人追偿"。

明确规定,“水污染损害是由第三人造成的,排污方承担赔偿责任后,有权向第三人追偿”,首次将环境污染责任中的第三人过错排除在免责事由之外。此后,原《侵权责任法》第68条也规定,因第三人的过错污染环境造成损害的,被侵权人可以向污染者请求赔偿,也可以向第三人请求赔偿。污染者赔偿后,有权向第三人追偿。该条进一步明确规定了环境污染责任中的第三人过错不再是免责事由,其主要目的在于更好地保护受害人的权益,使受害人的权益得到及时救济。《民法典》第1233条明确规定,因第三人的过错污染环境、破坏生态的,被侵权人可以向侵权人请求赔偿,也可以向第三人请求赔偿。侵权人赔偿后,有权向第三人追偿。为正确适用该条规定,最高人民法院《关于审理生态环境侵权责任纠纷案件适用法律若干问题的解释》第18条专门规定,因第三人的过错污染环境、破坏生态造成他人损害,被侵权人请求侵权人或者第三人承担责任的,人民法院应予支持。侵权人以损害是由第三人过错造成的为由,主张不承担责任或者减轻责任的,人民法院不予支持。第19条进一步区分了侵权人有过错和无过错两种情形下第三人的责任承担,即“侵权人对损害的发生没有过错的,人民法院应当判令侵权人、第三人就全部损害承担责任。侵权人承担责任后有权向第三人追偿。侵权人对损害的发生有过错的,人民法院应当判令侵权人就全部损害承担责任,第三人承担与其过错相适应的责任。侵权人承担责任后有权就第三人应当承担的责任份额向其追偿”。

六、数人侵权责任的分配

数人侵权是生态环境侵权纠纷案件中较为常见的侵权形态,侵权人的责任承担是审判实践中的重点难点问题。《民法典》第1168条关于“二人以上共同实施侵权行为,造成他人损害的,应当承担连带责任”的规定,以及《民法典》第1231条关于“两个以上侵权人污染环境、破坏生态的,承担责任的大小,根据污染物的种类、浓度、排放量,破坏生态的方式、范围、程度,以及行为对损害后果所起的作用等因素确定”的规定等,为数人侵权责任的分配作出了概括性规定。

为进一步明晰生态环境侵权案件中数人侵权责任的分配,最高人民法院《关于审理生态环境侵权责任纠纷案件适用法律若干问题的解释》第5条至第9条,区分以下不同情况进行了详细规定:(1)两个以上侵权人分别污染环境、破坏生态造成同一损害,每一个侵权人的行为都足以造成全部损害的,按照《民法典》第1171条的规定承担连带责任。(2)两个以上侵权人分别污染环境、破坏生态,每一个侵权人的行为都不足以造成全部损害,按照《民法典》第1172条的规定承担按份责任,难以确定责任大小的,平均承担责任。(3)两个以上侵权人分别污染环境、破坏生态,部分侵权人的行为足以造成全部损害,部分侵权人的行为只造成部分损害,被侵权人请求足以造成全部损害的侵权人对全部损害承担责任,并与其他侵权人就共同造成的损害部分承担连带责任的,人民法院应予支持。被侵权人的受偿范围应以侵权行为造成的全部损害为限。(4)两个以上侵权人分别污染环境、破坏生态,部分侵权人能够证明其他侵权人的侵权行为已先行造成全部或者部分损害,并请求在相应范围内不承担责任或者减轻责任的,人民法院应予支持。(5)两个以上侵权人分别排放的物质相互作用产生污染物造成他人损害,被侵权人请求侵权人承担连带责任的,人民法院应予支持。

七、生态环境侵权责任的承担方式

侵权责任方式,是指侵权人依法应当对被侵权人受到的损害承担的不利法律后果的形式和类别。一个国家的侵权责任法规定哪些侵权的民事责任方式,取决于该国的民事立法政策和法律文化传统等因素。一般而言,英美法系侵权责任法确定的侵权责任方式主要是赔偿,无论被侵权人受到什么类型的损害,法律一般都采用赔偿的方式对其予以救济;大陆法系侵权责任法确定的侵权责任方式主要是恢复原状和适当条件下的损害赔偿。

我国《民法典》第179条第1款规定,承担民事责任的方式主要包括:(1)停止侵害;(2)排除妨碍;(3)消除危险;(4)返还财产;(5)恢复原状;(6)修理、重作、更换;(7)继续履行;(8)赔偿损失;(9)支付违约金;(10)消除影响、恢复名誉;(11)赔礼道歉。这些民事责任方式有的专门适用于违约责任,如修理、重作、更换以及支付违约金;有的专门适用于侵权责任,如停止侵害,排除妨碍,消除危险,消除影响、恢复名誉和赔礼道歉;有的既适用于违约责任也适用于侵权责任,如返还财产、赔偿损失。

除此之外,根据《民法典》第179条第2款、第1232条的规定,在"侵权人违反法律规定故意污染环境、破坏生态造成严重后果",被侵权人请求相应的惩罚性赔偿的情况下,人民法院还可以判定侵权人承担惩罚性赔偿。

八、生态环境惩罚性赔偿

(一)概述

惩罚性赔偿(punitive damages)是补偿性赔偿之外的一种损害赔偿,旨在惩罚被告人的侵权行为,并阻止被告人或其他人再次实施类似行为。惩罚性赔偿依附于补偿性赔偿,对特定的或潜在的侵权人而言,法院依法裁决的惩罚性赔偿被视为发挥着类似于刑法上的罚金与行政法上的罚款的处罚与吓阻功能。[75]

《民法典》第1232条确立了生态环境领域中的惩罚性赔偿。通过对侵权人追加多倍赔偿来惩罚、遏制环境污染和生态破坏侵权行为,从而实现全面救济和生态环境保护的目的。这既是在习近平总书记"用最严格制度最严密法治保护生态环境"[76]重要讲话的指导下,坚持和完善生态文明制度体系的生动体现,也是《民法典》第9条所规定的"保护生态环境"的内在要求。

(二)惩罚性赔偿适用于生态环境损害领域的正当性与可行性

1. 惩罚性赔偿适用于生态环境损害领域具有正当性

惩罚性赔偿适用于生态环境损害领域的正当性,我们可以从立法目的、制度功能、逻辑结构和适用依据等多种角度进行考察。具体而言,从立法目的上看,惩罚性赔偿适用于生态环境损害领域,是践行习近平生态文明思想的法律保障。从制度功能上看,惩罚性赔偿相对于刑事制裁、行政处罚以及生态环境损害赔偿制度而言,在预防、遏制、惩罚环境污染和生态破坏侵权

---

〔75〕 参见朱广新:《论生态环境侵权惩罚性赔偿构成条件的特别构造》,载《政治与法律》2023年第10期。

〔76〕 习近平:《坚决打好污染防治攻坚战　推动生态文明建设迈上新台阶》,载《人民日报》2018年5月20日,第1版。

行为方面具有补强作用。从逻辑结构上看,惩罚性赔偿适用于生态环境损害领域,符合《民法典》侵权责任编第七章"环境污染和生态破坏责任"的逻辑结构。从适用依据上看,惩罚性赔偿适用于生态环境损害领域具有明确的法律依据和政策引领。[77]

2. 惩罚性赔偿适用于生态环境损害领域具有可行性

第一,从域外制度考察来看,惩罚性赔偿适用于生态环境损害领域,有先例可循。如在1989年美国阿拉斯加发生的埃克森·瓦尔迪兹号油轮漏油污染事件中,埃克森美孚公司先后与自然资源受托人达成9亿美元的生态环境损害赔偿协议,向受害者支付约2.87亿美元的补偿性赔偿,并承担5.075亿美元的生态环境损害惩罚性赔偿。[78]

第二,从国内相关经验借鉴来看,惩罚性赔偿适用于生态环境损害领域,符合惩罚性赔偿的演进趋势。例如,浮梁县人民法院于2021年1月宣判的浮梁县人民检察院诉某化工集团有限公司环境污染民事公益诉讼案,是我国司法实践中首次在生态环境损害领域适用惩罚性赔偿的案例。此后,全国各地积极探索在生态环境损害领域中适用惩罚性赔偿。例如,在青岛某公司非法买卖濒危野生动物案、陕西省旬邑县肖某某滥伐林木案、浙江省青田县马某等人倾倒危险废物案等案件中,检察机关申请的生态环境惩罚性赔偿,均得到了人民法院的认可和支持。[79]

(三)生态环境惩罚性赔偿的具体内容

为妥善审理生态环境侵权纠纷案件、全面加强生态环境保护、正确适用惩罚性赔偿,2021年12月最高人民法院通过的《关于审理生态环境侵权纠纷案件适用惩罚性赔偿的解释》对生态环境惩罚性赔偿的适用范围、适用要件、赔偿金数额的确定、适用顺序、程序保障等进行了具体规定。[80]

1. 生态环境惩罚性赔偿的适用范围

惩罚性赔偿不仅适用于生态环境侵权领域,也适用于生态环境损害领域。最高人民法院《关于审理生态环境侵权纠纷案件适用惩罚性赔偿的解释》第2条规定,因环境污染、生态破坏受到损害的自然人、法人或者非法人组织,依据《民法典》第1232条的规定,请求判令侵权人承担惩罚性赔偿责任的,适用该解释。第12条进一步规定,国家规定的机关或者法律规定的组织作为被侵权人代表,请求判令侵权人承担惩罚性赔偿责任的,人民法院可以参照前述规定予以处理。但惩罚性赔偿金数额的确定,应当以生态环境受到损害至修复完成期间服务功能丧失导致的损失、生态环境功能永久性损害造成的损失数额作为计算基数。

2. 生态环境惩罚性赔偿的适用要件

生态环境侵权的构成要件是环境污染和生态破坏侵权行为、损害后果、环境污染和生态破

---

〔77〕 参见罗丽、王耀伟:《生态环境侵权惩罚性赔偿的适用问题研究》,载《大连理工大学学报(社会科学版)》2024年第2期。

〔78〕 See Sanne Knudsen, Exxon Valdez Revisited: Rights and Remedies, In University of Saint Thomas Law Journal Fall 95 (2009).

〔79〕 参见罗丽、王耀伟:《生态环境侵权惩罚性赔偿的适用问题研究》,载《大连理工大学学报(社会科学版)》2024年第2期。

〔80〕 参见《最高法发布〈最高人民法院关于审理生态环境侵权纠纷案件适用惩罚性赔偿的解释〉》,载中国法院网2022年1月13日,https://www.chinacourt.org/article/detail/2022/01/id/6483452.shtml。

坏侵权行为与损害后果之间存在因果关系。与此不同的是，惩罚性赔偿的适用要件更为严格。《民法典》第1232条明确了惩罚性赔偿的三个加重要件，最高人民法院《关于审理生态环境侵权纠纷案件适用惩罚性赔偿的解释》第4条又进一步对此予以明确，具体包括：(1)侵权人污染环境、破坏生态的行为违反法律规定；(2)侵权人具有污染环境、破坏生态的故意；(3)侵权人污染环境、破坏生态的行为造成严重后果。同时，根据《民事诉讼法》规定的"谁主张，谁举证"的举证规则，该解释第4条明确规定由被侵权人对前述要件负举证证明责任。此外，根据该解释第3条第1款规定，被侵权人在生态环境侵权纠纷案件中请求惩罚性赔偿的，应当在起诉时明确赔偿数额以及所依据的事实和理由。

其一，关于"侵权人污染环境、破坏生态的行为违反法律规定"的认定。《民法典》第1232条规定的适用生态环境惩罚性赔偿的违法性要件是"违反法律规定"。最高人民法院《关于审理生态环境侵权纠纷案件适用惩罚性赔偿的解释》第5条又明确，人民法院认定侵权人污染环境、破坏生态的行为是否违反法律规定，应当以法律、法规为依据，可以参照规章的规定。该条对《民法典》第1232条规定中的"法律规定"采取了扩张解释的方法，在很大程度上解构或消减了"违反法律规定"这个加重构成要件。[81]

其二，关于"侵权人具有污染环境、破坏生态的故意"的认定。作为惩罚性赔偿的适用要件的"故意"，是指明知自己的环境污染或生态破坏的行为会造成损害他人权益的后果，却希望或放任这种结果发生的主观心理状态。最高人民法院《关于审理生态环境侵权纠纷案件适用惩罚性赔偿的解释》中的"故意"，是指"污染环境、破坏生态的故意"。该解释第6条规定，人民法院认定侵权人是否具有污染环境、破坏生态的故意，应当根据侵权人的职业经历、专业背景或者经营范围，因同一或者同类行为受到行政处罚或者刑事追究的情况，以及污染物的种类，污染环境、破坏生态行为的方式等因素综合判断。

该解释第7条明确列举了应被认定为具有"污染环境、破坏生态的故意"的若干情形，包括：(1)因同一污染环境、破坏生态行为，已被人民法院认定构成破坏环境资源保护犯罪的；(2)建设项目未依法进行环境影响评价，或者提供虚假材料导致环境影响评价文件严重失实，被行政主管部门责令停止建设后拒不执行的；(3)未取得排污许可证排放污染物，被行政主管部门责令停止排污后拒不执行，或者超过污染物排放标准或者重点污染物排放总量控制指标排放污染物，经行政主管机关责令限制生产、停产整治或者给予其他行政处罚后仍不改正的；(4)生产、使用国家明令禁止生产、使用的农药，被行政主管部门责令改正后拒不改正的；(5)无危险废物经营许可证而从事收集、贮存、利用、处置危险废物经营活动，或者知道或者应当知道他人无许可证而将危险废物提供或者委托给其从事收集、贮存、利用、处置等活动的；(6)将未经处理的废水、废气、废渣直接排放或者倾倒的；(7)通过暗管、渗井、渗坑、灌注，篡改、伪造监测数据，或者以不正常运行防治污染设施等逃避监管的方式，违法排放污染物的；(8)在相关自然保护区域、禁猎(渔)区、禁猎(渔)期使用禁止使用的猎捕工具、方法猎捕、杀害国家重点保护野生动物、破坏野生动物栖息地的；(9)未取得勘查许可证、采矿许可证，或者采取破坏性方法勘查开采矿产资源的；(10)其他故意情形。该条规定实质上是根据故意违法实

---

〔81〕 参见朱广新:《论生态环境侵权惩罚性赔偿构成条件的特别构造》，载《政治与法律》2023年第10期。

施污染环境、破坏生态的行为,通常存在损害他人权益的重大风险的经验判断,将“污染环境、破坏生态的故意”直接推定为惩罚性赔偿适用要件的“故意”,以此确定的故意通常被称作推定的故意。[82]

其三,关于“侵权人污染环境、破坏生态的行为造成严重后果”的认定。“严重后果”可从两个层面理解,一是人身、财产损害的严重后果,二是生态环境损害的严重后果。按照最高人民法院《关于审理生态环境侵权纠纷案件适用惩罚性赔偿的解释》第 8 条的规定,人民法院认定侵权人污染环境、破坏生态行为是否造成严重后果,应当根据污染环境、破坏生态行为的持续时间、地域范围,造成环境污染、生态破坏的范围和程度,以及造成的社会影响等因素综合判断。侵权人污染环境、破坏生态行为造成他人死亡、健康严重损害,重大财产损失,生态环境严重损害或者重大不良社会影响的,人民法院应当认定为造成严重后果。

3. 生态环境惩罚性赔偿金数额的确定

生态环境惩罚性赔偿金的计算基数是人身损害赔偿金、财产损失数额,生态环境损害则将生态环境受到损害至修复完成期间服务功能丧失导致的损失、生态环境功能永久性损害造成的损失数额作为计算基数,惩罚性赔偿金的倍数均为不超过 2 倍。

根据最高人民法院《关于审理生态环境侵权纠纷案件适用惩罚性赔偿的解释》第 9 条的规定,人民法院确定惩罚性赔偿金数额,应当以环境污染、生态破坏造成的人身损害赔偿金、财产损失数额作为计算基数。而前述人身损害赔偿金、财产损失数额应依照《民法典》第 1179 条、第 1184 条的规定予以确定。法律另有规定的,依照其规定。具体而言,根据该解释第 10 条的规定,人民法院确定惩罚性赔偿金数额,应当综合考虑侵权人的恶意程度、侵权后果的严重程度、侵权人因污染环境、破坏生态行为所获得的利益或者侵权人所采取的修复措施及其效果等因素,但一般不超过人身损害赔偿金、财产损失数额的 2 倍。因同一污染环境、破坏生态行为已经被行政机关给予罚款或者被人民法院判处罚金,侵权人主张免除惩罚性赔偿责任的,人民法院不予支持,但在确定惩罚性赔偿金数额时可以综合考虑。

另外,根据最高人民法院《关于审理生态环境侵权纠纷案件适用惩罚性赔偿的解释》第 12 条的规定,国家规定的机关或者法律规定的组织作为被侵权人代表,请求判令侵权人承担惩罚性赔偿责任的,惩罚性赔偿金数额应当将生态环境受到损害至修复完成期间服务功能丧失导致的损失、生态环境功能永久性损害造成的损失数额作为计算基数。司法实践中,生态环境损害惩罚性赔偿金的数额上限参照了该解释第 10 条的规定,即一般不超过生态环境服务功能丧失导致的损失、生态环境功能永久性损害造成的损失数额的 2 倍。[83]

4. 生态环境惩罚性赔偿的适用顺序

最高人民法院《关于审理生态环境侵权纠纷案件适用惩罚性赔偿的解释》第 11 条对多种责任并存时生态环境惩罚性赔偿的适用顺序进行了具体规定:侵权人因同一污染环境、破坏生态行为,应当承担包括惩罚性赔偿在内的民事责任、行政责任和刑事责任,其财产不足以支付的,应当优先用于承担民事责任。侵权人因同一污染环境、破坏生态行为,应当承担包括惩罚

[82] 参见朱广新:《论生态环境侵权惩罚性赔偿构成条件的特别构造》,载《政治与法律》2023 年第 10 期。
[83] 参见重庆市第五中级人民法院民事判决书,(2022)渝 05 民初 39 号。

性赔偿在内的民事责任，其财产不足以支付的，应当优先用于承担惩罚性赔偿以外的其他责任。

5. 生态环境惩罚性赔偿的程序保障

惩罚性赔偿作为附加性责任，须以补偿性赔偿的成立和确定为基础。为方便当事人及时、全面地主张权利，提高人民法院审理生态环境侵权纠纷案件的水平和效率，根据“一事不再理”的民事诉讼理论和《民事诉讼法》的相关规定，最高人民法院《关于审理生态环境侵权纠纷案件适用惩罚性赔偿的解释》第3条第2款规定，被侵权人在生态环境侵权纠纷案件中没有提出惩罚性赔偿的诉讼请求，诉讼终结后又基于同一污染环境、破坏生态事实另行起诉请求惩罚性赔偿的，人民法院不予受理。

案例8-3-04　重庆市人民检察院第五分院、吴某刚生态破坏民事公益诉讼案[84]

2016年起，吴某刚长期在重庆市南岸区哑巴洞长江水域采用网捕的方式捕捞长江水生生物。自2020年1月1日起，重庆市南岸区境内长江干流所有水域实施全面禁捕，吴某刚明知哑巴洞长江水域属于禁渔区，仍在禁渔期间非法从事捕捞活动。2021年1月19日，吴某刚伙同他人在哑巴洞长江水域非法捕获国家一级保护野生动物长江鲟等渔获物并杀害、食用。同年2月，吴某刚将非法捕获的长江鲟等渔获物寄养于停靠在哑巴洞长江水域一条带有篷布的钢质船船舱内，2月6日被执法机关查获。经现场检查勘验和鉴定，船舱内共发现9尾长江鲟，其中活体8尾、死体1尾。经中国水产科学研究院长江水产研究所鉴定，吴某刚危害国家一级保护野生动物长江鲟造成的生态功能永久性损害估算价值为843750元，其中成鱼直接损失为675000元，幼鱼间接损失为168750元，评估费用为2000元。

据此，重庆市人民检察院第五分院提起生态破坏民事公益诉讼，请求判令吴某刚赔偿生态损害损失843750元，承担惩罚性赔偿金506250元、评估费2000元。重庆市第五中级人民法院于2022年2月28日立案，分别于2022年3月29日和5月31日公开开庭审理，最终作出(2022)渝05民初39号民事判决，认定被告吴某刚赔偿生态服务功能损失843750元，承担惩罚性赔偿金506250元、评估费2000元，案件受理费16968元亦由吴某刚负担。

评析：本案是在最高人民法院《关于审理生态环境侵权纠纷案件适用惩罚性赔偿的解释》出台后，适用惩罚性赔偿的生态破坏公益诉讼案件。长江鲟2009年被列入《世界自然保护联盟濒危物种红色名录》(IUCN)极危(CR)级保护物种，2015年被列入《中国生物多样性红色名录——脊椎动物卷》极危(CR)级保护物种，2019年被列入《濒危野生动植物种国际贸易公约附录Ⅰ、附录Ⅱ和附录Ⅲ》中的附录Ⅱ。在本案中，吴某刚违反法律规定，长期在禁渔区、禁渔期非法从事捕捞活动，猎捕国家重点保护野生动物，故意破坏长江水生生物资源和水域生态环境，造成国家重点保护野生动物死亡或不再参与繁殖的严重后果，按照相关规定应承担惩罚性赔偿责任。具体而言，重庆市第五中级人民法院认为：第一，吴某刚非法捕捞所获得的9尾长江鲟中，除1尾死亡外，其余8尾已作放生处理，长江水生态系统和野生水生动物资源的损害

---

[84]　参见重庆市第五中级人民法院民事判决书，(2022)渝05民初39号。

得到部分弥补;第二,相较于生态损失843750元,吴某刚通过非法捕捞行为仅获利23690元;第三,本案渔业专家陪审员蒋某某认为,按生态环境功能永久性损害造成的损失数额的小数点倍数计算,可以对本案受破坏的生态有较大的弥补。因此,重庆市第五中级人民法院根据最高人民法院《关于审理生态环境侵权纠纷案件适用惩罚性赔偿的解释》第10条第1款的规定,综合考虑吴某刚的恶意程度、侵权后果的严重程度等因素,判决按生态环境服务功能丧失导致的损失和生态环境功能永久性损害造成的损失数额的0.6倍计算惩罚性赔偿金,共计506250元。本案是适用最高人民法院《关于审理生态环境侵权纠纷案件适用惩罚性赔偿的解释》的有益尝试。

第四节　环境公益诉讼和生态环境损害赔偿制度

在生态环境损害案件中,污染环境或破坏生态的行为通常不仅会造成受害人的人身、财产损害,还会危及生态环境本身。对于环境侵害行为造成的受害人的人身、财产损害,受害人作为直接利害关系人可以提起诉讼维护其自身利益。但是,由于生态环境承载着环境公共利益,环境侵害行为对生态环境造成的损害或威胁通常与个人无直接利害关系,因而在传统诉讼理论下,个人无法提起诉讼以保护环境公共利益。为弥补这种传统诉讼上的缺陷,环境公益诉讼便应运而生。

一、我国环境公益诉讼制度

从最初的环境法庭审理典型环境公益诉讼案件的司法实践到2012年8月修正的《民事诉讼法》、《环境保护法(2014修订)》及其他法律法规的确认,我国环境公益诉讼制度经过了十几年的发展完善,相关规则已较为健全,也为我国环境公益的维护发挥了重要作用。

(一)环境公益诉讼概述

1. 概念

环境公益诉讼,是一种允许与案件无直接利害关系的原告出于维护公益目的,针对损害环境公益或具有损害环境公益风险的行为,向法院起诉的诉讼制度。

环境公益诉讼起源于20世纪70年代美国的公民诉讼(citizen suits)。公民诉讼,是指任何人均能够不以自身利益受到侵害为由,而以环境公共利益受到或者可能受到侵害为由,以环境与资源开发利用行为者或许可开发利用环境与资源的政府机关为被告,向法院提起的请求判决停止开发利用行为或宣布行政许可无效等的诉讼。美国公民诉讼的主要目的在于保证联邦和各州的行政机关积极履行其职责并补充其资源的不足。[85]

目前,我国环境公益诉讼主要涉及民事和行政两大法律部门。从原告主体来看,我国环境公益诉讼的原告主体包括环保组织和检察机关。因此,一般认为,我国环境公益诉讼可分为环保组织提起的环境民事公益诉讼、检察机关提起的环境民事公益诉讼和检察机关提起的环境

〔85〕 参见汪劲:《环境法学》(第4版),北京大学出版社2018年版,第298页。

行政公益诉讼。[86]

2. 特征

与一般诉讼相比,环境公益诉讼具有如下显著特征:

第一,环境公益诉讼具有非直接利益相关性。在一般诉讼中,提起诉讼的原告须与所诉讼案件有直接利害关系,即“无利益则无诉权”。而在环境公益诉讼中,原告提起诉讼并非基于自己的某种利益受到侵害或胁迫,而是希望保护因私人或政府机关的违法行为而受损的环境公共利益,因此,提起环境公益诉讼的原告与所诉讼案件并无直接利害关系。在此意义上,与一般诉讼相比,提起环境公益诉讼的主体资格得到了放宽。

第二,环境公益诉讼具有显著的预防性。与一般私益诉讼不同,环境公益诉讼中只要能够合理判断有侵害环境公共利益的可能,即可提起诉讼,由侵害行为人承担法律责任。这样的制度设计可以将许多损害遏制在萌芽状态,充分发挥预防作用,在环境保护领域尤为重要。因为环境一旦遭受破坏就难以恢复原状,所以法律有必要在环境侵害尚未发生或尚未完全发生时就允许通过司法制度加以排除,从而阻止环境公共利益遭受无法弥补的损害。

案例 8-4-01　云南绿孔雀预防性保护公益诉讼案[87]

2017 年 7 月,因开发建设云南红河戛洒江一级水电站,某公司被北京市朝阳区自然之友环境研究所(以下简称自然之友)诉至昆明市中级人民法院。自然之友诉称,戛洒江一级水电站淹没区系国家一级保护动物、濒危物种绿孔雀的栖息地。该水电站一旦蓄水,将有导致该区域绿孔雀灭绝的可能。而且,该水电站配套工程将破坏当地珍贵的干热河谷季雨林生态系统。

昆明市中级人民法院审理后认为,绿孔雀栖息地一旦淹没很可能会对绿孔雀的生存造成严重损害,并使该区域珍稀动植物的生存面临重大风险。2020 年 3 月,昆明市中级人民法院作出一审判决:某公司立即停止基于现有环境影响评价下的戛洒江一级水电站建设项目,不得截流蓄水,不得对该水电站淹没区内植被进行砍伐。一审宣判后,自然之友以戛洒江一级水电站应当永久性停建为由,某公司以水电站已经停建且划入生态红线,应当驳回自然之友诉讼请求为由,分别提起上诉。2020 年 12 月,云南省高级人民法院判决:驳回上诉,维持原判。

评析:该案是我国首例珍稀野生动植物保护预防性环境民事公益诉讼案件,在 2021 年世界环境司法大会上被评为全球十大生物多样性案例之首。该案体现了“风险预防”的原则,突破了传统“无损害即无救济”的司法救济理念,转向以预防环境风险为目标的事前救济模式,实现前瞻性的司法保护。[88]

---

[86]　《民事诉讼法》第 58 条规定了行政机关的环境民事公益诉讼的原告主体资格,最高人民法院 2023 年 8 月公布的《关于生态环境侵权民事诉讼证据的若干规定》亦将行政机关提起的生态环境损害赔偿诉讼视为环境民事公益诉讼的子类型。但由于有关生态环境损害赔偿制度的相关理论和实践争议较大,本书将其与环境公益诉讼制度分别进行介绍。

[87]　参见《最高人民法院发布第 31 批指导性案例》,载《人民法院报》2021 年 12 月 6 日,第 2 版。

[88]　参见秦天宝、陆阳:《从损害预防到风险应对:预防性环境公益诉讼的适用基准和发展方向》,载《法律适用》2022 年第 3 期。

第三,惠益的公共性。环境公益诉讼的目的在于保护因私人或政府机关的违法行为而受损的环境公共利益,因此,环境公益诉讼的最终获益者是广大公众或者特定区域内的大多数人,而不是少数与所诉讼案件有直接利害关系的个人。

第四,起诉权的法定性。由于环境公益诉讼是由与所诉讼案件无直接利害关系的主体提起,因此,为保障环境公益诉讼的顺利进行,有必要通过立法明确规定环境公益诉讼案件的范围和原告的主体资格等。

第五,环境公益诉讼并非独立的诉讼领域,而是一种与原告资格认定相关的诉讼方式和手段。这种诉讼既可以适用民事诉讼程序,亦可以适用行政诉讼程序。如被诉的对象是企业、其他组织或个人,则启动环境民事公益诉讼,适用民事诉讼程序;如果被诉的对象是行政机关,则启动环境行政公益诉讼,适用行政诉讼程序。环境民事公益诉讼,是指公民或者组织针对其他公民或者组织侵害环境公共利益的行为,请求法院提供民事性质救济的诉讼。环境行政公益诉讼,是指公民或者组织(特别是环保公益团体,在我国则是检察机关)认为行政机关(主要是生态环境主管部门等政府机关)的具体环境行政行为(如关于建设项目的审批行为)危害公共环境利益,向法院提起的司法审查之诉。[89]

(二)我国环境公益诉讼制度的确立与发展

2007年全国各地纷纷设立"环境法庭",审理了大量典型环境公益诉讼案件,不仅达到了维护环境公益的目标,更表明了地方检察机关、环保组织等均可作为原告提起环境公益诉讼,为我国在立法上构建环境公益诉讼制度积累了丰富素材。2012年8月修正的《民事诉讼法》第55条(现为2023年9月修正的《民事诉讼法》第58条)从立法上正式确立了中国的环境公益诉讼制度。《环境保护法(2014修订)》第58条明确规定了符合相关条件的社会组织可以提起环境公益诉讼。

2017年6月修正的《民事诉讼法》第55条(现为2023年9月修正的《民事诉讼法》第58条)、2017年6月修正的《行政诉讼法》第25条分别确定了人民检察院提起、支持环境民事公益诉讼和提起环境行政公益诉讼的诉讼资格。2018年3月最高人民法院、最高人民检察院发布的《关于检察公益诉讼案件适用法律若干问题的解释》第20条规定了检察机关提起环境刑事附带民事公益诉讼的资格。这些诉讼制度共同构成了我国检察环境公益诉讼制度。至此,我国环境公益诉讼制度形成由环保组织提起环境公益诉讼和检察机关提起环境公益诉讼的格局,检察机关在环境公益诉讼领域发挥着至关重要、不可替代的作用。党的二十大报告强调"完善公益诉讼制度",既对环境公益诉讼制度已取得的成就作出了肯定,也对环境公益诉讼制度提出了更高期许与要求。

案例8-4-02 万峰湖流域生态环境保护公益诉讼案[90]

万峰湖地处广西、贵州、云南三省(区)接合部,是"珠三角"经济区的重要水源,其水质事

[89] 参见汪劲:《环境法学》(第4版),北京大学出版社2018年版,第299页;别涛:《中国环境公益诉讼的立法建议》,载《中国地质大学学报(社会科学版)》2006年第6期。

[90] 参见《最高人民检察院督促整治万峰湖流域生态环境受损公益诉讼案》,载《检察日报》2022年9月23日,第2版。

关沿岸50多万人民群众的生产生活和珠江流域的高质量发展。多年来,湖区污染防治工作滞后,网箱养殖无序发展,水质不断恶化,水体富营养化严重。此外,万峰湖流域还存在干支流工业废水直排、生活垃圾污染等问题,直接影响万峰湖水质,公共利益受到损害。2019年11月,贵州省人民检察院向最高人民检察院(以下简称最高检)反映了万峰湖流域生态环境污染公益诉讼案件线索。2019年12月11日,最高检决定基于万峰湖流域生态环境受损的事实直接进行公益诉讼立案。最高检将非法网箱养殖污染等七类问题线索经由省(区)院交沿湖市(州)、县(市)两级检察院具体办理。相关检察机关在收到交办和指定管辖的案件线索后,经进一步调查,共依法立案45件,其中行政公益诉讼案件44件,民事公益诉讼案件1件。通过办案督促整治,万峰湖生态环境污染问题得到有效整改,湖面非法养殖、沿湖岸线及干支流污染等问题得到有效解决,水质持续好转。为从源头预防污染问题发生,形成跨区划保护合力,最高检办案组还指导三省(区)检察机关对案件办理效果开展"回头看"工作,跟踪了解整改落实情况,强化公益诉讼检察职能对万峰湖的生态保护作用。

评析:该案是最高检直接立案办理的第一起公益诉讼案件,体现了检察公益诉讼制度的价值和优势。检察环境公益诉讼制度符合我国的诉讼传统,能够以较低的成本、较小的阻力对维护环境公益发挥较大的作用。同时,检察机关作为国家机关,具有足够的能力和号召力,可以实现与其他国家机关和环保组织的通力合作,通过检察环境公益诉讼制度提高我国的环境治理能力,促进环境法治建设。

(三)环境民事公益诉讼

根据《民事诉讼法》第58条的规定,对污染环境等损害社会公共利益的行为,法律规定的机关和有关组织可以向人民法院提起诉讼。人民检察院在履行职责中发现破坏生态环境和资源保护等损害社会公共利益的行为,在没有前述规定的机关和组织或者前述规定的机关和组织不提起诉讼的情况下,可以向人民法院提起诉讼。前述规定的机关或者组织提起诉讼的,人民检察院可以支持起诉。因此,我国环境民事公益诉讼的适格原告主体包括法律规定的机关、有关组织和检察机关。在此仅讨论环保组织提起的环境民事公益诉讼和检察机关提起的环境民事公益诉讼。

1. 环保组织提起的环境民事公益诉讼

环保组织具有提起环境民事公益诉讼的原告资格。《环境保护法(2014修订)》第58条第1款对《民事诉讼法》第58条第1款规定的"有关组织"予以明确:"对污染环境、破坏生态,损害社会公共利益的行为,符合下列条件的社会组织可以向人民法院提起诉讼:(一)依法在设区的市级以上人民政府民政部门登记;(二)专门从事环境保护公益活动连续五年以上且无违法记录。"同时,最高人民法院于2015年1月公布、2020年12月修正的《关于审理环境民事公益诉讼案件适用法律若干问题的解释》对环保组织提起的环境民事公益诉讼作出了进一步的规定。

一是主体规定。其一,"社会组织"指的是依照法律、法规的规定,在设区的市级以上人民政府民政部门登记的社会团体、基金会以及社会服务机构等。其二,"设区的市级以上人民政府民政部门"指的是设区的市,自治州、盟、地区,不设区的地级市,直辖市的区以上人民政府民政部门。其三,“专门从事环境保护公益活动”指的是社会组织章程确定的宗旨和主要业务范围是维护社会公共利益,且从事环境保护公益活动;同时,社会组织提起的诉讼所涉及的社会公共利益,应与其宗旨和业务范围具有关联性。其四,“无违法记录”指的是社会组织在提起诉讼前5年内未因从事业务活动违反法律、法规的规定受过行政、刑事处罚。

二是管辖规则。其一,第一审环境民事公益诉讼案件由污染环境、破坏生态行为发生地、损害结果地或者被告住所地的中级以上人民法院管辖。其二,中级人民法院认为确有必要的,可以在报请高级人民法院批准后,裁定将本院管辖的第一审环境民事公益诉讼案件交由基层人民法院审理。其三,同一原告或者不同原告对同一污染环境、破坏生态行为分别向两个以上有管辖权的人民法院提起环境民事公益诉讼的,由最先立案的人民法院管辖,必要时由共同上级人民法院指定管辖。其四,经最高人民法院批准,高级人民法院可以根据本辖区环境和生态保护的实际情况,在辖区内确定部分中级人民法院受理第一审环境民事公益诉讼案件。其五,中级人民法院管辖环境民事公益诉讼案件的区域由高级人民法院确定。

三是支持起诉。检察机关、负有环境资源保护监督管理职责的部门及其他机关、社会组织、企业事业单位依据《民事诉讼法》第15条的规定,可以通过提供法律咨询、提交书面意见、协助调查取证等方式支持社会组织依法提起环境民事公益诉讼。

四是举证责任。原告请求被告提供其排放的主要污染物名称、排放方式、排放浓度和总量、超标排放情况以及防治污染设施的建设和运行情况等环境信息,法律、法规、规章规定被告应当持有或者有证据证明被告持有而拒不提供,如果原告主张相关事实不利于被告,人民法院可以推定该主张成立。

五是责任承担。其一,对污染环境、破坏生态,已经损害社会公共利益或者具有损害社会公共利益重大风险的行为,原告可以请求被告承担停止侵害、排除妨碍、消除危险、修复生态环境、赔偿损失、赔礼道歉等民事责任。其二,原告为防止生态环境损害的发生和扩大,请求被告停止侵害、排除妨碍、消除危险的,人民法院可以依法予以支持。原告为停止侵害、排除妨碍、消除危险采取合理预防、处置措施而发生的费用,请求被告承担的,人民法院可以依法予以支持。其三,原告请求修复生态环境的,人民法院可以依法判决被告将生态环境修复到损害发生之前的状态和功能。无法完全修复的,可以准许采用替代性修复方式。人民法院可以在判决被告修复生态环境的同时,确定被告不履行修复义务时应承担的生态环境修复费用;也可以直接判决被告承担生态环境修复费用。生态环境修复费用包括制定、实施修复方案的费用,修复期间的监测、监管费用,以及修复完成后的验收费用、修复效果后评估费用等。其四,原告请求被告赔偿生态环境受到损害至修复完成期间服务功能丧失导致的损失、生态环境功能永久性损害造成的损失的,人民法院可以依法予以支持。其五,原告请求被告承担以下费用的,人民法院可以依法予以支持:(1)生态环境损害调查、鉴定评估等费用;(2)清除污染以及防止损害的发生和扩大所支出的合理费用;(3)合理的律师费以及为诉讼支出的其他合理费用。

案例8-4-03 重庆市绿色志愿者联合会诉某公司水污染责任民事公益诉讼案〔91〕

某公司选矿厂位于建始县业州镇郭家淌国有高岩子林场。2014年8月10日,某公司选矿厂进行违法生产,产生的废水、尾矿未经处理就排入临近有溶洞漏斗发育的自然洼地,导致被污染水体具有有机物毒性。

湖北省环保厅认定某公司硫铁矿选矿项目水污染防治设施未建成,擅自投入生产,非法将生产产生的废水和尾矿排放、倾倒至厂房下方的洼地内,造成废水和废渣经洼地底部裂隙渗漏,导致千丈岩水库水体污染。因此,湖北省环保厅于2014年9月4日作出行政处罚决定,责令某公司停止生产直至验收合格,限期采取治理措施消除污染,并处罚款100万元。

行政处罚决定作出后,某公司仅缴纳了罚款100万元,但并未采取有效消除污染的治理措施。重庆市绿色志愿者联合会遂对某公司提起环境民事公益诉讼,诉请判令被告停止侵害,承担生态环境修复责任。重庆市万州区人民法院于2016年1月14日作出民事判决,判令某公司立即停止对千丈岩水库饮用水水源的侵害,重新进行环境影响评价,未经批复和环境保护设施未经验收则不得生产等。

评析:本案是由环保组织提起的环境民事公益诉讼案件,具有深远影响。本案明确在环境公益诉讼中,如果污染者已停止生产,但一旦恢复生产仍具有生态环境侵害风险,那么人民法院可通过附加恢复生产条件的方式判令环境侵权人承担停止侵害责任。本案将停止侵害的具体履行方式进一步明确为重新进行环境影响评价,在环境影响评价文件经审查批准及配套建设的环境保护设施经验收合格之前污染者不得恢复生产,使判决更具可执行性,有利于及时制止违法生产行为和全面保护社会公共利益,为环境公益诉讼案件的裁判提供了一条新的思路。

2. 检察机关提起的环境民事公益诉讼

最高人民法院和最高人民检察院于2018年3月公布、2020年12月修正的《关于检察公益诉讼案件适用法律若干问题的解释》,最高人民检察院于2021年6月公布的《人民检察院公益诉讼办案规则》对检察机关提起环境民事公益诉讼作出了详细的规定,具体内容如下。

一是诉前公告。人民检察院在履行职责中发现破坏生态环境和资源保护等损害社会公共利益的行为,拟提起公益诉讼的,应当依法公告,公告期间为30日。公告期满,法律规定的机关和有关组织不提起诉讼的,人民检察院可以向人民法院提起诉讼。

二是提起诉讼。有下列情形之一,社会公共利益仍然处于受损害状态的,人民检察院应当提起环境民事公益诉讼:(1)生态环境损害赔偿权利人未启动生态环境损害赔偿程序,或者经过磋商未达成一致,赔偿权利人又不提起诉讼的;(2)没有适格主体,或者公告期满后适格主体不提起诉讼的。

三是诉讼请求。人民检察院可以向人民法院提出要求被告停止侵害、排除妨碍、消除危险、恢复原状、赔偿损失等诉讼请求。对于破坏生态环境和资源保护领域案件,可以提出要求

〔91〕 参见游中川、刘慧慧、石磊:《〈重庆市绿色志愿者联合会诉恩施自治州某公司水污染责任民事公益诉讼案〉的理解与参照——环境污染者停止侵害的责任承担方式》,载《人民司法》2022年第11期。

被告以补植复绿、增殖放流、土地复垦等方式修复生态环境的诉讼请求,或者支付生态环境修复费用,赔偿生态环境受到损害至修复完成期间服务功能丧失造成的损失、生态环境功能永久性损害造成的损失等诉讼请求;被告违反法律规定故意污染环境、破坏生态造成严重后果的,可以提出惩罚性赔偿等诉讼请求。

四是支持起诉。人民检察院可以采取提供法律咨询、向人民法院提交支持起诉意见书、协助调查取证、出席法庭等方式支持起诉。

五是刑事附带民事公益诉讼。人民检察院对破坏生态环境和资源保护等损害社会公共利益的犯罪行为提起刑事公诉时,可以向人民法院一并提起附带民事公益诉讼,由人民法院同一审判组织审理。人民检察院提起的刑事附带民事公益诉讼案件由审理刑事案件的人民法院管辖。

案例 8-4-04　吉林省吉林市人民检察院诉王某彦夫妇盗采泥炭土破坏生态环境民事公益诉讼案[92]

泥炭土是9000年来湿地沼泽发育形成的分布在黑土表层以下富含有机质的不可再生矿产资源,具有重要的农业和生态价值。2021年,蛟河市王某彦夫妇二人以拍卖所得的泥炭土堆放地为掩护,在新站镇盗采泥炭土面积达90.5亩,非法开采泥炭土48370立方米,价值290余万元。吉林市人民检察院(以下简称吉林市院)在履职中发现本案线索,经初查后于2022年6月1日对王某彦夫妇以民事公益诉讼立案。6月8日,吉林市院进行了民事公益诉讼公告。7月1日,吉林市院委托辽宁通正司法鉴定机构进行鉴定,确定了泥炭土科学回填的处置办法,明确了损害后果、修复方案,修复费用为456790元,生态环境期间服务功能损失费72626元,生态损害赔偿金72626元。

公告期满后,无法律规定的机关和有关组织提起诉讼。2022年8月19日,吉林市院将王某彦夫妇起诉至吉林市中级人民法院,请求判令两被告共同按照修复方案回填修复受损的土壤;如不履行,则共同承担土壤修复费用、生态环境期间服务功能损失费用、生态损害赔偿金。9月23日,吉林市中级人民法院开庭审理本案,该院当庭支持检察机关的全部诉讼请求,被告人当庭服判。

判决后,吉林市院推动案涉地蛟河市人民检察院、蛟河市人民法院、蛟河市公安局、蛟河市自然资源主管部门等七部门,就泥炭土原地回填修复方案达成共识,联合印发《加强对黑土地保护及非法开采泥炭矿涉案泥炭土回填工作联席会议纪要》,明确杜绝拍卖泥炭土,并采取就地回填方式予以处理的规范意见。

评析:本案是典型的检察机关提起的环境民事公益诉讼案件,不仅有效地维护了环境公共利益,也充分体现出检察机关参与环境民事公益诉讼的诉后功能和优势。泥炭土属于弥足珍贵的非金属矿产,也是珍贵黑土地资源,对维护生态系统平衡具有重要作用。检察机关针对盗

[92] 参见《生态环境保护检察公益诉讼典型案例》,载最高人民检察院网2023年7月7日,https://www.spp.gov.cn//xwfbh/dxal/202307/t20230707_620994.shtml。

采泥炭土违法行为屡禁不绝的问题,通过提起民事公益诉讼的方式让违法行为人依法修复受损土壤并承担生态损害赔偿责任,保护黑土地资源。并以个案为契机,联合相关部门提出"科学就地回填"的修复方式,健全黑土地保护相关工作机制。

(四)环境行政公益诉讼

根据《行政诉讼法》第25条第4款的规定,人民检察院在履行职责中发现生态环境和资源保护等领域负有监督管理职责的行政机关违法行使职权或者不作为,致使国家利益或者社会公共利益受到侵害的,应当向行政机关提出检察建议,督促其依法履行职责。行政机关不依法履行职责的,人民检察院依法向人民法院提起诉讼。

最高人民法院和最高人民检察院于2018年3月公布、2020年12月修正的《关于检察公益诉讼案件适用法律若干问题的解释》,最高人民检察院于2021年6月公布的《人民检察院公益诉讼办案规则》对检察机关提起环境行政公益诉讼作出了更加详细的规定,具体内容如下。

第一,行政机关应当在收到检察建议书之日起2个月内依法履行职责,并书面回复人民检察院。出现国家利益或者社会公共利益损害继续扩大等紧急情形的,行政机关应当在15日内书面回复。行政机关不依法履行职责的,人民检察院依法向人民法院提起诉讼。

第二,人民检察院办理行政公益诉讼案件,围绕以下事项进行调查:(1)国家利益或者社会公共利益受到侵害的事实;(2)行政机关的监督管理职责;(3)行政机关不依法履行职责的行为;(4)行政机关不依法履行职责的行为与国家利益或者社会公共利益受到侵害的关联性;(5)其他需要查明的事项。

第三,经调查,人民检察院认为行政机关不依法履行职责,致使国家利益或者社会公共利益受到侵害的,应当报检察长决定向行政机关提出检察建议,并于检察建议书送达之日起5日内向上一级人民检察院备案。

第四,行政机关经检察建议督促仍然没有依法履行职责,国家利益或者社会公共利益处于受侵害状态的,人民检察院应当依法提起行政公益诉讼。

第五,在行政公益诉讼案件审理过程中,被告纠正违法行为或者依法履行职责而使人民检察院的诉讼请求全部实现,人民检察院撤回起诉的,人民法院应当裁定准许;人民检察院变更诉讼请求,请求确认原行政行为违法的,人民法院应当判决确认违法。

第六,人民法院区分下列情形作出行政公益诉讼判决:(1)被诉行政行为具有《行政诉讼法》第74条、第75条规定情形之一的,判决确认违法或者确认无效,并可以同时判决责令行政机关采取补救措施;(2)被诉行政行为具有《行政诉讼法》第70条规定情形之一的,判决撤销或者部分撤销,并可以判决被诉行政机关重新作出行政行为;(3)被诉行政机关不履行法定职责的,判决在一定期限内履行;(4)被诉行政机关作出的行政处罚明显不当,或者其他行政行为涉及对款额的确定、认定确有错误的,可以判决予以变更;(5)被诉行政行为证据确凿,适用法律、法规正确,符合法定程序,未超越职权,未滥用职权,无明显不当,或者人民检察院诉请被诉行政机关履行法定职责理由不成立的,判决驳回诉讼请求。人民法院可以将判决结果告知被诉行政机关所属的人民政府或者其他相关的职能部门。

案例8-4-05 贵州省人民检察院督促保护乌江流域生态环境行政公益诉讼案〔93〕

2021年8月,贵州省余庆县人民检察院在走访构皮滩水电站时发现该案线索,逐级层报至贵州省人民检察院(以下简称贵州省院),贵州省院通过初步核实,发现乌江干流构皮滩电站河段内存在着大量漂浮物,严重污染水生态环境。2021年12月1日,贵州省院以事立案,组成办案组,制定了办案工作方案,通过召开案件办理推进会,研究线索审查、证据收集、专案听证等方式,统一案件办理方向、落实工作部署。

贵州省乌江航道管理局及案涉地相关行政机关对乌江水生态环境安全、航道安全、公共安全负有监督管理职责,但怠于履职导致国家利益和社会公共利益受到严重损害。2022年1月10日,贵州省第一地区人民检察院向贵州省乌江航道管理局发出诉前检察建议。同日,贵州省院与贵州省乌江航道管理局召开圆桌会议,达成共识。会后,乌江航道管理局立即着手进行整改,并对乌江全段建立定期巡查机制。2022年4月,贵州省院以实地查看方式对整改落实情况跟进监督,乌江干流航道内已无成片漂浮物。

同时,贵州省院依托一体化办案,将线索交办案涉地检察机关办理,贵州省院通过召开调度会、现场核查等形式督导案件办理。专案组通过交办或者指定地方检察机关共立案103件。2022年6月,专案组跟进监督,发现乌江流域漂浮物与水体污染治理取得明显成效。2022年8月5日,贵州省院就整改情况召开听证会,邀请有关专家、学者担任听证员,志愿者、群众和村民参与听证,与会人员对整改效果给予充分认可。

评析:流域兼具自然空间属性和社会空间属性,流域环境治理需要在整体、系统、协同观念的指导下进行。本案反映出检察机关进行流域环境司法治理的有效性和优越性。针对跨区域河流流域污染治理难题,检察机关立足公益诉讼检察职能,依法能动履职,以事立案,通过一体化办案协同推进,发挥行政公益诉讼的职能作用,利用多元化监督方式,实现江河流域水生态环境长效治理。

二、我国生态环境损害赔偿制度

(一)生态环境损害赔偿制度概述

传统民法中的生态环境侵权责任,是指污染者和生态破坏者对私人受害人的人身和财产损害所承担的民事责任。但环境污染和生态破坏除了会对私人受害人造成损害之外,还会对生态环境本身造成损害(生态环境损害)。根据《生态环境损害赔偿制度改革方案》的规定,生态环境损害是指因污染环境、破坏生态造成大气、地表水、地下水、土壤、森林等环境要素和植物、动物、微生物等生物要素的不利改变,以及上述要素构成的生态系统功能退化。

与传统民法上财产损害的确定性相比,生态环境损害的损害范畴和界定标准较为模糊,因此,对于在环境污染和生态破坏所造成的生态环境本身的损害是否应当全部赔偿以及应当如

〔93〕 参见中华人民共和国最高人民检察院:《生态环境保护检察公益诉讼典型案例》,载最高人民检察院网2023年7月7日,https://www.spp.gov.cn//xwfbh/dxal/202307/t20230707_620994.shtml。

何赔偿的问题上，目前世界各国有关立法规定与司法实践不尽相同。但从国外立法和司法实践来看，一般将治理生态破坏的费用纳入直接损失处理，而将生态价值损害作为间接损失处理。[94]

我国 1999 年 12 月修订的《海洋环境保护法》第 90 条第 2 款规定，对破坏海洋生态、海洋水产资源、海洋保护区，给国家造成重大损失的，由依照该法规定行使海洋环境监督管理权的部门代表国家对责任者提出损害赔偿要求。这是我国环境立法中最早明确要求污染者对生态环境损害承担损害赔偿责任的规定。实践中，包括"自然资源部"在内的多个海洋环境监督管理部门已经据此对导致海洋生态损害的污染者提起过生态损害赔偿要求。此后，最高人民法院在 2010 年 6 月公布的《关于为加快经济发展方式转变提供司法保障和服务的若干意见》中明确表示，"依法受理环境保护行政部门代表国家提起的环境污染损害赔偿纠纷案件，严厉打击一切破坏环境的行为"。这表明，我国最高国家司法机关对相关行政部门代表国家负责环境污染损害赔偿事宜持认同观点。

为实现全面追究污染者环境责任之目的，我国加快了完善环境污染损害鉴定评估工作的步伐。2011 年 5 月，原环境保护部发布的《关于开展环境污染损害鉴定评估工作的若干意见》(环发〔2011〕60 号)明确提出，开展环境污染损害鉴定评估工作，对环境污染损害进行定量化评估，将污染修复与生态恢复费用纳入环境损害赔偿范围，科学、合理确定损害赔偿数额与行政罚款数额，有助于真实体现企业生产的环境成本，强化企业环境责任，增强企业的环境风险意识，从而在根本上有利于解决"违法成本低，守法成本高"的突出问题，改变以牺牲环境为代价的经济增长方式。此外，该意见还将 2011 ~ 2012 年定为探索试点阶段，重点开展案例研究和试点工作，在国家和试点地区初步形成环境污染损害鉴定评估工作能力。可见，我国司法实践也是将生态恢复费用纳入环境损害赔偿范围之内的。[95]

但我国之前的民事立法如《民法通则》《侵权责任法》将民事权益的保护对象限定为人身、财产等，并未将生态环境损害这种环境权益明确纳入其中，这导致以《民法通则》《侵权责任法》为依据直接救济对生态环境本身的损害尚有一定法律障碍。因此，2015 年 12 月中共中央办公厅、国务院办公厅公布《生态环境损害赔偿制度改革试点方案》(已失效)，选择在部分省份开展为期 2 年的生态环境损害赔偿制度改革试点。试点结束后，2017 年 12 月中共中央办公厅、国务院办公厅印发《生态环境损害赔偿制度改革方案》，2019 年 6 月最高人民法院公布《关于审理生态环境损害赔偿案件的若干规定(试行)》并于 2020 年 12 月修正，初步构建了生态环境损害赔偿制度。具体而言，在发生所规定的情形时，省级、市地级人民政府及其指定的相关部门、机构，或者受国务院委托行使全民所有自然资源资产所有权的部门，可以作为原告提起生态环境损害赔偿诉讼，而明确生态环境损害赔偿制度的理论基础是，政府作为自然资源国家所有权的代表人。[96] 据统计，"十三五"以来，截至 2021 年 11 月，全国共办理了 7600 余

---

〔94〕 参见汪劲：《环境法学》(第 4 版)，北京大学出版社 2018 年版，第 572 页。

〔95〕 参见吕忠梅、窦海阳：《以"生态恢复论"重构环境侵权救济体系》，载《中国社会科学》2020 年第 2 期。

〔96〕 参见王金南：《实施生态环境损害赔偿制度　落实生态环境损害修复责任——关于〈生态环境损害赔偿制度改革试点方案〉的解读》，载《中国环境报》2015 年 12 月 4 日，第 2 版。

件生态环境赔偿案件,涉及赔偿金额超过 90 亿元,[97] 深入贯彻了习近平总书记"用最严格制度最严密法治保护生态环境"[98] 的重要讲话精神,也进一步实现了生态环境质量总体改善的重要目标。[99]

(二)生态环境损害赔偿制度的主要内容

1. 提起生态环境损害赔偿的主体

《民法典》第 1234 条明确规定,违反国家规定造成生态环境损害,生态环境能够修复的,国家规定的机关或者法律规定的组织有权请求侵权人在合理期限内承担修复责任。侵权人在期限内未修复的,国家规定的机关或者法律规定的组织可以自行或者委托他人进行修复,所需费用由侵权人负担。同时,根据《生态环境损害赔偿管理规定》第 6 条的规定,国务院授权的省级、市地级政府(包括直辖市所辖的区县级政府)作为本行政区域内生态环境损害赔偿权利人。赔偿权利人可以根据有关职责分工,指定有关部门或机构负责具体工作。

因此,提起生态环境损害赔偿的主体应是赔偿权利人,即部分地方人民政府及其指定部门或机构。具体而言,根据《生态环境损害赔偿制度改革方案》《关于推进生态环境损害赔偿制度改革若干具体问题的意见》的规定,赔偿权利人可以根据相关部门职能指定生态环境、自然资源、住房城乡建设、水利、农业农村、林业和草原等相关部门或机构负责生态环境损害赔偿的具体工作。生态环境损害赔偿案件涉及多个部门或机构的,赔偿权利人可以指定由生态环境损害赔偿制度改革工作牵头部门负责具体工作。

2. 适用范围

生态环境损害赔偿适用于以下情形:一是发生较大及以上突发环境事件的;二是在国家和省级主体功能区规划中划定的重点生态功能区、禁止开发区发生环境污染、生态破坏事件的;三是发生其他严重影响生态环境后果的。各地区应根据实际情况,综合考虑造成的环境污染、生态破坏程度以及社会影响等因素,明确具体情形。以下情形不适用生态环境损害赔偿:一是涉及人身伤害、个人和集体财产损失要求赔偿的,适用《民法典》等法律有关侵权责任的规定;二是涉及海洋生态环境损害赔偿的,适用《海洋环境保护法》等法律及相关规定。

3. 赔偿范围

根据《民法典》第 1235 条的规定,违反国家规定造成生态环境损害的,国家规定的机关或者法律规定的组织有权请求侵权人赔偿下列损失和费用:(1)生态环境受到损害至修复完成期间服务功能丧失导致的损失;(2)生态环境功能永久性损害造成的损失;(3)生态环境损害调查、鉴定评估等费用;(4)清除污染、修复生态环境费用;(5)防止损害的发生和扩大所支出的合理费用。

另外,根据《关于生态环境侵权民事诉讼证据的若干规定》第 31 条的规定,在生态环境保护民事公益诉讼案件中,损害事实成立,但生态环境修复费用、生态环境受到损害至修复完成

---

[97] 参见徐祥民:《习近平法治社会治理思想:理念、体系与保障》,载《郑州大学学报(哲学社会科学版)》2021 年第 1 期;李挚萍:《以习近平生态文明思想和法治思想为指导推进环境法治发展》,载《法治社会》2021 年第 2 期。

[98] 习近平:《坚决打好污染防治攻坚战 推动生态文明建设迈上新台阶》,载《人民日报》2018 年 5 月 20 日,第 1 版。

[99] 参见余璐:《生态环境部:"十三五"以来全国共办理 7600 余件生态环境损害赔偿案赔偿金额超 90 亿元》,载人民网 2021 年 11 月 25 日,http://finance.people.com.cn/n1/2021/1125/c1004-32291900.html。

期间服务功能丧失导致的损失、生态环境功能永久性损害造成的损失等数额难以确定的,人民法院可以根据污染环境、破坏生态的范围和程度等已查明的案件事实,结合生态环境及其要素的稀缺性、生态环境恢复的难易程度、防治污染设备的运行成本、被告因侵权行为获得的利益以及过错程度等因素,并可以参考负有环境资源保护监督管理职责的部门的意见等,合理确定。

4. 基本程序

一是损害调查。生态环境损害索赔启动后,赔偿权利人及其指定的部门或机构,应当及时进行损害调查。调查应当围绕生态环境损害是否存在、受损范围、受损程度、是否有相对明确的赔偿义务人等问题开展。调查结束应当形成调查结论,并提出启动索赔磋商或者终止索赔程序的意见。

二是诉前磋商。首先,赔偿权利人及其指定的部门或机构应当在合理期限内制作生态环境损害索赔磋商告知书,并送达赔偿义务人。赔偿义务人收到磋商告知书后在答复期限内表示同意磋商的,赔偿权利人及其指定的部门或机构应当及时召开磋商会议。其次,经磋商达成一致意见的,赔偿权利人及其指定的部门或机构,应当与赔偿义务人签署生态环境损害赔偿协议。最后,赔偿权利人及其指定的部门或机构和赔偿义务人,可以就赔偿协议向有管辖权的人民法院申请司法确认。对生效判决和经司法确认的赔偿协议,赔偿义务人不履行或不完全履行的,赔偿权利人及其指定的部门或机构可以向人民法院申请强制执行。

三是提起诉讼。一方面,对未经司法确认的赔偿协议,赔偿义务人不履行或者不完全履行的,赔偿权利人及其指定的部门或机构,可以向人民法院提起诉讼。另一方面,磋商未达成一致的,赔偿权利人及其指定的部门或机构,应当及时向人民法院提起诉讼。

案例 8-4-06 宁夏回族自治区中卫市某公司污染腾格里沙漠生态环境损害赔偿案[100]

2019 年 11 月,媒体报道位于腾格里沙漠内蒙古和宁夏交界区域的某公司速生林基地存在环境污染问题。宁夏中卫和内蒙古阿拉善(有关部门)开展情况摸排,核实案件线索。经调查发现,该公司于 2003 年 8 月至 2007 年 6 月违法倾倒造纸产生的黑色黏稠状废物,造成腾格里沙漠内蒙古、宁夏交界区域 14 个地块的土壤、地下水和植被损害。

2020 年 2 月,中卫市生态环境局、阿拉善盟生态环境局和某公司共同委托第三方鉴定评估机构,对其非法倾倒污染物造成的生态环境损害进行鉴定评估。鉴定评估报告量化了生态环境损害,并建议进一步开展林区生态建设的生态环境效益评估,以林区的生态效益替代性补偿本次土壤和地下水环境损害带来的损失;对效益不足的部分,采用其他方式予以补偿。

本案受污染地块主要位于内蒙古,但某公司所在地和受污染的地下水下游位于宁夏,赔偿权利人中卫市人民政府和阿拉善盟行政公署分属两个省份,整体磋商难度较大。此外,本案的涉案金额数额高,赔偿义务人自身直接赔付能力不足。

通过探索"一次签约、分段实施"的方式,中卫市人民政府、阿拉善盟行政公署与某公司于

---

[100] 参见《关于印发第二批生态环境损害赔偿磋商十大典型案例的通知》,载生态环境部网 2021 年 12 月 27 日,https://www.mee.gov.cn/xxgk2018/xxgk/xxgk06/202112/t20211227_965379.html。

2020年12月达成赔偿协议。赔偿工作分两个阶段实施:第一阶段开展污染状况调查以及污染清理实施工程,支出费用4423万元;第二阶段开展补偿性恢复等工作,并以开展补偿性恢复荒漠和以林地生态效益抵扣两种方式,赔偿生态环境期间服务功能损失费1.54亿元。2021年3月,中卫市中级人民法院经审查作出民事裁定书,对三方经磋商达成的赔偿协议予以确认。

评析:本案作为首例跨省域的生态环境损害赔偿案件,推进了跨省域生态环境损害赔偿协商机制的健全与完善。两地在获取案件线索后,积极开展合作、精准采取措施、科学有效处置,在损害调查、鉴定评估、赔偿磋商、协议签订、司法确认等环节始终保持信息沟通和协调配合,并注重多元主体的充分参与。同时,两地通过签署《推进解决中卫美利林区污染问题协调机制》和《阿拉善盟—中卫市区域环境污染联防联控合作协议》,形成了8项联防联控机制,推动了制度建设。在本案中,三方还根据赔偿义务人的主观过错、经济状况等因素,探索"一次签约、分段实施"的方式,创新了以生态效益抵扣损害的生态环境损害赔偿途径,为探索多样化生态环境损害责任承担方式提供了有益的经验借鉴。

(三)生态环境损害赔偿制度的基本特征

作为新兴制度,生态环境损害赔偿制度具有鲜明特征,大致可以归纳为行政主导性、公益救济性和制度保障性三个方面。

1. 行政主导性

尽管关于生态环境损害赔偿制度本质属性的争议[101]颇多,但不可否认的是,行政机关作为生态环境损害赔偿制度的基本主体,发挥着决定性作用。生态环境损害赔偿制度大致可分为磋商和诉讼两个阶段。磋商之前的损害调查环节由行政机关单方面行使权力展开;在磋商阶段,行政机关直接与"损害生态环境者"进行交流、协商,确定对于生态环境的修复和赔偿等事宜;行政机关和"损害生态环境者"磋商不成后则进入诉讼阶段,由法院通过裁判确定有关的修复和赔偿事宜。可见,生态环境损害赔偿制度在磋商之前及磋商阶段体现了行政机关主导的特征,在诉讼阶段则体现了司法机关相对于行政机关的谦抑性以及兜底补充的作用。

2. 公益救济性

生态环境损害赔偿制度具有显著的公益性。生态环境承载着与人类生存发展息息相关的环境公共利益,生态环境损害赔偿制度的缘起和发展亦是与环境公共利益密切相关。环境公共利益是生态环境损害赔偿的利益基础,对环境公共利益的保护则是生态环境损害赔偿制度

---

〔101〕 生态环境损害赔偿制度本质属性的争议主要体现在生态环境损害赔偿诉讼和生态环境损害赔偿磋商两方面。有关生态环境损害赔偿诉讼本质属性的观点主要包括:"国益诉讼说""私益诉讼说""公益诉讼说""混合诉讼说""特殊的民事诉讼说"。参见吕忠梅:《生态环境损害赔偿诉讼中的问题与对策》,载中国法学会环境资源法学研究会网2020年8月19日,https://cserl.chinalaw.org.cn/portal/article/index/id/144/cid/25.html;王树义、李华琪:《论我国生态环境损害赔偿诉讼》,载《学习与实践》2018年第11期;李浩:《生态损害赔偿诉讼的本质及相关问题研究——以环境民事公益诉讼为视角的分析》,载《行政法学研究》2019年第4期;宋丽容:《生态环境损害赔偿与社会组织公益诉讼之衔接》,载《中国环境管理干部学院学报》2018年第5期。有关生态环境损害赔偿磋商本质属性的观点主要包括:"私法行为说""公法行为说""混合行为说"。参见罗丽、王浴勋:《生态环境损害赔偿磋商与诉讼衔接关键问题研究》,载《武汉理工大学学报(社会科学版)》2017年第3期;黄锡生、韩英夫:《生态损害赔偿磋商制度的解释论分析》,载《政法论丛》2017年第1期;于文轩、孙昭宇:《生态环境损害赔偿磋商的属性界定与制度展开——以双阶理论为视角》,载《中国地质大学学报(社会科学版)》2021年第2期。

的根本目的。生态环境损害赔偿制度对环境公共利益的保护通过损害救济的方式进行。根据生态环境损害赔偿制度的相关规定，只有当生态环境遭受实际损害时，才可要求损害生态环境者承担责任。

3. 制度保障性

生态环境损害赔偿制度重视、强调完善的制度保障机制。根据《生态环境损害赔偿管理规定》的要求，生态环境损害赔偿制度一方面要求提升鉴定评估工作质量、建立健全统一的生态环境损害鉴定评估技术标准体系、建立生态环境损害赔偿工作信息和重大案件信息的报告机制；另一方面强调信息公开，创新公众参与方式，确保公众能够有效参与生态环境损害赔偿制度的全过程。

（四）生态环境损害赔偿制度在《民法典》中的意义

在这种实践先行的现实背景之下，如何在法律上对生态环境损害赔偿制度加以定位，如何构建生态环境损害的救济体系，便成为近年来我国环境法领域的研究热点。[102] 特别是在《民法典》起草过程中，学术界曾围绕《民法典》中能否设置生态环境损害赔偿制度展开过广泛讨论。立法机关在征求理论界和实务界立法建议的基础上，最终在《民法典》侵权责任编第七章“环境污染和生态破坏责任”中设置了生态环境损害赔偿责任制度。[103]

我国在《民法典》中构建生态环境损害赔偿制度，符合生态文明建设理念的时代要求。

其一，有效破解“企业污染或破坏生态环境，政府买单”现象的困境，真正实现损害担责原则的要求。污染环境和破坏生态等突发环境事件，不仅给我国造成了巨大经济损失，而且还严重损害了我国生态环境。特别是进入21世纪以来，全国突发性环境污染事故不断增加，严重损害了生态环境和公众利益。而我国在这一时期的相关法律规定较为疲软，不仅不能有效遏制生态破坏行为，而且还使“企业污染或破坏生态环境，政府买单”的现象愈演愈烈。这一点，在2005年的松花江水污染事件、2010年的紫金铜矿汀江污染事件等典型环境污染和生态破坏事件中，均有体现。鉴于此，党的十八届三中全会明确提出，对造成生态环境损害的责任者严格实行赔偿制度。《环境保护法（2014修订）》第5条明确将损害担责原则作为环境保护的基本原则。

其二，弥补我国国家自然资源所有权制度缺陷的需要。根据我国《宪法》第9条、第10条，《民法典》第246条至第250条等规定，除由法律规定属于集体所有的森林、草原等之外，国家对有关水流、森林、山岭、草原等自然资源享有所有权，国家自然资源所有权的行使由国务院代表国家行使。国家自然资源所有权包括具有排他性的国家对自然资源享有的所有权和具有非排他性的公众对自然资源享有的共用财产使用权这两个不同层次上的权利。国家对自然资源享有所有权，是为了更好地确保公众能够平等而自由地享有此种权利，并非意图剥夺公众对自然资源享有的共用财产使用权。因此，尊重自然资源作为一个完整的生态系统所不可分割的组成部分之特点，就要求国家作为所有权的行使者对自然资源进行开发和利用时，必须遵循可

---

〔102〕 参见冯洁语：《公私法协动视野下生态环境损害赔偿的理论构成》，载《法学研究》2020年第2期。

〔103〕 参见曹明德：《〈民法典〉生态环境损害赔偿条款法理辨析》，载《法律科学（西北政法大学学报）》2022年第1期；唐克、王灿发：《破局生态环境损害赔偿制度违法性困境的伦理学自觉》，载《中国高校社会科学》2022年第4期。

持续发展的理念,[104]注重自然资源的生态功能或生态价值。同样,当国家自然资源所有权的客体,即自然资源生态功能或生态价值遭受损害时,作为国家自然资源所有权行使主体的国务院(国务院授权的监督管理权的部门)和国务院授权的地方政府相关部门(地方政府授权的监督管理权的部门)有权依法代表国家提起生态环境损害赔偿诉讼,维护国家自然资源生态功能或生态价值。[105] 我国自2015年开始试点并于2018年1月1日起在全国推行的生态环境损害赔偿制度,是以中共中央办公厅、国务院办公厅印发的《生态环境损害赔偿制度改革方案》为依据而建立的制度,是生态文明制度体系建设的重要组成部分,也是党中央、国务院作出的重大决策部署。但从法律制度来看,我国在实践中开展的生态环境损害赔偿制度缺乏立法依据。在这种背景下,《民法典》回应了生态文明制度体系建设的时代要求。一方面,在明确规定了绿色原则的基础上,《民法典》在侵权责任编中设专章规定了"环境污染和生态破坏责任",突破了原先《民法通则》和《侵权责任法》仅将环境污染侵权行为规定为特殊侵权行为,将生态破坏侵权行为排除在特殊侵权责任的适用范围之外而适用一般侵权责任规定的"二分论"立场,进一步将生态破坏侵权行为纳入无过错责任原则的适用范围,实现了"二分论"向"一元论"的转变,完善了我国生态环境侵权责任制度。另一方面,在吸取了生态环境损害赔偿制度在实践中的开展经验的基础上,《民法典》第1234条、第1235条明确规定了生态环境损害赔偿制度。这是贯彻生态文明建设理念,顺应时代要求的必然立法选择。

(五)生态环境损害赔偿诉讼与环境民事公益诉讼的对比与衔接

生态环境损害赔偿诉讼与环境民事公益诉讼均是为保护和救济环境公共利益而向生态环境损害者科以民事责任的诉讼制度,目的相同、手段相似。然而,二者在制度依据、适用情形、起诉主体等方面也存在较大差异。在此基础上,有必要探讨二者的衔接问题,实现制度合力,以最大限度地保护环境公共利益。

1. 不同之处

生态环境损害赔偿诉讼与环境民事公益诉讼在以下几方面存在较大差异:

第一,制度依据不同。生态环境损害赔偿诉讼是作为生态文明体制改革重要举措的生态环境损害赔偿制度的一部分,是依国家政策文件来探索实践的。直到《民法典》制定之后,该制度在法律层面方具有明确依据。环境民事公益诉讼具有自下而上的社会推动面向,经多年发展,现已趋于成熟,在法律层面有《民事诉讼法》第58条、《环境保护法(2014修订)》第58条等特别规定,在下位法中更有最高人民法院《关于审理环境民事公益诉讼适用法律若干问题的解释》等相关司法解释,形成了较完备的规则体系。

第二,适用情形不同。生态环境损害赔偿诉讼的适用限于《生态环境损害赔偿制度改革方案》和《生态环境损害赔偿管理规定》明确规定的情形,且限于违法行为。环境民事公益诉

---

[104] 参见黄辉、沈长礼:《从公平正义到可持续发展:法律责任价值目标的变迁》,载《河南师范大学学报(哲学社会科学版)》2022年第5期。

[105] 参见马俊驹:《国家所有权的基本理论和立法结构探讨》,载《中国法学》2011年第4期;巩固:《自然资源国家所有权公权说》,载《法学研究》2013年第4期;谢鸿飞:《通过解释民法文本回应自然资源所有权的特殊性》,载《法学研究》2013年第4期;孙宪忠:《根据民法原理来思考自然资源所有权的制度建设问题》,载《法学研究》2013年第4期。

讼的适用范围则要宽泛得多,从《民事诉讼法》《环境保护法》的相关规定及司法实践来看,几乎一切因污染环境、破坏生态导致公益损害的情形均在被诉之列,既不以损害严重为必要,也不以行为违法为前提。

第三,起诉主体不同。生态环境损害赔偿诉讼限于政府主体,主要是省级和市地级政府,实践中多为其所指定的、负有环境资源相关监督管理职责的部门或机构。环境民事公益诉讼的起诉主体主要有两类,一是符合《环境保护法(2014 修订)》第 58 条规定的环保组织,二是作为其后位补充的检察机关。

第四,诉讼请求和责任形式不同。生态环境损害赔偿诉讼的主旨是让生态环境损害者承担赔偿责任,“促使赔偿义务人对受损的生态环境进行修复”,故限于损害赔偿,包括直接修复或承担相关费用以及赔偿生态服务相关损失。环境民事公益诉讼除损害赔偿性质的生态环境修复和赔偿损失外,还有预防性质的停止侵害、排除妨碍、消除危险以及道义色彩的赔礼道歉。

第五,诉前程序不同。生态环境损害赔偿诉讼明确要求进行诉前磋商,只有在磋商不成时方得起诉。环境民事公益诉讼无礼让其他机制的前置程序,环保组织可径行起诉。

2. 制度衔接

最高人民法院《关于审理生态环境损害赔偿案件的若干规定(试行)》第 16 ~ 18 条规定了生态环境损害赔偿诉讼和环境民事公益诉讼的衔接事项。[106] 同一生态环境损害案件中,生态环境损害赔偿诉讼和环境民事公益诉讼均被提起的情形可分为以下三类。

一是生态环境损害赔偿诉讼先诉时,环境民事公益诉讼与生态环境损害赔偿诉讼共同由受理生态环境损害赔偿诉讼案件的人民法院受理并由同一审判组织审理。

二是环境民事公益诉讼先诉时,生态环境损害赔偿诉讼优先审理,环境民事公益诉讼中止审理,待生态环境损害赔偿诉讼审理完毕后,再就环境民事公益诉讼案件未被涵盖的诉讼请求依法作出裁判。

三是生态环境损害赔偿诉讼或环境民事公益诉讼判决生效后,另一诉讼仅在有证据证明存在前一诉讼审理时未发现的损害时才能提起。

综上可以发现,生态环境损害赔偿诉讼在诉讼顺位上优先于环境民事公益诉讼。实践中,生态环境损害赔偿与环境民事公益诉讼的衔接仍有较多有待完善之处。2024 年 10 月,最高人民检察院、生态环境部联合印发《关于加强生态环境损害赔偿与检察公益诉讼衔接的意见》,该《意见》有利于完善生态环境检察公益诉讼制度,深入推进生态环境损害赔偿制度改革,进一步规范和加强生态环境损害赔偿与检察公益诉讼衔接工作。

---

〔106〕 最高人民法院《关于审理生态环境损害赔偿案件的若干规定(试行)》第 16 条规定:“在生态环境损害赔偿诉讼案件审理过程中,同一损害生态环境行为又被提起民事公益诉讼,符合起诉条件的,应当由受理生态环境损害赔偿诉讼案件的人民法院受理并由同一审判组织审理。”第 17 条规定:“人民法院受理因同一损害生态环境行为提起的生态环境损害赔偿诉讼案件和民事公益诉讼案件,应先中止民事公益诉讼案件的审理,待生态环境损害赔偿诉讼案件审理完毕后,就民事公益诉讼案件未被涵盖的诉讼请求依法作出裁判。”第 18 条规定:“生态环境损害赔偿诉讼案件的裁判生效后,有权提起民事公益诉讼的国家规定的机关或者法律规定的组织就同一损害生态环境行为有证据证明存在前案审理时未发现的损害,并提起民事公益诉讼的,人民法院应予受理。民事公益诉讼案件的裁判生效后,有权提起生态环境损害赔偿诉讼的主体就同一损害生态环境行为有证据证明存在前案审理时未发现的损害,并提起生态环境损害赔偿诉讼的,人民法院应予受理。”

案例 8-4-07 昆山某纸塑公司非法倾倒废有机溶剂生态环境损害赔偿磋商案[107]

2017 年 1 月至 2020 年 6 月,昆山某纸塑公司将生产过程中产生的废有机溶剂,以每桶 300 元至 700 元不等的价格,交由无回收、运输、处置危险废物资质的个人进行非法处置,共计 253.26 吨。大部分废有机溶剂被倾倒至昆山高新区恒盛路、瑞科路路口附近的雨水、污水窨井内,造成严重的环境污染。经第三方鉴定评估,该案造成的生态环境损害费用合计为 525.45 万元。

2021 年 7 月 5 日,昆山市人民检察院召集昆山市生态环境局、昆山高新区管理委员会等部门召开公开听证会,该公司签署《监管意见书》,自愿承担环境污染和生态破坏责任。在昆山市人民检察院指导监督下,昆山市生态环境局与昆山高新区管理委员会落实具体的磋商工作。经多次磋商,昆山某纸塑公司同意履行生态环境损害赔偿责任。2021 年 8 月 5 日,该公司在《苏州日报》刊发《致歉信》。2022 年 7 月 12 日,该公司就与昆山市人民政府签署《生态环境损害赔偿协议》,在全额承担 527.95 万元赔偿金的基础上,还主动自愿承担生态环境保护警示教育宣传费用 39.37 万元,所有费用均从 600 万元赔偿保证金中扣除,检察机关不再提起民事公益诉讼。

评析:本案的意义有三:一是实现多元共治,及时消除危险废物非法外排的安全隐患。本案涉及的危险废物燃点极低,倾倒至公共管道存在重大安全隐患。昆山市生态环境局、昆山高新区管理委员会等相关部门和专业的危险废物处置企业通力合作,邀请安全、环保专家现场指导,及时清除隐患。二是探索建立公益诉讼与生态环境损害赔偿磋商的衔接机制。通过检察机关公开听证,以监管意见书的形式明确相关各方的监管职责,督促污染者主动承担修复责任;同步开展刑事合规审查,为生态损害赔偿磋商奠定坚实的法律基础。三是探索多元化修复方式,提升生态环境综合效益。本案生态环境损害赔偿金已用于属地的环境治理和建设生态环境损害赔偿教育基地,探索了替代性修复新路径。

思考问题

1. 责令改正期限届满,当事人未按要求改正,生态环境部门只能处以新的处罚吗?
2. 如何评价违法行为发生后当事人经责令改正后拒不改正才实施处罚和违法行为发生后立即进行处罚两种立法立场?
3. 环境行政处罚种类上是否有自己的特点?
4. 按日计罚和直接强制执行之间是什么关系?
5. 试述我国《刑法》关于破坏环境资源保护罪的规定。
6. 试述污染环境罪的构成要件。
7. 试述我国生态环境侵权责任制度。
8. 试评析我国环境民事公益诉讼制度。

---

〔107〕 参见《生态环境部公布第三批生态环境损害赔偿磋商十大典型案例》,载生态环境部网 2023 年 10 月 13 日,https://www.mee.gov.cn/ywgz/fgbz/sthjshpczd/202310/t20231013_1043094.shtml。

第九章 国际环境法

思政与知识要点

党的二十大报告指出："中国始终坚持维护世界和平、促进共同发展的外交政策宗旨，致力于推动构建人类命运共同体。"构建人类命运共同体理念科学回答了"世界怎么了、我们怎么办"的时代之问，对中国和平发展、世界繁荣和人类可持续发展具有重大而深远的意义。人与自然生命共同体重要理念的提出，强调坚持人与自然和谐共生，坚持绿色发展，坚持系统治理，坚持以人为本，坚持多边主义，坚持共同但有区别的责任原则，指明了各国携手应对挑战、打造清洁美丽世界的合作之道。党的十八大以来，绿色发展重要理念的提出深刻改变了中国，也为世界可持续发展提供了中国方案、中国智慧和中国力量。

随着工业化进程的加快，全球环境问题日益严峻，国际环境法迅速发展。当前，国际环境法逐步形成了可持续发展、污染者承担责任等一些新兴的普遍性指导原则，涉及大气环境、生物资源、海洋生态等领域。诚然，针对晚近国际贸易与环境保护之争，需要国际法律的相互协调。作为负责任大国，中国积极参与国际环境法的制定与实施。

第一节 国际环境法的发展

一、概述

自人类进入工业化时代以来，自然环境遭到日益严重的污染和破坏。例如，由于大气层的臭氧层被污染，紫外线保护层被削弱，污染气体积聚在大气上层，从而引发温室效应。人口的剧增、生活消费水平的迅速提高和对环境资源的严重滥用，也对自然界的平衡和再生能力造成破坏，直接威胁着人类的生存。因此，面对自然资源与生态环境问题带来的严峻挑战，各国政府和人民都在采取各种措施来控制其进一步恶化，并反思和调整经济与社会发展的模式。

保护、利用和改善自然资源与生态环境，单靠一国的努力是不够的，只有通过世界各个国家和人民相互协调，积极开展国际合作，才有可能取得成功。在此基础上，现代国际法的一个崭新领域——国际环境法应运而生，并且成为近年来发展最快的国际法分支之一。简言之，国际环境法是指世界上各个国家及国际组织等在保护、利用和改善自然资源与生态环境的国际交往与合作中产生的，调整彼此之间权利与义务关系的各种原则、规则与制度的总称。国际环境法的渊源主要包括国际条约与国际习惯，但有关环境保护的国际组织及国际会议通过的决议、宣言、指南等也具有重要影响。

二、早期的国际环境条约与判例

进入19世纪末20世纪初后,各国开始认识到工业化给大自然带来的负面影响,缔结了大量关于环境保护方面的国际条约。这些国际条约从地域上来讲,主要局限于欧美各国之间的合作。就范围而言,主要涉及三大类:一是关于鸟类和野生动植物的保护;二是关于渔业资源的管理与保护,以及界河和国际河流水污染的防治;三是关于保护海洋环境的国际合作。此后,大气、海洋、国际河流等方面的严重的国际环境问题,使人类更加深切地感受到国际合作的必要性。

与此同时,相关国际判例开始产生和累积,并对国际环境法的形成与发展具有重要影响。

案例9-1-01 特雷尔冶炼厂仲裁案[1]

特雷尔冶炼厂(The Trail Smelter)位于加拿大特雷尔地区,是北美最大的冶炼厂。这家私人冶炼厂从1896年开始冶炼锌和锡,由于提炼的矿物质含有硫黄,烟雾喷入大气层后生成二氧化硫。自1930年起,特雷尔冶炼厂每天生成的二氧化硫达600~700吨。含有二氧化硫的气体随着上升的气流南下,越过特雷尔以南约11英里的边界,在美国华盛顿州造成严重的污染,致使该地的庄稼、森林、牧场、牲畜、建筑物受到大面积的损害,成为历史上最早的一件跨界污染事件。两国于1935年4月15日签订特别协议,组织仲裁庭解决此项争端。

在1938年的第一次裁决中,仲裁庭判定特雷尔冶炼厂的烟雾对华盛顿州造成了损害,并裁决加拿大支付7.8万美元作为1932年1月1日至1937年10月1日特雷尔冶炼厂对美国土地造成的损害的"完全的和最后的补偿和赔偿"。仲裁庭还宣布采取保全措施,要求特雷尔冶炼厂避免造成损害直至1940年10月1日,并为此实施临时制度,提供必要的资料以便建立一个有效的永久制度,以及在过渡期间避免发生进一步的损害行为。

在1941年的第二次裁决中,仲裁庭作出一项有名的声明:"根据国际法以及美国法律的原则,任何国家也没有权利这样地利用或允许利用它的领土,以致其烟雾在他国领土或对他国领土上的财产和生命造成损害,如果已发生后果严重的情况,而损害又是证据确凿的话。"

评析:本案对国际环境法的发展作出了巨大的贡献。此后,相当多的国际判例和国际条约均吸收了其中的领土无害使用原则的精神。而且,国家应为其从事经济活动而造成的跨界损害承担国家责任的原则,也逐渐为国际法所确认。

三、国际环境法发展的里程碑

从20世纪70年代开始,环境保护运动扩散到全世界,特别是以联合国及其有关机构为中心的国际合作日益发展。其中,1972年联合国人类环境会议和1992年联合国环境与发展会议(或称地球首脑会议),被称为国际环境法发展历程上的两大里程碑。

---

[1] 1937 Trail Smelter Case(TRAIL), see Cairo A. B. Robb ed., *International Environmental Law Reports*, Vol. 1, Early Decisions, Cambridge University Press, 1999, p. 231-331.

(一)1972 年联合国人类环境会议

根据联合国大会于 1968 年 12 月 1 日通过的有关决议,1972 年 6 月 5 日至 16 日在斯德哥尔摩召开了这一会议。会议通过了《人类环境宣言》和《行动计划》以及负责实施相关联合国制度和财政问题的建议。虽然这些文件和建议并不对签署国产生法律约束力,但本次会议对国际环境法发展产生的影响不可低估。

首先,会议表达了各国政府和人民对环境问题的共识和信念,奠定了国际环境法的理论基础。《人类环境宣言》第一部分指出,人类和环境存在紧密和必然的联系,并指出保护和改善环境是关系到人类幸福和发展的主要内容。《人类环境宣言》宣称,虽然人口增加加剧了环境问题,但社会生产力的发展及科学技术的进步加强了人类改善环境的能力。

其次,会议对人类环境保护作出了一系列原则性的规定,预示了国际环境法的基本原则。《人类环境宣言》第二部分阐明了人类环境保护的 26 项具体原则,说明了环境和人权的基本关系,规定了环境保护具体标准的制定及实施,特别是顾及发展中国家在环境保护方面的特殊性,规定了财政及技术援助和其他合作。该宣言第 21 条明确指出,国际环境法以一般国际法为根据,为促进国际环境法的发展,各国应进行合作。

最后,会议通过了环境保护国际协调与合作的工作方案。《行动计划》的 109 个建议内容广泛,涉及有关地球环境的评估、研究、监督、审查和信息交流,环境污染控制,特别是控制海洋环境污染的措施,保护野生动植物的建议等。根据会议建议,为支持环境保护行动计划,会员国主动认缴款项组设立了环境基金,用于为监测环境、调查环境状况、交换信息和有效地管理环境而进行的研究事业。此外,会议决定设立联合国环境规划署。

可见,1972 年联合国人类环境会议在一定程度上为实施国际环境法提供了一个基础性框架。

(二)1992 年联合国环境与发展会议

为遏制地球环境的进一步恶化,制定自然环境保护的战略和措施,联合国环境与发展会议于 1992 年 6 月 3 日至 14 日在巴西里约热内卢举行。这次会议共有 175 个国家代表出席,其中有 106 个国家的国家元首和政府首脑,是迄今召开的国际会议中规模最大的会议,因此,它也被称为“地球首脑会议”。本次会议先后签订了《联合国气候变化框架公约》《生物多样性公约》,通过了《里约宣言》《关于森林原则的权威宣言》《21 世纪议程》,是国际环境法发展史上新的里程碑。

一方面,会议及其通过的文件表明了人类环境保护的共同的法律确信。这主要包括四个方面:(1)直接将环境与经济及社会发展相联系,认为人类持久的生存环境应是关注的中心,发展与环境保护不可分离,应优先解决贫困和技术转让等发展中国家的问题;(2)认为各国依照国际法,有开发资源的权利,亦负有保护环境的责任,并应顾及现代和下一代人类的需要,所以各国应制定有效的环境立法;(3)环境与贸易相互协调,环境不应成为贸易限制或歧视的借口,不得扭曲世界贸易及投资;(4)环境保护的国际行动需要依靠密切和有组织的国际合作机制,各国政府应建立新的公平的全球伙伴关系,共同解决人类面临的环境与发展两大问题。

另一方面,会议阐明和发展了适用于环境保护的国际习惯法。有关文件进一步宣示了国家对其管辖下的自然资源的主权权利、相应的责任规则和国家发展权等国际环境法原则、目标和规则。会议重申了可持续发展原则、风险预防原则、共同但有区别的责任原则等国际环境法所特有的原则。

1992年联合国环境与发展会议及其成果标志着国际环境法作为一个新的国际法分支已经基本成熟。

2002年,联合国在南非约翰内斯堡召开了可持续发展世界首脑会议,再次申明了1972年联合国人类环境会议和1992年联合国环境与发展会议所确认的原则和精神。当前,国际环境法既保持着快速的发展势头,社会影响不断扩大,也出现了一系列利益分歧导致的困境。总之,国际环境法经过多年的发展,已经从萌芽走向逐步成熟,形成了比较完善的法律体系,并在生态环境与自然资源保护领域发挥着日益重要的作用。

四、国际组织与环境保护

与所有的国际法一样,国际环境法最重要的主体是国家。国家可以独立参加并确立包括生态环境和自然资源保护在内的国际关系,可直接地承担国际法上的权利和义务。现在,随着国际社会的发展,国际组织在国际环境法上的主体地位也被逐步接受。显然,只有实现国际合作,才能达成保护环境和人类生存发展的最终目标,而以联合国为中心的国际组织体系和各种非政府间组织已成为实现国际环境与资源合作的重要载体。

(一)政府间国际组织

有关环境保护的联合国专门机构包括联合国环境规划署,联合国粮食及农业组织,联合国教育、科学及文化组织等。作为联合国的辅助机关,联合国环境规划署的经费从联合国的一般预算中支付,但特定活动的费用,由1972年设立的环境基金负担。联合国环境规划署的活动内容或职能包括促进环境保护方面的国际合作,制定环境保护政策并向联合国大会提出建议,制定环境计划的方针并进行政策方面的协调,调查收集各国对新的环境问题的意见并持续研究世界环境问题,核准环境基金的使用计划。作为联合国专门机构,联合国粮食及农业组织的目的是改善农业生产和粮食生产,负责土壤、水资源管理等环境问题。该组织于1981年通过了被称为"世界土壤宪章"的土壤环境保护原则,1985年又制定了"关于分配和利用杀虫剂的国际行为法典"。联合国教育、科学及文化组织于1971年通过了《关于特别是作为水禽栖息地的国际重要湿地公约》(又称《拉姆萨公约》),1972年又通过了《保护世界文化和自然遗产公约》。

有关国际环境保护的其他国际组织主要包括世界气象组织、国际海事组织和国际原子能机构等。世界气象组织是管理气象观测和气象信息的交换,实现气象观测的标准化等有关气象方面的国际合作的国际组织,其主要职能范围是观测大气环境状态和测量大气污染,参与臭氧层减少测量制度和世界环境监测制度的制定;国际海事组织于1972年主持缔结了《防止倾倒废物及其他物质污染海洋的公约》,又于1973年主持缔结了《国际防止船舶造成污染公约》,为保护和保全海洋环境进行了积极的工作;国际原子能机构主要负责核设施及核物质的安全、防止放射性污染和核废料的处理等问题,它主持制定了1963年《处理放射事故北欧各国互助协定》、1986年《及早通报核事故公约》和1986年《核事故或辐射紧急援助公约》。此外,联合国国际法院和世界贸易组织(World Trade Organization,WTO)争端解决机构的有关裁决也对国际环境法的发展产生了重要影响。欧洲地区的组织积极进行保护和保全环境的活动,特别是联合国欧洲经济委员会、经济合作与发展组织和欧洲联盟等为解决欧洲地区的环境问题履行着重要的职能,也为环境保护作出了很大的努力。

(二)非政府间组织

有关国际环境保护的非政府间组织很多,主要包括直接推进环境保护运动的民间团体和促进环境法制定的有关国际法的学术团体。其中,世界自然保护联盟、世界自然基金会和绿色和平组织是影响力较大的民间团体,有关国际法的著名学术团体则有国际法学会、国际法协会等。它们以自己的特长和专业知识,不遗余力地从事国际环境法的宣传,经常就有关环境保护的重大问题呼吁国际社会采取行动,并在处理人类环境问题时提供咨询意见,甚至直接参加关于环境问题的表决和争端解决,监督国际环境法的实施。

近年来,中国发起建立"一带一路"绿色发展国际联盟,推动联合国有关机构、亚洲开发银行、亚洲基础设施投资银行等国际组织开展绿色国际合作,携手共建美丽地球家园。

第二节 国际环境法的新兴原则

一、可持续发展原则

可持续发展原则内容广泛。国际社会大多认为其包括代际公平、代内公平、可持续利用和环境与发展一体化四个基本要素。代际公平指的是,每一代人既应为后代人保存自然资源的多样性,也应享有与前代人享有同等的自然资源多样性的权利;每一代人既应保持地球的生态环境质量,也应享有与前代人享有同等的地球生态环境质量的权利;每一代人应对其成员提供平等地取得和利用前代人的遗产的权利,并应为后代人保存这项权利。代内公平指的是,同一代人,无论其国籍、种族、性别,无论其属于发展中国家还是发达国家,都对利用自然资源和享受清洁、良好的环境享有平等的权利。可持续利用指的是,对于可再生资源,在保持可再生资源最佳再生的前提下加以利用;对于不可再生资源,在保存和不使不可再生资源耗尽的前提下加以利用。环境与发展一体化指的是,在制定经济社会发展计划时应切实考虑保护环境的需要,在追求环境目标时应充分考虑发展的需要,实现环境与发展的协调统一。

可持续发展原则在多边条约、国际宣言、国际组织文件及国际司法判例中得到肯定。可持续发展原则不仅适用于国际环境法的各个领域,而且在国际法领域具有普遍指导意义,可以说构成了国际环境法的根本宗旨和价值基础。有人甚至主张将"国际环境法"更名为"可持续发展国际法"。

案例 9-2-01 多瑙河水坝案[2]

为发展水电,1977 年匈牙利和捷克斯洛伐克签订条约,决定共同在多瑙河上修建盖巴斯

[2] Case Concerning the Gabcikovo – Nagymaros Project (Hungary/Slovakia), 国际法院网站资料, www. icj – cij. org/docket/files/92/7375. pdf 2013 – 12 – 28。

科夫—拉基玛洛大坝,将河水截至两条运河后回注于多瑙河。1989 年匈牙利政府以生态保护为由决定中止该项目的建设。从原捷克斯洛伐克分立出来的斯洛伐克认为匈牙利无权推迟并终止 1977 年缔结的双边条约,并于 1991 年单方面将近 2/3 的多瑙河水截引至其领土,以继续建设该项目。匈牙利政府于 1992 年 2 月对斯洛伐克的这一决定正式提出抗议,认为这一决定对匈牙利的生态环境和经济利益带来重大损害。1993 年 7 月,匈牙利和斯洛伐克达成协议,要求国际法院进行裁决。1997 年 9 月 25 日国际法院裁定:两国应重新设计抗地震、浮冰条件下可航行的大坝,并根据双边条约制定一个联合营运方案;两国必须互相赔偿因各自违约造成的损失。

在审理过程中,两国都同意可持续发展原则是已经确立的国际法原则,如同《布伦特兰报告》、《里约宣言》和《21 世纪议程》所阐述的那样,适用于本争端。国际法院裁决指出,"可持续发展概念充分表达了经济发展与环境保护相协调的需要"。时任国际法院副院长卫拉曼特雷法官在个别意见书中认为:"由于可持续发展原则在本案中是一个对决定相互竞争的因素具有基本意义的原则,又由于它可能在未来的重大环境争端的解决中起重要作用,所以尽管它只是在最近才引起国际法论著的注意,仍需要得到较为详细的考虑";"它不仅仅是一个概念,还是一个具有规范价值的对决定本案至关重要的原则";"经过早期对发展概念的阐述,人们已承认对发展的追求不能导致对它所在地的环境的实质损害。因此,发展的执行只能与保护环境的合理要求相协调";"可持续发展原则因其不可逃避的逻辑必要,以及被全球社会广泛而普遍的接受而构成现代国际法的一部分"。

评析:1997 年国际法院在本案的判决书中肯定了可持续发展原则在国际环境法中具有某种地位,尽管国际法院没有主动去证实或否定可持续发展原则的国际习惯法地位。这表明,国际法上应通过运用可持续发展理念来平衡发展和环境保护之间的竞争性需求;事实表明,其关于可持续发展概念的阐述将在解决未来的重大国际环境争端中起重要作用。[3]

二、环境资源主权权利与不损害国外环境义务的原则

首先,国家拥有对自然财富和资源的永久主权权利。1962 年,联合国大会第 17 届会议通过了《关于自然资源之永久主权宣言》,正式确立了国家对自然资源享有永久主权的原则。1974 年 5 月,联合国大会通过的《建立新的国际经济秩序宣言》重申了该原则。此外,1978 年开始供开放签署的《关于国家在条约方面的继承的维也纳公约》第 13 条规定,"本公约的任何规定均不影响确认每一个民族和每一个国家对其自然财富和资源拥有永久主权的国际法原则"。此后,无论是西方国家范围内的《能源宪章条约》,抑或是联合国框架下的《生物多样性公约》和《气候变化框架公约》等环境条约,均有类似规定。多年来的国际司法实践也印证了这一主权权利。

其次,国家承担不损害国外环境的义务(无损害义务)。1974 年《各国经济权利和义务宪章》提出:为了当代和后世而保护、保全和改善环境,是所有国家的责任;所有国家有责任保证,在其管辖和控制范围内的任何活动不对别国的环境或本国管辖范围以外地区的环境造成

---

〔3〕 参见邓烈:《论"可持续发展"概念在国际法上的意涵》,载《中国法学》2009 年第 4 期。

损害。按照传统的哈蒙原则,“在立法不相互冲突的情况下,国家在其权限内可任意使用其境内资源,不必理会对边界那边的国家造成的影响”。[4] 在现代国际环境法上,无损害义务意味着,各国必须在规制其本国自然资源开发利用和经济活动中行使勤勉注意义务。如前所述,特雷尔冶炼厂仲裁案最先确定了不损害国外环境的义务。同样,1956 年法国与西班牙之间发生的拉努湖仲裁案,也充分确认了这一义务。

案例 9-2-02　拉努湖仲裁案[5]

拉努湖是比利牛斯山上最大的湖,湖水源自法国领土,流入西班牙国境的卡罗河,从地中海出口。1917 年,法国即制订了一项计划,拟在拉努湖分出一条水道流入阿里耶河,从该河流出大西洋,利用该水流发电。法国还建议,从拉努湖分道出来的全部水量恢复流入卡罗河,以保证每年的最低流量。法国在 1956 年通知西班牙政府,声明它将在其权力的范围内自由行动。西班牙反对将湖水分流,认为法国的做法违反了 1866 年《贝约纳条约》建立的共同利用制度。

后法国和西班牙同意把争端提交仲裁解决。仲裁庭在 1957 年 11 月 6 日作出裁决:一国在其管辖范围内的工程建设如果要他方同意才能进行,那就是对国家主权的限制了;既然《贝约纳条约》没有这样规定,法国当然没有义务征求西班牙的同意。按照该条约的规定,法国有义务通知西班牙当局并和西班牙磋商,在考虑下游国的利益的基础上,法国有权对其选择的计划作出最后的决定。由于法国在拉努湖的分道工程计划已充分考虑了下游国的利益,并已征求过下游国西班牙的意见,因此,法国自行实行这项计划,没有违反该条约的规定。

评析:本案中,仲裁庭在确认环境资源主权权利的同时也指出,国家在履行其权利时应该考虑他国利益、尊重他国权利;法国有权行使其权利,但它不能无视西班牙的利益,西班牙有权要求它的利益得到考虑。

最后,任何国家都不能以主权为由来规避它所应当承担的对当代人和后代人的环境责任。国际环境法的发展要求主权国家为保护人类环境做出更大努力,要求主权国家在管理本国事务时,充分注意到本国环境和人类环境的保护,确保自身领土无害使用。这样,基于国家主权原则的属地优越权就受到一定限制。早在 1946 年,《国际捕鲸管制公约》便提出,“为了保护鲸类及其后代丰富的天然资源,乃全世界各国利益”。该公约对各国管辖范围内的鲸类资源的利用设置限制,以“谋求适当地保护鲸类并能使捕鲸渔业有秩序地发展”。1972 年《保护世界文化和自然遗产公约》第 6 条规定,充分尊重自然遗产所在国的主权,“不使国家立法规定的财产权受到损害的同时,承认这类遗产是世界遗产的一部分,因此,整个国际社会有责任进行合作,予以保护”。《气候变化框架公约》《生物多样性公约》《粮食和农业植物遗传资源国际

---

〔4〕 哈蒙原则源于美国时任国务卿爱德华·哈蒙所阐述的一项原则,强调国家主权和管辖权,即一国有权决定对其领土内的外国公民、财产的处理方式,只要其平等地适用于所有外国。Stephen C. McCaffrey, *The Harmon Doctrine One Uundred Years Later*, 1996, Natural Resources Journal. Vol. 36, p. 549 - 965.

〔5〕 Lake Lanoux Case (France / Spain), see Cairo A. B. Robb ed., *International Environmental Law Reports*, Vol. 1, Early Decisions, Cambridge University Press, 1999, p. 332 - 385.

条约》则确立了“人类共同关注”(common concern of humankind)的概念,在确认国家对遗传资源的主权权利的基础上,强调各国承担的义务。

三、风险预防原则

风险预防原则,或称预防和警惕原则,是近年来新兴的国际环境法原则。在理论界和实务界中,这一原则均存在较大争议,且有不同的称谓。从一些国际条约的表述与国际法院的有关判例来看,该原则可理解为包括损害预防原则与警惕原则两个方面。

所谓损害预防原则,是对已知损害作充分的预测并采取措施防止危害的发生或将危害控制在允许的范围内。西方国家经历了“先污染、后治理”的过程。欧洲共同体曾作了一个估算,如通过事后治理解决环境问题,总投资需占国民生产总值的3%,若以国民经济增长率为5%计算的话,大部分要投入环保中,这不能不说是一个沉重的负担。在这种背景下,各国环境法的重心开始从治理转向预防。1990年《美国污染预防法》规定,“美国国策是,对污染应尽可能实行预防和源头削减;对于不能预防的污染,应尽可能以对环境安全的方式使之循环”。《欧洲联盟条约》第130R(2)条规定,优先在源头整治环境破坏,而不是使用末端技术。

所谓警惕原则,乃是高科技发展将人类带入风险社会的产物。原子能、生物技术等的发展,导致许多重大的或不可逆转的环境和健康风险产生,但却难以找到确切的科学证据。1977年《美国清洁空气法》规定:联邦环保局的职责是评估风险,而不是等待实际危害的证据。第一个体现警惕原则的国际文件是1982年通过的《世界自然宪章》。它规定:“应控制那些可能影响大自然的活动,并应采用能尽量减轻对大自然构成重大危险或其他不利影响的现有最优良技术,特别是:a. 应避免那些可能对大自然造成不可挽回损害的活动;b. 在进行可能对大自然构成重大危险的活动之前应先彻底调查;这种活动的倡议者必须证明预期的益处超过大自然可能受到的损害;如果不能完全了解可能造成的不利影响,活动即不得进行……”此后,警惕原则频繁地出现在各类国际环境法律文件中。其中,最著名的是《里约宣言》中的原则15的规定,“为了保护环境,各国应按照本国的能力,广泛采取预防性措施;遇有严重的或者不可逆转的损害威胁时,不得以缺乏科学充分确实证据为理由,延迟采取符合成本效益的措施防止环境恶化”。

案例 9-2-03 乌拉圭河沿岸纸浆厂案[6]

2006年5月4日,阿根廷向国际法院指控乌拉圭违反其根据双边条约1975年《乌拉圭河章程》承担的义务,认为乌拉圭政府单方面批准在乌拉圭河沿岸建立了两个纸浆厂,并对乌拉圭河及其环境构成威胁,对阿根廷造成巨大的跨界损失。国际法院指出,预防原则作为一项习惯规则,起源于对一国在其领土上尽责的要求:一国必须运用其掌握的一切手段,以避免在其领土上,或在其管辖下的任何地方发生的活动对另一国的环境造成严重损害。国际法院在以

〔6〕 Case Concerning Pulp Mills on the River Uruguay (Argentina v. Uruguay) (Judgment) [2010] ICJ Rep _ (20 April 2010).

往判例中已强调:"在环境保护领域,需要预防和警惕通常对环境造成的不可逆转的损害以及这种损害的赔偿机制本身所固有的局限性";预防和警惕在维护生态平衡方面尤其重要,因为人类活动对河流的负面影响可能影响河道生态系统的其他组成部分,比如河流的植物、动物;"在拟议的工业活动可能造成严重的跨境不利影响(特别是对共享资源)的情况下,需要开展环境影响评估"。

然而,国际法院认为,阿根廷并没有提供充分的证据证明纸浆厂排出的废物对乌拉圭河的生物资源、生态平衡或水质产生了损害。对此,专案法官比努埃萨质疑国际法院对本案举证责任问题的推断,并认为乌拉圭未能进行适当的环境影响评估。他认为,法院没有根据上述双边条约和一般国际法的要求采用警惕原则,因此没有适当地裁定乌拉圭违反了实质性义务。

评述:现在,风险预防方式(precautionary approach)逐步为国际社会所接受;一些国家开始在法律中确认风险预防原则,尽管它们对其地位和内涵仍有不同的理解。其中,至少环境影响评估成为了防范跨界工业活动风险方面的一项普遍的国际法义务。

四、共同但有区别的责任原则

共同但有区别的责任发端于20世纪70年代初。1972年联合国人类环境会议宣示,保护环境是全人类的共同责任。这是共同但有区别的责任原则的雏形。《里约宣言》指出:在各国应本着全球伙伴精神进行环境合作的同时,鉴于导致全球环境退化的各种不同因素,各国负有共同但有区别的责任,并且发达国家在追求可持续发展的国际努力中负有责任;发展中国家,特别是最不发达国家和在环境方面最易受伤害的发展中国家的特殊情况和需要应受到优先考虑;一些国家所实施的标准对别的国家特别是发展中国家可能是不适当的。从理论上讲,该原则包括两个方面:

其一,"共同责任"要求各国出于对全球环境保护的共同责任而不仅是国家利益来采取行动,将人类环境问题纳入国家决策和对外交往之中。随着全球化进程的加深,各国日益成为相互依赖、休戚与共的命运共同体。各国部分或整体地面临其他国家消费选择或发展模式的环境后果,却不能通过自身或集体的力量来持之以恒地保护全球环境。因此,国际环境法不只是国家利益博弈的结果,还应是团结互助的承诺。《里约宣言》《生物多样性公约》《气候变化框架公约》等分别承认环境资源保护、生物多样性和气候变化是全球共同关注的事项。在有关案件中,国际法院还提及了"对世义务",即国际社会各成员应承担的关涉人类共同利益的义务。

其二,"有区别的责任"则是基于国际法上的公平原则。(1)不同者之间应不同对待。国际法院 Tanaka 法官在其关于"西南非洲案"的保留意见中指出,"依据其不等性来区别对待不同事项,不仅仅是允许的,更是应该的"。因此,《京都议定书》不仅要求发达国家与发展中国家承担不同责任,而且在确立各个发达国家的减排量时考虑到了各自不同的特殊情况,包括减排能力和能源结构等。(2)代内公平,主要体现为分配正义和承认发展中国家的特殊需求。例如,《气候变化框架公约》提出,应当充分考虑到发展中国家实现持续经济增长和消除贫困的正当的优先需求,认识到其实现可持续的社会和经济发展所需要的资源。(3)补救性公平,即被单方面置于不利处境的国家有权要求发达国家将来承担更大的负担,从而恢复公平。这种补救性公平要求发达国家为环境保护向发展中国家提供财政、技术等方面的援助。从18世纪中叶工业革命开始到1950年,在人类释放的二氧化碳总量中,发达国家占了95%;从1950年到2000年的50年中,发达国家的二氧化碳排放量仍占到总排放量的77%。当然,发展中国家也要积极采取措施促进环境保护与可持续发展,不能走工业化高排放、高污染的老路。

作为目前实施效果较好的国际环境公约,《保护臭氧层维也纳公约》及《关于消耗臭氧层物质的蒙特利尔议定书》通过规定发展中国家履行公约义务的宽限期制度、国际基金和技术转让制度等,进一步确认和丰富了共同但有区别的责任原则,争取到了最广泛的参与和支持。《气候变化框架公约》第3条规定的第一项指导原则明确指出:"各缔约方应当在公平的基础上,并根据它们共同但有区别的责任和各自的能力,为人类当代和后代的利益保护气候系统。因此,发达国家缔约方应当率先对付气候变化及其不利影响。"在《京都议定书》中,共同但有区别的责任原则得到了严格适用。该议定书规定,工业化国家应在2008年到2012年内,使它们的全部温室气体排放量比1990年至少减少5%,发展中国家暂不承担减排义务。同时,该议定书所确立的"排放贸易""联合履约""清洁发展"三个灵活机制也进一步丰富了实施共同但有区别的责任原则的方式。《巴黎协定》在序言部分开宗明义地指出,遵循公约原则,包括公平、共同但有区别的责任和各自能力原则,并在第2条中明确指出,"本协定的执行将体现公平以及共同但有区别的责任和各自能力原则,并参照各自国情"。

五、污染者负担责任原则

该原则是从各国国内法上的污染者付费原则发展起来的,如20世纪60年代德国环境法上开始采用"原因者原则"。1972年经济合作与发展组织发布《关于环境政策国际层面指导原则的建议》,将其确立为成员国应当遵守的一项基本原则。1974年经济合作与发展组织理事会又发布了《关于实施污染者负担原则的建议》,规定了政府提供资金援助不违反污染者负担原则的一些特别例外情况:为防止因严格的污染控制措施的执行而迅速发生重大社会经济问题的资金援助;为刺激新的环境污染控制和治理技术试验的资金援助;为促进特定社会经济目标实现而对污染控制和治理有附带影响的资金援助。1990年国际海事组织《国际油污防备、反应和合作公约》明确,污染者负担原则是国际环境法的一般原则。1992年《工业事故跨界影响公约》也提出"污染者负担原则是国际环境法的一项普遍原则"。1992年《里约宣言》原则16规定:"国家当局考虑到造成污染者在原则上应承担污染的费用并适当考虑公共利益……应努力倡导环境费用内在化和使用经济手段。"

此外,大量的国际条约对污染者承担国际责任的具体制度作出了明确规定。有关利用核物质的国际责任的条约包括1960年《核能方面第三者责任公约》及1963年附加公约、1962年《核动力船舶经营人责任公约》和1963年《关于核损害的民事责任的维也纳公约》等。根据上述公约的规定,利用核能责任的特征是危险的结果责任,即使在利用和运输核物质的过程中没有故意或过失而发生损害,有关责任方也必须负担赔偿责任。关于海洋污染的国际责任的条约包括1969年《国际油污损害民事责任公约》和1976年《海事索赔责任限制公约》。这些公约规定,在海洋运输方面发生事故而造成损害的,即使没有违反国际法,也要承担赔偿责任。

一般而言,需要承担国际责任的行为包括国际不当行为和国际损害行为。环境污染所引起的国际责任主要是一种国际损害行为责任,即国际法主体在从事国际法未加禁止的活动中造成损害所应承担的国际责任。联合国国际法委员会通过《关于危险活动造成的跨界损害案件中损失分配的原则草案》的目的是,确保遭受跨界损害的受害者得到及时和充分的赔偿。根据该原则草案,各国应当采取一切必要措施,确保其领土上或其管辖或控制下的危险活动所造成跨界损害的受害者获得及时和充分的赔偿;一旦发生造成或可能造成跨界损害的涉及危险活动的事件时,起源国应立即将事件以及可能造成的跨国损害后果通知所有受影响或可能受影响的国家,而且在经营者的适当参与下,起源国应确保采取适当的反应措施,以减轻并在可能的情况下消除损害后果;跨界损害的受害者应当能够从起源国获得与在该国领土上遭受同一事件损害的受害者相等的,及时、充分和有效的救济。

案例 9-2-04 美国核试验损害赔偿案〔7〕

1995 年,美国政府向日本支付了 200 万美元,作为对 1954 年美国核试验活动所致损害的补偿。但是,美国特别声明这一补偿与任何法律责任无关,而系"出于恩惠"(ex gratia)。该案的双方当事国都是 1972 年《空间实体造成损害的国际责任公约》缔约方,但该争端并未按公约的规定予以解决。

评析:本案表明,污染者承担责任原则作为一项新兴的原则,其具体内涵和实施仍然有待进一步完善。

第三节 国际环境法的主要领域

一、大气环境保护

(一)大气污染控制

保护大气层的国际法律制度肇始于《远程越界大气污染公约》。它是在欧洲安全保障会议的倡导下,于 1979 年 11 月由联合国欧洲经济委员会在日内瓦主持制定的。该公约主要内容有:减少和防止大气污染,加强有关大气环境的信息交换、协商、调查研究和监测,以及防止大气污染源的排放。1983 年 3 月该公约正式生效,参加的国家有欧洲各国以及美国和加拿大。该公约的诞生不仅开创了建立区域性控制越界空气污染多边法律制度的先河,而且为建立全球性的保护大气层的国际法律秩序奠定了基础。

该公约后续产生了 8 项议定书,规定了成员国减少各类污染物应采取的措施。为实施《远程越界大气污染公约》有关财政援助的规定,1984 年各缔约国签订了《关于长期资助远程越界大气污染监督和评价议定书》。该议定书规定,向负责监督和评价欧洲大气污染的国际中心提供长期的财政支持,以义务摊款和认缴款项来抵充所需金额。为实施《远程越界大气污染

〔7〕 参见王曦编著:《国际环境法》,法律出版社 1998 年版,第 51-52 页。

公约》关于减少大气污染源的规定,1985年各缔约国又在赫尔辛基签订了《关于至少减少硫排放或越界流量30%议定书》。该议定书由序言和13项条文组成,其宗旨是减少对环境和人类健康造成损害的二氧化硫的排放量。此外,各缔约国又缔结了《奥斯陆议定书》、《重金属议定书》、《控制持久性有机污染物议定书》和《哥德堡议定书》等。为履行《远程越界大气污染公约》制定的关于有效促进二氧化氟排放量减少的方案,1988年各缔约国在索菲亚签订了《关于控制二氧化氟排放及越界流量议定书》,要求各缔约国到1994年12月1日,不得使其二氧化氟排放量或越界流量超过1981年的排放量或越界流量。1991年在日内瓦签订的《关于挥发性有机化合物排放或其越界流通量的议定书》就具体控制挥发性有机化合物的排放标准作出了相应规定。

(二)保护臭氧层

臭氧层是使地球免受紫外线过量辐射的"防护墙"。20世纪80年代中期,由于有害气体和物质排放到大气上层,南极上空的臭氧层出现空洞。因此,国际社会开始了保护臭氧层的运动。

1.《保护臭氧层维也纳公约》

《保护臭氧层维也纳公约》于1985年3月22日签订,于1988年9月22日生效。该公约的宗旨是,阻止臭氧层的破坏对人类和自然界造成严重损害。该公约规定,各缔约国应通过观测、调查、研究和信息交流,采取必要的立法及行政措施,以防止对臭氧层的破坏;各缔约国应进行国际合作,确保该公约得到有效实施。该公约设立了缔约国会议和秘书处,缔约国会议经协商一致作出决定,通过程序规则及财政规则,监督该公约的适用和执行。

2.《关于消耗臭氧层物质的蒙特利尔议定书》

1987年通过的《关于消耗臭氧层物质的蒙特利尔议定书》实际上就是《保护臭氧层维也纳公约》的实施细则。该议定书对限制消耗臭氧层的物质的生产与消费作出了具体规定。

(三)应对气候变化

经科学观察表明,如果当今温室效应持续增加,地球温度在100年间将会上升5℃,这会给某些地区带来旱灾和沙漠化,而给另外某些地区带来暴风和洪水。为防止全球气候的变化,自20世纪80年代以来,联合国环境规划署、世界气象组织等相继单独或共同发起对气候变化问题的调查研究,提出了许多应对策略,并在此基础上签订了一系列保护全球气候的条约。于1992年5月在纽约通过的《联合国气候变化框架公约》、1997年12月在日本京都签署的《京都议定书》和2015年12月在巴黎签署的《巴黎协定》,是迄今为止国际社会在防止气候变化方面的重要法律文件。

1.《联合国气候变化框架公约》

《联合国气候变化框架公约》的宗旨是将大气中温室气体的浓度稳定在防止气候系统受到危险的人为干扰的水平上。该公约要求各缔约方尽快实现这一目标,从而使生态系统能够自然地适应气候变化,确保粮食生产免遭威胁,并促使经济可持续发展。该公约缔约方作出了许多旨在解决气候变化问题的承诺。每个缔约方都必须定期提交专项报告,其内容必须包含该缔约方的温室气体排放信息,并说明为实施该公约所执行的计划及具体措施。

2.《京都议定书》

2005年2月《京都议定书》生效。它具体规定了2008年到2012年第一承诺期发达国家的减排目标,即整体而言发达国家温室气体排放量要在1990年的基础上平均减少5.2%。不过,不同缔约方的减排目标有所不同。比如,欧盟作为一个整体要将温室气体排放量削减8%,日本和加拿大各削减6%,而美国削减7%。该议定书还建立了旨在减排温室气体的三个灵活合作机制——"排放贸易"、"联合履约"和"清洁发展"。以清洁发展机制为例,它允许工业化国家的投资者从其在发展中国家实施的并有利于发展中国家可持续发展的减排项目中获取"经证明的减少排放量"。

3.《巴黎协定》

2015年12月12日,197个缔约方在巴黎召开的第21届联合国气候变化大会上通过了《巴黎协定》。《巴黎协定》旨在大幅减少全球温室气体排放,将21世纪全球气温升幅限制在2℃以内,同时寻求将气温升幅进一步限制在1.5℃以内的措施。《巴黎协定》以5年为一个周期,每个国家每年都要提交一份最新的国家气候行动计划,其被称为国家自主贡献(Nationally Determined Contributions,NDC)。《巴黎协定》还邀请各缔约方制定与提交长期战略,并为发达国家提供了协助发展中国家减缓和适应气候变化的方法,同时建立了透明监测和报告各缔约方气候目标的框架。2021年11月,在英国格拉斯哥举行的第26届联合国气候变化大会最终确定了实际执行《巴黎协定》的操作细节,即俗称的《巴黎协定》规则手册。

《巴黎协定》为2020年后的全球合作应对气候变化明确了方向,标志着合作共赢、公正合理的全球气候治理体系正在形成,预示着一个向净零排放世界转变的开始。

二、生态系统和生物多样性保护

(一)关于保护濒危动植物的国际条约

历史上,对生态系统和生物多样性的保护始于对濒临灭绝危险的动植物的保护。1886年《莱茵河流域捕捞大马哈鱼管理条约》被认为是国际社会第一个保护生物资源的条约。为了保护面临灭绝危险的鲸鱼,1946年《国际捕鲸管制公约》及1989年计划书规定了限制对其过度捕杀的措施。1989年修订的计划书规定了详细和复杂的内容。该计划书将鲸鱼分类,并按照季节指定捕鲸地区,制定移地保护的具体措施,加强资料交换和增进技术的发展与交流;各缔约国设立国际捕鲸委员会,以制定保护鲸鱼资源的规则,并负责监督其执行。

在世界自然保护联盟的倡导下,经1972年联合国人类环境会议建议,1973年缔结了《濒危野生动植物种国际贸易公约》。该公约的宗旨是保护野生动植物物种不会因国际贸易而遭到过度开发利用。该公约对野生动植物的贸易实行许可制度。该公约附录一所列物种为"所有受到和可能受到贸易影响而有灭绝危险的物种"。对这些物种的贸易,应受到最严格的管制,只有在特殊情况下才允许进出口。附录二所列物种为"目前虽尚未濒临灭绝,但如对其贸易不严格管制,以防止不利于其生存的利用,就有可能变成有灭绝危险的物种"。附录三所列物种为"任何一个成员国认为属于其管辖范围内,应进行管理以防止或限制开发利用,而需要其他成员国合作控制贸易的物种"。

(二)湿地与水资源的保护

习近平总书记指出,“古往今来,人类逐水而居,文明伴水而生,人类生产生活同湿地有着密切联系。我们要深化认识、加强合作,共同推进湿地保护全球行动”[8]。1971 年在伊朗拉姆萨通过的《关于特别是作为水禽栖息地的国际重要湿地公约》,旨在通过防止作为众多水禽繁殖和越冬栖息地的湿地的丧失,倡导合理利用湿地以保护湿地生态系统。按该公约的定义,湿地指天然或人工、长久或暂时的沼泽地、湿原、泥炭地或水域地带,带有静止或流动的淡水、半咸水或咸水水体,包括低潮时水深不超过 6 米的水域。

在水资源保护的国际法律文件中,区域性合作文件居多,特别是有关保护国际河流和湖泊的文件。有关莱茵河的有 1963 年的《保护莱茵河公约》及其 1976 年关于建立保护莱茵河免受污染的国际委员会补充协定,1976 年的《保护莱茵河免受化学物质污染的公约》和 1978 年的《保护莱茵河免受污染国际委员会莱茵河行动计划》等。有关多瑙河的有 1987 年的《管理多瑙河流域水资源合作协定》。有关湖泊的有 1978 年签订并经 1987 年修订的《美国加拿大湖水质量协定》。

在国际淡水资源保护法律制度的发展历程中,1966 年国际法协会通过的《赫尔辛基规则》和 1997 年联合国国际法委员会拟定的《国际水道非航行利用法公约》占有重要地位。尽管《赫尔辛基规则》没有法律约束力,但它编纂了适用于国际流域内水域的一般国际法规则,确立了“国际河流”和“水污染”概念,规定了国家负有防止和减轻对国际河流污染的责任等。这些为后来的《国际水道非航行利用法公约》奠定了基础。根据该公约的规定,水道国义务主要有:(1)应以平等和合理的方式利用国际水道;(2)不得对另一国境内的水道或其他自然资源实施侵占;(3)为实现国际水道的最佳利用和充分保护进行合作;(4)水道国之间应就有关水道定期交流数据与信息。该公约还就国际水道的保护、保存和管理包括国际水道生态系统保护作了规定,提出了关于国际水道的有害状况和紧急情况的应对措施,并规定了争端和平解决的有关事项。

(三)森林资源的保护

1.《关于森林原则的权威性宣言》和《国际热带木材协定》

《关于森林原则的权威性宣言》提出,各国在行使开发森林资源的权利时,不得损害国家管辖权以外的环境;国家应该制定有关森林的环境保护和经济性开发的全面的计划。《国际热带木材协定》的宗旨是,协调热带木材生产国和消费国有关热带木材的问题,并建立国际合作制度,促进国际热带木材贸易的健康发展,保护热带森林。

2.《21 世纪议程》第十一章

《21 世纪议程》第十一章对各国提出了几项要求。第一,各国政府应强化与森林有关的国家制度,以维持森林作用的多样性,并为此制定相应的政策和立法,吸引民众的参与。第二,各国政府要制订并实施森林计划,以改善对所有森林的保护、保全和持久的管理,从而确保所有生态系统和林地能够持久地延续。第三,充分有效地利用森林所提供的产品。第四,各国政府应对森林进行评估和系统的观察。第五,各国政府应加强与国际组织和区域组织的合作,并相

---

[8] 《习近平在〈湿地公约〉第十四届缔约方大会开幕式上发表致辞》,载《人民日报》2022 年 11 月 6 日,第 1 版。

互提供技术和财政方面的援助。

(四)土壤资源的保护

1.《联合国防治荒漠化公约》

作为国际社会第一个专门涉及土地资源国际保护的公约,1994 年 6 月签订的《联合国防治荒漠化公约》,现已获得 100 多个国家的批准。该公约的宗旨是,各国通过国际合作进行防治荒漠化和干旱的斗争,实现土地产量的增长及土地和水资源的恢复、保护和持久管理。该公约规定,为防治荒漠化和缓解土地干旱,受到干旱和荒漠化打击的各当事国应履行义务,根据已有的成功经验制订并实施国家行动计划;各缔约国应支持和激励联合国或其他有关国际组织的活动;各国应调查导致荒漠化的因素,并为防治荒漠化和缓解干旱采取必要的措施;发达国家应优先对遭受荒漠化打击的发展中国家提供财政上的支援。

2.《世界土壤政策》与《世界土壤宪章》

为有效保护土地和实现土地的持久使用,联合国环境规划署制定了《世界土壤政策》,呼吁各国政府基于健全的土地管理原则利用土地,提高土地的生产效率,防止土壤流失和恶化,并制止可耕地的转用。各国应制定和发展有利于土壤持久使用的农业生产制度,通过发展灌溉事业,控制洪水和开垦荒地,提高生产效率,扩大可耕地面积。此外,联合国粮食及农业组织制定了《世界土壤宪章》。该宪章指出,为了实现土壤的持久利用,各国政府应制定土地利用计划和技术、法律等方面的制度,以有效地使用土地;应进行完善的科学调查研究,以实现土壤的改善和保护。

(五)生物多样性保护

1.《生物多样性公约》

近几十年来,随着人类活动对生物资源的危害日益加重,国际社会要求保护生物资源的呼声越来越高,关于生物多样性保护的国际条约、国际组织决议呈不断增多之势。所有关于保护生物资源的国际法律文件中,最重要的是 1992 年 6 月 5 日联合国环境与发展会议缔结的《生物多样性公约》。

该公约规定了缔约各方保护生物多样性的主要义务:缔约各方应根据其特定条件和能力,制订适当的战略、计划和方案;缔约各方应对保护和持久利用生物多样性至关重要的情况进行调查、监测;缔约各方应尽可能地对生物进行就地保护,包括设立保护区进行保护和管理;缔约各方要增进对生态系统和生物栖息地的保护,加强对在自然环境中具有生命力的生物物种的管理;缔约各方要制定必要的法律和规章,以保护受威胁的物种,并应向发展中国家提供财政和其他资助;作为就地保护的补充手段,缔约各方应采取移地保护等其他必要措施。

2.《卡塔赫纳生物安全议定书》

生物繁殖的本质就是基因复制。所谓基因的污染就是在天然的生物物种中掺入人工重组的基因,而这些外来的基因可以随被污染的生物繁殖得到增殖,再随被污染生物的传播而发生扩散。为了防止基因污染的危害,2000 年 1 月,134 个国家的代表出席在加拿大蒙特利尔召开的《生物多样性公约》缔约国大会,通过了《卡塔赫纳生物安全议定书》,包括中国在内的 70 多个国家签署了该议定书。该议定书建立了以信息共享和科学决策为基础的全球框架,以加强国际生物安全管理。

《卡塔赫纳生物安全议定书》首先明确了“现代生物技术的效益与危险并存,但应当保护生物多样性”这一重要的原则。该议定书还对转基因活生物体的越境转移即国际贸易的安全性作出了规定。它首次将转基因技术的发展与生态环境的保护联系起来,并对转基因技术及其产品的国际贸易产生影响。

3.《〈生物多样性公约〉关于获取遗传资源和公正公平分享其利用所产生惠益的名古屋议定书》

发达国家拥有技术,为了创造出新产品和开发新药品、植物新品种和食物,它们希望获得生物资源,而发展中国家拥有巨大的生物财富库存。对于生物资源的拥有者和使用者来讲,建立透明的合作与分享机制非常重要,这样各方能够从中公平和公正地获得生物遗传资源所产生的利益。2010 年 10 月,《〈生物多样性公约〉关于获取遗传资源和公正公平分享其利用所产生惠益的名古屋议定书》在日本名古屋通过,为全球分享生物遗传资源提供了更多的确定性和透明度,目前已有 54 个国家批准了该议定书。

为了保障生物遗传资源利益的公平分配,该议定书规定,获取生物遗传资源需事先征得资源供给方的同意,并商讨建立多边利益分配框架;各方还需采取必要的法律措施,监督企业及研究机构是否违法利用所获的生物遗传资源。该议定书还通过适当的资金援助和技术合作来保护生物多样性,实现生物遗传资源的可持续利用,扩大保护世界上的森林、珊瑚礁与其他受威胁的生态系统,达成保护 17% 的陆地及 10% 的海洋的目标。

三、海洋的环境保护

(一)《联合国海洋法公约》

1982 年的《联合国海洋法公约》是国际社会第一次制定关于海洋环境的全面的法律文件,具有深远意义。根据该公约的规定,缔约各方应制定符合该公约的规则、标准、办法和程序,并在适当情况下个别或联合地采取一切必要措施,防止、减少和控制任何来源的海洋环境污染,按照其能力使用其所掌握的最为切实可行的方法,并尽力协调它们的政策。

该公约规定,每个缔约方如果知道有因污染造成损害的威胁或者实际上存在损害的事实,应及时向面临同样危险可能性的缔约方发出通知,并向主管国际机构作出报告;缔约各方在为保护海洋环境和制定国际规则、标准与办法时,应在全球性或区域性的基础上,直接或通过主管国际组织进行合作,并同时顾及区域的特点。在符合其他缔约方利益的条件下,缔约各方应尽力直接或通过各主管国际组织,用公认的科学方法观察、测算、估计和分析海洋环境污染的危险或其影响,并发表取得的研究成果的报告,或者每间隔一定时期向主管国际组织提出这种报告。缔约各方应共同制订和发展各种应急计划,以对付海洋环境的污染事故。同时,缔约各方应向发展中国家提供所需要的技术援助,使发展中国家能有效参与防止、减少和控制海洋污染的活动;关于海洋环境保护,应考虑到发展中国家的财政困难。

(二)《〈联合国海洋法公约〉下国家管辖范围以外区域海洋生物多样性的养护和可持续利用协定》

按照《联合国海洋法公约》的规定,各缔约方在公海均享有航行、捕鱼、科学研究等方面的自由,但该公约却并未对公海生物遗传资源作出明确规定。因此,占据地球表面积近一半的公海,受困于法律规定的空白与国际管理的缺失,遭受了过度捕捞、深海资源无序开发以及渔业捕捞纠纷等的威胁。为了弥补国家管辖范围以外区域海洋生物多样性(marine biodiversity of areas beyong national jurisdiction, BBNJ)法律保护的空白,联合国大会启动了持续 20 年的协议谈判。2023 年 6 月,一份具有法律约束力的国际协定终于达成,即《〈联合国海洋法公约〉下国家管辖范围以外区域海洋生物多样性的养护和可持续利用协定》,通称为"BBNJ 协定"。该协定商定了确保公平获取和分享与海洋遗传资源有关的惠益的规则,以及加强发展中国家能力建设和海洋技术转让的相关条款。

案例 9-3-01 太平洋海豹仲裁案[9]

1893 年,美国和英国就位于太平洋白令海的海豹捕猎发生纠纷。美国主张其有权在 3 海里的领海线以外采取行动保护那些经常光临美国岛屿的海豹。英国则以传统的公海自由原则反对美国这一主张。仲裁庭依据公海自由原则裁定美国对在其领海以外地区的海豹不具有管辖权,并否定了美国关于它有权作为"人类共同遗产"的受托管理人而对处于其领海以外地区的海豹行使保护权的主张。仲裁庭还为保护 3 海里领海线以外的公海的海豹规定了一系列专门措施,包括对禁猎季节、捕猎方法和捕猎工具的规定等,以保护太平洋海豹的种群和数量,以免其因遭滥捕滥猎而绝种。

评析:本案是早期涉及保护国家管辖范围以外的生物资源保护的重要判例。本案的裁决初步反映了"人类共同遗产"的理念,并促使国际社会为保护公海生物资源而不懈努力。

(三)海洋污染的分类防治

国际社会为了保护海洋环境做出了坚持不懈的努力,各种关于海洋污染防治保护的国际法律文件层出不穷,具体可分为以下几类:

第一,陆地来源的污染。《联合国海洋法公约》第 207 条要求,缔约各方应制定法律和规章,以防止、减少和控制陆地来源的污染;缔约各方特别应通过主管国际组织或外交会议采取行动,尽力制订全球性和区域性规则、标准和建议的办法及程序。例如,为保护北海和北大西洋与北冰洋的部分海域的环境,1974 年签订了《防止陆源物质污染海洋的公约》。此后,其他海域的区域性公约也相继签订,如 1974 年《保护波罗的海区域海洋环境的公约》、1980 年《保护地中海不受陆地来源污染的雅典议定书》和 1983 年《保护东南太平洋不受陆源污染的议定书》等。

第二,海底活动的污染。对于国家管辖范围内的海底活动造成的污染,《联合国海洋法公约》要求,缔约各方应制定法律和规章,以防止、减少和控制来自受其管辖区域的海底活动或

---

[9] Fur Seal Arbitration Vol. 8, Proceedings of the Tribunal of Arbitration, Convened at Paris, Under the Treaty Between the United States of America and Great Britain, Concluded at Washington, February 29, 1892, for the Determination of Questions Relating to the Seal Fisheries in Bering Sea, see Cairo A. B. Robb ed., *International Environmental Law Reports*, Volume 1, Early Decisions, Cambridge University Press, 1999, p. 43 - 88.

人工岛屿、设施和结构对海洋环境造成的污染;缔约各方特别应通过主管国际组织或外交会议采取行动,制订全球性或区域性规则、标准和建议的办法及程序。《联合国海洋法公约》还规定,参加国际海底开发活动的缔约方应按照国际规则,制定防止海洋污染的法律和规章,并采取执行措施,以防止和控制由该缔约方的船只或设施所进行的“区域”内活动造成的污染。

第三,倾倒造成的污染。《联合国海洋法公约》第210条规定,为防止、减少和控制倾倒对海洋环境的污染,缔约各方应制定法律和规章,并应通过主管国际组织或外交会议采取行动,尽力制订全球性和区域性规则、标准和建议的办法及程序。此外,1972年《防止倾倒废物及其他物质污染海洋的公约》对“倾倒”作了明确界定,即从船舶或航空器上有意地在海上倾倒或抛弃废物或其他物质的行为;任何有意地在海上弃置船舶、航空器、平台或其他海上人工构筑物的行为。该公约还规定了缔约方的主要义务:缔约各方应当将其实施该公约的措施适用于其具有管辖权的所有船舶或航空器;缔约各方应当在其领土范围内采取适当措施,以防止和处罚违反该公约规定的行为;缔约各方应通过国际会议不断审查该公约的履行情况或对该公约作出修改。

第四,来自船只的污染。《联合国海洋法公约》第211条规定,为防止、减少和控制船只对海洋环境的污染,缔约各方应通过主管国际组织或外交会议采取行动,制订国际规则和标准,并以同样方式促进对划定航线制度的采用,以期尽量减少可能对海洋环境造成的污染损害。缔约各方如制订关于防止、减少和控制海洋环境污染的特别规定作为外国船只进入其港口或内水,或在其海岸外码头停靠的条件,应将这种规定妥为公布,并通知主管国际组织。1954年《国际防止海上油污公约》规定,在距离陆地50海里以内的区域和北海、波罗的海、黑海等特定海域不得排放油或油类混合物。1969年的修正案更是规定,油轮排油量每海里不得超过60升。1973年《国际防止船舶造成污染公约》则对油类、散装有毒液态物质、经包装的海上运输的有害物质等作出详细规定。1969年《国际油污损害民事责任公约》和1971年《设立国际油污损害赔偿基金公约》就船只对海洋环境造成的污染损害的责任和赔偿问题也作出了具体规定。

四、极地的环境保护

(一)南极的环境保护

1908年至1943年,邻接南极的阿根廷、英国、法国、新西兰、智利、挪威等国家对南极提出领土要求,其中有相当部分是相互重叠的。在这种情况下,1959年签订《南极条约》的主要目的是冻结各国领土要求和规定科学研究自由。作为整个南极法律体系的基石,1959年《南极条约》也就南极环境保护作了一些规定,如禁止在南极进行核爆炸和处理放射性尘埃。此外,该条约建立了缔约国协商会议,负责审议包括南极生物资源保护与保全措施在内的条约执行事项。后来,国际社会又以《南极条约》为基础,签订了1964年《保护南极动植物措施协议》、1972年《保护南极海豹公约》、1980年《南极海洋生物资源养护公约》、1988年《南极矿物资源活动管理公约》和1991年《关于环境保护的南极条约议定书》等。

对于具有重大研究意义的南极生物资源的保护、研究和合理利用,国际社会给予了高度重视。最开始通过的公约主要针对在南极周围海洋,特别是在公海上捕捞海豹的问题。1964年

《保护南极动植物措施协议》首次宣布南极地区为“特别自然保护区”，并规定禁止在南极大陆及冰层捕杀海豹；1972 年《保护南极海豹公约》规定，禁止捕杀 5 种类型的海豹和所有的南极海狗，对另外一些种类规定限额，同时划定了禁止捕杀海豹的特定保护区和季节，并设立了管制机关和科学咨询机关，对该公约规定的制度每 5 年重新审查一次。由于各沿海国从 20 世纪 70 年代开始宣布设立专属经济区并加强对其沿岸水域的管辖，日本等国家加强了在南极周围的捕捞活动，1980 年《南极海洋生物资源养护公约》调整了管辖范围和对象，限制了各国的捕捞活动。此后，国际社会又着手对南极矿产资源进行保护。由于海底石油的勘探和开发活动蓬勃发展并扩张到南极周围水域，1988 年签订了《勘探及开发南极矿物资源活动的公约》。

进入 20 世纪 80 年代以来，人类开始对南极环境进行全面系统的保护，在这种背景下，1991 年《关于环境保护的南极条约议定书》应运而生。该议定书的宗旨是对南极环境和与其有关的生态系统进行全面保护，并通过这种全面的保护将南极指定为专用于和平与科学研究的自然保护区。同时，该议定书将南极列为“世界遗产”，强调全面保护南极环境符合全人类共同利益，要求进一步加强对南极环境和与其有关的生态系统的保护。为执行该议定书，南极条约协商会议和环境保护委员会被设立。南极条约协商会议负责进行科学技术咨询，并根据该议定书的规则制定全面保护南极环境和与其有关的生态系统的一般政策；环境保护委员会负责向南极条约协商会议提交有关环境保护的报告，并将其送达各缔约国。

（二）北极的环境保护

北极环境的重要性并不亚于南极，且其污染程度大于南极，但北极环境的国际保护呈现起步晚（始于 20 世纪 80 年代）、力度弱（缺少具有法律约束力的国际文件）和参与国家少（主要是北极国家）三大特点。

1991 年，北极部长会议通过了《保护北极环境宣言》和《北极环境保护战略》，从而拉开了北极地区环境国际保护的序幕。此后，各国开始了关于北极环境保护的实质性合作。例如，1996 年北极国家宣布成立北极理事会，负责监督、协调《北极环境保护战略》中确立的实施工作。2011 年北极理事会出台了《北极海洋石油污染预防与应对合作协定》。与北极环境保护有关的协议包括《美英（加拿大）保护北极亚北极候鸟协议》《斯瓦尔巴德条约》《北极熊保护协议》等。同时，北极区域内外的相关国家也制定了生态环境保护有关的政策和措施，但目前还存在诸多问题。

五、危险物质与废物的国际管制

（一）核物质控制

自 20 世纪 50 年代开始，国际社会开始就控制核武器与核物质展开谈判与协调。1963 年，英国、美国和苏联为原始缔约国，缔结了《禁止在大气层、外层空间和水下进行核武器试验条约》。该条约声称其宗旨是在国际控制下及早实现完全的军备限制，谋求全面停止所有核武器试验。但由于英国、美国、苏联极力维护自身的核优势，该条约很难为国际社会普遍接受。该条约一方面要限制核武器，另一方面又允许利用核物质；而且，缔约国可以紧急情况为由，根据国家主权原则退出该条约。

国际原子能机构制定的有关核物质的公约与规则，在管理、和平利用核物质的国际法律体系中起着主导作用。1975 年以来,国际原子能机构发起了一系列国际公约的签订,并主持制订了有关核设施安全的行为规则,如 1980 年《核材料实物保护公约》、1986 年《及早通报核事故公约》和 1986 年《核事故或辐射紧急援助公约》。关于放射性核物质的倾倒问题,也有一系列国际法律文件作出了规定。1972 年的《防止倾倒废物及其他物质污染海洋的公约》规定禁止向海洋倾倒放射性废物。1977 年 7 月 22 日,经济合作与发展组织建立了控制向海洋倾倒核废弃物的监督制度。

(二)废物的国际管理

工业废物与生活废物,已经成为破坏环境的一大根源。欧洲联盟主要存在 1975 年 7 月 15 日有关废弃物的原则和 1978 年 3 月 20 日关于危险废弃物的准则。1987 年,联合国环境规划署的理事会开始起草关于控制危险废物越境转移的公约。1989 年 3 月,116 个缔约代表签署了《控制危险废物越境转移及其处置巴塞尔公约》。1991 年,非洲国家在巴马科签订了《非洲统一组织禁止在非洲进口危险废物和控制危险废物越境转移及其处置公约》。1992 年联合国环境与发展会议通过的《21 世纪议程》第二十章以"有毒废物的处理和防止此类物质的非法国际贸易"为题,呼吁各国有效控制有毒废物的产生、处理、运输和贸易。

《控制危险废物越境转移及其处置巴塞尔公约》被认为是有关废物国际管理制度的代表性公约。该公约规定了需要控制的废物的种类、应特别注意的废物的种类、危险物质的名单、废物的处理、废物越境转移的通知和情报等内容。该公约并不是完全禁止危险废物的越境转移,而是要求缔约国对这种转移进行控制并支付费用。该公约规定,缔约国应保证将其生产的危险废物和其他废物的数量和毒性减少到最低程度;如果禁止进口危险废物,应将该决定通知其他缔约国;缔约国不得向禁止进口危险废物国出口此类物质;各国应采取防止危险废物非法贸易的法律和行政措施。特别值得一提的是,该公约要求缔约国将危险废物的非法运输定为犯罪。第 12 条还规定:"各缔约国应进行合作,以期在可行时尽早通过一项议定书,就危险废物和其他废物越境转移和处置所引起损害的责任和赔偿方面制定适当的规则和程序。"

第四节 国际贸易与环境保护的问题

一、概述

第二次世界大战后,各国极力避免类似第一次世界大战后的经济萧条,尽力将生产和消费规模扩展到最大限度。为促进自由贸易,多国以《关税及贸易总协定》作为国际贸易关系的法律框架。然而,形势不久就发生了逆转,面对层出不穷的环境问题的威胁,国际社会纷纷制定了国际环境保护规则,并采取了各种旨在控制污染和管理自然资源的措施,而这些规则与措施与传统的自由贸易制度发生冲突,需要国际社会着手解决。

近年来关于贸易与环境之争,已经成为国际环境法中的一个焦点问题。当今关于贸易与环境关系的不同论点包括:(1)贸易增长导致财富增长和技术推广,相应地提升各国环境保护能力和生产技术从而减少危害;(2)如果不计代价地扩大使用稀有资源,工业生产增加污染及运输导致的污染风险，则此等无限制的贸易有害于环境；(3)发展中国家普遍担忧，它们被迫接受的环境措施将放慢其经济发展速度，并成为西方国家贸易保护主义的隐藏手段。绿色贸易壁垒增多的一个必然结果就是引起更多的与环境有关的贸易摩擦。

案例 9-4-01 美国限制进口金枪鱼案[10]

1990年美国宣布，限制进口墨西哥金枪鱼及其制品，理由是墨西哥在东太平洋热带地区的公海海域捕捞金枪鱼的同时，还捕杀了与金枪鱼结伴而行的大批海豚，违反了《美国海洋哺乳动物保护法》。因此，除非墨西哥的金枪鱼上有"海豚无恙"的环境标签，否则美国将限制墨西哥金枪鱼的进口。对此，墨西哥认为美国的主张违反了《关税及贸易总协定》的非歧视原则，而且美国法律对公海以及其他国家管辖的海域没有约束力；这是典型的借保护海豚这种可能用竭的天然资源为名，行保护美国国内金枪鱼产业之实。最后，《关税及贸易总协定》争端解决专家组裁定美国的行为违反《关税及贸易总协定》。

评析：WTO通过其各项协定和规则，要求任何以保护环境或人类健康为目的之措施均须基于科学证据，且不得对国家贸易造成不必要的障碍。贸易与环境保护的相互协调逐渐成为国际环境法的一大挑战，需要各国在可持续发展问题上取得越来越多的一致。

二、国际贸易与环境保护之间的冲突与协调

(一)多边环境条约中的贸易条款

目前国际上已签订150多个多边环境条约，其中有近20个含有贸易条款，旨在通过贸易手段达到环境保护的目的，并对有关动植物和相关产品以及某些危害环境的物质等的贸易作了相应的规范。这些多边环境条约控制成员国贸易行为主要有两种形式：

一是在许可基础上允许出口或进口。如1973年《濒危野生动植物种国际贸易公约》中规定：对确认濒临灭绝的物种的贸易应全面禁止；对于有可能面临灭亡危险的物种，除非这些物种的贸易受到严格控制，否则应当在科学和管理当局批准承认的出口许可证的基础上准予出口，而进口国只能在出口国政府颁发出口许可证的前提下才允许进口。

二是禁止或限制进出口。如1987年《关于消耗臭氧层物质的蒙特利尔议定书》不仅要求限制或禁止成员国之间的破坏臭氧层物质(如氟利昂)的进出口，还要求成员国在该议定书生效时禁止与非成员国之间该种物质的贸易。《濒危物种国际贸易公约》也要求成员国对非成员国采用更加严格的贸易限制措施。

从环境保护的角度看，上述对有关动植物和相关产品以及某些危害环境的物质等的贸易进行限制的规定是无可厚非的；但是如果从国际贸易法的角度去看，这无疑有悖于非歧视原则，构成对来自不同国家的相同产品的差别待遇。也就是说，多边环境条约实施的贸易限制与国际贸易的非歧视原则产生了矛盾。

---

〔10〕 参见万霞编著：《国际环境法案例评析》，中国政法大学出版社2011年版，第71-79页。

(二)WTO协定中的环境规则

起初,多边贸易体制规则只间接地涉及环境保护问题。例如,1947年《关税及贸易总协定》第20条规定:“本协定的任何规定不得被解释为禁止缔约国采用或加强以下措施,条件是,对情况相同的各国,实施的措施不得构成任意的或不合理的歧视,或构成对国际贸易的变相限制:……(b)为保障人民、动植物的生命或健康所必需的措施……(g)与国内限制生产与消费的措施相结合,为养护可能用竭的天然资源有关的措施……”。不过,WTO成立后,其对环境保护问题日益重视,环境保护正适当地融入贸易规则之中。其中,较重要的方面有:

第一,《马拉喀什建立世界贸易组织协定》的序言中包括可持续发展目标及保护环境等方面的内容,要求WTO成员在处理贸易和经济领域关系时,“应依照可持续发展的目标,考虑对世界资源的最佳利用,寻求既保护和维护环境,又以与它们各自不同的经济发展水平所决定的需要和关注相符合的方式,加强为此采取的措施”。

第二,1994年《关税及贸易总协定》第20条的有关规定,是WTO环境政策的最主要的条款。尽管该规定与1947年相比没有多大变化,但与WTO协定有关部分联系起来,确立了其对环境保护的基本态度。

第三,《技术性贸易壁垒协定》(TBT)在前言中指出:(1)承认不应阻止任何国家在其认为适当的程度内采取必要的措施,以确保其出口货物的质量,或保护人类、动物或植物的生命或健康,保护环境;(2)技术法规和标准,包括对包装、标志和标签的要求,以及对技术法规和标准的合格评定程序不要给国际贸易制造不必要的障碍;(3)发展中国家在制定和实施技术法规、标准以及对技术法规和标准的合格评定程序上可能遇到特殊困难,希望对它们给予协助。

第四,《卫生与植物检疫措施协定》(SPS)明确指出,实施动植物检疫制度对于保护动植物健康和安全是必要的,因此,各国政府有权采取卫生与动植物检疫措施,以保护人类、动植物的生命和健康。但是,这些措施必须“在情形相同或相似的成员之间,包括在成员自己领土和其他成员领土之间,不构成任意的或不合理的歧视”或“不对国际贸易构成变相的限制”。同时,该协定还要求成员方建立规则和纪律的多边框架,以指导动植物检疫措施的制定、采用和实施,从而将其对贸易的消极影响减少到最低程度。

总体来说,WTO对各国环境保护法律制度的一般要求主要有:(1)非歧视;(2)透明度;(3)公平竞争;(4)尽量减少对贸易的限制。

(三)WTO贸易规则与多边环境条约之间的冲突

1994年WTO贸易与环境委员会的设立进一步提高了各成员方对贸易和环境问题的认识,并为国际贸易实施环境控制提供了组织依据。

然而,WTO贸易规则与多边环境条约中的贸易措施之间存在可能或现实的冲突。例如,《濒危野生动植物种国际贸易公约》要求成员国限制或禁止与非成员方开展濒危物种的贸易。如果甲、乙两国都是WTO的成员方,甲国是《濒危野生动植物种国际贸易公约》的成员方而乙国不是,一旦甲国依据该公约对乙国采取限制或禁止进口濒危物种的贸易措施,甲国是否因构成对乙国的差别待遇而违反非歧视原则就难以判断。此处还隐含了WTO贸易规则与该公约贸易措施谁处于优先地位的问题。

案例 9-4-02 转基因产品案[11]

从1998年10月开始,对于美国、加拿大等国转基因产品投放欧盟市场的申请,欧盟以防范风险为由暂停审批,致使上述转基因产品无法进入欧盟市场。针对欧盟的上述做法,2003年5月,美国、加拿大等国先后将它们与欧盟长达数年的转基因产品贸易争端提交WTO争端解决机构。

此案中,美国、加拿大等国的主要观点是,欧盟自1998年起暂停审批其转基因产品投放的措施,违反了《关税及贸易总协定》《技术性贸易壁垒协定》《卫生与植物检疫措施协定》等有关协定规定的义务。欧盟的主要观点为,对转基因产品案件的审理,不仅要考虑WTO下的相关规范,还必须考虑国际环境法上的警惕原则。本案专家组认定欧盟没有进行WTO有关协定所要求的风险评估,因而违反了WTO贸易规则。此外,本案专家组虽赞成在解释WTO有关协定时要参考相关国际法规则,却并未明确《卡塔赫纳生物安全议定书》与WTO有关协定之间的关系,而是论证了《卡塔赫纳生物安全议定书》在本案中不构成相关的国际法规则,因为美国、加拿大等国不是该议定书的缔约方。

评析:转基因产品自身的特殊性决定了相关贸易争端不得不面临贸易与环境、WTO协定与多边环境条约等张力关系的考验。科学与法律之间的固有矛盾,使得风险预防原则等国际环境法上的新兴原则在解释或适用WTO贸易规则中的地位更加难以明确。这同样体现在对激素食品、石棉污染和其他潜在环境风险的管制上。

第五节 多边环境条约与中国

作为世界第二大经济体和最大的发展中国家,中国将环境保护作为一项基本国策。同时,通过共建绿色"一带一路",中国为全球环境治理凝聚起更大合力。本着构建人类命运共同体的理念,中国坚定维护多边主义,积极参与和推进以多边环境条约为法律基础的全球环境治理。

一、中国与多边环境条约的缔结与履行

中国与60多个国家、国际及地区组织签署约150项生态环境保护合作文件,已签约或签署加入的与生态环境有关的国际公约、议定书等有50多项。其中,较重要的包括:《捕鱼与养护公海生物资源公约》、《国际捕鲸管制公约》、《南极条约》、《世界气象组织公约》、《国际油污损害民事责任公约》、《保护世界文化和自然遗产公约》、《防止倾倒废物及其他物质污染海洋的公约》、《禁止细菌(生物)及毒素武器的发展、生产及储存以及销毁这类武器的公约》、《国际

[11] European Communi - ties—Measures Affecting the Ap - proval and Marketing of Biotech - Products, DISPUTE SETTLEMENT: DISPUTE DS291, 参见WTO官方网站,http://www. wto. org,2023年12月25日访问。

防止船舶造成污染公约》、《核材料实物保护公约》、《保护臭氧层维也纳公约》、《核事故或辐射紧急援助公约》、《及早通报核事故公约》、《控制危险废物越境转移及其处置巴塞尔公约》、《联合国气候变化框架公约》、《生物多样性公约》和《京都议定书》等。

中国还与各有关国家协调立场,在缔结多边环境条约的谈判中积极维护发展中国家的可持续发展权益。在《关于持久性有机污染物的斯德哥尔摩公约》第五次政府间谈判会议上,中国代表团坚持发展中国家与发达国家间共同但有区别的责任原则,坚持应在现有资金机制之外建立新的、独立的、充分的资金机制保证公约的履行,并强调发展中国家未来履行公约的程度取决于发达国家在技术与资金援助义务上履行的程度。在具体的谈判过程中,中国代表团紧密团结七十七国集团的所有国家,积极协调立场,防止发达国家分化瓦解发展中国家阵营,并充分运用谈判策略与技巧,适时将谈判进程向有利于我国立场的方向推动。虽然因多数发达国家的反对,该公约序言未写入共同但有区别的责任原则,但作为资金机制的一揽子解决方案,最终文本体现了这一原则。在《气候变化框架公约》历次缔约方会议上,中国提出并推动发展中国家形成统一的立场,反对提前启动为发展中国家设定义务的进程,强调应当审查发达国家义务的履行是否充分。在最新的气候变化谈判中,中国仍与其他发展中国家一道维护共同但有区别的责任原则。

对于重要的多边环境条约,中国都积极采取了履约措施。首先,中国的环境立法和环境政策越来越多地吸收国际环境法中的新兴原则和基本制度。为了尽快实施《联合国气候变化框架公约》《保护臭氧层维也纳公约》等国际环境公约的有关内容,中国在《可再生能源法》和《节约能源法》中体现了促进节能减排的要求。《危险化学品安全管理条例》即为《控制危险废物越境转移及其处置巴塞尔公约》的国内转化。其次,中国根据已经批准的多边环境条约积极制定和实施履约计划,成立履约机构,提高公众的环境意识。例如,为了遵守《濒危野生动植物种国际贸易公约》,中国成立了濒危物种进出口管理办公室。

作为多边环境条约资金机制"全球环境基金"的创始国之一,中国参与开展了富有成效的实践项目,如气候变化国家信息通报能力建设项目、中国生物安全框架实施项目、《关于持久性有机污染物的斯德哥尔摩公约》履约国家实施计划项目等。中国不仅是全球环境基金的受援国,还是少数几个对全球环境基金捐款的发展中国家之一。值得一提的是,中国持续加大对全球环境基金的捐资力度,已成为《生物多样性公约》及其议定书核心预算的最大捐助国;在南南合作框架下,中国积极为发展中国家保护生物多样性提供支持,全球80多个国家受益;中国与世界自然保护联盟共同成立基于自然的解决方案亚洲中心,搭建生态保护修复领域的国际交流窗口平台。

二、多边环境条约在中国的司法适用

综上所述,我国主要通过颁布或修改法律、行政法规来促进国际环境条约在我国的适用;同时,我国也在探索多边环境条约的司法适用模式。

首先,中国环境立法中有针对国际环境条约规定的优先适用条款。例如,《海洋环境保护法》第123条规定:"中华人民共和国缔结或者参加的与海洋环境保护有关的国际条约与本法有不同规定的,适用国际条约的规定;但是,中华人民共和国声明保留的条款除外。"这一条直接规定海洋环境国际条约相对于中国海洋环境法律具有优先适用性。同样,《水法》第 78 条规定,当我国缔结或者参加的与国际或者国境边界河流、湖泊有关的国际条约、协定与国内法律有不同规定时,适用前者的规定,但我国声明保留的条款除外。此外,我国法院经常将国际环境条约作为法律解释或说理的依据。随着《巴黎协定》确立了国家自主贡献这一减排履约机制,气候变化诉讼逐渐成为一种独立的诉讼类型,我国最高人民法院也将"气候变化应对类案件"作为一类新案由。

其次,中国许多环境立法中的无条件援引规范,为国际环境条约司法适用创造了条件。例如,《防止船舶污染海域管理条例》第 13 条规定,航行国际航线、载运 2000 吨以上的散装货油的船舶,除执行该条例规定外,并适用 1969 年《国际油污损害民事责任公约》;根据该条例第 21 条的规定,运输危险货物适用国际海事组织的《国际海上危险货物运输规则》。在许多国内法律中,给环境危害行为授予许可证的前提条件,应依具有优先适用性的国际条约的相关规定。例如,《渔业法》第 8 条第 1 款规定,"外国人、外国渔业船舶进入中华人民共和国管辖水域,从事渔业生产或者渔业资源调查活动,必须经国务院有关主管部门批准,并遵守本法和中华人民共和国其他有关法律、法规的规定;同中华人民共和国订有条约、协定的,按照条约、协定办理"。

案例 9-5-01 "闽燃供 2"油轮海洋环境污染案〔12〕

1999 年 3 月 24 日,"闽燃供 2"油轮与"东海 209"油轮发生碰撞,台州东海海运公司所属"东海 209"油轮与福建公司所属"闽燃供 2"油轮在伶仃水道 7#8#浮附近水域发生碰撞。碰撞造成"闽燃供 2"油轮体破裂、所载重油泄漏,进而致使珠海市部分水域及海岸带污染,仅渔业受害方遭受的损失就高达 3846 万元。"闽燃供 2"轮是航行国内航线、载运 2000 吨以下的散装油轮,其船舶所有人援用《国际油污损害民事责任公约》向广州海事法院申请油污损害赔偿责任限制。

广州海事法院认为:《海洋环境保护法》《防止船舶污染海域管理条例》等国内法律、法规没有排除载运 2000 吨以下、航行国内航线的船舶适用《国际油污损害民事责任公约》。《环境保护法》规定环境保护实行国际公约首先原则,《国际油污损害民事责任公约》是与环境保护有关的国际公约,我国在参加时没有作出保留。因而载运 2000 吨以下、航行国内航线的船舶造成的油污损害赔偿适用该公约。

值得指出的是,在"烟救油 2"油轮案中,船舶所有人援用《国际油污损害民事责任公约》申请海事赔偿责任限制,但青岛海事法院认为《国际油污损害民事责任公约》不适用于航行国内航线、载运 2000 吨以下的油轮,驳回其请求。

评析:上述案例均涉及《国际油污损害民事责任公约》在国内能否或如何适用的问题。中国各级人民法院有关国际环境条约适用的判例相对较少。因此,在中国司法实践中,如何适用国际环境条约值得进一步探讨。

---

〔12〕《"闽燃供 2"轮海洋环境污染案》,载中律网,http://www.148com.com/html/661/53001.html,2013 年 12 月 25 日访问。

思考问题

1. 多边环境条约如何在中国法院的判决中适用?
2. 试述国际损害责任与国际环境法的发展。
3. 试述国际环境法的实施机制。
4. 如何分析环境与人权的关系?
5. 如何理解共同但有区别的责任?